现代球类运动
文化建设与技战术学练指导

主　编　谢孟瑶　朱　磊　曲连珠
副主编　高　恒　黎欣荣　王　谦　何佳佳　王兵柯

U0964551

吉林大学出版社

图书在版编目(CIP)数据

现代球类运动文化建设与技战术学练指导/谢孟瑶，朱磊，曲连珠主编. --长春：吉林大学出版社，2017.3（2025.4重印）

ISBN 978-7-5677-9653-9

Ⅰ.①现… Ⅱ.①谢… ②朱… ③曲… Ⅲ.①球类运动－体育文化－研究 ②球类运动－运动训练－研究 Ⅳ.①G840.2

中国版本图书馆CIP数据核字(2017)第105245号

书　　名　现代球类运动文化建设与技战术学练指导
　　　　　XIANDAI QIULEI YUNDONG WENHUA JIANSHE YU JIZHANSHU XUELIAN ZHIDAO

作　　者　谢孟瑶　朱　磊　曲连珠　主编
策划编辑　孟亚黎
责任编辑　孟亚黎
责任校对　樊俊恒
装帧设计　马静静
出版发行　吉林大学出版社
社　　址　长春市朝阳区明德路501号
邮政编码　130021
发行电话　0431－89580028/29/21
网　　址　http://www.jlup.com.cn
电子邮箱　jlup@mail.jlu.edu.cn
印　　刷　三河市天润建兴印务有限公司
开　　本　787×1092　1/16
印　　张　26.5
字　　数　678千字
版　　次　2017年11月　第1版
印　　次　2025年4月　第3次
书　　号　ISBN 978-7-5677-9653-9
定　　价　89.00元

版权所有　翻印必究

前　言

发展至今，球类运动项目越来越丰富，由于绝大多数球类运动都具有较强的竞技性、竞争性和趣味性，因此深受世界各地健身爱好者的青睐。可以说，各球类运动不仅在竞技体育领域独树一帜，在大众体育方面也有着深厚的群众基础，参与球类运动与欣赏各种球类赛事已成为时下人们的一种生活方式。众所周知，球类运动项目有很多，每一个项目都有自身的特色，包括不同的技战术内容、不同的体能要求、不同的竞赛文化等。因此，要促进各种球类运动项目的不断发展，就需要深入各球类运动项目之中，深刻挖掘其中的内涵，建立一个健全和完善的文化体系，这对于球类运动的发展具有深远的影响和意义。

目前，关于球类运动方面的研究不可谓不多，市面上也有大量的书籍和资料，但是纵观这些球类运动的书籍和资料，大都是关于技战术方面的研究，包括技战术理论概述；技战术练习方法和训练计划等。尽管看上去书籍众多，但基本上大同小异，缺乏一定的特色和创新。总体而言，绝大多数球类运动项目都有着悠久的历史，历经各个时期的发展，基本上形成了自身丰富的文化体系，而目前学术界关于球类运动文化体系建设的研究则显得有所欠缺。鉴于此，特编写《现代球类运动文化建设与技战术学练指导》一书，一方面深入解读球类运动的文化内涵，传播与弘扬球类运动文化；另一方面以科学理论指导实践，促使球类运动爱好者更加积极地参与到球类运动锻炼之中，提高自己的技战术水平。

本书共有十二章，其中前五章为理论部分，主要阐述了球类运动的基本理论知识以及球类运动的文化体系是如何建设的；后七章为实践部分，主要阐述了各球类运动项目的历史文化，并详细讲解了球类运动的技战术训练的方法。第一章为现代球类运动的特征与价值，主要阐述了各球类运动项目的特征，以及其健身、健心和社会价值。第二章主要阐述了大众球类运动健身文化的建设，在阐述了大众球类运动健身理论基础上，重点对大众如何参加球类运动健身做了科学理论指导。第三章现代球类运动竞赛文化建设，在介绍了现代球类运动各项赛事的基础上，阐述了各球类运动项目的组织，以及如何去欣赏球类运动的美。第四章现代球类运动校园文化建设，在阐述了校园球类运动发展现状的基础上，重点阐述了球类运动物质文化、精神文化和制度文化体系建设。第五章主要阐述了球类运动的学练指导方法，主要包括球类运动的原则、方法及安全保障。第六章至第十二章分别为足球、篮球、排球、乒乓球、羽毛球、网球，以及台球、高尔夫球、橄榄球的技战术学练指导方法，通过对以上球类运动文化知识和技战术的讲解，能帮助人们更加深刻地了解球类运动丰富的文化内涵，并投入球类运动的科学训练之中。

本书内容较为丰富，关于球类运动的理论研究深入而细致，实践方面的研究则通俗易懂。总体来看，本书具有较强的理论性、实践性、系统性和可操作性，不失为一本良好的球类运动学习与指导用书。

本书在编写的过程中，参考和借鉴了大量有关球类运动方面的书籍和资料，在此向有关专家及学者致以诚恳的谢意。由于时间和精力有限，不足之处在所难免，恳请广大读者批评指正！

编　者

2017 年 3 月

目　录

第一章 现代球类运动的特征与价值

第一节 现代球类运动的特征分析

一、篮球运动的特征

(一)参与者有三"高"

1.运动员的身材高

1952年第15届奥运会上,美国篮球队出现身高2米以上的队员,并且全队平均身高达1.945米。在这届奥运会之后,世界各队开始非常重视巩固本队队员的身高优势。目前,世界男子篮球强队中各队平均身高稳定在2.03米左右,中锋身高为2.10～2.20米。

2.运动员的弹跳高

在20世纪80年代,华盛顿子弹队队员斯帕特·韦伯获得了1986年NBA全明星赛扣篮大赛冠军。身高只有1.70米的韦伯,原地纵跳高度1.04米,助跑纵跳高度1.22米。近几年,一个叫内特·罗宾逊的小个子同样有着惊人的弹跳力。身高1.75米的他在2006年、2009年、2010年三次夺得NBA全明星赛扣篮大赛冠军。内特·罗宾逊在2009年扣篮大赛上飞越站在篮下、身高2.11米的德怀特·霍华德扣篮成功的画面让人瞠目结舌。女子队员中,美国女篮20世纪80年代中期优秀选手米勒·谢里尔,身高1.91米的她可以完成扣篮。如今,身高在1.90米以上的男篮队员基本上都可以扣篮,身高在1.80米以上的女队员大多数都可以摸到3.05米的篮圈。

3.运动员的抢篮板球高

目前,世界优秀男运动员争夺篮板球的高度在3.50米左右,平均高度为3.30米。世界优秀女篮争夺篮板球的高度在2.95米左右。

(二)比赛中有三"快"

1.比赛节奏快

当今篮坛各队打快的意识和能力都很强。只要有提速的机会,绝不放过。在近几年的赛场上，比赛节奏越来越快。

2. 攻防转换快

在篮球运动发展初期，大家认为比赛仅仅是由进攻和防守组成，进攻后变防守，防守后变进攻。现在大家深刻认识到攻防转换环节也是比赛组成的重要部分，各队越来越重视快速地攻转守、守转攻。

3. 技战术衔接快

在篮球比赛中，技术和战术之间的衔接速度非常快。如急停跳投，现在的篮球运动员不论是运球后的跳投还是接球后的跳投，出手非常突然，令防守者猝不及防。比如当今篮坛著名的篮球运动员，号称水花兄弟的斯蒂芬·库里和克莱·汤普森，二人的急停跳投出手速度极快，令防守者很难跟上节奏。

（三）好球员有三“巧”

1. 运球技术巧

如今的高水平篮球比赛中，很容易见到球员进攻时非常熟练地运球、传球，连续地胯下变向，连续地背后变向运球，转身运球中运用假动作摆脱防守，使防守队员很难掌握对手的进攻意图。

2. 投篮动作巧

不仅是运球，高水平运动员在进攻中在篮下跳起后的各种换手、变换角度的闪躲，投篮前结合各种跨步、转身技术摆脱防守或结合假动作摆脱防守球员的干扰后将球投入篮筐中，这些场景常常使人眼花缭乱、目不暇接。

3. 传球方式巧

除了运球和投篮，在比赛中有才华的球员往往能送出巧妙的传球助攻队友得分。例如击地传球、空中接力、背后传球等，这也增强了篮球比赛的观赏性，让观众大呼过瘾。

（四）当今篮坛有三“强”

1. 篮球技术强大

在 20 世纪 60 年代以前，运动员只要掌握篮球的基本技术就可以在篮球队中担当主力，在比赛中发挥作用。而当代高水平的篮球比赛，各队不论强弱都拥有几名优秀球员，他们不仅有良好的基本功，更有自己独特的拿手绝招。

2. 个人能力超强

在一支球队中，个人能力超强的球员往往是球队中的核心，球迷眼中的明星。在比赛的关键时刻，明星队员能起到稳定军心的作用，有的明星队员在困难阶段，依然勇往直前毫不手软，敢于杀出一条血路来，为本队的胜利立下汗马功劳，而有些球队正是因为缺少明星队员挑大梁而导致比赛失利或得不到理想的战绩。NBA一年一度举办的全明星大赛集结了全联盟最强的球员，为球迷奉献精彩的篮球技艺，展示出当今篮球运动员的最高能力。

3. 整体配合强大

从NBA和一些国家队的锦标赛中可以看到，有些球队看似球星不是很多，却能经常取得胜利，他们的取胜之匙就在于球队的整体配合能力强。在一场篮球赛中主教练往往派出两套甚至三套阵容，每套阵容都能打出精彩的配合。在比赛中，一支球队的不同阵容里各个球员战术套路运用熟练、配合默契，那么这支球队的实力就不会差。

二、排球运动的特征

（一）形式多样、群众基础广泛

排球运动的设备简单，形式多样，具体有6人制排球、沙滩排球、软式排球、墙排球、气排球、妈妈排球、盲人排球、坐式排球等，内容十分丰富。排球运动的场地也是多种多样，有地板、沙地和草地。排球运动的比赛环境要求不高，在室内、室外都可以进行，甚至在水中也可以打排球。再加上排球比赛规则容易掌握，并且运动量的控制也非常容易掌握。因此无论是什么年龄，无论高矮胖瘦都能够参加到排球运动当中。以上多种因素，为展开和普及排球运动创建了便捷的条件。

（二）对抗激烈、技术要求全面

排球比赛中，双方的攻防转换始终存在。一场排球赛中，两支球队夺取一分往往需要七八个回合的争夺。对每一个运动者来说，多回合的争夺是非常好的考验以及锻炼的机会，比赛水平越高，对抗性就越强。排球运动可以培养人独立思考、单独作战及集体主义精神，通过比赛更能锻炼一个人的思想、作风、意志和智慧。

排球运动员必须掌握全面的技术，因为排球运动激烈的对抗性，它对于运动员就提出了较高的运动要求；另外，排球运动规则规定每个队员都要轮转位置，既要到前排扣球、拦网，又要到后排防守、接应。由此可见，一名合格的排球运动员必须全面地掌握各项攻防技术。

（三）技巧高超、集体配合严密

排球运动比赛规则规定，在每个回合运动员必须将球击出，比赛中球不能落地，不能接住或将球抛出；三次内必须将球击过网，同一名队员不得连续击球两次。排球比赛中击球的时间相对短暂，击球队员的位置和处理球的方法决定了排球运动的高超技巧性。

排球比赛是集体比赛项目，除发球外，每一项技战术都是在集体配合中进行的。只有集整体的智慧和技能，协同配合，发挥团队精神，才能获得最佳效果。排球运动比赛中，队员的个人战术行动与集体战术配合是一种局部与全局、个体与集体的关系。在比赛中，队员的每一次行动都应从全队的利益出发并与同伴通力合作，同时要把个人实力的发挥融汇在集体协同配合之中，努力实现教练安排的战术意图。而集体的协同配合又为个人展现能力创造了必要的条件。因此，一支球队在训练和比赛中都要把握好全队行动的协调一致，调动队员的积极性，从而为比赛中队员之间实现协同配合打下牢固的基础。个人战术行动是集体战术配合的组成部分，而集体战术配合则充分体现出了个人战术行动的合理组织。排球比赛的实践证明，如果没有严密的集体配合，核心球员再好的个人技战术也难以发挥和奏效，可见，集体配合的严密性是排球运动中至关重要的一点。

（四）技术攻防两重性

排球运动比赛中，不同的技术既可以得分，同时也可能适得其反，这种情况在排球运动的决胜局比赛中体现得更加突出。因此，在排球运动中，每项技术都具有攻防的两重性，要求运动员的技术既要有攻击性又要有准确性。

（五）娱乐休闲性

欣赏排球比赛，可以体会到排球运动带来的独特魅力。古怪刁钻的发球、势大力沉的扣杀、恰到好处的二传、坚如磐石的拦网和身手敏捷的防守，每一项技术所蕴含的高度技巧都体现出排球运动员的运动美和形体美。灵活多变的立体进攻、天衣无缝的配合，又会让人们为运动员千变万化的战术拍案叫绝。排球场上队员之间互相鼓励、精诚团结的作风和胜不骄败不馁的体育风尚，无不让人为之赞叹喝彩。排球运动组织进攻中各项击球动作的短暂性和空间多变的新鲜感，体现出运动技术的灵活性和技巧性，吸引了众多体育爱好者加入进来。他们亲自体会每一个细小的动作、每一次严密的配合所带来的快乐感和成就感。尤其是在沙滩排球和软式排球比赛中，松弛的沙地和柔软的球体、蔚蓝的天空，使人更接近大自然，体验到作为一个人类最单纯的快乐。

（六）大众文化倾向

排球运动是一项运动量适中、适合普遍人群参与的运动项目，它有着良好的大众发展基础。同时，随着排球运动的职业化、商业化、社会化，排球已经不仅仅是排球精英们表演的一项体育运动，而是在市场中一种成熟的文化产品，这种产品源于丰富的大众文化土壤，随着排球运动的改革和相关组织的推广，竞技排球已经演变成了大众排球。特别是沙滩排球、软式排球的兴起，使排球家族不断壮大。沙滩排球让人们找到了回归大自然的感觉，软式排球让小学生和中老年人在锻炼中理解了生命在于运动的真谛。排球的大众化发展使排球从单一的竞技化向竞技与娱乐的双元化迈进，排球运动大众文化的兴起是一种必然趋势。

三、足球运动的特征

（一）整体性

一场标准的足球比赛每支队伍由 11 人上场参赛。在场上的 11 人思想要统一，行动要一致，攻防上要有共识，整体作战的意识要强。只有形成整体的攻守，才能取得比赛的主动权及良好的比赛结果。

（二）对抗性

足球运动是一项竞争激烈的对抗性项目，比赛中双方为争夺控球权，达到将球攻进对方球门，而又不让球进入本方球门的目的，展开短兵相接的绞杀与争斗，尤其是在两个罚球区附近时间、空间的争夺更是异常凶猛，扣人心弦。一场高水平的比赛，双方因争夺和冲撞倒地次数达200次以上，球员因拼抢而受伤更是司空见惯，可见对抗之激烈。

（三）多变性

足球运动是一项技术上眼花缭乱、战术上变幻莫测、胜负结局难以预测的群体性运动项目，比赛中，人与球的结合能力，技战术的运用能力，面对对手时的直接的抗干扰和摆脱能力显得极其重要。技战术依临场中具体情况而灵活机动地加以运用和发挥。

（四）艰辛性

足球比赛中，运动员要在近 8 000 平方米的赛场上奔跑 90 分钟，跑动距离少则 6 000 米，多则 10 000 米以上，而且还要伴随完成上百个有球和无球的技术动作。在有些淘汰赛中必须分出胜负，90 分钟内平局后要加时 30 分钟，若加时赛过后结果仍是平局，还需以互罚点球决定胜负，因而运动员的能量消耗是很大的。一名运动员在一场激烈的比赛后体重可下降 2.5 千克。

（五）易行性

足球运动的竞赛规则比较简练、明了，对器材设备要求也不高。一般群众的业余足球比赛的场地和器材、参赛人数、比赛时间也不受过多的限制，因而足球运动是全民健身中一项十分易于开展的群众性体育项目。

四、乒乓球运动的特征

乒乓球运动是一项动作精细、对抗激烈，并且技术复杂多变的竞技项目。当今世界乒乓球运动水平已发展到一个全新的高度，不仅要求运动员具备成熟的技术、灵活多变的战术，还需要良好的身体素质来适应现代乒乓球技术发展的要求。乒乓球运动的特点是球小、速度快、变化多、趣味性高、技巧性强，设备比较简单，参与人员不受性别、年龄和身体条件的限制，在室内外都可以进行，且运动量可大可小，具有很高的锻炼价值和广泛的适应性。

（一）设备简单、项目独特

乒乓球运动的器材设备简单，室内室外都可以进行，运动量可大可小，适合不同性别、年龄和身体条件的人参加，很容易被大众所接受。

乒乓球速度快，球的旋转、路线的变化多，乒乓球练习者要拥有较强的反应能力和应变能力去面对球台上瞬息万变的击球变化。乒乓球运动能提高人体神经系统的协调性、灵敏性。乒乓球项目有男女单打、男女双打、混合双打和团体比赛。团体比赛通常是两个国家队或者俱乐部队通过一场接着一场的单打或者双打来进行，团体比赛中有时会出现一名球员的上场次数超过1次，所以乒乓球项目既要有独立思考、单独作战的能力，也要发挥持续作战和集体主义精神。

（二）全面的竞技能力

乒乓球运动是以速度、爆发力、灵敏等为主的有氧代谢和非周期性的运动项目。在乒乓球训练中以技术训练为核心，战术训练为重点，技术与战术训练紧密结合，并没有明确的区分，身体素质训练以专项素质训练为主。乒乓球运动是体能、技能、智能有机结合，密不可分的高速度、强对抗的运动。

1. 技能是核心

乒乓球运动中，技能以体能为前提，通过战术和智能得到体现。根据乒乓球运动的特点及其实践运用和发展创新的要求，技能方面包含的内容烦多而复杂。

2. 体能是基础

体能是乒乓球运动的基础，它影响技能发展，并对比赛水平发挥重要作用。随着乒乓球运动的迅速发展，对体能方面的要求日益提高。身体训练以专项素质训练为主，主要是速度、爆发力、灵敏度、耐力等。技术训练与身体训练的比例为 7∶3 左右。

3. 智能是灵魂

要想打好乒乓球，不动脑筋是不行的。智能依赖于技能和体能，同时对技能和体能的发展、提高又有着极大的反作用。乒乓球运动的智能分训练智能和比赛智能，它的特点是随机性和对抗性。

（三）专项突出、灵活多变

1. 球体轻、球速快

乒乓球的质量仅为 2.7 克，但它的飞行速度最快可达 24 米/秒，最高转速可达 168 转/秒。在速度和旋转的牵制下，如何准确地击球，对运动员各方面的感觉、反应、控制和调节能力有着极高的要求。

2. 手法多样

乒乓球运动的打法有快攻打法、弧圈球打法、快攻结合弧圈打法、弧圈球结合快攻打法和削球打法。乒乓球拍有直板球拍和横板球拍之分，乒乓球拍上面的胶皮有正胶、反胶、长胶、生胶和防弧圈之分。乒乓球技术风格有狠、稳、变之分，每名选手选择的胶皮和采取的打法都拥有自己的个性差异，因此参加乒乓球比赛的选手需要有很强的适应、调节和应变能力。

3. 技术种类多，动作结构差异大

乒乓球运动主要技术大约有 8 大类 81 项，而且旋转变化的种类也比较多，典型的旋转就有 26 种（基本旋转 6 种，混合旋转 20 种），不同种类的胶皮使得乒乓球击球产生各种各样的旋转，这些变化常常使运动员感到棘手。

4. 专项技能与技术动作要求高

乒乓球运动在击球时要求全身各关节、肌肉高度协调，手腕、手指动作技巧细腻、准确。在指导思想方面既要求技术全面，没有明显漏洞，又要求特长突出；在技术上有速度与旋转的结合，速度、力量、节奏落点的变化，攻与防的转换，这就要求乒乓球运动员不仅要具备扎实的基本功，还要采取灵活多变的战术，并且运用自如。因此，掌控多项技战术并将它们运用到实际的这种综合能力就显得至关重要。

5. 意志品质要求高

要成为一名优秀的乒乓球选手必须具备强烈的取胜欲望和过硬的心理素质。在拥有优异的技战术前提下，冷静、灵活、积极的思维，顽强的意志和稳定健康的心理素质等意志品质缺一不可。

(四)技术动作快和供能时间短

纵观世界乒乓球的发展历史，技术风格的演变都与“快”字紧密相关，而就“快”字本身也是千变万化的，没有统一的格调。综合起来，乒乓球运动中的“快”主要表现在以下方面。

1. 反应速度快

反应快是乒乓球运动员的必要条件之一，该项目主要是根据视觉判断来做出动作反应，虽然有时选手可凭借准确的预见能力做出反应，但大多数情况下还是以视觉判断反应为主。

2. 预测判断快

预判是乒乓球运动中最重要、最有发展潜力的一种能力。预测判断是对方球路的一种早期判断，包括对空间、时间、位置和距离的判断及球与球之间的连贯意识。拥有快的预断能力不但可以弥补反应和移动速度上的不足，还可以节省许多体力。对乒乓球初学者来讲，提高其预断能力是提高运动员整体水平很重要的环节，而预断能力是可以通过日积月累的练习、比赛慢慢增强的。

3. 技术动作选择快

与体操、武术等预先编排好成套动作的比赛不同，乒乓球没有固定的套路，采取什么样的打法，如何去发球、击球都是由比赛者自己去选择的。乒乓球的技术动作要根据对方的回球情况而不断地变化，乒乓球在空间飞行的时间非常短，所以要求运动员在选择技术动作时，一定要坚决果断，不能优柔寡断。选择技术快慢与平时练习掌握技术动作的熟练程度有关，技术熟练度与选择技术动作的快慢成正比，因此练好基本动作，熟练掌握各种技术动作，对提高竞技水平极其重要。

4. 击球动作快

乒乓球场上的“快”主要是通过运动员的下肢移动(步法)、上肢击球(手法)表现出来的，这两者相辅相成，缺一不可。这两种能力不是天生的，而是要经过后天长期艰苦训练才能获得。如果想打好乒乓球，在学习乒乓球的初期要刻苦去锻炼这两种能力，在此阶段全力抓好对这一能力的培养。2008年北京奥运会后，国际乒联正式要求运动员必须使用更环保、更绿色、更健康的无机胶水，无机胶水的使用，对运动员比赛中步伐移动的准确性和及时性提出了更高要求。

5.球速快

球速快是指回球突然性强，球在空中飞行的速度快、时间短。球速与击球的力量和球的高度有关，即通常所说的高打、前打和快打；击球的角度、方向；球本身的重力。另外，运动员的球感对球速也是有影响的，球感越好，对球速的控制也越好。

6.变化快

变化快是指比赛时击球节奏和战术变化快。乒乓球比赛场上情况千变万化，光靠一种打法、一种速度很难应付各种不同的对手，因此要想争取主动，必须要根据场上不同的情况随时变换战术或突然变化速度，确立自己的比赛节奏，打乱对方的正常节奏。

7.恢复快

高水平的比赛紧张激烈、时间长、局数和场次多、体力消耗大。如果双方技术水准相当，耐力就成为决定性因素。乒乓球不同于周期性项目，在整个比赛过程中无氧代谢和短暂的间歇相交替，因而乒乓球的耐力又取决于身体短暂间歇后的恢复能力，这种恢复能力与训练水平成正比。要想提高恢复能力，应重点做好体能训练。

（五）锻炼价值高

1.提高身体素质

长期参加乒乓球运动，随着活动范围的加大，运动量的加大，水平的不断提高，相应的自身速度素质、力量素质和身体的灵敏性、协调性也会大大提高。

2.调节改善神经系统灵活性

打乒乓球时，球在空中飞行的速度是很快的，正手攻球只需0.15秒就可到达对方台面。在这样短暂的时间内，要求运动员对高速运动的来球方向、旋转、力量、落点等全面进行观察，迅速做出判断，并及时采取对策，迅速移动步法，调整击球的位置与拍面角度，进行合理的还击，而这一切活动都是在大脑指挥下进行的，而双方互相击球的反复过程充分地锻炼了大脑和神经中枢。因此，经常从事乒乓球练习，可以增强中枢神经系统对其他系统与器官的调节能力，提高反应速度。

3.改善心血管系统和呼吸系统

经常参加乒乓球运动，能使心血管系统的结构和机能得到改善，心肌变得发达有力，心容量加大，每搏输出量增多。一般健康成年男子安静时心率在65～75次/秒，成年女子为75～85次/秒；而受过乒乓球训练的运动员，安静时，男子心率为55～65次/秒，女子为70次/秒左右。通过乒乓球锻炼使得心搏徐缓和血压降低，提高心脏的工作效率，有利于身体的新陈代谢，提高身体机能水平。

五、羽毛球运动的特征

羽毛球运动既是一项激烈的竞技性比赛项目，又是一项有广泛群众基础的、深受大众喜爱的休闲性小球运动。作为奥运会的正式比赛项目，羽毛球运动具有比赛速度快、竞争激烈、技术复杂多样、战术灵活多变的特点，对运动员的身体素质和智力水平要求比较高。这就要求运动员不仅要掌握全面的技术动作，而且还需要具备快速的随机应变能力，才能应对现代羽毛球比赛在时间和空间上越来越激烈的争夺，越来越错综复杂和变化多端的赛场情况。

在业余爱好者中，羽毛球作为一种非正式比赛而进行的体育活动，可以不受场地条件的限制，只要有两个人、两把球拍、一个羽毛球、较平坦的场地和一定的空间就能进行，不一定要有隔网。在羽毛球业余活动中，每次锻炼的运动量可大可小，随个人的年龄和体质强弱而自我调节。在双方对抗中，随着运动员使用不同的力量和不同的挥拍角度，洁白的羽毛球在空中，时而昂头向上高飞，时而向下疾驰，时而左右纷飞，就像一只展翅高飞的白鸽，令人赏心悦目，乐在其中。不同文化层次、年龄、性别和体质状况的人们都能在本项运动中锻炼身体、陶冶情操，相互切磋交流，建立友谊。因此，羽毛球运动在世界各地都有着极为广泛的群众基础。

六、网球运动的特征

（一）适应群体的广泛性

网球运动是一项激烈而优雅的运动，在1873年诞生于英国，之后在美国开始普及和形成高潮，现在盛行于全世界。作为与高尔夫、保龄球、台球并称为世界四大绅士运动的网球运动，其特有的魅力早已深入人心。现在网球运动是一种老少皆宜的体育运动，上至白发老者，下到少年儿童，均能在球场上体会到网球运动带来的无限乐趣。

（二）运动量大小的可控性

网球运动对于参与者的体能要求并不太高，并且运动量可以得到有效的控制。参与者可根据自己的能力来确定打法，控制球的速度和旋转，所以网球运动可以使不同年龄段、不同水平的参与者都乐在其中，体会这项有氧运动的乐趣。

（三）休闲性

随着生活水平的提高，人们对生活质量的要求也越来越高，网球人口也在迅速地增长，在一些国家，人们已经把网球运动作为一种休闲娱乐的方式，在业余时间到网球场上挥洒汗水是一个很好的健身选择。

（四）受场地器材的限制

网球场地有硬地、红土和草地之分。由于与其他运动项目相比，网球场的造价较高，运动本身对场地的要求也较高，因此在发展中国家，各级学校以及社区有网球场的寥寥无几，即使有也是少得可怜，网球场馆的数量远远达不到人们休闲娱乐生活的要求。在我国，最初网球运动也没有受到足够的重视，不过随着我国著名网球运动员李娜在法网和澳网上夺冠，一时兴起了网球热，所以网球运动在群众发展方面最近几年有了相当大的改观。

(五)受自然环境的影响

由于绝大多数网球场地都建在室外，所以必须考虑到天气等自然环境的变化对网球比赛的影响。四大满贯中的法国网球公开赛等常常因为当地天气阴晴不定而推迟比赛，在北京举办的中国网球公开赛也出现过降雨天气导致比赛被延误的情况。在比赛中球员抱怨天气的情况屡见不鲜。

(六)职业比赛观赏性高

随着网球赛制和赛程的规范化，场地器材的更新换代，职业比赛越来越多，球员技术水平越来越高，他们之间比赛的精彩程度也随之提高，再加上不同种类的比赛场地和比赛所在地点的不同气候，使网球比赛有了更高的观赏性。另外，电视转播技术的提高、"鹰眼"回放技术这种高科技的运用也使网球比赛上升到新的高度，吸引着越来越多的人关注。

(七)比赛时间不可控

网球比赛无论是正式的比赛还是平时的娱乐，只要比赛双方实力接近，要想分出胜负，都要花费很长的时间。正式比赛为男子 5 盘 3 胜、女子为 3 盘 2 胜。每盘比赛中，一般情况下拿到 6 局胜利的人取得本盘比赛的胜利；若双方战到 5：5 平，则拿到 7 局的选手是本盘胜者；若双方战到 6：6，则要通过"抢七"来角逐本盘的胜者；而在奥运会和四大满贯中，在决胜盘里(女子比赛的第三盘，男子比赛的第五盘)，若双方战成 6：6 的话，则一方一定要领先 2 局才能赢得比赛。比如在 2013 年法网决赛中，纳达尔与德约科维奇在第五盘的比分就是 9：7。网球比赛一般比赛时间在 3～5 小时，大满贯赛事中因为比赛时间太长、太晚而在当天中止比赛，第二天继续比赛的情况也屡见不鲜。

(八)心理素质要求高

网球比赛除了团体比赛在交换场地时教练可以进行场外指导外，其他任何时候的比赛都不允许有教练进行指导，哪怕是手势也不行。在正式比赛中，我们一般会看到球员的教练团队在看台上坐着，而不是像足球、篮球教练那样在场边指挥。整个比赛过程球员必须自己独立完成，没有好的心理素质，要想取得比赛的胜利是不可能的。

第二节　现代球类运动的健身价值

一、篮球运动的健身价值

(一)促进肌肉发育

篮球是一项集力量、爆发力、耐力、速度、灵敏性和柔韧性于一体的运动项目。篮球运动过程中表现出的力量对抗，可使肌肉得到最大限度的发展，如快攻中快速推进表现出的速度，可使快肌纤维增粗；而运动中表现出的耐力，可使肌纤维线粒体数量增加，体积增大。

篮球运动过程中通过肌肉反复的牵拉，可以使肌肉变得结实，抗牵拉强度提高，从而增强肌肉抗断能力。研究表明，力量练习可使肌膜增厚，抗牵拉强度提高。

在篮球运动中，身体上的肌肉群共同收缩、相互配合、共同协调，可确保动作的正确完成。运动员时常需要快速起动、变向跑、侧身跑、变速跑、运球变向、急起急停、急停跳投、攻防转换等技术。这些技术都是以人的踝、膝、髋为轴，通过脚的力量、腰腹力量、手臂摆动力量带动躯干灵活地运动，从而来改变身体位置、方向和速度。篮球运动能改善和提高这些肌群的协调性，使肌肉收缩能以最有效、最经济的方式来完成某一动作，肌肉收缩的效率得到充分发挥。

（二）提高心脏机能

1. 心肌收缩力增强

篮球竞赛是一项时间较长、强度较大的运动项目。在篮球运动中，心脏的输出量持续保持在一个较高水平，使心肌合成代谢增强，心肌收缩蛋白增加，心肌纤维有不同程度的增粗肥大，心肌细胞的功能活动增强，同时毛细血管功能活动增强，有利于心肌运动时氧的弥散与营养物质的供应。研究表明，篮球运动可使心肌细胞内毛细血管分布与功能结构增多。心脏的这些结构与功能的改变，将有利于心肌有氧氧化供能，使心力储备和心肌收缩功能增强，每搏输出量增加。

2. 心腔扩大

运动时由于肌肉活动，需要消耗大量的氧气和营养物质，同时产生较多的二氧化碳等代谢产物。与此相适应，必须加快血液循环，输送氧料，带走代谢物。因此，经常从事篮球运动，会使心肌增厚，心腔扩大。

（三）提高肺活量

正常成年男性的肺活量为 3 500 毫升左右，女性约为 2 500 毫升。经常参加篮球运动，能使呼吸肌得到发展、胸围加大、呼吸深度加深、肺和胸廓弹性增强、安静时呼吸次数降低、肺活量增大。研究表明篮球运动员的肺活量较常人高，优秀运动员可达 7 000 毫升左右。经常参加篮球运动的大学生肺活量明显增加，有氧运动能力有显著提高，这说明篮球运动对改善机体的生理机能有积极的影响。

（四）加快反应速度

所谓反应速度是指人对各种信号刺激快速应答的能力。这种能力取决于信号通过神经传导所需时间的长短。篮球运动员在看到进攻队员传球或者投篮时能迅速、准确地做出判断，并同时做出相应的技术动作，这就是良好的反应速度。经常参加篮球运动可以提高感受器的敏感程度，感受器越敏感，越能缩短对各种信号刺激的感受，优化传导途径，提高中枢神经系统的兴奋性，使反应时间缩短。

（五）增强爆发力

1. 加大启动速度

篮球运动中的快攻、突然启动、抢断和投篮都需要启动速度。这就要求篮球运动员必须有良好的爆发力。篮球运动员通过快速、突变的脚步动作，在全身协调配合下使身体的位置、方向和速度发生变化，并运用基本技术，才可更好地达到进攻时摆脱防守，防守时锁住对手，进而取得优势。经常参加篮球运动可以提高启动速度。

2. 提高弹跳力

现代篮球运动中争夺高空优势尤为重要。运动员对球的争夺与控制都是依据临场的变化而进行的，因而运动员在瞬间的变化中争夺篮板球、抢断、封盖等，都要具备良好的弹跳力。在篮球运动中，有时为争夺一个球需要进行连续起跳。实践证明，经常从事篮球运动能提高弹跳能力。

二、排球运动的健身价值

（一）提高神经系统与运动中枢

神经系统由中枢神经系统和周围神经系统两部分组成。人的所有活动都是在神经系统的支配下进行的，运动器官的每一个动作、身体器官系统的生理活动都以刺激的形式作用于神经系统。神经系统是人体发育最早、最快的系统。排球运动能有效提高脑细胞生理功能，使神经细胞的兴奋强度、反应速度、兴奋抑制转换的灵活性及均衡性都得到提高。另外，经常参加排球运动能预防神经衰弱。运动使大脑的兴奋与抑制两种功能保持平衡，以防止功能性神经衰弱疾病的发生。

（二）增强呼吸系统机能

人体参与呼吸的器官，包括鼻、喉、气管、支气管和肺脏，总称为呼吸系统。排球运动时人体对氧的需求量增加，呼吸频率加快。为了适应这一需求，呼吸系统的各个器官逐渐改善自身机能，使更多的肺部组织参与气体交换，提高摄氧能力。呼吸机能的改善，表现在以下两方面。

1. 呼吸肌逐渐发达、有力、耐久，肺活量增大

排球运动使呼吸肌增强，胸围增大。扩大的胸廓，又有利于肺组织的生长发育和肺的扩张，使肺活量增加。

2. 呼吸深度加深，呼吸效率提高

一般人的呼吸浅而急促；而经常参加排球运动的人比一般人有更大的肺活量，所以呼吸深而缓慢，这就使呼吸肌有较多的休息时间。因此，排球运动使人的呼吸效率更高，呼吸系统不易疲劳。

（三）促进血液循环

血液循环系统是由心脏和血管组成的，所以又叫作心血管系统。血管是供血液流通的通道，

遍布人体。血液是担负运输养料和氧气、排除代谢产物和二氧化碳的载体。心脏是生命的"发动机"，推动血液在血管里不断地流动，以便把氧气和营养物质运送到身体各处，同时把组织、细胞在新陈代谢过程中产生的二氧化碳和废物运送到肺、肾和皮肤等处，排出体外。排球运动能使心血管系统的机能得到明显增强，也就是能促进血液循环，使血管弹性增加、心肌变得肥厚、心动徐缓和血压降低。随着人们生活水平的提高，"文明病"也必然随之增多，目前世界上有不少的人死于心血管疾病。排球可以减少胆固醇在动脉壁上的沉积，预防或减轻动脉粥样硬化，从而对高血压和冠心病均起到良好的防治作用。

（四）改善消化系统

1.促进食物的消化和营养物质的吸收

胃肠是人体消化食物的主要器官，胃肠消化能力的好坏对身体健康的影响很大。经常进行排球运动，消化腺分泌的消化液就会更多，消化管道的蠕动就更强，胃肠的血液循环就更加得到改善。

2.增进肝脏的健康

肝脏是人体的最大腺体，它也是一个重要的消化腺，经常进行排球运动能使肝脏的机能提高，更有利于食物的消化。排球运动时，能源物质——糖的消耗增加，这使得肝脏的"后勤供应"工作加重，从而使其机能受到锻炼而得到发展。

（五）提高运动系统

人体的运动是由运动系统实现的。运动系统由206块骨骼、400多块肌肉以及关节等构成。排球运动可以使运动系统产生良好的适应性变化。

1.肌肉结构及机能的变化

组成人体肌肉的基本单位是肌纤维，许多肌纤维排列成肌束，许多肌束聚集在一起构成一块肌肉。人体在运动时，骨骼肌是运动系统的主要部分，人体的任何运动首先都表现为肌肉运动。排球运动时，肌肉工作加强，血液供应增加，蛋白质等营养物质的吸收与储存能力增强，肌纤维增粗，因而肌肉逐渐变得更加粗壮、结实，肌肉力量增强。随着肌肉形态结构的改变，肌肉的机能也得到提高，神经系统对肌肉的控制能力增强，肌肉的反应速度、准确性和协调性都有明显提高。肌肉工作时能量消耗下降，效率提高。

2.骨骼和关节的变化

骨骼是人体内最坚固的结构，共有206块。骨骼组成人体的支架，赋予人体基本形态，起着保护脑、脊髓、心、肺等重要器官的作用。骨骼的生长发育不仅对人体形态有重要的影响，而且对内脏器官的发育，对人的劳动和运动的能力也有重要的影响。排球运动可以改变骨的结构。经常从事排球运动可以增强骨质。排球运动引起肌肉对骨骼的牵拉和重压，使骨骼不仅在形态方面产生了变化，而且使骨骼的机械性能也得到提高。排球运动还可以增加关节面软骨和骨密度的厚度，并可使关节周围的肌肉发达、力量增强、关节囊和韧带增厚，因而可使关节的稳固性加强，使关节抗负荷能力加强，从而有效减少伤害事故的发生。

三、足球运动的健身价值

足球运动是一项全身性、综合性的集体运动项目，具有很高的健身价值。足球比赛时，要通过各种形式的有球和无球活动，如触球、停球、盘带、头球、抢断、拦截以及奔跑、急停、转身、倒地、跳跃、冲撞等，来有效地发展人的体能。

体能通常分为与健康有关的体能和与动作技能有关的体能：前者包括心肺耐力、柔韧性、肌肉力量和耐力、身体成分等；后者是指从事运动所需的速度、力量、灵敏性、协调性、平衡和反应等。从足球运动所需要的体能来看，几乎涵盖了体能的所有内容。因此，经常参加足球运动能全面地发展体能，使新陈代谢加强，身体成分得到改善，能够保证身体各系统正常运转，促进身体健康。

足球运动是全面锻炼和健全体魄的良好手段，是全民健身活动中一项行之有效的体育运动项目。经常从事足球运动，可以提高人们的力量、速度、灵敏、耐力、柔韧等身体素质，并能使人的高级神经活动得到改善，尤其是能增强人体的心血管系统、呼吸系统等内脏器官的功能，从而促进人体的健康。据测定，一名优秀足球运动员的肺活量比正常人要多2 000～3 500毫升，安静时的心率要比正常人低15～22次/分钟。

四、乒乓球运动的健身价值

（一）提升心肺功能

心肺功能对于人的生命活动能力有着重要的作用，而乒乓球运动正是一种可以增强心肺功能的有效方法。

乒乓球运动是一项适合于大多数人参与的有氧运动。一般来讲，在有氧状态下进行锻炼，只要保持呼吸均匀，保证供氧充足，各组织、器官就能获得充足的氧气和营养供应，心脏也能在负荷均衡的状态下有规律地工作，而不会出现心悸与气短的现象。在这样一种轻松愉快的状态下锻炼，人们会感到兴趣盎然，锻炼时间也会不知不觉地延长。在这样一种氧气和营养供应充足的状态下进行锻炼，人的心肌收缩力会得到有效的提高，泵血能力也会大大增强，从而使其他组织、器官得到更充足的氧气和营养供应，促使外围组织、器官，特别是骨骼肌发达，使锻炼者腿脚灵活、反应迅速、思维敏捷。

经常从事乒乓球运动，不仅可以锻炼呼吸肌的力量，还可以增强胸廓的活动度，同时使肺有更好的容纳气体的能力。因为一般的安静的或是小强度的运动只需要1/12的肺泡扩张充气、呼吸肌以较小的力量收缩即可，胸廓也不必达到最大容积。而进行乒乓球运动时，机体需氧量增加，大部分肺泡扩张充气，呼吸肌有力地收缩，胸廓也扩张到最大容积，这些都非常有利于呼吸运动能力的提高，并可以有效防止肺气肿等疾病的发生。

（二）提高肌肉速度力量

肌肉的发达主要是通过锻炼来实现的。攥紧拳头同时屈前臂时，我们上臂前面的肌肉隆起就是肱二头肌收缩的表现。人体的各种运动都是通过肌肉的收缩和舒张来带动骨骼与关节运动而实现的；而肌腱的功能则是连接肌肉与骨骼。每块肌肉又是由许多条肌束构成的，肌束又是由许多条肌丝组成的。肌肉的收缩正是由肌丝的相互滑动来实现的，肌丝的相互重叠表现为肌肉收缩，重叠的部分减少则表现为肌肉舒张。肌肉的收缩是一个消耗能量的过程。

在乒乓球运动中，锻炼者的每一个动作都必须包含移动与还原两个部分，而每完成一个动作所要涉及的肌肉群很多，包括上肢、下肢、头部、腰部等。任何一个动作所涉及的肌肉都要经过收缩与舒张两个阶段；因为乒乓球练习过程需要进行成千上万次的反复运动，所以肌肉也就会经历成千上万次的锻炼。肌肉的主动收缩与舒张会大大增加肌肉中的血液流量，从而增强肌肉的新陈代谢，使肌肉获得更多的氧气和营养物质；长此以往，就会使肌纤维中的蛋白质增加，使肌肉变得粗壮有力，使肌肉的速度力量大大增强；这样不但有利于乒乓球技术水平的提高，更有利于健康。

五、羽毛球运动的健身价值

羽毛球运动之所以受到人们的喜爱，是因为它具有很高的锻炼价值。它老少皆宜，可以自娱自乐；能全面地锻炼身体，增强体质，培养顽强的毅力和良好的道德风尚；其优美的运动形式，具有观赏价值。

羽毛球运动可以全面增强人的体质。前场、后场的快速移动，中场的起跳扣杀、跨步救球，网前的轻吊，双打时的配合换位等，都需要击球者有较好的力量、速度、灵敏性和柔韧性等素质。熟悉和掌握各种技术的过程，就是提高身体素质的过程。根据有关技术统计资料分析，一场高水平的、激烈的、打完全场的羽毛球比赛需用时 1～1.5 小时，运动员在 35 平方米的场地上，做 500 次左右的前、后、左、右不断变向的移动。因此，经常从事此项运动可以发展人体的灵活性、协调性，可以提高人的上下肢及躯干的活动能力，改善呼吸系统和心血管系统的功能。

六、网球运动的健身价值

网球运动是典型的以有氧为主、无氧为辅的运动项目。所以，经常打网球可以提高人的心血管系统的能力，降低血脂，防止高血压。网球活动的运动量完全可以由自己控制，想要强度大可以打单打，想要降低强度可以打双打。网球运动是肩部以上、腰部以下的运动，不仅要求动手、动脚，更要求动脑。经常打网球可以增强人的灵活性，提高人的反应速度。网球运动的场地面积相较于乒乓球、羽毛球来说更大，对体能和耐力的锻炼也比较大。

第三节　现代球类运动的健心价值

一、篮球运动的健心价值

（一）培养情商

篮球运动有明显的对抗性、集体性规律和统一性规律，参加篮球运动可以培养年轻人充沛的体力和精力、良好的心理承受能力、公平的竞争意识、广泛的社会交往能力，以较高的情商去应对学习、工作和生活中的困难。参加篮球运动，可以培养团结拼搏、乐于奉献、积极向上的优良品质；在篮球规则的规范下，培养篮球参与者形成文明的举止修养和良好的体育道德风尚。一场篮球比赛不仅是双方身体和技能的较量，也考验了大家的智慧、意志和协作精神等综合素质。在篮球场上，每一回合的争夺，每一次传球、组织、投篮、得分都表现出人的表现欲、求胜欲，也展现出人的拼搏、进取和昂扬的斗志，以及对自身的挑战和历练。而这些对自我的激励和意志所表现出的情绪，就是对个人情商的培养。

（二）提高健康幸福感

健康幸福感也称心理自我良好感，是指与积极参加身体锻炼有关的某种兴奋、自信和自尊的情绪和态度体验。它是心理健康的重要标志之一。

研究统计表明，健康幸福感与长期锻炼身体的累积呈正相关。积极参加体育锻炼者比不爱运动的人的自我感受和评价更积极，其中女子较男子相关程度更高。这主要是由于锻炼身体产生了内心愉快和乐趣的结果，也可能是由于女子较男子在活动中更富于感情色彩和更具有自我投入的倾向。锻炼身体对健康幸福感产生积极影响的原因有生理的、心理的和社会的，三者都有作用和影响。值得注意的是健康幸福感的增加，实质上与消极情绪的减少有密切联系。有研究表明，锻炼身体 30 分钟即能使紧张、困惑、疲劳、焦虑、抑郁和愤怒等不良的情绪状态明显改善，同时使精力保持在较高水平。因此，紧张、焦虑、抑郁、困惑、疲劳及气愤等消极情绪的减少，本身也意味着健康幸福感的增强。在篮球运动中，当一个人投进了一个漂亮的三分球，完成一记漂亮的封盖，传出一记精妙的传球助攻队友轻松得分，当球队取得胜利时，个体会以自我欣赏的方式传递其成就信息于大脑，体验成就效应，从而产生自我成就的认识和情感体验，产生愉快、振奋和健康幸福感。

（三）减轻焦虑和抑郁

焦虑是一种对当前或预计的威胁所反映出的恐惧和不安的情绪状态。与紧张、焦虑等消极情绪相比，抑郁属更深层的复合性负面情绪，它可能是伴随人生价值的失落感而产生的悲伤、恐惧、焦虑及羞愧甚至负罪感，其持续时间更长，给人带来的痛苦更大。抑郁症的临床特点为悲观、悲伤、失助感、低自尊和绝望、易疲劳、易怒、优柔寡断、回避社交和厌世，最终甚至会结束自己的生命。

大量研究表明，短期身体活动或身体锻炼对于正常人的应激症状（如焦虑、抑郁和愤怒）可起到短时间的降低作用，而长期参加体育锻炼则对心理疾病患者的焦虑、抑郁具有长期稳定的缓解作用。在篮球活动中，人可以放松自己，全身心地投入在每一个运球、奔跑、投篮、传球之中，完全忘记了压力，对焦虑和抑郁症状的改善具有积极作用。对于那些性情怪僻、郁郁寡欢、不愿与人交往或时冷时热的人来说，在篮球运动过程中，人们通过自然的相互沟通，通过每一句话语、每一个眼神，会产生相互信任、相互依靠。通过参加篮球运动，不仅可以增进快乐、调节情绪、振奋精神，而且这种积极的情绪状态可以使人自信、自尊、自豪、自强，并使烦恼、焦虑、抑郁、自卑等不良情绪得以解除。所以，长期参加篮球运动，对于那些神经衰弱、人格分裂等精神疾病患者来说，具有一定的改善和治疗作用。

(四)塑造健全的人格精神

人格精神即指气质、能力、性格和理想、信念、动机、兴趣、人生观等各方面能够得到协调与平衡发展,人格作为人的整体的精神面貌能够完整、协调、和谐地表现出来。

篮球运动从宏观上看是群体的竞争,从微观上看又是群体中个体之间的身体冲突和技巧智能的直接对抗。篮球运动中的每一个环节,都要求个体在充分发挥自身特点和水平的基础上,构成整体实力,或者说群体的默契配合依赖于个体的技巧和智能的充分发挥。篮球运动复杂多变,每一个瞬间都要求个体必须做出正确的观察判断,独立果断地选择个人战术行动。篮球比赛中,运动员运用技战术的时机很重要,一个人在传球、跑位、盯人上的失误往往会影响本队局面的发展。篮球运动的这种特点表明,艰难中需要勇气,常态下需要创新,只有个性鲜明、人格独立的人才敢于冒险和创新,才有可能在极端复杂困难的条件下坚持与强有力的对手进行顽强的斗争,并取得比赛的最终胜利,立下奇功。篮球比赛的竞争可以最直接、最有力度地表现人的本质力量。因此,通过篮球比赛,不仅能够锻炼人们坚韧不拔、勇敢顽强、吃苦耐劳的意志品质,而且对人的自觉性、目的性、果断性以及自制力、坚持力、创造性等均有极大的影响,所以篮球运动可以实现人的个性的自由发展。篮球比赛的表层意义是"追寻胜利",而深层的意义是"功利、目的、欲望的自我实现与升华"。运动中需要观察对手、分析判断、扬长避短、创造优势、把握时机、敢于承担,这也是现代人格精神的内涵,是激烈的社会竞争中必备的基本素质。

(五)创造良好情绪体验

参与篮球运动除了可以体验到上述情绪功能外,还能体验到一种"尖峰时刻",这种体验可以提高人们的生活质量。"尖峰时刻"包括了最佳表现、流畅体验、身体运动快感以及高峰体验等良好的情绪体验,它们是奖励性的、难忘的和强有力的个人体验,对于篮球运动来说就是篮球比赛中最关键的时刻,比如双方比分接近时候的全场比赛的最后一次进攻、最后一次出手,比如一支球队落后之后奋起直追时投入反超比分进球的那一刻。"尖峰时刻"是对身体活动的一种特殊而有价值的自我奖赏。

篮球运动中自始至终贯穿着比赛双方在身体素质、技战术水平、心理智能等多方面的对抗和竞争,在规则允许的范围内攻击对手,战胜对手,获取胜利。篮球运动富有趣味和激情,在运动过程中,通过锻炼者娴熟地运球、巧妙地传球、准确地投篮、果断地抢断、劲爆地扣篮与封盖,再加上攻守交错、对抗变换,给人以美的感受,无论是参与者还是观看者都会经历"尖峰时刻",得到良好的情绪体验。

二、排球运动的健心价值

(一)促进心理健康

1.提高心理素质

对于大家来说,进行长期科学、适宜的排球运动,可以提高心理健康水平,降低焦虑水平,还可以提高自身心理素质,发展积极的情绪。

对于有心理障碍的人来说，通过长期科学、适宜的排球锻炼，能较大程度地改善心理状态。排球锻炼与其他有效的锻炼方法一样，是控制人类社会进化的有效手段之一，也是促进一个人的个性、心理良性发展的重要途径之一。当一个人承受着巨大的压力，排球运动对缓解压力、消除精神紧张具有重要作用。第一，排球运动具有调节人的紧张情绪的作用，能够改善生理和心理状态，恢复体力和精力。第二，排球运动能增进身体健康，使大脑疲劳得到积极的改善，使人精力充沛地学习、工作。第三，排球运动可以陶冶性情、保持健康的心态，充分发挥个体的积极性、自主性和创造性，从而提高自信心，端正价值观，使个性在融洽的氛围中获得健康、和谐的发展。第四，排球运动属于集体项目，通过组织竞赛活动，可以培养人的团结、协作及集体主义精神。

2. 预防、治疗心理障碍

对于一个正常人来说，长期进行排球锻炼可以促进心理健康；对于一个有心理障碍的人来说，这种效果更明显。许多人的性格分裂是由对环境的不良适应而引起的。长期进行排球运动是预防和治疗心理病患的有效措施。一般来说，排球运动能治疗焦虑和抑郁，有助于促进性格、气质的形成和发展，并且能培养对个体、集体、社会的责任感。

（二）促进情商培养

情商包括人对情绪的表达和处理能力，情商是情绪的智力，是个人在情绪方面的整体管理能力的一个综合概念。经常从事排球运动，会在逐步提高自己技术和战术能力的同时，注意从小事做起，注重事物的细节，培养出良好的个人行为习惯，塑造积极向上的自我形象。

（三）促进智力发展

正常的智力水平是一个人能正确认识世界的前提，是心理健康的基础和第一标准。一方面，经常参加排球运动，可以促进大脑的开发，增强神经系统功能，另一方面，排球运动可以使神经系统的兴奋和抑制过程更加集中，对外界刺激的反应更加迅速、准确，还可以提高人的视觉、听觉、感觉、神经传导速度、神经过程的均衡性和灵活性，促进神经系统功能的增强。

（四）改善意志品质

意志品质是指一个人的果断性、坚韧性、自制力以及坚韧顽强和主动独立等精神。意志品质既是在克服困难的过程中表现出来的，也是在克服困难中培养出来的。在排球训练中，第一是通过竞赛、规则的制约以及对抗性强度的设置，培养人的意志品质；第二是通过条件限制法，提高练习的难度，使排球运动员为完成任务而付出更多的意志努力，提高对这项运动的适应能力，增强自信心，从而达到坚韧、顽强的品质；第三是通过疲劳负荷，在排球训练的过程中，会感到一定的生理负荷，从而出现一定程度的疲劳，并在疲劳的条件下坚持完成好训练，从而达到磨砺意志的目的；第四是自我强化法，在训练过程中通过自我鼓励、自我检查和自我监督等手段来鞭策自己去克服困难，完成任务。

三、足球运动的健心价值

经常参加足球运动对心理健康有着积极的作用。比赛时，双方激烈争夺，场上攻守频繁转换，局面变幻莫测，对运动员的感知觉、观察力、记忆力、想象力、思维能力和创造力等都有较高的要求。一名优秀的运动员不仅要有良好的体能和精湛的技术，还要有很强的思维活动能力，能够及时形成或改变自己的战术意图，从而有效地驾控比赛。足球运动被称为勇敢者的运动，经常参加足球活动和比赛，能增强人的自信心，锻炼人的意志品质，改善人的心理素质。长期参加球类运动还可以培养勇敢顽强，不断进取，坚韧不拔，胜不骄、败不馁等意志品质，以及敢于竞争、团结合作、遵守纪律、心胸宽广、公平公正、光明磊落等优良道德品质。现代人具有追求成功、敢于冒险、依靠努力和奋斗赢得胜利、超越现状的心理倾向，由于球类运动的特点迎合了人们的这种心理倾向，从而使世界上很多人对它抱有浓厚的兴趣，关心和参与这项活动，使人们远离工作中的烦恼和焦虑，建立起积极的人生观和世界观。

足球比赛中，顺境、逆境、领先、落后、胜利、失败，面对不同的处境和局面极大地锻炼人的内心。面对胜利时，有的人仍然保持清醒的头脑，明白打江山易守江山难；而有的人骄傲自满甚至目空一切。面对失败有的人沉着坚毅，静下来好好反思，准备卷土重来，有的人被失败所压抑，萎靡，一蹶不振。足球赛场就是人生的战场，有起有落，有风光的时候也有低潮的时候，时时刻刻考验着人的内心。足球运动给人带来的心理启迪是远远超出比赛本身的。

四、乒乓球运动的健心价值

(一)愉悦心情

打乒乓球对培养人的内心有十分积极的意义。平常在社区里，我们经常能看到公园的一角，几张乒乓球台间，无论是小伙子还是老年人，都挥着球拍跃跃欲试，围观的人三言两语在出主意，交流怎么打，大家都充满欢声笑语，一片和谐氛围。乒乓球运动就是一项积极而阳光的运动，是全民健身的重要方式。人们经过乒乓球锻炼之后会感到身心愉悦、神清气爽。这里，“身”就是指身体，而“心”就是指心理、心情；通俗地讲，就是精、气、神。这是一种只有经过锻炼之后才会有的心理感受。现代奥运之父顾拜旦在他的著作《体育颂》中就热情洋溢地赞美道：体育是“勇气”、是“乐趣”，它能使人“内心充满欢喜”“思路开阔”“条理更加清晰”，“可使忧伤的人散心解闷，可使快乐的人生活更加甜蜜”。由此可见，乒乓球锻炼在健体的同时，对于健心同样有着积极的意义。

(二)发展智力

乒乓球运动能间接影响智力发展，并对智力发展有积极意义。经常进行乒乓球锻炼，不仅能使人的注意力、记忆力、思维能力及反应能力得到提高，而且还可以对其情感和性格的健康起到积极的促进作用；这种心理上全面而平衡的发展对智力的发展有着极大的推动作用。一个人在青少年阶段的学习中，如果有着强烈的求知欲望和对新知识的探索精神，以及对学习内容的融会贯通能力，那么学习过程就是令人兴奋的、愉悦的和有成效的。这种愉悦的、健康的学习体验能够强化人的智力活动，促进人的智力发展。

乒乓球运动对于心肺功能的积极作用，可以使大脑获得更多的氧气和养分，有利于提高大脑的工作效率。经常参加锻炼，还可以提高神经系统的调节能力，提高神经兴奋性和神经传导速度，改善神经传导过程的灵活性和均衡性，使兴奋与抑制转换更加合理，使中枢神经系统内的信息传递和整合速度加快，从而使人思维敏捷，以达到提高练习者的智力的目的。

（三）培养良好情感

进行乒乓球锻炼的过程，就是保持和培养良好情感的过程。研究发现：有紧张情绪的人只要散步15分钟，情绪就会逐渐松弛下来，其原因就是运动可以增加脑部血流量，加速体内“内啡肽”的释放，而这种物质的释放可以促进体内产生愉悦的感觉，进而改善人的情绪。经常参加乒乓球运动，可以使练习者在练习中不断获得满足感，并在与他人的交流中忘记烦恼、缓解压力。在全身心地投入后会产生快乐而向上的情绪，而这种积极的情绪又会促进乒乓球技术的提高，乒乓球技术的提高又会进一步增加练习的质量，这种良性循环会不断地强化练习者的求知欲和自信心，进而在保持良好情感体验中更好地完成学习和工作，提高效率。

（四）改善意志品质

意志品质是一个人在一次次遇到挫折和克服困难的过程中所培养的性格定式，同时又在遭遇挫折和困难时表现和释放出来。通俗地讲，意志品质是指一个人坚韧不拔、果敢顽强、自我控制和约束以及独立自主等精神。参加乒乓球运动的过程，就是不断克服困难、超越自我的过程，是一次次跨越障碍、走向成功的过程。在其中，练习者需要不断地勇敢面对来自主观（如疲劳、伤病、畏惧等）或客观（如自身条件、器材因素等）的各种障碍，克服困难，努力进取，从而培养起坚强的意志和百折不挠的品质，并使其反过来作用于工作、学习，使其面对困难时表现得更加坚韧不拔、斗志昂扬。

（五）消除心理障碍

“体者，载知识之车而寓道德之舍。”这是毛泽东同志在论《体育之研究》中的精辟论述。他告诉我们：只有身体健康，才能学好科学知识，养成良好的道德品质。身心健康才是做好一切的保障；一个人不仅要身体健康，同时也要心理健康，二者是一个不可分割的统一整体。如果一个人整日被焦虑、忧愁、愤怒和恐慌的情绪所笼罩着，那么就势必会影响他的行为、情感和思维方式。这些不健康的心理会使人在社会交往中出现问题，甚至走向犯罪。实验证明，长期坚持体育运动，可以明显降低抑郁症的发生概率。经常参加乒乓球运动，可以不断提高练习者的情感体验、情绪调整、心理障碍消除、人际关系改善的能力；同时，还能增强其思维方式的合理性，促进其良好心理品质的形成。因而，在锻炼身体素质的同时，可以完善心理素质，达到身心健康的目的。

五、羽毛球运动的健心价值

（一）磨炼意志

羽毛球运动因其竞争性、对抗性、大强度等诸多因素的要求，使人的意志品质在该项运动中占有重要地位。在比赛中，运动员有时为了一球的激烈争夺需要来回数十拍，心跳达到180次/分钟，这时运动员的体力消耗很大，往往会出现生理上的极点——喘不上气、身体无力、眼前发黑，感到自己再也坚持不下去了。在势均力敌的情况下，这种现象往往是双方先后出现，或几乎同时出现。这时就看谁能再坚持一下，胜利往往要靠顽强的意志品质和坚定的信念才能取得。即使不是在比赛中，这项运动也需要较强的意志，否则就不能很好地完成各项技术的练习。

（二）培养心理素质

在羽毛球运动中，人们要进攻与防守，控制与反控制，不仅要斗勇，更要斗智，这对个人的心理素质也是一种锤炼和考验。尤其是在比赛中需要猜测对手的战术意图，捕捉各种战机，根据对手的特点，运用战术克敌制胜。因此，经常从事羽毛球活动可使人思维敏捷、机智灵活、沉着果断，使人的智、勇、技在竞争中得到磨炼。

六、网球运动的健心价值

（一）锻炼心理素质

打网球必须学会控制自己的情绪，学会调整自己的心理状态。特别是在两位选手技术水平相当的情况下，这一点尤为重要。比如，比赛中出现连续失误的时候，应考虑如何使自己尽快冷静下来，重新鼓足勇气和信心，尽快扭转被动局面；比分落后时，应思考如何保持沉着，不气馁，不放弃；比分领先时，应一鼓作气拿下比赛，不给对手任何喘息的机会；比分处于胶着状态时，更要有耐心、信心，抓住机会要敢于下手，一定要敢打敢拼，培养积极上进的心态。

（二）培养意志品质

人们练习网球到一定时期，就会进入比赛交流阶段。比赛过程中，人们在享受网球运动的同时也在承受着失败的压力，这需要人们有一个好的心态去面对，从而培养人的坚强意志。这些意志品质的锻炼对网球参与者是一笔很好的生活财富。

第四节　现代球类运动的社会价值

一、篮球运动的社会价值

（一）树立价值观念

1. 影响价值观

篮球运动具有强烈的教育性。因为它是一项集体运动项目，对培养人的组织性、纪律性、集体主义精神和机智灵活的应变能力具有显著的作用。参加篮球运动的以年轻人为主，多数年轻人阳光、活泼、好动、好胜心强，篮球运动的特点恰恰迎合了年轻人的性格特点，对年轻人树立良好的价值观起到积极作用。在学校、社会，相关组织会开展相关的篮球竞赛，这培养了人的竞争意识和开拓精神。“胜不骄，败不馁”，是对人意志素质方面的要求。参加篮球运动能激励广大年轻人力争上游、奋勇拼搏、激发潜能，也有助于培养他们的责任感、义务感和集体荣誉感。篮球竞赛能给广大年轻人带来精神上的满足和感情上的愉快，使人有一种荣誉感和满足感。通过实践，总结出了篮球运动的教育价值：一是篮球运动是集体项目，其运动行为是通过集体对抗的形式表现出来的，因而从事篮球运动能够增强集体意识，强调人与人之间的相互配合、相互信任、相互协作。二是篮球运动是在严格、统一的竞赛规则的规范下进行的竞技运动，能够培养运动者良好的行为规范和良好的组织能力。三是篮球运动是一项高体能、智慧的运动，从事篮球运动能提高人的智能和体能。四是篮球运动有助于自我改进和自我发展，每一次障碍的克服和自我超越的实现，都会使参与者产生成就感，可以激励他们不断战胜自我，接受新的挑战，跃上新的高峰。篮球运动的这些特性使参与者和观赏者都能从心理上得到享受和满足，给人一种美的享受，促进人格的培养和个性的完善，形成良好的人生价值观。

2. 培养竞争能力和合作意识

篮球运动中充满着竞争与合作，只有在运动中学会竞争与合作，发扬团队协作精神，才可能在比赛中取得最后的胜利。篮球运动是集体项目，比赛中贯穿着集体的协同配合。篮球运动中的传切、掩护、突分和策应配合，必须由两三人在局部范围内进行协作，只有队友之间互相默契才能取得良好的效果。而综合多变的防守战术体系，更是靠全队的密切合作、协同配合才能完成。群体内的合作，依靠个体之间统一目标（物质的和精神的）、统一思想、相互理解战术的形式，形成一个有机的整体，展开与对手的竞争与对抗。这种沟通、理解与合作具有普遍的社会意义，个体的合作是团体胜利的基础。个体行为上的相互合作直接影响着人的心灵和情感上的沟通，促进了群体之间的凝聚力。此外，看台上成千上万的热心观众，他们把自己的思想、激情都投入比赛的氛围之中，投入自己认同的球队之中，视自己为该群体中的一员，同呼吸、共命运、荣辱与共，凝聚力由此而增强。通过篮球运动让我们明白，一个团队想达到目标的话，每个人必须抛开个人情感，全身心地投入进去，充分发挥自己的长处并服从团队的安排，扮演好自己的角色，把眼光投向更大的环境，真正懂得合作与竞争是团队获得健康发展的必要条件。

3. 培养创新意识和创新能力

篮球技战术的不断变化就是不断创新的过程。篮球运动员在比赛中的技术运用，必须随着比赛的变化而变化，要果断、快速地做出应答，通过观察进行分析判断，做出行之有效的组合动作。从运动结构看，篮球技术中有些动作是相对固定的，但在实际运用中，整个技术动作又表现出很多不固定的动作成分。在相同的条件下，队员做出的动作组合往往是不同的，这就需要篮球运动员随机应变，在比赛中创造出新的、巧妙的动作及配合。因此，篮球运动有利于培养良好的思维能力、应变能力和创新精神。同时，篮球运动既是一个高度协同的全面抗衡，又是个人斗智的竞技较量，队员们可以在球场上依据自身的特点尽显个人的技术和才智。从这个意义上说，篮球运动有助于培养学生的竞争意识和开拓精神。这些优秀品质不仅表现在球场上，而且也会迁移到日常的工作和生活中，有利于培养敢于尝试、不断创新的精神。

（二）篮球运动规范社会行为

1. 篮球运动有利于规范人的行为

篮球运动是一项讲求规则的运动，参与者都要在比赛规则的规范下进行活动。篮球比赛中贯穿的体育道德精神有助于规范个人习惯与行为，从而使人获得对现代社会生活方式的模拟与演练，以培养人们形成健康文明的社会行为习惯。

(1)篮球竞赛规则约束人的社会行为

运动中个体的行为要符合规则，要自觉养成遵守规则的行为习惯。个体的行为要体现敬业精神、责任感，表现出脚踏实地、全力以赴的精神风范，取得队友和对手的认同；要学会控制动作和脾气，避免严重犯规，由于比赛激烈对抗，身体的碰撞是难免的，在篮下球员为获得球或有利的位置，鼓励合理的对抗，但绝不能为达到目的而去做危险的伤人动作，或为达到目的而采取投机取巧的手段，如言语上的挑衅等，这不仅违反了规则，更违反了体育道德精神。比赛中常常会发生因情绪过激而导致暴力群殴事件，这些现象不仅要受到规则的严厉惩罚，同时还要受到舆论的指责、社会公德的谴责，严重的还将受到法律的制裁。

(2)体育道德精神影响人的社会行为

人类的攻击性是人类的多重特性中的一种。篮球运动在满足人的攻击性的同时，又设计了一系列的条件去约束人的社会行为，那就是竞赛规则与体育道德精神，从更深意义上讲还有文化的约束力，如信仰、道德、伦理、礼仪以及法律。体育的道德精神和竞赛的规则保证了双方在公平合理的条件下展开攻防对抗，靠技巧和智慧取胜，保护健康文明积极合理的行为，限制粗野动作和不礼貌、不道德的行为，限制投机取巧行为。

2. 促进良好的社会关系

个体在社会化过程中首先要面对的是建立好人际关系。人际关系反映了人与人之间互动连带中所获得的心理满足。没有相互交往，个体的社会化过程就无法实现。在社会活动中，人相识、交往的过程必定会产生心理效应。人们在日常生活、工作和社会活动中会谋求与他人建立一定的感情联系，满足心理需求。友好和亲近的关系会带来正面心理满足，促进身心健康；相反，厌恶和仇视的关系会带来压力和焦虑，有害于身心健康。所以，人际关系的本质是人的情感的社会交换，而良好的人际关系则是良好社会关系的具体表现。

篮球运动为相互沟通提供了机会，为培养良好的人际关系创造了条件。在篮球比赛中个人目标的实现很大程度上取决于集体目标的实现，而集体目标的实现又是该球队全体成员共同努力的结果。篮球运动在全世界范围内现已成为人与人、团体与团体、国家与国家之间相互交流的工具，成为建立理解、信任、团结与友谊的手段。不同的国家、地区，不同的语言、肤色，人们都可以通过篮球“语言”进行交流，增进相互间的交往。凡是亲身参与篮球运动或观看篮球比赛的人，无不在共同的参与中使人得到满足、欢乐和愉悦，使人相识、了解，产生共同语言并建立良好的社会关系。

长期相处在一个气氛融洽的集体内，对人的情绪、健康是有益的。良好的人际关系需要成员之间相互支持、相互关心，只有这样，个体发展才能充分表现出健康向上的生命活力，良好的社会关系才能得到促进。

(三)改变现代生活方式

1. 篮球运动是现代生活方式的主要内容

生活方式受一定社会生活条件的制约，生产方式、社会政治制度、文化观念等都制约影响着生活方式，从而使生活方式留下时代的印记。现代社会的发展趋势突出表现为经济快速发展、科学技术高度发展、生产劳动自动化和效率化、文明程度不断提高和物质空前丰富。民主与法治的逐步健全，使人们拥有了更多的民主和自由权利，对社会生活、政治生活的参与热情上升。科学技术在为人类提供现代化的工作与生活条件的同时，也给人们带来了过度的心理刺激。一个人如果不能适应快节奏的现代社会生活，就会在生理上或心理上出现障碍，最后将导致“现代文明病”的发生和体质的下降。

篮球运动已成为现代人生活中的一项重要内容。人们喜爱篮球，更多的是追求对这种文化现象的体验，追求身心的完善发展。生活节奏加快是现代社会的主要特征之一。现代社会给人们带来科学技术和财富的同时，也带来沉重的身心负担。高速运转下的精神疲劳，简单重复的劳动，天天往返于家和工作单位的单调乏味，雾霾、沙暴等环境污染，各种疾病的肆虐侵袭，给现代人的身心健康带来了威胁。而篮球运动无疑是人们缓解和转移这种威胁的积极有效的方式之一。篮球运动的快节奏有利于提高人们适应环境的能力，它的趣味性则有利于释放人们的这种身心压力。越来越多的人积极投身于篮球运动，他们不愿再做体育看台上的热心看客，不再满足为别人的运动击掌叫好，他们更愿意亲身去体验“生命在于运动”的真谛，去品尝身体运动带来的无限乐趣。人们从事篮球运动，体验到的是其中的文化价值和文化意义，实现的是现代人的文化观念和文化追求。篮球运动已成为现代人生活中的一项重要内容。

2. 篮球运动使人受益终生

“生命在于运动”这句名言，道出了体育锻炼的真谛。体育锻炼贵在持之以恒。随着人民生活水平的不断提高及全民健身计划的实施，终身体育观开始渐渐地印入人们的脑海，并逐步地被大众所接受，人们逐渐意识到，参与体育运动是一辈子的事情。篮球运动作为全民健身的普及项目之一，深受广大群众的喜爱，它简单易行，锻炼价值高，对增强体质、提高人体的各项机能都有积极的作用，是人们进行放松休闲的一种良好手段。因此，经常参加篮球运动对增进健康、提高工作效率具有十分重要的意义。篮球运动是人们实现终身体育的良好载体，使人们受益终生。

二、排球运动的社会价值

（一）形成社会观念

(1)排球运动有着规则规定和其他约定俗成的各种体育规范。只要参与其中就会受到规范的约束，规范意识便会逐渐增强，进而有助于法规观念的形成。

(2)排球运动有助于提高人的探索、创新精神和心理承受能力。排球运动需要克服障碍，人在年轻时候进行的排球运动更能体现出不断地遭遇障碍和经受挫折、不断地超越自我、不断地创新和提高的特色，锻炼者的心理承受能力也会随之逐渐增强。

(3)排球运动可以培养适应社会需要的价值观。当前我国社会的转型和深刻变革引起社会利益结构的变化，给人们思想观念带来了猛烈冲击，时代更替，社会上的价值观也因此而产生新的变化。排球运动不分国界、年龄、性别以及职位的高低，人人都可以从事和参与，体现着人与人的平等和在参与中夺取胜利机会的均等性。大家能从公平竞争中逐渐体会到，排球运动不仅是力量的抗衡、速度的角逐，更是知识与力量的综合比较，从而形成良好的价值取向。

(二)塑造人际关系

1. 促进个性形成

个性是指个人在其生理和心理素质的基础上，在一定社会环境条件下，通过实践锻炼和陶冶，逐渐形成的观念、态度、习惯和行为。人们的个性心理特征包括人的能力、气质和性格等内容。个性的形成与身体锻炼有着密切关系。排球运动对个性的培养有着重要作用，在对个性培养中既有共同点又因人而异。共同点表现为排球运动对人的个性形成有一定的约束作用，排球运动对人的个性形成具有调整功能，排球运动可以丰富人们的情感生活。

2. 促进协作意识

排球运动有着较为严格的分工，是集体体育运动项目。因此，协作意识、团队精神是取胜的关键。只有本队队员之间密切合作，齐心协力，并运用周密娴熟的战术配合，才能使这个集体协作运转，获得大于个体运作之和的整体效益，达到比赛所期望的目的。因此，排球运动对人协作意识形成具有重要作用。

3. 提高人际关系

人际关系是指在社会交往过程中，人与人之间所形成的和谐或抵触的情感关系。排球比赛中，队员之间的身体语言起着相互沟通的重要作用。因此，排球运动可以发展学生们的身体语言，并使之在社会交往中发挥作用。同时，在排球运动时所形成的自我意识行为在不断运动实践中将变成一个人的自觉行动。锻炼者将这种能力运用到社会交往中，就可以更真实地了解自己和别人对自己言行的反映，提高自己的社交技能。排球运动以其特有的方式满足了大学生身心发展的需要。

(三)改变现代生活方式及示范民主意识

由于社会的不断发展，当代青年在学习等各方面脑力劳动的增加，有可能造成身体的不适应和体力的下降。因脑力劳动而产生的疲劳，从全身转向大脑局部和高级神经系统。而繁重的脑力劳动又势必导致当代人生活方式的变化，并对其身心健康产生不良影响。经常进行排球运动，不仅可以通过肢体的运动，使高度疲劳的神经系统得以休息，使疲劳发生转移，还可以缓解精神紧张。排球锻炼可弥补和协调当代人生理和心理上的需求。排球运动有助于智力发展，消除脑力疲劳，促进工作和学习，提高学习和工作效率。这种认识使广大青年抛弃了陈旧观念，形成了现代健康的生活方式。

排球运动具有参与的大众性和比赛结果评定的公开性，这决定了排球比赛是一个民主过程，人人可以平等地参与其中。排球运动的民主化的产生影响着人们民主行为的养成，是教育和引导学生成为民主法制社会的成员的有效方式。所以，排球运动对培养人们适应社会的民主意识、养成民主行为具有示范作用。

(四)营造和谐氛围

推进素质教育的全面实施，是我国高等教育改革和发展的主旋律。体育教育是其中的重要方面。进行排球运动有利于创设和谐、愉快的课堂情境，使教与学形式多样，同时在排球运动中采取比赛形式更能营造良好的学习氛围，在这种和谐氛围中参与者掌握了排球的知识与技能，自身的能力得到提高。

（五）形成体育道德精神

体育道德是社会道德的一部分，是个体的品德在体育活动中的反映。良好的体育道德是一个国家和民族精神文明的具体体现。体育道德的内容表现形式包括体育道德意识、体育道德行为和体育道德规范三部分。排球运动能把人们团结在一起，使人积极向上、勇于创新，促使个性、独特气质的形成。所以，排球运动不仅是强体魄、长知识、增技能，更重要的一方面是让参与者的思想道德素质得到培养和发展。但要注意的是，良好的体育道德精神，并不是在一次排球运动中就能形成的，需要从小事做起，一点一滴慢慢形成。排球运动对体育道德精神的形成能起到重要的作用，这一点是毋庸置疑的。

三、足球运动的社会价值

（一）促进精神文明建设

在改革开放的今天，足球已成为我国许多城市中人们生活的一部分。人们从踢足球中得到情绪体验、从看足球中得到艺术享受、从谈论足球中得到思想交流，足球运动丰富了人们的业余文化活动，提高了人们的生活质量。足球已成为一些城市的政治、经济、文化、生活的重要组成部分。它吸引着千千万万个市民，它反映了城市的精神面貌，它是城市形象的标志之一，它是精神文明建设的载体。在有些城市，一支足球队往往代表了一个城市的性格与灵魂，成为当地球迷重要的精神载体与信念寄托，承载了一个城市的荣誉。

（二）振奋民族精神

在重大国际足球比赛中取胜，能激发人民团结拼搏、进取向上的精神和爱国主义热情。如喀麦隆足球队进入世界杯赛前 8 名时，总统拜耶授予守门员恩科诺和前锋米拉最高公民爵位——“勇敢勋爵”，对全体队员及教练员也授予“勇敢勋章”。他在讲话中称赞他们为整个非洲提供了一个经验，即“团结一致，为争取胜利而奋斗”。再如 1981 年 1 月，当中国队在香港战胜朝鲜等足球队，获得第十二届世界杯亚太区小组冠军时；1987 年 10 月，当中国队在东京战胜日本队获得进军汉城奥运会的名额时，神州大地一片欢腾景象，极大地鼓舞了为四化建设的中国人民，振奋了民族精神。2002 年 10 月 7 日，中国男足在 2002 世界杯亚洲区十强赛中战胜阿曼队提前出线，历史上首次获得世界杯参赛资格，举国上下人民无不欢呼雀跃。人口只有不到 32 万的北欧岛国冰岛并不是足球强国，而冰岛国家队在 2016 年欧洲杯赛中连克强敌，杀入八强，极大地鼓舞了冰岛人民的爱国热忱，而看台上冰岛球迷发出的吼声也令全世界球迷印象深刻。

（三）推动人际交往与国际交往

随着全民健身运动的推进，各种各样的足球赛事频繁，其中相当一部分比赛可以发展社会交往，协调人际关系，形成一个单位或社会的凝聚力，有利于创造一个富强民主、文明和谐的社会环境。在国际上，足球运动已成为各国之间政治、经济、文化交流的一种重要工具。它可以加强各国人民的相互了解，扩大文化交流，增进友好团结，促进世界和平，为争取良好的国际环境起到应有的作用，所以现代足球运动的作用和影响，已远远地超出了足球运动本身的范围。

（四）提高国家税收

足球运动造就了一大批狂热的足球球迷，球迷市场的广阔空间可由厂家、商家去开拓。从显而易见的球票、球场广告、电视广告、电视转播权，到已被人们认识的队服、球帽、球具，球迷加油助威所用的喇叭、围巾之类的球迷用品，以及众多深为球迷喜爱的球队和球员的球星卡、海报、挂历等，凡是由商家想象、开拓出来用于球场内外宣泄和表现球迷们的情感的产品都是球迷所需要的。现在的足球圈有了一个全新的名词叫“球迷周边产品”。而我们的国内俱乐部也在向欧洲传统俱乐部看齐，开发、设计一些带有球队烙印的体育用品、生活用品和娱乐产品，在自身经营实体店铺的同时也在电子商务网站上开设网上店铺，开拓、发展、挖掘市场。这些东西在市场上流通，不仅活跃了市场，增加了国家的财政税收，而且还促进了足球运动的发展与足球文化的产生。如欧洲和南美多数国家的足协，通过职业足球活动的收入，不仅完全可以保证这些国家发展足球事业的需要，还向国家缴纳可观的税金。中国足球在近几年受到国家的重视后，一些企业正大量投资转会市场，想要振兴中国足球，不少国际巨星如巴西的奥斯卡、胡尔克，阿根廷的特维斯、拉维奇等纷至沓来。同时，中国球员的转会身价和个人薪资待遇也有了成倍的提高，甚至违背了市场规律。足球已经从过去的事业型向产业型转化并已经形成一定规模，成为体育界的纳税大户。

四、乒乓球运动的社会价值

（一）使人和睦相处

社会稳定，国家发展，经济繁荣，才能使广大人民群众安居乐业。因此人们渴望和平和希望相互尊重，以获得共同的发展。体育项目虽然处处表现出了竞争，但是每一个竞争环节都有公正的规则约束。在比赛中各国运动员通过公平竞争及进行交流与切磋，使体育运动具有了特殊的意义。国度不同、语言相异、肤色有别，但只要在同一个赛场，大家便会从相同的起点，共同为发展这个项目做出个人的贡献。所以，体育可以培养人的平等意识，规范人的交往行为。例如闻名遐迩的“乒乓外交”，就是乒乓球运动为中国外交做出的贡献，小球转动地球，使得中美两国 20 多年来的人员隔绝交往的局面取得了历史性突破，为中美建交奠定基础。所以说，乒乓球运动对人们的和平价值趋向有着潜移默化的影响。

（二）体现自由、愉悦和平等

乒乓球运动寓意了人人都可以参与的平等性，不管你是男性还是女性、年龄是大还是小，是身体素质强或弱、肤色深或浅、地位高或低以及是否有宗教信仰，都可分享乒乓球运动的快乐。它搭建了一个平台，使每个人都乐于接受并愿意参与，在这种平等和谐的氛围里，不管水平高低，人们均能找到适合自己的对手和位置。它让人领悟到了机会的均等、参与的自由，从而使人们深深地体会到了乒乓球锻炼的舒畅和洒脱。一旦接触，人们便会被它的变化莫测所吸引并乐此不疲。它会使每一个热爱它、拥有它的人体验到什么是酣畅淋漓、爱不释手。而乒乓球运动的平等参与,也会对人们的平等观念和行为产生一定的影响。

(三)促进协作意识

乒乓球运动处处体现了合作精神。练习时,运动员双方配合才能达到练习的目的;比赛时,要有场外的指导才能帮助选手看清对方的弱点和自己的漏洞;双打时要两人的密切配合才能制胜;团体赛时要拧成一股绳,才能拾遗补缺,夺得最终的胜利。因此,乒乓球运动的集体性特点,有助于培养人们的协作意识和团队精神。通过参与乒乓球练习、比赛等一系列的活动,在长期的锻炼中会逐渐形成协作意识。这是一个潜移默化的过程,若在日常生活中逐步培养这种精神并用于人的一生,融入其工作学习生活之中,那将对事业成功有很大帮助。

(四)推进个性形成

个性是指一个人在其生理和心理素质的基础上,在一定社会条件下,通过实践锻炼和积累,逐步形成的观念、态度、习惯和行为。它是一个人比较稳定的心理、生理素质和社会行为特征的总和,是一个人能否适应社会或能否被社会接受的关键因素。个性特征包括一个人的能力、气质和性格等内容,其中最重要的是性格。热情和冷漠、自信和懦弱、谦逊和骄傲、内敛和外向等等这些性格的形成均与体育有关系。乒乓球运动正是一种能影响性格的形成的体育项目。

1.乒乓球运动对个性形成的影响

乒乓球锻炼不仅需要人们有较高的体能和技能的投入,还要有智力、情感和行为的参与。因此,人们可以在每次的乒乓球锻炼中有不同程度的提高和突破,也就是说进步是在每次的练习之中。人们就是在这一过程中不断发现自己的优点,找出自己的不足,并决定采用何种方式巩固和提高自己的长处,弥补和改进自己的短处。这种过程是促使人能够不断地形成自我认识,通过自我发现,进行自我改造的过程,也是通过乒乓球锻炼使人形成和发展个性以及实现人的社会化的过程。

2.乒乓球运动与进取精神的形成

乒乓球运动的竞争特性决定了参与者的练习目标,不论以锻炼身体为目的,还是以获得成绩为目的,只要一提到比分,参与者就会顿时精神大振,定要一争高低。这一特性决定了乒乓球运动是能促使人们主动、积极、自觉参与的运动项目,并且是为了打败对手这一目的日复一日地进行的艰苦练习,以使自己在技战术水平上得到全面的提高。这种顽强、拼搏、进取的精神对个性的形成与发展具有重要的意义。

3.乒乓球运动与道德品质的形成

现代社会决定着人们的道德形成,乒乓球运动除了影响人们的自我意识、自我约束能力和进取向上的精神外,它还能促使参与者用高度的责任感和良好的道德品质与同伴合作。它以约定俗成的道德规范着人们的行为,以复杂而快速的情感转移来领略成功的喜悦和失败的痛苦。乒乓球运动给人们提供了复杂多样的情感体验的机会。人们在这些体验中学会了相互理解和帮助;学会了自我控制和约束;学会了坚毅和顽强;也学会了诚实和平和。这些优良品质是终身受用无穷的财富。

(五)提升沟通能力

多彩的生活和成功的事业都离不开沟通。沟通可以使双方交流情感、交流思想。一个不能准确表达个人意愿和意图的人,又怎能被别人充分理解和支持?不理解支持就不能很好地配合,而不配合事业就不能成功。怎样才能提高与人沟通的能力、掌握沟通方式?乒乓球运动无疑是一个重要的途径。

乒乓球运动的特殊性,决定了必须由两人甚至更多人才能完成每次训练,而且每一个动作都需要老师的讲解、示范和指导。这时,无论是技术动作的纠正,还是练习中的相互配合都需要双方随时沟通。这种沟通不仅具有直观性、及时性和准确性,还体现出主动性、注意力集中性和信息交流充分性的特点。所以经常参加乒乓球锻炼,可以有效地提高与人的沟通能力,以形成良好的人际关系。

(六)改善自我意识水平

现代社会人与人之间的交往越来越含蓄,他人的评价往往是不直接、不真实的。因此,自我意识水平的提高有助于使自己保持清醒的头脑,取得成绩时不飘飘然,遭遇失败时不昏昏然。正确评价自身的优缺点,是保持良好的人际关系的重要因素。尤其是具有一定权力的人,若遇上巧舌如簧的下属,就不可能得到真正的反馈,从而脱离群众,久而久之,必将导致其自我意识水平下降,最终成为不受群众欢迎的庸人。

长期约束形成的自我意识行为,就会变成一个人的自觉行动,若将这种能力运用到社会交往中,就可以随时了解自己的真实情况和别人对自己真实情况的反映,从而以正确的思维和判断规范自己的社交技能。而这种自我意识能力的增强,还会引导着自己将落后的局面转为有利的局面,从失败的阴影里顽强地走出来。在比赛落后时自我意识强的运动员就能控制自我、采取措施,使比赛转危为安。如果我们在体育比赛中养成对别人所表现出来的真实情绪状态和行为做准确理解的习惯并运用于社会交往中,就能够掌握如何对别人做恰当而又为社会所接受的反应,从而提高我们的社交技能。

(七)改变现代生活方式

1.缓解工作疲劳

现代生活方式的特点之一就是体力劳动逐渐减少,脑力劳动日渐增长。而脑力劳动产生的疲劳会直接降低神经中枢的反射速度,影响大脑皮层的工作效率。

乒乓球运动的锻炼可以缓解大脑皮层的紧张和劳累,使疲劳的神经系统得到休息,肢体的运动也可以舒缓精神紧张,调节全身平衡。因此,紧张的工作之余拿起球拍打场乒乓球比赛,既消除疲劳,又调节情绪,还能预防和消除现代化生产劳动给人们带来的精神和身体的压力。

2.影响生活节奏

现代社会生活节奏的加快使得人们不得不调节自己来适应社会发展的速度。运动员和经常参加体育锻炼的年轻人对环境和生活节奏的改变有较强的适应能力，这是因为他们在运动中对各种运动技能的掌握和快捷活动的方式的适应，使他们在工作和生活时，避免了多余动作的出现，做到了便捷、准确地完成任务。经常参加乒乓球运动的人，反应比较灵敏，动作比较协调，这是因为乒乓球运动对人体神经系统和心血管系统产生了积极的影响。经常参加乒乓球运动，不仅可以提高人体对快节奏生活的应变能力和适应能力，同时也可以帮助人们克服对快节奏生活的抵触、恐惧、烦忧、焦虑等心理障碍，抑制身心的紧张情绪，以满足快节奏生活和工作的需要。

3. 使生活丰富多彩

现代人对生活标准的追求越来越高，除去物质需求以外，还不断追求生活质量的提高。怎样在闲暇时进行一些适合年轻人的、有益于其健康的运动，乒乓球运动是首选项目之一。乒乓球运动在技术上对难易、运动负荷的大小要求较松，又没有相互的身体冲撞，安全系数相对较高。小球变幻莫测的飞行给人们带来了无限乐趣。在闲暇时间里打打乒乓球，既可以使疲劳的身体得以积极地放松休息；又可以使体质增强，减少疾病的发生；还可以联系情感，广交朋友，改善人际关系。为了增进健康、增强体质、提高生活质量、延长工作寿命，每一个人都应马上行动起来，投入健身的行列中来，生活也将会因此变得更加生动、精彩。

4. 健身中广交朋友

乒乓运动的群众基础好、参与者众多，只要你喜欢上了这一运动项目，就会接触到不同职业、不同年龄、不同性别的人，在长时间的锻炼中自然而然地与他们熟悉和交往起来。没有目的性、没有企图的自然交往会使彼此的关系变得融洽，带来友谊。久而久之，在乒乓球锻炼中交朋友，和好朋友一起打球，会充实你的生活，这样使工作和生活变得更加多姿多彩。

（八）形成体育道德精神

1. 民主意识

(1)运动程序体现了民主

民主是社会进步和文明的象征，是社会公德和法律要求的具体体现。乒乓球被誉为“国球”，参与的大众性和绝对公开、公平性比赛结果，在整个程序上决定了比赛民主过程。只要符合规程的规定，任何人均可平等地参与其中，并且在抽签、分组、竞赛的整个过程中都采用了当众进行的绝对透明的方式，使胜负的判定和名次的角逐都有充分的民主监督。每一位参与其中的人，都能从严密的组织和锻炼中实际感触到民主的程序方式，自觉不自觉地受到民主化作风的感染和熏陶，养成民主化作风。这一民主已经被许多社会活动家视为民主程序的典范。

(2)促进行为规范

乒乓球比赛中的所有文件内容的制定都充分体现了程序民主，是对所有参与者行为的约束。既使运动员最大限度地发挥潜能战胜对手，同时也承担让对手在平等的条件下与自己竞争的义务。最终的胜利者虽不确定，但任何人不允许以任何超越规则的手段破坏最终结果的公平性。每一场比赛的结果，不但有规则、规程的规范，还有现场和电视机前的广大球迷监督。比赛赋予运动员申诉的权利和观众舆论监督的权利，比赛的完全透明，保证了体育目标民主化；同时，这种在公平制度之中自觉规范的行为方式，对人的民主行为习惯的养成起到了良好的促进作用，是教育和引导人民成为民主法制成员的有效方式。

2. 使人坦诚相待

乒乓球比赛中有一些约定俗成的行为规范，它们没有写在规则里，但存在于运动员的心中。如在国家和国际大赛中经常会看到：一个回合已经结束，裁判员已经给甲加一分，但甲用手一指，裁判员经核实后，又将甲的这一分减掉，给乙加上。这个情景就可能是乙打过来的球是一个连裁判都看不到的"擦边球"，虽然裁判已将比分判给了甲，但甲还是非常诚实地指出并要求裁判员更正过来。这种潜移默化的影响会让每个人受用终生。如果人们在任何领域或场所都能做到以诚相待，那我们的社会将会变得更加美好。

3. 增进相互间的友谊

不论从狭义或广义上讲，乒乓球运动都可以增进友谊。为了相互间更深地了解，人们可以以乒乓球为切入点，在运动中使双方更加了解、更加信任；为了促进两个单位间的合作，双方可以共同组织一次乒乓球友谊赛，以球会友，使双方合作更加愉快；"乒乓外交"更说明了这一点，小小乒乓球竟然打开了中美两国之间的外交之门，并被载入外交史册；而现在中国乒乓球运动与国外的交流更加频繁，不但有民间的，而且已经在中国的最高水平比赛——中国乒乓球超级联赛中出现了国外优秀运动员如朱世赫、福原爱、波尔、水谷隼等人的身影。这说明小小乒乓球已不仅仅是体育运动项目之一，它已经超出了体育运动范畴，成为沟通各国人民之间友谊的桥梁。

五、羽毛球运动的社会价值

（一）使生活更美好

由于羽毛球运动设备简单，一副羽毛球拍在哪个商场都能买到，对场地要求也不是太高，平整的地面、一定的空间就能进行，所以在中国普及率很高。在公园里、广场上经常能看到挥着球拍打羽毛球的人们，在体育馆里，则会看到更加专业的业余爱好者，他们穿着专业的装备，手持职业球员所用的品牌球拍，在标准的羽毛球场地上与球友对战。在羽毛球赛场上，一网之隔的双方你一拍我一拍，既是身体技术的对抗，也是头脑和思维的争夺，更是情感的体验与交流。在往返击球中体验到运动对抗的乐趣，使生活更美好。

（二）收获尊重和友谊

与乒乓球运动相似，高水平的羽毛球比赛不仅体现出运动员之间的拼搏与奋进，更能带来互相尊重和友谊。这种力量超越肤色、国界和文化。例如，当今羽坛的两大巨星——中国选手林丹和马来西亚名将李宗伟之间的惺惺相惜就被全世界的羽毛球迷津津乐道。二人年龄、能力都在伯仲之间，都取得了数不清的荣誉。在 2008 年北京奥运会和 2012 年伦敦奥运会的羽毛球男子单打比赛中，二人不留余力地拼杀和赛后的互相拥抱都成为羽毛球历史的经典瞬间。

六、网球运动的社会价值

（一）陶冶情操

网球运动是一项高雅运动，也是一项贵族运动。网球比赛对参与者有一定的要求，球场上使用最多的是“Thank you”“Sorry”等文明用语，当自己的球滚到邻场，而邻场正在练球时，要等到“死球”时才能进场捡球，并说“对不起”“打扰了”。

在网球职业比赛中，我们常看到裁判会提醒观众不要发出噪声，以免影响到运动员发挥，在一个精彩的回合结束之后才会爆发出喝彩声与鼓掌声。作为观众，应该注意以下几点。

(1)进场时，应该等“死球”，并且要快而不闹，不要大声喧哗。

(2)比赛期间，只有当运动员交换场区、局间或盘间休息时，才能在观众席进行短暂的走动或离场。

(3)观看比赛应尽量避免带能发声的物件。比赛过程中应该关闭手机或将手机设置于震动状态。

(4)当球处于“活球”期时，应保持安静，不可大声喧哗，更不要发出怪声。

(5)当一分决出胜负时，观众才能鼓掌，对精彩的比赛给予肯定。

(6)当球处于“活球”期时，不能用闪光灯进行拍照，尤其是队员发球时。

（二）提高社交能力

网球场是结识朋友的好地方，人们通过切磋球技而相识、交流。在这个大家庭里大家都是球友，没有年龄的界限，没有性别的障碍，没有门第的高低——网球让人们在欢声笑语中编织出一幅幅友谊的画卷。网球拉近人们之间的距离，提高了人们的社交能力。

第二章　大众球类运动健身文化建设

第一节　大众球类运动健身的理论基础

一、大众球类健身的新陈代谢基础

（一）糖代谢

糖是人体十分重要的供能物质之一。人体摄取了植物或动物性食物中的糖质，在消化酶的作用之下，转变为可以被人体吸收的葡萄糖分子（果糖可直接被吸收，不需经转变），经小肠黏膜的上皮细胞葡萄糖运载蛋白转运进入血液，成为血液中的葡萄糖，即血糖。血糖可以合成糖原，成为大分子的糖。在肝脏中合成并储存的糖称为肝糖原，在肌肉中合成并储存的称为肌糖原。另外，肝脏还可以将体内的一些非糖质物质，如乳酸、丙氨酸、甘油等合成葡萄糖或糖原，这一过程被称之为糖的异生作用。人体合成糖原和糖异生的过程共同组成了人体中糖的合成代谢。

体内的糖原和葡萄糖通过糖酵解过程、有氧氧化过程、戊糖磷酸途径、乙醛酸途径等进行分解代谢。糖分解代谢过程释放的能量为机体的运动提供能量需要。

在大众球类健身训练中，肌肉中 ATP、CP 下降，肌糖原无氧分解功能增强，肌细胞内 Ca^{2+} 含量增多。一些激素，如生长激素、甲状腺激素、雄性激素、儿茶酚胺等也发生变化。进而不断作用于肌细胞，使肌细胞不断地产生适应性变化。因此，在系统的训练之后，运动中消耗的 ATP、CP 和肌糖原，在练习后的恢复期可出现超量恢复，可使肌肉中 ATP、CP 和肌糖原含量增加、提高 ATP 的无氧再合成的速率，使 EK、PFK、磷酸化酶等活性增大。

总之，在正常情况下，人体内糖的分解和合成保持动态平衡。运动过程中，糖作为能源物质分解代谢供能，运动后的恢复期或长时间运动过程中，机体又可以重新合成糖作为能源。在大众球类运动中，当氧供应充足的情况下，机体的肌糖原或葡萄糖被彻底氧化分解成 H_2O 和 CO_2，并释放大量能量的过程，称为糖有氧代谢。可简单表示为：

$$\text{骨骼肌糖原或葡萄糖} \xrightarrow{\text{有氧氧化}} ATP + CO_2 + H_2O$$

（二）脂代谢

脂肪是人体基本的能源物质之一，是以有氧代谢为主的运动中的主要能源物质，人体摄入的脂肪主要来自动物脂肪和植物油。脂代谢与人体健康密切相关，有规律、有计划的大众球类运动对于改善机体的脂代谢状况、预防和治疗心血管疾病等有积极的作用。

脂肪具有疏水性质，需要借助机体自身的以及随食物摄入的各种乳化剂，形成乳浊液后，脂肪才能在体液的水环境中被酶解。因此，脂肪的吸收和转运过程比糖复杂。脂肪在人体被消化后主要形成甘油、游离脂肪酸和单酰甘油，还有少量的二酰甘油和未经消化的三酰甘油。

脂肪的吸收主要有以下两种方式：一种是小肠上皮细胞直接吞饮脂肪微粒；另一种是脂肪微粒的各种成分分别进入小肠上皮细胞，在细胞内，进入的脂肪分解产物又重新合成脂肪，形成乳糜微粒。乳糜微粒和分子较大的脂肪酸最后转移进入淋巴管，甘油和分子较小的脂肪酸可溶于水，在吸收后扩散进入毛细血管。因此，脂肪的吸收有淋巴途径和血液途径两种，但以前者为主。人体吸收的脂肪主要储存在脂肪组织内，如皮下、大网膜、肌肉细胞中等。人体的脂肪还可以通过以下方式转化储存，如合成磷脂，成为细胞膜的组成成分；合成糖脂，成为细胞膜和神经髓鞘的组成成分；合成脂蛋白，存在于血液中。

脂肪分解代谢产生的能量可用于多种生命活动过程，是长时间中低强度运动的主要供能物质。人体内贮存的脂肪作为细胞燃料参与供能只能通过有氧代谢途径，脂肪的分解代谢首先是脂肪分解成甘油和脂肪酸，其次是甘油和脂肪酸再进一步分解成二碳单位，最后生成 CO_2 和 H_2O。脂肪的有氧氧化过程可简单表示为：

$$\text{脂肪}\xrightarrow{\text{有氧氧化}}ATP+CO_2+H_2O$$

（三）蛋白质代谢

蛋白质是人体生命活动的重要组成部分，也是人体重要的能源物质之一，与机体运动之间存在非常紧密的联系。蛋白质虽不像糖和脂肪一样，可直接提供运动所需的能量，但蛋白质分解代谢过程中能产生许多物质，对糖和脂肪的供能有着重要的作用。

蛋白质的合成要经历一个复杂的过程。首先，蛋白质按照 DNA 模板上核苷酸排列顺序转录成 mRNA（携带遗传信息的能指导蛋白合成的一类单链核糖核酸）。其次，已接受了 DNA 遗传信息的 mRNA 作为蛋白质生物合成的直接模板，在 tRNA（具有携带并转运氨基酸功能的一类小分子核糖核酸）、rRNA（核糖体 RNA）的共同参与下，按 mRNA 上核苷酸的排列顺序翻译成蛋白质中氨基酸的排列顺序。参与蛋白质合成的氨基酸有 20 种，它们又可称为蛋白质氨基酸。

蛋白质的分解较为简单。首先，蛋白质分子在消化液作用下分解成其基本单位——氨基酸，然后被小肠主动吸收，几乎全部通过毛细血管进入血液。其次，氨基酸再经脱氨基作用等代谢过程，最终生成氨、二氧化碳和水。氨基酸在分解代谢中释放的能量可提供运动中的能量需要，但和糖与脂肪相比，氨基酸分解所供应的能量占人体运动时消耗总能量的比例较低。

机体在参与球类运动的状态下，蛋白质代谢的变化主要体现在机体对氨基酸利用率的增加和体内各种酶蛋白的合成速度加快。酶含量的增加有利于身体恢复，及物质合成能力、免疫力和机体适应能力的提高。在长时间大强度运动中，即使当食物中供糖不足或糖被大量消耗后，蛋白质供能也只占总耗能量的 15%～18%；一般的，在 1 小时的球类运动中，机体能量总消耗中蛋白质供能的数量仅占 4.4%。因此，无论人体是安静还是运动时，蛋白质供能代谢都不是能量的主要来源。但是，蛋白质的分解代谢和合成代谢平衡是维持人体生命活动的基础。

(四)其他物质代谢

1. 水代谢

水是人体主要的组成成分,是生命存在的基本条件,是各种生理机能的基础。水虽然不能直接产生能量,但它与能源物质的代谢有紧密的关系。

人体内的水主要从外界摄取。食物中的水分主要在小肠中被吸收;大肠可吸收通过小肠后余下的水分;胃吸收的水很少。水在机体的细胞中以两种形式存在:一种是游离水,约占 95%,形成细胞内液和细胞外液;另一种是结合水,通过氢键或其他键同蛋白质、糖原分子等结合,约占 4%~5%。随着细胞的生长和衰老,人体细胞的含水量会逐渐下降。

人体内的水是进行生物化学反应的场所,人体内的水具有参与体温调节、起到润滑等作用,并与体内的电解质平衡有关。正常人每天水的摄入和排出处于平衡状态。参与运动时,人体内的水会随着出汗量的增多而迅速流失。一次大的运动负荷(如一场足球比赛)可以导致人体失水 2 000~7 000 毫升,水丢失严重时即形成脱水,会不同程度地降低运动能力。因此,健身者在参加球类健身运动的过程中,要及时而适量地进行补水。

2. 无机盐代谢

无机盐在人所摄入的食物中大量存在。一般单价碱性盐类,如钠、钾、铵盐被人体吸收得很快;而多价碱性盐类被人体吸收得很慢。凡能与钙结合而形成沉淀的盐,如硫酸盐、磷酸盐和草酸盐等,不能被人体吸收。如 3 价的铁离子不易被吸收,维生素 C 可使高价铁离子被还原为 2 价的亚铁离子而促进其吸收。钙的吸收需要维生素 D 的存在,钙盐在酸性环境下溶解得较好,被吸收得较快。

无机盐在人体内主要以磷酸盐的形式存在于骨骼中(如钙、镁、磷元素等),作为结构物质,其他少量的无机盐(如钙、镁)以离子形式存在。

无机盐在体液中解离为离子,称为电解质,具有调节渗透压和维持酸碱平衡等重要作用。体液中主要的阳离子有 Na^+、K^+、Ca^{2+}、Mg^{2+} 等;主要的阴离子有 Cl^-、HPO_4^{2-}、HCO_3^- 等。这些物质在人体的细胞代谢活动中具有十分重要的作用。

3. 维生素代谢

维生素是维持人体生长发育和代谢所必需的一类小分子有机物。人体内不能合成维生素,虽然人体对维生素的需要量每天仅以毫克或者微克计算,但必须由食物供给。它们在结构上没有共性,一般根据溶解性质分为水溶性维生素和脂溶性维生素。水溶性维生素主要包括维生素 B_1、维生素 B_2、维生素 B_6、维生素 B_{12}、维生素 C、维生素 PP(烟酸)、叶酸和烟酰胺等;脂溶性维生素主要包括维生素 A、维生素 D、维生素 E、维生素 K 等。维生素不是组织细胞的结构成分,也不能直接提供能量,但它们对能量代谢及其调节过程有着重要的作用。

在人体中,大多数维生素都会参与辅酶的组成,因此维生素缺乏会影响酶的催化能力,引起代谢失调,从而降低机体运动能力。但是,在体内不缺乏维生素时,过量摄入维生素并不会提高运动能力。

二、大众球类健身的供能系统

（一）磷酸原系统

1. ATP

化学能是人体进行活动的能量基础，腺嘌呤核苷三磷酸（ATP）是直接供给肌肉活动使用的化学能。ATP是肌肉活动唯一的直接能源，也是人体其他任何细胞活动的直接能源，主要储存在细胞中，其中以肌细胞最多。ATP水解的放能反应可以为各种需要能量的生命过程供能，完成各种生理功能。如肌肉收缩、生物电活动、物质合成及体温维持等（图2-1）。

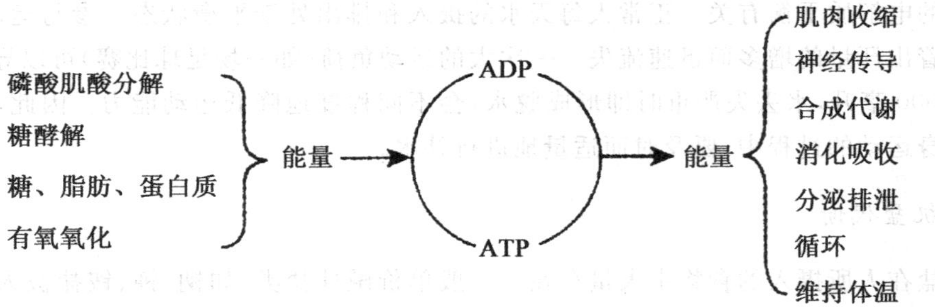

图 2-1

ATP是由一个腺苷大分子和三个较简单的磷酸根组成的，后两个磷酸根上有“高能键”储有大量化学能，故ATP又被称为高能磷化物。在进行化学作用时，ATP末端的磷酸键断裂，便释放出能量，使细胞做功或完成其生理功能。ATP是人体内瞬时能量的供体，而不是能量的贮存形式。运动时，肌肉内ATP分解直接供能，这是人体内能量代谢的中心环节。人体在运动时，储存在肌纤维中的ATP在ATP酶的催化下迅速分解为二磷酸腺苷（ADP）和无机磷（PI），释放能量，牵拉肌丝滑动，使肌纤维缩短，完成做功。ATP在人体肌肉中的储量较少，因此在参与球类健身运动时，ATP必须边分解边合成，这样才能不断满足肌肉活动的需要，使活动得以坚持。实际运动的时候，ATP一被分解就立刻再合成。根据运动训练的情况，能量来源有三个方面：一是磷酸肌酸分解；二是糖原酵解；三是糖和脂肪及部分蛋白质氧化。

2. CP

CP是人体的肌肉细胞内一种叫磷酸肌酸的物质，它也是一种高能量化合物。磷酸肌酸分解会释放出能量用来重新合成ATP。磷酸肌酸在人体内的储存量也极为有限，人体全身的肌肉内只有450～510毫摩尔磷酸肌酸。另外，重新合成磷酸肌酸，也要用上ATP被分解时所释放出来的能量，这个过程需要在运动后人体处于恢复状态时才进行，不会在运动训练的当时进行。这是因为磷酸肌酸在极高强度肌肉活动中被消耗殆尽，等到运动结束后才能恢复。

3. ATP-CP 系统

由于磷酸肌酸既能迅速分解放能，又不需氧、不产生乳酸，所以它与ATP一起在供能系统中称为磷酸原系统，即ATP-CP系统。ATP-CP系统并不需要把氧气输送到肌肉中才能运作，所需的能量物质也早已储存于肌肉细胞之中，而且其涉及的化学反应相对较少，因此ATP-CP系统是人体内最迅速的能量来源。磷酸肌酸和ATP因为其分子过大，不能被人体吸收，所以不能直接用作营养补剂。

ATP-CP系统是最大强度或最大用力运动中能量的主要来源，且供能的最大功率输出高。ATP-CP系统的供能特点是维持运动时间短，常为5～8秒，但输出功率在所有供能系统中是最大的。在5～10秒大强度运动时，能量的供应几乎全部来源于磷酸原供能，在恢复间歇中会生成少量乳酸。磷酸原在肌肉中贮量很少，在运动开始时最早启动，最早、最快被利用。在运动中，如篮球中的快速投篮和足球运动中的加速跑时，该系统发挥着重要的供能作用。

磷酸原供能系统训练最重要的是掌握休息间歇时间。如果间歇时间太短，磷酸原恢复量少，则重复运动时的部分能量由糖酵解提供，使血乳酸水平明显上升，不利于磷酸原供能能力的发展。反之，休息间歇时间过长，磷酸原虽能完全恢复，但是根据运动训练学的超量负荷原则，训练密度不足以刺激磷酸原，不利于磷酸原系统的供能能力的提高。

（二）糖酵解系统

当机体运动持续的时间在10秒以上且强度很大时，磷酸原系统能供给的能量就难以达到机体所需。这时，以支持运动所需的ATP再合成的能量就不能靠磷酸原系统供给，而是主要靠糖原酵解来提供。

糖酵解的原料是肌糖原，肌糖原在把葡萄糖分解成乳酸的过程中生成ATP。在氧供应充足时，这些产生的乳酸一部分在线粒体中被氧化生能，一部分合成肝糖原。乳酸是一种强酸，其在体内积聚过多会破坏内环境的酸碱平衡，使肌肉工作能力下降，造成肌肉暂时性疲劳。这样一来依靠糖原无氧酵解供能也只能使肌肉工作持续几十秒钟。无氧酵解供能时，不需要氧，但产生乳酸，故称乳酸能系统。其重要意义是在缺氧情况下仍能产生能量，以供体内急需。

人体在氧供应不足的条件下，骨骼肌糖原或葡萄糖酵解，生成乳酸并释放出能量合成ATP，用以补充在运动中消耗的ATP，维持运动的继续进行。在无氧情况下，1摩尔或180克糖原理论上可产生2摩尔或180克乳酸及3摩尔ATP。这种糖经过一系列代谢反应生成乳酸，并释放能量的过程，就叫作糖酵解途径或糖酵解供能系统，此过程是在细胞质中进行的一连串复杂的酶促反应，可简单表示如下。

$$\text{骨骼肌糖原或葡萄糖} \xrightarrow{\text{糖酵解}} \text{ATP} + \text{乳酸}$$

磷酸原系统和糖酵解系统供能过程都是不需要消耗氧的无氧代谢过程，它们构成人体运动时的无氧代谢供能系统，提供短时间人体进行极量运动时所需的能量。

（三）有氧氧化系统

人体在参与运动的过程中，当氧的供应充足时，运动所需的ATP便主要由糖、脂肪的有氧氧化来供能。有氧氧化能提供大量的能量，从而能维持肌肉较长的工作时间，这种有氧氧化供能系统称为有氧氧化系统。

一般地，1摩尔糖原可以被完全氧化成二氧化碳和水，并产生39摩尔ATP，其要消耗6摩尔(134.4升)的氧气。也就是说在有氧系统运作之下，以糖原作为燃料，每重新合成1摩尔ATP，人体便要摄取 134.4÷39=3.45 升的氧气。安静的时候可能要用 10~15 分钟,但剧烈运动只需要不到 1 分钟。

另外,脂肪和蛋白质也是有氧氧化系统的燃料。一方面,脂肪可以用作有氧氧化系统的燃料来重新合成 ATP。1 摩尔棕榈酸经氧化后能够产生 130 摩尔 ATP。要完全氧化 1 摩尔棕榈酸,人体要摄取 23 摩尔(515.2 升)氧气。因此,在有氧系统运作之下,以脂肪作为燃料,每重新合成 1 摩尔 ATP,人体便要摄取 512.2÷130=3.96 升的氧气,这比用糖原作为燃料时消耗多约 15%的氧气。另一方面,一般在身体处于饥荒、糖原消耗殆尽或非同寻常的耐力项目(如足球比赛中),蛋白质常用作有氧氧化系统的燃料来重新合成 ATP,否则蛋白质对提供热量作为肌肉活动的贡献很少。

与无氧系统比较,有氧系统在 ATP 的总生产量上是难以估计的。不过单从糖原方面计算,人体全身有肌糖 390~450 克,肝糖 80~100 克,血糖 5~6 克,人体内糖原的总存量为 475~556 克,共可产生 102.9~120.5 摩尔 ATP,即相当于 4 305.3~5 041.7 千焦(1 029~1 205 千卡)的热量,这是相当庞大的能量。另外,氧系统在大量合成 ATP 之外不会产生导致疲劳的代谢产物,所以是人体处于安静状态时供能系统的最佳选择。

在球类运动过程中,磷酸原系统和乳酸能系统都供应能量,但 ATP 和磷酸肌酸的最终合成以及糖酵解产物乳酸的消除却要通过有氧氧化来实现。所以,肌肉活动所需能量的最终来源是糖和脂肪的有氧氧化。人体中磷酸原系统供能的绝对值不大,维持的时间很短,但是能在短时间内快速作用,如篮球运动和球类运动中的跳、投等需要在几秒钟内完成的运动,全部靠该系统的储备为主要能源。

当然,健身者在进行不同的大众球类项目时,主要由一个供能系统完成供能任务,但是,整个供能任务不可能只靠一个供能系统就能够完成的,而是需要两个甚至三个供能系统共同完成的。每个供能系统都有其独特的特点和供能能力(表 2-1)。要想使体能训练的效果达到最佳,就必须充分、合理地利用好这三大供能系统,以取得最佳的训练意义。

表 2-1　三大供能系统的特点

供能系统	能源物质	输出功率	供能时间
ATP-CP 系统	ATP、CP	最大	最大为 6~8 秒
糖酵解系统	肌糖原、血糖	约为 ATP-CP 系统的 50%	30~60 秒达最大,可维持 2~3 分钟
有氧氧化系统	肌糖原、血糖	约为糖酵解系统的 50%	1~2 小时
	脂肪	约为糖酵解系统的 20%	理论上无限

三、大众球类健身的运动系统

(一)骨

骨是人体运动系统的重要组成部分,对健身者参与大众球类运动起着至关重要的作用,骨的功能有很多,主要包括以下几点。

(1)支持功能。骨与骨连接,构成人体坚固的支架。不仅支持机体的各种柔软组织,使人体得到一定的身体轮廓和外形,保持着某些器官的特定位置,使血管和神经能有规律地定向执行循环和传导功能,还支持着身体局部或整体的重量。

(2)保护功能。骨通过构成体腔的壁,对腔内的重要器官进行保护,如脊柱保护脊髓、胸廓保护心和肺、骨盆保护膀胱和子宫等。

(3)造血功能。骨是重要的造血器官,红骨髓可以制造血细胞。

(4)运动功能。骨是运动的杠杆,在神经系统的调节下,当肌肉收缩时,可牵引骨绕关节的运动轴产生各种运动。

(5)储备钙和磷的功能。骨盐中的钙和磷参与体内钙、磷代谢,处于不断变化的状态,因此骨还是体内钙、磷的储备仓库。

(二)关节

人体内的骨连结是骨与骨之间借助致密结缔组织和软骨组织的连结,借助它,全身和骨构成了骨骼,对整个人体起支撑和保护作用。骨连结是关节的一部分,对人体的运动起着重要的支点作用。

人体的运动离不开关节的运动。在骨骼肌的牵引下,运动环节(指两个相邻关节之间的部分)可绕关节的某一轴运动,从而使人体完成各种运动。关节运动主要有四种基本形式,分别为屈和伸运动环节在矢状面内绕冠状轴的运动(运动时两骨互相靠拢,角度减小为屈;反之为伸)、外展和内收运动环节在冠状面内绕矢轴的运动(运动环节离开正中面的运动为外展;反之为内收)、环转运动(环转运动环节的近侧端在原位转动,远侧端做圆周运动,整个环节的运动轨迹为圆锥体)、旋转运动环节在水平面内绕垂直轴的运动(使运动环节的前面向内侧旋转称旋内,反之为旋外)。另外,人体的关节还有滑动、水平屈和水平伸的运动形式。在体育活动中,受机械力作用,关节面的骨密质增厚,使其能承受更大的负荷。通过大众球类运动,参与关节运动的原动肌力量得到增强,对抗肌的伸展性提高,同时关节囊、韧带的伸展性也得到提高,故关节的运动幅度增大、灵活性提高。关节的稳固性和灵活性是一对矛盾,肌肉力量大,韧带、肌腱、关节囊增厚,对关节稳固性和防止关节损伤有利,但会影响关节的灵活性。

(三)肌肉

1.肌肉的构成

肌肉在人体的运动系统中占据重要地位。肌肉最基本的组成单位是肌纤维,许多肌纤维排列成肌束,表面有肌束膜包绕,许多肌束聚集在一起构成一块肌肉。肌肉中,水大约占3/4,其他1/4是固体物质(如能量物质、蛋白质、酶等),另外,肌肉中还有着丰富的毛细血管网及神经纤维,以供应肌肉的氧气和养料,保证神经协调。

骨骼肌是肌肉的一种,骨骼肌是指附着于骨骼上的肌肉。骨骼肌在人体内分布广、数量多,是运动系统的主体部分。一般认为,人体的骨骼肌有400多块,其占体重的比例因性别、年龄不同而有差异。成年男性约占40%,成年女性约占35%。骨骼肌在神经系统支配下,骨骼肌收缩牵动骨骼,或维持人体处于某种姿势,或产生人体局部运动及整体运动,最终促进机体完成运动所需的各种动作。

2.肌肉的工作过程

人体肌肉由多种组织构成,肌组织和结缔组织分别构成肌肉的收缩成分和弹性成分。其中,肌组织是肌肉的收缩成分,人体通过肌纤维的主动收缩和放松,实现各种运动;结缔组织是肌肉中的弹性成分,它与肌肉中的收缩成分并联或串联着,称并联(或平行)弹性成分或串联弹性成分。人体在进行各种运动时,肌肉进行各种收缩以完成各种动作。根据肌肉收缩的长度变化,肌肉的收缩形式主要有肌肉的向心收缩、肌肉的等长收缩(肌纤维虽积极收缩,但肌肉的总长度没有改变)、肌肉的超等长收缩(肌肉先进行离心收缩后,紧接着进行向心收缩的形式)三种。

四、大众球类健身的生理学原理

(一)超量恢复原理

生理学认为,超量恢复是人体在运动后出现能量物质代谢适应的一种机能状态。

首先,人体在活动过程中,机体所承受一定的负荷量会引起体内物质能量比较强烈的消耗,促使异化作用加强。

其次,人体在运动结束后,身体处于恢复阶段,机体的能量物质消耗后却能刺激和导致蛋白质的更新,以此来恢复机体的工作能力。

在整个完整的运动及恢复周期中,机体的恢复不是简单地抵偿能量的消耗,而是进行超量代偿,使机体的机能水平的恢复和工作能力的表现在一段时间内超过原有的水平。在经过一段时间锻炼后,通过增加负荷量对机体进行新的刺激,从而不断打破机体机能旧的平衡,使机体逐渐在新的基础上建立起新的平衡,最终的结果就是人的健康水平和运动能力不断获得提高。

(二)肌肉运动原理

根据用力方式和效果的不同,可将肌肉运动分为动力运动和静力运动两种形式。具体如下。

1.动力运动(等张收缩)

肌肉收缩产生的力使关节位置改变,肌肉长度发生变化,这类运动称为动力性运动。动力性运动具体又可细分为向心和离心运动两种。

向心运动:主要表现为肌肉收缩克服阻力,肌力大于阻力,使运动环节朝肌肉拉力方向运动。

离心运动:主要表现为肌肉在阻力作用下逐渐被拉长,阻力大于肌力,使运动环节朝肌肉拉力相反方向运动。

2.静力运动(等长收缩)

肌肉持续收缩,但长度不变,从而使关节在某种位置上固定以维持一定姿势的运动,称为静力运动(工作)。肌肉的静力运动又可细分为支持工作、加固工作和固定工作三种。

支持工作:指位于关节某一侧的肌肉持续收缩,以平衡阻力矩,使关节保持一定姿势的工作状态。

加固工作:指位于关节周围的肌肉同时持续收缩,以对抗关节由于外力牵拉作用而分离的工作状态。

固定工作：指关节运动轴两侧相互对抗的肌肉同时持续收缩，使关节保持固定的工作状态。

3.肌肉工作的杠杆原理

人体在运动中完成的任何动作都是以骨为杠杆、关节为支点、肌肉收缩为动力来完成的。从力学的角度来讲，肌肉工作是完全遵循杠杆原理来进行的。

在人体的运动中，肌肉工作的杠杆具有三个点：支点、力点和阻力点。其中，由支点至肌拉力作用线的垂直距离，称为拉力臂；肌拉力与拉力臂的乘积为肌力矩；阻力与阻力臂的乘积为阻力矩；肌力矩和阻力矩分别表示肌力和阻力对骨杠杆所产生转动作用的大小。

在肌肉工作中，肌力矩和阻力矩的关系大致有以下三种情况。

(1)肌力矩等于阻力矩：肌肉做静力工作。

(2)肌力矩大于阻力矩：肌肉做向心工作。

(3)肌力矩小于阻力矩：肌肉做离心工作。

(三)人体适应性原理

适应是一切生物的基本特征，是一切生物生存的基本条件。任何生物，如果不能适应就不能生存。当生物生存的环境(自然的、社会的)发生变化时，生物有机体能产生一种变异来适应它，这就是生物的适应。生物通过遗传保持特征，通过变异获得发展和进化。有机体在不断适应的过程中，一些常用的器官会发达起来，而另外一些不常用的器官则会逐渐退化。生物机体在形态、组织和机能方面的变化，能更好地适应环境的改变。上述"用进废退"的现象就是生物体不断进化的最基本的规律。

大众长期参与球类健身运动、经常参与身体锻炼，从而增强身体素质和运动水平，正是遵循生物进化和发展规律的结果。也就是说，通过参加大众球类运动，使机体承受运动负荷并逐步达到适应，然后再增加运动的负荷量，使机体在高一级水平上再适应。在这一过程中，有机体将不断提高适应能力和改善各器官、系统的机能和性状，于是人们的体质就不断得到了增强，运动成绩也不断得到提高。但是，一旦停止运动，身体机能亦将逐渐退化到一般水平或更差的状态。因此，健身者必须养成终身参与健身运动的良好习惯。

第二节 现代球类运动与全民健身

一、现代全民健身的需求

(一)现代全民健身的物质需求

1.生产力发展的需求

第二次世界大战以后，"和平"成为世界的主流与各个国家的共识。在获得了相对平稳的国际环境后，世界上的主要资本主义国家都开始大力发展本国或地区经济并获得了较大的成功，进而使得它们逐渐摆脱了战争创伤，发展形势一片大好。与此同时，科技的发展使得劳动者的生产方式得到转变，而且脑力劳动与体力劳动在结构上也发生了巨大变化。随着现代化的建设和生产力水平的提高，从事第三产业的人数与比例将会逐步增长。当进入知识经济社会后，脑力劳动者的数量大幅增加。人类进入现代社会，是以工业化为标志的。从农业社会到工业社会、从农业经济到工业经济、从农业生产到工业生产，人类从传统跨入了"现代"的门槛。从20世纪70年代开始，一些工业发达国家相继步入以信息化为标志、从工业经济到知识经济的后工业社会，人类从传统的现代化阶段跨入了后现代的社会发展阶段，与之相适应的是，未来人类的生活方式将进入一个以休闲为特征的时代，体育将融入生活，成为生活方式的有机组成部分。

劳动方式的变化给人们的生活也带来了一定的变化。伴随着社会生产力的发展，人类逐渐由运动状态的体力劳动者向安静状态的脑力劳动转化，致使整个人口中出现了以脑力劳动者为典型的"脑力疲劳""运动不足"等现象，大大改变了人类正常的生物适应能力，从而使大量以心血管、脑血管疾病为主的"文明病"随之产生。除此之外，高强度的工作和目标压力也会使人产生更多的心理压力，久而久之会带来诸如情绪不稳、精神失常、失眠、多梦等心理症状。这种情况势必在很大程度上削弱了人类固有的运动技能。在一定意义上说，也使得体育运动的社会价值变得越来越重要。这种价值就在于适应由于这种变化而出现的人类病理学机制的突变，以及减缓由此而引起的社会健康危机。因此，体育随生产力的变革而发展是一种历史要求，而大众健身则是实现这种需求的基本方法与手段。

2.物质文明建设的需求

物质基础决定上层建筑，这已经成为社会发展的一种普遍共识。对于全民体育健身事业来讲更是如此。根据马斯洛的需要层次理论可知，只有当人们满足了生存需要和安全需要以后，才会进一步寻求更高层次的需要。体育运动则属于中高级层次的需要，试想一下，如果一个人还不能吃饱，又怎么会想到去锻炼身体呢？由此可见，体育运动必须与社会物质文明建设同步发展。

社会的物质生产水平从根本上决定着体育运动发展的规模和速度，决定着体育事业内部的结构和比例。国外学者对1984年奥运会奖牌分布及获奖国的经济状况进行了比较研究，发现98%的奖牌都为经济水平较高、扫盲率较高和人口平均寿命较长的国家所获得。一个国家或地区国民总产值、国民平均收入等基本指标是体育运动发展的前提指标。前者对竞技体育可以起较大的作用，后者则对群众体育和学校体育的影响表现得较为直接。我国现阶段的社会发展目标为实现小康社会，完成这一目标要到21世纪中叶。而现在正处于21世纪初，因此这一阶段是朝这个目标前进的关键时期。在新的世纪里，社会化大生产不断向广度和深度高速发展，将给人们提供越来越多的物质财富和精神财富。生活方式的转变，人民的生活质量得到了很大的提高，反映人民生活质量的恩格尔系数正在逐步下降，在进入小康社会后群众健身的发展必将得到更大的社会支持。

纵观我国经济的发展，以改革开放后为例，这一时期直到现在，我国都是以经济建设为中心，积极探寻"走出去"和"引进来"的发展方法，并取得了令世界瞩目的成就，国民经济呈现出持续、稳定、快速增长的特点。特别是近几年，在国际经济环境相对低迷的情况下，我国的国民经济继续稳步增长。良好的经济发展状况，为我国社会各项事业的逐步开展提供了基本的保障条件。随着改革开放的不断深入和经济建设的突飞猛进，我国正同时进行以工业化为显著标志的现代化建设和以信息化为热点的后现代化建设。这种齐头并进式的双跨越，使中国物质文明的建设取得了巨大的成就。由于人民生活水平的提高，使得社会的主要矛盾发生了根本性的转变。现代的人们不再满足于基本的生活保障，而且更加追求生活质量、生存状态，开始重视生活质量。

3.现代休闲娱乐消费的需要

随着科技水平和社会生产力的不断提高，人们的生活方式今非昔比。在生产能力上效率大幅提升，由此也就使得劳动时间逐渐缩短，人们闲暇的时间不断增加，如何利用闲暇时间就成为人们仔细考虑的问题。首先需要明确一下关于“空闲”的问题，物理意义上的“空闲”，并不能给人们带来真正意义上的身心满足，它只是简单地获得了一种不需要劳动的时间，如果在这段时间内什么也不做，那就是简单的空闲，如果将其安排得当，使人能够在这段时间内由于参与某种活动而获得身心上的双重良好体验，那么这种“空闲”就变为了带有积极性质的“休闲”。因此，目前迫切需要对体育休闲娱乐进行研究，改变观念，解决在体育实践中凸显的问题。

体育休闲娱乐需要理论，说明休闲娱乐与体育之间以及与人的全面发展、社会健康发展的重要关系。在全面建设小康社会的前进步伐中，我国人民在越来越短的工作时间之外看到了实实在在的即将到来的休闲时代。自 1995 年 5 月起，我国开始实行 5 天工作制；1999 年又开始实施设立了春节、“五一”、“十一”的长假制度。在一年当中，加上每周的双休日以及法定节日，我国一般劳动者几乎有 1/3 的时间都在休假，这给人们的休闲生活提供了必要的时间条件。进入 21 世纪以来，随着清明、端午、重阳、中秋等传统节日列为国家法定节日，中国人民所享有的休闲时间进一步增加。与此同时，在意识形态方面，体育活动的重心，也由为宣扬意识形态优越性的争金夺银，转向为促进大众健康幸福的全民健身。

休闲成为一个时代风尚，为了附和这种风尚，需要人们拥有闲暇的时间、足够的金钱和享受的心情这三项基本元素。从闲暇的时间方面看，我们有一百多天的法定节假日，随着经济的发展，我们的假日会更多，工作时间会更短；从足够的金钱方面看，改革开放以来，中国的经济发展取得了巨大的成就，从中国整个经济发展状况来讲，国民生产总值每年都保持了 7%以上的增长速度，国家统计局的资料表明，到 2010 年，中国已有两亿人口属于中产阶级；从享受的心情方面看，近几十年来，特别是有了摆脱贫穷之后的舒畅情绪，自然就开始有好心情。

20 世纪末，社会对体育休闲娱乐的需求剧增，尤其在经济发达国家，各式各样的体育休闲娱乐活动已经成为人们生活的中心内容。为了迎合消费者需求、产品发展、法规调整的需要，政府和商人对日益膨胀的体育休闲娱乐市场采取行动。这些因素加在一起，使体育休闲娱乐的经营管理成为发达国家经济中最富有激情且报酬很高的行业。中国作为世界上经济增长速度最快的国家，必然要重视休闲这种突然到来的社会现象，也必然要重视体育在即将到来的休闲时代的作用。

（二）现代全民健身的心理需求

1.认知发展的需求

人类在现代社会中的发展越发全面，智力水平不断提升。随着身体素质的发展，人的认知能力也在不断的进步。而健身运动不仅能够增强身体素质和心理素质，还能够很好地促进人类的认知能力发展。各种项目的体育锻炼（特别是器械类），都有一个共同的特点：即在运动或高速运动中要求运动者既能对外界物体(如球、器械等),做出迅速准确的感知和判断,又能迅速感知、协调自己的身体,以保证动作的完成。这样长期的运动便能促进人的感觉、知觉能力的发展,提高人的反应速度,提高人的知觉判断能力,使人变得敏锐、灵活;有些运动项目还能充分锻炼人的思维能力、判断能力、记忆能力,如棋类运动。而体操、跳水、花样滑冰、健美操等运动项目则能充分发展人的创造力、想象力和创造美、欣赏美的表现力;一些走、跑等动作的发展对少儿感知和思维发展有重大的作用,在排队、赛跑、跳上跳下等一系列活动中可以培养低年龄学生的识别和理解上下、前后、左右、高低、远近和先后、快慢等概念,从而提高他们认识事物的能力。

2. 情感过程发展的需求

现代社会尽管各方面较为发达,但是为了在社会中更好地立足,还需要人们绞尽脑汁地参与社会竞争。久而久之就会使人产生较多压力和经受更多的挫折,进而产生较之以往更多的心理问题。例如,成年人会为了挣得更多的财富而伤透脑筋;学生会经常因名目繁多的考试、相互间的竞争以及对未来的担忧而产生持续的焦虑反应。据最新研究显示:一个人的成功,只有20%归诸于IQ(智商)的高低,而80%取决于EQ(情商)。尽管这种数据并不能完全说明所有问题,但从中我们起码可以得出这样一个结论,即工作效率的高低,学生学习效果的优劣,其情感取向发挥着重要作用。通过长期的实践使人们发现,体育锻炼中的情感体验强烈而又深刻,不管是在大众体育活动中,还是在各级学校的体育课上,抑或是在有竞争的运动场上,成功与失败、进取与挫折共存,欢乐与痛苦、忧伤与憧憬相互交织,同时人的情感表现也相互感染、融合在一起。另外,体育健身还可以转移个体不愉快的意识、情绪和行为。这种丰富的情感体验刺激,有利于人的情感的成熟,有利于情感自我调节能力的积极发展。在现实生活中人们也可以通过体育锻炼改善和调节自己的情感状态。

3. 意志品质培养的需求

意志品质是一个人的果断性、坚韧性、自制力以及勇敢顽强和主动独立等精神。意志品质既是在克服困难的过程中表现出来的,又是在克服困难的过程中培养起来的。体育运动从大方向上看是一种不断体会失败,并在失败中不断找寻获胜方法的活动。由于第一名只有一个,因此这个特点自然也就确定了参与体育竞赛的人大多数都是失败者。因此,失败对于体育运动来说是非常正常的一部分,而不是一种意外或不幸。如果能够将体育运动中的失败体验及之后的心理调节影射到社会各个方面中,就自然能够使人不断克服客观困难和主观困难的不利影响,正确看待失败、处理失败,以求找寻到正确的方法谋求成功,如此便能够培养良好的意志品质。

体育一般都具有艰苦、疲劳、激烈、紧张对抗以及竞争性强的特点。在参加体育锻炼时,常常意味着竞争,意味着要达到某级运动水平或锻炼标准,而这一过程总是伴随着强烈的情绪体验和明显的意志努力。换句话说,就是要求你必须付出努力与汗水。

4. 人格发展的需求

体育锻炼能发展人多方面的能力,这里主要包括人的协调能力、操作思维能力、直觉思维能力、应急能力等。体育锻炼还能磨炼人的性格和意志,使人变得坚强、刚毅、开朗、乐观。在参与体育运动的整个活动中能使人学会竞争,学会表现自己的才能与实力;体育运动也能培养人与他人合作的能力,增强团队意识,学会相互配合,使许多人凝聚成一个整体,为了共同的目标去努力。

体育运动能让你掌握一个与人相处的法则，这就是自己成功时要谦虚，别人成功时要给予真心的赞美和欣赏，大家共同成功时要善于分享，这一法则正是健全人格的法则。人们通过体育运动的各种项目不同运动方式进行不同的锻炼，并在其中学会控制自己的需要与性格，学会延缓需要的满足，学会解决动机与斗争的矛盾，从而使自己的个性倾向性更趋于成熟。体育活动还是一种很好地增加人与人之间相互接触的形式。通过与他人的接触，又可以使个体忘却烦恼和痛苦，消除孤独感。这些观念如果迁移到更广泛的社会生活中，则能有效地促进人的社会化进程，使人的个性日趋完善。

5.道德发展的需求

道德是人类行为的基本准则，而通过体育运动可以培养人们良好的道德意识、道德情感与道德行为习惯，体育对人的道德素质有提升的作用。奥林匹克运动产生的奥林匹克思想和精神由复兴奥林匹克运动会的主要倡导人顾拜旦提出来以后，被概括为“宗教、精英、休战、神圣和心灵美”五个要素写入《奥林匹克宪章》，其宗旨是：“奥林匹克主义是增强体质、意志和精神并使之全面发展的一种生活哲学。奥林匹克主义谋求把体育运动与文化教育融合起来，创造一种在努力中求欢乐，发挥良好榜样的教育价值并尊重基本公德的生活方式……使体育运动处处为人的和谐发展服务，以促进建立一个维护人的尊严的和平社会。”这就清楚地表达了奥林匹克运动的意义，它适用于一切体育运动。

6.心理治疗的需求

早期的对于人的健康标准只是片面强调身体、生理上的健康，而忽视了人的心理健康。在现代，越来越多的人迫于生活、工作的重重压力患上了许多心理疾病。这些心理疾病有时也会影响人的生理健康，当然，生理问题也会诱发心理问题，由此便可以看出人的身体和心理有密切的关系，健康的心理寓于健康的身体，心理不健康则会导致身体异常甚至患病。经过长年研究和实验，已经证明了体育健身是一种非常有效的心理治疗方法。美国的一项调查显示，1 750 名心理医生中，80%的人认为体育锻炼是治疗抑郁症的有效手段之一，60%的人认为应将体育锻炼作为一种治疗方法来消除焦虑症。在现代社会中，几乎各个年龄段的人群中都有很大比例的人患有不同程度的心理疾病，其中最为普遍的有焦虑症和抑郁症，而通过体育锻炼可以减缓消除这些心理疾病。

之所以体育运动可以作为治疗心理疾病的方法主要是因为人的本质心理不是孤立的，心与身是相互联系、相互作用的，人的心理与人周围的环境、与周围的人也是相互协调、相互影响的。而体育这一社会活动则为人提供了一块珍贵的活动空间，在这一空间中，人的心理与身体、人的主体与周围环境、人与周围的人能充分地交融在一起，从而促进主体对环境的适应、促进人际关系，使人达到身心平衡，获得身心健康。

同时，如果某些人存在心理上特别是人格上的某些缺陷，也可在这一空间中通过参加不同种类的项目得到较好的矫治。例如，对于一些不善交际、性格孤僻的人可以适当安排他们参加一些诸如足球、篮球等的团队运动。在这些活动中，只有通过与队友的配合才能顺利进行，在这种看似有些“强迫”作用的效果下，便会慢慢改变人际交往上的不足以及孤僻的性格。

(三)现代全民健身的社会需求

随着世界和平形势的演进,以美国为首的西方工业国家的经济发展迅速,科学技术突飞猛进,生产力水平不断提高。科学技术在生产上的运用,不仅使生产方式发生了根本性改变,而且使人们的生活方式也发生了很大的变化。生活方式与人们的健康息息相关,生活方式的变化,包括生活内容、生活领域、生活节奏、行为习惯等的改变,都会引起个人,乃至社会的健康问题。

一方面,生产与生活模式从过去单调、紧张、高度肢体运动的劳动模式向更加自动化、高度脑力化、智能化的模式转变,并不意味着现代社会的生产劳动降低了对劳动者身体素质的要求,相反,现代社会的生产劳动对人们的身体素质和科学知识提出了更高的要求,现代社会的劳动者不仅需要具有丰富的知识,掌握复杂的技术,还需要具有充沛的体力和精力,才能灵活、准确、协调地控制生产过程。而在休闲体育过程中,各种休闲娱乐的活动方式,既发展了劳动者的身体素质,又发展了劳动者的心理素质,有利于劳动者的身心健康,从而提高生产效率,达到社会劳动整体水平的提升。

另一方面,现代生活方式是在科学技术大发展的时代迅速形成的,它给人们带来实惠的同时,也潜藏着许多影响人们身心健康的隐患。而健身体育正是预防、减弱或消除这些隐患的有效良方和积极手段。通过适度的健身体育活动的参与,不仅能够弥补现代人在现代生活方式中的"运动不足",使参与者减少肥胖、提高心肺功能;同时还能增强体质,提高协调、灵敏、力量、平衡等身体素质,并使参与者经常保持头脑清醒、思维敏捷。因此,体育休闲生活方式在提高人们对现代生活方式中的承受能力,对抗现代生活方式中的生活危险,都有很高的价值和实质意义。此外,科学研究发现,经常参与运动健身,能促进如体内内啡呔等"快乐素"的分泌,这些物质能够调节情绪、振奋精神,诱发积极的思维和情感,达到缓解、释放由于紧张而造成的种种压力,减少抑郁、焦虑和困惑,从而预防、减少和控制现代"文明病"的产生和蔓延。

21世纪,科学技术将向经济、社会的各个领域广泛渗透,科技引起的产业结构的变化将给体育的发展留出较大的社会空间,而人们工作方式、生活方式的转换,将对体育提出更高的要求,体育将成为经济和社会可持续发展的一个组成部分。体育锻炼是新时代健康生活方式的"四大基石"之一。"四大基石"是指合理膳食、戒烟戒酒、心理平衡、体育锻炼。运动健身能够宣泄、疏导压抑的情感,使人感到舒畅和快乐,从而缓解和消除心理的不平衡;同时通过健身运动的参与,可以使人的身心在闲暇时间内得到更好的调整与发展。

从总体上说,体育是遵循事物繁荣发展的规律的,它随着社会的进步而不断向高层次、高水平推进,但是这种发展必须以社会的良性运行为前提。在我国建设和谐社会的进程中,既为健身体育的发展提供了良好的、稳定的发展空间,使体育的教育、健康、文化、娱乐功能可以得到较好的发挥,而且,和谐社会的建设也需要体育作为一种稳定的力量来维护社会的平衡发展,促进和谐社会的全面发展。

二、全民健身中球类运动的几点优势

(一)球类运动在全民健身中的群众基础优势

球类运动本身具有非常多的特点与价值,经常参加球类运动的人可以有效促进身心发展。

而球类运动对于全民健身来说也是非常适合的项目，可以说它是实施全民健身计划的基础因素。

以排球运动为例，排球起源于1895年的美国，此后排球运动本身以及它的衍生运动（其他种类的球类运动，如沙滩排球、软式排球、气排球等）迅速传播至全世界，得到了众多国家的重视。排球运动传入我国后成为国家体育非常重视的一项竞技性和全民性体育运动，深受广大人民群众的喜爱，直至今天排球运动在我国仍旧具有广泛的群众基础。这种群众基础的产生还在于我国的女子排球队曾经在国际赛场上获得的伟大荣誉，特别是在1981年11月中国女子排球队获得第3届世界杯女子排球赛冠军后，女子排球成为全国观众最喜欢的项目之一。这点从在当时的各级学校中学生们对于排球运动的参与热情就能看出。除此之外，由于人们的喜爱也使得排球运动技术中的"垫球"技术被列入了体育教学大纲之中。排球运动及其比赛激发了群众的积极性，带动了体育活动的全面开展，并提高了国家、社会参与体育活动的积极性。

不能否认的是，要想掀起人们对某项运动的关注，旗帜性人物是必不可少的，像排球这项运动之所以在我国可以开展得良好，主要是得益于我国女排在国际赛场的出色表现。然而仅仅有一个标杆性人物还远远不够，一项运动的流行与传播，归根结底还是需要广大群众的推动作用，即体育项目的群众基础。

（二）球类运动在全民健身中的普及推广优势

随着社会生活方式的较大转变，体育已经走入了更多人们的生活中，成为人们生活的重要组成部分。对于社会人来说，体育运动作为一种积极性休息活动，成为人们解除工作疲劳、保持身心健康的首选方法。同时，体育健身也是丰富业余文化生活、陶冶身心的良好方式。多重价值的存在使得越来越多的人加入体育健身的行列中来。据《我国城市社区实施全民健身工程的现状与对策研究》调查表明，实施全民健身工程后，人们的锻炼次数有所增加的达到了60.1%，维持原样的为36.3%，其中36.3%中约占总人数的20.9%是有常年参加体育健身习惯的。从数据的统计中就可以看出人民群众的健身、健康意识普遍得到了加强。为了继续培养人们的健身意识和行为，促进全民健身计划的落实，国家和各级政府投入大量资金，修建了全民健身工程设施。全民健身工程的配套设施大大改善了群众的锻炼条件，但问题又随之产生了，如有些城市的健身设施太少，有些地方甚至没有健身设施，不能满足人民群众日益增长的健身的需求，体育运动的开展受到体育场地、器材、设备等方面的限制。球类运动健身可以不过多地受这些因素的制约，但这也不是说球类运动完全可以脱离场地、设施而开展，这里所谓的较少影响主要是指开展简单的球类运动只要有一个球，就可以一个人进行技术练习，而当人数为6、8、10甚至更多的时候，又可以分组进行小规模的比赛，十分方便。为了适应全民健身的需要，近几年又流行起了许多球类运动的"变种"运动，如软式排球、五人制足球、三人制篮球等。多样的形式更加吸引了不同年龄段的健身者参与其中。

（三）球类运动在全民健身中健康身心的动态优势

不可否认的是，参加球类运动是一种强身健体的过程，同时又是磨炼意志品质、促进良好性格形成的过程。球类运动作为一种集对抗性、技巧性、集体性于一身的体育项目，可以有效提高参与者的五大身体素质（力量、速度、耐力、灵敏、柔韧）和多种运动技能，这对于人体的健康和优秀状态保持均可起到积极作用。

球类运动是一项对现代人心理和生理健康有益的健身运动，对抗性激烈，技术要求全面，严密的集体性和攻防技术的两重性都具备。同时,它又可作为随意打球的游戏,经常参加球类运动可以促进人体各器官系统的正常发育,改善人体机能状况,使人动作灵活,反应迅速,对人的健康十分有益。球类运动及其衍生的娱乐形式不仅对人体的神经系统、心血管系统有较好的锻炼,更可以提高人们对快节奏生活的应变能力和耐受能力。一些实验和社会调查证明,经常从事体育活动的人可以表现出超出不经常运动的人很多的自制、快乐、超我、坚韧、自信、合群和从容不迫的心理调节能力。球类运动还能减肥健身,保持健美形体,它是一项有氧运动,能消耗大量的能量,起到减肥的作用。随着动作技术水平的提高,球感增加,动作协调,同时还能锻炼头脑、手、脚、身体配合协调能力,随着有氧运动时间增加,既能减脂,又能塑造形体。

在现代生活中,生活内容丰富了,但随之加快的生活节奏有时也会让人们承受过重的负荷,使得人与人之间的感情逐步减弱,人际接触减少,于是层出不穷的心理问题成为现代社会新的难题。当一个人烦躁不安时,拍拍球、打打球可以暂时将烦恼搁置,将全部注意力放在球上,转移一下意识关注点,缓解心理压力。球类运动也可以三个人或五个人一起练或更多的人进行比赛,作为集体活动,它可以促进社会交往和增进友谊,在体育活动中人们可以得到归属于群体的崇高感,相互关怀和沟通的信任感,还可以形成强烈竞争、相互协作的独立人格,这些对于发展、健全和调节现代人的心理都能起到至关重要的作用。通过比赛,还能培养参加者良好的心理素质和勇敢、坚毅、果断及集体主义等优良品质。

三、球类运动在全民健身中的价值

近20年来,我国竞技体育在国际赛场上表现突出。但我们必须要清醒地认识到,竞技体育与全民健身之间有着较大的差别,尽管凭借以举国体制为主的发展方式可以在世界赛场上取得优异的成绩,但在现阶段,我国的全民健身事业发展仍旧较为滞后,相比于其他国家来讲,我国民众的健身意识还不够强烈。由此可以说,尽管我国在现今已经成为"体育大国",却不是一个真正的"体育强国"。因此,国家体育管理部门在深刻地意识到这个问题时,便在后奥运时期将全民健身工作摆在更为突出的位置上。

娱乐性球类运动是一种简单化和娱乐化的球类衍生项目,它一般不以正规球类运动规则为标准,因此在全民健身运动中更具有适配性,成为一项内容丰富、运动形式多样、以娱乐为主要目的、老少皆宜的游戏式运动项目,自身所拥有的易学有趣、健身健心、赛制灵活和参与团队性强等优势却能在全民健身运动中发挥应有的作用。因此,研究娱乐性球类运动在全民健身中的价值会对后奥运时期全民健身运动的深入开展产生重要的现实意义。为了便于解释这个问题,这里主要从娱乐性排球的低投入高附加值和参与性与适配性价值以及促进内层精神文化重新认识进行说明。

(一)低投入高附加值

相对于其他项目而言,娱乐性排球具有投入成本低、产出高的特点。娱乐性排球主要的投入在于场地和器材,作为娱乐性排球来讲,并不需要与正规排球等同的场地规格和要求,场地的大小较为随意,可以根据实际情况决定。而排球的价格也较为低廉,且不易损坏,场地与器材可以使用较长的时间,也就是说,娱乐性排球会花费较少的资金给参与者创造更持久的健身效益,也就是带来了更高的运动附加值。

娱乐性球类运动低投入、高产出的特点顺应了在我国当今的国情下全民健身运动的开展，这点还可以从社会效益价值和健康价值两方面体现。

1.社会效益价值

人际亲和、共建和谐——娱乐性排球作为一项集体性运动项目，需要多人参与，同时由于其项目特点决定了在运动的过程中大家都能在轻松、快乐、享受的氛围中比赛娱乐，大家相互配合共同感受到胜利的喜悦和运动的快乐。娱乐性排球把参与者紧紧地联系在一起，客观上为人们提供了相聚和交流的机会，使大家在玩耍和比赛中消除隔阂、化解争执、建立互信、友谊以达到人际亲和、共建和谐社区乃至和谐社会的目的。促进个体社会化——在人的社会化过程中，娱乐性球类运动可以发挥重要作用。娱乐性排球有一定的技术规格和规则，其活动有一定条件，它会限制、调节和约束着参与者之间的行为及彼此的关系，对培养青少年一代乃至督促成年人遵守社会生活准则和行为规范具有强化作用，在娱乐性球类运动中，参与者的社会功能、社会适应性和遵守社会规范的意识会得到高度发展，在娱乐和健身中能有效地实现个体社会化价值。

2.健康价值

球类运动的健身功能已经被广大群众所认可，这是无可置疑的。在娱乐性排球运动中尽管也包含着非常显著的健康价值，但它本身还包含有其他关于健身价值的解释。

(1)愉悦身心

娱乐性排球趣味性高、娱乐性强、简单易行、老少皆宜，能使参与者感受到轻松和欢快。人们可通过娱乐性球类运动在对抗中斗智、斗勇，在与同伴的默契配合中、在战胜自我中得到美妙的快感和身心满足。同时它可使人们在娱乐中产生自信、自尊，满足人们交往、合作的需要，使过剩的精力得到宣泄，使高强度工作带来的紧张和压抑得到消除，这既能陶冶情操，又能娱乐身心。

(2)提高个性心理品质

现代社会要求社会成员具有良好的个性心理品质，以适应高强度的社会生活。娱乐性排球以其丰富的活动形式使每个参与活动的人都有可能获胜或失败，使参与者能够正确对待成功与失败，提高承受挫折的能力，在失败中看到成功的希望、在成功中接受新的挑战。这对提高个性心理品质起到积极的作用。

(3)促进终身体育观的确立

大众休闲体育能够奠定终身体育基础，推动全民健身的开展。将高度技巧性及激烈对抗性的现代竞技项目软化成以娱乐为主的休闲性游戏活动，是现代群众体育发展的趋势。从体育文化的角度看，娱乐在物质层面上其质地趋向于轻、柔、软；在行为制度层面上，既有游戏性特点，又有竞赛的规范要求；在精神理念上，更趋于亲近自然，满足人们休闲娱乐需要。而娱乐性排球运动正是顺应了此趋势的发展，其必将在促使大众终身体育观确立过程中做出重要贡献。

(二)参与性与适配性价值

全民健身之所以有别于学校体育和竞技体育，其最主要的特点就是突出了其“全民”参与的性质。而通过若干年来的全民健身实践来看，在健身实践中并不是所有项目都具有非常良好的适配性，也就是说同时适合各年龄层次群体开展的运动项目较少。但是，娱乐性球类运动由于其自身所具有的易学、有趣、形式多样等特点，所以适合各年龄层次的大众开展。同时青少年、成年人、中老年人都可根据自己的情况选择适合自己的娱乐性球类运动，以达到促进各自不同发展需求的目的。

（三）促进内层精神文化重新认识

娱乐性球类运动不同于竞技球类运动，由它运动的本身所体现出的文化主要追求的是生活质量、愉悦身心和公平参与。在现代人们的业余生活里，已经有越来越多的人加入了休闲体育娱乐的健身活动中。为了适应全民健身的需要，包括排球、足球在内的许多体育项目都适当地进行了“软化”“轻体育化”的体育文化改造，娱乐性球类运动的文化魅力也就在于此。在过去的竞技球类运动的发展方向上派生出的娱乐性球类运动，着重突出的是球类运动的社会性、教育性、娱乐性和健身健心性。通过对竞技球类运动的软化，保留了球类运动本质特点，降低了技术难度，缩短了练习周期，减少了对初学者的肢体损伤，增加了球类运动的娱乐性、适应性和趣味性。这些特点无疑使娱乐性球类运动进一步的和平化和娱乐化。娱乐性球类运动的平民化趋向与大众文化意识在此点上表现得很明显，这无疑是顺应了当今世界体育文化的主流，促使了内层精神文化的重建。

第三节　大众球类运动健身的理论指导

一、大众球类运动健身的基本原理

（一）新陈代谢原理

新陈代谢，是指生物体在不断地与周围环境进行物质与能量交换中实现自我更新的过程，是物质代谢和能量代谢的总和，包括同化作用和异化作用两个相互对立又相互联系的过程。同化作用是指生物体从周围环境中摄取物质合成自身成分，并贮存能量的过程；异化作用是指生物体分解自身成分，同时释放能量并排出代谢产物的过程。当机体内环境的稳定受到破坏时，会导致代谢失调而出现疾病。有效的体育锻炼能使组织细胞内的酶系统产生适应性变化，提高酶的活动性，加速物质代谢和能量代谢的过程，从而增强体质。新陈代谢是生命的基本特征之一，一旦停止，生命也就结束了。

在球类健身实践中，要保证同化作用优势必备的条件：一是良好的身心状态。它是保证新陈代谢正常运转不可缺少的条件。二是保证足够的营养供给。大量进食虽然对保证同化作用优势起不了决定作用，但饥饿却会失去同化优势的条件。为了保证同化作用的优势必须补充足够的足以补偿异化作用所消耗的物质。三是控制一定的体力消耗，避免过度疲劳，才能保持同化优势。四是保证必要的休息，它是保证同化优势的重要条件。真正增强体质的过程是在休息中实现的，而运动只是引起同化作用优势的诱因。

（二）身心互制原理

现在越来越多的人开始认同身体不再是单纯的生理机体，而是心灵和躯体的结合点，身体不仅包含躯体，而且包含意识。有机体是内外相连，形神兼备的，健康的身体不仅是没有疾病和机体功能正常，而应是生理、心理和社会适应方面具有良好的状态。而体育从其本质功能而言，是直接作用于人的生理结构及其机能，但由于心理是生理的功能形态，所以对生理的改造必然导致心理的发展，并且也只有将心理的发展纳入到身体的改造中，让人的心理来调控人的生理，才符合人的体育特征。因此，体育不仅要体现在人的身体方面，也同时要体现在人的心理方面。实际上，体育就是一种有目的的使人的身体文化和谐的教育活动。因此，在体育锻炼活动中，锻炼者不仅要充分利用多种途径和方式来增进健康、增强体质，同时也应该充分发挥体育对人的多方面的作用和影响，也就是说体育锻炼应该是身心的全面锻炼。随着社会的发展，自然环境和人际关系对人的不利影响越来越大，更需要人们通过体育锻炼来调节人的身心协调发展。

（三）负荷强度法则

根据超量恢复原理，机体要有一定的负荷刺激，才能造成一定的反应，引起机体的能量补偿。但这种负荷刺激的大小要遵循负荷的强度法则。所谓强度法则，是指在一定的生理限度内，机体的应答性反应的大小，一般与刺激大小成正比。也就是说，机体的适应性反应取决于运动负荷强度（刺激程度），据此，我们可以勾画出四种典型的负荷模式（图 2-2）。

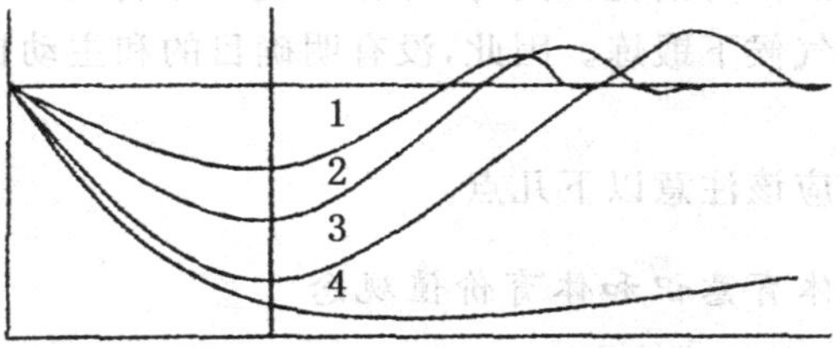

图 2-2

图中 1 为很小的负荷，超量恢复的效果也小；2 为较小的负荷，超量恢复的效果比前者大；3 为适中的负荷，可以获得理想的超量恢复效果；4 为过大的负荷，机体迟迟难以超量恢复。

由图 2-2 可见，小的负荷，引起机体小的变化，稍大的刺激引起机体较大的变化，更大的刺激，引起机体更大的反应，运动刺激过大，机体反应时间延长，甚至不产生超量恢复反应。

这样，在一定的生理范围内，负荷越大，超量恢复的效果也越大，适应性变化就越大；负荷变小，则机体引起的适应性变化的效果也小，这就是强度法则的精髓。

（1）必须要合理安排运动负荷，过小的负荷对机体影响不大；但负荷不能过大，如超过一定的生理限度，则应答性反应不但不会提高，反而可能降低。

（2）要注意克服“习惯性负荷”对机体的影响。所谓习惯性负荷，是指在一定时间内，不顾及身体已经发生的趋优变化，仍采用在量和强度上与以往相同的负荷方案。随着机体对这种负荷的逐渐“习惯”，机体所接受的负荷刺激就会逐渐减少，所产生的适应性变化也小，增强体质的效果也就不十分明显。习惯性负荷由于具有“习惯性”特点，加之人的心理惰性的影响，因而在锻炼中经常存在。要克服这种现象对锻炼效果的影响，就必须有计划地改变负荷，有针对性地增加负荷。

二、大众球类运动健身的基本原则

大众球类体育健身的原则是球类体育健身过程中客观规律的反映，是在长期的球类体育健身实践中积累起来的具有指导意义的经验总结和概括，是健身过程中必须遵循的行为准则。

（一）目的性原则

目的性原则也称主动积极性原则或意识性原则，是指运用宣传和其他手段，动员锻炼参加者在充分理解身体锻炼目的、意义的基础上，自愿、主动、积极地进行身体锻炼活动。

作为现代人的一种有目的、有意识的活动，球类健身自始至终均要受到一定目的所支配。对于人类总体而言，球类健身锻炼是为了谋求人类自身的健康完善和身体潜能的开发。就每个个体而言，也带有十分明确的自我身体完善的目的。单纯追求消遣娱乐或填充生活空间的目的和动机，不可能构成积极而有效的健身锻炼活动。

球类健身锻炼既是一种克服自身惰性的体力性活动，也是克服外界环境阻碍的意志性活动。锻炼者要不断地战胜贪图安逸的心理惰性，保证在预定的时间参加活动。在锻炼中，身体要承受相当的运动负荷，要有额外的体力消耗。同时，外界环境和条件是十分纷烦复杂的，常常要在风霜雪雨、炎热或寒冷的不良气候下锻炼。因此，没有明确目的和主动自觉的精神是不可能坚持下去的。

为了贯彻目的性原则，应该注意以下几点。

1.要注意提高人们的体育意识和体育价值观念

人们体育意识和价值观念的确立是推动人们参与球类体育健身的必要条件，而人们的体育意识和价值观念又依靠于两个重要的前提条件，即人们对身体重要性的认识和对体育作用的认识。人们对体育作用的了解和锻炼知识的获得，到坚持不懈的身体锻炼，其间经历了一个十分复杂的过程。此过程主要包括学习体育锻炼知识与方法→形成体育意识→实施体育行为→获得体育绩效这几个环节。由此可见，体育意识和体育价值观念对明确锻炼目的、促进锻炼行为具有十分重要的意义。

2.要注意目的的明确，并强化动机

目的是人们行动所要达到的预期结果，动机是促使行为发生的内在力量。人的一切行为总是从一定的动机出发，而动机的产生则是为了满足人们的各种需要。

通常我们通过对引起锻炼者个体动机各种需要进行认真分析，并加以因势利导来对锻炼者的目的动机进行强化。对于不同年龄的锻炼者要做到增强体质的核心引导，使其进入促进个体身体完善发展的方向上来。同时，要把明确目的与树立正确的人生观联系起来。只有树立积极进取、健康向上的人生观，才会找寻各种途径不断地充实自己，锻炼身体才会真正成为生活的内容之一。

3.要注意兴趣的培养和习惯的形成

球类健身锻炼的积极性首先来自正确的目的和动机，同时，对球类运动本身的兴趣也是其中

一个极其重要的原因。当人们对身体锻炼有着浓厚兴趣时，总会以积极的态度和愉快的心情去进行锻炼活动，并乐此不疲。在球类健身锻炼中将兴趣分为直接兴趣和间接兴趣两种，直接兴趣是对锻炼活动本身感到需要而引起的兴趣，间接兴趣不是指向活动本身，而是对健身锻炼未来结果感到需要而引起的兴趣。以上两种兴趣可以互相渗透，并且都对促进体育活动有利。在指导人们进行身体锻炼时，一方面要使锻炼活动的安排丰富多彩，引人入胜，富有情趣，把广大群众引导到体育锻炼中来。另一方面，要加强锻炼的目的性教育，着力培养人们对体育的间接兴趣。要把已有的体育兴趣强化到更高的程度。

兴趣能够诱发锻炼的自觉性，但自觉的锻炼还必须形成锻炼的习惯。这是兴趣不断被强化、锻炼行为长期坚持的结果。只有把身体锻炼纳入个人活动计划，形成生活制度的一部分，才能形成稳定的体育锻炼条件反射，机体也会形成新的生物节奏，身体锻炼才能持之以恒。

4.要做好检查评价，激发动力

身体锻炼的效果是逐步取得的、波浪式发展的，并不与锻炼活动同步，锻炼者本身感觉并不明显。人的情绪、心境受世事境遇的影响，有时也会对锻炼效果做出不切实际的判断或带有主观色彩。如果对体育锻炼评价为正向效果，则会对行为产生增力效应。反之，如果评价身体锻炼无效或负向效果，则会对行为产生减力效应，以至于完全停止。因此，要通过多种形式对身体锻炼效果加以检查与评价，并以此作为调动锻炼积极性的有力手段。

在体育锻炼实践中，往往通过医务检测、素质和成绩测验、定量负荷测验、自我感觉、参加比赛等多种形式，对锻炼效果加以评价。也可督促锻炼者养成定期接受检测和自我检测的习惯。对各项检测的结果，要运用体育专门知识和科学态度正确地分析，客观地评价。要注意总结个人锻炼中的经验教训，扬长避短，以果求因，摸索适合自身特点的锻炼内容、负荷、手段和方法。

（二）全面性原则

球类健身的全面性原则是指通过球类体育锻炼使身体形态、机能、素质和心理品质等各方面都得到全面和谐发展。人体的各组织、器官、系统之间是相互联系、相互制约的，它是一个有机的整体，也就是说身体某一方面的发展会对其他方面的发展产生直接的影响。在这种环境下，就要求我们在球类体育锻炼中要注意身体的全面锻炼，做到机体的全面协调发展。

由于人体是一个有机联系的统一整体，这就决定了如果身体出现某一个方面的发达或衰退，都会与其他方面有所关联和影响。生物进化的“用进废退”原理也告诉我们，在一定范围内，经常使用的部位、器官和系统会得以发展，并逐渐形成形态学和生理学特征。而那些长久不用或很少使用的部分，就可能萎缩或退化，由此造成身体发展的比例失调。

为贯彻全面性原则，应该注意以下两点。

(1)在进行球类健身时，应对改善机体形态、提高身体机能、适应环境、抵抗疾病、愉悦身心等方面进行综合考虑，全面发展。全面发展不等于没有重点，而是要根据个体的需要，发展各自职业需要的部位和素质，以及在劳动过程中活动最少的部位。这样有的放矢地进行锻炼，将收到更好的效果。

(2)进行球类健身时要注意内外结合，不能只注重骨骼、肌肉等形态上的锻炼，而忽视内脏器官、系统的功能锻炼，要做到机体能力的全面提高。内外结合还应身心合一，不仅要注重身体和动作的质量，更要求锻炼中精神集中、意念专注，使思想和动作紧密结合，这样不仅可以提高球类健身的效果,更能够获得精神上的享受和心理上的修炼,使自己获得物质和精神的双重效应。

(三)适量性原则

众所周知,健身锻炼对身体健康的良好作用,只有在运动负荷维持在适宜程度时方能取得。适量性原则是指体育锻炼要根据参加锻炼者的实际情况(年龄、性别、健康状况等),合理确定锻炼的运动负荷。人体能够承受的生理负荷都有相对的极限,锻炼的运动负荷要力求控制在一定的范围之内。锻炼效果的大小,很大程度上取决于运动刺激的强度,弱的刺激不能引起机体功能变化,而过大的负荷刺激可能损害健康。

目前各类文献中较为常见并在实践中运用较多的负荷强度掌握方法有以下几种。

(1)以脉率150次/分钟以下(平均130次/分钟)的负荷量为指标,谋求机体的有氧代谢能力。

(2)用180(体弱或病患老人用170)减去锻炼者的年龄数,所得的差作为锻炼时的每分钟平均脉率数。

(3)运动时的最高心率(次/分钟)=(接近本人极限心率-安静心率)×70%+安静心率。

(4)负荷指数评定法。

负荷指数=(运动后心率-运动前心率)/运动前心率×100%

其负荷对照标准为:小负荷为30%～40%,中负荷为40%～70%,大负荷为70%以上。

适宜的强度取决于能量的消耗和恢复的超量补偿,能量消耗过多,便产生了疲劳。适度疲劳经过休息和恢复,可以促进人体机能水平的提高,产生明显的锻炼效果。而过度疲劳则造成身体机能水平的下降并损害身体健康。适宜负荷既包括负荷强度,又包括负荷量。负荷强度简易方法一般以脉率来度量,而负荷量则以连续时间、次数、距离和重量等计算。为了准确掌握健身适宜负荷,应注意以下几个方面。

(1)要认真考虑负荷量和强度的配置。要根据锻炼者的身体状况和锻炼目标,科学地安排负荷的量与强度。不切实际地加大锻炼负荷的量与强度,往往会产生事倍功半的效果。

(2)要认真测定和分析运动负荷的内部数据。在安排内容和进行练习时,在对内部数据与表面数据之间的一致关系进行注意的同时,还要十分注意内部机能的变化,加强对机能变化状态的监测,并以此调节运动负荷。

(3)要认真安排休息,使之与负荷合理交替。积极性休息和消极性休息是运动休息的两种主要形式。在身体锻炼过程中常见的是运动与休息互相交替。最为有利的交替方式是安排休息时,先要安排积极性休息,后安排消极性休息,再采用积极性休息。休息时间过长或过短,都会影响实际锻炼效果。要掌握好休息的时间与“火候”,需要在专门指导下不断地积累经验。

(4)要避免过度疲劳。判断机体是否过度疲劳,可采用许多教育学、生理学和医学方法,锻炼者自身主观感觉,也是判断疲劳程度的重要标志。一旦诊断为过度疲劳,则应立即停止一段时间的锻炼,或采用其他恢复手段和方法。

(5)在安排负荷时要考虑与其有关的其他因素,如劳动负担、工作性质、休息方式、睡眠状况、食欲情况、营养状况、作息制度等。

(四)循序渐进原则

在进行球类健身锻炼时,锻炼者通常会按照事先制定的锻炼计划,经常地、持之以恒地从事身体锻炼，并且其锻炼的内容、形式都是由简到烦、由易到难，运动负荷也是由小到大。

进行球类健身锻炼，都是从不适应向适应转化的过程。同时，这一过程也是一个由“适应”向新的“不适应”转化的过程。面对新的健身项目，锻炼者开始会出现一定的不适应，而经过一段时间的锻炼，身体会逐步适应此项健身运动，而当机体出现持续性适应后，如果不增加练习负荷，即不增大负荷刺激，机体对该负荷的反应就会逐渐降低直到不明显，即出现“习惯性负荷”效应，身体锻炼的效果也会逐渐降低或不明显。球类健身锻炼的过程，也就是“两个转化”不断循环和螺旋式上升的过程。这就说明，锻炼者要想获得在身体形态、生理、生化等方面的良好变化，就必须坚持循序渐进的原则。

球类健身运动尽管没有像体育教学和运动训练那样对运动技术提出较高要求，但也应对运动方法和技能有一定的掌握。学习和掌握技能技术的过程，实质上是运动性暂时神经联系的建立和巩固的过程。要想建立、保持和完善这一条件联系，就必须对此进行不断的强化。如果中断练习，或时练时停，就必然会造成暂时神经联系的减弱、消退，这对掌握运动技能技术是不利的。

在贯彻循序渐进原则时，我们主要应注意以下几个方面。

1. 养成球类健身锻炼的习惯

养成球类健身锻炼习惯是循序渐进的基础。有规律的身体锻炼，可使身体形成较为稳定的生物节奏。良好的生物节奏，可保证每一次锻炼对身体产生良好的后效，并为下一次锻炼提供基础。下一次锻炼在新的基础上展开，并为而后的锻炼创造条件。如此反复进行，既获得身体锻炼实效，又养成锻炼习惯。

2. 循序渐进，稳步提高负荷

对青少年来说，在锻炼负荷上应保持一个逐渐增加的趋势。如果老是维持同一种负荷，就容易出现前文所示的“习惯性负荷”，影响锻炼的效果。因此，要想达到球类健身应有的效果，在负荷的性质和强度上就必须经常性地变换，并循序渐进地增加运动负荷。

同时，球类运动的负荷要与机体承受能力保持一致。对于青少年来说，由于身体处于生长发育过程中，其运动负荷呈逐渐上升的趋势；对中年人来说，身体机能和适应能力处于稳定状态，其运动负荷趋向应保持稳定，呈相对稳定的趋势；而对老年锻炼者来说，其总的运动负荷趋向是循序渐退的，呈逐渐下降的趋势。因此，盲目地增量或减量，不利于取得身体锻炼效果，必须遵循循序渐进原则，来对其球类健身运动负荷进行调整。

3. 要对体质和健康加强监测，预防伤害事故

如果在进行球类健身中出现伤病，就会对身体锻炼的连续性和循序渐进性造成影响，严重的甚至会直接中断锻炼。因此，在锻炼时，要注意运动安全，讲求锻炼卫生，并进行定期的体质测试和身体检查，及时发现病患，积极治疗。当疾病痊愈后重新锻炼时，要调整锻炼，逐步加大并达到预期的运动负荷。

（五）针对性原则

首先，在球类健身锻炼过程中，锻炼者会根据个人的实际情况以及客观的环境条件，对锻炼内容进行合理的确定，并选择正确的健身方法手段及负荷，使之更符合健身者个人实际。这也被

称为球类健身锻炼的针对性原则。在球类健身中，个体锻炼的差异性是普遍存在的，其锻炼的需求也是千差万别的，这就要求必须根据锻炼者的不同特点来区别对待；其次，球类健身手段的丰富多彩，使其具备了广泛的选择性，为了有效提高健身锻炼的实效，应对球类运动项目进行有针对的选择；再者，健身锻炼的环境也是经常变化的，健身锻炼也应该随着季节、气候等自然条件的变化，实时调整健身内容和方案。

在贯彻针对性原则时，主要应注意以下几个方面。

(1)锻炼者的年龄特点。人在不同的年龄阶段，身体机能是有显著差异的(图 2-3)，应根据人体生长发育的年龄特征，科学合理地进行健身锻炼。

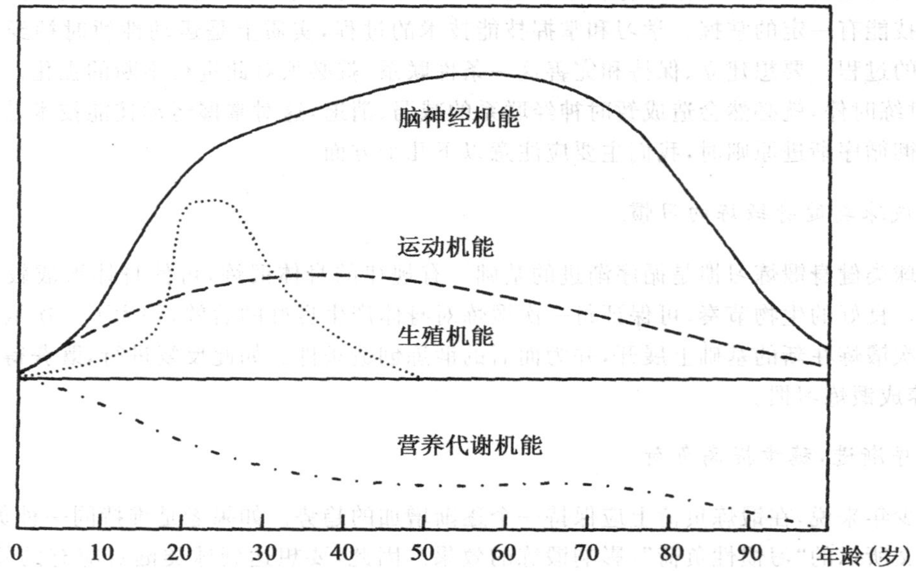

图 2-3

(2)锻炼者的性别特点。男女身体在许多方面都存在较大的差异。例如，男性肌肉发达，约占体重的 42%，而女性只占 36%左右，因此，女性在运动时，其健身负荷的安排要比男性的小。另外，女性在平衡和柔软等练习方面有一定优势，而男性在力量、速度及跳跃方面具有较大优势。

(3)锻炼者的身体健康状况。在锻炼内容、方法和运动负荷的确定上，人体各部位的机能状况是其主要的依据。在进行球类健身锻炼前，应对锻炼者的健康水平进行一定的掌握和了解，对于有疾病的人群，在进行锻炼时应遵循医生的指导和监督，做好运动的医务监督。对于病情较重的患者应暂时中止锻炼。

(4)锻炼者的职业特点。不同职业的劳动者在劳动强度上也存在较大差别，对锻炼者的职业特点进行充分的了解，就可以因人制宜地制定出合理的健身方案。

三、大众球类运动健身的环境选择

人与周围环境是密不可分的。自然环境中的阳光、空气、水等都是人类赖以生存的必要条件。良好的自然环境给人们的生活和健康带来莫大好处。如果环境条件不良，则可使机体产生应激，严重时可能损害健康。球类健身运动本身也可成为一种应激，如果机体在不良环境中进行球类运动健身，则需承受双重应激，从而改变运动时机体的反应甚至更易引发机体紊乱。因此，在进行球类运动健身时选择一个良好的环境是必要的。

（一）合理地选择气候

1. 气候对人体的影响

气候主要是由温度、湿度、气压、气流等因素构成的。通常人们在适宜的气候中，会感觉舒适、精神爽快，而如果人们处在不良的气候中，则很容易给机体带来伤害。如在高温、高湿环境中，会使人头晕、闷热难受、烦躁不安、疲乏无力等；在潮湿、阴雨天气中，会使人情绪低落；而在寒潮大风天气中，则容易使人心脑血管疾病发作概率增加。

在高温尤其是伴有高湿甚或还有阳光照射环境中进行球类健身锻炼时，机体实际感受的温度会比气温高得多，加上健身锻炼时产热增加，散热障碍，则极易引起高热、脱水甚至抽筋等中暑现象。在大雾天气中进行球类健身运动，由于气压低，供氧减少，则会使机体耐力下降，加上能见度低，在路上运动也极易引发撞伤等。在过冷尤其是伴有大风的环境中进行球类健身锻炼，由于身体热量过度散发可使体温下降，从而使机体受伤机会增加，甚至晕倒。通常安静状态下人的适宜温度为 21℃～23℃左右，湿度为 40％～60％；进行球类健身锻炼时由于代谢增强，此时适宜温度约15℃～20℃左右，湿度则为 20％～30％。考虑到一年四季中每天气温都有波动，人们每天进行球类健身锻炼时最好选择较凉爽或温暖的(7℃～27℃)时段进行锻炼。如夏天一般可在早晨 6～7 点或下午 5～6 点进行；而冬天则可选择上午 10 点至下午 3 点之间进行。总之进行球类健身锻炼应该尽可能避免过热(高于 32℃)尤其又伴有高湿时，或过冷(低于 5℃)尤其又伴有大风时，特别是体质较虚弱或健康状况不佳的人。另外太瘦的人也不宜在过冷的环境中进行球类健身锻炼，以防冻伤。

在高温或伴有高湿环境中锻炼，如果有以下症状之一出现，则应考虑是否在运动中出现中暑现象。

(1)脸色发白、皮肤湿冷、脉搏增快。

(2)头痛、耳鸣、眼花、恶心、呕吐。

(3)头晕、大汗、胸闷、乏力、口渴。

(4)高热、抽筋。

一旦出现上述症状，应立即停止运动，并迅速转移到阴凉通风处休息，同时还可以服用含盐(0.3％左右)的清凉饮料，必要时可以送到医院。

2. 不同气候环境下的球类健身

另外需要提及的是：有意识地合理利用自然环境中的阳光、空气、水等作为锻炼工具进行球类运动健身，这就是自然力锻炼，它可使机体获得适应外界气候变化的能力，从而增强机体对因气象变化引起的疾病的抵抗力。

另外，健康人在不利的气象环境下合理进行球类运动健身锻炼，则也可使机体逐渐适应这种不利环境，从而趋利避害。以下为在热环境和冷环境两种不同环境下进行球类运动健身锻炼应注意的问题。

(1)热环境中进行球类健身

①在进行球类健身锻炼之前单纯暴露于该热环境一段时间,身体应无任何不适。

②锻炼强度不宜过大,一般自己感觉稍费力即可。

③每次锻炼时间不宜过长,一般一次 15～20 分钟。

④锻炼前后注意补充清凉饮料。

⑤运动服装应适宜。

(2)冷环境中进行球类健身

①在进行球类健身锻炼之前,单纯暴露于该冷环境一段时间,身体无不适。

②锻炼前一定要充分做好热身运动。

③锻炼时尽量用鼻呼吸,减少冷空气对咽喉的刺激。

④服装应适宜,锻炼结束后应及时抹干汗水并换上干衣服。

(二)避开空气污染的地方

为了维持生命活动,人体需要通过呼吸来摄取空气中的氧气,而将机体代谢产生的二氧化碳排出体外。一般情况下,空气中的基本组成是恒定的,但是由于现代经济的发展,尤其是工业方面,许多的工业废气、交通尾气等都排入空气中,使空气中的组成成分发生了重大改变,造成空气污染,对人们的健康造成许多直接或间接的危害,如二氧化碳在大气中的含量超过 2%时,会使人们出现头痛、脉搏变缓、血压升高的症状,含量超过 10%时,人们就会丧失意识、呼吸麻痹而导致死亡;而如果在大气中,一氧化碳的浓度超过了千万分之一,就会使机体发生急性中毒。通常一个成年人的呼吸次数每天约为 2.5 万次,吸入的空气可达 10～12 立方米,而运动时吸入空气比安静时多得多。如普通成年人安静时每分钟约吸入空气 9 升,而剧烈运动时则可达 100 升,因此,如果进行球类运动健身锻炼时,空气受到污染,则吸入的有害成分就更多,对健康的危害也就更大。另外,空气中也存在许多带正电荷的阳离子和带负电荷的阴离子。一般认为空气中的阴离子可使机体镇静,有镇痛、利尿、降血压、增进食欲等作用,而阳离子正好相反。因而空气中阴离子越多,空气也就越清洁新鲜。一般在海滨、森林公园、瀑布处空气中阴离子会较多。总之,人体运动时应尽量避开空气不洁的地方,如交通拥挤的马路旁,而尽量选择空气新鲜的环境。比如,篮球、网球场,最好选择树木比较多的户外场地,而羽毛球、排球选择就更为广泛,最好是海滨或空气较好的公园。

(三)选择符合卫生标准的运动场地

球类健身运动是一种室内、室外都可以进行的健身运动,但不论是在室内还是室外,对场地的卫生要格外注意,尤其是在空气质量方面,一定要保持一个良好的呼吸环境。对于室外运动,良好的场地卫生能有效减少运动损伤的发生概率。如进行球类运动健身时场地地面宜平坦,无凹坑、碎石,无浮动和其他杂物,以免发生碰撞,另外,地面也不宜太滑以防摔倒。

(四)球类健身与社会环境因素

从个人来讲,人在这个世上生活,总会与社会形成各种联系,也经常会遇到一些不顺心的事情,容易造成精神紧张或不利情绪。而这种紧张的程度,则主要取决于你的看法。如果你坦然处之,则精神紧张的程度较小,否则可引起过度精神紧张,影响健康。精神紧张也与球类健身锻炼有着密切的联系。一方面,精神紧张程度会随着积极参加球类健身锻炼而得到有效减轻;但另一方面,精神紧张也会对球类健身锻炼效果以及参与健身锻炼的积极性产生影响。因此树立良好的人际关系,培养乐观向上的人生观也是非常必要的。

从社会来讲,人是社会的人,人的观念和行为总会受到家庭、社会观念和行为的影响。一般父母爱好运动,其子女通常也爱好运动,一个倡导球类健身锻炼的社会环境则有益于人们投入健身运动中去。当一个参加球类健身运动锻炼的人得到家庭、社会的支持和鼓励时无疑有助于其坚持进行球类健身锻炼。虽然对于大的社会环境,人们通常无法选择,但对于每个人周边的环境则有一定的选择性。俗话说“物以类聚,人以群分”,如能积极地和喜爱运动的同龄人一起参加球类健身运动,将有利于相互交流思想感情,更好地促进身心健康,且有助于对球类健身运动的坚持。

第三章 现代球类运动竞赛文化建设

第一节 现代球类运动赛事介绍

现代球类运动包含“三大球”(篮球、足球、排球)“三小球”(乒乓球、羽毛球、网球)以及其他球类项目,本节主要对“三大球”“三小球”项目的常见赛事进行介绍。

一、篮球运动的重要赛事

(一)NBA

NBA 联赛是由美国“全国篮球协会(简称 NBA)”创办的比赛,其比赛的激烈程度和水平被世人公认为世界之最。

NBA 是 National Basketball Association(国家篮球协会)的缩写,成立于 1946 年 6 月 6 日。成立时叫 BAA,即全美篮协会(Basketball Association of America),是由一家冰球馆和体育馆的老板为了让体育馆在冰球比赛以外的时间,不至于闲置而共同发起成立的。BAA 成立时共 11 支球队:纽约尼克斯队、波士顿凯尔特人队、华盛顿国会队、芝加哥牡鹿队、克利夫兰叛逆者队、底特律猎鹰队、费城武士队、匹兹堡铁人队、普罗维登斯蒸气队、圣路易斯轰炸机队和多伦多爱斯基摩人队。1949 年,BAA 吞并了当时的另外一个联盟(NBL),并改名为 NBA。1949—1950 赛季,NBA 共有 17 支球队。1976 年,NBA 吞并了美国篮球协会(ABA),球队增加到 22 支。1980 年,达拉斯小牛队加入 NBA。1988 年,夏洛特黄蜂队和迈阿密热火队加入 NBA。1990 年,奥兰多魔术队和明尼苏达森林狼队加入 NBA。1995 年,两支加拿大球队加入 NBA,即多伦多猛龙队和温哥华灰熊队,使 NBA 的球队达到 29 支。2004 年,夏洛特山猫队加入,球队达到 30 支。从 2009—2010 赛季开始,为了增加互动性,NBA 增设了球迷投票环节。2011 年,达拉斯小牛队获得 NBA 比赛冠军,此后两年,迈阿密热火队连续夺冠,2015 年,勇士队获得 NBA 总决赛冠军。2016 年,骑士队在总决赛中在 1∶3 落后的情况下逆转对手勇士队夺得了队史上第一个总冠军。

(二)奥运会篮球比赛

奥运会篮球比赛是国际水准的篮球比赛之一。1904 年,在美国圣路易斯举行的第 3 届奥林匹克运动会上,美国将发明不久的篮球运动作为表演项目。在 1936 年的第 11 届奥林匹克运动会上,男子篮球被正式列为奥运会的竞技项目之一。女子篮球是在 1976 年第 21 届奥林匹克运动会上被列为正式的竞技项目。奥运会篮球比赛每 4 年举行一次,参加队一般为上届的前 3 名、主办国、各大洲冠军队和预选赛产生的几个队。近年来，奥运会篮球比赛一般采用预赛、复赛、决赛3阶段进行。预赛通常采用分组单循环制，复赛和决赛多采用交叉制进行。2016年里约奥运会上美国取得男篮冠军。

（三）世界男子、女子篮球锦标赛

国际篮球联合会主办的世界性比赛，男子篮球锦标赛始于1950年，每4年举行一届。参加队为上届奥运会和世界锦标赛前3名，东道主，北美洲、中美洲、南美洲、欧洲、大洋洲、亚洲、非洲各1个队，主办国特邀队视具体情况而定，1986年第10届世界男子篮球锦标赛参赛队增至24个，由主办国，上届冠军，非洲与美洲、南美洲、中美洲、大洋洲、欧洲各队及主办国特邀队参加。世界女子篮球锦标赛，始于1957年，每4年举行一届，参加队为上届世界锦标赛前3名，上届奥运会前3名，主办国，亚洲、非洲、中美洲、南美洲、欧洲、大洋洲各1个队，以及主办国邀请的一个队。2012年1月28日，国际篮联正式对外宣布，每4年举行的世界男、女篮锦标赛将更名为篮球世界杯(Basketball World Cup)，首届男篮世界杯于2014年在西班牙举行，美国男篮队赢得金牌。2014年第17届世界女子篮球锦标赛在土耳其举行，美国女篮赢得冠军。

（四）亚洲男子、女子篮球锦标赛

亚洲篮球联合会主办的洲一级比赛。亚洲男子篮球锦标赛始于1960年，首届在菲律宾马尼拉举行。亚洲女子篮球锦标赛始于1965年，首届在韩国的汉城（今首尔）举行。中国男、女篮球队多次参加，并多次获得冠军。2015年，第28届亚洲男子篮球锦标赛由中国队摘得冠军，第26届亚洲女子篮球锦标赛由日本队摘得冠军。

2015年10月2日，国际篮联宣布在长沙进行的第28届男篮亚锦赛是最后一届亚锦赛，男篮亚锦赛将改制为篮球亚洲杯，澳大利亚队和新西兰队这两支大洋洲劲旅将被划入亚洲的范围——亚洲杯的成绩将与奥运会的参赛名额挂钩，举办时间也将从2年一届更改为4年一届。

（五）亚洲运动会篮球比赛

亚洲运动会简称“亚运会”，是由亚洲奥林匹克理事会（亚奥理事会）主办的亚洲地区规模最大、水平最高的综合性运动会。始于1951年，每4年举行一届。男篮比赛在第1届亚洲运动会上就被列入正式比赛项目。女子篮球比赛项目是在第7届亚洲运动会上被列为比赛项目。2014年亚洲运动会篮球比赛在韩国仁川举行。这次比赛一共设有男女子两个项目，男子篮球有16个队参加，女子篮球有11个队角逐，韩国分别获得了男篮、女篮比赛冠军。

（六）全运会篮球比赛

篮球是中华人民共和国全国运动会的竞赛项目之一，是国内最高水平的男、女篮球比赛。每4年举行一届，始于1959年。2013年，第12届全运会男子篮球比赛由广东男篮摘得冠军，全运会女子篮球比赛由解放军女篮摘得冠军。

（七）CBA

中国男子篮球职业联赛，即CBA，英文全称China Basketball Association，简称中国篮球协会。诞生于1996年的CBA，其初衷是希望借助职业化，带动中国篮球水平的整体提高，是中国篮坛的顶级联赛，云集了国内外乃至 NBA 的众多球星。

2004 年 4 月，国家体育局篮球运动管理中心正式推出“北极星”计划，力图将 CBA 建设成仅次于 NBA 的世界第二大联赛，让篮球成为中国第一运动。

2004—2005 联赛由原来 12 支球队增加为 14 支，比赛先由南北两个赛区球队进行双循环赛，再进行不同赛区球队单循环赛，决赛为五局三胜。这样的话，同一个赛区球队本赛季常规赛将采取两次主客场制，不同赛区的球队常规赛只进行一次主客场交锋。每支球队常规赛的比赛场次将增加到38场，远远高于 2003—2004 赛季的 22场。

东莞新世纪(2005 年)、浙江广厦(2006 年)、天津荣钢、青岛双星(2008 年)先后通过准入制度进入 CBA，联赛队伍规模达到 18 支。

2009—2010 赛季，云南红河奔牛因未达到准入制度相关标准，该赛季参赛资格被取消，此后 CBA 就一直只有 17 支球队参赛。

2013 年 7 月 19 日，中国篮协在其官方网站上公布了 NBL 俱乐部申请参加 CBA 准入实施相关文件，要求球队的注册资金必须达到 2 000 万元以上，而且新加盟 CBA 的球队需要缴纳 3 500 万元入籍费和 200 万元保证金，此外还需要保证未来三个赛季的资金充足率(每赛季不低于人民币 3 000 万元)。最终，四川队获得参赛权，CBA 在时隔五年后又恢复了 18 支球队的规模。

2014 年 1 月 19 日，CBA 联赛工作会议在北京举行。信兰成宣布 2014—2015 赛季会扩军，由于联赛不会有单数球队，下赛季扩充两支队伍，CBA 达到历史最高的 20 支球队。

2014 年 9 月 3 日，中国篮协在天津召开 CBA 联赛委员会，通过投票确认——江苏同曦和重庆翱龙加入 CBA 联盟，2014—2015 赛季 CBA 球队数量将由 18 支增加到 20 支。在 2014 赛季 NBL 比赛中，江苏同曦获得第二名，重庆翱龙获得第三名(获得冠军的广西因为组队年限不够不具备升级资格)。经过中国篮协对两家俱乐部的评估结果，两支球队符合篮协公布的升入 CBA 的准入标准。2014—2015 赛季北京金隅男篮获得 CBA 冠军。2015—2016 赛季 CBA 总冠军是四川金强队。

(八)CUBA

中国大学生篮球联赛，简称 CUBA。CUBA 是中国体育史上第一个采取社会化、产业化运作模式的大学生篮球联赛，是中国数百万大学生自己的联赛。1998 年，它踏着青春的节拍健步走来，如一轮红日喷薄而出，2002 年站在时代的潮头笑看风云，如一艘巨舰驶向大洋。CUBA 以不懈的探索和卓然的成就，将篮球运动在高校的普及和提高推到一个史无前例的高度，为中国篮球事业的发展奠定了广泛而牢固的基础，同时，CUBA 也深刻地影响着中国篮球改革和发展的方向和模式，为全面实施素质教育、加强校园文化建设提供了强大的平台和载体。2014 年，第 16 届 CUBA 由北京大学分别获得男篮、女篮冠军。2015 年，第 17 届 CUBA 男篮比赛由华侨大学男篮获得冠军，女篮比赛由天津财经大学女篮获得冠军。

二、足球运动的重要赛事

(一)世界杯足球赛

世界杯足球赛是国际足联组织的规模最大、水平最高的足球比赛。创始人为国际足联第三任主席朱尔·里梅。1928 年，国际足联在荷兰首都阿姆斯特丹举行会议，决定从 1930 年起每 4 年举行一届世界足球锦标赛(后改为世界杯赛)。1930 年、1934 年、1938 年进行了 3 届比赛后，因第二次世界大战到 1950 年才举办了第 4 届比赛，直至 2014 年共举办了 20 届，第 20 届世界杯足球赛总冠军为德国队。

(二)奥运会足球赛

从 1896 年第 1 届现代奥运会到 1908 年第 4 届奥运会，足球是表演项目。1912 年第 5 届奥运会时，足球成为正式比赛项目。1924 年第 8 届奥运会时南美洲第一次派队参加，并规定一个国家只能派一支球队参加。从 1960 年第 17 届奥运会起参赛队才明显增多。由于奥运会不允许职业运动员参加，所以直接影响了奥运会足球比赛的水平。为了妥善解决职业足球运动员参加奥运会足球比赛的问题，多年来国际奥委会和国际足联进行过多次研究，1978 年召开的国际足联代表大会明确规定，欧洲和南美洲参加过世界杯足球赛(包括预选赛和决赛)的足球运动员不得参加奥运会。1984 年 4 月，国际足联宣布，除上述不准欧洲和南美洲参加过世界杯足球赛的队员参加奥运会的限制外，今后不再区分职业和业余球员，但奥运会比赛对参赛队员的年龄加以限制，使它成为世界足球 4 个级别比赛中的一个。1993 年召开的国际足联执委会决定，允许每个参加奥运会足球决赛阶段比赛的队有 3 名年龄超过 23 岁的队员。至此，奥运会的足球比赛水平才有所提高。目前参加奥运会足球决赛阶段比赛的队有 16 支。1996 年第 26 届奥运会上，女子足球成为正式比赛项目。2016 年伦敦奥运会上，男子足球比赛由巴西队获得冠军，女子由德国队获得冠军。

(三)欧洲冠军联赛

欧洲冠军联赛，简称欧冠，是欧洲足球协会联盟主办的年度足球比赛，代表欧洲俱乐部足球最高荣誉和水平，被认为是全世界最高素质、最具影响力以及最高水平的俱乐部赛事，同时也是世界上奖金最高的足球赛事和体育赛事之一。

欧冠前身是 1955—1956 赛季创建的欧洲俱乐部冠军杯(European Champion Clubs' Cup)。1992—1993 赛季，欧足联对这项杯赛的赛制和名称正式进行了修改，赛事因此改成现在使用的“欧洲冠军联赛”(UEFA Champions League)，而旧有的名称“欧洲俱乐部冠军杯”则被套用于现在的冠军奖杯上。算上欧洲冠军杯时代，皇家马德里一共 11 次夺冠，之后是 7 次夺冠的 AC 米兰，5 次夺冠的拜仁慕尼黑和利物浦、巴塞罗那，以及 4 次夺冠的阿贾克斯。

三、排球运动的重要赛事

(一)世界排球锦标赛

世界排球锦标赛是世界上最早且规模最大的一项排球比赛。1949 年，第 1 届世界男排锦标赛在布拉格举行。1952 年，第 1 届世界女排锦标赛在莫斯科举行。都是每隔 4 年举行一次。1986 年起，国际排联限定参加世界排球锦标赛的队数最多不能超过 16 个。参赛队的确定方法是东道国代表队和上届锦标赛的前 7 名为直接参赛队，其余的队是来自五大洲排球锦标赛的冠军队(如果洲冠军队已获直接参赛资格，则按名次顺序替补)。另 3 个名额则在国际排联组织的资格赛中产生。2014 年,第 17 届世界男子排球锦标赛由波兰队获得冠军,女子排球锦标赛由美国队获得冠军。

(二)世界杯排球赛

世界杯排球赛原为欧、亚、美三大洲的男子排球赛。1984 年,国际排联将该项比赛扩大成为世界性比赛,并称其为世界杯赛。1965 年,在华沙举行了第 1 届男排世界杯赛,1973 年在蒙得维的亚举行了第 1 届女排世界杯赛。以后每 4 年举行一次。经国际排联批准,从 1977 年开始,举办的地点固定在日本。世界杯赛的参赛队最多不超过 12 个,一般是由东道国代表队、上届冠军队和各洲锦标赛的前两名构成。2015 年,世界杯男子排球赛由美国队摘得冠军,世界杯女子排球赛由中国队摘得冠军。

(三)奥运会排球赛

1964 年,在日本东京举行的第 18 届奥运会上,排球比赛被正式列为奥运会比赛项目。奥运会排球赛的参赛队一般男子为 12～16 个队,女子为 8 个队,其参赛资格一般为直接参赛的是东道国队、上一届的冠军队、上一届世界杯赛冠军队和五大洲锦标赛的冠军队。2016 年里约奥运会上,男子排球赛由巴西队摘得冠军,女子排球赛由中国队摘得冠军。

(四)世界男排联赛和世界女排大奖赛

世界男排联赛与世界女排大奖赛两项比赛都是国际排联举办的商业性大赛。世界男排联赛始于 1990 年,以后每年举行一次,该项比赛采用主客场制。2015 年,世界男排联赛由法国队摘得冠军。

世界女排大奖赛始于 1998 年,以后也是每年举行一次。该项比赛采用巡回赛的方法进行。以上两种比赛因为商业色彩很浓,所以凡申请报名参赛的队,都要通过国际排联规定的场馆、通信、交通等“专门硬件”资格的审查,因此这两项比赛每年的参赛资格及参赛队数的多少,都是赛前由国际排联组织专门机构进行研究后协商而定的。2015 年,世界女排联赛由美国队摘得冠军。

四、乒乓球运动的重要赛事

(一)奥运会乒乓球比赛

1981 年,在巴登召开的第 84 届国际奥委会上,由国际乒联提出申请,最终决定将乒乓球列入 1988 年奥运会正式比赛项目。会议决定,每隔 4 年举行一次,原来设有男子单打、女子单打、男子双打和女子双打 4 个项目。从韩国汉城(今首尔)举行的第 24 届奥运会开始,国际乒联由 136 个会员国扩充为 186 个会员国。为了增加奥运会乒乓球比赛项目的精彩程度,国际奥委会于 2005 年批准了国际乒联的提议,即在不增加参赛人数与比赛天数的前提下,从 2008 年的北京奥运会开始,奥运会乒乓球项目的团体比赛取代原来的双打比赛,北京奥运会乒乓球比赛的项目设置为男子单打、女子单打、男子团体、女子团体。在此之后的 2012 年伦敦奥运会以及 2016 年巴西里约奥运会都沿用了 2008 年北京奥运会的乒乓球比赛赛制。

乒乓球运动被列入奥运会正式比赛项目之后的历届男女单打冠军见表 3-1、表 3-2。

表 3-1 奥运会乒乓球男子单打冠军

届数	年份	举办地	冠军
第 24 届	1988 年	韩国汉城(今首尔)	刘南奎(韩国)
第 25 届	1992 年	西班牙巴塞罗那	瓦尔德内尔(瑞典)
第 26 届	1996 年	美国亚特兰大	刘国梁
第 27 届	2000 年	澳大利亚悉尼	孔令辉
第 28 届	2004 年	希腊雅典	柳承敏(韩国)
第 29 届	2008 年	中国北京	马琳
第 30 届	2012 年	英国伦敦	张继科
第 31 届	2016 年	巴西里约热内卢	马龙

表 3-2 奥运会乒乓球女子单打冠军

届数	年份	举办地	冠军
第 24 届	1988 年	韩国汉城(今首尔)	陈静
第 25 届	1992 年	西班牙巴塞罗那	邓亚萍
第 26 届	1996 年	美国亚特兰大	邓亚萍
第 27 届	2000 年	澳大利亚悉尼	王楠
第 28 届	2004 年	希腊雅典	张怡宁
第 29 届	2008 年	中国北京	张怡宁
第 30 届	2012 年	英国伦敦	李晓霞
第 31 届	2016 年	巴西里约热内卢	丁宁

(二)世界乒乓球锦标赛

国际乒乓球联合会主办的世界乒乓球锦标赛,任何会员协会均可派运动员参加,是世界乒乓球赛中规模最大、水平最高、参赛人数最多、唯一含有全部 7 个项目的比赛,共设有男子团体、女子团体、男子单打、女子单打、男子双打、女子双打、混合双打。

目前,世界乒乓球锦标赛逢双年举行团体比赛,逢单年举行五个单项的比赛,各项的奖杯均以捐赠者的姓名或者国名命名。

世界乒乓球锦标赛的 7 个冠军奖杯是流动的,各项冠军都可以保留奖杯至下届比赛开始之前。男女单打如果连续获得 3 次冠军,国际乒联就会制作一个小于原奖杯一半的复制品,赠获奖运动员和团体永久保存,以表示对其成绩的肯定。其中,我国的乒乓球选手庄则栋由于连续获得第 26、27、28 届该项赛事的男单冠军而获此殊荣。

世界乒乓球锦标赛是仅次于奥运会乒乓球比赛的一项重要赛事,2000 年之后获得世界乒乓球锦标赛的男女单打冠军见表 3-3、表 3-4。

表 3-3 世界乒乓球锦标赛男子单打冠军(2000 年之后)

届数	年份	举办地	冠军
第 46 届	2001 年	日本大阪	王励勤
第 47 届	2003 年	法国巴黎	施拉格(奥地利)
第 48 届	2005 年	中国上海	王励勤
第 49 届	2007 年	克罗地亚萨格勒布	王励勤
第 50 届	2009 年	日本横滨	王皓
第 51 届	2011 年	荷兰鹿特丹	张继科
第 52 届	2013 年	法国巴黎	张继科
第 53 届	2015 年	中国苏州	马龙

表 3-4 世界乒乓球锦标赛女子单打冠军(2000 年之后)

届数	年份	举办地	冠军
第 46 届	2001 年	日本大阪	王楠
第 47 届	2003 年	法国巴黎	王楠
第 48 届	2005 年	中国上海	张怡宁
第 49 届	2007 年	克罗地亚萨格勒布	郭跃
第 50 届	2009 年	日本横滨	张怡宁
第 51 届	2011 年	荷兰鹿特丹	丁宁
第 52 届	2013 年	法国巴黎	李晓霞
第 53 届	2015 年	中国苏州	丁宁

(三)乒乓球世界杯比赛

乒乓球世界杯同样是乒乓球运动的一项重要赛事,它与奥运会乒乓球比赛、世界乒乓球锦标赛并称为世界乒乓球三大赛事。乒乓球世界杯比赛于 1980 年正式诞生,其中首届女子乒乓球世界杯比赛于 1996 年在中国香港举行,该赛事每年举办一次,其中只有 1999 年由于赛事赞助商的问题停办一年。

乒乓球世界杯比赛共包括男女单打以及团体四项赛事,近些年的乒乓球世界杯男女单打冠军见表 3-5、表 3-6。

表 3-5 乒乓球世界杯男子单打冠军(2010 年之后)

届数	年份	举办地	冠军
第 31 届	2010 年	德国马格德堡	王皓

续表

届数	年份	举办地	冠军
第 32 届	2011 年	法国巴黎	张继科
第 33 届	2012 年	英国利物浦	马龙
第 34 届	2013 年	比利时韦尔维耶	徐昕
第 35 届	2014 年	德国杜塞尔多夫	张继科
第 36 届	2015 年	瑞典哈尔姆斯塔德	马龙
第 37 届	2016 年	德国萨尔布吕肯	樊振东

表 3-6　乒乓球世界杯女子单打冠军(2010 年之后)

届数	年份	举办地	冠军
第 14 届	2010 年	马来西亚吉隆坡	郭焱
第 15 届	2011 年	新加坡	丁宁
第 16 届	2012 年	中国黄石	刘诗雯
第 17 届	2013 年	日本神户	刘诗雯
第 18 届	2014 年	奥地利林茨	丁宁
第 19 届	2015 年	日本仙台	刘诗雯
第 20 届	2016 年	美国费城	平野美宇(日本)

截至目前,获得乒乓球世界杯男子单打冠军次数最多的是中国选手马琳,他共获得 4 次冠军;获得乒乓球世界杯女子单打冠军次数最多的是中国选手王楠和张怡宁,她们分别获得过 4 次冠军。

(四)国际乒联职业巡回赛

国际乒联职业巡回赛开始于 1996 年,每年一届,是国际乒坛的一项传统赛事。国际乒联职业巡回赛设有男子单打、女子单打、男子双打、女子双打 4 个比赛项目。每年年终针对该赛季各站巡回赛积分排名靠前的运动员进行年终赛事国际乒联巡回赛总决赛。

国际乒联职业巡回赛是国际乒联组织的赛事,每年度举行比赛的场次大概有 10 至 15 站左右,分布在各大洲进行,其主要目的是为了更好地普及乒乓球运动,从而使更多的协会都能够参与到国际乒联所组织的赛事下。与世界乒乓球锦标赛不同的是,国际乒乓球职业巡回赛的参赛人数相对较少,比赛也更为紧凑,是国际乒联的品牌赛事。此外,每年的年末还会根据全年的表现遴选出有资格参加总决赛的选手,并进行最终的王者之战。

国际乒联职业巡回赛各站赛事包括:斯洛文尼亚乒乓球公开赛、卡塔尔乒乓球公开赛、科威特乒乓球公开赛、德国乒乓球公开赛、西班牙乒乓球公开赛、印度乒乓球公开赛、日本乒乓球公开赛、埃及乒乓球公开赛、摩洛哥乒乓球公开赛、韩国乒乓球公开赛、中国乒乓球公开赛、匈牙利乒乓球公开赛、奥地利乒乓球公开赛、波兰乒乓球公开赛等。

(五)亚洲运动会乒乓球比赛

亚洲运动会是由亚洲运动联合会举办的亚洲地区最大的综合性运动会。1951 年,中华全国体育总会曾派出代表参观了在印度举行的第 1 届亚洲运动会乒乓球比赛。比赛共设男、女团体和 5 个单项共 7 个项目,从 1958 年起每 4 年举行一次。

(六)亚洲杯乒乓球锦标赛

亚洲杯乒乓球锦标赛是由参加亚乒联盟的亚洲各国家、地区委员协会的乒乓球选手参加的锦标赛,该赛事的比赛项目与世界锦标赛一致。从 1972 年至今每两年举行一届,比赛期间召开亚乒联盟代表大会。

五、羽毛球运动的重要赛事

(一)汤姆斯杯

汤姆斯杯羽毛球赛(中文简称“汤杯”)是世界最高水平的男子羽毛球团体赛,它于 1948 年由原国际羽联创办,每两年举办一次。在 1934 年国际羽联成立时,英国人汤姆斯被选为国际羽联主席。5 年后,汤姆斯在国际羽联会议上提出,组织世界性男子团体比赛的时机已经成熟,他同时表示将为这一赛事捐赠一个奖杯,称为“汤姆斯杯”。

由于第二次世界大战的影响,首届汤姆斯杯一直推迟到 1948 年才举行,当时有 10 个国家和地区参与了比赛。汤姆斯杯为流动杯,每次比赛的冠军队伍将“汤杯”带回本国,一直保留至下届“汤杯”比赛开始。

从 1984 年起,汤姆斯杯改为每两年举行一次。比赛分为预赛、半决赛以及决赛三个阶段,从决赛前年的 11 月 1 日到决赛年的 6 月 30 日止进行。6 支在相应区域进行半决赛而出线的队伍加上直接进入决赛的东道国以及上届冠军共 8 支队伍进入决赛阶段的比赛。如果东道国也是上届的冠军,那么在半决赛中要出 7 个队进入决赛。8 支决赛队伍分成两个组比赛,以赢得分数多为胜利。如果分数一样,以赢得场数多排在前头,因此小组赛要比完 5 场。如果场数、局数相同,就采取抽签的办法来决定名次。所有参加比赛的队伍要在赛前 14 天选出 4 到 10 名运动员,按照当时的世界排名,列出第一单打、第二单打、第三单打、第一双打、第二双打以及替补运动员的名单。每名运动员最多只能参加一场单打和一场双打比赛,不允许世界排名靠前的选手担任后位单打或者双打比赛的任务。

(二)尤伯杯

尤伯杯也称“世界女子羽球团体锦标赛”。该赛事的奖杯是英国羽毛球选手尤伯于 1956 年国际羽联理事会上向该组织捐赠的,并由此而得名。

第 1 届尤伯杯赛于 1957 年在英国的兰开郡举办,美国队以 6∶1 的成绩击败丹麦队,获得第一届尤伯杯赛的冠军。

从 1957 年到 1984 年,尤伯杯比赛每 3 年举办一届。1981 年世界羽联和国际羽联合并成为新的国际羽毛球联合会，并决定从1986年起汤姆斯杯和尤伯杯赛改为每两年举办一届，每届两项赛事同期同地举行，比赛采用五场三胜制。

在1956年第1届尤伯杯比赛时，只有11个国家和地区参加，而到了1996年已达到了47个国家和地区。

（三）世界羽毛球锦标赛

世界羽毛球锦标赛又称"国际羽联世界锦标赛"，是一项由国际羽毛球联合会组织的羽毛球单项锦标赛事，是国际羽毛球联合会主办的世界最高水平的羽毛球单项锦标赛。

世界羽毛球锦标赛是由国际羽毛球联合会举办，首届锦标赛于1977年在瑞典马尔默举行，之后每3年举办一届，第3届之后改为每两年（奇数年）举行一届。1978年，一些国家和地区另行组织了世界羽毛球联合会，当年也举办同名的"世界羽毛球锦标赛"。1981年，国际羽联与世界羽联合并，沿用"国际羽毛球联合会"的名称。世界锦标赛同样合二为一进行举办，首届于1983年举行。原先设有男、女单打，男、女双打以及混合双打五项，1989年起增设了苏迪曼杯混合团体赛。

在国际羽联和世界羽联1981年合并成立新的国际羽联之前，世界羽坛存在着两个世界羽毛球锦标赛，一个是原先国际羽联1977年创办的，一个是由世界羽联在1978年创办的。这两个世界羽毛球锦标赛由于都没有能够汇聚当时世界羽坛的所有名将参赛，因此都称不上真正的世界最高水平的羽毛球单项锦标赛。

世界羽毛球锦标赛是国际羽毛球联合会在继汤姆斯杯、尤伯杯赛之后，为了适应世界羽毛球运动的不断发展而设立的一种以个人单项为竞赛项目的羽毛球锦标赛。1934年，国际羽毛球联合会于英国成立，这是第一个世界性的羽毛球组织。1978年，世界羽毛球联合会成立。在两个组织合并之前，它们各自已经举办了两届彼此认为是世界性的羽毛球单项比赛。1981年，两个国际性羽毛球组织宣布合并，名称仍为国际羽毛球联合会。国际羽毛球联合会协商决定，每两年举行一届世界羽毛球单项比赛，即世界羽毛球单项锦标赛（Individual World Championships），同时延续两个国际羽毛球组织之前的届数。1983年，第3届世界羽毛球单项锦标赛在丹麦的首都哥本哈根正式举行。

1988年，国际羽联决定世界羽毛球单项锦标赛与新设立的苏迪曼杯赛同时同地举行。国际羽联根据当时的世界排名，邀请每个项目中的前16名（对）运动员直接参加比赛。国际羽联每个会员国和地区在每个项目中报名的运动员不得超过4名（对）。

（四）苏迪曼杯

苏迪曼杯又称"世界羽毛球混合团体锦标赛"，于1989年开始举办，每两年举行一届（奇数年举行）。苏迪曼杯是由印度尼西亚羽毛球协会代表本国人民向国际羽毛球联合会捐赠的一座奖杯，苏迪曼杯也因此而得名。

苏迪曼杯的比赛采用五场三胜制，由男子单打、女子单打、男子双打、女子双打以及混合双打等5个项目组成。它与汤姆斯杯赛和尤伯杯赛齐名，是代表羽毛球整体水平的最重要的国际大赛。

继汤姆斯杯赛、尤伯杯赛以及世界锦标赛羽毛球世界三大赛事之后，为了提高世界各国羽毛球运动的综合实力与水平，在1986年国际羽联召开的理事会上，第一次提出了举行混合团体赛的建议。1987 年，国际羽毛球联合会决定新增设一项世界男女羽毛球混合团体锦标赛，并以苏迪曼杯作为这一锦标赛的奖杯。1988 年，国际羽联接受并指定了混合团体赛和单项锦标赛一起举行的事宜，并决定将苏迪曼杯作为混合团体赛的冠军奖杯。1989 年，第 1 届苏迪曼杯赛和第 6 届世界羽毛球单项锦标赛在印度尼西亚一起举行，同时还规定此项比赛每两年举行一届，逢双数年举办汤姆斯杯与尤伯杯赛，单数年举办苏迪曼杯赛。前八届苏迪曼杯的比赛安排在与世界锦标赛同一时间和地点举办（先进行苏迪曼杯比赛，紧接着进行世界锦标赛），从 2005 年第 9 届苏迪曼杯开始，苏迪曼杯比赛与世界锦标赛分开不同时间和地点在同一年举办。

（五）世界杯羽毛球赛

世界杯羽毛球赛也是一项重要的国际性赛事，从 1981 年开始举办，1997 年由于多种原因而中断。根据国际惯例，世界杯羽毛球赛将邀请世界排名男单前 16 名、女单前 12 名、男双前 8 名、女双和混双前 6 名的选手参赛。

（六）全英羽毛球锦标赛

全英羽毛球锦标赛又称“全英羽毛球公开赛”。全英羽毛球公开赛是世界上最早和最具荣誉的羽毛球赛事，每年举办一次，于 1898 年成功举办第一次世界羽毛球锦标赛后所创建。1899 年 4 月，第一次全英公开赛成功举办，但当时只进行了 3 个比赛项目（男双、女双和混双）的比赛，男女单打的比赛都是在后来的比赛中加入的。最初的 3 次比赛叫英格兰公开赛，在 1977 年国际羽联正式举办官方的世界锦标赛之前，当时全英公开赛一直被公认为非官方的世界羽毛球锦标赛。

全英公开赛在举办过程中终止过两次，第一次是在 1915—1919 年的第一次世界大战期间，第二次是 1940—1946 年的第二次世界大战期间。从 2007 年开始，世界羽联取消了公开赛“星级”分类法，取而代之的是超级赛、黄金大奖赛、大奖赛等这一新型分类法，其中超级赛为最高级，地位特殊的全英公开赛跻身全年十二大超级赛之列。

2011 年，世界羽联进行了赛制改革，决定从 2012 年开始将其中的 5 站升级为顶级赛系列，每站奖金在 30 万美元以上。同时将每一站的积分提高，从而吸引更多的优秀选手参加比赛。这 5 站顶级赛事分别为韩国公开赛、全英锦标赛、印尼公开赛、中国公开赛以及丹麦公开赛。

（七）奥运会羽毛球比赛

在 1988 年的汉城（今首尔）奥运会上，羽毛球被列为奥运会的表演项目。羽毛球于 1992 年被列入奥运会正式比赛项目，当时比赛只设单项比赛，并没有团体比赛，也没有混双项目。从 1996 年亚特兰大奥运会起，开始增设混双项目。

（八）国际系列大奖赛

羽毛球国际系列大奖赛是国际羽联参照世界网球大奖赛办法组织的，始于 1983 年。比赛分成若干区，由许多比赛组织成国际系列大奖赛。根据运动员在各次比赛中的成绩积分进行排名，其中前 16 名进行总决赛。该赛事主要包括各类公开赛以及超级赛。

六、网球运动的重要赛事

(一)四大公开赛

1. 澳大利亚网球公开赛

澳大利亚网球公开赛是网球四大满贯赛事之一,同时也是四大满贯赛事中每年最先登场的,通常于每年1月的最后两个星期在澳大利亚墨尔本举行。自1905年创办以来,澳大利亚公开赛至今已经有了一百多年的历史。

1904年,澳大利亚和新西兰的网球机构官员决定成立澳大拉西亚草地网球协会,负责筹办每年一届的澳大拉西亚锦标赛,并共同组队参加了戴维斯杯的比赛。1905年,首届澳大拉西亚锦标赛在墨尔本圣克尔达路艾伯特公园内的仓库老板板球场举行。

最初,澳大拉西亚锦标赛一直都是在澳大利亚与新西兰两国的主要城市之间轮流举行,直到1922年新西兰退出澳大拉西亚草地网球协会成立自己的网球协会。同年,该赛事还增设了女子组与混双的比赛,玛格丽特·奠尔斯沃思成为澳网历史上第一位夺得女单冠军的运动员。1927年,澳大拉西亚锦标赛正式更名为澳大利亚锦标赛。在1968年网球职业化后,澳网被列为四大公开赛之一,并于1969年正式更名为澳大利亚公开赛。

1977年,澳网的举办时间由原来的1月改为12月,这也使得在那一年举办了两届比赛。但由于紧邻圣诞节,赛事时间的改变并没有起到预先设想的效果,所以到了1986年,原定于年底比赛推迟到了第二年1月举办,这一赛期也一直沿用至今。

2. 法国网球公开赛

法国网球公开赛始创于1891年,它同样是享有盛名的一项传统网球运动赛事。

法国网球公开赛通常是在每年的5—6月份于巴黎郊区布洛涅公园里的罗兰·加洛斯网球中心举行,是继澳大利亚网球公开赛之后的第二个大满贯赛事。该赛事在最开始只限本国选手参加,1925年以后对外开放,成为公开赛。法国网球公开赛历史已经超过百年,在过去的百年中,除了因两次世界大战被迫停赛11年外,其余时间均是每年举行一届。法国公开赛规定每场比赛采用5盘3胜淘汰制,球场属于慢速红土场地,因此很具有挑战性。法国网球公开赛是在世界网坛上享有盛名的传统比赛,获得这个公开赛桂冠的选手能够像获得温布尔登赛冠军一样名震世界。

3. 温布尔登网球公开赛

温布尔登草地网球公开赛创办于1877年,该赛事是现代网球历史上最早举办的比赛。温布尔登网球公开赛由全英俱乐部与英国草地网球协会创办,其前身是“全英网球锦标赛”,举办时间通常是安排在每年的6月底至7月初,是每年度网球大满贯的第3项赛事,排在澳大利亚网球公开赛和法国网球公开赛之后,美国网球公开赛之前。

首届比赛只设有男子单打,冠军奖杯叫“挑战杯”。之后增设了女子与双打项目,到了1905年正式成为公开赛。温网可以称之为是现代网球运动的发源地,因为它明确了网球比赛的各项规则。整个赛事(大满贯赛事中唯一使用草地球场的)一般会历时两周,遇雨会延时举行,男子单打、女子单打、男子双打、女子双打以及男女混合双打比赛会在不同场地同时进行。温布尔登还举办有男子单打、女子单打、男子双打、女子双打的青年比赛。

4.美国网球公开赛

首届美国网球公开赛于1881年在纽约的罗德岛纽波特港举行。其开始名为“全美冠军赛”,在每年的8月底9月初举行,每年举行一届。美网最初只是一项国内的比赛,而且只有男子单打,后来才增加了女单、男双、女双、混双4个项目。美网历史上第一个男单冠军被纽波特俱乐部的卡西诺获得,当时只有在美国国家网球联合会注册的俱乐部才有资格参加美网比赛。1968年,美网被列为四大公开赛之一,1970年改名为美国公开赛。现设有5个单项的比赛,是四大公开赛中最后一站的比赛,由于美国网球公开赛高额的奖金和美国社会高度的商业化,以及采用中速硬场地,因此每届比赛都能够吸引世界众多优秀的网球选手前来参赛。

美国网球公开赛是网球四大满贯赛事之一,在每年8月底9月初举行。美国网球公开赛一共包含了5个单项,即男子单打、女子单打、女子双打、男子双打以及混合双打。值得一提的是,混合双打是20世纪初叶由男子单打表演项目演变而来的。

(二)大师杯系列赛

大师杯系列赛(Tennis Master Series)又叫“超九赛事”,是ATP比赛中除四大公开赛之外的重要赛事,下面简单介绍其中较为重要的几项赛事。

1.巴黎网球公开赛

巴黎网球公开赛始建于1986年,比赛地点位于巴黎的巴莱斯体育场。这个体育场总面积达到了5万平方米,并且适合多种运动,如溜冰、体操、自行车及各种娱乐活动。为了迎接网球大师杯比赛,巴莱斯体育场还特意更换了场地表面的颜色,重新翻新过的比赛场地表面颜色是紫罗兰色,四周衬以蓝色,使得观众在视觉上更加舒适。巴黎网球公开赛的比赛时间是在每年的11月中旬。

2.汉堡网球公开赛

在德国汉堡举行的汉堡网球公开赛的历史可以追溯到19世纪,它也是世界上最古老的网球运动赛事之一。在现代网球历史上只有温布尔登网球公开赛(1877年)、美国网球公开赛(1881年)和法国网球公开赛(1891年)比它历史更长。

3.蒙特卡洛公开赛

蒙特卡洛公开赛创建于1897年,1928年成立俱乐部,吸引了无数优秀球员参加。蒙特卡洛公开赛给予冠军巨大的荣耀和丰厚的奖金,其总奖金接近300万美元,该赛事也是运动员参加ATP冠军挑战赛的必要条件。

4.爱立信公开赛

爱立信公开赛就是以前的利普顿锦标赛。1987年将迈阿密定为固定的比赛场所。现已成为具备国际一流水平的网球运动赛事。

（三）ATP、WTA 年终总决赛

1. ATP 年终总决赛

ATP 大师杯的前身 ATP 锦标赛，由国际网联和大满贯委员会联合主办，是 ATP 巡回赛的总决赛，只有年终排名世界前 8 位的选手才有参赛资格。从 2000 年开始，上一年度的冠军可直接参赛。首届比赛于 1970 年在东京举行，获得冠军的是美国人斯坦·史密斯。后来比赛每一年度，先后在巴黎、巴塞罗那、波士顿、墨尔本、斯德哥尔摩和休斯敦举行。从 1997 年起，比赛地点定在美国纽约。1990 年，比赛转移到德国举行，1990—1995 年在法兰克福，1996—2000 年在汉诺威。获胜最多的选手是伦德尔和桑普拉斯，均为五次。而 2009 年以后，总决赛取消大师杯名称，改名 ATP 世界巡回总决赛。

2. WTA 年终总决赛

WTA 冠军锦标赛是每年一度的世界女子网球年终总决赛，年终世界排名前 16 位的单打选手与前 8 位的双打选手自动获得参赛资格。首届比赛始于 1972 年，由世界排名前 8 名的选手参赛，奖金 10 万美元，这也创造了当时女子赛事的奖金额的最高纪录。

（四）国际团体赛

1. 戴维斯杯男子团体赛

世界男子网球团体赛是代表一个国家整体水平的比赛，它是由美国哈佛大学的一名学生始创。1990 年，在美国波士顿举行了第一届戴维斯杯男子团体赛。如今，每年报名参加戴维斯杯赛的国家多达 130 个，这也使其成为网球运动赛事中规模最大的年度赛事之一。

2. 联合会杯女子团体赛

联合会杯网球赛是每年一度的世界女子网球团体赛，它是 1963 年为庆祝国际网联成立 50 周年而创办的。联合会杯赛是与戴维斯杯赛齐名的一项网球团体赛事。

第 1 届联合会杯的比赛是在伦敦的女子俱乐部进行的，当时共有 16 支代表队参加。联合会杯赛每年举行一次，至 2006 年已经成功举办了 44 届。随着女子网球运动的不断普及，越来越多的国家参与到了联合会杯中。

（五）奥运会网球赛

1924 年，网球成为奥运会的正式比赛项目。后来，由于国际网联与奥委会之间出现了意见分歧而退出奥运会。1984 年，网球被奥运会列为表演项目，于 1992 年重新成为奥运会的正式比赛项目。

由于奥运会网球比赛的奖金少，而且没有积分，因此许多优秀运动员不愿意参加奥运会，这也在一定程度上影响了奥运会网球比赛的质量。

第二节　现代球类运动竞赛的组织

一、现代球类运动竞赛的赛制

在组织篮球、排球、足球、乒乓球、羽毛球等现代球类运动比赛中，一般采用的赛制有3种形式，即循环制、淘汰制、混合制，下面主要对其中的循环制与淘汰制进行介绍。

(一)循环制

循环制通常是体育比赛中一种常用的竞赛组织方法，它具体包括单循环、双循环、分组循环等方法。循环制一般适用于足球、篮球、排球等以整队为单位参加竞赛的集体球类项目，有时也应用于网球、棋类、桥牌等运动项目的团体比赛中。

循环制是使所有的参赛队(或同组内的所有队)轮流对抗一次，都有相遇的机会，最后根据各队胜负场次的积分多少来排列名次。一般在参赛队数较少、场地与时间都有保证的情况下，多采用单循环或者双循环的比赛方法。在参赛队数较多、场地与时间又受到限制的情况下，则采用分组循环赛，组数根据具体的时间而定，时间越短组数就越多。之后根据录取名次的要求分为若干阶段，排出最后的名次。

循环制的优点主要表现为：参赛队机会均等、偶然性较小，排出来的名次较为符合实际，能够基本反映出各队的技术水平；同时还能够为参赛队提供更多的实战锻炼机会，有利于提高运动技术水平。循环制的缺点主要表现为：由于固定的编排轮次、抽签的偶然性，各队对号入座后并不能够保证水平较高的队在最后相遇，有时甚至比赛过半而形势已经趋于明朗化。在分组循环赛中，也不能够保证各组的实力相当，而难免两强相遇必有一伤，使比赛的最后名次不能完全客观地反映实际水平。同时，在循环赛的最后一两轮，由于形势已经较为明晰，有可能给处于三角关系上的某队或胜负不影响自己名次的某队提供作弊机会，他们有时就会采取“君子协定”“假赛”以及故意输球等竞赛规程无法制约的手段。

为了有效规避上述弊端，近年来在竞赛办法方面出现了很多值得借鉴的好方法。例如，分组预赛成绩有效，相遇过的队在下一阶段不再重赛；决赛阶段采用交叉赛；增加冠亚军附加赛或名次复加赛以及主客场制的双循环赛等。但是，循环制总体而言还是利大于弊的，而且仍然是最常用的竞赛办法。

运用循环制的比赛方法时，应该特别注意“公开、公平、合理、均等”，这是比赛编排的基本原则。应该充分发扬民主，广泛征求意见。应该考虑到时间、地点、场地、交通、食宿、参赛队伍情况等多方面的因素，尽可能做到公平、合理与均等。此外，还应该做好运动队伍的思想政治工作，提倡顽强拼搏的精神，制定有关纪律规定以及处罚条例，防止各种违背体育道德的行为出现，促进各运动队之间的互帮互学、团结友谊，最终达到提高运动技术水平的目的。

1. 单循环比赛的编排方法

(1)单循环比赛轮次与场数的计算

计算轮次与场数的主要目的是确定比赛所需的时间和所需的场地数量，裁判员及辅助人员数量，从而更好地进行竞赛日程的安排以及经费的预算。

①比赛轮次的计算

参赛各队各比赛一场(含轮空)为1个轮次的计算方法是：

A. 参赛队数为偶数时：轮次＝队数－1。

例如，8个队参加单循环比赛，则轮次为：8－1＝7轮。

B. 参赛队数为奇数时，轮次＝队数。

例如，9个队参加单循环比赛，则轮次为9轮。

②比赛场数的计算

计算公式为：

$$\frac{\text{队数}\times(\text{队数}-1)}{2}=\text{场数}$$

(2)单循环比赛顺序的编排步骤

对单循环比赛进行各轮次顺序编排时，应该采取如下步骤。

①确定编排序号

用阿拉伯数字1、2、3、4、5、6……来代表各参加比赛队的顺序号(简称序号)。确定各比赛队序号的依据主要包括以下因素。

A. 依据上一年或上一届比赛各参赛队的比赛成绩。1代表第1名，2代表第2名，3代表第3名……依次类推(如有的队没有参加上一年或上一届的比赛，可以按报名的先后，确定序号)。

B. 主承办单位对各参赛队的技术水平不是很了解，或者参赛队需要进行分组时，由各参赛队进行抽签来确定各自的序号。

②编排比赛轮次

将各参赛队的序号等量分成左右两列，左列由上往下排，右列由下往上排；之后用横线将相对应的两个数字连起，这就是第1轮比赛相遇的队。

③确定轮转方法

从第2轮开始，各比赛队应该依次轮转，轮转的方法主要包括以下几种。

A. 固定1号位的"逆时针轮转法"(此方法通常采用较多)

从第2轮开始，1号位固定不转，其他号位按逆时针方向轮转一个位置，就是第2轮比赛相遇的队。在第2轮轮转后的号位基础上，同样按逆时针方向轮转一个位置，就是第3轮，依次类推，即可排出每一轮的比赛顺序。如果参加比赛的队数是"奇数"时，可用"0"号来补位到尾数的位置，形成"偶数"，各轮次中凡与"0"号相对的队，则为轮空队。

例如，6个队参加的单循环编排顺序为：

第一轮	第二轮	第三轮	第四轮	第五轮
1—6	1—5	1—4	1—3	1—2
2—5	6—4	5—3	4—2	3—6
3—4	2—3	6—2	5—6	4—5

B. 固定1号位的"顺时针轮转法"(一般很少采用)

例如，6个队参加的单循环编排顺序为：

第一轮	第二轮	第三轮	第四轮	第五轮
1—6	1—2	1—3	1—4	1—5
2—5	3—6	4—2	5—3	6—4
3—4	4—5	5—6	6—2	2—3

以上两种轮转方法，根据竞赛项目的不同，时间、场地的制约，竞赛目的、要求的不同，采用的轮转方法也是不同的。除了排球运动比赛之外，其他应用循环制的集体项目多采用逆时针轮转的方法。除了固定1号位之外，也可以固定尾数，左、右下角数，这样能够编排出多种比赛顺序。

C."贝格尔编排法"：排球比赛专用方法

在目前的国际比赛和国内比赛中，所采用的都是国际排联(FIVB)确认的"贝格尔编排法"编排单循环比赛顺序。

这种编排方法的特点主要是：不设固定号位，其比赛队的尾数序号，包括奇数时补位的0号位是左右摆动的，也是采用逆时针方向的轮转方法。

例如，6个队参赛的单循环编排顺序为：

第一轮	第二轮	第三轮	第四轮	第五轮
1—6	6—4	2—6	6—5	3—6
2—5	5—3	3—1	1—4	4—2
3—4	1—2	4—5	2—3	5—1

"贝格尔编排法"的规律可以大致总结为以下几点。

队尾数左右摆：如第2轮至第5轮的6或0。

右下角提上来：如第2轮至第5轮的4、2、5、3。

逆时针转轮次：如第2轮至第5轮的轮次转换。

贝格尔巧编排：这是贝格尔编排的方法与规律。

这种编排法的优点主要是：如果1号和2号位的队，是上一年或上一届比赛的第1名和第2名，这两个实力较强的队在第2轮就相遇，就可能避免在后几轮的比赛中左右或影响其他队的名次。其不足之处在于，两个强队的过早相遇会造成比赛最后阶段可能不够激烈、精彩。但是，主承办单位也可以根据观众、电视转播和票房价值等需要，将第2轮次整个轮次调整到最后一轮，从而有效避免最后赛事的乏味。

2. 双循环比赛的编排方法

双循环是指参加比赛的队先后进行两次单循环比赛的方法。这种方法会让所有参赛队均能相遇两次，最后按各队在两个循环的全部比赛中胜负场数的积分多少排列名次。其编排方法与单循环比赛的编排方法一样，第2次单循环赛的编排方法可以重复，也可以重新抽签编排。

双循环比赛的方法并不经常使用，通常是为了符合比赛的性质或目的，比如为了使该项比赛得到普及与提高，或者为了使参赛队伍有较多的实战机会，或为了培养运动员连续作战的作风等原因才使用双循环方法。近年曾出现"两场制"的竞赛办法，即一个队在同一天内与同一个队进行两场比赛，胜负按最高比分的一场记录成绩。严格来讲，这种方法并不能称之为双循环，但是同样能够达到双循环的作用。目前，这种竞赛方法已经不被采取，改为双循环比赛，每天每队进行两轮比赛，但不是对同一个队，如青年联赛时采用这种方法较多。

3. 分组循环比赛的编排方法

通常情况下，分组循环比赛是在参加队数较多的情况下，为了不过多地增加比赛场数和延长比赛日期，而又能使各队参加一定场次的比赛才采用这种方法。

分组循环比赛准确来讲应该称为分组分阶段单循环赛，即根据参赛队的总数，分成若干个平行小组，在组内先进行单循环比赛，排出各小组的名次；然后根据具体情况，分为两个阶段（预赛阶段和决赛阶段）或三个阶段（预赛阶段、复赛阶段和决赛阶段）进行比赛。决赛阶段（含复赛阶段）的比赛方法可采用单循环赛，同时还可以采用交叉赛、同名次赛、淘汰赛等比赛办法。由此可见，分组循环比赛编排方法的关键是"分组和分阶段"，分组的依据是参赛队数和录取名次，分阶段的确定则是要符合日期和场次的要求。因此，竞赛规程必须明确规定竞赛日期、分组分阶段的办法及录取小组名次和总名次办法，使参加者和组织者都能事先了解比赛的编排方法。

（1）编排方法

以 16 队参加比赛为例，有以下几种编排方法。

①分两个阶段比赛的方法

A. 要求：实际竞赛日期 8～10 轮完成；排出全部名次。

第一阶段（预赛）：

将 16 个队分成两组分别进行单循环比赛，排出各小组名次。（共 7 轮 56 场）

第二阶段（决赛）：

该阶段主要包括以下三种办法。

第一，同名次赛：各小组第 1 名决出 1～2 名；各小组第 2 名决出 3～4 名；各小组第 3 名决出 5～6 名，依次类推决出全部名次（预、决赛总共进行 8 轮 64 场）。

第二，单循环赛：将各组第 1 名与第 2 名编为一组，进行单循环决定 1～4 名；第 3 名和第 4 名编为一组决出 5～8 名，依次类推，决出全部名次（预、决赛总共需 10 轮 80 场；如预赛中相遇过的两队，成绩有效带入决赛阶段，则可减 8 场，只需进行 9 轮 72 场）。

第三，如只要求排出前 6 名，则可将预赛各组前 3 名编为一组采用单循环赛决出 1～6 名，预赛成绩有效，其他队不再进行比赛（预、决赛总共需 10 轮 65 场）。

B. 要求：实际竞赛日期为 6 轮内完成；排出前 8 名；竞赛场次不超过 40 场。

第一阶段（预赛）：

将 16 个队分成 4 组分别进行单循环比赛排出各小组名次（共 3 轮 24 场）。

第二阶段（决赛）：

将预赛各小组第一名编为一组，进行单循环赛决定 1～4 名；各小组第二名编为一组，进行单循环赛决出 5～8 名；其余队不再进行比赛（预、决赛总共需 6 轮 36 场）。

②分三个阶段比赛的方法

要求：实际竞赛日期 8 轮排出前 8 名；竞赛场次不超过 56 场。

第一阶段（预赛）：

将 16 个队分成 4 个组，分别进行单循环赛排出各小组名次，共 3 轮 24 场。

若规程规定要排出 1～16 名的名次，则 16 个队均需参加复赛和决赛阶段；若只需排出前 8 名，则预赛中排出的第 3 名和第 4 名就不再进行比赛了。

第二阶段(复赛):

将预赛第1组、第3组的第1名和第2组、第4组的第2名共4个队编为A组,再将第2组、第4组的第1名和第1组、第3组的第2名共4个队编为B组;两组分别进行单循环赛排出各小组名次(共3轮24场)。

第三阶段(决赛):

该阶段主要有以下两种办法。

A.单循环决赛

将复赛阶段A、B两组的前两名共4个队编为甲组,进行单循环赛决出1~4名;后两名共4个队编为乙组,进行单循环赛决出5~8名。复赛阶段成绩有效不再重赛,共2轮8场,预、复、决赛总共需8轮56场(决定9~16名的办法亦同)。

B.交叉决赛

将复赛阶段A、B两组的第1名、第2名及第3名、第4名分别进行交叉赛,决定1~4及5~8名(共2轮8场,预、复、决赛总共需8轮56场)。

交叉赛的具体比赛方法如下。

第1轮,A1—B2;B1—A2。

第2轮,两场的胜者相遇,决定第1名、第2名;两场的负者相遇,决定第3名、第4名。

第5~8名的交叉决赛方法亦同。

即A3—B4;B3—A4……

交叉赛的方法只限于有两个组的预赛或复赛,然后在4个队之间进行一个交叉赛,同样可以决出全部名次,而且在比赛的最后一轮可以说是最高水平的竞争,即冠亚军决赛。如果采用单循环决赛的方法,为了使比赛最后达到高潮,也可规定在单循环决赛中排出的名次进行加赛一场决定胜负,前两名的加赛即为冠军的争夺战。

(2)种子队的确定和位置排列

分组循环赛通常会设置种子队。确定种子队的依据,是上届或上一年度比赛的名次或成绩,或者根据各队的实际水平,由领队会议上协商确定。种子队的队数一定要等于分组的组数或组数的倍数。譬如分4个组进行比赛,若确定4个种子队,则每组安排一个种子队;若确定8个种子队,则每组安排两个种子队。哪两个种子队在一组,则采用下述方法安排种子队的位置。

首先将8个队按照名次或水平排列出第1号种子、第2号种子直到第8号种子,第1号种子与第8号种子编为一组、第2号种子与第7号种子编为一组,依次类推,将8个种子队合理安排在4个组内,具体如下。

第一组	第二组	第三组	第四组
1	2	3	4
|	|	|	|
8	7	6	5

如果将8个种子队分到两个组内,可以采用蛇形排列的方法,具体如下。

第一组:	1	4	5	8
第二组:	2	3	6	7

(3)分组循环赛的抽签定位方法

抽签定位方法的一般过程具体如下。

①确定抽签方法，即一次性抽签或是二次性抽签。一次性抽签就是一次抽签就能决定所在组别及组内的顺序号。二次性抽签就是第一次抽签决定组别，第二次抽签决定组的顺序号。具体选择哪种方法，应该根据比赛的实际情况确定。总之，要使抽签在公开、合理、融洽的气氛中进行。

②制作签号。根据分组的组数和每组的队数制作相应的签号。可用新扑克牌代替，但必须事先将每种花色所代表的内容公布于众。做好的签号最好放在签盘中进行抽签。

③确定主抽人、监抽人、洗签人、唱签记录人和参加抽签的其他人员，并确认各队抽签人的代表资格。若抽签时某队代表未到场，可由组织者代抽或采取“剩余法”，将最后一个签号留给该队。

④主持并监督抽签。种子队先抽签，确定各种子队的组别。如果种子队数与分组数相同，则将各种子队员分别抽入各组；若种子数是分组数的倍数，则采用“跟种子”的办法，以分 4 组设 8 个种子队为例：前 4 个种子队代表后面 4 个种子队抽签，第 1 号种子抽入某组则将第 8 号种子带入同组；同样，第 2 号种子抽入某组也将第 7 号种子带入同组，依次类推，合理地将种子队抽到各组内。种子队的顺序号如需一次性抽签决定，则要在事先即确定它在组内的顺序号位置。

种子队抽签结束以后，非种子队开始依次抽签确定各队的组别和在组内的顺序号。

最后由主抽人公布抽签结果。

⑤编印竞赛日程表。根据抽签结果，将各队队名对号填入事先编排好的轮次表内，再结合时间、场地、服装颜色等情况，编印竞赛日程表。到此抽签即告结束。

4. 循环制的计分方法与名次的排列

篮球、排球等运动项目的比赛计分方法通常是胜一场得 2 分，负一场得 1 分，弃权得 0 分（有的项目规定弃权队名次列最后）。

排球比赛采用五局三胜制，每场比赛均能决出胜负。篮球、足球等运动项目的比赛，往往双方会打成平局，但篮球、手球都采用决胜期的办法来决出胜负。足球则要根据竞赛规程的规定来决定，如采用加时赛或罚点球来决出胜负，但也有规定采用单循环制比赛打成平局时，不再进行加时赛或罚点球，用最后算积分的方法来决定名次。采用这种方法计算成绩时，常常采用胜一场得 3 分，平一场得 1 分，负一场得 0 分的计分方法。最后按积分多少排列名次。但是，比赛的结果常常会出现两队或者两个以上队积分相等的情况。积分相等队的名次排列，由于各项目规定不一样，在各单项竞赛规则中都有明确的规定，遇到这种情况应该查阅该项目的竞赛规则（一般应该写进单项竞赛规程），这里不再赘述。

5. 竞赛日程的编排及平衡

参赛各队或按上一年、上一届比赛成绩确定序号，或抽签决定各自序号以后，就可以先按序号排出单循环或分组循环的比赛轮次，之后按各队的序号，对号入座，将队名填入比赛轮次中。轮次排定后，即可编排竞赛日程。

篮球、排球、棒球、垒球、手球等项目，可以安排每天赛完一轮，第 3 轮以后可以安排休息一天，如果只是 5 轮之内的比赛，也可不安排休息。但足球比赛应安排在两三天内赛完一轮，并注意一个队的比赛间隔应在 24 小时以上。

编排竞赛日程时，应该尽可能使比赛时间、场馆包括服装颜色等方面的安排，对各队相对合理，机会均等。

（二）淘汰制

淘汰制是体育竞赛的一种常用比赛办法。这种竞赛编排方法具有强烈的对抗性，在全部比赛过程中，比赛双方没有任何妥协的可能，同时也不受第三方影响或去影响第三方。这种比赛办法可在同样的时间和场地的情况下容纳较多的运动员（队）参加比赛，并可使比赛逐步进入高潮。但是淘汰制也存在一定的不足之处，由于负者（一场或两场）即被淘汰，所以大部分运动员（队）参加比赛的机会较少，尤其是机遇性强、合理性差。为了弥补这种缺陷，在实际应用中需采取一些有效的措施，如采用部分号码位置“轮空”“抢号”，设立“种子”以及用抽签的办法排定比赛秩序等。

按体育竞赛的特点来讲，淘汰制是一种很好的比赛办法，在体育竞赛中得到了广泛的应用，它在乒乓球、羽毛球、网球等球类项目，足球、篮球、排球等集体球类项目的第二阶段比赛（第一阶段比赛通常采用分组循环赛制）中都得到了非常广泛的应用。

1. 淘汰制的基本比赛方法

淘汰制的基本比赛方法有两种，即单淘汰赛与双淘汰赛。

(1)单淘汰赛

参加比赛的运动员（队），按编排的秩序表进行比赛，胜者进入下一轮，负者淘汰，直到淘汰到最后一名运动员（队），比赛结束，这种比赛办法称为单淘汰赛（图 3-1）。

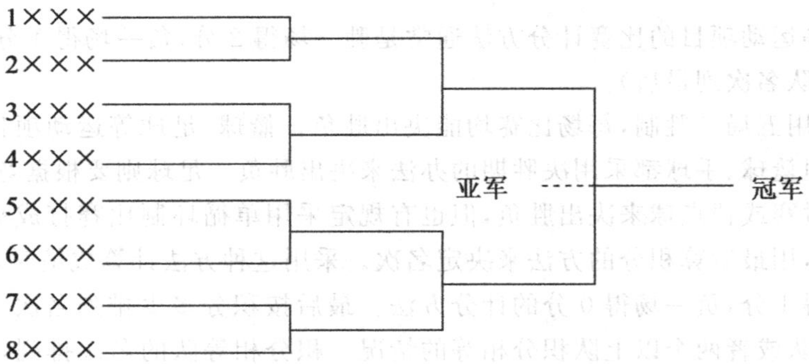

图 3-1

单淘汰赛通常只排出冠亚军名次，3～4 名并列第 3 名，5～8 名并列第 5 名，如果要排出前 6 名或前 8 名的全部名次，可在运动员（队）进入前 8 名以后增加附加赛（图 3-2）。进入前 8 名的运动员（队），胜者与胜者比赛，负者与负者比赛，胜者进入下一轮，负者再进行一场相应的名次赛。

(2)双淘汰赛

参加比赛的运动员（队），按编排的秩序表进行比赛，失败两场即被淘汰，最后失败一场者为亚军，全胜者为冠军，这种比赛办法就是双淘汰赛（图 3-3）。

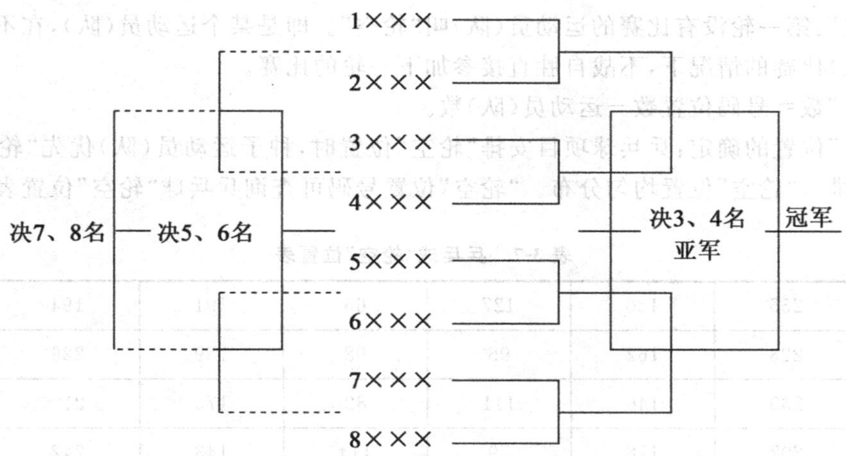

图 3-2

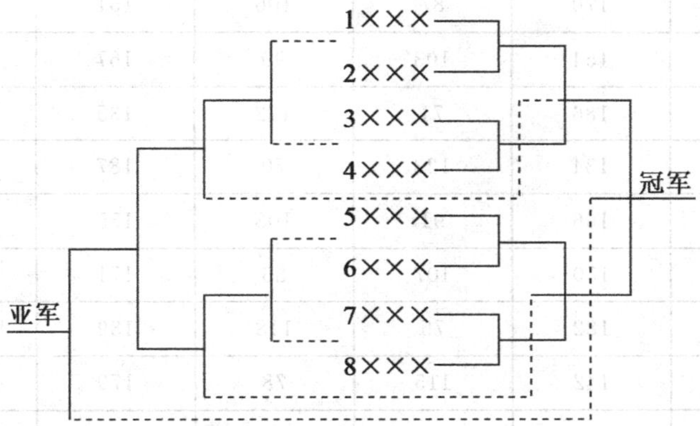

图 3-3

2. 淘汰制号码位置数的选择，轮空位置、抢号位置的确定

根据淘汰赛比赛发展的规律，只有参加比赛的运动员（队）数正好为 2 的某次幂乘方数，才能保证在每轮比赛中都是两名运动员（队）进行一场比赛，败者淘汰，胜者进入下一轮。但是在现实情况中，参加比赛的运动员（队）数往往不是 2 的某次幂乘方数，因此淘汰赛的办法在实际应用中表现出一定的不完整性。就是比赛方法的自然规律设计的人数和实际参加比赛的人数不一致。

为了有效解决上述问题，以乒乓球比赛为例，在淘汰赛的比赛秩序表中，采用 2 的某次幂乘方数作为号码位置数，并用部分号码位置“轮空”或“抢号”的办法，以此来克服淘汰赛不完整性的缺陷。

（1）号码位置数的选择

淘汰赛第一轮合适的位置数目称号码位置数。应根据参加运动员（队）数，选择最接近的或稍大的 2 的某次幂乘方数为号码位置数，如 4、8、16、32、64、128……

（2）“轮空”位置的确定

当参加比赛的运动员（队）数不足号码位置数时，可以设置相应数量的“轮空”位置，从而满足号码位置的数目。

①“轮空”:第一轮没有比赛的运动员(队)叫“轮空”。即是某个运动员(队),在不经过与另一名运动员(队)比赛的情况下,不战自胜直接参加下一轮的比赛。

②“轮空”数=号码位置数-运动员(队)数。

③“轮空”位置的确定:乒乓球项目安排“轮空”位置时,种子运动员(队)优先“轮空”(按种子顺序先后安排),“轮空”位置均匀分布。“轮空”位置号码可查询乒乓球“轮空”位置表(表 3-7)。

表 3-7　乒乓球“轮空”位置表

2	255	130	127	66	191	194	63
34	223	162	95	98	159	226	31
18	239	146	111	82	175	210	47
50	207	178	79	114	143	242	15
10	247	138	119	74	183	202	55
42	215	170	87	106	151	234	23
26	231	154	103	90	167	218	39
58	199	186	71	122	135	250	7
6	251	134	123	70	187	198	59
38	219	166	91	103	155	230	27
22	235	150	107	86	171	214	43
54	233	182	75	118	139	246	11
14	243	142	115	78	179	206	51
46	211	174	83	110	147	238	19
30	227	158	99	94	163	222	35
62	195	190	67	126	131	254	3

查表方法:先根据参加人数选择最接近的、略大的、2 的某次幂乘方数作为号码位置数,号码位置数减去参加人数就是轮空数。然后,按轮空数目依次(逐行由左向右)摘出小于比赛号码位置数的号码即为轮空位置号码。

(3)抢号位置的确定

当参加比赛的运动员(队)稍大于号码位置数时,采用安排“轮空”的办法较为麻烦,在这种情况下可以采用“抢号”。即以最接近 2 的某次幂乘方数为号码位置数,超过号码位置数的运动员(队)则安排为“抢号”。

①“抢号”就是每两名运动员(队)在一个号码位置上先进行一场比赛,负者淘汰,胜者进入下一轮比赛。

②“抢号”数=运动员(队)数-号码位置数。

③“抢号”位置的确定:“抢号”位置的确定与“轮空”的位置一样。“抢号”位置号码可用“轮空”位置表查得。例如,10 名运动员参加比赛,采用单淘汰制,使用 8 个号码位置,“抢号”数两

个,“抢号”位置号码查询乒乓球轮空位置表得 2、7(图 3-4)。

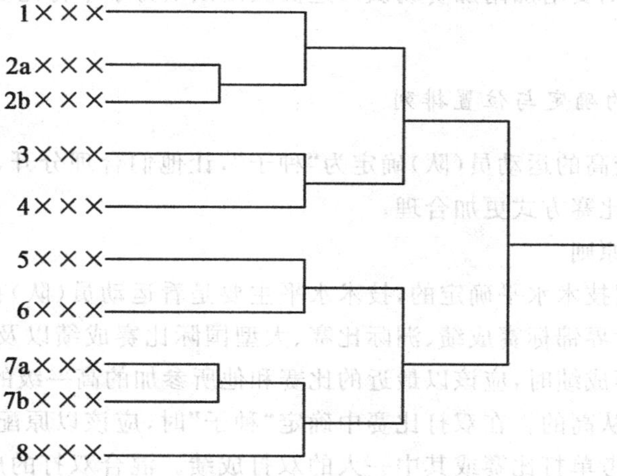

图 3-4

3. 淘汰制轮数和场数的计算

(1)轮数计算

在淘汰制秩序表内,每名运动员(队)普遍出场比赛一次(轮空也算出场一次)称为一轮。轮数就是某个运动员(队)比赛量的客观反映。这个数据是考虑编排方案的重要依据。

①单淘汰赛轮数计算方法

所选用的号码位置数(2 的乘方)的指数(2 的自乘次数)即为轮数。

单淘汰赛轮数:2^n 中的 n。

例如,选用号码位置数为 $8=2^3$ 即 3 轮。

注意当采用“抢号”办法时,“抢号”运动员(队)的比赛应算一轮。

例如,有 59 名运动员参加的乒乓球女子单打比赛,采用单淘汰的比赛办法,那么应选用号码位置数为 64,有 5 个轮空位置。用单淘汰轮数计算方法得出,需要比赛 6 轮,这表明某个运动员需比赛 6 场(如有轮空,则比赛 5 场),获得全胜才能获得冠军。

②双淘汰赛轮数计算方法

胜方轮数$=n$(即单淘汰赛轮数)

负方轮数:$(n-1)\times 2$

总轮数$=$胜方轮数$+$负方轮数$=n+(n-1)\times 2=3n-2$

(2)场数计算

每两名运动员(队)比赛一次(“轮空”不算)称为一场。场数是该项目比赛的客观反映,是考虑编排方案、计算比赛时间、场地需求的重要依据。

单淘汰赛场数$=N\times 1$

N:代表运动员(队)数

双淘汰赛场数$=2N-3$

例如,有 97 名运动员参加乒乓球男子单打比赛,采用单淘汰比赛办法,那么应选用号码位置数为128,有31个轮空位置,需比赛7轮,用单淘汰场数计算方法得出比赛场数为96(如要排出前6名或前8名名次,则要增加附加赛场次),这反映出该项男子单打比赛需要经过96场比赛才能全部结束。

4.淘汰制"种子"的确定与位置排列

将部分技术水平较高的运动员(队)确定为"种子",让他们合理分开,最后相遇,从而使比赛逐步进入高潮,这样的比赛方式更加合理。

(1)"种子"的确定原则

"种子"一般是根据技术水平确定的,技术水平主要是看运动员(队)在各级比赛中所取得的成绩,如奥运会成绩、世界锦标赛成绩、洲际比赛、大型国际比赛成绩以及全国比赛成绩、省市比赛成绩等。在考虑比赛成绩时,应该以最近的比赛和他所参加的高一级的大型比赛的成绩为准,远的服从近的,低的服从高的。在双打比赛中确定"种子"时,应该以原配对成绩为主,除了参考上述原则之外,还可参考单打比赛或其中一人的双打成绩。混合双打的成绩以男运动员成绩为主。举办比赛的组委会可根据具体情况对确定"种子"的原则做补充规定。

随着科技的不断发展,采用电脑积分排序系统对世界优秀运动员(队)进行排名,并一年数次定期公布世界优秀运动员(队)排名表,这是当前一些国际单项体育组织常用的办法。因此,在世界高水平的竞赛中,对照世界优秀运动员(队)排名表,确定种子名单是一种较为简便实用的方法。

(2)"种子"的设置数量

"种子"设置的数量应该是2的乘方数。这个数由参加比赛的运动员(队)数与录取名次数等综合因素考虑确定。运动员人数如果少于25名,可设2或4名"种子"。运动员人数为25～48名时,可以设置4或8名"种子"。当运动员人数超过48名时,可以设置8或16名"种子"。

(3)"种子"的位置

"种子"位置应该均匀分布,号码可以具体查询"种子"位置表(表3-8)。

表3-8 乒乓球种子位置表

1	256	129	128	65	192	193	64
33	224	161	96	97	160	225	32
17	240	145	112	81	176	209	48
49	208	177	80	113	144	241	16
9	248	137	120	73	184	201	56
41	216	169	88	105	152	233	24
25	232	153	104	89	168	217	40
57	200	185	72	121	136	249	8

查表的具体方法为:按照比赛所设"种子"的数目,依次(逐行由左向右)摘出小于或等于比赛

号码位置数的号码即为“种子”位置号码。例如，123 名运动员参加比赛，当用 128 个号码位置，如设 8 名“种子”，可在“种子”位置表上依次摘出小于或等于 128 的 8 个号码——1、128、65、64、33、96、97、32 即为“种子”位置号码(其中 1 为第 1 号“种子”位置号码，128 为第 2 号“种子”位置号码，65、64 分别为第 3 号、第 4 号“种子”位置号码，33、96、97、32 分别为第 5～8 号“种子”位置号码)。

5. 淘汰制抽签方法

抽签是根据竞赛规程所规定的比赛办法提出的基本要求以及实际报名的情况用机遇的办法，排定参加比赛的运动员(队)在比赛秩序表中的位置。

(1)抽签的原则

抽签应该保证“种子”合理分开，最后相遇。同单位的运动员合理分开，最后相遇。保证最大限度的机遇，尽可能不要人为地加以限制，做到对每个运动员(队)机遇机会均等，从而保证比赛的公平合理。

(2)抽签前的准备工作

①审核汇总报名表，统计参加各比赛的队数、运动员人(对)数。

②确定号码位置数，“轮空”或“抢号”数。

③确定“种子”数和“种子”名单。

④制定抽签方案。其中，包括确定抽签的日期、时间、地点、拟邀请参加抽签的单位、人员、抽签的顺序和步骤、抽签工作人员的分工等。

⑤准备抽签用具。如队名签、运动员名签、号码签、组签、区签及比赛秩序表、抽签记录表、分区控制表等各种表格。

⑥抽签实习。熟悉抽签过程，密切抽签工作人员的配合，摸索抽签规律，检验抽签方案的正确性，从而保证抽签工作的顺利进行。

(3)实施抽签

这里以乒乓球运动为例对抽签的具体实施进行分析。

①“种子”运动员的抽签定位

对“种子”运动员的抽签，通常采用分批抽的办法，如采用 64 个号码位置，设 8 名“种子”可分三批进行抽签。

第一批：将第 1 号“种子”安排在 1 号位置(上半区的顶部)，第 2 号“种子”安排在 64 号位置(下半区的底部)。

第二批：将第 3 号和第 4 号“种子”抽入 32、33 号位置(上半区的底部和下半区的顶部)。

第三批：将第 5～8 号“种子”抽入 16、17、48、49 号位置(单数 1/4 区的底部和双数 1/4 区的顶部)。

需要注意的是，如果同单位有两名以上“种子”，进行抽签时应该使他们既符合“种子”合理分开的原则，同时又符合本单位运动员合理分开的原则，必要时可以不抽签，而将其直接固定在某个“种子”位置上。

②非种子运动员的抽签分区和抽签定位

非“种子”运动员的抽签，一般按照“先进区”与“后定位”两个程序进行。

“先进区”：根据同单位运动员合理分开的原则，将各单位运动员均匀抽入各个区。乒乓球竞赛规则规定，来自同一协会的报名选手应该尽可能合理分开，使他们在比赛进行到较后轮次时相遇。排列为第1号和第2号的选手应该抽入不同的半区，第3号和第4号选手应该抽入没有本协会第1号和第2号选手所在的另外两个1/4区。第5～8号选手应尽可能分别抽入没有前4号选手的1/8区，依此类推，直到所有报名选手都进入适当位置为止。

“后定位”：当全部运动员已抽入各个区，再用任意抽的方法将运动员依次在各个号码位置上定位。

抽签之后，将各号码位置填上抽入的运动员姓名(单位)。

6. 淘汰制比赛秩序的编排

编排工作的任务是根据竞赛规程规定的宗旨与比赛办法，按照抽签的结果将整个比赛的各个项目，合理科学地编排成一个总的比赛秩序，也就是确定全部比赛的日期、时间与场地(台号)，从而确保比赛有计划、有秩序的进行。

(1)编排工作的基本原则

具体来讲，淘汰制编排工作的基本原则主要包括以下几方面的内容。

①应该贯彻一视同仁的原则，力求机会均等。

②应该有利于运动员技术水平的发挥，并使运动员劳逸适度。

③尽可能照顾观众的兴趣与要求，使整个竞赛活动逐渐走向高潮，注意安排各项决赛。

④应该有利于比赛的组织工作，科学、合理地使用比赛场馆。考虑裁判员、场馆工作人员的实际情况与节约比赛经费等。

(2)编排工作的步骤

①计算轮数与各轮场数、总场数，这是编排工作的基本依据。

②确定编排方案：编排方案包括比赛天数、节数以及每节比赛的项目、轮次、场数和每节需用的场地(球台)等。这个步骤是编排工作的关键，它要求在可能的前提下选择符合编排原则的最优方案。

③编排各场比赛的日期、时间、场地(台号)：在安排过程中应该注意避免兼项的或在一节内要参加2～3轮比赛的运动员发生连场，还应该考虑运动员及场地(球台)合理的比赛强度，以及中心场地(球台)的安排与男女项目的搭配等。

④编制秩序册。

⑤编排工作的复核：

A. 与原始报名表核对队名、运动员数、姓名，检查有无遗漏、重复。

B. 检查有无漏场、重场，日期、时间、场地(台号)有无错误。

C. 检查运动员的比赛强度是否符合规则的规定。

D. 检查运动员比赛场次的间隔，各种场次的安排是否做到一视同仁，机会大致相等。

E. 检查秩序册内同一类型的用语、表格形式是否统一等。

二、现代球类运动竞赛的组织方法

(一)制定竞赛规程

竞赛规程通常是由比赛主办者根据组织比赛的目的、性质、规模、时间和场地情况而制定。

在赛前应尽早地发给各参赛单位，以便做好准备。竞赛规程的内容包括：竞赛名称、目的、日期、地点、比赛项目、比赛办法、报名人数、报名截止日期、录取名次、采用的竞赛规则以及其他特殊规定等。规程制定好后，下发时应一同发报名表和参加项目表；要求在截止报名的规定时间内送交主办单位。

（二）检查报名表

报名表是竞赛编排工作的重要依据。报名表内容填写的正确与否直接关系到抽签和编排工作的进度和质量。主办单位收到报名表后，应逐项审核是否合乎规程和填表要求，如有问题，必须立即与有关单位联系解决。报名表应反复审核，确保准确无误。

（三）抽签工作

球类运动由于参赛队数（人数）多，通常采用先分组循环赛，再采用单淘汰的方法决出全部名次。但参赛各队（人）在比赛过程中只能与较少的队（人）相遇，因此各队（人）在比赛中所分的组或所处的号码位置，不宜人为指定，而宜采用抽签的办法。抽签工作必须保证两点，一是把“种子”运动队或运动员合理分开，使他们最后相遇；二是把同一单位运动员合理分开，并使他们如取胜的话在决赛阶段相遇。

（四）编排比赛次序册

抽签所需要的各项比赛的参加队数、人数确定以后，应立即转入比赛日期、时间、场地的编排工作。在编排工作中，对各队要不论强弱一视同仁，做到机会均等。要有助于运动员发挥水平、提高技术，并得到合理的休息。在场地选择、流程安排、决赛时机、场地分布等方面要有利于观众观看比赛。时间和场地要留有余地，以应付各种变更和临时出现的问题。次序册编排好后应反复检查，尽量减少错误。次序册的内容主要包括以下几个方面。

（1）本次比赛的规程与有关规定。

（2）赛会的组织机构和办事机构。

（3）裁判员名单。

（4）各代表队名单及号码。

（5）整个赛会的活动日程。

（6）具体的竞赛日程与安排。

（7）竞赛的分组名单等。球类项目比赛要附上比赛成绩表，在编写次序册中主要抓住竞赛的具体日程和整个赛会的活动安排这一主要内容。

（五）记录和公布成绩

在比赛一开始就应该设立记录组。该组的任务是：负责审核每场比赛记分表、成绩表，迅速准确地公布比赛成绩和记录比赛结果。记分表、成绩表是反映竞赛成绩的原始依据，迅速准确地公布比赛成绩是保证竞赛工作的重要条件之一。记录和公布成绩，必须认真负责，细致踏实，并要主动和裁判员加强联系，密切配合。

三、现代球类运动竞赛各阶段的组织工作

(一)赛前组织

无论是主办本单位或本系统的球类运动竞赛，都应根据竞赛性质、规模大小，召集有关部门成立组织委员会，并就竞赛的组织方案、竞赛规程、组织机构等重要问题提交领导审定。

1. 讨论和确定组织方案

根据本单位或上级的竞赛工作计划，以及竞赛性质、竞赛级别来确定组织方案，一般主要包括以下内容。

(1)竞赛的名称、目的和任务。

(2)竞赛的规模：根据主办单位、参赛单位和参赛运动员人数、竞赛的地址和日期等来确定。

(3)竞赛的组织单位：应根据竞赛的级别、规模建立必要的组织机构，其主要内容包括竞赛的组织形式、工作人员名单、组织委员会下设立的工作部门及其各部门负责人名单等。

(4)竞赛经费的预算：经费预算应本着勤俭节约的原则，从实际需要来制定，其内容应包括比赛场地的修建、器材设备、奖品、交通、食宿、接待、医药及文具等项的经费预算。

2. 成立组织机构

全国性或地区性的竞赛，一般由国家体育总局和省市体育局承办，基层单位或系统的竞赛应在有关系统和基层单位党政组织的领导下组成领导机构，下面介绍竞赛规模一般的组织形式，如图 3-5 所示。

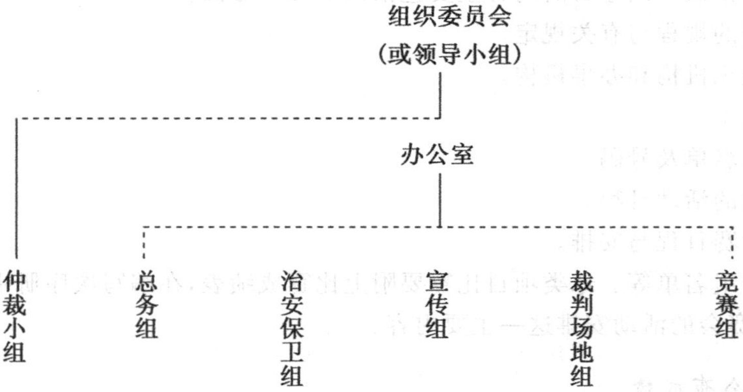

图 3-5

3. 各部门职责与任务

(1)组织委员会(领导小组)职责与任务

组织委员会负责领导大会的筹备及开会和总结工作。运动会联系面比较广，所以组织委员会成员应包括各有关方面的领导，以便解决大会各方面的工作问题。

①掌握竞赛的方针。

②研究和批准竞赛规程。

③研究和批准竞赛的工作计划。

④赛前听取筹备工作汇报，研究解决有关问题。

⑤赛后听取、批准比赛总结，处理有关的问题。

(2)办公室(或秘书处)职责与任务

①根据组委会(或领导小组)的决议，组织配备各部门的工作人员。

②拟订工作日程计划，组织委员会会议；裁判报到日期和学习安排，场地器材的准备；动员工作；开幕式和闭幕式；各代表队领队会议；组织学习报告或经验交流；大会总结等。

③制定各种规章制度与须知(如作息时间、会议制度和大会须知等)。

④负责对外联系。

⑤召开有关会议，统一解决各(处)组之间的问题。

⑥编制预算。

(3)宣传处(组)工作范围

①组织好大会的宣传报道工作。

②组织通信报道与编辑会刊等。

③研究制定先进集体队和先进个人的评选条件和细则。

④组织有关参观等活动。

(4)竞赛处(组)工作范围

①裁判工作，制定裁判员计划，包括人数、来源、学习等。

②组织注册，编印秩序册。

A. 报名。报名表是竞赛编排工作的重要依据，其内容填写是否正确直接关系到抽签和编排工作的速度和质量。另外，如报名表延迟寄到，不仅会给抽签工作和印发秩序册造成困难，甚至可能影响比赛的如期举行。因此，及时催寄报名表也是一项很重要的工作。

报名表收到后，应逐步审核是否合乎规程规定和填写要求。如有问题，必须立即与有关单位联系解决。

审核完报名表，应及时填入“报名汇总表”，并在报名表汇齐后迅速提出参加比赛的队(人)数、领队和教练员姓名、运动员号码对照表，作为抽签、编排比赛秩序和编制秩序册的依据。

报名汇总表必须反复审核，力求准确。

已经寄出报名表的单位，如在抽签之前更换运动员或更换配对，应予同意，但应由单位提出书面申请。如在抽签之后再提出变更申请，应按“变更抽签”的规定处理。

B. 抽签。根据竞赛规程，规定赛前按照抽签程序进行团体、单项的抽签定位工作。

C. 编排。比赛的秩序册根据各队抽签定位的结果，按照编排原则和要求，编排出比赛的秩序，即竞赛日程的安排，并打印成册发给有关单位。

③准备场地和各种器材(包括场地设备、器材和裁判用具等)。

④召开有关会议，解决有关比赛的各种问题，会前要召开裁判长、教练员联席会议。比赛期间必要时召开有关会议，解决比赛中出现的问题。

⑤安排各队练习。组织经验交流、座谈等。

⑥排列出各队名次。

(5)总务处(组)工作范围

①编制比赛期间的经费预算。

②做好比赛的物质准备,如交通、食宿、医药、文具及其他用品等。

③比赛的生活管理工作,及时召开各单位管理人员的会议,解决比赛中有关生活方面的问题。

(6)仲裁委员会的工作

仲裁委员会的职责是研究和处理整个竞赛过程中所发生的违反竞赛规则的代表队及个别运动员、裁判员、领队、教练员,对其采取警告、暂停或取消比赛和工作资格等纪律措施。

4.制定工作计划

根据竞赛组织方案及竞赛规程,各部门根据自己的职责范围拟订出具体工作日程计划,以便有计划地做好赛前各项准备工作,办公室(或秘书处)应定期检查落实或赛前召开各处(组)负责人会议,汇报准备工作落实情况。

(二)赛中组织

(1)对运动员进行思想教育,使其端正比赛态度,正确对待胜负、正确对待裁判员、正确对待观众,并表扬先进队和先进运动员。

(2)大会有关人员和裁判员应经常深入球队中去,征求意见,及时改进工作。竞赛组应每天及时公布成绩。

(3)场地组应经常对比赛场地、器材和设备进行检查和管理,以保证竞赛顺利进行。

(4)遇有特殊情况需要更改比赛日期、时间和场地时,竞赛组应及时通知有关部门和比赛各队。

(5)治安保卫组应经常注意住宿和比赛场地的安全和秩序。

(6)大会各部门应经常与各队联系,听取意见,改进工作,必要时召开领队、教练员、裁判长联席会议,及时处理和解决比赛中所发生的问题。

(三)赛后组织

(1)各部门总结大会期间的工作。

(2)组织和举行闭幕式,做大会的总结报告和颁发奖品。

(3)安排和办理各队离会的有关事宜。

(4)组织委员会宣布结束工作,并向上级汇报工作情况。

第三节 现代球类运动的美与欣赏

一、现代球类运动的美

现代竞技体育几乎已经把人类素质本质极其细致地分解组合后充分外化了。对竞技体育的科学化研究已经深入分子水平，人类在现代科技发展中的许多手段和方法，都可以在竞技体育领域中运用。

球类运动竞赛具有相应的文化审美价值，其与艺术审美价值有着同等重要的意义。这主要是由于：球类运动竞赛从人体这一自然客体出发，通过有目的的培育、训练，使人的身体素质有本质性的改善和提高，通过主体之间的比较性竞争，发展人的本质力量。球类运动竞赛不仅是人体文化，同时还是人本文化。球类运动竞赛活动使人的本质力量得到显示、发挥与较量，同时也进一步促进人的本质力量的完善与发展。现代的运动竞赛已经不是原始人的游戏和劳动生活技能的简单模仿了，它已经演变成为人类对自己"类"文化本质和获得对自由意志自觉肯定的文化。球类运动竞赛所具有的审美价值是一种文化共同美的永恒价值。人作为社会性的存在，不仅有生理性的直接功利需要，同时还有社会性、精神性的间接功利需要。当主体这些功利性需要处于显在的激活状态，就会居于优势地位，形成强烈的当前功利需要。决定审美观念的首要因素是社会功利价值，其次是形式知觉模式。政治的、经济的、道德的等等社会因素、意识，能够对审美观念产生重要的作用，从而使不同的社会有不同的审美事物。而不同的时代、民族、阶级的共同的功利因素，就构成了"共同美"的基础。运动竞赛具备体现共同美的因素，成为人类"美"的追求。

球类运动竞赛之中蕴含的美是一种能够被世人普遍接受和认可的文化美。如今，球类运动竞赛原先的本身含义已经与运动本身相脱离了，成为更为纯粹的运动。它们所共同具有的是经过提炼和精选而成的、充满文化品位的身体运动形式。它们在新的时代条件下所具有的新的功利形式，是通过竞技展示人体的运动能力，表现人体的运动美和人的内在美。主体可以从许多方面体验运动竞赛的审美价值。在具有激烈对抗性的球类运动项目中，竞技者克服重重人为的限制所表现出的个人高超技巧和集体战术的完美配合，令人目不暇接，竞技过程中的跌宕起伏、峰回路转，恰似潮起潮落，无限风光，一种浑然一体、魅力无穷的变化之美显现其中。

二、现代球类运动的欣赏

（一）欣赏的要求

1. 了解比赛的规则

比赛规则是为比赛顺利进行而制定的统一规范，是裁判工作的主要依据，是所有参赛者必须共同遵守的行为准则，谁违犯了它，都将受到相应的处罚。规则的主要内容包括裁判员的职责、比赛的组织与方法、评定成绩与名次的方法，以及场地和器材的规格等。随着运动员训练水平、竞技能力的不断提高，各项比赛的规则在不断地修改，以使比赛更加公平合理，更具魅力。

2. 正确对待比赛的胜负

体育运动是以创造优异运动成绩为主要目的，竞赛是创造优异运动成绩的根本途径与手段。运动员只有努力争取，才可能最大限度地挖掘和发挥生理、心理、智力等方面的潜力，创造出优异的运动成绩。如果运动员对胜负漠不关心，那么观众就很难看到紧张激烈的比赛场面。因此，参加球类比赛一定要遵循奥林匹克"更快、更高、更强"的口号，尽最大努力去争取比赛的胜利。通过参加比赛可以得到锻炼，发现自己的差距，找到提高和完善自己的途径。

3.做一名文明的观众

球类比赛能得到如此快速的发展，一个很重要的原因，就是它有亿万观众的热爱和支持，广大观众是球类比赛能长久存在并不断发展的基础。观众在欣赏比赛时要遵守会场礼仪，做一名文明的观众。

（二）欣赏的内容

1.对运动员的欣赏

作为比赛的主体，运动员往往有着非常鲜明的个性，而且富有激情。在现代球类运动的比赛中，人们主要欣赏他们娴熟的个人技术与精彩的表现。因此在欣赏比赛的时候，主要看他们完成技术动作是否合理，防守是否到位，能否有效地突破防守，视野是否开阔等。具体来讲，对运动员的欣赏可以从以下几方面进行。

(1)身体美的欣赏

观赏球类比赛，首先吸引观众注意力的是运动员的身体形态。通过对运动员身体美的欣赏，能够让人产生一种特殊的美感，同时会产生一种生气勃勃的感受。古希腊“维纳斯”和“掷铁饼的人”的雕塑之所以经久不衰，除其具有造型的艺术价值外，还在于其身体形态满足了人们对美的追求。身体美的内容是十分丰富的，它不仅包含着人体的体态美、强壮美、体型美这些外在的美，同时还包含素质美、风度美等潜在美的因素，外在美和内在美的表现如下。

强壮美，表现为肌肉发达，身材魁梧、强健，给人以强壮有力、充满活力的感觉。

体型美，表现在形体的匀称、和谐和举手投足方式等方面的综合效果上，集中体现在人体的姿态上，由于运动项目的不同，对运动员的体型也有不同的要求。

素质美，是通常所说的力量、速度、耐力、柔韧性、灵敏度等身体素质的表现，并以一种特殊形式存在于身体美之中。

风度美，是指有高尚气质，并具有美的价值的举止。一些运动员不仅运动技术高超，而且仪表端正，风度翩翩，往往给人以高尚、典雅的感觉。

(2)运动美的欣赏

①动作美的欣赏

在球类比赛中，运动员的动作都是在“动”中进行的，观众在观赏时应该把动作美放在首要地位。但是，任何运动都是动与静的对立统一，这就要求我们在观赏中，对具体的动作要做动与静的考察。

②技术美的欣赏

当看到运动员优美的高、难、险、新的运动技术时，人们获得赏心悦目的美的感受和精神上的享受。对技术美的观赏往往是和动作美的观赏联系在一起的，即不仅观赏运动技术的高、难、险、新，还应结合技术动作的平衡性、协调性和节奏感等方面来观赏。平衡能给观众以稳定、安全、庄严之感，协调而有节奏能给观众以融洽、圆满和明快之感。

③战术美的欣赏

战术美，是在复杂多变的比赛中，充分发挥运动员的身体素质和技术特点，在争取胜利中体现出来的一种美。战术在体育比赛的激烈对抗中，被称之为发挥技术的先导，驾驭技术的灵魂，是夺取胜利的法宝，也是反映运动员知识、技术、心理和智力因素的综合指标，特别是在一些集体项目的比赛中，表现尤为突出。我们在观赏球类比赛的过程中，要注意运动员是如何根据各自的情况，正确地调配力量，扬己之长，克敌制胜的。

(3)风格美的欣赏

风格美通常包括两个方面的内容，即思想风格与技术风格。

①思想风格

思想风格是指运动员在运动竞赛中所体现的思想品质、道德修养、行为作风等综合素质。人们在观赏体育比赛时，感受运动员良好的思想风格，也是一种美的享受。

②技术风格

技术风格包括运动员(队)在技术、战术上所表现出的特长与特点，亦即技术、战术风貌和格调上的个性之美。各个运动员(队)根据自己的特点创造出与众不同的风格，构成了自己独特的技术风格。

2. 对裁判员的欣赏

一场精彩的比赛，除了场上队员的精彩表演外，裁判员的判罚将起到画龙点睛的作用。裁判员能否有序地控制比赛，对队员的犯规判罚是否准确、及时，红、黄牌使用是否恰当，能否灵活理解和执行规则条文，都将使比赛朝不同的方向发展。裁判员如能做到公正执法，保护双方队员，使队员技战术得到淋漓尽致的发挥，我们将会看到一场高水平的比赛。反之，就像一个蹩脚的导演，有再好的演员也演不出一场好戏。

3. 对教练员的欣赏

一个优秀教练员在临场指挥时，应做到临危不乱，沉着冷静，能洞悉比赛场上的千变万化，根据比赛进程，分析场上形势，及时做出有效的调整，以保持或赢得场上优势，最终赢得比赛的胜利。因此我们在观赏比赛的时候，要看教练员的每一次调整能否起到应有的作用，一个优秀的教练员的每一次动作，都会对战局起到决定性的作用。

(三)欣赏的方式

1. 直接观赏

直接观赏是指直接到体育场馆，或在球类比赛现场观看比赛，将自身与球类比赛融为一体，沉浸于球类比赛紧张激烈的氛围之中，呐喊助威，宣泄情绪，获得赏心悦目的感受。

2. 间接观赏

间接观赏则是通过新闻媒体直播而观看或收听球类比赛，如通过广播、电视、网络等传播媒介了解比赛的情况。但是，很多因素都会影响这种方式，如受电视画面传送角度的限制，广播、网络难以满足观众视听同步的要求。

无论是直接观赏还是间接观赏球类比赛，人们在观赏体育比赛过程中，往往有以下的情绪体验和特点。当对比赛有明显的倾向性和强烈的期待感时，观赏者的情绪高涨。例如，对于中国观众来说，中国男篮在奥运会上的比赛，就远比其他国家队的比赛吸引人。当比赛结果有很强的不定性时，就会激发观众情绪。当观众对所观看的项目有一定的了解和爱好时，就会情绪高涨并能从中有更大的收获。俗话说“内行看门道，外行看热闹”就是这个道理。比赛的场地、气氛、色彩、周围人的情绪，也会感染观众的情绪。

第四章 现代球类运动校园文化建设

第一节 校园球类运动的开展研究

一、球类运动文化概述

球类运动是由专门的技术动作、战术形式、比赛方法和严密的竞赛规则组成的一整套运动语言体系；它可以学习、交流与传授；它是世界范围内共有的一种文化现象，其所有内含如规则、制度、技术、战术、比赛场景等都可以被各种社会文化背景的人们认同与理解，从而形成世界范围内的文化共享。

球类运动是人所创造的、为人所用的一种特殊文化形态。从最初的以球作为器物进行简单的游戏发展成为具有完整的行为规范、运动程序、价值评判标准的球类运动，标志着球类运动具有了自身的本质特性。从本质上看，球类运动具有以下特征：一是以球为中心展示人的体能与智能，球的唯一性（几乎不采用多球比赛，即使在台球比赛中，杆击的目标仍是一球）显示了球本身是作为运动的工具而存在；体积较大的球人们通过用身体的不同部位（手、足、头、躯干）直接与球接触的方法进行运动，而体积较小的球则利用各种器械（球拍、球棒）进行运动；二是球类运动均以人数相等的双方对抗的形式进行，从一对一的对抗到多人的集体对抗，球类比赛明确设立了双方对抗的形式，球类运动成绩不是测量、比较的结果，而只能是双方直接对抗的结果；三是球类运动均以得分作为衡量运动成绩的标准，或是以整场得分总数判定比赛的结果，或是以获胜局数分出胜负（这种评判方法可能使整场得分不占优势的一方获得比赛的胜利），运动行为的价值也可能通过给予不同的分值来体现；四是同场对抗的球类项目均以球门、球篮、球洞或特定的区域作为目标物，将球射、投入，或以球、人的身体部位触及目标物得分，隔网对抗的球类项目均以将球击入对方球场区域而对手不能将球击回作为得分的标准。

世界是永恒发展的，球类运动文化同样也是一种动态生成的文化。人们在长期的运动实践中不断探索着球类运动的规律，使球类运动的内容在传承的基础上不断丰富和拓展。人类从用身体的不同部位直接与球接触的方法进行运动和利用各种器械进行运动，结果是加强了人对球的控制，增加了运动行为的技术含量。这是人类把握球类运动规律、超自然的理想选择。球类竞赛规则从简单到复杂，规则本身总是一方面力求保持球类运动本身的本质特性，另一方面促进球类运动向更高水平的方向健康发展。

球类运动可在陆地、海滩、水上、冰上等各种运动环境中进行，各种球类运动对运动员的要求又有所不同，从而增加了自身的地域性、民族性和可利用性的特点。南美人长于足球，亚洲人善于乒、羽，欧洲人兼而有之，这些现象均可在人种、民俗、地理和社会环境因素中寻找答案。形态的多样性使球类运动构建了展示多种文化内容的平台，促进了球类运动文化向多元化方向的发展。

球类运动是一种特殊的身体符号，它借助于身体符号来表达文化内容。在运动过程中，运动员通过身体动作表现出自身的运动水平，其中既有跑、跳、投等人体所需的基本技能的运用，又有球类运动特定的技战术的展示，运动体验更为即时、复杂与直接。

二、校园球类运动的开展现状

校园球类运动众多，包括“三大球”“三小球”。对校园球类运动的开展状况进行研究时，受篇幅所限，我们只是对其中的篮球、足球和羽毛球的开展状况进行了分析。

（一）高校篮球运动开展的现状

近几年，高校篮球运动取得了较大成绩，为我国高校篮球运动的发展注入了新鲜的活力，为我国篮球运动的发展和篮球运动员招生拓展了广阔的空间。篮球运动寓健身、文化、人文于一体，具有较强的教育功能，因此，我国高校已将篮球运动作为体育教学的重要内容，并列入体育教学大纲。篮球运动项目不仅成为高校体育课的重要教学内容，而且还成为高校篮球俱乐部的重要活动内容和各级职业篮球学校的教学内容。这些篮球基层组织均为篮球运动的发展创造了有利的条件，为我国篮球运动事业的发展提供了优秀的后备人才储备。然而，尽管目前我国高校篮球运动获得了较大的发展，但是篮球运动发展过程中也产生了诸多问题，这些问题具体表现为以下几个方面。

1.发展目标定位存在偏差

目前，高校篮球运动的发展目标定位出现偏差是我国高校篮球运动的重要发展现状之一。现阶段我国的竞技体育取得了不错的成绩，这反映了我国竞技管理体制和运营机制符合我国的国情。然而，从全面发展的角度出发，现阶段我国竞技体育人才的培养模式也暴露了很多问题。竞技体育和教育相脱离，体育运动训练和接受教育不能够和谐发展，导致后备人才资源匮乏；又由于运动员文化素养较低，退役后的就业面较窄等诸多问题，都对我国竞技体育的深入发展产生了严重的影响。我国高校的竞技体育多年来处于没有竞赛市场的境地，所培养的优秀人才也较少，因此发展目标定位存在偏差，这一问题同样也出现在我国高校篮球运动的发展过程之中。

2.竞技水平相对较低

高校篮球运动的竞技水平仍然较低，毕业后的高校篮球运动员被选入篮球职业队的概率较小等情况，是我国高校篮球运动的发展现状之一。在一些体育事业较为发达的国家，高校篮球运动的竞技水平已经达到较高的层次。例如，美国的 NCAA 至 1992 年之前就一直代表国家队参加奥运会、世锦赛等具有世界高水平的篮球赛事，并且在各大赛事中多次夺得奖牌。此外，欧洲、南美洲等国家的高校篮球运动员也拥有较高的竞技水平。我国的篮球运动由于受到苏联模式的影响，长期处于计划经济体制的制约之下，竞技体育也受到这一体制的影响而长期实行单一化的体委负责制模式。又由于我国竞技体育与教育相脱离,因而走的是一条十分狭窄的体校路子,而我国高校体育进行的仅仅是体育教学和业余运动训练,在提高与普及极不协调的情况之下,直接导致我国高校竞技运动水平较低的情况出现,这与国外高校的差距十分明显。从目前我国高校篮球运动员毕业后被与篮球相关的职业队选中概率较小的情况来看,我国高校篮球的发展仍存在较大的问题。

3. 专业运动训练缺乏科学指导

高校篮球队专业运动训练缺乏相应的科学指导,是我国高校篮球运动发展过程中遇到的一个重要问题。导致这一问题出现的原因主要有三点:其一,由于训练时间不充足、训练强度较低、训练方法和训练手段较落后、训练的检测和恢复不够完善等因素,导致了我国高校篮球队运动训练情况十分不理想。由于文化基础知识较为薄弱,而又要顺利完成学业,因此高校篮球运动员往往需要付出更多的时间和精力去学习文化课,这就在一定程度上影响了运动员的训练时间,他们只能利用课余时间进行练习,而每次的训练时间只有 2～3 小时,这些训练时间用于提高专项竞技能力是明显不够的。其二,我国高校篮球运动员的训练强度相对较小,这是因为学校用于篮球运动队的经费比重较小,营养条件得不到保证,因而导致篮球运动员训练量和训练强度达不到理想的水平。而低强度、低水平的运动训练又很难提高篮球运动的训练质量,因此诸多因素导致我国高校篮球运动员水平得不到有效提高。其三,我国高校篮球队因训练条件的限制,而多数采用一般性的训练手段和方法进行篮球训练,训练的内容也多以技战术为主,而体能训练和心理训练则占有较小的比重。另外,我国多数高校篮球队对篮球运动训练过程的检测与篮球运动后的恢复不重视。

4. 赛制与实际情况不符合

高校的篮球联赛赛制与高校当前的实际情况不相符合,也是我国高校篮球运动发展中需要解决的一个重要问题。目前我国高校的篮球联赛赛制主要有赛会制和主客场相结合的赛制两种。基层选拔赛、分区赛与八强赛均采用赛会制,在进入半决赛以后采用主客场制,而中国大学生超级联赛自始至终都是采用主客场制。

我国高校联赛的发展和普及因受到经费不足、组织和宣传力度不够等因素,高校篮球队很难在比赛中获得锻炼和提高,因而导致高校篮球队的竞技水平难以提高。在进行分区赛时,中国大学生篮球联赛采用赛会制,能够有效节约时间,有利于运动员学习文化课,同时也有利于球队的管理。但是由于赛会制时间紧、比赛重,往往会导致运动员和教练员产生较大的心理压力,再加上过高的参赛密度等因素的影响,而导致比赛和训练不能很好地衔接起来,因而影响了篮球运动员技战术水平的发挥和竞技水平的提高。虽然中国大学生超级联赛能够使篮球运动员获得更多的实战机会,有利于篮球赛事的推广和球队的锻炼,但是由于赛制的时间较长,经济开支较大,而导致多数高校无法承受。因此,赛会制和主客场相结合的赛制仍然不符合我国高校当前的实际情况。

5. 篮球教师的执教水平亟待提高

高校体育教师的执教水平仍然不能满足大学生对专业篮球技战术知识的需求,是我国高校篮球运动发展亟待解决的一个重要问题。高校体育教师对高校体育的发展起着举足轻重的核心作用。目前,我国高校的篮球队教练员多数是由体育教师担任的,这些体育教师多数从体育院校毕业,尽管拥有比较系统的体育理论知识,但是他们中的绝大多数人从没有受过专业体育运动训练,十分缺乏大赛临场的实战经验,因而对高水平的运动训练也缺乏相关经验。当一些高水平运动员进入高校后,因得不到高水平教练员的悉心指导,其技战术水平往往会有停滞或下降的情况出现。尽管有部分专业篮球教练员进入高校执教,但这对于全面提升高校篮球教练员的整体执教水平仍收效甚微。因此,提高高校体育教师的整体执教水平,是当前发展我国高校篮球运动亟待解决的一大问题。

6.高校篮球赛事状况

中国大学生篮球联赛(CUBA),是中国大学体育协会主办的高校间篮球联赛,是中国历史上第一次面向社会、面向高校的大学生专项运动联赛,在1996年由中国大学生篮球协会与杭州恒华(国际)集团有限公司联合推出。其建赛宗旨:在社会化、产业化的运作模式下实现"发展高校篮球、培养篮球人才"的目标。1998年开始正式推行,设男子组和女子组,CUBA影响力仅次于中国男子篮球职业联赛CBA。2015年第17届男子大学生篮球联赛的冠军为华侨大学,华侨大学第九次得到冠军;女篮冠军为天津财经大学。2016年第18届篮球联赛,男子篮球冠军为清华大学,女子组冠军则为北京师范大学。

CUBA联赛共分为四个阶段:预选赛、分区赛、十六强赛和四强赛。每年9—12月:各省、自治区、直辖市、特别行政区所在地各高校组队进行预赛,比赛具体时间、地点及比赛办法均由各省、自治区、直辖市、特别行政区的大体协、CUBA联赛组委会分会领导下的CUBA联赛预赛承办单位领导小组确定。基层预赛必须以学校为单位进行,有条件的地区,应采用主客场制。

分区赛的承办单位(比赛地点)由参赛的会员院校提前一年申办,经CUBA组委会评议后选定。基本上按照地域关系,全国共分东南、西南、东北、西北四个赛区。3—4月进行比赛。具体比赛赛区划分见表4-1所示。

表4-1 CUBA赛区划分

赛区	包括省市
东南区	上海、江苏、浙江、安徽、江西、福建、广东、海南
西南区	湖北、湖南、广西、贵州、云南、四川、重庆、西藏、澳门
西北区	山西、陕西、甘肃、新疆、青海、宁夏、内蒙古、河南
东北区	北京、天津、辽宁、吉林、黑龙江、河北、山东、香港

十六强赛承办单位(比赛地点)为分区赛承办院校,比赛时间为5月。

四强赛承办单位由会员院校申请,比赛时间一般为6月中旬。

冠军挑战赛承办单位(比赛地点)为符合条件的参赛院校,比赛时间为每年9—11月。

目前,越来越多的高校认识到CUBA联赛在提升学校知名度、促进校际体育文化交流、推动校园文化建设和素质教育实施等方面所发挥的积极作用,在代表队建设方面提高了重视程度,加大了投入力度,基层比赛的规模、影响力、队伍质量和运作水平持续提高。

（二）高校足球运动开展的现状

1.学校对足球运动的认识不足

足球运动这一体育项目具有一定强度，有时需要通过身体对抗才能完成，学校和家长经常会担忧学生因为参加足球运动而引起一些运动性的损伤或疾病，也担心这一运动会影响学生的正常学习。此外，校园足球运动的开展目的是提高学生的身体健康水平，还是对中国足球后备人才进行培养，这一问题没有得到明确，存在着两级分歧。校园足球运动的开展进程滞后就是在很大程度上受到认识不足的制约。在我国，学校对"万般皆下品，唯有读书高"的价值观十分推崇，体育活动在学校教学中难以提高地位与影响力就是受这一价值取向的影响。

2.政策保障不足

尽管近些年与校园足球有关的一些政策与文件陆续出台，然而校园足球运动的开展依然受到政策无法落实或政策规定的实际问题缺乏等的制约。在这些问题中，各种政策性问题如校园足球教练员的角色地位、工资补助、准入要求、培训等较为突出。因此，对校园足球运动开展造成影响的制约因素中，体教部门的关系不和谐是关键。

国家体育总局和教育部发起了校园足球活动，对这一活动的宣传与推广离不开地方体育局和教育局的合作与贡献。从目前的实际情况可知，地方体育局和教育局仍是两个互不干涉的独立部门，没有建立二者的协同合作机制。足球比赛或者由体育部门这一独立的系统组织，或者由教育部门这一独立的系统组织，二者几乎没有交集。教育部门主要负责管理学校体育，体育部门主要负责管理竞技体育，校园足球活动的开展需要这两个独立的主管机构团结协作，发挥合力的作用，同时也要有明确的分工，对优势资源积极进行整合，这一需要要求对二者的合作联动机制进行建立。倘若这一合作机制无法建立，就不能保障校园足球活动的顺利开展与持久发展。

3.教育部门与体育部门之间的关系协调问题

教育部门与体育部门是两个独立的部门，而在开展校园足球运动时，需要两者进行相互协调，共同努力。但是，目前我国体育部门与教育部门之间缺乏沟通与合作。

体育与教育两个部门属于两个不同的系统，二者是相对独立的关系，长期以来都没有密切的沟通，二者的独立关系也使校园足球运动在开展中出现了许多矛盾与问题。因为足球比赛的安排通常比较少，因此就阻碍了中小学生通过参加比赛而提高自身的实战能力与技术水平。此外，学校中还出现了足球老师和教练员职称分属不同序列的现象，这就极大地浪费了学校的师资，这种问题对校园足球活动的开展具有制约作用，同时对我国青少年足球的发展也有不利影响。

一些青少年足球运动员的竞赛水平有限，而且难以在比赛中发挥正常的训练水平。针对这种问题，还没有十分有效的解决措施，这一问题的解决也不是单独依靠几个部门就能够独立完成的，校园足球活动的长远发展需要依靠社会各方面力量的集体参与，尤其是要加强体育部门与教育部门的集体协作。

4.校园足球的关注度较低

在我国长期以来，足球运动的发展水平较低，这与人们对足球运动的关注程度不高具有重要的关系。人们的关注程度较低，使得足球运动水平不高；足球运动水平的下降则又会使得人们参与足球运动的积极性受挫，从而形成恶性循环。

我国足球运动的发展水平低下属于一个社会问题，解决社会问题需要借助社会各方面的集体力量。校园足球运动的开展受到制约这一问题不仅仅关系到体育部门与教育部门两个系统机构，不是说只要这两个部门集体参与就能够解决这一问题。

尽管很多人都意识到，培养足球后备人才能够促进我国足球竞技水平和成绩的提高，然而校园足球活动的开展并没有引起社会各方面的广泛关注。所以要使校园足球运动的开展得到保障，需要使青少年校园足球活动融入整个社会的系统发展中。

5.校园足球运动开展的硬件设施现状

足球运动这项体育项目对场地与器材有着较为严格的要求，如果场地与器材不达标，就不利于足球训练实践的开展，而且容易使运动员发生运动损伤。我国十分重视校园足球活动的开展，国家体育总局也对此相应地不断增加投入，专门有用于校园足球开展的经费，尽管如此，我国的校园足球的硬件设施尤其是场地的缺乏问题仍然严峻。

制约校园足球运动开展的主要原因中包括我国严重缺乏足球训练场地这一关键因素。我国的足球场地有限，而且大多数场地都集中在高校校园，标准的足球场在中小学特别是小学几乎没有。目前，大部分中小学的足球训练场地都是与其他运动设施相混合的，而且足球训练设施十分陈旧，长期都不会换新，这种情况严重制约了学生足球运动水平的提高，也无法达到开展校园足球活动的目的，因此改善校园足球场地与设施十分必要。

6.缺乏高水平的足球教师

我国足球教练员与足球教师比较而言，具有一定的等级制度。这一系统的等级制度使选拔与评价足球教练员的工作可以参考一定的指标来进行。具体而言，目前我国足球教练员主要分为五个等级，即职业级、A 级、B 级、C 级以及 D 级。其中，职业级与 A 级足球教练员可以负责高水平与职业足球队的训练工作。B 级足球教练员主要负责 15 岁以上青少年群体和成人业余群体的足球训练工作；C 级与 D 级足球教练员主要负责 14 岁以下的青少年群体的足球训练工作。

一名高水平的高校足球教师有利于促进学生正确地认识、科学地掌握足球基本知识、竞赛规则与裁判法，有利于提高大学生的足球教学与训练水平，有利于提高大学生的足球技术技能水平。高水平的高校足球教师必须具备丰富的足球训练理论知识，能够感性而深刻地认识足球运动实践，具备较高的足球教学与训练能力。

目前，我国现任的高校足球教师大多数来自体育院校，他们在学生时代都经过系统化的足球理论知识与训练的学习，但在足球教学与训练的经验方面比较欠缺，因此，我国高校课堂足球训练水平总体来说并不高。

高校现任足球教师缺乏必要的足球训练的理论知识，以及足球运动实践经验，尤其是对足球专项训练的理论知识不熟悉，大多数足球教师对足球训练的认识不深刻，也很难在教学中选择适合大学生进行足球训练的知识范围和把握运动负荷安排。

7.足球竞赛影响力较低

“比赛是足球训练的杠杆和导师。”而当前我国高校组织的足球竞赛活动较少是制约我国高校足球训练水平提高的重要因素。

我国高校组织的足球竞赛和校际间组织的足球竞赛活动太少，2000 年之前，各高校高水平足球队一般也只有在 4 年一届的全国大学生运动会中才有机会参加比赛。而在这十分珍贵的正规足球竞赛中，由于受运动会相关规定的影响（以省为单位参赛），许多高校高水平足球队只能参与本省内的足球竞争，导致大部分高校高水平足球队在大部分时间里处于只练不赛的窘境。这种现状不仅严重影响了高校足球队训练的积极性，而且教师和学生也缺乏对训练实践的教学和训练经验，也不利于教师和学生对足球竞赛进行有针对性的、实战因素的设想与考虑，不利于学生实战能力的提高。

中国大学生足球联赛（CUFL），简称大足赛或中大足，是由教育部中国大学生体育协会、中国足球协会联合主办的，是唯一被中国大学生体育协会正式认可并且全力支持的全国性大学 11 人制足球赛事。中国大学生足球联赛于 2000 年创办了首届赛事，由飞利浦电子中国集团赞助，称为“飞利浦中国大学生足球联赛”。从 2006 年第 6 届开始，北京李宁体育用品有限公司与中国大学生体育协会签订合约，共同推出全新的“李宁中国大学生足球联赛”。2012 年之后，特步开始与中国大学生足球联赛开展合作。2016—2017 年全国青少年校园足球联赛（特步大学生男子组）第二阶段比赛于 2017 年 3—6 月举行。

2012—2013 赛季，联赛首次实行超级组和校园组分组的模式，凡按照普通高等学校招收高水平运动员办法录取的学生，以及体育院校、师范类院校的体育专业学生均不得参加校园组的比赛，只能参加超级组的比赛。这一分组模式是一项重大赛制创新，有利于避免参赛高校之间实力过于悬殊，体现联赛的公平公正。在 2014—2015 赛季，大足赛在“超级组”和“校园组”的基础上又增设了“高职组”。联赛以我国高等院校学年为一个赛季，采用跨年度的赛制，分为省内赛、大区赛、总决赛三个阶段，覆盖全国 33 个省、直辖市、自治区和特别行政区，是中国大学生足球运动中综合影响力最大，参与人数最多，关注度最高的赛事。但是，综合来看，我国大学生足球联赛的影响力不足，有待进一步提升其影响力，吸引更多的媒体关注，使得更多的学生参与其中。

（三）高校羽毛球运动开展的现状

1. 羽毛球硬件设施比较匮乏

和发达国家相比，我国一直都是一个体育资源较为匮乏的国家。尽管高校作为我国重要的人才培养基地可以优先获得优质的体育资源，但从总体上看，许多高校所拥有的体育资源仍显现出不足、陈旧等现象。

针对河北省高校开展羽毛球运动课程的调查显示，在所调查的 90 所高校中，只有 30 所高校有羽毛球运动场所。近年来，虽然我国增加了高校体育教育投资，但是体育运动项目众多，具体用于羽毛球运动的经费十分有限，羽毛球运动设施总体还是处于比较匮乏的状态，不能满足高校大学生的运动需求。高校羽毛球运动场地设施严重缺乏是当下影响高校羽毛球运动教学发展的重要因素之一。

2. 羽毛球赛事

全国大学生羽毛球锦标赛始于 1996 年，每年举办一届，是非常受欢迎的大学生球类运动赛事。2015 年第 19 届中国大学生羽毛球锦标赛于 2015 年 7 月 30 日—8 月 4 日在宁夏回族自治区银川市北方民族大学举行。由中国大学生体育协会主办,北方民族大学承办,设甲组、乙组和“校长杯”三个组别,共19个比赛项目。

2010年4月17日,首届中国大学生羽毛球超级赛在北京体育大学举行,该项赛事每两年举办一届。2014年中国大学生羽毛球超级赛于5月在湖南省湘潭市湘潭大学举行,该次赛事中,华侨大学获得冠军,主场作战的湘潭大学获得第2名,北京体育大学与苏州科技学院并列获得第3名。2016年第4届中国大学生羽毛球超级杯赛在辽宁石油化工大学举办,中国地质大学(武汉)力克湘潭大学,获得本届中国大学生羽毛球超级赛冠军,湘潭大学屈居亚军,苏州科技大学、华南师范大学并列第3名。

规模有限,缺乏影响力,这是我国大学生羽毛球赛事的不足之处。当前,我国大学生羽毛球运动赛事在大学生中的影响力不断扩大,但总体来说影响甚微,以我国大学生羽毛球锦标赛为例,运动员参加的人数虽然逐年在增多,参赛学校也在不断增加,但是作为全国性的大学生体育赛事,这样的参赛人数与参赛学校数与我国3 000多万的在校大学生相比,赛事规模及影响力非常小。企业对高校羽毛球赛事的赞助并不是公益性的,而是一种商业行为,是追求回报的,因此,高校羽毛球赛事对企业的回报数量、质量都会影响企业的赞助热情。现阶段,我国高校羽毛球赛事对赞助企业的宣传和回报比较单一,也毫无新意,企业的赞助热情自然也不高。当前,横幅、球衣广告是高校羽毛球竞赛对企业的主要回报形式,校园广播及校内刊物广告的宣传比例比较高,但是对企业来说,这种形式的宣传影响力有限,没有外界媒体介入,仅依靠球衣广告、横幅等远远不能满足企业宣传品牌和产品的需求。

3.影响高校羽毛球发展的因素

(1)生源杂,年龄大,技能发展空间小

大学生羽毛球运动员的生源与技术水平从很大程度上影响着高校羽毛球运动竞技水平的发展与提高。目前,我国高校水平较高的羽毛球队的生源主要来源于四个方面,即体育院校、专业队、普通高中以及羽毛球传统学校。据调查,羽毛球运动员在进入大学之前,很少有人接受过专业的训练,即使训练也是在体育院校的那部分运动员所接受的学校训练。高校所招收的专业羽毛球运动员中,大部分运动员与应届大学生相比,年龄偏大,很难通过训练提高羽毛球技术水平。

一些教练员指出,当前我国高校高水平羽毛球运动队的招生制度不够完善,许多问题不断出现,而且没有相应的法律制度来保障高校的招生制度与手段,招生工作因为一些相关因素或客观人为的因素而变得比较困难,很多地方都在实行关于保护本地区高水平运动员的政策,这对人才的流动造成了不利的影响。

(2)缺乏完善的运动队管理体制

当前,高校成立羽毛球运动队,主要目的是通过参赛提高本校羽毛球队的知名度。实质上,这一目的表现出高校是暂时性利用了羽毛球运动员,对羽毛球运动队的管理不够重视。高校羽毛球运动队的管理知识流于表面形式,并未付诸实践,管理只是表面文章,只是一句口号。高校羽毛球运动队建立的目的不明确,管理体制不完善严重影响了大学生羽毛球赛事的可持续发展。

(3)缺乏高水平的羽毛球教练员

目前,在我国大多数高校中,都是由本校的体育教师负责该校羽毛球运动队的训练工作,相比之下,负责训练运动员的专业队教练员很少。与此同时,高校存在的一些问题也会造成高水平教练员的缺乏。例如,训练场地与设施受到限制、没有足够的训练经费等,这些都使得高校羽毛球训练工作的开展步履维艰。

此外,高校羽毛球教练员的专业知识有限,且有些教练员已经不能适应社会发展的需要,观念落后、心理素质水平也较低,所以很难做好高校羽毛球队的训练工作,从而制约大学生羽毛球技战术水平的进一步提高与发展。

(4)缺少对训练和比赛的资金投入

为了保证高校竞赛经费,教育部门颁布《关于高等学校课余训练试点工作评估方法》之后,对运动员的年训练经费做出了相关的规定,运动员人均训练经费的标准为 4 000～5 000 元。但据调查显示,大部分高校中的羽毛球运动员人均训练经费都达不到规定的标准。

对于大学生羽毛球运动员来说,缺乏一定的训练与比赛经费,而且也没有额外的生活补助,这就制约了大学生运动员的训练与比赛效果,运动员很可能因为补助的匮乏而不能补充足够的营养,从而造成身体素质的下降,影响其羽毛球运动的生涯。

对于大学生羽毛球教练员来说,教练员很可能会因为资金不适而缺乏对运动员进行训练的热情与积极性,从而制约了大学生羽毛球运动员技术水平的提高,也最终影响了羽毛球运动赛事在高校和大学生中的进一步推广。

第二节 球类运动与校园物质文化

一、物质文化的要素

球类物质文化就是球类文化的外在表现,它的主要内容包括自然生态环境、运动者身体素质、健康状况和各种球类运动设施,这些都是球类文化物质形态构成的主要因素。球类文化物质形态除了是一种物质存在外,还在一定程度上体现了特定的运动情趣、价值取向和运动准则,并还对运动者运动认知的提高、运动动机的触发以及运动理念的规范有着重要的作用,运动者的运动参与行为也会因此受到一定的诱导。球类文化的外在物质形态不仅是球类文化存在和发展的物质基础,也是整个球类文化的物质载体。

球类物质文化是指人们以体育为目的或在运动中的活动方式及其物质形态,可将其分为球类活动的方式、球类运动器材和场地设施,以及为促进球类发展而创造并形成物质的各种思想物化品三个紧密相连的部分。

(一)活动方式

“生命在于运动。”这句话告诉我们,运动是人类发展的灵魂,只有通过参与各种运动形式的活动,人们才能进行改造和完善,如锄草、耕田、插秧、纺织、印染、锻造等各种农业和工业的劳动,都是人们满足基本生活的活动方式。身心健康是人们参与体育活动所要达到的目的,它既没有脱离人类的劳动方式,同时也是对人类劳动方式的一种补偿。随着人类社会文明程度的提高,多种形式的球类运动不断出现,并在世界范围内流行,它已经成为满足各种精神需要的极具生命力的一种活动方式。例如,人们通过打网球和篮球来增强体质;通过观看足球比赛来放松和宣泄情绪等。

(二)器材和场地设施

在整个的历史发展过程中,通过自身的力量进行创造来满足自身的各种需要,也是人类最基本的一项活动。在人类的各种需要中,由于体育是作为一种以精神为内核的需要,与人类的其他需要相比,人类对体育方面的需要出现得相对较晚。但是,人们并没有减少对满足自身全面发展需要而创造的欲望。例如,人们为了满足自身体育运动的需要,修建了篮球场、体育馆、足球场等场地设施,以及创造出网球拍、球类等器材,这不仅成为人类诸多物质用具和设施中耀眼的部分,也加入了更多新的高科技元素。随着人类需求的丰富和升华,对于高层次精神需要的满足所需要的创造动力将愈加强劲,这也必将极大地推动着球类物质用具和设施的发展。

(三)球类发展所创造并形成物质的各种思想物化品

体育物质文化中的最高层次部分就是创造并形成物质的各种思想物化品。在体育物质文化中,其范畴中也包含了由人们的体育意识和观念直接形成的物质产物,并且这种形式的物质产物要高于直接充当体育活动方式载体的体育设施和用具,如体育竞赛规则、体育比赛录像带、裁判法、体育歌曲录音带等。总的来说,体育物质文化是指在体育文化诸现象中实际存在、有形有色,可以直接感知的事物。它不仅包括各种体育器材、体育用品和体育场地,而且还包含具有深刻思想内涵的物质成果。形态的物质性、功能的基础性、表现的易显性是体育物质文化与体育制度文化、体育精神文化相区别的三个方面。体育物质文化是指内涵和功能具有物质性的活动,如体育电影片。事实上,体育物质文化是体育精神文化的投影,其中沉淀了人们的精神、欲望、智慧等,体育物质文化是体育精神的物化。所有由体育目的和需要而作用的物质对象及人类生活方式都可以视为体育物质文化。体育文化是对体育水平的直接反映,在一定程度上也间接地反映了社会生产力的发展水平。

体育物质文化主要是指体育文化的各种存在形式中,能够直接感知的事物。例如,款式各异的运动服装和风格独特的体育场馆都是体育物质文化的内容,它们不仅能够直接被感知且具有明显的物质功能性。动感形象的体育雕塑、设计精巧的体育器械也都属于体育物质文化的范围,它们客观存在的同时还具有很强的表现性。

二、我国高校校园球类物质文化建设探析

校园球类物质文化是校园体育文化建设的重要基础。高校良好的体育教学设施、功能齐全的运动器材设备能够使学生获得更好的体育文化熏陶,从而更有利于体育文化的发展。在校园球类物质文化建设过程中,应将物质文化作为体育文化建设的重要方面,促进软件、硬件的共同发展。具体而言,校园体育物质文化的建设应注意以下几方面的内容。

(一)注重经费投入

促进校园球类物质文化的发展需要加强相应的场地设施方面的建设,而这需要进行相应的经费投入。我国高校长期以来对于体育的经费投入不足,高校的场馆设施建设严重落后,这就在一定程度上制约了校园体育文化的发展。我国对于高校球类运动的场馆、设施有着一定的要求,具体如下。

1.10 000人及以下规模的普通高等学校体育场馆设施配备目录

(1)基本配备类方面要求

室外场地设施方面:要求场地面积生均4.7平方米,球类运动方面的必备设施内容包括400米标准田径场(内含标准足球场)1块,篮球场、排球场、网球场共35块以上。还要求篮球场、排球场、网球场全部进行硬化或绿化。

室内场地设施方面:面积生均0.3平方米,必备类设施内容之一为风雨操场1块;选配类则可选择乒乓球(羽毛球)室1间或多功能综合健身房1间。

(2)发展类方面要求

室外场地设施方面:面积生均5.6平方米,在球类运动方面的设施内容要求有400米、300米田径场(内含足球场)各1块,篮球场、排球场、网球场、非规范足球场30块以上,等等。

室内场地设施方面:面积生均0.4平方米,设施内容方面的要求有体育馆1座,风雨操场面积若干,乒乓球(羽毛球)室1间,等等。

2.10 000～20 000人规模的普通高等学校体育场馆设施配备目录

(1)基本配备类

室外场地设施:面积生均4.7平方米。必配类场馆设备内容包括400米田径场(内含足球场)2块,篮球场、排球场、网球场60块以上。

室内场地设施:面积生均0.3平方米。必配类要求:综合多功能体育馆1座、风雨操场1块等。在选配类方面,内容之一为乒乓球室(羽毛球房)1间。

(2)发展类

室外场地设施:面积生均5.6平方米。室外场地设施内容包括足球场地3～4块,篮球场、排球场、网球场70～80块,棒球(垒球)场地2块,等等。

室内场地设施:面积生均0.4平方米。球类场馆设备方面要求:多功能综合体育馆1座,风雨操场2块,乒乓球、羽毛球室1间,手球场地1块(可与篮球场地共用),壁球室4处。

3.20 000人及以上规模的普通高等学校体育场馆设施配备目录

(1)基本配备类

室外场地设施:面积生均4.7平方米。必配类内容包括400米田径场(内含足球场)4块,篮球场、排球场、网球场80块,等等。

室内场地设施:面积生均0.3平方米。设施内容包括多功能综合体育馆1座、风雨操场2块、室内单项运动场地若干,等等。

(2)发展类

室外场地设施:面积生均5.6平方米。必配类内容包括足球场地在20 000人发展类目录的基数上每增加5 000人增设1块,篮球场、排球场、非规范足球场、网球场在20 000人发展类目录的基数上每增加500人各增设1块,棒球(垒球)场地在20 000人发展类目录的基数上每增加10 000人增设1块,等等。

室内场地设施:面积生均0.4平方米。设施内容包括多功能综合体育馆2座,风雨操场3块,乒乓球、羽毛球室2～3间,各单项均有专用的室内运动场地,等等。

当前，我国很多高校体育场馆并没有达到相应的要求，不仅数量不足，而且质量不能够保证，高校体育教学配套设施不健全。在教学过程中以户外教学为主，相关的运动场馆不足，因此，对于雨雪天的体育教学没有相应的对策。体育物质文化的短缺导致了学校不能给学生提供相应的感官刺激，体育运动对于学生的影响力减小。现代社会不断发展，人们对于体育活动的要求也逐渐提高，求新、求乐、求美成为很多学生的需求。而由于学校体育设施的不足，使得学生的需求不能得到满足。体育经费投入不足是学校球类场馆设施建设落后最为直接的原因。因此，高校应转变观念，增加球类运动方面的经费投入，将球类场馆设施作为评价校园教育环境的重要方面。建立相应的校园评估体系，将球类运动设施建设作为考核内容，促进学校在体育场馆实施方面的投入的增加，从而形成高质量的校园球类物质文化。

（二）提高球类场馆设施的利用率

我国体育场地设施资源相对较为短缺，而随着人们生活水平的不断发展，体育人口将会逐渐增加。在这一状况下，高校应积极发挥体育场地设施资源优势，积极适应体育市场的发展，促进体育场馆的市场化经营，从而促进高校体育更好地发展。

学校应积极改善球类体育场馆的经营管理状况，提高球类体育场馆的利用效率，积极促进球类体育场馆设施的对外开放。高校球类体育场馆的运营管理中，存在着学生和社会使用者之间的矛盾：学生要进行上课健身训练，社会健身者也要使用体育场馆，这无疑形成了一定的矛盾。从长期来看，学校体育场馆都会向居民收取一定的费用，针对不同的使用对象和时间段采用不同的收费标准。

提高高校球类体育场馆的利用效率，促进体育场馆的市场化过程中，应杜绝以纯营利为目的，而应该在“以教学为主、创收为辅”的前提下进行。与公共体育场馆相比，高校体育场馆同样面临着多重任务，不能为了营利而影响教学，但是也不能紧闭校门。

具体而言，应注意以下两方面。

首先，在高校的球类体育场地、场馆开放时，应在时间的安排上有所侧重，避免与学生体育学习和锻炼的时间冲突。一般情况下，学生在节假日使用体育场馆较少，而社会大众在这些时间锻炼的时间相对较多。高校可利用这一特点，在这一时间段向公众开放体育场馆，满足大众的需求。另外，学生的体育课多集中在上午、下午，可在早晨、中午、晚上等时间段向社会开放体育场馆。

其次，在开放的球类场地、场馆类型方面要有所侧重。高校的体育场馆首先应满足学生的需求。在体育场馆的对外开放时，可针对学生进行调查研究，确定学生喜爱的运动项目，在课余时间减少这些项目的体育场馆的开放，保证学生的运动健身锻炼。而对于学生参与人数较少的运动场馆，可增加体育场馆的开放时间。

当然，各高校可以依据学校的具体情况，合理地对球类体育场馆开放的时间和体育场馆的类型进行安排，要做到整体规划、合理布局、细致安排，从而尽可能提升体育场馆设施的利用效率，促进社会效益与经济效益的共同发展。

（三）场地设备建设要体现一定的文化底蕴

校园体育物质文化是校园体育文化的重要载体，也是其外在标志。校园球类物质文化建设的重要目的是促进校园体育文化综合的发展，物质设施的建设应体现文化底蕴。校园物质文化中应包含精神文化，忽视精神文化的建设会使得物质文化流于形式。

在高校球类物质文化建设过程中，应重视文化品位，体现和谐、美观。球类体育场地实施应与学校的办学理念和态度相契合。球类场地器材应与学校所处的环境和气候相适应，并对场地器材进行灵活的空间组合。球类体育场地设施应具有一定的艺术美感，丰富学校的文化环境和校园体育文化内涵，促进师生参与体育健身锻炼积极性的增加。

第三节 球类运动与校园精神文化

一、校园球类精神文化的要素

体育精神文化是指人类借助于体育或者以体育为依托的主观世界改造的活动以及产物。校园球类精神文化包括以下四个方面的内容。

(一)球类运动的理论体系

由于体育是一项以改造人的身心为目的，促进身心全面发展的活动，因此，它需要在多个方面和不同的层次上做出科学的阐释。体育学科是在体育活动的理论需要背景下产生和发展起来的，如体育史学、体育经济学等。这些体育学科和一些体育领域的研究主要是通过书面的形式进行呈现的。球类学科专著的出版是学科发展的重要标志。

(二)精神世界的物质内涵和行为准则

体育精神文化将体育物质文化和制度文化紧密相连，是其与一般文化最基本的区别。例如，球类术语、球类运动训练、球类器材、球类服饰等，这些都属于这一层次的体育精神文化。体育精神文化属于行为文化的范畴，它与体育物质文化和体育制度文化有着十分微妙的区别。就一件球类运动服装来说，从体育物质文化的层次，可以对它的质地、型号、颜色等进行欣赏；从体育精神文化的层次，可以注意其展示的体育民族个性、审美情趣等因素。在运动训练中，我们观察和注意的是它的外在身体运动的场面表现等体育物质文化；注意它的教学传授方式与人际关系等体育制度文化；注意它的训练原则与指导思想等体育精神文化。仅从一个角度和层面是无法将体育的物质、制度和精神文化区分清楚的，三者是紧密相连、密不可分的。

(三)通过体育改造人的主观世界的想法和打算

体育精神文化是指体育活动中所依附的思想意识形态的总称，如科学、心理、哲学、道德规范、审美观念、文学艺术等。在体育文化中传承的社会心理、道德规范、科学、哲学、宗教信仰、审美评价和文学艺术等思想意识形态领域的反映，均属于体育精神文化，包括不同地区和民族的传统心态。竞技体育的文化价值是在弘扬主体精神、竞争观念、民族意识、科学态度等人类基础价值观念中体现出来的，它是体育精神文化的重要内容。例如，亚运会的拼搏进取、团结奋进、科学求实、祖国至上、争创一流的精神，中华体育精神等都是体育精神文化中的精华。

1. 体育观念

体育观念，是指体育教师和学生对球类在健身、娱乐等方面以及在心理素质、智力培养等方面所体现出来的一种价值认定。如果体育观念正确，则可以指导体育教师和学生在校园中采取恰当的体育行为。也就是说，体育教师和学生对球类在健身、娱乐以及在心理素质、智力培养等方面所体现出来的价值认识程度如何，直接反映出校园主体的体育观念。

通过走访一些校园并在校园中随机选择学生和体育教师做访谈后发现，大多数学生对球类价值方面的知识有着比较正确的认识，如他们认为体育确实可以切实改善人的心情，有助于人的身心健康，能够使人乐观向上，有助于增加智力水平，有助于人们提高道德水准。但通过更加详细的了解和做更加深入的访谈后发现，广大体育教师和学生对体育观念的认识大多停留在传统上和表面上，对于体育对人的深层次影响大多数人依旧表达得含糊不清，不能完全领会。大多数人无法清楚地阐明体育观念的具体内容，至于将人们持有的体育观念付诸行动的就更加少了。

总而言之，学生的体育观念较为正确，但是缺乏内涵、基础不扎实。令人欣慰的是他们具有更强的可塑性，因此只要稍加引导，并对相关内容加以辅导和学习，均可以理解球类运动乃至球类运动文化中更深层次的内容。而在当前面对日益激烈的社会竞争，校园体育与社会体育日益接轨的环境下，学生的体育观念如果仍停留在原有基础上，不仅将会使学生失去对体育运动的兴趣，更严重的是，如此一来校园球类精神文化环境也只能相应地停留在表面，严重影响了其日后的发展。

2. 体育风尚

体育风尚，是指在体育教学或活动中由广大师生传承的具有普遍自觉性的体育行为和习惯。体育风尚能够让校园文化生活更加活跃和健康，使校园洋溢出青春的氛围。这有助于体育教师和学生形成积极进取、拼搏努力的心态，进而能够使校园为广大师生提供一种良好的工作、生活氛围，同时更有助于促进良好校风、学风的形成。

从实际访谈中关于球类运动风尚的问题并不让人乐观，主要就在于体育教师和学生表现出的体育风尚并不令人满意。数据表明仅有三分之一左右的师生能够做到经常自觉进行体育锻炼，关注身心健康与体育锻炼的关系，能够自觉学习掌握健身方法和相关体育知识。另外，在参与不需要身体力行的活动，如关注体育新闻、观看体育节目等的师生比例较高，能够达到半数以上，尤其是对于热门赛事比如 NBA 赛事、足球世界杯赛事、奥运会赛事等的直播和转播，体育教师和学生的观看率更高。另外，体育教师和学生均反映学校的体育传统氛围对他们的体育参与度的影响较大，体育氛围较好的学校体育教师和学生参与体育健身、体育活动的比例较高，反之则不然。

当前我国体育教师和学生的体育观念虽有所转变，但是自主参与球类活动的意识仍然较差，自主参与球类活动实践的比例较低。如果校园球类运动文化相关管理部门能够积极组织相关球类文化活动，引导广大师生的体育行为，促使他们将观念转变为实际行动，那将有利于实现校园体育风尚的稳定。

3. 体育道德

现代社会人们普遍认为与新技术和新知识相比，更为严重、紧迫的挑战是道德危机的挑战。

现代社会财富的急剧增加，贫富差距的急剧加大，使人们的心理状态发生较大的转变，比如心理失衡、道德沦丧，因而现代学生道德素养的培养对于社会发展极为重要。经过实践发现，校园体育文化对提高学生体育道德具有独特的作用。学生的道德水平在体育运动中可以有所体现，因此便有“要想打好球，先要做好人”的语法。体育道德是学生整体人文素质状况反映的一部分，这种在体育运动参与过程中体现出的道德水平非常真实和客观，是学生对体育内在意识、观念及价值等的具体表现形式。在团队性体育运动中更是展现得淋漓尽致，如在足球比赛中每个队员的责任感、公平竞争、遵守规则、尊重裁判等的精神及功利主义态度等都可以反映出学生的体育道德状况。

通过访谈发现，我国学生在球类运动中表现出来的体育道德基础较好，道德水准较高。主要表现在体育运动中基本没有功利主义色彩，学生能够按照公平竞争、团结友爱、遵守规则、重在参与的原则进行比赛和活动，并且表现出强烈的集体荣誉感和爱国主义精神。学生普遍表示在体育竞赛中他们最希望能够实现的是体育公平竞争、重在参与、裁判公正、团结一致，在体育活动和锻炼中他们最希望实现的是机会均等、互礼互让、积极参与、遵守纪律、表现自我、实现自我。

校园中，学生重在锻炼、学习，提高各方面素质，他们较为单纯，没有社会上世俗的功利心态，在这种环境中能够有效培养和提高他们的体育道德素养。但是，我们也必须看到学生在开放的校园中仍然由于各种复杂的家庭、学校、社会等影响因素，体育道德存在一些不足的地方。很多学生在体育运动中表现出自私自利、缺乏责任感、缺乏团结合作精神、以自我为中心、不尊重裁判等。因此，我们还是要根据当代学生所处的成长环境，切实深入地了解他们的成长经历，了解他们的心理需求，进行合理科学的体育道德法制教育，充分利用体育文化氛围去感染和影响他们，促使他们体育道德水平的提高。

4.体育精神

校园体育精神是学生为实现教育目标，在长期校园文化建设中逐步积淀、整合、提炼出来的。校园体育精神重点培养学生的竞争、拼搏、意志品质、团结协作、奉献、遵纪守法和创新等精神。这些精神对学生一生的发展都有诸多益处。在校园体育文化中，奥林匹克文化是必不可少的介绍内容，向学生弘扬奥林匹克精神以促使他们将“更快、更高、更强”理想作为人生的追求。此外，对于公平竞争和拼搏奉献等精神的培养，也都无一例外地体现了现代校园体育文化对学生体育精神的涵养作用和相应的要求。

体育精神的培养与大学体育传统、地域、民族、性别均有很大的关系，但是影响最大的莫过于大学体育传统和性别。比如在校园中，男生在球类运动中的拼搏精神和认真程度通常高于女生，当然这与男性争强好胜的天性有关。而女生则在球类运动过程中体现出更强的意志品质，这也与女性天性中的隐忍与韧性强度较高有关。再者，体育传统较好的校园能够积极培育学生的各种体育精神，相反，尚未形成体育传统的校园使学生感受不到体育精神的渗透，感受不到大学体育在他们的学习生活中所带来的影响。另外，在球类运动中大多数学生可以做到遵守规则、服从裁判和尊重对手的要求，但他们在球类运动中的创新思维远远不足，使得他们的活动看起来就是规规矩矩的活动，仅此而已，这显然对他们的创新思维的发展有较大阻碍。因此，在今后的校园中应当营造一种强烈的体育创新文化氛围，进一步要求学生在运动过程中动脑。

(四)通过抽象的声音、色彩等表现体育精神的艺术文化

人类把握世界不能仅靠物质和精神的单一形式,还要把握精神物化的产物。这些形式的文化,不仅只有实实在在的物质表面,而且还蕴含着人类的情感、意志和灵魂。文艺是这类方式的杰出典范。球类活动具有直观、激越、宏大的特点,这些特点使它成为文艺表现的对象,如诗歌、小说、漫画、相声、小品、体育邮票、体育歌曲等体育文艺都归属于体育精神文化的范畴。

总而言之,球类精神文化是对球类活动中心理、审美、艺术等各种意识形态表现形式的总称。精神文化指的是球类文化中精神方面占主导的一部分,球类文化中所有对于心理、审美、艺术等思想领域有表现的部分,都属于球类精神文化的范畴。竞技体育文化中所表现出的竞争意识、自主精神、科学观念等价值观念,也是体育精神文化的重要内容,而团结奋斗、拼搏进取、为国争光的体育精神更是体育精神文化中的精华。

二、我国高校体育精神文化建设探析

体育精神文化在体育文化中处于主导地位,其是体育文化的核心。建设高校球类精神文化应注意以下几方面。

(一)树立正确的体育观

体育观即为人们对于体育存在的意义和价值的认识和看法,其决定着体育文化的发展方向。树立正确的体育观对于高校校园球类运动文化的发展具有积极的意义。具体而言,师生应树立的体育观包括以下几方面。

1.体育是生活的重要组成部分

现代化的生产方式促进了社会财富的发展,然而也带来了一些不利的因素。例如,劳动方式的单调化、劳动密度的增大化、劳动过程的专门化等。这些变化会使得人们在工作过程中感到枯燥和厌倦,心理产生压抑。另外,现代工作方式还使得身体运动不足,也会使身体机能产生不适宜的反应和身体局部劳损。

在这一环境下,体育运动,尤其是各种形式的体育运动,逐渐成为人们生活的重要组成部分,其不仅丰富了人们的精神文化生活,还促进了人们身心的健康发展,对于经济社会的发展和个人的提升都具有重要的意义。如今,体育运动已经成为人们日常生活的重要组成部分,成为人们的一种生活方式,其与衣、食、住、行、用具有同等重要的意义。

2.体育是竞争

竞争是现代社会生活中不可缺少的现象,竞争意识也是人们需要养成的重要思想意识。合理的竞争能够促进社会的更好发展,人们为了实现更好的生存和发展,需要具备竞争意识,并不断提高自身的竞争力。

现代球类运动中,竞争是其重要的精神内涵。球类竞技运动最为鲜明地反映了这一特点。在球类运动竞赛中,处处体现了体力、智力与技能方面的竞争。体育运动是最富有竞争性的领域。

球类运动中的竞争都是在严密、严格的规则和规程约束下进行的。体育的竞争注重公平和平等，最讲求规则，而不徇私情。从这一意义来说，球类运动比赛的竞争能够促进参与者公平竞争意识的培养，使其能够以公平竞争的方式应对生活中的考验。

在球类运动竞争中，要想取得胜利，都一定会经过严格的锻炼，吃苦耐劳，勇于拼搏，不断提高自己的身体技能、心理水平、战术意识和团队精神。在体育运动比赛中，任何不劳而获的结果都是不允许的。因此，每位参与者都将从比赛竞争中懂得取胜的原因是来自于强大的实力，让运动者明白只有通过不断努力才能获胜。

3.体育运动是娱乐

现代体育运动不仅体现着竞争，同时也体现着娱乐精神。随着时代的发展，体育运动的功能会得到进一步的发挥。

大众球类运动不同于竞技球类运动，它具有一定的休闲娱乐性，在进行该项运动时，运动者能够缓解生活和工作的压力，宣泄自身的情感。大众体育运动以追求自身情感的愉悦、兴趣的满足为重要目标。

科学研究表明，通过进行体育运动，人们内心的愉悦感会增加。健康幸福感的增加，实质上与消极情绪的减少有着密切联系。通过体育运动能使紧张、困惑、疲劳、焦虑、抑郁和愤怒等不良的情绪状态得到有效改善，同时有助于人们保持良好的精力状态。

观看球类运动比赛，也具有良好的娱乐功能，其能够使人心旷神怡，增加对运动美的欣赏能力，带来生活的享受。

4.体育运动是消费

体育是一种重要的消费形式，现代社会“花钱买健康”的观念正逐渐深入人心。所谓“花钱买健康”，就是增加体育方面的投入，通过体育运动锻炼来促进身心的健康发展。

学生在报名参加球类运动健身俱乐部时，需要向俱乐部支付相应的会员费；人们在观看高水平的球类竞技比赛时，也需要支付相应的门票费；人们通过电视、网络观看比赛也需要相应的会员费。因此，学生应树立良好的体育消费观，为自我的健康和自我的发展进行积极投资。

5.运动是完善个性的重要手段

体育运动会对人的身心施加双重的影响，在心理方面，能够促进人的个性发展和完善。

人们在参与球类运动时，会在体力、智力和情感方面进行较多的投入，这能够使得人们发现自身在这些方面的薄弱环节和优势，从而能够促进人们正确认识自己，实现个性的完善和发展。

球类运动能够使人的个性得到张扬，从而使人的个性得到更为自由的发展。球类运动为人的个性发展和个性的张扬提供了更为广阔的演练空间，人们可以选择表现自己的个性，如塑造拼搏进取的人格精神、品尝胜利欲望的满足、追求内心的自我超越，或表现健康向上的生命力。

6.终身体育观念

终身体育是现代体育教学的重要观念，人们在生产生活中也应该树立终身体育意识。参与球类运动不应仅限于人的某个发展阶段，而应在一生的各个阶段都参与运动锻炼。体育具有终身性，这是由体育运动锻炼的规律决定的。人们在参与球类健身锻炼过程中所取得的一些健身效果并不是永久的,在停止球类运动健身之后,很多健身效果会逐渐消失。为了促进和保持体质健康,应坚持终身进行球类运动锻炼。

具体而言,终身体育包括两个方面的内容:其一,人的一生应不断进行健身锻炼,促进身心的健康发展;其二,应不断进行体育运动知识和技能的学习,促进终身体育能力的发展。

终身体育理念即人们应不断接受终身体育教育,从而使得各个阶段的体育都能够良好衔接,保证体育运动锻炼和所掌握的知识和技能的系统性和完整性。

人体在不同的发展阶段,其对于体育运动锻炼的需求也会有所不同。例如,在青少年时期,促进机体的生长和发育是体育锻炼的重要方面;而在中年阶段,防止衰老和疾病的发生是体育锻炼的重要目的。体育锻炼是一种需要长期坚持的过程。

在高校球类运动教学中,应促进学生终身体育观念的树立。不仅应使学生掌握一定的锻炼方法,还应使学生能够养成良好的健身锻炼习惯,获得终身体育锻炼所需要的能力。

(二)增强大学生的体育意识

体育教学工作的重要目的是促进学生体育意识的培养,促进其体育锻炼习惯的养成。体育意识对于体育教学实践的发展具有重要的意义,它的培养也是校园文化科学构建的重要方面。增强学生的体育意识,应从以下两方面来进行。

1.转变教育观念,增强意识教育

在我国球类运动教学发展过程中,长期以来对于学生体育意识的培养不足。在教学中,体育只是作为一种知识和技能来进行授课,而忽视了其育人功能。传统的教学方式具有其积极的方面,然而其消极方面的影响不容忽视。因此,在高校体育教学中,教师应培养学生自觉参与球类运动锻炼的意识,使学生受到良好的思想观念方面的教育。教师应将终身体育意识与体育教育密切结合起来。

2.加强理论传授,综合培养体育意识

体育运动教学不仅是技能的传授,同时也应注重知识、理论方面的讲授。教师应不断促进学生知识的积累和丰富,促进体育理论对于学生思想的重要影响。理论对于实践具有重要的指导作用,加强理论的学习能够更好地促进学生技能的掌握。

球类体育运动教学中,应注重体育运动规律、身体锻炼规律等方面的理论传授,做到理论与实践相结合,两者相互促进,实现学生的综合提升和全面发展。

(三)弘扬体育精神

校园体育精神是校园体育文化的升华,对价值观念、行为、意识等方面都有深刻的反映。校园球类文化对于学生具有重要的影响,置身于相应的校园球类文化氛围中,能够使学生受到潜移默化的影响,实现精神品质的提升,收到良好的教育效果。因此,高校应弘扬体育精神,激励学生不断实现自我的提升和发展。

1.民族精神的振奋

当前,体育运动对于社会和个人的影响已远远超过其自身的体育运动范畴,它蕴含着深刻的

文化和思想内涵。体育教育应促进人们民族精神的觉醒。

在我国体育运动发展历史中，乒乓球运动和排球运动对国人的精神产生过较大的影响，对振奋民族精神起到过并且一直有着很重要的作用。在乒乓球运动发展历史上，孔令辉、邓亚萍等这些人的名字为人们所熟知，他们极大地推动了人们的民族自豪感；中国女排的拼搏精神更是振奋了民族精神。球类运动教学中，应注重积极价值观念对于学生的积极影响。

2.创新意识的发展

创新意识是现代人所应具备的重要意识。体育教学应注重学生创新意识的培养。

体育运动在一定程度上体现着创新精神，尤其是一些球类运动，需要运动员根据实际情况来灵活应对。优秀的运动员必须具备良好的思维能力、应变能力和创新精神。体育运动既是体力、技能的对抗，又是思维、智力的竞技。对于足球运动而言，优秀的足球运动员总是具有创造性的，其总是能够形成让人惊叹和意想不到的进攻。因此，创新精神也是重要的体育精神。在球类运动教学中应注重创新意识和创新能力的培养。

3.优良意志品质的培养

一个人的自觉性、坚韧性和自制力等，以及勇敢顽强和独立主动的精神，就是所谓的意志品质。在球类活动中，获得胜利的喜悦感，不仅能够使运动的强烈动机得到有效的激发，而且对于勇敢拼搏的意志的激发，也起到积极的促进作用。运动水平的提高需要运动者坚持进行训练，顽强克服困难。另外，在进行球类运动训练时，尤其是大强度的运动训练，可能会伴随着一定的生理不适，也需要训练者积极进行克服。在球类运动教学中，应促进学生优良意志品质的培养，使其明白发扬拼搏精神，具有良好的自觉性、坚韧性和自制力等是取得成功的重要保证。

球类竞赛具有良好的激励作用，通过开展竞赛，能够促进人们激发自身的潜力，从而做更好的自己。在球类竞赛过程中，通过发扬拼搏精神，使学生深刻认识到个人努力与集体荣誉之间的关系，促进其个人义务感和集体荣誉感的培养。在比赛过程中，运动能够给学生带来精神上的满足，促进其形成胜不骄、败不馁的品质。教师应注重学生良好意志品质的培养。

4.遵守规则意识的培养

现代社会竞争越来越激烈，每一个人都在社会中生活，当个人行为与社会利益发生冲突时，就会受到“黄牌警告”或被罚出局。在球类运动比赛中，运动员必须遵循比赛规则，尊重裁判，尊重其他运动员，公平竞赛。这些规范要求不仅适用于所有体育活动，同时也是每个公民应具备的社会素质。在球类运动教学中，应积极促进对学生遵守规则意识的培养。

另外，在球类运动比赛中，竞赛双方处于平等的地位，展开公平竞争。在球类运动教学与训练过程中，应注重培养学生尊重对手的意识，在生活中做到尊重他人。

（四）提高学生的体育素养

所谓体育素养，就是指人们习得的体育知识和技能，以及借此形成的正确的体育认识和价值观，还包括待人处事的态度等方面。具体而言，球类运动素养包括四个方面的内容：其一，球类知识，如身体锻炼知识、保健知识、球类运动竞赛规则知识等；其二，球类运动技能，如各项运动的基本技能以及参与运动比赛的能力；其三，体育意识，即学生对于球类的认识和理解；其四，球类运动锻炼的兴趣和习惯。

在球类教学中,应能够促进学生综合素质的提升,促进学生体育文化素养的提高。通过提升学生的体育文化素养,能够促进学生的全面发展,这是素质教育的重要目标。

文化在社会上的传播,需要相应的载体,而人即文化传承的重要载体。体育文化的发展依赖于人对于体育文化的传承和发展。而学生在体育文化传承中扮演着重要的角色,其应充分发挥自身的才智,积极对体育文化进行学习和研究,在不断丰富自身的同时,实现体育文化的发展。

(五)培养良好的体育行为习惯

促进学生形成良好的体育行为习惯是体育精神文化建设的重要内容。校园球类文化具有良好的育人功能,通过组织各种各样的球类运动竞赛,能够促进学生的体育参与意识,促进学生良好的体育行为习惯的形成,这对于终身体育意识和能力的培养与发展具有积极的作用。应积极鼓励学生参与各种形式的球类活动。

(六)课余体育俱乐部和体育文化节的建设

课余体育俱乐部和体育文化节建设是校园体育文化的重要形式,其对于学生的影响较为显著,是校园球类精神文化建设的重要方向。具体而言,校园球类俱乐部和体育文化节的建设应注意以下两方面。

1.高校课余体育俱乐部的建设

(1)课余体育俱乐部的优势分析

校园内的课余体育俱乐部是最近几年非常流行的体育课外活动组织形式,学生根据自己的体育特长、兴趣爱好自愿加入组织。课余体育俱乐部有组织,有管理,有专人指导,有经费支持,具有一定的导向性,活动效果好,深受学生欢迎。

课余体育俱乐部不管在锻炼时间和锻炼活动方面,还是在锻炼的实效性方面,都要比体育课强。通过积极引导高校课余体育俱乐部的组织建设,能够更好地促进体育教学目标的实现。课余体育健身俱乐部与当前的教学形势具有良好的契合度,因此其得以在高校中快速推广,并成为校园体育文化的热点。

课余体育健身俱乐部吸引学生积极主动加入其中,激发了其体育活动的兴趣和进行体育锻炼的积极性。校园体育俱乐部的发展推动着校园体育的发展,使更多的学生投入运动健身之中。学生在开展体育活动过程中增进了相互的了解,促进了学生组织活动能力、沟通交往能力和团队协作能力的发展。因此,校园体育俱乐部推动了校园体育文化的丰富,推动了校园文化的发展。

(2)高校建立课余体育俱乐部的策略

课余体育俱乐部对于校园体育文化的发展具有积极的推动作用。学校各领导和部门应给予体育俱乐部高度的重视。学校应积极引导体育俱乐部的建设,并为体育俱乐部开展各种体育活动提供场地和时间等方面的保证,促进体育俱乐部的发展。学校和体育教师应积极引导学生的体育活动,体育俱乐部应从单纯的运动技能学习发展为多方面体育活动的开展,促进学生体育文化素养的发展。

校园体育俱乐部应积极满足学生的个性化需求,实现课内与课外体育的统一。对于学生,可适当收取相应的会员费用,以维持俱乐部的运转。为了避免校园体育俱乐部的无序发展,高校的团委、学生会等部门应对其进行相应的管理，实现其健康有序的发展。

一些发达国家的高校体育俱乐部发展相对较为成熟，如德国，其校内的体育俱乐部也加盟了社会的体育协会，成为社会体育组织的组成部分。各高校在发展校园体育俱乐部时，应积极学习和借鉴国外的发展经验，将国外的成功经验与高校的实际相结合，从而走出自身的发展道路。

2. 高校体育文化节建设

我国各高校每年都会举办校运会，这是检验学校体育教学成果的重要形式。虽然校运会具有积极的意义，但是其也存在着诸多的问题。最为重要的问题是参与人数较少，大多数学生并没有参与其中，而只是校运会的"看客"。据相关的调查显示，90%的学生并没有参加过校运会，当问及对校运会有无兴趣时，无兴趣的学生高达70%之多，由此可见校运会已经失去了向学生传播体育文化的重要功能。在这一形式下，应积极推动校运会的改革，增加学生的参与兴趣，促进更多的学生参与进来。

高校应对校运会进行积极拓展，将其发展成为体育文化节，增强其在学生中的影响力。通过延长其时间，拓展其空间，发展其活动形式，使其内容更加丰富多彩，吸引更多的学生参与其中。

"体育文化节"包括的活动有体育专题报告、体育讲座、体育知识竞赛、体育表演、运动会、体育游戏等。可主要包括校园"体育周"和校园"体育日"(健康日)等形式。

校园"体育周"是指集中利用一周时间，对学生进行课余体育训练，或组织各种宣传教育、锻炼、运动会等活动。针对校园"体育周"的管理，学校应将"体育周"活动列入学校整体体育工作计划之中，并成立临时性指挥机构对"体育周"期间的体育活动进行组织与管理，在管理过程中，要注意取得各有关方面的支持与配合，并充分做好预备与准备工作。"体育周"结束后，学校相关部门应注意做好后续管理工作。

校园"体育日"通常会与有意义的节日或体育形式(重大的国际、国内的体育活动)相结合，一般会占用一天或半天的时间。"体育日"期间学校可组织进行专题性的体育主题活动，开展体育教育和锻炼。在管理过程中，既可以组织全校性的活动，也可根据年级、班组组织体育活动。

对于优胜者的奖励办法也应注意，避免进行直接的金钱奖励。可增设多种奖项，以积极鼓励学生参与其中为原则。例如，可设立参与奖、鼓励奖等，积极鼓励学生参加。

总而言之，高校体育文化节应从各个方面进行创新，激发和培养学生的体育兴趣，促进其体育参与意识的发展。还应使每一个学生都能够具有平等参与的机会，举办全校体育的盛会。

第四节 球类运动与校园制度文化

一、校园球类制度文化概述

(一)校园球类制度文化的内涵

学校制度是一个学校在长期的管理实践中摸索选择和积淀下来的管理思想和管理理念，充分展示了学习的文化传统。学校制度有两个维度：其一是政府层面，如现代学校的举办制度、办法、方针、办学理念,政府对学校的管理制度等;其二是学校内部的制度,它是政府制度规范下学校自身运行的各类规章及学校与家庭、学校与社区之间关系的规定。当学校的制度和学校的文化高度融合之后,就形成了学校制度文化。

学校制度文化是指社会期待学校具有的文化,包括信念、价值观、态度及行为方式等,它体现着社会对学校在文化方面的要求,是保证学校正常运行的组织形式,能够把学校的价值观念外化为学校师生员工的自觉行为,体现一所学校独特的核心价值观念。

校园制度文化是依据学校的意识选择的,具有强烈的规范性、组织性和秩序性,属于校园范围内必须强制执行和严格遵守的文化类型。校园制度文化是校园文化在各项规章制度中的体现,是实现学校目标的重要保障,其主要包括学校的各类规章制度、人才培养目标、人才培养模式、治校方针、改革措施、道德规范以及管理模式等。

体育的制度文化是人类以体育运动的方式进行自我完善的制度产物,是调节与规范体育活动中人们各种关系的规章制度与组织机构。

球类制度文化是人们在球类活动的实践中所形成的一种文化,富于动态且具有稳定性。球类制度文化不同于物质文化与精神文化,其主要包括球类社会组织、政治和法律形式等内容。

1.各种组织机构

组织机构是人类社会逐步发展的产物,它能够使人类群体的力量得到合理和高效的发挥。无论是人类的个体活动,还是集体活动,都离不开组织机构的作用。作为一种人类改造自身和促进社会发展进步的文化产物,体育活动已经成为各种社会组织及其自身的各种组织机构不可缺少的一部分。球类制度文化主要由世界球类组织、各大洲球类组织、国家球类组织、民众球类组织、学校球类组织、球类运动竞赛组织等构成。为使球类运动真正地向着合乎体育文化规律性的方向发展,在成立各种机构时,就必须考虑符合社会背景的同时更多地关注体育活动发展组织化的需要和需求。

2.球类活动的原则和制度

在组织制度文化体系中,组织机构的原则和制度决定着组织的性质、活动方式和发展方向,它是制度文化与精神文化关系最为直接、层次最高的一部分。具体来说,体育物质文化是指体育文化活动中,人们自身构成的文化,它是一种动态的、稳定的文化成果,其主要包括体育社会的政治、法律、组织、制度、体育伦理道德、风俗习惯、群体风尚、民族语言和民族教育等方面的内容。球类制度文化来源于对球类活动实践和球类精神领域的思考,是球类制度文化体系中作用最为突出的组成部分,是统领球类一般规范与球类机构的桥梁。制度不健全,会影响球类运动与管理机构的建立和完善,产业制度不完善对球类相关行业的经营管理活动的顺利进行有着制约作用。因此,只有不断地进行改革、更新和完善,才能改善体育的发展状况。

3.运动组织形式

在社会中,人们所扮演的角色和地位,不仅由人的能力差异所决定,而且也是由活动组织形式需要多种不同的角色所决定的。在球类运动比赛中,也有很多不同角色的划分,如裁判、教练、队长、队员,以及多种赛制,如单败淘汰制、单循环制、交叉淘汰制等赛制,这属于制度文化中最基本的内容。在球类运动中,对于角色也有着原则性的区分,如运动队中的队长一职是由技艺高超或号召力强的运动员担任的。在球类运动竞赛中，可以根据参赛队伍的多少来调整比赛制度，但在大多数情况下，比赛的组织形式是固定的、严肃的。

（二）校园球类制度文化与精神文化和物质文化之间的关系

校园制度文化、校园精神文化和校园物质文化分别是校园文化的三个层次，其中，物质文化是基础，制度文化是保障，精神文化是核心。校园制度文化介于物质文化和精神文化之间，具有承上启下的作用，并实现了二者的相互结合、相互转化。校园制度文化将一定的制度文化和精神文化加以升华、提炼和凝聚，从而形成了一种自觉的、高级的校园文化形态。校园物质文化和精神文化在进步之后，需要相应的制度文化来予以确定和巩固，并最终以校园制度文化的程度为标志。校园制度越自觉、越明确和坚定，就越能显示其高度理性化的特征。

总而言之，高校是人才培养的基地，其每年都会向社会输送大量的人才，对于社会的发展具有重要的意义。因此，高校必须重视校园球类运动文化的建设，全面提升学生的素质。校园球类制度文化建设是校园体育文化建设的重要组成部分，对于校园体育文化建设起着重要的作用。切实加强校园球类运动的制度文化建设，必将促进校园的物质文化和精神文化建设，从而创造有利于人才培养和人才发展的良好环境。

（三）校园球类制度文化建设的基本原则

1. 坚持制度文化建设的人本性原则

发挥制度文化的育人作用，首要的前提是建立一个既符合社会需求，又符合师生个体需求的学校制度文化，两者缺一不可。“以人为本”的模式从本质上是一种人性的管理，通过师生的积极主动性调动，将学校制度文化转化为师生内心规则和外显行为。此时，尽管建立许多规章制度，师生不会有压抑之感，反而会心情舒畅，能够自觉维护和执行。“以人为本”的制度文化建设，离不开相对宽松的环境，制定者应有平等意识，选择适当途径，吸收各方面信息，力求以多角度的思维分析与处理现实生活中的各种问题。

2. 坚持制度文化建设的民主性原则

制度的制定一定要遵循民主集中制原则，坚持“从群众中来，到群众中去”的基本方法，让师生参与制度的制定。如果仅仅由校长或各部门的负责人将制定好的制度告知学生，并让其进行遵照执行，则师生只能在被动的情况下接受，制度的执行具有很大的难度。因此，在制定相应的制度时，学校管理者应该做相应的民意调查，召开不同层面的人员参加的座谈会，在拟定相应的制度初稿之后，应充分征求教师的意见和建议，将意见集中起来并交由教代会进行审议，然后再将制度进行进一步的完善，最后再正式实施。制度文化建设应坚持“从群众中来，到群众中去”的基本方法，使全体学生都能够广泛参与到学校管理的过程中，使学生和教师都能够了解其制度的具体内容，并对其可行性进行反复的讨论。制定的规章制度要有广泛的群众基础，得到学校职工和学生的认可。这样既可以避免制度脱离实际，保证制度的科学性，又有利于统一认识，沟通感情，从而为制度的贯彻执行奠定心理基础，减少在制定执行中的阻力。

3. 坚持制度文化建设的独特性原则

每所学校因办学的历史以及其地理位置、师资水平、师生素质等客观条件的不同，学校在进行管理时，其观点和做法也不尽相同。学校与学校之间具有一定的差异性，这就使得不可能有一套所有学校都适用的制度。因此，学校在进行制度文化建设时，应从学校的实际情况出发，这样才能够切实可行，促进学校各项工作的开展。

4. 坚持制度文化建设的全面性原则

学校的管理工作涉及方方面面，为了保证学校各项工作的健康有序开展，各项工作都必须有相应的规章制度，以规范和指导学校的行政管理、教职工管理、学生管理、财务管理等。这些规章制度的建设使得学校各项管理工作有“法”可依，有章可循，从而保证整个教学工作的正常运行。

5. 坚持制度文化建设的实效性原则

有效的规章制度是无形的领导者，它凭借自身的强制性力量促使人们按照一定的标准和要求，在一定的限制条件下进行有效活动。为了达到这样的目的，制定制度前要对学校各方面的工作进行认真调查，了解存在的问题，并找出问题的症结，这是制度具有时效性的前提。学校制度文化存在着由外及内的过程，要使学校制度文化发挥最大效能，必须关注师生的主观能动性，在执行规章制度的过程中要关注师生思想的变化，实现学校制度的实效性。

二、校园球类制度文化的功能特征

制度文化建设是校园文化建设的框架，是高校工作中一项不可忽视的重要内容。通过制度文化使高校管理的意愿得以贯彻，使校园行为得以规范。因此，可以说高校制度文化对于学校的意义在于，它提供了一个使国家意志得以体现、办学者主张得以贯彻、人格健全发展得以实现的有力保障。

（一）校园球类制度文化的功能

1. 校园制度文化具有规范制约功能

俗话说，“没有规矩，不成方圆”。校园群体的成员来自四面八方，构成极为复杂，思想、性格、情趣、道德水平也表现得千差万别。为了使校园个体的思想观念融合于校园集体之中，保证校园教学、管理、生活的顺利进行，校园制度文化用简洁精练的语言对师生员工提出要求，发挥着制约作用。

学校制度体现了社会对学校的需求，表现为国家或社会群体对学校的期待。学校的办学方针和培养目标必须体现国家和社会的根本利益，国家的教育法规和一系列政策法令都具有强制性规范的特征。如教师代表大会制度、校务公开制度、领导干部评议制度等。在学校制度中可分为正式制度和非正式制度。一般来讲，正式制度是由学校制定的，是对教职工工作、学习、生活的基本方面进行规范和制约。非正式制度根据正式制度来制定，经过教职工结合工作实际进行践行的行为规范，具有协商性、约定性和教育性等特点，往往比学校正式制度更具有约束力和教育功能，内容也比正式制度更广泛、更丰富，如学校的各类实施方案、意见和工作准则等。这种非正式制度，更能渗透出文化的育人功能，折射出学校的办学理念。

校园制度文化为学校职工提供了一整套角色的行为规范模式，学校内部上至校长，下至教工、学生，什么应该做，什么可以做，什么不能做，都是有章可循的。对于教职工来说，校园制度文化都有明确的行为规范标准，每个人对学校的教育教学、学校管理、后勤保障等负有与自己身份和角色相对应的责任和义务，对于教育对象——学生来讲，校园制度文化尤其显得意义重大，它是学生养成良好行为的重要保障。校园制度文化是一种对师生工作、学习、生活及行为举止具有规范作用的文化，集中体现在学校的规章制度中。这种文化对于师生的言行具有规范调节功能。当师生的言行不符合制度规范的要求时，他们就会自我调节，以达到制度规范的要求。所以，加强校园制度文化的建设，有利于学生行为习惯的自我约束。校园制度文化氛围也为好习惯的养成提供了必不可少的环境。

2.校园制度文化具有整合功能

制度强调的是稳定性与连续性，具有稳定性和连续性的制度对协调各种矛盾、促进群体和谐至关重要。但制度整合的作用过程又可能是利益和权力再调整、再分配的过程，在重新调整利益分配的过程中，通过新制度的建立和不断完善，使各种利益矛盾得以协调解决，以求得新的平衡。以前瞻性的眼光分析教职工思想的变化和学校实际态势的变化，把可能出现的不利于学校健康发展的倾向杜绝在萌芽之中，这是十分必要的。校园制度文化所孕育的良好氛围，使学校活动有条不紊，学校多层组织机构配合默契，整个学校机体灵活运转，充满生机和活力。否则，如果有一种重要的制度环节运转失灵、失范，学校就可能出现混乱无序，陷入瘫痪状态。校园制度文化把不同角色的校园人、不同层次的组织机构有效地结合起来，学校行为在不断调整中得到规范，保证学校在正常轨道上发展。这种整合还表现为校园制度文化对师生具有凝聚和激励作用，产生对学校的认同感、归属感，促使学校各项规章制度变成内心信念与外在行为，最终实现教学目标，从而保证学生的健康发展，保证教职员工个人价值的实现，满足其自身健康发展的需要。

3.校园制度文化具有社会化功能

制度文化对传递各种社会信息发挥着积极作用。然而，相对于迅速发展变化的社会而言，制度则是静止、落后的，仅凭制度传递社会信息是不行的：一则信息量十分有限；二则从使用的角度来说，也不可能满足学校教职工对社会信息采集、开发与利用的需求。因此，发挥教职工的积极性、创造性，生动形象、准确地传递相应的各种社会文化信息，又是制度执行过程中的题中应有之义。

校园制度文化是学校的一个重要窗口和信息载体，校园制度文化的建设状况反映着一个学校的办学理念、方略与精神，反映着学校的办学实力、教育水平、教学质量、教师素质及社会声誉。同时，校园制度文化既是学校形象的表现，也是塑造和树立学校形象的手段和途径，它靠着学校组织结构的严密和完整，以及师生对制度的尊重，表现和塑造着学校形象极具内涵和魅力的一面。

4.校园制度文化具有导向功能

高校制定各种制度的目的，不单纯是去确认已经存在的事实，更重要的是调整现在与将来学校与学生之间、师生之间、教师之间、学生内部之间的各种关系，其重点不是针对过去，而是着眼未来。高校校园制度的突出特征是在确定师生员工的行为模式的同时规定着与行为相对应的结果，告诉人们哪些行为可以做，哪些行为必须做，哪些行为禁止做，这种行为规则的本身就体现着一种引导。例如，《校园文明规范》就是通过对文明行为的倡导和对不文明行为的禁止来引导学生。

由于制度本身具有可操作性，办学者的办学主张和要求可以通过制度的具体条文使对象的行为纳入一定的轨道，以保证社会生活的正常进行和校园秩序的良好保持。成熟的校园制度文化具有激发人的积极性和能动性的作用，并对人的生存和发展的手段、目标具有导向作用，激发出教职工的潜能、激情，使其朝着理想的境界不断地努力奋斗，对不符合学校健康发展的价值取向、道德准则和行为方式也具有调节和抑制作用。

（二）校园球类制度文化的特征

高校校园制度文化具有规范性、层次性、相对稳定性、约束性、时效性和工具性等特征。

1. 规范性

制度的规范性特征在制度文化中表现为制度的科学性。科学的必然是规范的，具有科学性的制度才能从学校的根本出发，对学校的根本需求进行维护。具有科学性的制度不仅其形式是公正的，其内容也是公正的。由此可见，一方面，制度的规范性强调教师群体的主导作用。教师群体作为教代会制度建设的设计者和执行者，作为教代会活动的领导者、组织者和参与者，其素质的高低及工作作风、工作态度的好坏，将直接影响着教代会制度的建设和执行水平。另一方面，制度的规范性强调教职工的认同作用。制度的规范和科学，首先要求制定制度要与教职工沟通，得到教职工的认可，只有这样才能得到广泛的接受和执行。就教代会制度本身以及教代会所涉及的关于大多数教职工重大利益实现的制度，如果没有事前的沟通和事后的认可，这种制度既不科学也不合理，因而很难为教职工所接受。

高校校园制度文化很少能顾及师生员工的多重需要，特别是在以人为本的今天，高校校园制度对人们行为的控制不仅仅是从价值观念上提出一种理性的约束，还要通过强化师生员工的责任感和使命感，进而使校园倡导的主流文化精神形成条文，确立为一种内在的行为标准和模式。它是校园内部的规范性文件，是校园内部的“法律”，它把一些道德纪律要求强化为一种“法律”，并使人在它的约束下形成一种行为习惯。它把一些道德纪律要求上升为一种规章制度，并使人在它的约束下形成一种行为习惯。高校校园制度文化作为校园成员共同遵循的行为准则，会对整个校园起着规范作用。这是高校校园制度文化规范性的表现。

2. 层次性

高校校园制度文化的层次性表现在：它是一个有层次的体系，这个体系既包括学校的校训、校纪、校规，还包括各职能部门的规定，院系、班级甚至是学生宿舍内部的各种约定，各种社团协会内部的规则等。前者属于正式制度，后者属于非正式制度，两者的约束力不同，调整范围也不同。一般来讲，非正式制度比正式制度的适用范围更为广泛。

3. 相对稳定性

高校制度文化的相对稳定性表现在：首先，它是在学校长期发展过程中积累和沉淀而成的；其次，无论是刚性的制度，还是柔性的道德礼仪规范，都有一个较长的产生、发展的过程。高校各种规章制度只是高校制度文化的一个组成部分。尽管制度在其形成过程中难免会渗入制度设计者的某些主观意志，但是它终归是高校长期教学管理实践经验的总结，应当反映高校教学管理的内在要求。高校各种规章制度一旦形成即具有相对的稳定性，不应朝令夕改，而应该在同等条件下可以延续使用。

4. 约束性

高校制度文化的约束性源于其规范性和稳定性。无论是柔性的不成文的道德规范，还是成文的规章制度，它们都为校园师生的教学活动、科研活动、日常生活提供一种内在的约束力，对校内各种组织活动显示出一种影响力，甚至具有一定的强制力。这表现在：校内各层次成员基于制度本身的约束力以及对本制度的认可，其行为必须接受一定的约束；否则，将受到某种制裁，如经济制裁、纪律处分等。制度的强制性特征在制度文化中表现为执行制度的坚定性和自觉性。我们不能把教师代表大会制度局限地理解成常规意义上的规章制度。

教师代表大会制度不仅是文本性的表述和常规意义上的执行，还表现出一种权力、意志、方式乃至习惯，进而表现出一种文化，并由此表现出事物的生存与发展的环境。一方面，制度文化要求对具有科学性的制度要坚定不移地执行，谁不执行谁就要受到相应的惩处；另一方面，制度文化提倡人们不断提高执行制度的自觉性，当教职工自觉执行教代会制度达到习以为常的地步时，就标志着该制度作为一种文化已初步形成了。

5. 时效性

制度的时效性特征在制度文化中表现为完善制度的修复性和创新性。制度尽管具有常规性、预见性、稳定性和持续性等特征，但它总要经历形成、发展、协调和衰败的过程。一种曾经是有益的常规可能会变成一种固定的要求，一种从前的工具性行为形式可能会变成一种空洞的形式主义的东西，一种曾经是情操或价值的有意义的表达也许会变成僵化的教条。随着观念、行动和关系的制度化，这一总体的发展趋势，有时可能会成为一种要求创新的机制。因此，教师代表大会制度作为一种制度文化要求高校有一种创新的氛围。为了学校的发展，每位教职工都可以提议有关部门对原有的制度进行修改。我们所制定的制度必须具备“造血”功能，能不断纠错并自动修复，有所发展，有所前进，有所创新。不能让教职工失去兴趣、活力和理想，使制度丧失它的应有价值。这是高校教师代表大会制度不断完善和创新的标志。

6. 工具性

制度的工具性特征在制度文化中则表现为运用制度的激励性。一种优秀的制度文化能促进人的积极性和能动性，并对人的生存和发展的手段、目标具有导向作用，对不符合学校健康发展的价值取向、道德准则和行为方式具有自我调节和免疫作用。教师代表大会制度所规定的教代会职权的执行和落实，能最大限度地满足广大教职工的心理和生理需要，使教职工能在这种气氛中自觉主动地激发出生活的激情和工作的潜能，为学校的改革和发展不断努力奋斗。高校制度文化激励效果的好坏，是衡量学校制度文化是否成熟、制度文化建设是否有效的唯一标志。

三、我国校园球类制度文化建设

作为学校文化的重要组成部分，加强校园制度文化建设具有重要的意义，其是当前文化立校、文化理校的关键环节。学校制度文化建设通过常规教育、常规示范、常规训练等方面得以落实和完善。学校制度文化建设对于规范学校办学行为、建设和谐校园以及提升办学水平都有着重要的作用，建立健全科学化、规范化、系统化的学校管理制度是十分必要的。

高校校园文化制度的建设离不开全体师生员工的共同努力，近几年，各高校正忙于扩建扩招，侧重于从量的方面对学校提升，而忽视了从质的方面对学校的提升，加强高校制度文化建设则能够为高校创造良好的教学环境、科研环境、生活环境，为高校校园文化建设提供制度上的保障，使高校的综合素质得到有效的提高。

（一）当前高校球类制度文化建设的缺陷

1.高校制度文化建设参与面过于狭窄，师生民主参与意识不强，制度的制定与实施透明度不高

校园规章制度是校园社会关系的调整器。由少数精英组成权力中心并进行学校管理的模式应当成为明日黄花。人人参与管理、人人有责任管理是民主制度最大化的体现。民主的要义在于尽可能吸纳大多数人的意见，反映大多数人的利益要求，保障普通员工参政议政的权利。高校制度文化建设的民主性体现在三个方面：首先，高校规章制度在制定过程中应具有民主性；其次，制度的内容能够反映广大师生的共同要求；最后，制度实施过程应体现民主性。

（1）制度制定过程中应体现民主性

高校校园内规章制度的制定是否客观公正，是否反映了绝大多数人的利益要求，充分地反映在其形成过程中的民主参与程度。高校各种规章制度的形成应当在该制度所涉及的范围内，保证所涉及的人员都有表达自己意愿的机会。程序民主是实施民主性的必要保障。

（2）制度内容应体现民主性

高校校园文化并非仅仅反映领导个人的意志，而是全校师生思想意识、道德观、价值观、人生观、学习研究态度的体现。由此决定了高校制度文化不是领导个人意志的反映，也不为少数“精英”的主观意志所左右，而应当是校园民主的体现。

（3）制度的实施过程应体现民主性

校园规章制度制定过程中民主性的体现只是民主制度建立的前提，制度实施过程的民主性才是关键。尽管校园的规章制度应当由专门部门实施，但与实施的民主性并不相冲突。如何保障高校全体师生最大可能地参与学校管理、参与各种规章制度的制定、参与制度文化的建设，这是高校领导、研究者乃至全体师生员工共同探讨的事情。问题是，我国高校师生的民主参与意识不强，尤其是，我国高校管理一直沿用行政管理手段，高校内部管理一直建立在自下而上的、权力越来越集中的金字塔式体制上，因此，制度文化的建设很难体现民主性、普遍性和透明性。

2.高校规章制度常常缺乏系统性、权威性、连续性和可操作性

规章制度从制定到执行缺乏严密的操作程序，制度与制度之间常常相互抵触，有的甚至同现

行的法律法规相冲突。

首先，如前所述，高校校园制度文化是多层次的，有正式的、非正式的，有学校颁布的，还有学校各职能部门、各院系自行颁布的，形成了多头管理、政出多门的局面，缺乏完整的系统性。

其次，从民主制度的要求来讲，校园制度文化建设的主体应当是多方面的，包括学校领导、部门领导及其全体师生。但是，目前各高校校园制度的制定大多数是各级管理者出于管理的需要，自上而下制定的，很少甚至并没有征求广大师生的意见，这就导致广大师生对制度缺乏认同感与信任感。为公众所认同的制度，必然能够在其心目中产生神圣的权威。制度的权威性还体现在其形成过程必须经过严格的程序方面。程序规范是实体规范的保障，因此程序规范的重要性不亚于实体规范。特定的程序象征着严肃、认真，蕴含着一定的权威。很多高校在制定各种规章制度时，往往缺乏必要的程序规定，重实体、轻程序是高校制度文化中的一个通病。

最后，高校制度文化是经过长期的积累和沉淀而成的，但是由于高校的各项规章制度基本上是自上而下制定出来的，因此，随着领导的更换，各种规章制度或多或少会加以修改，甚至重新制定，这就导致了各种规章制度之间缺乏连续性，呈现出不稳定性，甚至制度与制度之间相互冲突。同时，正因为高校制度是由上而下的管理者制定的，在制度制定过程中如果没有充分调查研究，所制定出来的制度则很难体现广大师生的利益要求，更缺乏可操作性。

3.构成高校校园制度文化的主要要素——校园规章制度，往往是惩罚性规范多于奖励性规范，缺乏人本管理的理念

高校制度文化具有鼓励先进、鞭策后进、表彰优秀、惩罚懈怠的作用。高校通过制定规章制度，辅之以必要的经济手段、行政手段对学校进行有效的管理。通常某些高校领导的个人意识决定了高校制度文化的价值取向。例如，高校在制定制度的过程中，在惩罚性规定和奖励性规定的取舍问题上，大多数领导乐于采用惩罚性规定。因为，从表面上看，惩罚性规定的使用比奖励性规定的使用要经济得多。学校规章中，惩罚性规范被滥用的后果是，校园规章制度过于严厉，使得整个校园失去活力，笼罩在精神紧张、人人自危的氛围中，因而，为现代人所推崇的“以人为本”的管理理念难以彰显。

4.高校校园制度不完善，缺乏制度本身应有的公平价值、自由价值，校园制度文化建设开发力度不够

高校作为一个多层次人员形成的组织，应当建立一套完整的规章制度。高校能否真正做到规章合理、纪律严格、管理科学，关键在于校园制度文化的开发程度如何。高校作为一个具有独立人格的组织，其规章制度同其他组织的规章制度一样，具有共性与个性之特征。高校规章制度的个性表现为：这些规章制度应当突出其文化教育功能，赋予制度以文化色彩。这就要求高校在制定学校规章制度时要特别注意在条文中突出目标追求、价值观念、素质要求、作风态度等精神文化方面的条款，给制度以灵魂。其共性表现为：任何规章制度都应当体现公平价值、自由价值、秩序价值等。但是，当前的许多高校，尤其是规模不大、由行业管理的高校比较崇尚企业化管理模式，热衷于搞校园经济，追求经济效益，从而在校园制度文化建设方面也侧重于维护管理者与师生员工之间的管理与被管理关系，忽视了校领导与全体师生之间更重要的协作关系，也忽视了规章制度应有的公平。另外，各高校对职责分明、全面的工作规范及规章制度的开发

力度不够。

（二）当前高校球类制度文化的塑造

目前，各高校已不仅仅局限于同国内其他高校竞争，而且必须在全球范围内竞争。高校为了提升综合素质和竞争能力，加强校园文化建设则成为当务之急。我们认为，制度文化建设是高校校园文化建设体系的保障，而当前高校制度文化建设应当从以下几方面着手。

1. 围绕公平、客观、科学、规范的目标，与时俱进，建立与时代要求相适应的高校校园制度文化体系

公平是一种基本的制度价值。通常公平与平等属于同一语义，但是作为与效率相对应的价值概念，它主要是指公正，其理想化状态是指平等，即给予同样的人以同等对待的平等状态。高校制度文化的公平价值表现在两个方面：其一，制度的制定公平；其二，制度的实施公平。高校制度文化应当尽可能反映广大教职工与学生的利益，尤其是作为刚性制度文化的高校各种规章制度，从其制定到实施都应有广大师生的参与。高校制度文化是否客观、公正、科学，在于其反映的利益主体的广泛程度，是否注重各个主体之间的利益平衡。高校制度文化体现的利益主体的范围越大，该制度文化越公平、公正、客观、科学，因此，高校在其规章制度的制定过程中，应当广纳群言、充分调查研究、尽量平衡不同主体之间的利益要求。同时，高校制度文化并非一成不变，制度本身则要求不断地得到完善和创新。学校正式制度或非正式制度都存在一个不断完善和创新的问题，尤其在全面推进素质教育的今天，有些规章制度经过时间和实践的检验，已不能适应时代发展的要求，必须及时修改、补充和完善。所以，制度文化要求学校有这样一种氛围，即为了学校的发展，要大力提倡全体师生对学校制度文化建设的贡献，在执行制度的过程中不断改进和完善，使学校制度文化与时俱进，有所创新。

2. 注重“以人为本”的管理理念，树立民主参与意识，彰显高校校园制度文化建设中各主体的地位

在大学所有的教育资源中，人是最重要、最宝贵的资源。“以人为本”是现代大学最重要的办学和管理理念。“以人为本”的基础是充分尊重人。要“以人为本”，学校制度建设的基点应该是尊重人的权利，满足人的需要，促进人的发展。相信每一个教职工，只要把他们放在合适的岗位，他们一定愿意把工作做好，他们一定能够把工作做好；相信每一位学生，他们都有积极进取的心态。

高校全体师生员工都是校园文化制度的建设者，都是处于主体地位。因此，在校园规章制度、校训、校风、学风、领导作风等制度文化的建设中，要重视全方位、全员和全程育人，要以学生为主体，以教师为主导，以管理来促进教学。以教师为主导，意味着在高校校园制度文化建设中必须让教师拥有对于学校发展决策制定的参与权和对重大事件的质询权。教师在高校肩负着教书育人、科学研究等多重任务，其是高校良好风气的传承者。所以，尊重教师的参与权和质询权既是民主制度的体现，也意味着对学术的尊重、对人才的尊重、对道德的尊重、对精神的尊重。只有充分发挥教师群体的作用，才能有效地推进高校校园制度文化的建设。

同时，学生管理也是高校制度文化建设的重要组成部分。学生自我管理与学校文化制度建设紧密联系。学生是被管理者，同时又是自我管理者。一方面，学生自我管理的内容受学校各项

管理制度的影响;另一方面,学校制度的科学性与可操作性直接影响着学生自我管理的执行水平。高校校园制度应为学生自我管理提供一定的空间,教师尤其是辅导员的民主性则给学生的自我管理提供了可能。因此,学校制度文化建设中的管理制度必须是学生能够接受的制度文化,能够渗透到各科教学之中,体现在学校各项教育活动之中。另外,高校在制度的取舍中,应当从人之“好奖不好罚”的本性出发,多采用奖励性规范,尽量避免惩罚性规范。从管理成本来看,使用奖励性措施进行管理并不一定比使用惩罚性规定的成本高,奖励性措施同时也是有效的激励手段。

3.注重高校校园制度文化建设的合法性、权威性和可操作性,推行依法治校

建设社会主义法治国家是党中央所确立的治国方略。依法治国、依法治市、依法治校都是建设法治国家的基本要求。高校校园制度是校内法治与德治的最佳结合点,是为适应依法治校的要求,针对全体师生员工具有约束、指导、规范和协调作用的内部规定。高校校园制度一方面是学校为适应法律法规而制定的具体操作规定,应当同法律法规保持高度一致,绝不能同法律法规相抵触;另一方面,高校校园制度也是实行依法治校,建立良好的校园制度文化的保证,具有一定的权威性。为此,高校应当及时清理废止同现行法律法规相抵触的规章制度,注重校园制度文化的不断创新,制定出切合实际、维护广大师生员工合法权利的规章制度,弱化对师生员工的人为管理,强化制度管理。同时,校园制度文化建设应当在保证其合法性的前提下,充分体现对师生员工的关怀,尤其是对学生的关怀。依法治校的前提是在合法的条件下建立完善的规章制度。健全而严密的规章制度是学校管理的最基本手段,但是严密的规章制度并非一定残酷,良好的规章制度应当是严而不酷,疏而不漏。每个学校都有自己的校园制度文化,而校园制度文化的主要表现是学校的各项规章制度。高校规章制度是以促进校园内全体师生员工的发展为最终目标的。

四、校园球类制度文化建设的具体措施

高校球类制度文化是物质文化和精神文化的中层,也是校园体育文化建设的重要方面。高校球类制度文化建设应注意以下几方面的问题。

(一)建立完善的管理制度

体育教学虽然在我国发展多年,但是一直以来,体育并不被重视,长期处于被冷落的地位。虽然我国倡导学生的全面发展,但是学校体育仍然处于弱势地位。改革开放以来,我国积极推进素质及教育改革,并强调了体育在素质教育中发挥的重要作用,校园体育文化建设已经成为高校文化建设的重要方面。

学校要建立相应的球类制度文化,就需要积极贯彻落实相应的体育法规,积极改进球类教育管理的理念,创新教育管理的手段。学校应根据自身的实际情况来将相应的政策法规落到实处,使高校体育文化散发自身的鲜明特色。球类运动场馆和器材管理的基本制度如表 4-2 和表 4-3 所示。

表 4-2 球类运动场馆管理的基本制度示例

体育场馆开放时间	(1)制定体育场馆上课时间时要以学校的上课制度为依据，通常是上午 8:00—12:00，下午 2:30—4:00 (2)通常情况下，体育场馆课外活动时间为学校放学或者下课时间段，一般在下午 4:30—晚上 9:30
体育场馆使用的规定	(1)必须遵守体育馆开放时间安排：上课时间，非上体育课的学生不得擅自进馆活动，闭馆时请自觉离开体育场馆 (2)在课外活动时间，体育场馆优先为校代表队提供训练比赛场所，其他场地可以对外开放 (3)未经许可，不得随意拆卸和挪用体育场馆内器材 (4)未经允许，不得随意变更体育场馆每个教室的工作用途 (5)满足体育课的课堂和课外体育活动需要是体育场馆的首要任务，因此，这就要求未经许可不得挪为他用 (6)必须按规定着装进体育场馆，不按规定着装参加体育课或者体育训练者要给予一定的警告 (7)在体育场馆内严禁随地吐痰、乱扔果皮纸屑，要养成随手带走垃圾，或者扔入垃圾桶的好习惯，以保持体育场馆内良好的卫生情况 (8)体育场馆内严禁用脚踢球，以避免对馆内人员和器械造成损害 (9)在馆内上体育课时严禁大声喧哗，以免对其他学生上课产生影响。随身携带的物品应放在适当的地方，不得悬挂在体育器械上，如脱下的衣物、饰品等 (10)贵重物品带入馆内，要随身携带，妥善保管，丢失概不负责 (11)外单位使用学校体育运动场地，要事先向学校提出申请，经批准履行手续后才能使用，否则不允许进入体育场馆 (12)如有违反上述中的任一条例，有关人员要做罚款处理

表 4-3 球类运动器材的管理制度示例

制定器材的使用制度	制定器材使用制度，明确规定器材使用的借用手续、使用方法、归还方法和非正常损坏的赔偿办法等，减少不必要的消耗和损坏，延长器材的使用寿命。具体而言，应包括以下几方面 (1)外借管理。首先，一定要以教学规律按时、按项目、按量把器材提供给任课教师，不可以随意外借器材；其次，篮球教师要根据教学的需要填写器材申请单，学生凭篮球教师签名的申请单到器材室领取器材；再次，由课外活动时间使用器材的部门提出申请，经体育部负责人批准，方能借出，并要在使用完后立刻归还。需要强调的是，器材管理人员在外借器材过程中，为了保证器材的完好和有序使用，要做到以下几点要求：第一，一定要当面点数检验器材，做到如数、完整、完好；第二，在回收器材时，也要当面检验，而后一次性地放回原来的位置，严禁随意堆放 (2)明确器材的使用办法，包括正确使用的流程、禁止的事项。一些固定性的器材附近应注明使用的方法和注意事项 (3)做好器材的现场指导、监督工作 (4)认真核实器材归还数量与借出数量，器材有否损坏，并做好记录

续表

制定器材设备的清点检查制度	清查是为了及时维修或报废更新不能继续使用的器材设备。为管理好器材设备,必须根据各种设备的特点建立起相应的清点检查器材设备的制度
做好器材设备的维护和保养	器材设备应定期进行维护和保养,由于设备的材料不同,维护和保养的方法也会有一定的差别。球类应避免放在高温环境下。如果球体变脏,应对污物进行清理

(二)积极开展和承办各类体育赛事

通过组织竞赛活动,各高校间互通了信息,增进了沟通与交流,促进了了解,丰富了各校校园文化生活。比赛的承办不仅提高了高校的办赛水平,而且活跃了高校的体育文化氛围,丰富了高校的校园文化生活。

从1998年创立至今,CUBA联赛保持着每届600～700支参赛队,近万名运动员和教练员,2 400多场基层选拔比赛,160场分区比赛和15场男八强、女四强赛的赛事规模,在全国高校产生了广泛、深入、持久的影响,在社会上树立起了积极、健康、向上的形象,竞赛体系日趋完善、竞技水平稳步提高、社会影响迅速扩大、优秀人才崭露头角、品牌建设和市场营造初见成效,被誉为中国篮球的"希望工程"。

我国应积极开展一些类似于CUBA篮球联赛的赛事,积极推动体育文化的传播与发展。在开始阶段,举办大型赛事相对较为困难,学校之间应加强联合,积极开展校际之间的比赛。教育部门应与体育部门积极进行合作,推动全国性大学生体育联赛的开展。

(三)利用校园网络,丰富校园体育文化生活

现代社会,网络是一种重要的工具,为人们提供了各种各样的资源。在球类运动教学中,为了促进体育网络课程的发展,应注重软件与硬件资源的开发与利用。

硬件设施是基础,应对硬件资源进行规划,合理利用。一些高校正在对无线校园进行规划,校园的网络容量与传输质量主要取决于硬件资源的完善情况。硬件资源不同,容量与传输质量自然不同。网络课程的开发中,也会涉及手机网络及其他移动网络,因此要与相关网络的供应商建立联系、密切配合。

网络课程开发中,硬件资源必不可少,但软件应用产品也同样重要。软件资源囊括了体育教学中所有的教学及互动内容。体育网络教学平台由各类软件资源整合而成,师生在这一平台上可以实现良好的互动。从现有的高校体育网络课程来看,网络教学平台中的版块主要涉及以下几个。

(1)体育教学视频和课件。

(2)体育比赛视频赏析。

(3)师生交流和互动平台。

(4)体育论坛。

(四)建立球类运动队

加强校园球类制度文化的建设还应积极推动学校体育运动队的建设,使得学校形成强势运

动项目，吸引全校师生的目光，使球类运动成为师生关注和讨论的焦点，发挥其促进体育文化发展的带头作用。例如，通过组建篮球运动队，积极进行训练，在CUBA联赛中有所作为，必然会得到师生的关注，促进学生投入篮球运动的热情。

通常情况下，在学校中运动队的训练是由专门的体育运动训练教练或专门的训练部门负责管理的。在组建运动队时，不仅需要确定好训练项目，选拔参训运动员、选择指导教师，还要制定好相应的规章制度。具体而言，学校运动队的组建应注意以下几方面。

1.确定训练项目

组建运动队首先要确定训练项目，不然后续工作无法开展，从学校的体育活动基础、师资力量、场地器材等实际情况出发是确定训练项目要考虑的最重要的问题。

2.选拔运动员

学校课余体育训练的主要任务是为国家和社会培养优秀的后备体育人才。因此，选拔优秀的体育人才是一项非常重要的工作。目前，我国在选拔体育人才时常用的测试指标主要有身体形态指标、生理机能指标、身体素质指标等。

3.选择指导教师

在体育运动训练中，选择指导教师是非常重要的一部分，合适的指导教师不仅能使运动队的训练效率提高，对于训练目标的实现也是有帮助的。在很多学校里，指导教师或教练员都是由本校的教师担任，其他有体育专长的老师也在选择之列。条件允许，学校也可以聘请业余体校的教练或体育俱乐部的教练来作为指导教师。

4.规章制度的建立

要进行系统完整的体育运动训练，就必须要有比较完备的规章制度，学校体育训练工作要顺利开展，并想要取得预定的效果，也需要有一定的规章制度作保障。学校组建运动队时，一定要对规章制度的建立引起高度的重视，这样对于学校体育训练以及运动队管理力度的加强是较为有利的。通常情况下，需要建立的规章制度有很多，比较重要的有训练制度、奖惩制度、比赛制度、教练员责任制度和学习检查制度等。

第五章 现代球类运动学练的理论指导

第一节 现代球类运动学练的原则

球类运动训练的原则是球类运动训练过程中客观规律的反映,是在长期的球类运动实践中积累起来的具有指导意义的经验总结和概括,是球类运动训练必须遵循的行为准则。

一、目的性原则

目的性原则也称意识性原则或主动积极性原则,是指运用宣传和其他手段,动员运动员在充分理解身体锻炼目的、意义的基础上,自愿、主动、积极地进行运动训练活动。

球类运动训练是一种有目的、有意识的活动,其过程始终受到一定目的所支配。对于人类总体而言,参加球类运动是为了谋求人类自身的健康完善和身体潜能的开发。就每个个体而言,也带有十分明确的自我身体完善的目的。

球类运动既是一种克服自身惰性的体力性活动,又是克服外界环境阻碍的意志性活动。运动员要不断地战胜贪图安逸的心理惰性,保证在预定的时间参加活动。在运动训练中,身体还要承受一定的运动负荷,要有额外的体力消耗。因此,没有明确目的和主动自觉的精神是不可能坚持下去的。

二、系统性原则

系统性是指从球类运动训练的最初阶段开始,直到达到一定技术水平并不断提高运动能力的整个训练过程,前后连贯、紧密相关而不中断。其中球类运动训练的任务、内容、指标和要求是层层衔接的,是在打好基础,增强和提高球类运动的体质、技能水平这个总目标的指导下进行的。

球类运动的运动员要提高良好的机能水平,必须经过长时间的系统训练。短期、零碎、彼此脱节的训练,是不可能培养出优秀运动员的。训练中的各个训练阶段、训练内容都是彼此相关、相互影响和相互促进的。学习和掌握运动技能的本质是建立运动条件反射。间断训练,容易使已建立起来的条件反射消退。要始终遵循系统性原则,因为各球类运动项目的知识、技术与战术,都有其内部的联系和系统性;动作技术的掌握与技能的形成以及训练水平的提高,都有一定的规律,只有遵循这些规律,按运动项目本身的系统,持续不断地进行训练,才能取得良好的预期训练效果。

球类运动训练遵循系统性原则应注意以下几个方面。

(1)要正确确定训练的任务、内容、指标和要求。要根据各时期不同年龄的运动员的身心发展特点和原有水平,正确确定训练的任务、内容、指标和要求,做到由易到难,由简到繁,由浅入深,循序渐进,切合实际,打好基础,有利提高。

(2)要切实做好每个时期训练的对口衔接。要根据具体实际情况,制定切实可行的计划,使各时期、各阶段训练系统连贯,紧密衔接,以保证训练的系统连贯性。

(3)要科学地安排训练和休息,注意机能恢复,逐步提高运动负荷,注意机能的恢复,防止运动创伤,以获得良好训练效应的积累。根据具体实际情况,在开始时期可适当安排一个恢复阶段,运动负荷可适当小些,逐渐转入正常训练,逐渐加大运动负荷,以适应提高训练水平和比赛的需要。进入结束阶段,又要适当减少训练次数并适当减小负荷,以保证对球类运动有充分时间和精力复习,完成最终阶段的训练。要特别注意寒暑假期间的训练安排,不能中断,应尽量保持原有训练水平,以利于下一学期的训练。

三、全面性原则

全面性原则,是指通过球类运动训练使运动员的身体形态、机能、素质和心理品质等各方面都得到全面和谐发展。人体的各组织、器官、系统之间是相互联系、相互制约的,它是一个有机的整体,也就是说身体某一方面的发展会对其他方面的发展产生直接的影响。在这种环境下,就要求运动员的运动训练要全面,要促进机体的全面协调发展。

为了更好地贯彻全面性原则,运动员在进行球类运动训练时,应对改善机体形态、提高身体机能、适应环境、抵抗疾病、愉悦身心等方面进行综合考虑,全面发展。全面发展不等于没有重点,而是要根据个体的需要,发展各自职业需要的部位和素质,以及在运动过程中活动最少的部位。这样有的放矢地进行训练,将收到更好的效果。

四、周期性原则

任何形式的运动训练都需要遵循一定的周期循环,周而复始地安排训练,这就是周期性原则,球类运动训练也同样如此。在球类运动训练中,其下一个训练周期的要求和水平都应在前一个周期的基础上有所提高。

运动员通过一段时间的训练,其竞技能力可以在一个周期的训练中达到最佳状态,这种状态就是所谓的竞技状态。竞技状态是通过长时间的训练培养出来的,我们将这个时期称为状态获得阶段。竞技状态形成后,可以稳定在一定的时期内,叫竞技状态保持阶段。但是它有一定的保持时期,这一时期过后,竞技状态就会下降,我们称为竞技状态下降阶段。一般来说,周期训练划分为三个时期,即准备期、竞赛期和休整期,也就是说前一周期是下一周期的积累,每一个周期都是在原来周期基础上有新的目标。适当变换训练思想、内容和方法,以求周期性地提高运动成绩。

很明显,竞技状态是运动员获得优异运动成绩所表现出来的最适宜的准备状态,这离不开长期的刻苦训练。这一过程主要包括以下三个阶段。

（一）形成阶段

在这一阶段中，运动员进行训练可引起机体的适应性变化，机体能力、身体素质、心理品质和专项技术、战术不断得到提高，从而形成了统一的、具有专项化特征的竞技状态。

（二）保持阶段

在这一阶段，运动员能充分发挥出自己的运动潜力，创造优异的成绩。

（三）消失阶段

运动员长时间的运动训练容易造成疲劳的积累，使得身体各方面机能都处于衰退趋势，因此需要疲劳的缓解和恢复。运动员要经过不断地调整、恢复和训练，才能进入新的训练周期。

竞技状态发展中的三个阶段是紧密相连的，形成一个周期性循环。运动员要在遵循周期性原则的前提下进行训练，在训练的过程中要注意以下几个问题。

首先，划分训练周期时，为加强基础训练，准备期计划时间应较长些。竞赛期应根据比赛的具体情况来安排时间。休整期应尽可能与期终复习考试时间一致。休整期仍应坚持适量的训练，假期可安排较大负荷的集训。

其次，在一个训练周期内，运动员应大力加强身体素质和基本技术训练，并做好心理准备，对平时非主要的比赛，可用训练的心态迎接，这一环节应特别重视，从而使整个训练计划具有完整性和系统性。

最后，周期结束时，要总结经验，针对训练中出现的问题进行研究和分析，并及时加以改进，另外还要根据训练的总体目标，合理安排下一周期的训练，使其能在前一周期训练的基础上，提高运动员的训练水平。

五、恢复性原则

人体机能提高是通过负荷、疲劳、恢复、提高这种循环往复的过程实现的。由于参加球类运动的个体在身体活动时增加运动强度和运动量，故其身体会产生疲劳。因此，要想从锻炼中获得最大收益，在下一次锻炼之前必须注意休息，以使体力得以恢复。两次锻炼之间的休息阶段，就是所谓的恢复阶段。

长时间进行球类运动训练，运动员身体会受到较大的冲击，这时就需要充分的休息，否则就可能会引起过度锻炼的疲劳综合征。缓解这种症状的方法是增加两次训练之间的休息时间和在训练时降低运动强度。对于严重的过度训练者来说，还需要增加营养、接受理疗和按摩等，使机体得以恢复，否则会导致症状的进一步恶化。尽管运动量过大是引起过度锻炼症状的主要原因，但饮食不平衡也可能引起“锻炼的延续效应”。

六、针对性原则

在训练过程中，要根据运动员的个人特点，如年龄、性别、身体条件、承担负荷的能力、技术水平和心理品质、文化程度等方面，有针对性地确定训练任务、选择方法、手段和安排运动负荷，这就是所谓的针对性原则。这一原则在球类运动训练中具有非常重要的作用和意义。

由于每个运动员的年龄、身体素质、运动能力等方面都存在一定的差异性,如果对不同的运动采取同一种训练方法,就不会取得理想的训练效果,这就需要根据每个运动员的实际情况针对性地选择运动训练方法和球类运动的项目、内容、方法和运动负荷,特别应该注意改善和提高运动员的薄弱环节。在训练中,每个人的起点不同,而且随着训练过程的发展而不断地发展变化。如有的运动员在训练初期进展不大,但到了某一阶段就可能突飞猛进;有的开始进展很快,但后来反而慢了下来;有的某些运动素质好,而有的则在另一些素质上表现突出;有的能适应大负荷量的训练,而有的则能承受大强度训练的刺激。这使得他们存在的技术缺点也不相同。由此可以看出,在球类运动训练中,要想取得较为理想的训练效果,有针对性的对待是非常重要的。

为了能够更好地贯彻实施针对性原则,在球类运动训练过程中,需要注意以下两个方面。

(1)教练员全面、详细地了解运动员的具体实际情况,并根据这些情况有针对性地选择适宜的训练方法。从运动员选材到培养,教练员要了解和分析研究运动员生长发育过程中的特殊情况,如有的早熟、有的晚熟,有的出成绩快、有的慢,女运动员月经期间对训练的反应也不尽相同等。对于这些,教练员从训练一开始就应注意积累并建立运动员的档案资料,做到对每一个运动员都很了解。

(2)要对整个球队和队员个人的特点进行全面、深入的了解,并以此为依据来制定相应的训练计划。在制定训练计划时,要在全面了解全队和每个人的基础上,充分反映全队的特点和个人的特点,既有对全队的要求,又有对个人的要求。

七、直观性原则

直观性原则是指在球类运动训练中充分运用多种直观手段,通过运动员的感觉器官,激发活跃的形象思维,建立正确的动作表象,启发运动员积极思维与实践,提高运动员竞技水平的训练原则。

直观性原则主要依据认识过程的普遍规律。运动员正确认识的形成,都要经历从生动的直观到抽象的思维、从感性认识到理性认识的过程。运动员在学习和掌握动作的练习时,一般都是沿着直观(具体、生动的思维)、实践(建立动作表象,学习和了解技术要点)、建立概念(形成抽象思维)、学会和掌握动作技能的思维认识程序进行的。在这一过程中,直观的感性认识起着重要的作用,是掌握动作技能的起始和基础。在球类运动训练的各个练习过程中,运动员都必须运用自己的各种感觉器官去体会和深化动作。通过视觉、听觉、触觉等多种感觉器官所得到的形象化认识,会大大地帮助人们进行正确的思维和掌握运动技能。

在球类运动训练时,要遵循直观性原则就要注意以下问题。

(一)重视球类运动训练初期示范教学

在球类运动训练初期,教师或教练应力所能及地多做示范,并且注意完整示范与分解示范相结合、正确示范与错误动作示范相结合。对难度较大的技术动作,可采用保护和帮助,以加强触觉和本体感觉,建立正确的动作表象。

（二）要利用挂图、现代影像技术等直观方式

可播放高水平运动员技术动作的影像，以调动运动员积极地进行模仿，感知动作技术的完整性与规范性。

八、循序渐进原则

在进行球类运动训练时，训练者通常会按照事先制定的锻炼计划，经常地、持之以恒地从事身体锻炼，并且其锻炼的内容、形式都是由简到繁、由易到难，运动负荷也是由小到大。

人进行球类运动训练锻炼，都是从不适应向适应转化的过程。同时，这一过程也是一个由“适应”向新的“不适应”转化的过程。面对新的健身项目，训练者开始会出现一定的不适应，而经过一段时间的锻炼，锻炼者会逐渐适应此项健身运动，而当机体出现持续性适应后，如果不增加练习负荷，即不增大负荷刺激，机体对该负荷的反应就会逐渐降低直到不明显，即出现“习惯性负荷”效应，身体锻炼的效果也会逐渐降低或不明显。球类运动训练锻炼的过程，也就是“两个转化”不断循环和螺旋式上升的过程。这就说明，训练者要想获得在身体形态、生理、生化等方面的良好变化，就必须坚持循序渐进的原则。

球类运动训练尽管没有像体育教学和运动训练那样对运动技术提出较高要求，但也应对运动方法和技能有一定的掌握。学习和掌握技能技术的过程，实质上是运动性暂时神经联系的建立和巩固的过程。要想建立、保持和完善这一条件联系，就必须对此进行不断的强化。如果出现中断练习，或时练时停，就必然会造成暂时神经联系的减弱、消退，这对掌握运动技能、技术是不利的。

九、科学安排运动负荷原则

科学安排运动负荷原则是指在训练中要根据运动员承受负荷的能力、人体机能的训练适应规律，逐步地、有节奏地加大运动负荷，并使大、中、小负荷科学结合，保证良好训练效应的积累。

训练负荷的安排对球类运动训练效应有着重要的影响，有机体对适宜的负荷才会产生适应性变化。球类运动训练的经验证明，量大、强度大的负荷训练是提高训练水平和运动成绩的关键。如果负荷过小，就不能引起机体必要的应激反应。但在过度负荷作用下，机体则会出现劣变现象，导致伤病发生。

球类运动训练要合理安排运动负荷就要依据人体适应规律和训练任务。人体适应规律是训练过程中对人体施加运动负荷产生的效应，实质是一个生物适应过程。在负荷保持在一定范围的条件下，机体的应激以及随之产生的一系列适应变化，都会保持在一个适度的范围内。这时负荷的量度越大，对机体的刺激越深，所引起的应激也越强烈，机体产生的相应变化也就越明显，人体竞技能力提高得也就越快。不同时期训练任务不同，负荷量也不同。准备期任务是全面发展运动素质、掌握技术、提高人体竞技能力，这一时期调整节奏，负荷的量和强度均有增加，以增量为主，强度适中；比赛期则应使负荷强度增加到最高水平，负荷量相对减少；过渡期主要是消除疲劳，通常要采取较小的训练负荷。

科学安排运动负荷原则，是根据运动员身心发展规律、人体机能适应性规律和超量恢复原理提出来的。

球类运动训练贯彻科学安排运动负荷原则，应注意以下几点。

(1)要根据运动员的球类训练水平确定适宜的运动负荷，并通过训练逐步地、有节奏地加大训练负荷，最后达到训练指标的要求。首先要根据运动员的年龄特点和训练水平，确定适度的训练负荷；其次要有节奏地、循序渐进地加大运动负荷，并且大、中、小负荷相结合。在一次大负荷训练后，应有足够的休息，并在后续训练中适当安排中、小负荷训练作为调整。对于身体发育较晚的运动员，负荷不宜太大，防止过度训练和运动损伤。在训练中还要综合考虑运动员的学习、营养、作息和恢复等问题。

(2)要处理好负荷与恢复的关系。运动员在训练中承受一定负荷后，机体会产生疲劳，因此要有一定的休息时间，保证机体得到充分的恢复和超量恢复，以利于下次训练。球类运动训练过程中的任何一种负荷，都包含着负荷的量与强度两个方面。前者反映训练负荷对机体刺激的量的大小，后者反映负荷对机体刺激的深度。反映负荷量大小的指标一般为次数、时间、距离、重量等。反映负荷强度大小的指标一般为速度、远度、高度、单位练习的负重量或练习的密度、难度。负荷的量和强度构成了负荷的整体，彼此依存、相互影响。任何负荷的量都是以一定的强度为条件，任何负荷的强度又都以一定的量为基础。

(3)要由小到大，逐步提高，有节奏地安排运动负荷。由于人体对负荷有个适应过程，而人体各方面的适应又不是同时产生的，所以要由小到大，逐步提高，有节奏地安排，采用大、中、小负荷相结合，不同性质的负荷交替安排，使负荷波浪式地发展提高，以获得良好的训练效应。

(4)要处理好负荷量与负荷强度的关系。在一个大周期的训练中，一般是准备期优先增加量，并在中期达到较大的量，后期逐渐下降，同时开始较大地提高强度，在准备期的后期达到较高水平。在竞赛期，强度继续提高，并达到该周期的最高峰，以迎接主要的比赛，与此同时，量也下降到较低的程度。如果竞赛期较长，则中间可适当降低强度，增加量，然后再降低量提高强度，达到强度的第二个高峰。到休整期，量与强度均呈急剧下降趋势，使运动员得到很好的休整。

在科学安排运动负荷时，还应考虑运动员的营养状况、学习与其他活动的负担等情况。

十、一般训练与专项训练相结合原则

一般训练与专项训练相结合原则，是指根据球类运动具体项目的特点、对象的水平和训练的不同时期、不同阶段的任务，把一般训练与专项训练结合起来，以促进训练水平的提高。

在球类运动训练中，要采取多种训练手段和方法对运动员进行全面训练，以促进运动员的全面协调发展，另外，在训练的过程中还应加强运动员对非专项理论知识的了解，以更好地提高其训练水平。

运动员的身体素质与技术动作之间是相互影响、相互制约的关系，身体素质是运动员技术训练的保障，技术训练要建立在一般训练的基础上，只有这样球类运动的专项训练才能取得理想的效果。因此，在球类运动训练中要始终贯彻一般训练与专项训练相结合的原则，一般来说应注意以下几点。

(1)要确定好一般训练与专项训练的比重。首先要根据球类专项的特点来安排。对难度大、技术复杂的动作，一般训练的比重可相对少些，专项训练的比重可大些；对技术、战术都比较复杂，对体力要求也较高的动作，则两者比重可较为接近。

对于初次参加训练的运动员，主要进行一般性训练，以后随着运动水平的不断提高，一般训练的比重可适当降低。球类运动训练，运动员在基础训练阶段，主要进行一般训练，打好各方面的基础，待到熟练掌握后，逐步进行专项训练。在专项训练的初期，专项训练也具有多项性质，逐渐过渡到单一专项，而在整个专项训练阶段，一般训练仍要保持适当的比重，应根据训练实践的变化，及时调整两者的比重，使之处于最佳状态。

(2)一般训练的内容要合理。一般训练的内容要注重基础性和实效性，其结构应具有球类专项的运动特点，以便更容易将这些练习的效应转移到球类运动中去。例如，对速度、力量项目的运动员，一般训练应重点选择动作快、爆发力强的一般性练习。在基础训练阶段，一般训练应围绕打好身体和技术基础的任务进行。

(3)将运动训练的任务、目标、重点难点等贯穿到球类运动训练的各个阶段中去。一般训练的练习，其主要目的就是要打好基础，因此要根据这一目的安排内容；专项训练的练习，则应根据专项的特点和需求进行安排，并应体现出各专项的特点，要在全面安排的基础上，突出重点，明确目的，力求精练，获得最佳效果。

(4)采用多种训练方法和手段。选用的训练方法和手段要能符合运动员身心发展的特点。可适当增强训练的趣味性和多样性，以提高运动员的训练积极性。在训练中可采用重复、变换练习法，也可适当采用游戏、比赛的方法。

第二节 现代球类运动学练的方法

根据球类运动项目的不同，可以有多种训练方法，而球类运动训练的效果，在很大程度上取决于球类运动训练方法的正确应用。球类运动训练的方法有很多种，但选择训练方法的一个重要原则是，球类训练的方法应根据从事活动对身体要求的特点来决定。下面介绍一些球类运动训练的基本方法。

一、持续训练法

持续训练是指在相对较长的时间内，持续不断地进行较稳定的、强度不大的球类练习的方法。这种训练方法能很好地发展运动员的一般耐力和有氧耐力，是球类运动身体素质训练中最为常用的训练方法，如较长时间的匀速跑。在非周期性项目中，常用于巩固提高技术和发展专项耐力，如排球连续垫球、多次滚翻救球，乒乓球连续攻球和推挡球等。

在运用持续训练法进行训练时需要注意以下两点。

(1)由于持续训练的时间较长，练习量较大，因此强度不应太大。一般情况下，心率控制在130～160次/分钟，并以恒定的运动强度，有利于发展一般耐力。若要提高专项耐力，则可以提高强度，持续适当的时间。

(2)在训练期或休整期，采用中小强度进行持续训练，是为了发展或保持一般耐力水平。

二、重复训练法

重复训练是指按照要求不改变动作结构和运动负荷量，反复地进行练习，使条件反射得到建立、巩固，从而使运动技术形成牢固的定型。重复训练法也常用于球类技术训练中，对运动员掌握和提高自己的技术水平具有重要的作用。

重复训练法在两次练习之间的间歇时间没有严格的规定，通常是使运动员得到充分恢复后再进行下次练习。因此，常用于极限或次极限强度负荷的训练，强度可达极限强度的90%以上，在发展最大力量、最大速度的训练中常用此法进行训练。

运动员运用重复训练法进行训练时需要注意以下几个方面。

(1)重复训练用于球类技术训练时，一般要注意以下两点要求：一是要严格按照技术规范练习，而在负荷强度上不提出过高的要求。为了掌握和巩固正确动作，必须有一定的重复次数作保证。但是，如果运动员连续出现错误动作，就应该停止练习，以防止形成错误的动力定型。二是在保证重复练习次数的基础上，逐步增加练习的量和强度，使运动员在较困难的条件下保证技术的正确性、熟练性。

(2)重复训练用于身体素质训练时，应尽量采用简单而有实效的已基本掌握的练习作为训练手段，在确定练习数量、负荷强度、重复次数时，要根据运动员的实际情况进行安排。对身体素质训练水平较差或身体机能较差的运动员应降低要求，并在练习之间安排较充分的休息时间，随着训练水平的不断提高，逐步加强练习次数、负荷强度和重复次数。

(3)采用重复训练方法时，应明确进行训练的最终目的，提高训练的积极性。重复训练法由于反复练习同一动作，容易产生单调乏味的情绪和分散注意力，从而影响训练效果，在实施训练过程中，应灵活地结合一些比赛或游戏活动，以提高重复练习的兴趣。

三、间歇训练法

间歇训练是指依规定的要求进行练习后，按照严格规定的时间和休息方式进行休息，在机体机能尚未完全恢复的情况下，就进行下一次练习的训练方法。由于这种方法是在运动员的机体未能完全恢复时就进行下一次的练习，所以能有效地提高呼吸和心血管系统的机能。间歇训练方法同重复训练方法的关键区别在于，间歇训练对每次练习的间歇时间有严格规定，要在运动员机体机能能力未完全恢复的情况下就开始下一次练习；而重复训练的间歇时间是在运动员机体机能能力基本恢复的情况下，才进行下一次的练习。在球类运动训练时，可根据训练强度来安排间歇的时间。间歇训练法可分为慢速间歇训练法和快速间歇训练法。

(1)慢速间歇训练法。这种方法的特点是练习强度不大(约30%～50%)，可用于发展有氧耐力和局部肌肉耐力。

(2)快速间歇训练法。这种方法一般强度较大(50%～80%)，多用于100～400米的重复跑，主要发展无氧耐力、速度力量和速度耐力。

在运用间歇训练法进行训练时需要注意以下几个问题。

首先，要根据训练任务安排间歇训练的方案。间歇训练法是由五个要素组成的，即每次练习的数量、每次练习的负荷强度、重复次数、间歇时间及休息方式。它们是相互影响、相互制约的，因此在变换或调整某一要素的参数时，要充分考虑到其他因素的影响。

其次，某一间歇训练方案确定后，应经过一段时间的训练，使运动员有了适应和提高后，再根据训练任务和具体情况，适时地进行调节、变换。

最后，间歇时的休息方式以轻微活动为好，这种轻微活动可以加速血液循环，帮助排除代谢所产生的废物。

四、变换训练法

变换训练法，是指在训练过程中有目的地变换练习的负荷、单个动作组合，以及变换练习的环境、条件等进行训练的方法。在负荷较大、比较枯燥的素质训练中，采用变换训练法，可提高运动员的兴趣，对神经系统有良好的调节作用，有利于提高训练效果。采取变换训练法时，负荷的变换、动作组合的改变和条件的改变都要循序渐进地进行，避免要求过高，不要骤然突变。

常采用的变换训练的方法有改变运动负荷的变换训练法、改变动作组合的变换训练法、改变练习条件和环境的变换训练法。

（一）改变运动负荷的变换训练法

改变运动负荷的变换训练法主要用来提高机体对不同负荷的适应能力。它既可用于发展有氧耐力，又可用于发展专项速度耐力，如在篮球等球类训练中，常安排短距离冲刺跑与慢跑相结合的变换负荷的训练。

（二）改变动作组合的变换训练法

改变动作组合的变换训练法多用于技术训练，特别是技术动作多、组合方式较为灵活多样的项目，如体操、篮球项目等。采用这种训练法对提高动作技术，尤其对提高连接动作的能力有重要意义，同时对技术的多样可变性提出了更高的要求，运动员可获得多种感觉的信息，有利于提高神经系统的调节能力。

（三）改变练习条件和环境的变换训练法

分别是改变练习环境和改变练习条件两种训练方法。改变练习条件的训练法，如改变场地器材条件、干扰的条件、有对手和无对手的条件以及和不同技术特点的对手在对抗条件下练习等。这种训练法主要是提高运动员适应变化条件的能力，提高在变化条件下发挥身体素质和运用技术的能力以及心理的稳定性。改变练习环境的训练法，这种方法常用在适应比赛环境的训练方面，如根据比赛地点的特点，寻找相类似的地方进行训练。

通过以上三种变换训练法，能有效提高机体对比赛的适应能力，改进提高运动技术与战术，以及提高身体素质训练水平，有利于培养运动员的各种运动感觉，克服练习时所产生的单调枯燥感，提高对练习的兴趣和进行练习的积极性，对推迟疲劳的出现也有着积极的意义。球类运动在进行变换训练时应注意以下几个方面。

首先，在进行变换训练时，应根据训练的具体目标，有目的地变换练习的运动负荷、技术动作的组合、练习的环境和条件等。

其次，变换条件训练时，应根据训练计划的基本内容灵活采用，要有利于技术、技能的巩固和身体素质的发展。

再次，在技术训练中，采用变换训练达到目的后，要注意及时恢复到正常情况下的练习。纠正错误动作，避免由于变换条件训练形成的、与比赛的正式要求不相适应的动力定型，增加或减少练习的重复次数与调整间歇的时间。

最后，随着训练水平的提高，应逐步增加练习的数量，提高每次练习的强度。

五、循环训练法

循环训练法是指根据训练的具体目标，建立若干练习站(点)，运动员按照既定的顺序、路线，依次完成每站(点)的练习，周而复始地进行训练的一种方法。

循环训练法主要用于球类运动员的身体训练，也可用于技术和战术训练。由于循环训练法每站都有事先确定的练习的内容、要求和负荷参数，并能结合其他训练方法形成不同的循环训练方案，所以，根据球类运动训练重点的安排、练习内容及循环顺序、每站练习的负荷量和强度、站与站每次循环之间的间歇时间、站的数量和循环的次数等，可以分为耐力循环、力量循环、速度循环、速度力量循环、协调循环等不同形式的循环练习。

在进行球类运动训练时，采用循环训练法要注意以下几个方面。

(一)根据训练的目标确定各站的内容和站的数量

由于练习是连续进行的，因此练习的内容应是运动员已基本掌握的，并有目的地突出重点。各“站”的练习应保证训练任务的完成，并应是运动员已经掌握的动作。其中应以某一“站”或某几“站”为重点，要保证重点“站”的训练效果。内容顺序应根据练习对各器官系统和肌肉部位的不同要求而交替安排，各“站”的练习相对带有局部性的特点，即针对训练某种局部能力或部位的练习，因此要将发展不同素质和不同部位的练习合理交替进行，不要使同部位的练习连在相邻的两个“站”出现。站的数量一般 7～10 个为宜，循环一周的时间约 5～20 分钟，各站之间间歇为 15～20 秒。休息方式一般为中或轻度的积极性休息。循环的周数取决于训练任务的需要和“站”数的多少。各“站”的负荷一般选取运动员自已极限负荷的 1/3～1/2，可定期逐渐增加负荷。训练频率通常为每周 3 次，持续时间至少 6 周。

(二)针对特点，因人而异地确定负荷

练习负荷的安排要从每站练习的数量、强度、间歇时间、循环次数等全面考虑。每站的负荷一般为训练者所能承担最大负荷的 1/3～1/2，循环一周的时间为 5～20 分钟，各站之间间歇一般为 15～20 秒。

(三)组合和变换循环练习的形式

在实践中，可根据运动员的不同情况，安排各种形式的循环练习，如流水式：一站连一站的练习。轮换式：将全队成员分成若干组，各组在同一时间内练习同一内容(或在同一个练习站练习)，按规定时间一组一组地轮换。分配式：设立很多个练习站，可多达十几个，然后按运动员的

具体情况分配每个运动员练习某项内容以及练习的次数。

六、竞赛训练法

竞赛训练法是指运动员在竞赛或者游戏的条件和要求下进行训练的一种方法。它不仅是训练的一种手段，是检验训练效果的有效方法，而且能有效地提高运动员创造性地运用知识、技术和战术的能力以及提高身体训练水平，对培养运动员的应变能力和提高运动训练的实战能力等，具有十分重要的意义。根据训练目标，在运动训练中，常用的竞赛训练法主要包括游戏性竞赛、训练性竞赛、身体素质竞赛、测验性竞赛和适应性竞赛等。

在球类运动训练中，运用竞赛训练法时要注意以下两个方面。

(1)要适宜负荷。在竞赛训练中，通常易激发情绪与兴趣，能量消耗多，而且较难控制和调节练习中的负荷。因此，在采用此法时，要根据专项训练的需要，选择适合运动员特点的竞赛内容和形式，并注意防止因竞赛负荷过大，而影响训练目标和内容的完成。

(2)注意运用时机。采用竞赛训练时，教练员既要注意引导运动员发挥自己的特长，又要秉公执法，严格执行比赛规则，及时引导和教育运动员不要有违规行为出现，提高他们自我控制的能力，培养优良的体育作风。另外，在球类运动技能尚未形成之前和疲劳时，不宜采用竞赛法，以免影响刚刚形成而尚未巩固的动作技术，同时可以防止伤害事故的发生。

七、综合训练法

随着运动训练的不断发展，一些适应运动发展的、先进的训练方法也应运而生，如以改善供能系统机能为主的训练方法有有氧训练法(用于提高有氧代谢能力)、无氧训练法(提高无氧代谢能力)、有氧无氧相结合的训练法(根据各运动项目各种供能系统的比例，有计划地将有氧训练和无氧训练结合起来进行训练)、缺氧训练法(人为地控制呼吸频率，造成机体在缺氧条件下进行工作，以提高机体抗乳酸的能力)，以及模式训练法等。

在球类运动训练的过程中，根据训练任务的需要，把上述各种训练方法加以不同的组合，设计出多种综合训练的方案，如间歇法与变换法结合、重复法与间歇法和变换法结合等。这种综合训练法的特点和作用主要表现在以下几点。

(1)通过各种训练方法的组合练习，能有效地使运动员的身体得到全面发展，使运动员能更好地适应运动训练的要求。

(2)能灵活地调节运动负荷，有效地改善和缓解疲劳。

(3)技术训练和素质训练相结合，更有利于比赛的要求。

(4)有利于按运动员的训练水平区别对待。

上述几种运动训练方法，各有其特点和作用。所以，在实践训练中，应根据训练目标、训练对象的水平、项目特点、季节气候及场地设备等条件，灵活地、创造性地加以综合运用。随着运动训练学的不断发展，新的训练理论和方法还将层出不穷，为此，教练员要根据运动员的具体情况，不断改进和创新富有个性特色的训练方法，提高运动训练的效果。

第三节　现代球类运动学练的安全保障

一、现代球类运动疲劳的恢复与消除

（一）球类运动疲劳概念及表现

1. 疲劳的概念

球类运动疲劳是指在运动过程中，由于长时间的场上奔跑或大负荷的运动造成身体体能下降，技术动作变形，不能维持特定的水平或超出自身承受运动强度的范围，从而影响技战术的正常发挥。球类运动疲劳是由大运动量引起的一种特有生理现象。根据球类运动疲劳发生的部位，可分为中枢神经系统疲劳和外周疲劳两大类。中枢神经系统疲劳是指大脑至脊髓所产生的疲劳（由于运动神经中枢紊乱，兴奋性下降而引起）；外周疲劳是指运动神经以下部位所产生的疲劳，在球类运动中常见的有肌肉疲劳、肌力下降等。

疲劳是一种正常的生理现象，也是承载了运动负荷的标志。通常我们说，没有运动负荷就没有运动疲劳，没有恢复和消除，竞技水平就不能提高，但是疲劳如果不及时恢复和消除，就很容易引起身体损伤。球类运动疲劳的恢复在训练或比赛过程中是不能忽视的，相反必须重视起来，因为一个好的竞技状态是赢得比赛的关键。在球类运动中，大多数运动者都把运动放在第一位，往往不重视科学性的疲劳恢复，因此不但没有好的竞技效果，身体机能和技术水平也会停滞不前，长此以往，疲劳的积累必然会使运动者的身体受到伤害。而加强运动性疲劳的恢复与消除，对于提高运动者的运动能力、减少运动损伤的发生、促进人体的健康发展等都有着重要的理论和现实意义。

在球类运动中，机体所消耗掉的物质和各器官系统机能的下降，通常经过一段时间休息都能恢复正常状态。这段恢复时间机体会发生一定的变化，这一变化就是机体消除疲劳的过程。

球类运动疲劳的恢复过程与运动过程存在同等的重要性，身体机能不是在运动结束后才开始恢复性的变化。实际上，在运动时，恢复功能的出现已经随着能量物质分解后再合成而开始了，但是在运动时各组织细胞中的消耗超过了恢复，能量物质来不及完全复原，代谢产物不能完全消除疲劳，在运动结束后，停止了大量的消耗，此时恢复超过了消耗，人体机能才逐步的恢复和消除。如果球类运动中的运动消耗强度过大而恢复不彻底，在继续大负荷的活动，就很容易导致机体疲劳的积累，长时间的积累很可能就会引起身体机能的下降以及各部位的损伤。

2. 疲劳的表现

从运动学的角度来看，人参加任何运动都会感到疲劳，一项运动不在恢复和疲劳中进行，就不会达到更高的水平，两者既矛盾又相辅相成。因为身体的物质只有在消耗较多的情况下，才会引起明显的超量恢复，但也要防止过度疲劳运动。根据实践活动，球类运动疲劳主要体现在以下几个方面。

(1)骨骼肌运动疲劳:球类运动中引起的骨骼肌机能下降,叫骨骼肌运动疲劳。主要表现为肌肉持续酸痛、肌肉僵硬,易出现肌肉痉挛、肌肉微细损伤等。运动过程中,下肢过度使用时,会出现应激性骨膜炎、小腿间隔综合征、张力性骨折、跟腱、髌腱周围炎等,这些都可以称为过度使用症状。在球类运动中,骨骼肌运动疲劳是最为常见的。

(2)心血管运动疲劳:球类运动中引起的心脏、血管系统及其调节机能下降,叫心血管运动疲劳。主要表现为心悸、心慌、胸闷、气短、心前区不适、心律不齐等。会出现晨脉加快,心率恢复速度减慢,血压升高、心脏射出的血液减少。其中,血压的变化与运动项目有关,一般参加球类运动项目的运动者,血压没有明显的变化,而类似举重、投掷等力量性项目,运动前和运动后会有明显的区别。

(3)神经运动疲劳:球类运动中引起的神经系统功能下降,叫神经运动疲劳。主要表现为睡眠障碍,如失眠、多梦、易惊醒等。此外,还有头痛、头晕、无运动欲望、心情烦躁、易激怒、记忆力下降等症状。

(4)消化运动疲劳:球类运动中引起的消化系统功能下降,叫消化运动疲劳。主要表现为食欲下降、恶心、呕吐、肝区疼痛,严重时可出现胃肠道功能紊乱。有些运动者可能出现上消化道或下消化道出血症状。

(5)呼吸运动疲劳:球类运动引起的呼吸机能下降等,叫呼吸运动疲劳。呼吸运动疲劳在球类运动中经常会出现,并且伴随着心血管系统疲劳,主要表现为呼吸表浅、胸闷、肺功能下降等。

(6)疲劳引起的体力下降:个人在运动中主要是体力下降比较明显,负荷能力下降,尤其是最大负荷能力和最大乳酸水平下降。个人在集体中主要是反应迟钝、动作不灵活和协调能力下降等。

(7)疲劳引起的全身和其他系统症状:过度的球类运动会使全身乏力、体重下降;易发生感冒、腹泻、低热、运动后蛋白尿、运动性血尿、运动性头痛;女生月经失常症,如月经不调、痛经、闭经等。

一般而言,以上表现的轻重常与运动量的大小,尤其是运动强度的大小有密切关系。开始时,运动性疲劳的症状仅在大运动量后出现,若未及时采取措施,则症状逐渐加重,在中、小运动量后就可出现,进而影响机体健康。

(二)球类运动中的疲劳恢复

球类运动的疲劳恢复主要有以下三个时期。

(1)球类运动时物质的消耗过程占优势,恢复过程虽然也在进行的过程中,但机体的能量消耗大于恢复,所以使能量物质减少,各器官系统的工作能力下降。

(2)球类运动停止后消耗过程减少,恢复过程占优势,能源物质和各器官系统的功能逐渐恢复到原有水平。

(3)球类运动中消耗的能源物质在运动后一段时间不仅恢复到机体原有的水平,而且很有可能超过原有水平,我们称机体的恢复超出原有水平的这种现象为“超量恢复”或“超量代偿”,这种现象会在保持一段时间后又回到原有水平。

超量恢复最早是由苏联的训练生化学者在研究了机体运动后糖原、磷酸原和蛋白质等的恢复情况后提出来的。超量恢复的程度和出现的早晚与球类运动的运动量密切相关。运动者的运动量大时,消耗的物质必然越多。能源物质等消耗得越多,机体出现的超量恢复程度越明显,但出现的时间延迟；反之运动量较小，消耗的物质亦少，超量恢复效果也就不甚显著，但出现得较早。超量恢复的现象主要是通过观察动物进行不同活动量刺激后的肌糖原消耗和恢复现象而提出的。

目前，如何在球类运动中应用超量恢复的规律是亟须解决的课题。一些学者利用活检技术对运动者某些能源物质的超量恢复进行了一些研究，如让两名实验对象分别站在一辆自行车的两侧同时蹬车，其中一人用右腿蹬车左腿休息，另一人用左腿蹬车右腿休息，当两个实验对象都运动至精疲力竭时，测得运动腿股外肌的肌糖原含量接近于零。实验对象在运动后连续 3 天食用高糖膳食，并且不参加任何运动，实验结果显示，实验对象的运动腿股外肌的肌糖原含量比安静腿多 1 倍。

在球类运动中，运动者的超量恢复是客观存在的。运动者超量恢复的程度和时间取决于机体能量消耗的程度，在一定范围内，肌肉活动负荷愈大，消耗过程愈剧烈，超量恢复愈明显。如果运动负荷过大，超过了生理范围，机体的恢复过程就会延缓。研究表明，参加球类运动的运动者在超量恢复阶段参加比赛或一般性的活动，能有效提高运动效果和技术水平。

（三）球类运动中的疲劳消除

1. 放松和睡眠

运动者在球类运动后，可以立即做放松活动或者增加睡眠时间的方法促进运动疲劳的消失，主要采取以下措施。

（1）放松活动

球类运动后，人体的机能水平以及各器官都处于兴奋状态，适当进行放松练习可以使心血管系统、呼吸系统、神经系统及内分泌系统等从适应剧烈运动的兴奋状态逐渐过渡到安静状态，促进肌肉放松，因此，放松活动是消除球类运动疲劳、促进体力恢复的有效方法。

（2）整理活动

整理活动是消除疲劳、促进体力恢复的一种良好方法。大量的运动后进行整理活动，可使心血管系统和呼吸系统仍保持在较高水平，有利于乳酸的排除；同时让肌肉及时得到放松，可避免由于局部循环障碍而影响代谢过程及因此造成的恢复过程延长。主要有以下两个练习方法。

①慢跑练习。主要目的是改善机体的血液循环，加速下肢血液回流，促进代谢产物的消除。

②拉伸肌肉、韧带练习。主要目的是减轻肌肉酸痛和僵硬，对肌肉中乳酸的清除有良好作用，球类运动中经常采用静力拉伸练习方式。静力拉伸练习可以缓解训练后延迟性肌肉酸痛和肌肉僵硬，使肌肉放松，并可加强骨骼肌蛋白质的合成过程，促进骨骼肌疲劳的消除，还可以有效预防运动损伤的发生。

（3）调整活动

生理学家研究发现，当局部肢体疲劳之后，变换活动部位和调整运动强度可以加速已疲劳肌肉的体力恢复，称为活动性休息。如散步、慢跑、变换活动部位的其他形式的轻微训练、按摩、沐浴等，都有助于全身血液循环，加速乳酸的消除，达到活动性休息的目的。

实验证明，当机体在运动中产生局部疲劳后，可利用未疲劳的另一些肌肉进行一些适当活动，借以促进全身代谢过程，加速运动疲劳消除。这是因为体内消除疲劳的主要承担者是血液循环，通过血液循环可以补充氧气及其他营养物质并排除废物，而积极性消除疲劳的方法就是积极促进重点转换部位的血液循环。

值得注意的是，在安排积极性休息练习活动时，应注意强度要小，时间要短，以使神经细胞内产生的兴奋集中，对疲劳的神经细胞方可起到负诱导作用，使后者抑制加深，促进恢复。由于静止性休息和积极性休息对消除疲劳都有良好的效果，因此应该将两种方法有机结合起来进行。

(4)增加睡眠

睡眠是恢复体力、消除疲劳的最常规的方法，也是非常有效的方法之一。球类运动在身体疲劳后，保证良好而充足的睡眠是使身体得到恢复的重要措施之一。睡眠可以使人体的各个器官、系统活动下降到最低点，无论是物质代谢或是能量消耗，都处于最低水平，主要表现在以下几方面。

①良好的睡眠能够对人体消耗的能源物质逐渐得到恢复，同时合成代谢有所加强。

②良好的睡眠对大脑皮质细胞来说是一种保护。大脑皮质细胞比较脆弱，容易因长期兴奋而产生过度消耗，而睡眠能防止大脑皮质细胞机能的过度消耗，同时还能促进人体器官机能的恢复。

③身体劳累之后，坐下或躺下安静的休息，有助于机体从紧张状态逐渐向安静状态的过渡，有助于疲劳的消除。

应该提出的是，我们这里所提到的增加睡眠并不是睡眠时间越长越好，而是指合理安排作息时间，讲究睡眠卫生，并坚持始终如一。在运动期间，每天应保证 8～9 小时的睡眠时间；大运动量期间，睡眠时间应适当延长，可适当安排一定时间(1.5～2 小时)的午睡。

2.物理治疗

(1)沐浴

沐浴是最简单的消除疲劳的一种方法，可以加速人体的新陈代谢，调节机体，使机体兴奋。一般来说，温度高些的热水浴更能降低血液中的乳酸浓度，但水温过高、沐浴时间过长反而会因为消耗过大而更加疲劳，因此沐浴时间、水温要根据自己的具体情况，进行适当控制。

①温水浴：温水浴可以促进人体的血液循环，有效刺激副交感神经，可以起到镇静作用，能有效消除肌肉酸痛，有利于疲劳肌肉的物质代谢。水温以 40℃左右为宜，温度不宜过高，时间为 10 分钟左右，勿超过 20 分钟，以免加重疲劳，也可在运动结束半小时后进行冷、热水浴，冷水温度为 15℃，热水温度为 40℃，冷浴 1 分钟，热浴 2 分钟，交替 3 次。

②涡流浴：涡流浴又称为水按摩，如洗衣机一样搅动，强度可以调节，造成明显的水温与水流冲动刺激，进而消除机体的疲劳。

③桑拿浴：桑拿浴是指利用高温、干燥的环境，加速血液循环，使人体大量排汗，从而使体内的代谢产物能及时排出体外的一种沐浴方式。桑拿浴时间不宜过长，每次停留 5 分钟左右，最好与温水浴交替进行，反复 4～5 次。桑拿浴一般不要在运动结束后立即进行，以免造成脱水和加重疲劳。运动后休息一段时间，补充足够的水和营养物质后进行桑拿浴，效果更佳。

④蒸气浴：蒸气浴是将蒸气通入特制小屋或关闭的房间内，造成一个高温、高湿的环境。其作用与桑拿浴类似。

⑤按摩浴：采用脉冲式水力按摩，在特殊澡盆与肢体躯干部位相对应设置多个喷头，水的压力可达 3 个大气压，可选择强度及按摩部位，对需要放松的肌肉自动喷射。

(2)吸氧、空气负离子治疗

事实表明，利用高压氧舱，在2～2.5个标准大气压下，吸入高压氧可以有效消除机体疲劳。高压氧可使血氧含量增加，血液中的二氧化碳浓度下降，pH值上升，提高组织氧的储备量，可有效缓解和治疗运动引起的极度疲劳、肌肉酸痛、僵硬、酸碱平衡失调等症状。空气中负氧离子的含量越高空气越清新，如海滨、瀑布、旷野空气新鲜，令人心旷神怡，这是由于那些地方的空气中负氧离子多。空气离子进入呼吸道后，通过神经反射，可调节大脑皮层功能，振奋精神，改善睡眠，刺激造血机能，使血流加快，进而能有效消除疲劳。

(3)体外反搏

体外反搏是指通过肢体血液回流速度和灌注量，加强肌肉营养，加速代谢产物的清除，是一种无创伤性辅助循环的方法。临床实验证实，体外反搏对消除疲劳，尤其是对肢体肌肉疲劳的消除有良好效果。

(4)理疗

利用光疗、电疗、磁疗、蜡疗等作用于局部或整体，可促进血液循环，消除运动疲劳和恢复身体机能，而科学地利用理疗方法，针对球类运动的不同特点，可以达到加速缓解运动疲劳，同时具有治疗损伤的作用。

(5)拔罐

利用拔罐疗法可以有效地消除机体局部的严重疲劳及损伤。通过拔罐时局部的负压作用，使组织内的瘀血散于体表，有助于组织代谢产物的吸收和排泄，使疲劳消除。此方法也可根据个人适应程度选择。

(6)针灸

针灸疗法主要是针对疲劳的肌肉上的穴位进行针灸，以消除机体的疲劳。全身疲劳可扎足三里，或用耳穴压丸。

3.营养补充

球类运动需要消耗机体大量的能源物质。适当补充营养，才有利于身体恢复和疲劳的消除。其中，外周的运动器官会消耗大量的糖原、脂肪和蛋白质，同时可产生很多代谢的产物，如乳酸堆积、酮体生成和氨的积聚。因此，在球类运动疲劳的产生过程中和运动性疲劳出现以后，尽快摄入足够的营养物质来补充能量、调节生理功能，可以有效地缓解运动性疲劳的产生和促进运动性疲劳恢复。

一般的，在进行高强度的球类运动时，由于产生的乳酸等代谢产物，使肌肉中的pH值下降，从而导致肌肉疲劳。因此，运动时适当地补充盐类，可以提高运动者运动耐乳酸的能力，提高负氧债的能力。常用的碱性盐方法有：

(1)碳酸氢钠0.2～0.3克/千克体重，运动前30～60分钟加在足够的水或饮料中使用。

(2)运动前3～4天食用磷酸钠，每次1克，1天4次，最后一次在运动前2～3小时服用。

运动后，补充肌酸能提高短距离、动力性、高强度以及间歇性运动的能力，但对耐力性练习能力不产生影响；补充肌酸在伸膝肌和跖屈肌收缩时有明显的抗疲劳作用。

研究表明，在运动疲劳时中枢神经系统中某些脑区的5-HT和相关代谢产物的浓度增高，它的升高与血液中游离色氨酸的增加明显相关，而血液中的游离色氨酸又是与支链氨基酸(BCAA)竞争进入血脑屏障的。一些研究者提出，只有在血液中游离色氨酸与BCAA比例增加时，脑内的5-HT才可能增加，而引发疲劳。因此，我们可以得出这样的结论，即在运动中补充足够的色氨酸或支链氨基酸(BCAA)，以降低色氨酸与BCAA的比例，减少脑内5-HT的生成，就可以延缓和减少中枢性疲劳。

4. 按摩治疗

按摩主要是通过对人体的机械刺激、神经反射，以及神经—体液调节而影响人体各器官、系统的功能，从而调节血液循环、增强心血管功能、解除大脑的紧张，改善由运动性疲劳造成的免疫功能下降的状况。按摩对神经系统可起到兴奋或抑制作用，通过神经反射影响各器官的功能；按摩可以改善皮肤的呼吸，改善皮肤的营养，使皮肤润泽富有弹性；按摩可以使周围血管扩张，降低大循环中的阻力，加速静脉回流，加强局部血供，消除疲劳；按摩还可以调节呼吸和改善消化机能。总之，按摩是消除运动性疲劳的重要手段。

按摩有人工按摩、机械按摩、水力按摩和气压按摩四种，其中人工手法按摩是最有效果的，它可根据运动者承受运动负荷的部位，进行局部或全身手法按摩。运动者也可采用有振动的机械按摩、脉冲水力按摩、气压按摩或水浴按摩。

以消除运动性疲劳为主要目的的按摩主要在运动后进行，按摩时间根据疲劳程度而定，一般在30～60分钟之间。运动后的按摩也叫恢复按摩，其目的是帮助运动员消除疲劳，恢复体力，一般在课的结束部分或课后进行，也可在洗澡后或晚上睡前进行。按摩过程中，应注意以下几个方面。

(1)按摩者的手要清洁、温暖，指甲要剪短，手上不能带金属物，以免擦伤被按摩者的皮肤。

(2)按摩的方向一般是按机体淋巴流动的方向进行。淋巴结所在的部位不宜按摩。按摩用力应由轻到重，再逐渐减轻结束。速度应由慢到快，再逐渐慢后结束。

(3)为了便于按摩者操作，按摩者和被按摩者所取的体位和姿势要适宜。被按摩者的肌肉要充分放松。

(4)按摩部位应根据球类运动的特点和疲劳情况而定，通常是运动负荷量最大的部位。

(5)当运动者极度疲劳时，需让运动者休息2～3小时后再进行按摩。

5. 中医治疗

中医药注重辨证施治，对症下药，对运动性疲劳后的恢复具有良好的疗效并且没有副作用。中医药多从健脾益气、补肾壮阳或补益气血方面治疗运动疲劳。因运动性质的不同，发生运动性疲劳的症候亦不同，故应根据中医对运动性疲劳的“三个分型”和常见运动性疲劳症候，对症选药和组方，以加快机体的恢复。我国医学界通过大量的中药消除运动性疲劳的临床实验，证实了中药对消除运动性疲劳的特殊效果。

例如，天东氨酸的钾盐或镁盐能消除疲劳，防止疲劳积累，延缓衰竭出现的时间。它的主要作用是加速ATP和CP、糖原的再合成，节约糖原。天东氨酸盐还能转变为谷氨酸，这对神经系统有良好的作用，可用于消除足球运动中的疲劳。再如，霸王七、绞股兰、阿胶等多味中药配成的方剂能明显提高机体耐力及对疼痛的抑制力，促进球类运动疲劳的消除。另外，灵芝、人参、鹿茸、三七、枸杞、刺五、五味子等均有滋补强壮身体、调节机体阴阳平衡、促进疲劳消除的显著功效。

6.心理治疗

心理学认为，情绪因素可以帮助个体有效抵制和消除疲劳。心理疗法能减轻紧张情绪，放松肌肉，而积极向上、乐观愉快的情绪对消除疲劳和延迟疲劳的产生有良好的效果。

心理疗法包括心理调整、自我调整、放松练习和气功等手段。运动后，采用心理调整、自我暗示、放松练习和气功等心理恢复手段，通过诱导性的语言使运动者由意念来调动肢体，通过对高级中枢的暗示使肌肉放松，以及适时地找运动者谈心、开小结会都是行之有效的帮助放松、消除疲劳的办法。

心理疗法还可以作为一种辅助方法，配合其他消除疲劳的方法，来改善呼吸和循环系统，增强机体疲劳恢复的效果。

二、现代球类运动损伤的处理与预防

（一）球类运动损伤处理

1.运动挫伤

机体某部位受钝性外力作用，导致该处及其深部组织的闭合性损伤，称为挫伤。球类运动中的跑、跳等都易发生挫伤，同时，有些球类运动对抗性很强，常常发生内脏器官的受伤，主要表现为头晕、脸色苍白、出虚汗、心慌、四肢发凉等，严重的甚至会出现休克状态。其次是外部挫伤，主要表现在大腿的肱四头肌和小腿前部的骨膜和后部的小腿三头肌、腓肠肌。此外，腹部、上肢、头部的挫伤也时有发生。挫伤后，以疼痛、肿胀、皮下出血和功能障碍的症状为主。

处理：必须在一天内进行局部冷敷、外敷或包扎等，并抬高患肢，以减少出血和肿胀。肱四头肌和小腿后群肌肉的严重挫伤多伴有部分肌纤维的损伤或断裂，组织内出血形成血肿，应将肢体包扎固定后，迅速送医院诊治。头部、躯干部的严重挫伤可能会伴有休克症状，应认真观察呼吸、脉搏等情况，休克时应首先进行抗休克处理，使伤员平卧休息、保温、止痛、止血，疼痛甚者，可口服可卡因，或肌肉注射杜冷丁，并立即送医院诊治。

2.运动擦伤

粗糙的物体相互摩擦而引起的皮肤表层的损害，叫擦伤。主要症状为表皮剥脱，有小出血和组织液渗出。擦伤是外伤中最轻、最常见的一种，约占运动损伤的16%。

处理：一般较轻较小的擦伤，可以用生理盐水或其他药水冲洗伤部，最常见的就是涂抹红药水或紫药水，不需包扎，一周左右就可痊愈。面部擦伤宜涂抹0.1%新洁尔灭溶液。通常较大的擦伤伤口易受污染，需用碘酒或酒精在伤口周围消毒，如果创面中嵌入沙粒、炭渣、碎石等，应用生理盐水棉球轻轻刷洗，消除异物，消毒后撒上云南白药或纯三七粉，盖上凡士林纱布，适当包扎。若不发生感染，两周左右即可痊愈。关节周围的擦伤，在清洗、消毒后，最好用磺胺软膏或青霉素软膏等涂敷，否则会影响活动，并易重复破损。

3.运动撕裂

球类运动中，因剧烈的运动而产生的强烈的冲撞，很容易造成肌肉撕裂，这种受物体打击而引起的皮肤和皮上组织均出现规则或不规则的裂口，叫运动撕裂。

处理：如果伤口小，不严重，则用红药水、碘酒或酒精涂抹伤口即可，然后用云南白药或其他药物和方法止血，再用消毒纱布覆盖，并适当加压包扎。如不能制止出血，应尽量在靠近伤口处按规定缚以止血带，立即送医院治疗。伤口较大、较深、污染较严重时，应立即送医院进行清创缝合手术，并口服或注射抗菌药物预防感染，并按常规注射破伤风抗毒素。

4.运动扭伤

球类运动过程中，由于激烈的对抗或用力过猛造成关节扭伤，也有的是技术动作错误引起的。例如，篮球中的运球变向、急停等，容易导致关节囊、关节周围韧带和关节附近的其他组织结构损伤。关节扭伤后，关节及周围出现疼痛、肿胀，有明显的压痛感觉，关节活动障碍。

处理：韧带的轻微扭伤，可以采用冷敷和加压包扎或是外敷活血止痛的药物，一天之后可采用理疗或是按摩治疗。韧带完全断裂，关节失去功能，应立即送医院手术缝合和固定处理。当关节肿胀和疼痛减轻后，可适当进行功能性的运动，但不宜过早运动，防止转入慢性疾病。

5.运动拉伤

牵拉所引起的肌肉微细损伤、部分撕裂或完全断裂，叫拉伤。球类运动中，大腿后群肌肉和小腿后群肌肉的拉伤最为常见。拉伤后局部疼痛、压痛、肿胀、肌肉发硬、痉挛、功能障碍。如果肌肉断裂，伤员受伤时多有撕裂感，随之失去控制相应关节的能力，并可在断裂处摸到凹陷，在凹陷附近可摸到异常隆起的肌肉断端。

处理：拉伤时应立即采用氯乙烷镇痛喷雾剂等进行局部冷敷，加压包扎，并把患肢放在使受伤肌肉松弛的位置，以减轻疼痛。肌纤维轻度拉伤及肌肉痉挛者，用针刺疗法会取得良好的效果。肌肉、肌腱部分或完全断裂者应在局部加压包扎、固定患肢后，马上送医院诊治，必要时还要接受手术治疗。通常拉伤 48 小时后才能开始按摩，但手法一定要轻缓。

6.运动关节脱位

关节面失去正常的连接，叫关节脱位。例如，球类运动中的对抗，摔倒时手撑地引起的肘关节或肩关节脱位，此时，通常伴有关节囊撕裂、关节周围的软组织损伤或破裂。关节脱位后，关节完全不能活动，甚至发生肌肉痉挛现象，并且伴随着关节畸形，关节内发生血肿。此时受伤关节疼痛，有压痛和肿胀。如果复位不及时，血肿会激化而发生关节粘连，增加关节复位的困难。

处理：应马上用夹板和绷带在脱位所形成的姿势下固定伤肢，如果没有夹板，可用纸板、绷带或布巾将伤肢固定在本人的躯干或健肢上，防止震动，并尽快送医院治疗。必须注意的是，如果没有把握做好整复处理时，切记不可随意做整复手术，以免加重损伤，增加疼痛。

7.腿部屈肌拉伤

在完成各种动作时，当肌肉主动收缩或被动拉长超出其所能承担的能力时，可造成大腿部肌肉的急性拉伤。准备活动不充分、不当地使用猛力、疲劳或负荷过度、技术动作有缺陷、气温过低、场地粗糙是常见的致伤原因。该肌群运动肌肉弹性、伸展性差，肌力弱是发生损伤的内在因素。肌肉拉伤轻者，仅有少许肌纤维撕裂或肌膜破裂；重者可造成肌肉大部分完全断裂。

处理：肌肉微细损伤或伴有少量肌纤维撕裂者，伤后应迅速给予冷敷，局部加压包扎，休息时应抬高患肢。24～48 小时后可开始理疗和按摩，按摩时手法宜轻柔，伤部仅能做些轻推摩，其周围可做揉、捏、搓等，同时配合点压穴位(宜取损伤周围穴位)。如肌肉大部分或完全断裂者，在局部加压包扎并适当固定患肢后，应马上送往医院诊治。

8.腰部筋膜炎

腰肌筋膜炎，即腰肌劳损，其病理改变是多种多样的，包括神经、筋膜、肌肉、血管、脂肪及肌腱的附着区等不同组织的变化。通常多为急性扭伤腰部后，治疗不彻底就参加运动，逐渐劳损所致。另外，锻炼中出汗受凉也是重要成因之一。其症状主要有：有局部酸疼发沉等自发性疼痛，最常见的疼痛部位是腰椎 3、4、5 两侧骶棘肌鞘部，不少患者同时感觉有疼麻放射到臀部或大腿外侧；大部分伤者尚能坚持中小运动量的锻炼，一般表现为运动前后疼痛；在脊柱活动中，尤其是前屈时常在某一角度内出现腰痛。

处理：可采用理疗、按摩、针灸、封闭、口服药物、用保护带及加强背肌练习等非手术治疗手段，对顽固病例可手术治疗。

9.脑震荡

头部受到外力打击或撞击后，使大脑管理平衡的膜半规管、椭圆囊、球囊等感受器官功能失调，并引起的大脑暂时的意识功能障碍，叫脑震荡。比如足球中的头球争顶动作，两人头部相撞就有可能引起脑震荡。受伤后，主要表现为神志不清醒、肌肉松弛、脉搏徐缓、瞳孔发达、神经系统反应减弱或消失等。清醒后，常伴有头痛、头晕、恶心、呕吐感，情绪上烦躁、注意力不集中、失眠等症状。

处理：受伤后应立即做到两点。

(1)让伤者平卧，头部冷敷。若有头昏，应指压人中、内管、合谷穴。

(2)若呼吸发生障碍，则立即进行人工呼吸。

在上述处理后，如出现反复昏迷，或耳鼻口出血，瞳孔放大且不对称，表明病情严重，应立即送往医院。在运送的过程中，要让伤者平卧，头部固定，谨防颠簸。脑震荡一般都可自愈，不需要住院，但是要注意休息和必要的药物治疗，保持情绪上的稳定，减少脑力劳动。

在恢复的过程中可以定期或不定期地做脑震荡痊愈实验。其方法是：闭目，单腿站立，两臂平举，如果能保持平衡，表明基本痊愈。这时可以适当参加球类运动，但要避免翻滚和旋转性动作，以防复发。

10.网球肘

网球肘是肱骨外上髁处的常见慢性损伤性炎症，主要病变是伸肌总腱的慢性炎症，以往常见于网球运动员，所以又叫“网球肘”，现这种损伤亦多见于乒乓球运动员。一般而言，在前臂过度旋前或旋后位，被动牵拉伸肌(握拳、屈腕)和主动收缩伸肌(伸腕)将对肱骨外上髁处的伸肌总腱起点产生较大张力，如长期重复这种动作即可引起该处的慢性损伤。因此，凡需反复用力活动腕部的职业和生活动作均可导致这种损伤，如网球运动员，由于“反拍”“下旋”回击急球时，球的冲力作用于伸腕肌或被动牵拉该肌即可损伤。其主要症状为早期做某一个动作时肘关节外侧疼痛，不活动时疼痛减轻或消失，再做动作时又出现。此后症状逐渐加重，变为持续疼痛，夜间疼痛更加明显。疼痛可向前臂或肘上放射，有时在活动时突然出现并加重，如提物、拧毛巾时突然感觉患部疼痛，不能完成动作。检查时，肱骨外上髁、桡骨小头、肱桡关节处等有压痛，疼痛较为敏锐。皮肤表面无炎症，肘关节活动正常，伸肌腱牵拉试验，即伸肘、握拳、屈腕，然后前臂旋前，此时肘外侧出现疼痛为阳性，是经典的检查试验。此外，抗阻力伸腕外上髁处出现疼痛也是阳性表现。

处理：早期可采取保守治疗，即限制肘关节的活动，尤其是伸腕握拳的动作。使用限制性绷带支具可起到一定的作用。中药烫洗或中医按摩、推拿也可治疗早期的外上髁炎症。中晚期症状持续加重，一般保守治疗效果不理想的，可以采用泼尼松龙 0.5 毫升加 1%利多卡因 1 毫升痛点封闭的方法，能取得较好的效果。治疗后的功能康复和生活、运动姿势和强度的调控也十分重要。对于保守治疗无效果的，可以手术治疗。

11. 膝关节急性损伤

膝关节急性运动创伤较常见，常见于足球运动、篮球运动、橄榄球运动等。膝关节韧带损伤、半月板损伤、髌股关节损伤、肌肉断裂及关节内骨折等损伤均需要紧急处理。轻、中度膝关节运动创伤，可通过保守治疗治愈。严重的运动创伤往往需要手术治疗。关节内积血往往是关节内韧带或半月板撕裂，应积极处理，必要时用关节镜检查与治疗。膝关节韧带损伤常为复合伤，即两组以上韧带同时损伤，多由接触性暴力（如内翻损伤、外翻损伤、过伸损伤、前后损伤等）或非接触暴力导致，若处理不当将导致膝关节不稳定，影响运动训练甚至继发其他组织损伤或创伤性关节炎发生。常见的膝关节损伤有以下几种。

(1)膝关节胫侧副韧带损伤

直接或间接外翻位暴力为常见损伤原因。如在足球、橄榄球运动中，膝关节屈曲位小腿突然外展外旋，足及小腿固定大腿突然内收内旋或外力直接作用于膝外方产生很大的外翻力导致股骨内旋等，均容易导致膝关节外翻位损伤。轻度外翻位暴力常导致胫侧副韧带浅层损伤，可发生股骨内上髁内侧副韧带止点撕脱骨折或胫骨内髁处韧带撕脱；严重外翻位暴力可导致内侧副韧带深层、前交叉韧带及半月板损伤，成为"三联伤"。少数导致胫骨外侧平台骨折，甚至半腱肌及缝匠肌断裂或撕脱骨折。通常将内侧副韧带损伤分为部分损伤、完全损伤及联合损伤（合并半月板或前交叉韧带）。主要临床表现为，受伤后膝内侧部突然出现剧烈疼痛，关节强迫于屈曲位，腘绳肌产生保护性痉挛，拒绝任何活动，勉强用足尖行走。轻中度韧带损伤，如不损伤关节内结构，一般不引起膝关节肿胀，经过简单固定可继续参加比赛；严重的内侧副韧带损伤、内侧副韧带深层损伤，特别是合并有半月板损伤、交叉韧带损伤或关节骨折，膝关节可出现关节肿胀、积血，功能障碍更加明显。

处理：损伤早期主要防止损伤加重、固定、止痛。局部立即给予氯乙烷麻醉、降温或冷敷，松软敷料及弹性绷带加压包扎止血固定，抬高患肢，减轻肿胀。3 天后局部热敷或应用中药外敷，并进行股四头肌训练。3 周内局部支持带或支具辅助下扶拐杖行走。6 周后去除支具或拐杖膝关节屈伸活动，渐进性抗阻锻炼。3 个月后恢复日常活动。如患膝疼痛、肿胀明显，外翻应力试验阳性，X 线片有骨折，原则上需手术修复。手术修复断裂的韧带止点或缝合撕裂的内侧副韧带，术后康复训练。合并内侧半月板及前交叉韧带损伤者，也需手术修复。

(2)膝关节外侧副韧带损伤

外侧副韧带在膝关节的外侧，起于股骨外上髁，止于腓骨小头。伸直位韧带最为紧张，屈曲位松弛，不与半月板相连，具有防止小腿内收及旋转功能。膝关节外侧副韧带损伤较内侧副韧带损伤少。因为膝关节完全伸直位,保护膝关节的韧带、肌肉及关节囊均紧张,不易损伤。外侧副韧带损伤常由于内翻暴力所致,膝关节内侧的直接碰撞最为常见。损伤程度取决于外力大小,外侧副韧带最早承受牵拉暴力,暴力持续下去,前交叉韧带、腘肌腱、后外侧关节囊、后交叉韧带甚至髂胫束、腓肠肌外侧头、股二头肌都会被损伤。腓总神经可被牵拉或撕裂伤。外侧副韧带根据损伤程度分为部分损伤、完全损伤及联合结构损伤。主要临床表现:膝关节外侧部局限性疼痛、肿胀。如未损伤至关节囊、半月板、交叉韧带,一般不出现关节积液。关节外方的压痛点对判断韧带损伤部位有意义。如若存在联合结构损伤(关节囊、交叉韧带及外侧肌肉),膝关节内翻异常活动增大,抽屉试验阳性,甚至出现膝关节后外侧不稳定。合并腓总神经损伤可出现足下垂。

处理:单纯外侧副韧带部分损伤可保守治疗,包括支持带、石膏或支具制动 3～6 周,股四头肌等长收缩,下肢功能康复训练。外侧副韧带完全性损伤及联合损伤均需手术修复。早期全面修复外侧副韧带或联合结构可取得满意的治疗效果,合并腓总神经损伤也需要同时修复。

(3)半月板损伤

半月板是位于胫股关节间隙内的纤维软骨,内侧半月板呈"C"形,外侧半月板呈"O"形,具有传导载荷、维持关节稳定、协调膝关节伸屈及旋转运动、协助滑润关节等功能。在剧烈的球类运动中,从蹲位站起时双脚在地面上未动,膝关节扭锁机制出现障碍导致半月板损伤。在正常关节运动中,半月板是随着股骨的移动而活动,不与胫骨一起移动。只要膝关节伸直时胫骨能够外旋,膝关节屈曲时胫骨能够内旋,半月板就会自由运动,不会受到牵拉和张力,此即扣锁机制。如果膝关节伸直或屈曲时没有胫骨的外旋或内旋,半月板的自由活动消失,在关节中出现了矛盾运动,在剪力与压力的作用下会导致损伤而撕裂。其主要症状有:受伤当时患者膝关节疼痛,出现肿胀,关节功能障碍。疼痛常在外伤当时出现,位于关节的一侧,位置较固定,常在膝关节的某一角度发生,活动后加重,休息减轻。半月板本身无神经末梢,疼痛主要来自关节囊的刺激,或活动时机械牵拉刺激周围组织的感觉神经所致。急性期过去后,关节活动时膝关节疼痛的同时发出"咔哒"声音,或单独出现弹响声音,部分患者伴有膝关节伸直或屈曲受限。

处理:该损伤的治疗方案取决于损伤是急性还是慢性,需了解病人的意愿做出选择。对于急性半月板损伤的初期患者,慢性半月板损伤症状、体征不肯定者,经关节镜检查适合保守治疗者,应采取非手术治疗,目的是保护撕裂的半月板组织,减轻疼痛与肿胀,恢复肌肉张力和关节活动范围。方法:受伤当时给予加压包扎与抬高患肢,具有止血与缓解症状作用;冷敷在受伤当时立即进行,具有止血、消肿和组织麻醉作用;关节穿刺抽液适用于关节肿胀严重患者;利用红外线、磁疗仪等理疗方法促进肿胀消退和瘀血吸收;石膏或支具固定具有止痛和利于组织撕裂修复作用;抗炎止痛治疗缓解症状,为康复训练创造条件;功能锻炼在疼痛得到控制的情况下进行,早期可进行股四头肌等练习,主动锻炼在疼痛能忍受时进行。保守治疗 6 周,如果症状消失,股四头肌可以达到正常侧的 80%～90%,可开始正常活动。如仍有明显的半月板损伤症状,应手术治疗。手术治疗半月板损伤的方式有半月板缝合术、半月板切除术、异体半月板移植术。

(二)球类运动损伤预防

球类运动损伤常常与运动练习安排、运动项目、技术动作、技术水平、运动环境和条件等因素有关。球类运动的损伤会造成非常严重的影响,它直接影响了运动者的身体健康、学习和工作,不仅使人不能正常参加比赛,而且影响运动能力的提高,严重时还可使人残废,甚至死亡。一旦受伤,还会给运动者造成不良的心理影响。总之,球类运动损伤的预防比治疗更为重要。目前,世界各国都把防治球类运动损伤作为一个重要的课题进行研究。关于球类运动损伤的预防有以下几点。

(1)全面发展身体素质,特别是注意发展踝关节、膝关节及大腿、小腿肌群的力量和柔韧性。对易伤部位要进行专门练习,例如,加强肱四头肌力量练习,对预防髌骨软骨病会起到重要作用,亦能增强膝关节的稳定性。同时注意自我保护动作的练习,加强技术练习,正确掌握各种技术并能熟练运用,此外,还要注意合理安排运动负荷,防止过度疲劳的产生和局部负荷过重。

(2)在进行球类运动中严格执行保护运动者身体健康的有关规定,同时注意场地及器材要符合球类运动的要求。

(3)球类运动损伤的初步急救非常关键,对于损伤不是很严重的情况,只需做一些针对性的处理,比如说止血、清创、消毒和包扎即可。但是对于特殊情况,如果处理得当可以大大减少以后的并发症,加快损伤的好转和愈合,使运动者较快地恢复健康。若急救处理不当,轻者会加重伤情,发生感染,延长治愈时间;重者则可能造成残废。

(4)平时要注意加强防伤观念的教育,在教学、练习和比赛中,认真贯彻"预防为主,治疗为辅"的方针。加强对运动者的组织性、纪律性教育,培养他们良好的体育道德风尚。并且在平时的球类运动中提高自我保护和保护他人的意识,使运动变得更加高尚和健康。

(5)根据年龄、性别、健康状况、技术水平和不同球类运动的特点,形成良好的自我认识,循序渐进,持之以恒,并且合理安排运动负荷,避免因疲劳影响技术动作变形,造成不必要的运动损伤。

(6)在球类运动和比赛前,应充分做好准备活动,将头、肩、腰、膝、脚踝等易损伤部位充分活动,以能够适应运动或比赛的要求,运动后做整理活动,将不必要的运动损伤消除,以达到运动前的状态。

三、现代球类运动疾病的防治

运动疾病一般指因机体对运动的应激因子不适应或是运动练习安排的不适合,而造成的体内机能紊乱、机能异常、综合征或疾病,如运动过量、过度紧张、肌肉酸痛、贫血、昏厥、腹痛、肌肉痉挛、中暑等。

(一)运动过量

运动过量是指运动者由于疲劳的连续积累而导致机体出现功能紊乱或病理状态的运动和比赛。运动过量是一种练习与恢复、运动与运动能力、应激与应激耐受性之间的失衡状态。根据运动疲劳的程度,过量运动可分为短期过量运动和过量运动综合征。短期过量运动经过1~2周恢复,运动能力能够恢复或超过原有水平。而过量运动综合征则表现为持续的运动能力、免疫力下降,易感染,持续疲劳,且情绪低落、易烦躁。

1.运动过量的原因

(1)过量的运动负荷

由于运动者平时缺少相关的球类运动的锻炼,其身体素质和体质水平始终保持在一个较低的程度,如果没有循序渐进的过度适应,突然需要大量运动时,就会超出身体机能所承受的能力,出现不适应的现象。

(2)糖原不足

由于持续大强度球类运动需要肌糖原供不应求，刺激支链氨基酸和游离脂肪酸氧化供能，支链氨基酸的减少引起血浆游离色氨酸比值升高，大量色氨酸进入大脑，产生5-羟色胺，而5-羟色胺是公认的中枢疲劳的神经递质，因此加速了疲劳的发生。

(3)植物神经系统紊乱

植物神经系统紊乱就是我们通常所说的过量运动综合征，它是过量运动发展的高级阶段。过量运动使肾上腺皮质激素的分泌减少、功能下降。

(4)自由基学说

自由基代谢失衡对细胞膜结构、线粒体功能等有着很大损害，并直接影响到细胞氧化还原功能，导致运动疲劳。

2.运动过量的防治

对于运动过量的防治，主要有以下几个方法。

(1)运动前注意自我身体意识，了解目前的身体健康情况，尤其是心血管和呼吸系统的机能状况。平时如不经常运动，也不了解科学运动的知识与方法，急于求成地去进行练习，不但无益于健康，反而很容易损伤身体。因此，参加球类运动前必须自我认识身体状况，为运动的方式与运动负荷的选用提供客观的依据。

(2)运动要逐步提高，持之以恒。开始运动时，运动量要小些，有10～14天的观察反应期。对没有球类运动习惯的人，参加运动后，可能不适应，表现为劳累、肌肉酸痛、食欲稍减，甚至睡眠不佳。适应后再逐渐增加运动量，每增加一级负荷量，都要有一段适应期。对多数人来讲，一般运动量的增加不是直线上升的，而是波浪式渐进的，增加运动量时应以延长运动时间为主，不宜强调加快速度。同时，参加球类运动一定要系统地进行，要持之以恒。只有这样的运动才能使身体结构和机能发生有利的变化，增强体质。

(3)运动和休息要安排适当，劳逸结合，两者要同样重视，要做到动态平衡，即经常要调节好运动和休息的时间，要根据身体反应、外界环境和条件的变化不断进行调整，这样可以避免因两者安排不当造成意外。

(4)运动时每天或隔天记录自我感觉，对比前、后的脉搏、血压数值，晨起的脉搏、食欲和睡眠情况等，有了这些记录，便于自我监督。

(5)做好准备活动与整理活动。运动前的准备活动是十分有必要进行的，它可以提高身体各器官系统的活性，使身体逐步适应运动时所要达到的强度要求。运动后进行一些恢复性的整理活动，可使运动中比较兴奋的器官逐步地平静下来。运动结束后可进行一些恢复性慢跑、柔韧性放松、局部按摩等。

(6)运动时应避免某一肢体或器官负荷过重。练习时最好有多个部位参加运动，或每次运动采用多种形式，以使身体各部位得到活动的机会。活动时呼吸要自然，注意发展腹式呼吸，尽量避免屏气或过分用力。

(7)在运动过程中，要注意合理的饮食搭配，多吃些营养丰富易消化的食物，以保证运动时体力消耗的补充，减少由于食量增加而给消化系统带来的负荷。运动时体内水分消耗过多，运动后要适当地补充水分。

(二)过度紧张

过度紧张是在参加球类运动或比赛时,运动负荷超出了机体所能承受的能力而引起的病理状态,多发生于运动比赛经验不足、体育锻炼基础差、长期中断运动或有某种疾病的人身上。尤其是患有高血压、心脏病的人,如果勉强去完成剧烈的运动或比赛,都可能发生过度紧张。

1.过度紧张的原因

一般来说,过度紧张有以下几个方面。

(1)急性胃肠功能紊乱及运动应激性溃疡。急性胃肠功能紊乱是过度紧张中最常见的一种,常在剧烈运动后即刻或短时间内发病,出现恶心、呕吐、头痛及头晕、面色苍白、呈衰弱状态,呕吐物为食物、黏液及水。有的人在运动后仅有恶心或不适感,仍可少量进食;有的人在运动后 8～10 小时发生呕吐。体检时,腹部有轻微压痛,脉搏稍快,血压多数正常。运动后发生呕吐的原因,可能不是因为胃酸过多,而是运动时发生的物理原因所引起的。

(2)昏厥。在运动中或运动后,由于供血量的减少或脑血管的痉挛,引起脑部突然供血不足而发生的暂时性知觉丧失。昏倒前,常有全身软弱、头晕、耳鸣、眼前发黑、面色苍白。昏倒后,意识丧失或模糊不清,面色苍白、手足发凉、出冷汗、脉率增快或正常、血压降低或正常、呼吸慢或增快。

(3)急性心脏功能不全和心肌损伤。表现为运动后出现头晕、眼花、步态不稳、面色苍白,身体迅速衰弱,呼吸困难,并伴有恶心、呕吐、咳嗽、胸痛甚至意识丧失。

(4)脑血管痉挛。运动后突然发生一侧肢体麻木、动作不灵活或麻痹,同时伴有头痛、恶心及呕吐。

2.过度紧张的防治

(1)预防

球类运动基础较差者,不可勉强参加激烈、紧张的运动或比赛,活动前要做好充分的准备活动,并注重坚持身体素质的训练,运动量的增加要做到循序渐进。患病时应积极治疗并注意休息,避免剧烈运动,必要时要定期做身体检查。伤病初愈或因其他原因中断球类运动后再重新参加运动时,要逐渐增加运动量,不要马上进行大强度运动或剧烈比赛。在参加体力负担较重的比赛前,应遵医嘱时刻注意身体的状态,球类运动应禁止高血压、心脏病患者和身体不合格者参加。

(2)治疗

轻度的过度紧张,应将病人安静平卧,并注意保暖,可服用热糖水或镇静剂,一般经短时间休息即可恢复。对有心功能不全的病人,应采取半卧位,保持安静,并针刺或掐点内关、足三里等穴位。如果有昏迷,可用针刺人中、百会、合谷、涌泉等穴位,并送医院治疗。

(三)肌肉酸痛

肌肉酸痛通常在运动后 24 小时之内出现,主要症状为肌肉僵硬、酸痛和自觉酸痛部位肿胀,有压痛,多发生于双下肢主要伸、屈肌群,而肌肉远端和肌肉—肌腱移行处常常症状较重,严重者肌肉全长发生疼痛,且以肌腹为主。24～48 小时之内,酸痛达到高峰,之后可自行缓解,5～7 天消失。

1. 肌肉酸痛的原因

肌肉酸痛是由于运动时肌肉活动量过大，使局部肌纤维及结缔组织的细微损伤，以及部分肌纤维的痉挛所致。这种酸痛不是发生在运动结束后的即刻，而是发生在运动结束后的1～2天，因此称为延迟性疼痛。由于这种酸痛现象只是局部肌纤维的细微损伤和痉挛，不影响整块肌肉的运动功能。因此，酸痛后经过肌肉内部对细微损伤的修复，肌肉组织会变得更加强壮，以后同样负荷将不易再发生酸痛。

2. 肌肉酸痛的防治

(1)预防

参加球类运动时，要充分做好准备活动，使全身肌肉得到有效的拉伸，强度要循序渐进。使肌肉得到充分伸展，以适应球类运动为准备活动的目的，把握运动强度及运动量的渐进性原则，根据自身的身体状况安排运动负荷，尽量避免局部肌肉负担过重。运动后，要对主要的工作肌肉进行推拿、按摩。

(2)治疗

对酸痛部位进行热敷或按摩，还可配合做一些伸展性练习，也可口服维生素C以缓解症状，另外，针灸、电疗等也有一定作用。

(四)贫血

血液中红细胞数与血红蛋白数低于正常值，称为贫血。因运动引起的这种血红蛋白量减少，称为运动性贫血。

1. 贫血的原因

其发病的主要原因有：运动时肌肉对蛋白质和铁的需要量增加而得不到满足，即可引起运动性贫血；由于剧烈运动时血流加速，易造成红细胞破裂，致使红细胞的新生与衰亡之间的平衡遭到破坏，从而导致运动性贫血；运动性贫血发病缓慢，其临床表现有头晕、恶心、呕吐、气喘、体力下降，运动后心悸、心率加快、脸色苍白等。

2. 贫血的防治

(1)预防

遵循循序渐进和个别对待原则，合理调整膳食。如运动时经常有头晕现象，应及时诊断医治，以利于正常参加体育运动。

(2)治疗

如球类运动中(后)出现头晕、无力、恶心等现象时，应适当减小运动量，必要时暂停运动，并补充富含蛋白质和铁的食物，口服硫酸亚铁，这对缺铁性贫血的治疗有良好的效果。

(五)昏厥

在运动中，由于脑部突然血液供给不足而发生的暂时性知觉丧失现象，称为运动性昏厥。运动性昏厥表现为全身无力、头昏耳鸣、眼前发黑、面色苍白、失去知觉、突然昏倒、手足发凉、脉搏慢而弱、血压降低、呼吸缓慢等。

1. 昏厥的原因

运动性昏厥的发生原因是剧烈运动或长时间运动，使大量血液积聚在下肢，回心血量减少所致，也和剧烈运动后引起的低血糖有关。

2. 昏厥的防治

(1)预防

平时要经常坚持球类运动，以增强体质；久蹲后不要突然起立；不要带病参加剧烈运动；疾跑后不要立即停下来；不要在饥饿的情况下参加剧烈运动。

(2)治疗

发生晕厥时，应迅速使患者平卧，足略高于头部，并进行由小腿向心脏方向推摩或拍击。同时用手指点压人中、合谷等穴位，必要时给氨水闻嗅。如有呕吐，应将患者头偏向一侧。如停止呼吸，马上进行人工呼吸。轻度休克者，应由同伴搀扶慢慢走一段时间，帮助其进行深呼吸。

(六)腹痛

运动者在球类运动或比赛中，因生理和病理原因而发生的腹部疼痛症状，称为运动中腹痛。腹痛是运动中常见的一种疾病，在篮球、足球等项目中经常发生。这种腹痛，在安静时通常是不会发生的，只有运动时才会出现，并且疼痛的程度与运动量的大小、运动速度以及运动强度等有关。球类运动中较常见的是肝脾瘀血、胃肠痉挛和膈肌痉挛导致的腹痛。

1. 腹痛的原因

运动中腹痛发生的原因主要有：

(1)缺乏运动或运动水平较低，准备活动不充分，开始时运动就过于激烈，内脏功能还没有达到较高的水平，从而导致脏腑功能失调。过度紧张、空腹运动，以及饭后过早地参加运动，都是引起腹痛的原因。

(2)球类运动前饮食、饮水过多，或吃了较难消化的食物使胃肠充盈、饱满，都可能引起胃肠痉挛，以致腹痛。

(3)因胃肠痉挛或功能紊乱而引起的腹痛，性质可以是钝痛、胀痛甚至绞痛，部位一般在肚脐周围。另外，运动中腹痛的程度与运动负荷的大小成正比：强度小，较慢速度运动时，疼痛不明显；随着运动负荷的加大，疼痛逐渐加剧。

2. 腹痛的防治

(1)预防

平时应加强全面身体训练，提高生理机能水平。运动前要充分做好准备活动，运动中注意呼吸节律。在进行辅助练习时，如慢跑，应合理分配体力，注意控制速度。合理安排膳食，饭后须经过一定时间后才可进行剧烈运动，运动前不宜过饱或过饥，也不要饮水过度。运动时要遵循球类运动的科学性原则、循序渐进原则。对于各种疾患引起的腹痛，应就医检查确诊，彻底治疗，疾病未愈之前，应在医生的指导下进行球类运动。

(2)处理

对运动时出现腹痛的运动者要慎重对待。首先要了解腹痛的性质、部位,根据腹痛的部位与运动负荷的关系,来判断是由疾病引起的,还是与运动有关的生理原因引起的,做到有的放矢。出现腹痛时应立即降低负荷强度,减慢速度,调整呼吸和动作节奏,按摩腹部,按压足三里、内关、三阴交等穴位,如果无效或疼痛反而加重,应立即停止运动,及时送往医院检查。

(七)肌肉痉挛

肌肉痉挛俗称抽筋,是指肌肉发生不自主的收缩反应。运动中小腿腓肠肌和大腿后群肌肉发生痉挛较为常见。痉挛的肌肉僵硬、剧烈疼痛、肿胀,肌肉的运动能力和柔韧性降低,肌肉痉挛所涉及的关节功能也会发生一定的障碍。

1.肌肉痉挛的原因

发生肌肉痉挛一般有以下原因。

(1)长时间或大强度的球类运动,会引起肌肉结构的损伤,肌肉的血液循环和能量物质代谢发生改变,肌肉中大量的乳酸和代谢废物堆积,肌肉收缩与放松不能协调地交替进行,从而引起肌肉痉挛。

(2)运动中大量排汗,特别是在高温条件下长时间的剧烈运动,使电解质从汗液中大量丢失,肌肉的兴奋性增高,发生肌肉痉挛。

(3)其他因素。如肌肉受到寒冷刺激,兴奋性会增强,易发生强直性收缩;肌肉突然受到外力的猛烈打击等,也会产生强烈收缩而引起痉挛。

2.肌肉痉挛的防治

(1)预防

不在通风不良、密闭的空间做长时间或激烈的运动。长时间运动之前、中、后,皆须有足够的水分和电解质的补充。在日常饮食中摄取足够的矿物质(如钙、镁)和电解质(如钾、钠),矿物质的摄取可从牛奶、优格、绿色叶类蔬菜等食物中摄取,电解质可从香蕉、柳橙、芹菜、天然食物或一些低糖的饮料中获得。不穿太紧或太厚重的衣服从事运动或工作,运动前检查保护性的贴扎、护套、鞋袜是否太紧。运动前做充足的准备运动和伸展操,冷天运动后须做适当的保温。不做过度的练习,运动前对易抽筋的肌肉做适当的按摩。

(2)处理

一般肌肉痉挛只要向相反的方向牵引痉挛的肌肉,即可缓解或消失。牵引时用力宜缓慢、均匀,切忌用暴力,以免拉伤肌肉。大腿后群肌、小腿腓肠肌痉挛,可尽力伸直膝关节,用力将踝关节充分背伸,尽可能拉长痉挛的肌肉。缓解后,配合局部按压、揉捏、点掐、针刺有关穴位等,效果会更好。

(八)中暑

由于人体运动时产生的热量超过了身体的散热能力而发生的高热状态,称为运动性中暑。高温环境中,长时间球类运动容易发生中暑,尤其是在温度高、通风不良、头部缺乏保护的情况下,最容易发病。常见的如足球运动及其他的室外球类运动。运动性中暑可分为热射病、日射病、热痉挛和循环衰竭四种类型。

1. 中暑的原因

(1)热射病:热射病是发生在高热环境中的一种急性病。运动时,体内产热较多,如果天气温度和湿度较高,且空气不流通,散热就会受到影响,热量在体内大量积累,会造成体温大大升高,水、盐代谢出现紊乱,严重影响体内的生理机能以及中枢神经系统的机能活动。

(2)日射病:由于阳光直接照射头部而引起的机体强烈反应,如头晕、头痛、呕吐现象,并逐步发展为体温升高,皮肤灼热干燥,严重者可出现精神失常、虚脱、血压下降、心率失常,甚至昏迷危及生命。

(3)热痉挛:运动中机体大量排汗,失水失盐过多以致电解质平衡紊乱,发生肌肉疼痛和痉挛。

(4)循环衰竭:由于运动时机体失水过多,使血容量减少,如果心脏功能和血管舒张调节不能适应,可导致周围循环衰竭而发生中暑。

2. 中暑的防治

(1)预防

高温炎热季节运动时,应当减少运动量和运动时间。夏天在室外锻炼时,应戴白帽,穿浅色、宽松、通风性能好的运动服。准备清凉消暑或低糖含盐饮料,并准备急救药品,发现中暑症状,立即停止运动,及时处理。

(2)处理

一旦出现中暑,首先必须降温,迅速将患者移到凉爽、通风的地方,平卧休息,头部稍垫高,松解衣服,全身扇风,头部冷敷,用温水或酒精擦身,服饮盐开水或清凉饮料,必要时服解热药物。肌肉痉挛者主要是牵引痉挛的肌肉,补充盐和水。头痛剧烈者,针刺或点太阳、风池、合谷、足三里等穴位。如有昏迷,可刺激人中穴急救,对四肢进行反复推摩和揉捏,必要时一面急救,一面迅速送医院治疗。

第六章 足球运动文化与技战术学练

第一节 足球运动的历史文化

一、古代足球运动的起源

(一)足球运动的起源

足球运动的起源众说纷纭,有很多传说流传下来。国外研究足球历史的学者认为:足球可能起源于中国古代的“蹴鞠”、日本的“克马锐”(Kemari)、罗马的“哈巴斯托姆”(Harpastum)、希腊的“埃佩斯卡洛斯”(Episkaros),这四种说法都能在历史遗留的线索中找到依据。1901 年,朱塞兰德提出:英国和法国的乡间足球有很多相似之处,它们很可能起源相同。还有学者推断,在历史发展的某个阶段,中国、希腊、意大利、古罗马、英国、法国等国家,基本上都有人从事一种球类运动,这种球类运动被认为与原始的足球有着某种必然的联系。因此,有一种假说认为,足球运动很可能是多元化的起源。

中国战国时期,出现了最早的用脚去触碰球体的游戏。当时把这种游戏称为“蹴鞠”或“蹋鞠”。“蹴”和“蹋”都是踢的意思,“鞠”是用皮革作外壳、中间塞满毛发的球状物。“蹴鞠”历史悠久,有很丰富的文化内涵。在中国古代,许多诗词歌赋、民间典籍都对蹴鞠有过记载,而且还发行过许多专门论述蹴鞠的书籍。这些书籍对足球的制作、游戏场地的要求、游戏方法和规则等都有极为详尽的说明。

现代足球起源于英国。在足球运动的发展过程中,皮球的触感、技术的运用以及军事上对此项活动的需要使得比赛的方式多种多样。意大利“哈巴斯托姆”比赛分为上、下半时,双方的目的仅仅是为了把球带到对方的底线。在法国,比赛方式同“哈巴斯托姆”基本一样,只是球场的长度非常大,可以有一条街那么长,或把临近两个村内的教堂或公共建筑物作为场地的两条底线。据史料记载,在中世纪英国便有了通过用脚碰球来取乐的游戏,公元 1066 年后,“哈巴斯托姆”传入英国,并在 11 世纪开始盛行。当时足球比赛在大街上举行,对参赛人数和比赛规则没有任何限制。由于参与的人数太多,并且嘈杂无序,比赛时场面混乱不堪,乱乱哄哄,而且比赛中往往破坏到沿街的店铺,因此被视为“暴民足球”。为此英国国王爱德华二世在 1314 年下令,禁止这项危险的运动,凡踢足球的人都要被判刑入狱。在 1314—1660 年间,当地政府禁止开展足球及其他相关活动的记录超过了 30 次,但还是屡禁不止,这种运动在民间继续发展着,并在 1490 年正式定名为足球(Football)。1681 年,英王查理二世废除禁令,这种类似足球运动的活动重获自由。

进入19世纪,伴随着划船、板球和拳击等其他体育运动在英国被公众广泛接受后,足球也随着时代潮流被引入学校,逐渐被接受并发展起来。到18、19世纪,英国不少大学开始盛行足球活动。19世纪中期,这种足球活动不仅在学校中很快发展,社会上也有很多人参加。由于没有统一的规则,各学校都根据自己的情况制定本校足球比赛的规则,导致比赛中双方都按照自己习惯的方式去踢。1862年J.C.思林出版了一本自称为"最简单的比赛"规则,一共10条,在第2条规定可以用手抓球和用脚踢球。1848年世界上首个足球规则问世,称为"剑桥规则"。1863年10月26日,由伦敦11个最主要的俱乐部和学校,在伦敦弗里森酒店举行会议创立了英格兰足球协会,在会议上产生了世界上第一个正式足球规则,共14条。这一天被世界公认为现代足球的诞生日,英国的现代足球发源地的地位也正式确立。

(二)中国足球运动的起源

1.中国是足球的发源地

西汉刘向在《别录》记载道:蹴鞠"起战国之时",大约是2 500年前。殷墟出土的一片甲骨文中记载:"庚寅卜,贞。乎品舞,从雨。"另外,刘向还记录了另一种传说:"蹴鞠者,传言黄帝所作",说明上古时代人类可能就已经意识到用脚与球结合能产生美妙的东西。1953年,考古工作者在西安半坡发现了新石器时代人类的村落遗址,其中发现了不少石球,可能是作为游戏的用具,这批石球从时间和地点来看都与黄帝部落居住的地区和纪年相同。踢石球是我国最老的蹴鞠游戏,这种游戏一直在民间流行着,直到明清时代。

1973年,长沙马王堆汉墓出土的帛书《十六经·正乱》中记述了黄帝与蚩尤部落战争结束时的一个场景:在胜利之后的欢庆中,割下敌人的胃当球踢。这种在胜利之后的报复性做法在世界上许多民族的历史中也都曾有过。据考证,最早出现蹴鞠这项运动确切记载的是《史记·苏秦列传》和《战国策·齐策》,苏秦的墓现在就在淄博市淄川区城南镇境内。据《史记》记载:"临淄之中七万户……临淄甚富而实,其民无不吹竽、鼓瑟、击筑、弹琴、斗鸡、走犬、六博、蹋鞠者。""蹋鞠"就是蹴鞠。

2004年2月4日,国际足联在伦敦对外宣布:足球最早起源于中国,古代的蹴鞠就是足球的起源。2004年7月15日,在北京第3届中国国际足球博览会开幕式上,国际足联和亚洲足联一致认同:中国是足球的故乡,中国淄博是足球最早的发源地。前国际足联主席布拉特在致辞中说:"中国足球有着优秀的发展传统,山东淄博的蹴鞠,对足球运动的发展有着极大的贡献,感谢中国将这项运动带给了世界,世界因为有了足球而变得更精彩!"

2.战国时期

从文献记载来看,2 500年前的战国时代就有了蹴鞠。从名称上看,汉代以前是用"蹋鞠"一词,"蹴鞠"在汉代出现,并一直被确定下来,虽然在各个朝代出现许多不同的名词,但蹴鞠一词一直被沿用。当时的球用皮革制成,中间填满毛发。蹴鞠游戏的方式是什么样的,目前尚无法考证,但可以肯定的是当时开展的蹴鞠是用来消遣的平民娱乐活动,具有很强的群众性。这与军队的练武手段和庙堂祭祀的乐舞在性质上有很大的区别。

3.两汉时期

汉代蹴鞠的发展体现出两个特点：一是娱乐性增强，配合音乐伴奏，蹴鞠由自娱自乐的活动发展为观赏性表演，成为“百戏”表演中的一个节目；二是发展成为军事训练手段，是军事检阅的一个部分，在运动形式上发展为有较强对抗性的竞赛。通过这两种表现方式，蹴鞠在西汉时期都得到了广泛的开展。

在李尤《鞠城铭》的十二铭文中可以看到，汉代蹴鞠已经有标准的游戏场地、较完备的比赛规则和公正执法的裁判，是一项较为正规的运动项目。汉代蹴鞠的裁判员称为“长”，副裁判员称为“平”。比赛规则为“例”和“常”，“例”是指条例，“常”是指常规。裁判员在球场上有绝对的权威，同时要做到“不以亲疏，不有阿私”，保证双方都会“端心平息，莫怨是非”。

据《汉书·艺文志》中的《蹴鞠二十五篇》，被作者列在“兵家技巧类”，是我国第一部专门论述足球比赛方法和技术的书籍。军事训练中进行蹴鞠一方面可以提高将士们的身体素质和意志品质，另一方面又锻炼了将士们整体配合协作的能力，可谓一举多得。在汉代，蹴鞠已向西传到天山南北，并逐步影响西亚各国。

4.唐宋时期

唐宋时期的蹴鞠是一项重要的娱乐活动，不仅流行于民间，也流行于宫廷。在唐代，球的制作工艺有了进一步提高，已能用几何图形组圆，并用动物膀胱放在皮壳内，以嘴吹气，使球变得有弹性且可以弹起，在宋代发明了气筒，可以用气筒给蹴鞠打气。

在唐宋时期，蹴鞠有两种踢法。一种是有球门的团队比赛，称为筑球。一般是在朝廷大宴及外交宴会上表演，是一种单球门的间接竞赛。另一种是没有球门的个人比赛，称为白打。有1人场，2人场……直到10人场，这种踢法历史最久，开展得很广泛。

宋朝的皇帝和贵族都很喜欢蹴鞠活动，并在朝廷的礼仪中把蹴鞠定为朝廷大宴表演的项目之一。受其影响，在北方建国的辽国、金朝也将蹴鞠作为宴会表演节目。在宋代，为了满足人们的文化娱乐需要，城市中有了综合性的游乐场——瓦舍，瓦舍中有供艺人演出的勾栏，而蹴鞠也是在勾栏中进行的各种演出活动之一。另外，各种艺人还组织了自己的团体——会社。蹴鞠艺人的会社就叫齐云社。早在汉唐时期，皇室和贵族的家中就有专业的蹴鞠艺人，称为“鞠客”“内园小儿”，是专为统治阶级从事表演活动的。宋代的朝廷也有专业蹴鞠艺人，而城市瓦舍中的蹴鞠艺人则是民间的，是为市民表演娱乐的。

5.元、明、清时期

元代蹴鞠活动的发展表现在白打踢法的动作难度有所提高，并出现男女对踢，这是对封建礼教的冲击。在元代出土文物“蹴鞠纹铜镜”背面就铸有元代男女对踢足球的装饰。

朱元璋建立明朝之后，发布圣旨，禁止京城军官开展足球活动，朝廷宴会上取消了足球表演。封建朝廷的禁令并不能完全禁止社会上蹴鞠活动的开展，在广大下层社会中仍有较广泛的蹴鞠活动。

由于清朝统治者对汉族的传统文化加以限制，使蹴鞠活动的发展受到影响。到了清代中叶，蹴鞠活动基本绝迹，只是在个别地区存在并流传。

二、现代足球运动的发展

（一）现代足球的诞生、传播与发展

1857年，英国成立了第一个足球俱乐部——谢菲尔德足球俱乐部。此后，英国各地区相继成立了足球俱乐部。1863年10月26日，英国11个足球俱乐部的代表在伦敦召开会议，成立了世界上第一个足球运动组织——英格兰足球协会。为此，国际上把这一天视为现代足球运动的诞生日。同年12月8日，该协会修改了1848年由剑桥大学制定的世界上第一部文字形式的足球规则——剑桥规则，制定了全国统一的比赛规则（共14条），规定在足球比赛中只能用脚踢球，不得用手触球，并把"Football"称为"Association Football"，学校称之为"Soccer"。英格兰足协于1872年开始举办"优胜杯"赛，从而使现代足球运动流行于全国。

现代足球运动在英国兴起后，通过水手、士兵、商人、工程师、牧师等传播到欧洲大陆和世界各地。到19世纪末，新西兰、阿根廷、智利、比利时和意大利等国相继成立了足球协会。

1874年的《足球比赛规则》首次规定了越位，它对进攻时球员站的位置做出限制。1875年，越位规则进行了修改，规定在进攻队员与对方端线之间防守队员不足3人时为越位。1925年6月13日，国际足联对1875年以来实行的越位规则进行了修改，将不足3人改为不足2人，这个规则也一直沿用到现在，具体说就是在进攻方传球球员起脚的瞬间，接球球员比倒数第二名防守球员距离球门更近，同时比球距离球门更近，并试图借此位置参与进攻或者干扰对方球员，就会被判罚越位。足球竞赛规则的改变，推动了足球技战术的发展。

19世纪后期，足球运动在欧洲和拉丁美洲得到迅速发展，在此时，欧洲已有许多国家成立了足球协会。国际比赛增多，随着形势发展迫切需要建立一个国际性足球组织。1904年5月21日，法国、比利时、西班牙、荷兰、丹麦、瑞典和瑞士的足协代表在巴黎成立了国际足球协会联合会（简称国际足联，法文缩写为FIFA），以协调各国足球运动的开展，组织世界各国的足球竞赛活动。国际足联的宗旨是促进国际足球运动的发展，发展各国足球协会间的友好关系。国际足联目前有会员协会210个，是会员协会最多的国际单项体育组织之一。

国际足联设主席1名，任期4年，可以连选连任；副主席8名和执委12名。国际足联历任主席信息如表6-1所示。

表6-1　历任国际足联主席资料一览

任次	姓名	国籍	任职时间
1	罗伯特·格林	法国	1904年5月23日—1906年6月4日
2	丹尼尔·伯利·伍尔福尔	英国	1906年6月4日—1918年10月24日
3	儒勒斯·雷米特	法国	1921年3月1日—1954年6月21日
4	罗多尔夫·威廉·希尔德拉耶尔	比利时	1954年6月21日—1955年10月7日
5	阿瑟·德鲁里	英国	1956年6月9日—1961年3月25日
6	斯坦利·劳斯	英国	1961年9月28日—1974年6月11日

续表

任次	姓名	国籍	任职时间
7	若奥·阿维兰热	巴西	1974年6月11日—1998年6月8日
8	约瑟夫·斯·布拉特	瑞士	1998年6月8日—2015年10月7日
9	詹尼·因凡蒂诺	瑞士	2016年2月26日至今

(二)国际重要足球赛事

国际足联组织的世界性比赛包括世界杯足球赛、奥运会足球赛、19岁以下世界青年比赛、17岁以下世界少年比赛、世界女子足球锦标赛、世界室内5人制足球锦标赛、国际足联俱乐部世界杯等。这些比赛推动了足球运动在世界各国的普及、发展与提高。其中世界杯比赛是足球运动中的最重大赛事,也是全世界最重要的体育赛事之一。

国际足联世界杯(FIFA World Cup),是世界上最高荣誉、最高规格、最高竞技水平、最高知名度的足球比赛,与奥运会并称为全球体育两大最顶尖赛事。世界杯是全球各国在足球领域上至高无上的神圣荣耀,也是每一个足球运动员的终极梦想。世界杯每四年举办一次,截至2017年已举办了20届,在各大洲有资格赛、预选赛,国际足联的所有成员国都可以报名参加预选赛,经过层层筛选最终挑选出32支国家队角逐最终的荣耀。世界杯是足球运动发展推广普及的源头和根本,所以也被誉为"生命之杯"。世界杯专门设有流动奖杯,被称为"雷米特杯",同时还规定哪个国家能三次夺魁,就可以永久保留这座奖杯。1971年国际足联制作了新的奖杯,命名为"大力神杯"。巴西是世界杯夺冠次数最多的球队,共获得5次世界杯冠军,并且在第3次夺冠后永久地保留了"雷米特杯"。德国队4次夺得世界杯,是最近一次世界杯比赛的冠军,现保存着"大力神杯"。历届世界杯比赛成绩见表6-2。

表6-2 历届世界杯前三名资料一览

届次	年份	举办国	冠军	亚军	季军
1	1930	乌拉圭	乌拉圭	阿根廷	南斯拉夫
2	1934	意大利	意大利	捷克斯洛伐克	德国
3	1938	法国	意大利	匈牙利	巴西
4	1950	巴西	乌拉圭	巴西	瑞典
5	1954	瑞士	联邦德国	匈牙利	奥地利
6	1958	瑞典	巴西	瑞典	法国
7	1962	智利	巴西	捷克斯洛伐克	智利
8	1966	英国	英国	联邦德国	葡萄牙
9	1970	墨西哥	巴西	意大利	联邦德国
10	1974	联邦德国	联邦德国	荷兰	波兰
11	1978	阿根廷	阿根廷	荷兰	巴西

续表

届次	年份	举办国	冠军	亚军	季军
12	1982	西班牙	意大利	联邦德国	波兰
13	1986	墨西哥	阿根廷	联邦德国	法国
14	1990	意大利	联邦德国	阿根廷	意大利
15	1994	美国	巴西	意大利	瑞典
16	1998	法国	法国	巴西	克罗地亚
17	2002	韩国、日本	巴西	德国	土耳其
18	2006	德国	意大利	法国	德国
19	2010	南非	西班牙	荷兰	德国
20	2014	巴西	德国	阿根廷	荷兰

(三)我国近代足球运动开展情况

1840 年鸦片战争以后,香港地区沦为英国殖民地。就在这个时期,足球运动随之传入中国,并首先在香港萌发。19 世纪 60 年代前后,香港的英国人足球活动逐渐活跃起来,吸引了当地的中国人。19 世纪 80 年代,香港学校中的华人学生开始踢足球。随后一些沿海大城市中的教会学校相继开展了现代足球运动。1901 年,上海圣约翰大学和南洋大学足球队先后成立,双方自翌年起每年举办一次对抗赛。1908 年,香港成立了第一个足球运动组织——南华足球会。随着学生走向社会,足球运动也由学校扩展到社会,由沿海城市扩展到内地。1923 年以后,足球运动的发展逐渐广泛起来。

1913—1934 年,民国时期的中国足球队参加了 10 次远东运动会的足球比赛,9 次获得冠军。1910 年至新中国成立前,一共举行了 7 次全国运动会,足球是正式比赛项目之一。

抗日战争爆发后,足球运动受到严重影响,国内各大城市的比赛减少。但在中国共产党领导的革命根据地和解放区,足球运动得到了一定的发展,曾举行过比赛。1940 年,陕北革命根据地成立了第一个体育组织——延安体育会。1942 年,延安举办了“九一”运动会,足球被列为表演项目。

抗战胜利后,足球运动在香港、上海、东北等地恢复发展,先后组建了上海青白足球队、沈阳东北风足球队、大连中青足球队等有实力的队伍。中国足球队还参加了 1948 年在伦敦举办的第 14 届奥运会的足球比赛,但整体水平一般。

(四)新中国成立后足球运动的发展情况

1.新中国成立初期创建基业(1949—1959 年)

新中国成立初期,足球运动发展比较落后,缺乏专业的足球人才。在党和政府的关怀和广大足球工作者的共同努力下,足球运动逐渐发展起来。1951 年,在天津举行了第 1 届全国足球比赛,参加比赛的有 6 大行政区和解放军、铁路,共 8 支代表队。通过这届比赛选拔 30 多人组成了国家队，他们是新中国成立后首届国家足球队。

1953年起，全国各体育院、系先后开设各类足球课程。1954年前后，各省市相继建立了足球队，并进行专门训练。1954年2月，中国邀请了当时世界足球强国匈牙利国家队来华进行比赛和讲学，使我国足球人大开眼界，了解到世界最先进的足球技战术。同年4月和10月，我国先后派出两批青年足球运动员赴匈牙利留学，经过一年多的艰苦训练，进步显著。一年后学员们学成归来，其中大部分球员成为国家队主力。

为了适应国际交往和推动全国足球运动的开展，1955年1月3日，中国足球协会成立。1955年和1956年，我国先后聘请了苏联和匈牙利的足球专家来华，为我国培养足球研究生、科研人员、足球教师和教练员，这些组织措施为国内足球运动水平的提高提供了重要条件。1956年我国建立了全国足球竞赛制度和运动员、裁判员等级制度，开始实行甲、乙级足球联赛；1957年，又实行甲、乙级升降制；1959年，将足球列入全运会比赛项目。

1957—1960年期间，我国在一系列国际邀请赛和友谊赛中取得较好成绩，足球水平有了较大的提高。1959年中国国家队战胜匈牙利奥林匹克足球队，并在中国、苏联、匈牙利三国对抗赛上获得亚军；1960年，中国国家队在中国、越南、朝鲜、蒙古的四国对抗赛中取得冠军。此时我国足球运动进步明显，但仍在国际比赛中处于下风，1957年中国队首次参加第6届世界杯外围赛，两回合以1球之差负于印度尼西亚队。

2.自然灾害时期曲折起伏(1960—1965年)

在自然灾害和经济上的严重困难时期，我国多数球队中断了训练和比赛，足球水平大幅下降。1964年，随着国民经济的好转，足球运动又恢复和发展起来。国家体委、全国总工会、共青团中央、教育部联合召开了全国足球工作会议，向全国发出了“大力发展足球运动、迅速提高技术和水平”的号召，并提出了4项措施和“三从一大”的训练原则，确定了“勇、快、巧、准”的足球技术风格和10个足球重点城市和地区。会后，各专业足球队恢复了训练，甲、乙级足球联赛和青少年竞赛制度也得到了全面恢复，并邀请了巴西职业足球俱乐部马杜雷拉来华访问比赛。

1965年6—10月，我国足球队在一系列国际比赛中取得较好的成绩。同年9月举行了第2届全运会，各队的足球水平均有所提高。在此基础上，国家足球队重新组建，并于次年获得亚洲新兴力量运动会足球比赛的亚军。

3.“文革”时期严重破坏(1966—1976年)

“十年动乱”造成我国足球运动受到严重破坏。从1966年下半年起到1970年，全国足球竞赛、国际交往，连同足球教学、训练、科研等全部停止。

1971年，我国尝试性地举行了全国甲级队集训赛，1972年举行全国五项球类运动会，1973年恢复了全国各级别的足球赛事，1974年9月14日，中国足球协会在亚足联的代表大会上重新恢复了在亚足联的合法席位。同年，中国足球队参加了第7届亚运会足球比赛，但未获小组出线权。1976年，中国队首次参加亚洲杯足球赛，获得第3名。这十年的曲折使得新老队员青黄不接，后备力量严重匮乏，足球运动水平再次下降。

4.探索改革(1977—1991年)

20世纪70年代至80年代中期，我国足球运动处于逐步恢复时期。1978年，恢复了全国甲、乙级队双循环升降级制的比赛,并逐步建立了各级比赛系统。1977 年至 20 世纪 80 年代前期,我国举办了几次国际足球邀请赛。1979 年以后,国家曾多次发出通知和召开足球工作会议,为培养足球后备力量、促进足球运动的发展起到了积极作用。

20 世纪 80 年代中后期,在我国改革开放大潮的推动下,足球改革逐渐被提上议事日程。足球界在领导体制向实体化过渡、足球的社会化与科学化,以及训练与竞赛等方面进行了改革、探索和实践,取得了一些成效。

1979 年,国际足联恢复了我国的合法席位,为我国足球队参加国际比赛创造了有利条件。在这一时期,我们加强了国际交往,部分省市先后聘请了外籍教练执教,国家队和省市队也经常出访进行比赛和短期集训,这对我国了解世界足球运动的发展趋势十分有利。同年,我国国家队、青年队、少年队先后参加了世界杯预选赛、亚洲杯、亚运会、奥运会预选赛、世青赛、世少赛等重大国际比赛。

5. 红山口会议吹起改革之风(1992 年至今)

1992 年 6 月,中国足协在北京西郊红山口召开了全国足球工作会议。会议期间,中央领导明确指出:"足球必须搞上去,足球体制必须改革。"这次会议明确提出了改革体制、转换机制的根本问题,要坚定不移地走职业化道路,尽快实行俱乐部体制,要让中国足球跟上世界足球的发展步伐。红山口会议充满了改革的主旋律,在中国足球历史上具有划时代意义。

1994 年中国足球开始职业化,中国足球职业联赛正式创办,共有 26 个俱乐部队参加,联赛采用双循环、主客场赛制。联赛分为 A 组 12 支球队和 B 组 14 支球队,实行升降级制度,每年甲 A 最后两名降入甲 B,甲 B 前两名升入甲 A。1998 年,中国足球职业联赛甲级 A 组由 12 支球队扩大为 14 支球队。

1994—2003 年,中国足球职业联赛创办了整整 10 年。在这 10 年中,中国足协陆续制定了二十多个重要法规文件,来规范职业联赛;各个俱乐部共引进了几十名外籍教练员和上百名外籍运动员;中国足协先后聘请了施拉普纳、霍顿、米卢蒂诺维奇、阿里·哈恩担任了 4 届国家队的主教练,而中国男子足球队参加了 2002 年韩国世界杯,历史上首次参与国际足球的最高水平赛事。

2004 年,中国足球甲 A 联赛和中国足球甲 B 联赛更名为中国足球协会超级联赛和中国足球协会甲级联赛,并一直延续到现在。

(五)中国足球运动的管理机构和重要比赛

1. 中国足球运动的组织管理机构

中国足球协会于 1955 年 1 月 3 日成立,是领导中国足球运动的组织管理机构,下设综合部、外事部、联赛部、女子部、技术部等职能部门。任务是根据国家的体育方针和政策,根据国际足联的章程和有关规定,统一组织、指导全国足球运动的发展,推动普及和提高足球运动,开展必要的经营活动,为中国足球发展筹集资金。

2. 中国足协举办的重要比赛

(1)男子:中国足球协会超级联赛、中国足球协会甲级联赛、中国足球协会乙级联赛、中国足球协会杯赛、全国运动会足球比赛和全国青年各级别足球联赛(U21、U19、U17)等。

(2)女子：全国女子足球锦标赛、全国女子足球联赛、全国女子青年足球联赛和全运会女子足球赛等。

中国足球超级联赛和其前身全国足球甲A联赛是我国足球各项赛事中的顶级赛事，受到全国人民的强烈关注。1994—2003年中国足球甲A联赛成绩见表6-3所示。

表6-3　甲A联赛成绩一览

年份	冠军	亚军	季军
1994	大连	广州	上海
1995	上海申花	北京国安	大连万达
1996	大连万达	上海申花	八一
1997	大连万达	上海	北京
1998	大连万达	上海	北京
1999	山东鲁能	辽宁抚顺	四川全兴
2000	大连	上海申花	四川全兴
2001	大连实德	上海申花	辽宁抚顺
2002	大连实德	深圳平安	北京国安
2003	上海申花	上海国际	大连实德

从2004年开始，甲A时代结束，中超联赛开始，并维持至今(表6-4)。

表6-4　中超联赛成绩一览

年份	冠军	亚军	季军
2004	深圳健力宝	山东鲁能	上海国际
2005	大连实德	上海申花	山东鲁能
2006	山东鲁能	上海申花	北京国安
2007	长春亚泰	北京国安	山东鲁能
2008	山东鲁能	上海申花	北京国安
2009	北京国安	长春亚泰	河南建业
2010	山东鲁能	天津泰达	上海申花
2011	广州恒大	北京国安	辽宁宏运
2012	广州恒大	江苏舜天	北京国安
2013	广州恒大	山东鲁能	北京国安
2014	广州恒大淘宝	北京国安	广州富力

续表

年份	冠军	亚军	季军
2015	广州恒大淘宝	上海上港	山东鲁能
2016	广州恒大淘宝	江苏苏宁	上海上港

第二节　足球运动的技术学练

一、踢球

(一)技术环节

踢球指运动员有目的地用脚把球击向预定目标的技术。踢球是足球技术中最重要的技术，用脚传球和射门。踢球的方法很多，动作要领也有所不同，但是每一种踢法都是由助跑、支撑脚站位、踢球腿的摆动、脚触球和踢球后的随前动作五个环节组成，其中支撑脚的站位、踢球腿的摆动、脚触球是主要的因素。

1. 助跑

助跑是指踢球前的几步跑动。它的作用在于调整人与球的方向、距离，以便在踢球时使支撑脚能够处于所需要的正确位置，从而增加击球的力量。助跑最后一步要大一些，这为踢球腿的充分摆动、增大摆腿速度、制动身体的前冲和提高击球的准确性创造了条件。助跑分为直线助跑和斜线助跑。直线助跑的方向和出球的方向相同，斜线助跑的方向和击球的方向成交叉。

2. 支撑脚站位

支撑脚的位置要以踢球腿的摆动能达到最大的摆幅、发挥最大的速度和有利于踢球脚准确地接触球的合适部位为原则。支撑脚的位置一般是由所使用的踢球方法(脚法)来决定。凡采用的踢法需要踩在球的侧方的，一般距离球10～15厘米；凡采用的踢法需要踩在球侧后方的，一般距离球25～30厘米。踢活动球时，更要掌握好支撑脚的位置。因支撑脚落地时球仍在继续运行之中，要把踢球腿后摆的时间计算在内。如追踢向前滚动的球时，支撑脚落地的位置要稍靠前，这样才能与球保持合适的距离。支撑脚要积极踏地以制动身体的前冲力量，膝关节要微屈，以维持身体的平衡和保证充分地摆腿和自如地踢球。因此，支撑脚实际上起着固定支点的作用。

3. 踢球腿的摆动

击球力量的大小，由多方面的因素决定，而主要取决于踢球腿的摆动。它是踢球力量的主要来源。摆幅大，摆速快，踢出去的球力量就大，球的运行速度就快，运行距离就远。因此，踢球腿的摆动动作是否正确，直接关系到踢球的力量、击出球的速度和球的运行距离。踢球腿的摆动是在支撑脚跨步时(助跑最后一步)顺势向后摆起的。在支撑脚着地的同时以髋关节为轴,大腿带动小腿由后向前摆。当膝关节摆到接近球的垂直上方的刹那间,小腿加速前摆击球。

4.脚触球

包括踢球脚的部位和击球的部位。一般来说,用脚的某一部位击球的后中部,作用力通过球心,出球平直。当踢各种活动来球时,应准确判断来球的速度、方向,根据出球目标,合理选择踢球脚以及脚与球的部位。

在现代足球比赛中,运动员已广泛地采用了弧线球(香蕉球)踢法。这种踢法主要运用脚背内侧或外侧击球,击球的作用力不通过球心,使球产生旋转,并沿着一定的弧线运行。这种球具有一定的隐蔽性。此外,也可以用正脚背抽踢前旋球。

5.踢球后的随前动作

踢球后随着腿的前摆和送髋,使身体重心向前移动,这样既易于控制出球方向和加大踢球力量,又能缓和因踢球腿急速前摆而产生的前冲惯性,以维持身体的平衡。踢球后的随前动作还便于与下一个动作衔接。

(二)脚内侧踢球

脚内侧踢球又叫脚弓踢球,它是脚内侧部位(跖趾关节、舟骨、跟骨等所形成的平面)踢球的一种方法。其特点是脚与球接触面积大,出球准确平稳,且易于掌握。但由于踢球时要求大腿前摆到一定程度时需要外展且屈膝,故大腿与小腿的摆动都受到限制,因此出球力量相对较小。

1.脚内侧踢定位球

直线助跑,支撑前的最后一步稍大些,支撑脚站在球的侧面约15厘米处,脚尖正对出球方向,支撑腿膝关节微屈。在支撑脚着地时,踢球腿大腿带动小腿由后向前摆动,在前摆的过程中大腿外展,当膝关节的摆动接近球的正上方时小腿做爆发式摆动,在触球前将脚跟送出使得脚内侧部位所形成的平面与出球方向垂直,踢球脚脚底与地面平行,脚尖微微翘起,踝关节功能性地紧张使脚型固定,触(击)球后身体跟随移动,髋关节向前送(图6-1)。

图6-1

2.脚内侧踢空中球

根据来球速度和运行轨迹及时移动到位,踢球腿大腿抬起(屈)并外展,小腿屈并绕额状轴后摆，利用小腿绕额状轴由后向前摆动，当摆至额状面时与球接触，击球的中部(图 6-2)。

图 6-2

(三)脚背正面踢球

脚背正面踢球又称为正脚背踢球，由于其解剖特点，摆幅相对较大，加之用脚背踢球接触面(与球)相对较大，因而踢球力量也大，准确性也较强。但受以上因素的影响，出球的方向及性质相对变化也较小。在比赛中经常使用脚背正面踢定位球、地滚球、空中球、反弹球及倒勾球。球的性质多为不旋转的直线球，但也可用来踢抽击性前旋球。

1.脚背正面踢定位球

直线助跑，最后一步稍大些，支撑脚积极着地支撑，在球的侧面 10～12 厘米处，脚尖正对出球方向，膝关节微屈，踢球腿随跑动向后摆动，小腿屈曲，支撑的同时踢球腿以髋关节为轴，大腿带动小腿由后向前摆动。当膝关节摆至接近球的正上方时，小腿做爆发式的摆动，脚趾屈，以脚背正面部位击球的后中部。击球后身体及踢球腿随球前移(图 6-3)。

图 6-3

2.脚背正面踢侧面半高球

根据来球速度及运行轨迹，选好击球点，身体侧对出球方向，身体向支撑脚一侧倾斜展腹，踢球腿抬起，大腿伸、小腿屈，大腿带动小腿由后向前急速摆动，用脚背正面击球的中部，同时身体向出球方向扭转，击球后踢球脚随球前摆着地以维持身体平衡(图 6-4)。

图 6-4

3. 脚背正面踢反弹球

根据来球的速度、运行轨迹、落点，支撑脚踏在球落点的侧面。在球落地时，踢球腿爆发式前摆，在球刚弹离地面时，用脚背正面击球的中部，并控制小腿的上摆（送髋、膝关节向前平移），出球则不会过高（图 6-5）。

4. 脚背正面踢倒勾球

根据来球的速度、运行轨迹，及时移动到位。选择支撑位置时应考虑将击球点放在身体的前上方，支撑腿膝关节微屈，上体后仰，踢球腿以髋关节为轴向上方摆动，当球落到身体前上方适当高度时，用脚背正面击球后部，将球向身后踢出（图 6-6）。

图 6-5

图 6-6

5. 凌空踢倒勾球

根据来球的速度、运行轨迹，选好击球点，及时移动到位。以踢球腿为起跳腿蹬地起跳，同时另一腿上摆，身体后仰腾空，眼睛注视来球。蹬地腿在离地后迅速上摆的同时，另一腿则向下摆动（以相向运动来保证身体在空中的平衡），以脚背正面击球的后部。踢球后，两臂微屈，手掌向下，手指指向头部相反方向着地，屈肘，然后背、腰、臀部依次滚动式着地。

6. 搓击球

搓击球是使用脚背正面与脚趾连接部位接触球的一种踢球方法。踢球腿的摆动主要依靠小腿的前摆。助跑和支撑与脚背正面踢定位球相同。当脚插入球下部触球的一瞬间，脚背屈，小腿做急速向上提摆动作，施加给球的力量不通过球的重心，使球产生回旋(图 6-7)。

由于这种踢球法可以使球产生强烈的回旋，并可在较近的距离达到一定的高度(越过头顶)，落地后几乎不再向前反弹，故多用于越过近距离堵截后，对方补位队员来不及补位，同队队员可立即控制球的情况，也用于罚任意球。

图 6-7

7. 抽击球

抽击球是一种用脚背正面踢下落的空中球(膝关节以下)及地面球(多为定位球)的方法。由于踢球的力量不通过球的重心，能使球产生强烈的前旋，球飞行一段后出现迅速下坠的现象，给对手造成错觉，故抽击球多用于远射，尤其当守门员弃门在外活动时，抽击球射门更奏奇效。

(四)脚背内侧踢球

脚背内侧踢球又称内脚背踢球，这是一种用第一跖骨及跖趾关节部位触击球的踢球方法。其技术结构与前两类踢球方法相同，但技术细节则有所区别。

1. 脚背内侧踢定位球

斜线助跑，助跑方向与出球方向约成 45°，最后一步稍大，以支撑脚底积极着地，脚尖指向出球方向，距球内侧后方约 20～25 厘米，膝关节微屈。在支撑同时，踢球腿已完成后摆，并开始以髋关节为轴大腿带动小腿由后向前摆动，当大腿摆至与支撑腿接近同一平面时，小腿做爆发式摆动，此时脚尖外转、脚背绷直，以脚背内侧部位触击球。击球后踢球腿及身体继续随球向前(图 6-8)。

图 6-8

2. 脚背内侧踢各种方向来的地滚球

根据来球的速度、运行轨迹，选好击球时的位置并及时移动到位。在选择支撑点时应考虑到来球的情况和摆腿的速度，以保证脚触球的瞬间，球与脚的相对位置仍能保持规格要求。

3. 脚背内侧踢反弹球

根据来球的落点及时移动到位，在球离地（反弹）的瞬间踢球，其他的动作要求与踢定位球相同。这种踢球方法多用于踢侧方或侧前方来的空中下落的球。

4. 脚背内侧踢空中球

又称侧面半高球。根据来球速度、运行轨迹，选好击球点及时移动到位，身体侧对出球方向，用来球方向的异侧脚支撑，支撑脚脚尖指向出球方向，身体向支撑脚一侧倾斜，展腹。支撑脚站位后，大腿带动小腿由后向前摆动，当大腿摆至接近与击球点成一直线时，小腿做爆发式摆动，用脚背内侧击球的中部。同时身体向出球方向扭转，眼睛始终注视来球。击球后，踢球腿顺势前摆以维持身体平衡。

5. 脚背内侧削踢定位球

又称香蕉球。踢弧线球时，脚背内侧部位击球的后中部，摆腿的方向不通过球心，沿弧线前摆，在击球的瞬间，踝关节用力向内转，使球侧旋沿弧线运行（图 6-9）。

图 6-9

（五）脚背外侧踢球

脚背外侧踢球又称外脚背踢球，是用第三、四、五跖骨部位接触球的一种方法。由于踢这种球的脚踝灵活性较大，摆腿方向变化较多，且助跑时又是正常的跑动姿势，故其出球隐蔽性较强。足球比赛中踢各种距离的弧线球及非弧线球均可使用。

1. 脚背外侧踢定位球

助跑、支撑脚站位及踢球腿摆动均与脚背正面踢球技术的三个环节相同，触球是用脚背外侧部位。此时要求膝关节和脚尖内转，脚背绷紧，脚趾紧屈并提膝，触（击）球后身体随踢球腿的摆动前移。

2. 脚背外侧踢地滚球

可用于踢前方、侧前方及正侧方、侧后方来的地滚球。踢球的动作规格要求与踢定位球相同，但支撑脚站位时应考虑球的滚动速度，以保证在脚触球的瞬间支撑脚与球的相对位置符合规格要求。

3. 脚背外侧踢反弹球

与脚背正面踢反弹球的方法基本相同，只是接触球时用脚背外侧部位触(击)球。

4. 脚背外侧削踢定位球

又称香蕉球，用脚背外侧部位击球的后中部，摆腿的方向不通过球心，沿弧线前摆，使球侧旋沿弧线运行。

5. 脚背外侧弹踢球

摆腿方法是以膝关节为轴的小腿爆发式弹摆为主，摆动方向为前摆、侧前摆、侧摆。击球后踢球腿迅速收回。由于这种方法踢球腿摆幅小，并且是以小腿摆动为主，故完成动作快、突然，且隐蔽性强，多用于快速运球中的传球。

(六)脚尖踢球

脚尖踢球又称脚尖捅球，是一种用脚尖部位接触球的方法，由于脚尖踢球时出球异常迅速，所以在雨天场地泥泞时多使用这种踢法。这种方法可以借助踢球腿的最大长度，踢那些距离身体较远的用正常脚法无法踢到的球。具体方法是用支撑腿跳跃上步，踢球腿屈膝前跨，髋关节尽量前送，两臂上摆协助身体向前，小腿前伸，在踢球脚落地前用脚尖捅球的后中部。

(七)脚跟踢球

这是用脚跟(跟骨的后面)接触球的一种踢球方法。球在支撑脚外侧时，踢球脚在支撑脚前面交叉摆到支撑脚外侧用脚跟击球，球在支撑脚内侧时，踢球脚后摆用脚跟踢球。虽然由于人体结构的特点，决定了这种踢球方法(大腿微伸小腿屈)产生的力量小，但其出球方向向后，故有隐蔽性和突然性。

二、接球

接球是指运动员有目的地用身体的合理部位把运行中的球接下来，控制在所需要的范围内，以便更好地衔接下一个技术动作。接球是为下一个动作服务的，其质量的好坏直接影响下一个动作的完成程度。比赛中来球性质、状态不同，所以接球应根据不同情况，采用不同的动作方法。

(一)技术环节

接球的动作结构都是由以下四个环节组成。

1.观察和移动

为了更好地完成接球动作，事先要注意观察来球的情况。从球的运行路线、球的旋转与速度等情况中，迅速判断落点，及时移动，使自己能处于做接球动作时所需要的最佳位置。

2.选择接球的部位和接球方法

接球的不同部位和采用不同的方法，各有其不同的作用，因此，必须根据临场情况及下一步动作的需要，恰当地选择接球的部位与接球方法。

3.改变来球的力量

根据来球力量大小和接球实际需要，可分别采取加力或减力(缓冲)的方法。根据来球力量的方向和接球的实际需要，还可按照反射定律调整入射角，获取理想的反射角。

4.随球移动

接球动作一做完立即随球移动，紧密衔接下一个动作，在接球与处理球的动作之间不能有停顿。

(二)脚内侧接球

这是用脚内侧部位接球的一种技术。由于脚触球面积大，动作简单，较易掌握，比赛中经常使用这种技术接各种地滚球、反弹球、空中球。

1.脚内侧接地滚球

支撑脚脚尖正对来球，膝关节微屈，同侧肩正对来球。接球腿提膝大腿外展，脚尖微翘，脚底基本与地面平行，脚内侧正对来球并前迎，当脚内侧与球接触的一刹那迅速后撤，把球接在脚下。若需将球接在侧面时，支撑脚脚尖应向同侧斜指，脚内侧与来球方向成一定角度触球，同时支撑脚提踵，以前脚掌为轴做适当转动，身体移动。当来球力量不大时，只需将脚提到一定的高度，并使脚内侧与地面形成锐角轻触球。也可在触球时用下切动作使球前进之力部分转变为旋转力，而将球接在脚下。

2.脚内侧接反弹球

根据来球的落点，及时移动到位，支撑脚与球落点的相对位置在球的侧前方，支撑腿膝关节微屈，身体向接球后球运行的方向偏移。接球腿提起小腿且放松，脚尖微翘，脚内侧对着接球后球运行的方向并与地面成一锐角，当球落地反弹刚离地面时，大腿向接球后球运行的方向摆动，用脚内侧部位轻推球的中上部。用这种方法接球时，也可在触球时使球产生旋转以达到接好球的目的，但应注意球的旋转并及时加以调整。

3.脚内侧接空中球

根据来球的速度及运行轨迹，及时移动到位。若为抛物线较小的平空球则应根据临场的实际情况选择适当高度的接球点，将接球腿抬起，使脚内侧部位对准来球的方向并前迎，脚在接触球的一瞬间后撤,并将球接在所需的位置上(图 6-10)。

图 6-10

(三)脚背外侧接球

1.脚背外侧接地滚球

将接球点放在接球腿一侧,支撑腿膝关节微屈。接球腿提起屈膝,脚内翻使小腿和脚背外侧与地面成一锐角,并对着接球后球运行的方向,脚离地面的高度应略等于球的半径,然后大腿向接球后球运行的方向推送,同时身体随球移动(图 6-11)。

图 6-11

2.脚背外侧接反弹球

根据来球的落点及时移动到位,支撑脚站在来球落点的侧后方,除触球部位外,其他环节均与脚背外侧接地滚球相同。

(四)脚背正面接球

这种方法多用于接有较大抛物线的来球。根据球的落点,及时移动到位,脚背正面上迎下落的球,当球与脚面接触的一瞬间,接球脚与球下落的速度同步下撤,此时大腿膝关节、踝关节、脚趾均保持适度的紧张,脚尖微翘将球接到需要的地方(图 6-12)。

脚背正面接高空落下球时,也可以将脚微抬起,并适度背屈,当球接触脚背的瞬间踝关节放松将球接到身体附近。

图 6-12

（五）脚底接球

由于脚底接球技术便于掌握，易于将球接到所需位置，故常被用来接各种地滚球和反弹球。

1. 脚底接地滚球

身体正对来球方向，移动前迎，支撑脚站在球的侧面（或前或后均可），脚尖正对来球方向，膝关节微屈。同时接球腿提起，膝关节微屈，脚略背屈，使脚底与地面约小于 45°角（且脚跟离开地面），一般以前脚掌接触球的上部为宜。在触球瞬间接球脚可轻微跖屈（前脚掌下点）将球停住，也可根据需要在接球的同时将球推向前方或拉向身后。

2. 脚底接反弹球

根据来球落点，及时前移迎球，支撑脚站在落点侧后方，脚尖正对来球方向，球落地瞬间，用前脚掌去触球的中上部，微伸膝，用脚掌将球接在体前。若需接在身后则应在触球瞬间继续屈膝，将球回拉，并伴随支撑脚以前脚掌为轴旋转 90°以上。

（六）大腿接球

大腿接球一般可以用来接抛物线较大的高空球和略高于膝的低平球。

1. 大腿接抛物线较大的下落球

面对来球方向，根据球的落点迅速移动到位，接球腿大腿抬起，当球与大腿接触的瞬间大腿下撤将球接到需要的位置上（图 6-13）。

图 6-13

2. 大腿接低平球

面对来球方向，根据来球高度，接球腿大腿微屈，送髋前迎来球，当球与大腿接触瞬间收撤大腿，使球落在所需要的位置上。

(七)腹部接球

在激烈的比赛中为了抢点控制球，根据比赛的需要也使用腹部接球。

1. 腹部接反弹球

接球者的身体正对来球方向跑动，判断好球的落点，身体前倾，腹部对准落地反弹的球，腹直肌保持紧张，推压球前进。也可在触球瞬间身体侧转，将球接向所需要的侧面。

2. 腹部接平空球

来球较突然且与腹部同高时，应先挺腹，在腹与球接触瞬间迅速含胸收腹，将球接下来。

(八)胸部接球

由于胸部接球部位较高，加之胸部面积大、肌肉较丰满等特点，易于掌握，故是接高球的一种好方法。胸部接球包括挺胸式、收胸式接球两种方法。

1. 挺胸式接球

面对来球站立(两脚左右或前后开立)，两膝微屈，重心置于支撑面内，上体后仰，下颌微收，两臂自然张开，维持身体平衡。触球瞬间，两脚蹬地，膝关节伸直用胸部轻托球的下部使球微微弹起于胸前上方(图 6-14)。

图 6-14

对于较高的平直球也可采用这种方法将球接于胸前，但触球瞬间膝关节由直变屈，脚由提踵状态变全脚掌落地，整个身体保持接球时的姿势，下撤将球接在胸前。

2. 收胸式接球

多用于接齐胸高的平直球。面对来球，两脚左右或前后开立，两臂自然张开，挺胸迎球，触球瞬间收胸、收腹、臀部后移将球接在体前(图 6-15)。若需将球接在体侧时，则触球瞬间转体将球接在转体后相应的一侧。

图 6-15

三、运球

运球技术从狭义上讲，仅是指运球的方法，即指用身体的某一部分触球，使球能随运球者一起运动；从广义上讲，则不仅让球随人运动，还必须越过对方的防守，也就是说如何使用这些运球方法达到越过对方防守的目的。这里就包含了运球方法的运用问题。

（一）技术环节

运球技术动作通常是由运球方法的选择与准备、跑动中间断触球、为下一动作的连接做好准备三个环节组成。

1.运球方法的选择与准备

这一环节的进行是根据临场情况瞬间做出，而且随时根据需要改变运球方法，所以这一环节仅仅指开始实施运球技术时所应进行的。

2.跑动中间断触球

这一环节是运球技术的最关键部分，当开始实施运球技术后，应根据临场情况的需要使用适宜部位去间断触球，并使球始终处在自己的控制范围内，为了达到这个目的，必须注意如何避开（或越过）对手，注意触球时的力量及球运动的方向。运球跑动要自然、重心低、步幅小、频率快。这些要求是根据比赛的实际提出来的。协调自然的跑动能使动作自如，变向、变速较易进行。重心低便于突停突起、变换方向，而且不易在对抗中失去平衡。频率快是为了利于动作随时变换，并能随时触到球以保持对球的控制权。运球过程中眼睛不要只注视在球上而应注意周围情况，这样才能在临场情况发生突然变化时迅速采取措施，并将球控制到所需要的位置上去。

3.为衔接下一个动作做好准备

这里主要是指运球的任务已经结束，接着需要传球和射门时，球所处的最佳位置，以及身体应处于何种状态更有利于做下一个动作。这就需要在运球即将结束时迅速做好上述准备，这种准备应是在运球过程中自然协调地进行，从而使得运球与传球（射门）一气呵成。

(二)脚内侧运球

要求在运球前进时支撑脚始终领先于球,位于球的侧前方,肩部指向运球方向,支撑腿膝关节微屈,重心放在支撑腿上,另一条腿提起屈膝,用脚内侧推球前进,然后运球脚着地。

由于肩部指向运球方向,身体侧转,虽然移动速度较慢,但身体前倾有利于将对方与球隔开,因而这种技术多用在运球寻找配合传球时,或有对方阻拦需用身体做掩护时。

(三)脚背正面运球

运球时身体持正常跑动姿势,上体稍前倾,步幅不宜过大,运球腿提起,膝关节稍屈,髋关节前送,提踵,脚尖下指,在着地前用脚背正面部位触球后中部将球推送前进。

由于脚背正面运球时身体持正常跑动姿势,故可以发挥出较快的速度,因而这种技术多用在运球前方一定距离内无对手阻拦时。

(四)脚背外侧运球

运球时身体持正常跑动姿势,上体稍前倾,步幅不宜过大,运球腿提起,膝关节稍屈,髋关节前送,提踵,脚尖绕矢状轴向内旋转,使脚背外侧正对运球方向,在运球脚落地前用脚背外侧推拨球的后中部。

脚背外侧运球时,身体姿势与正常跑动时相同,因而可以发挥出较快的速度,故与脚背正面运球有相同的用途。另外,利用脚腕的动作可以很快改变脚背外侧面所正对的方向,故在运球脚一侧改变方向时也多采用这种运球方法。这种方法能用身体将对手与球隔开,故掩护时也常使用。

(五)脚背内侧运球

身体稍侧转并自然协调放松,步幅小,上体前倾,运球腿提起外展,膝微屈外转,提踵,脚尖外转,使脚背内侧正对运球方向,在运球脚落地前用脚背内侧推拨球,使球随身体前进。

脚背内侧运球由于身体稍侧转,不能采用正常跑动姿势,因而不适用于高速运球。但由于接触部位和支撑位置的特点易于完成向支撑脚一侧的转动,故多用于向支撑脚一侧的转动变向运球。

(六)其他运球

1.拨球

利用脚踝关节向侧的转动,以达到用脚背内侧或脚背外侧触球,将球拨向身体的侧前方、侧方、侧后方。

在过人时若使用拨球,还要在拨球后立即跟上推球,使球按预定方向运行。

2.拉球

将前脚掌放在球的上部或侧上部,另一脚在球的侧后方支撑,然后触球脚向后下方用力将球拉回。

回拉球一般都是躲开或引诱对方出脚抢球的瞬间将球拉回造成对方抢球落空,使其重心随抢球脚前移，乘对手难于返回的瞬间将球迅速推送出去越过防守者。

拉球时，除了往回拉以外，也常使用接触球的上部向左右侧拉球。

3. 扣球

这种方法与拨球相同，不同的是它的用力是突然的并伴随着转身或急停，使对手在来不及调整重心的瞬间，突然从反方向推送球越过对手的防守。

4. 挑球

用脚背部位触球的下部并突然向上方挑起，在对手来不及实施挡球动作时球已越过，运球者随球迅速跟进。注意球一般不要挑得太高。

5. 颠球

运球过程中，有时球在空中或地面上跳动，根据对手抢截时所处位置或实施抢截时间，用恰当的部位将球颠起，越过对手，可达到过人的目的。

四、头顶球

头顶球是指运动员有目的地用前额将球击向预定目标的动作。足球比赛中不仅要处理不同形式和不同性质的地滚球，同时也要处理各种空中球。当遇到胸以下部位不能触及或规则不允许触及的一些球时就需要用头部来处理，因为头是人体最高的一个部位，额骨的前面较为平坦，只要掌握顶球技术，顶出的球就会有力。现代足球比赛中对时间与空间的争夺异常激烈，头顶球技术的使用不仅使运动员占据空间，又能争取时间，所以头顶球是处理高空球的最重要手段。

（一）技术环节

头顶球技术的动作结构是由移动选位、身体的摆动、头触球、触球后的身体平衡四个环节组成的。

1. 移动选位

由于头顶球技术都是用来处理运行的空中球的一种技术，因此要想处理好来球，首要条件是对来球的速度、运行轨迹做出正确判断，选好击球点，并及时到达顶球位置或起跳位置，同时还应考虑到自己的弹跳能力和比赛当时双方的情况，只有充分地估计了这些情况后的选位，才能保证完成顶球动作。

2. 身体的摆动

身体的摆动是由身体许多部位的肌肉协调用力来完成，其摆动顺序是由下而上，这样才可以使击球部位获得最大的速度。这一环节是顶球力量的主要来源，但球受力的大小并不完全决定于用力的大小，还将受到头触球环节的准确与否及来球力量的大小等影响。顶出球的方向并非按照垂直碰撞的反射方向顶回，而多与垂直反射方向成一定角度，为了准确将球击到预定位置，必须在身体摆动时就考虑到来球方向与将球顶出方向间的关系，使身体摆动发挥出最大的作用。

3. 头触球

这一环节的主要任务是保证顶出球的准确性。它有两层含义：一是用头的哪一部位接触球，二是用头的一定部位接触球的哪一部位。比赛中大多数情况不是将球顶回，而是与来球方向成一定角度，并将球顶到一定距离的预定位置，因此要主动用力。在头触球时，必须使身体摆动所获得的速度与由接触部位造成的反射方向一致并指向预定位置，有时由于比赛情况无法保证身体摆动所获得的速度与由接触部位造成的反射方向一致，则必须使这两个不同的力（或速度）的合力（合速度）方向指向预定位置。

4. 触球后的身体平衡

顶球者在触球后维持身体平衡的主要因素：一是两臂合理摆动；二是脚步的移动；三是落地时屈膝、踝；四是来球的冲力。顶球者应根据不同来球和顶球方法，恰当协调四者关系，维持身体平衡。

（二）前额正面头顶球

这是由额肌覆盖着的额骨正面部分去击球的一种动作方法。

1. 原地头顶球

身体正对来球方向，眼睛注视运动中的球，两脚左右开立（或前后开立），膝关节微屈，重心置于两脚间的支撑面上（或后脚上），两臂自然张开。当球运行到将垂直于地面的垂线时，两腿用力蹬地，迅速向前摆体，微收下颌，在触球瞬间颈部做爆发式振摆，用前额正面击球中部，上体随球前摆（图 6-16）。

图 6-16

2. 原地跳起头顶球

这种技术在本方传来或对方传来高球时运用。两膝屈，重心下降，然后两脚用力蹬地起跳，同时两臂屈肘上摆，在身体上升阶段展腹挺胸，两臂自然张开，眼睛注视来球，身体自然成背弓。

当球运行至身体额状面时，迅速收腹，上体前摆，触球瞬间颈部做爆发性振摆，用前额正面将球顶出。同时两腿向前做振摆，球顶出后两腿屈膝、屈踝落地(图 6-17)。

图 6-17

3. 鱼跃头顶球

对于离身体较远的低空球来不及移动到位处理，必须抢点击球时(如抢救险球、射门等)可使用鱼跃头顶球技术。

当判断好来球的路线和选择好顶球点后，以单脚或双脚用力向前蹬地，身体接近水平状态向前跃出，同时两臂微屈前伸，手掌向下，眼睛注视来球，利用身体向前跃出的冲力，以前额正面顶球。顶球后，两手先着地，手指向前，接着以胸部、腹部和大腿依次着地(图 6-18)。

4. 向后蹭顶球

向后蹭顶球分原地蹭顶与跳起蹭顶。第一环节分别与原地前额正面和跳起前额正面头顶球相同，当球运行到身体上空时，利用挺胸、展腹、扬下颌，身体向后上方伸展，用前额正面靠上的部位用力击球的下部，将球向后上方顶出。

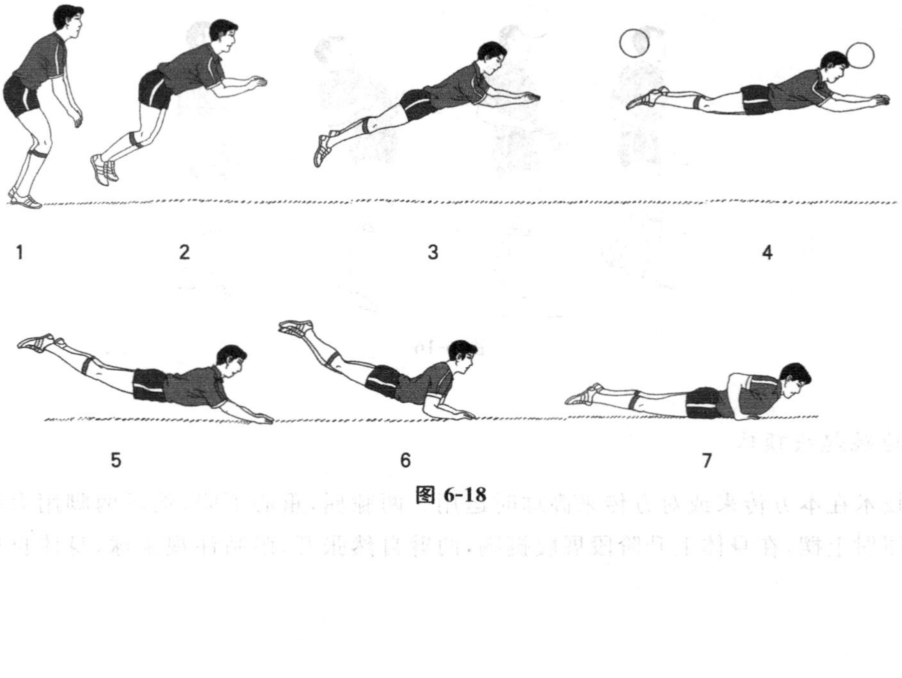

图 6-18

(三)前额侧面头顶球

1.原地头顶球

根据来球的运行速度、运行轨迹,及时移动到位。两脚前后开立(或左右开立),出球方向的异侧脚在前,重心逐渐过渡到前脚上,眼睛注视来球,前膝微屈,两臂侧前后自然张开,当球运行至体前上方时,用力蹬地,前脚掌并适度旋转,上体随着向出球方向扭摆,同时用力向击球方向甩头,以前额侧面击球的后中部。

2.跳起头顶球

分为原地跳起顶球与助跑跳起顶球。起跳动作及第一环节与前额正面跳起头顶球相同。在起跳后的身体上升阶段上体向出球的相反方向侧摆,在身体达到最高点时,上体急速向出球方向摆出,颈部扭摆甩头,用前额侧面击来球的后中部,将球击向预定的位置。落地时屈膝以缓冲落地力量并保持身体平衡(图 6-19)。

图 6-19

五、抢截球

抢截球技术是指运动员在规则允许的范围内,使用身体的合理部位将对手的控球权夺过来或破坏掉。

(一)技术环节

1.选位

包括对对方控制球情况和接应队员情况的观察以及对对方意图的分析判断。根据观察、分析和判断,及时移动到实施抢截球最有利的位置上,这一环节虽短暂,但它是成功地实施抢截球的先决条件,不具备这些条件,抢截球则是盲目的。有时为了抢截成功,在条件允许的情况下,可以拖长这一环节的时间和过程,甚至引诱控球队员做出错误的决定,以达到抢截球的成功。

2.抓住时机,果断实施动作

在实施动作时,时机是最重要的因素,过迟或过早都会影响抢截的效果,甚至造成失败。一般来说,抢截的时机可分为两种:一种是对个人控球企图越过防守时的抢截时机,这种情况多是在控球者做触球动作后,触球脚即将落地或重心已移至即将落地的触球脚时,此时实施抢截动作,持球者已无法再改变球的运行路线。另一种为对方传接球过程中的抢截时机,这种时机都是在对方将球传出后未被同伴接到前,抢先出击截获或触及球。时机的选择与选位直接有关,而使用的抢截动作又与时机的选择有密切的关系。

3.做完动作后恢复原来状态

抢截技术需要在不同情况下使用不同的抢截动作,有时在实施抢截动作时会使身体呈现各种状态,可能不利于衔接下一个动作(例如,倒地铲球后身体已失去正常状态),为保证与下一动作的紧密衔接,应使身体恢复到所需要的状态和位置上。

(二)正面跨步堵抢

抢球者两脚前后开立,迎着运球者而站,两膝微屈,身体重心下降并置于两脚间,当运球者与抢球者间的距离缩小到一定范围(即抢球者上前跨一大步可能触及球),运球者脚触球后即将落地或刚刚落地时,抢球者后脚用力蹬地并跨步向前,以脚内侧去堵截球,当已堵住球时,另一只脚应迅速上步。若抢球脚堵住球,对手也堵住球时,则抢球者应将另一只脚迅速前移做支撑脚,抢球脚在不脱离球的情况下迅速向上提拉,使球从对手脚面滚过,身体重心也迅速跟上并将球控制好(图 6-20)。

(三)合理冲撞抢球

当防守者并肩与运球者跑动追球时,防守者重心稍下降,靠近对手一侧的手臂紧贴身体,利用对方同侧脚离地的过程,用肘关节以上部位适当冲撞对手同样部位,使对手身体失去平衡,乘机将球控制住(图 6-21)。

图 6-20

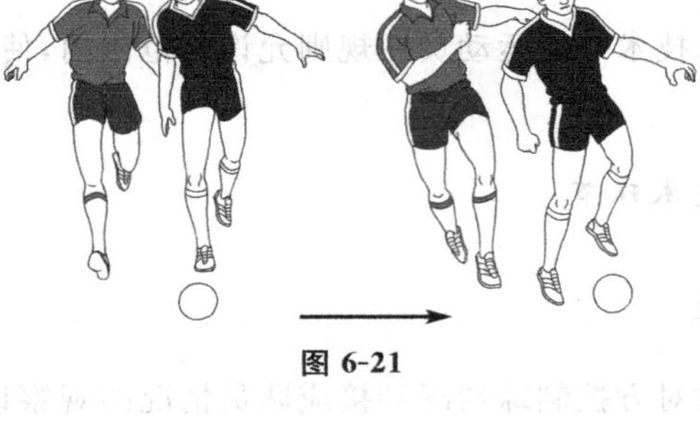

图 6-21

(四)异侧脚铲球

当双方都不能用正常的动作触球时(指跑动中),防守者应根据与球的距离,同侧脚用力蹬地使身体跃出,异侧脚向前沿地面对着球滑出,脚底将球铲出,然后小腿外侧、大腿外侧、手依次着地。或铲出球后身体向铲球腿一侧翻转，手撑地后立即起身，使身体恢复到与下一个动作衔接的状态和位置上（图 6-22）。

图 6-22

（五）同侧脚铲球

防守者在跑动中根据双方离球的距离做出判断，当对手不能立即触球时，用异侧脚用力蹬地，使身体向前方跃出，同侧脚沿地面向前滑出的同时向外摆踢，用脚背外侧将球踢出。也可用脚尖将球捅出，接着向对手一侧翻转，手撑地迅速恢复到下一个动作所需要的位置上。

在激烈的比赛中，由于铲球可以最大限度地争取时间和扩大控制面而被广泛地运用到踢球、接球、运球、抢球技术中，这项技术应引起高度的重视。

六、掷界外球

由于掷界外球时接球人不受越位规则的约束，因此，不仅用于恢复比赛，而且可以为进攻创造有利条件。尤其是在前场 30 米内掷界外球，如将球直接掷入门区，可以给对方造成很大威胁。

（一）技术环节

（1）掷界外球的动作是一个下端固定的爆发式的平摆运动，需要稳固的支撑。

（2）根据身高和臂长掌握合理的掷出角（不超过 45°），它是影响远度的重要因素，一般球出手早掷出角大，反之则小。

（3）球出手速度快则掷得远，这需要力量基础和协调用力能力。

（4）充分利用助跑的初速度有助于将球掷远。

（二）原地掷界外球

面对出球方向，两脚前后或左右开立，每脚均应有一部分站立在边线上或边线外。膝关节弯曲，上体后仰成背弓，重心移到后脚上（左右开立时，重心在两脚间），两手自然张开，拇指相对，持球的侧后部，屈肘将球置于头后。掷球时，后脚用力蹬地（或两脚用力蹬地），两腿迅速伸直，身体重心由后脚移到前脚，收腹屈体，同时两臂急速前摆。当球摆到头上时用力甩腕将球掷入场内。掷球时，后脚可沿地面向前滑动，两脚均不得离地（图 6-23）。

图 6-23

(三)助跑掷界外球

两手持球放在胸前,在助跑迈出最后一步时,上体后仰成背弓,同时将球上举至头后,掷球时的动作与原地掷界外球动作相同。将球掷出后,后脚可在地面上向前滑行,但不得离地。

第三节 足球运动的战术学练

一、足球比赛阵型的演变与发展

现代足球的比赛阵型是随着足球运动的发展而发展的。足球规则的变化,运动员技术、战术、身体素质等因素的不断提高,促进了比赛阵型的演变与发展。阵型的演变与发展大致可归纳为以下几个阶段。

(一)第一阶段(1863—1930 年)

由于受早期足球规则和较低技术水平的制约,重攻轻守、攻多守少是当时足球比赛的共同特点。为此,设 1 名防守队员就可抵挡 9 名进攻队员,即形成"九锋一卫"阵型。随着足球技术水平的提高,越位规则的修改有利于进攻,增设防守队员势在必行,随后相继出现了"三卫七锋"和"四卫六锋"阵型。直到 1884 年,英国人创造了攻守人数排列基本平衡的"塔式"阵型(图 6-24),才改变了这种攻多守少的不平衡状况。塔式阵型在世界足坛流行了 40 余年,积极地推动了足球运动的发展。

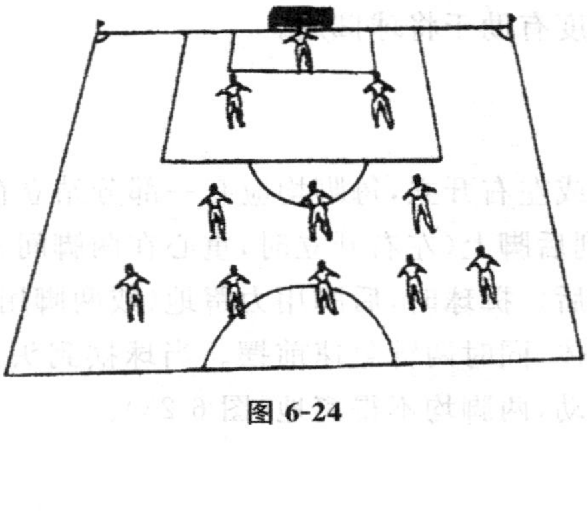

图 6-24

（二）第二阶段（1930—1970 年）

1．“WM”阵型

1925 年，越位规则的再次修改使比赛的进球数量大大增加。为了适应和更好地利用越位规则的变化，阿森纳队的英国球员查利·巴肯和时任教练赫伯特·契普曼创造出了“WM”阵型（图 6-25），从而首次使足球攻守人数从不平衡达到了平衡。阿森纳队在 20 世纪 30 年代非常成功地运用了这一阵型，英国队也据此阵型称雄世界足坛二十多年，并为世界各国纷纷效仿。

2．“四前锋”阵型

“四前锋”阵型是由匈牙利人古斯兹塔夫·西贝斯在 20 世纪 50 年代初期创造的，这是一个倡导积极进攻的阵型（图 6-26）。匈牙利队以此阵型在 1953 年和 1954 年连续两次击败采用“WM”阵型的英格兰队，并取得了 32 场国际比赛 28 胜 4 平的显赫战绩。为此，“四前锋”阵型在短时间内便风靡世界足坛，并被誉为世界足球的第一次重大变革。

图 6-25

图 6-26

3．“四二四”阵型

1958 年，巴西队在吸取“四前锋”打法成功经验的基础上，又针对“三后卫”的防守不足增设了 1 名后卫队员，他们在瑞典举办的第 6 届世界杯足球赛上首次推出“四二四”阵型（图 6-27），并一举夺魁，取得了 6 场比赛进 16 球、失 4 球的佳绩。“四二四”阵型也是一个以攻为主，讲究攻守平衡的阵型，它强调边锋和边后卫协助控制中场，以便夺取攻防的主动权，从而使锋卫线衔接更加紧密，攻守转换更加快速流畅。“四三四”阵型曾在世界足坛广为流行，被誉为世界足球的第二次重大变革。

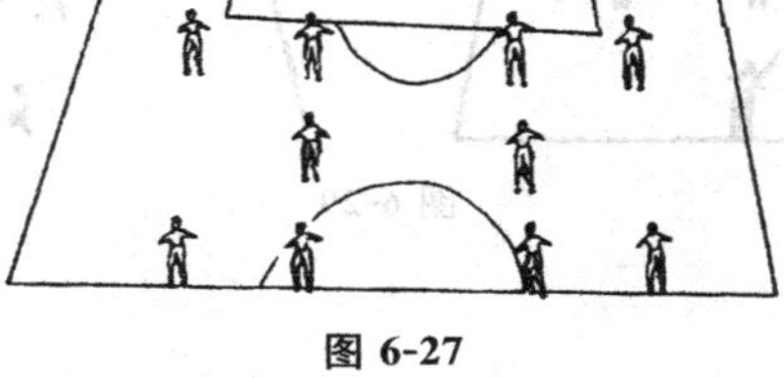
图 6-27

4.“四三三”阵型

巴西人在随后的时间里针对“四二四”阵型中场力量单薄的弱点对其进行了改良，将锋线上的1名边锋撤回到中场，变为“四三三”阵型，这样既加强了中场的攻防力量，又增强了攻防的机动性。1962年，巴西队运用“四三三”阵型蝉联了第7届世界杯足球赛冠军。“四三三”阵型后防稳固，攻防机动灵活，是世界足坛运用最广泛的阵型之一，很多球队还根据不同的情况，将其改进为“四二一三”“四一二三”等阵型加以运用(图6-28)。

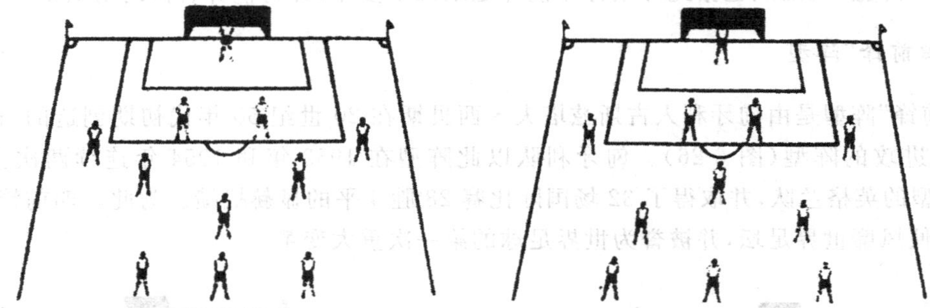

图 6-28

5.“四四二”阵型

由于进攻的锐利性和卓越的个人技术所产生的威慑力，各国球队都以加强防守来遏制进攻。在整个20世纪60年代，诸如清道夫中卫、锁链式、混凝土式等密集防守阵型应运而生。1966年，英格兰队首先运用“四四二”阵型(图6-29)，并一举登上了第8届世界杯足球赛的冠军宝座。直到第9届世界杯赛，巴西队以崇尚进攻的传统踢法改变了上述种种旨在加强防守的消极踢法，第3次获得世界杯足球赛冠军，进攻型足球才又重现世界足坛。在1982年的第12届世界杯足球赛上，意大利队创造性地运用更具积极进攻意义的“四四二”阵型夺得冠军。他们既秉承了“四四二”阵型防守稳固的特点，同时又要求中场的4名前卫队员积极地从二线交替插上形成多点进攻，其进攻威力倍增。从此，“四四二”阵型风靡世界足坛，并在以后的比赛实践中不断完善。时至今日，世界足球赛场仍然可见“四四二”阵型的身影。

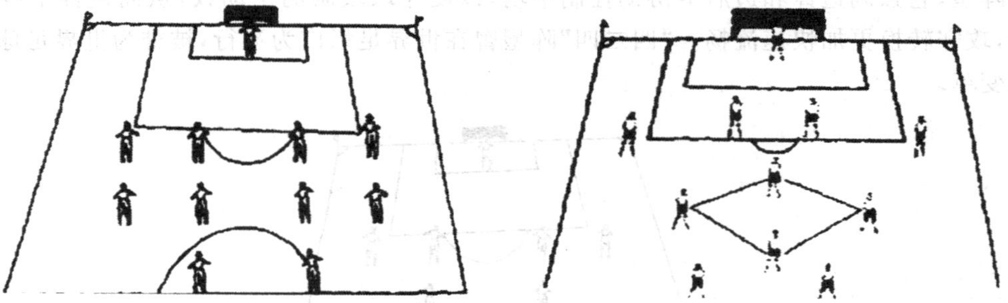

图 6-29

（三）第三阶段（1970 年至今）

这是现代足球发展最快、变革最深刻的阶段。这个阶段的阵型繁多，但万变不离其宗，"全攻全守、攻守平衡"仍是比赛阵型变化的主旋律。

1."一三三三"阵型

在 1974 年的第 10 届世界杯足球赛上，荷兰与联邦德国等首创了"一三三三"阵型（图 6-30），并以此演绎了崭新的全攻全守总体型踢法。这种踢法要求运动员能攻善守，即运动员首先是本位置的专家，其次又是其他位置的能手。由于队员的活动范围增大，比赛职能增多，这就对运动员的个人技战术意识和身体素质提出了全面化要求，同时对全队整体攻防的一体化要求更高。"一三三三"阵型的创立符合现代足球运动发展的内在规律，确立了全面型足球的比赛观，大大促进了世界足球竞技水平的不断提高，被誉为世界足球的第三次重大变革。

图 6-30

2."三五二"与"五三二"阵型

现代足球比赛的实践证明，夺取中场优势是获得比赛主动权的关键，用 4 名后卫对付普遍采用的 2 名前锋打法的战术是人力的浪费。因此，在 20 世纪 80 年代的欧洲足球锦标赛和第 13 届世界杯足球赛上就出现了"五三二"（图 6-31）和"三五二"阵型（图 6-32），法国队、丹麦队等是采用这种阵型的代表。进攻时，边后卫向中场推进并伺机插上进攻，此时"五三二"阵型变为"三五二"或"三四三"阵型；防守时，边后卫后撤防守，此时"三五二"阵型变成"五三二"或"四四二"阵型。因此，"三五二"与"五三二"阵型实际上是根据攻守的需要、队员在场上位置布局的变化而得来的。

图 6-31

图 6-32

全攻全守的战术打法所采用的阵型很多。只要注重攻守平衡，有利于充分发挥个人特长和集体力量，符合主、客观实际的战术，无论采用什么比赛阵型都可以达到全攻全守的战术目的，取得理想的比赛成绩。在1982年的第12届世界杯足球赛上，意大利队采用“四四二”阵型，并运用“稳固防守，快速反击”的全攻全守打法获得冠军。在1994年的第15届世界杯足球赛上，巴西队根据本队的实际采用“四四二”阵型，坚持“稳固防守，力控中场，加强进攻”的攻守兼备打法重夺失去24年之久的世界杯足球赛冠军。

综上所述，一百多年的足球运动发展史也是比赛阵型演变的发展史。其发展的基本规律是：攻守矛盾的斗争是阵型演变和发展的主要原动力；队员竞技能力的提高是阵型演变和发展的基础；制定切合自身实际的战术是阵型变革成功的重要条件；规则的不断变化是推动阵型演变和发展的重要因素。

二、进攻战术

（一）个人进攻策略

1.传球

传球是组织进攻、变化战术和创造射门机会的有效战术手段。选择传球目标，掌握传球时机，控制传球力量、落点与旋转是传球的主要战术内容。

首先，传球要有目的。进攻队员在控球时首先要观察场上情况，根据同伴和防守者的位置选择传球的目的。比赛中传球的目的有两个：一是传向同伴的脚下；二是向有利于同伴的空当传球。向空当传球威胁大，但有时为了调整比赛的节奏，更好地组织进攻，同伴之间也进行一些横传或回传，两者必须有机结合，灵活运用，才能收到预期效果。控球队员要善于观察并发现能给予对方较大威胁的同伴可以抢占的空当。

其次，传球要把握恰当的时机。传球时机直接影响到传球效果和战术配合的质量。比赛中一般有两种情况：一是传球在前，跑位接应在后，以传球指挥跑位；二是跑位在前，传球在后，以跑位促使传球。无论哪种情况的传球，都需要同伴之间瞬间默契地配合。传球者应当尽快了解同伴的进攻意图，及时观察，准确判断传球的时机，才能恰到好处地传出有威胁的球。

最后，传球要注意力量、落点、旋转度。传球力量要根据传球目标的距离、接球队员的速度以及视防守人紧逼的情况而定。传球落点准确，控制好各种弧线，才有利于接球人控制和处理球。

2.射门

射门是一切进攻战术配合的最终目的，也是进攻得分的唯一手段，是比赛中攻防争夺的焦点。要想在对方严密防守和紧逼拼抢的情况下保证有效的射门，必须要有强烈的欲望，抓住瞬间的时机，选择合理的方法。射门的要求有如下特征。

（1）动作要快。首先要做到射门动作速度快，要先于对手的破坏前完成射门动作，特别是非正规的门前抢射是当前比赛射门的难点。

（2）角度要准。准确是射门的前提，也是能否把球攻入球门的关键。

（3）下脚要狠。要有冒险精神，敢于强行射门，敢于快速抢点射门。

(4)方式要灵活。根据射门前瞬间的情况变化，能迅速地改变射门的角度和方法。

3. 跑位

(1)跑位是创造和利用空间的过程

跑位是创造和利用空间的过程。跑位可为同伴创造空间，也可自己利用空间。

如果跑动且牵动防守者跟随移动，所创造的空间可由第一进攻者利用。如图6-33中②号牵动，①号利用前方空间下底。

如果跑动且牵动防守者跟随移动，所创造的空间可由另一些进攻者利用。如图6-34中②号利用了③号创造的空间。

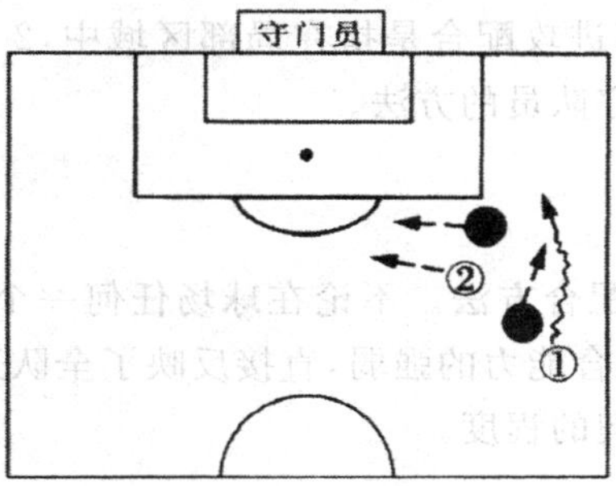

图 6-33

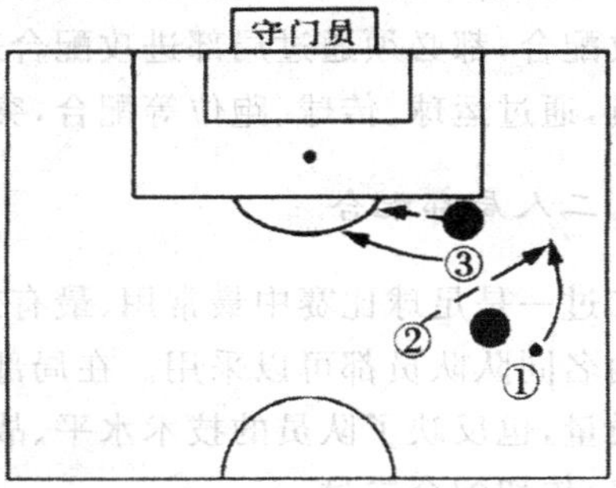

图 6-34

如果跑动时见防守者没有跟随移动，这一队员可利用空间接传球。如图6-35中③号就利用了空间。

图 6-35

(2)跑位需要高度的整体配合意识

跑位应当充分利用场地空间，创造多个进攻点，拉开、扰乱对方防守。这一行动的有效性，有赖于场上7～8名进攻队员的同步配合。如缺乏整体配合意识，有人跑动、有人不动，就会减弱跑位的威胁性，而同时向一个方向跑，挤成一团，也会降低跑位的有效性。因此，合理有效的跑位，需要同伴的默契配合，同时也要求每名队员必须拥有良好的整体意识。

(3)跑位需要宽广的视野和突然性的起动

跑位队员为了及时创造和利用空间，意识素养必不可少，但宽广的视野是跑位的基础。跑位队员的意识素养只有在充足的信息量下才可显示作用，行动才有保证。跑位决策一旦做出，要求队员必须有突然性的摆脱、起动，以捕捉有利的空间。特别是在防守严密的门前，机会常发生于瞬间。

（4）跑位必须有随时接球的准备

跑位可能是为同伴创造空间，也可能为自己创造空间。因此，跑位时持球队员要不失时机地传好球，跑位队员随时准备在快速跑动中接好球，避免门前绝好的机会因跑动接控失误而功亏一篑。

（二）局部进攻打法

足球比赛中，全队的进攻战术配合都由若干局部进攻配合所构成。无论多么复杂、精细的全队进攻配合，都必须通过局部进攻配合来完成。所谓局部进攻配合是指在局部区域中，2 名或 3 名队员，通过运球、传球、跑位等配合，突破 1 名或 2 名防守队员的方法。

1. 二人局部配合

二过一是足球比赛中最常用、最有效、最简捷的进攻配合方法。不论在球场任何一个区域，任何两名同队队员都可以采用。在局部区域，二人进攻配合能力的强弱，直接反映了全队进攻配合的质量，也反映了队员的技术水平、战术意识及配合默契的程度。

（1）传切配合二过一

传切配合二过一是两名进攻队员通过一传、一切配合越过一名防守队员的配合方法。传切配合二过一一般有两种情况，分别是斜传直插二过一（图 6-36）和直传斜插二过一（图 6-37）。

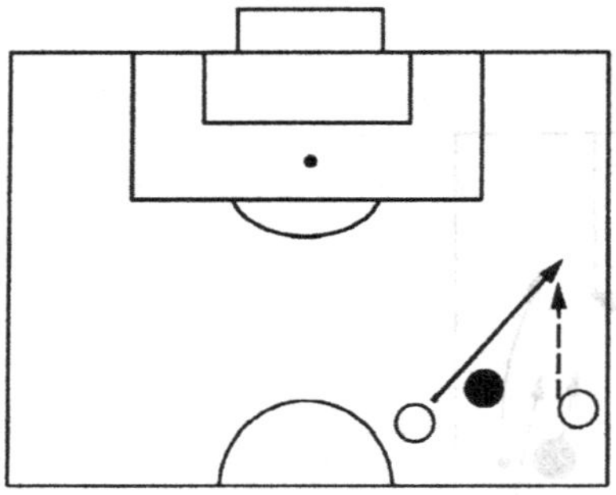

图 6-36

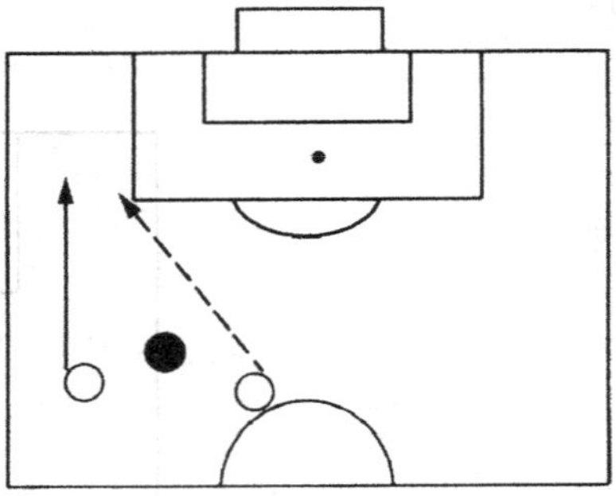

图 6-37

斜传直插和直传斜插二过一都是只通过一次传球和穿插就越过一名防守队员，配合简捷和实用。在进行配合时，两名进攻队员要保持适当的距离。控球队员可采用运球或其他动作，诱使防守者上前阻截。插入的队员必须突然、快速起动，但应避免越位。

（2）踢墙式二过一

踢墙式二过一是两名进攻队员通过两次传球越过一名防守队员的配合方法（图 6-38）。

持球队员带球逼近防守队员，把防守队员吸引过来，距离 2～3 米处传球。最好传地滚球，力量适度，方向准确。传球后立即快速插入，准备接球。当控球同伴带球逼近防守队员时，接应队员要突然摆脱防守者与持球同伴形成三角形位置，并侧对进攻方向，以利于观察传球。一次触球，力量适当，传球到位，尽量传地滚球。传球后立即跑位，寻找再次进攻配合的有利位置。

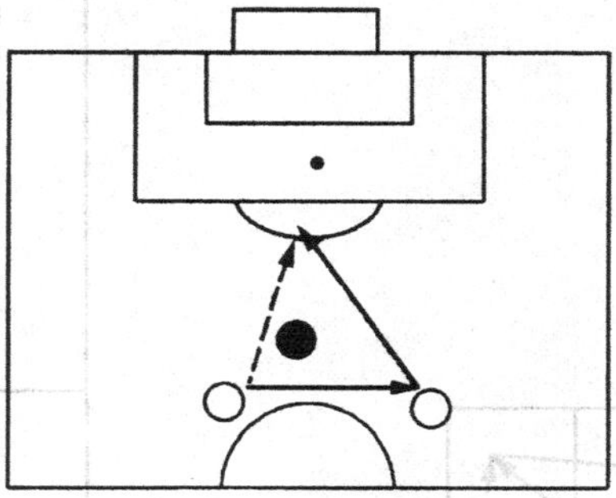

图 6-38

2. 边路进攻

边路进攻是指在对方半场两侧地区的进攻,以传中创造射门为目的。边路区域空当相对较大,便于发动组织进攻,突破防线。但由于离球门较远,角度小,直接射门得分的可能性小,因此,主要采用边路突破传中后,由中路和异侧同伴包抄完成攻门。

个人运球突破:运球突破是边路进攻中的锐利武器,一般速度快、技术好的球员往往被安排在边路位置。速度型运动员特点是爆发力强、起动速度快,运球时不需要做假动作,而是将球推向防守者身后空当,利用速度强行突破。

传球配合:此方法在边路进攻中运用最多,如前锋的配合突破(图 6-39)、前锋插边(图 6-40)、前卫套边(图 6-41)、边后卫插上(图 6-42)。

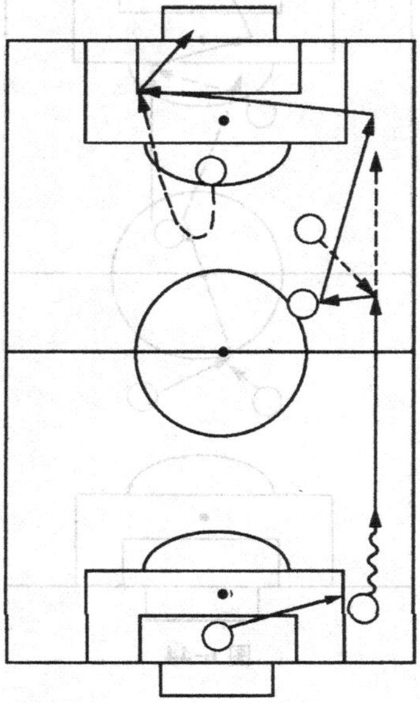

图 6-39

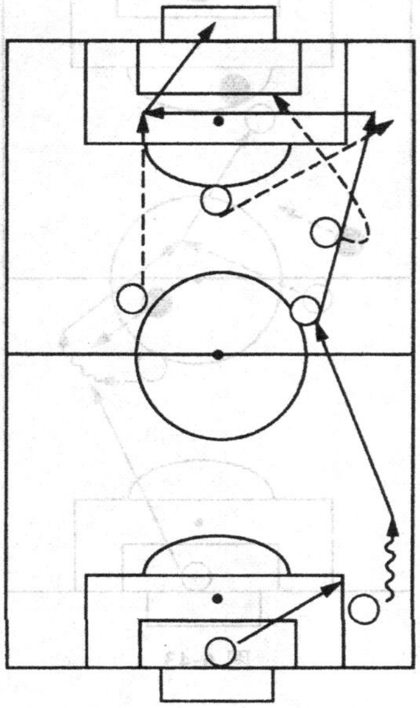

图 6-40

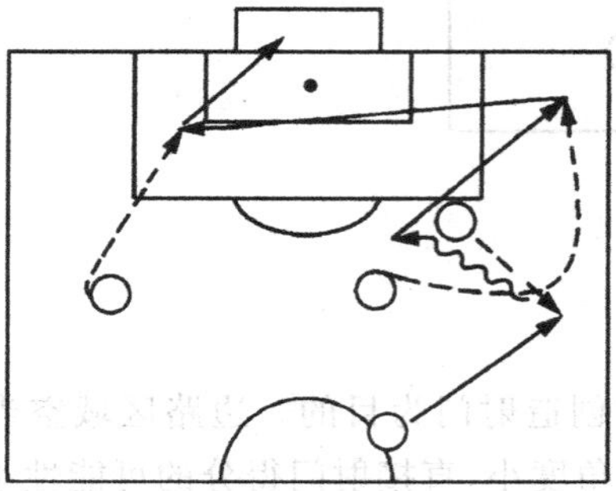

图 6-41

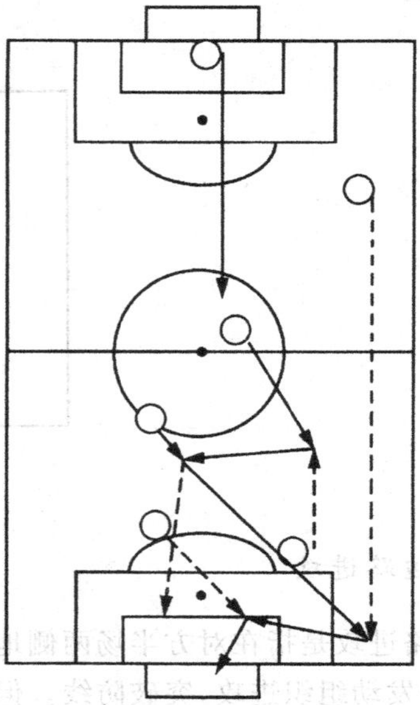

图 6-42

3. 中路进攻

(1)后场发动进攻一般由守门员发动(图 6-43)和后卫发动(图 6-44)。

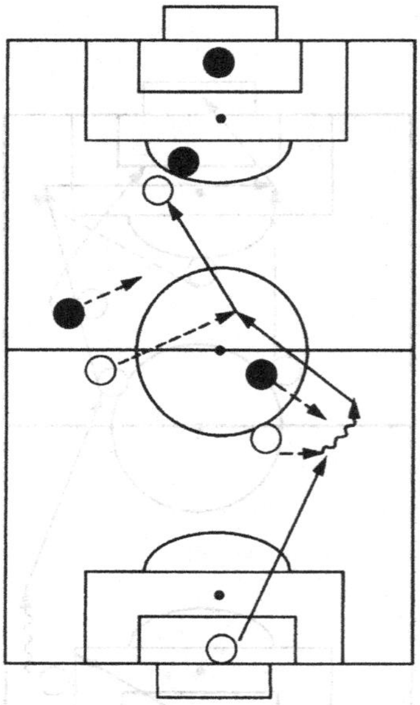

图 6-43

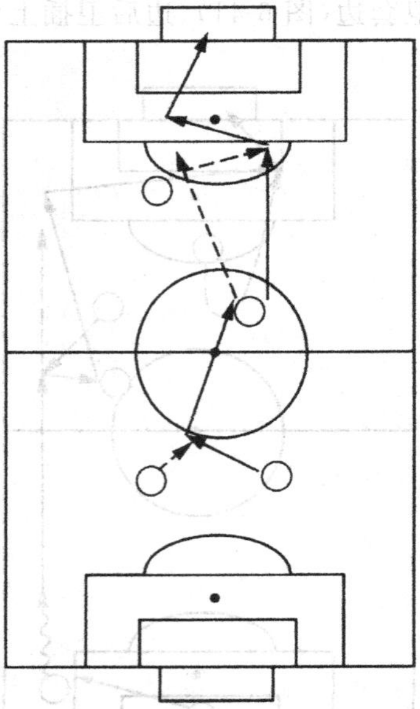

图 6-44

(2)中场发动进攻。中路进攻的主要战术配合是由中场发动的,前卫队员担负着组织核心的重要角色。摆脱对方防守的方法主要采用短传配合及各种二过一配合(图 6-45)。

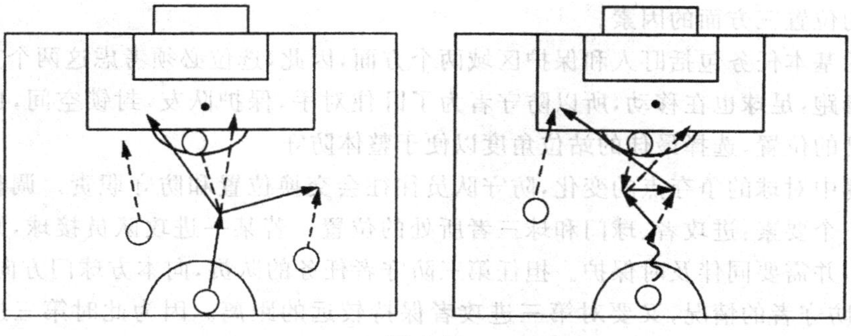

图 6-45

4. 中边转移

由于中路或某一侧防守力量偏重，中路进攻不能奏效时，应及时往边路转移或由一侧向另一侧的边路转移，以分散中路防守的力量和注意力，然后再由边路进攻的方向转移至中路(图 6-46)。

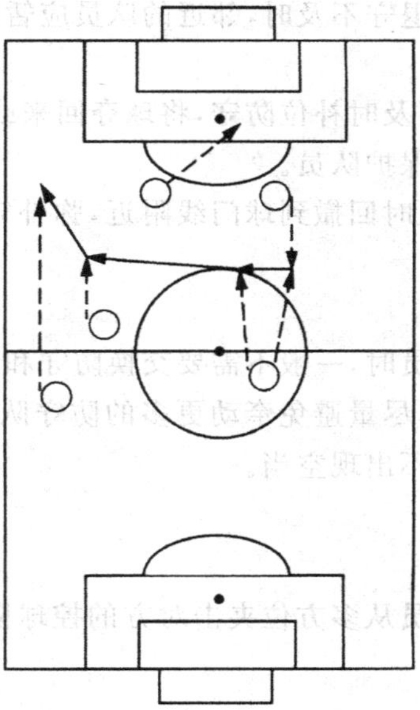

图 6-46

三、防守战术

(一)个人防守策略

1. 选位

防守者防守时必须考虑选位的合理性。一般而言，选位应考虑进攻者所处的位置、球门的位置和球所处的位置三方面的因素。

防守者的基本任务包括盯人和保护区域两个方面，因此，选位必须考虑这两个方面。比赛中进攻队员在奔跑，足球也在移动，所以防守者为了盯住对手，保护队友，封锁空间，也要相应地不断地调整自己的位置，选择最佳的站位角度以便于整体防守。

随着比赛中对球的争夺点的变化，防守队员往往会交换位置和防守职责。调整位置的原则还是上述的三个要素：进攻者、球门和球三者所处的位置。若某一进攻队员接球，则必须对其紧盯、施加压力，并需要同伴及时保护。担任第三防守者任务的队员，向本方球门方向回撤时，既要兼顾第一、二防守者的情况，又要对第三进攻者保持较远的距离。因为此时第三进攻者离球较远，对球门没有构成直接的威胁，当球转移到他的脚下时，由于球的运行时间较长，尚可来得及对其重新紧逼。

2. 补位

补位是指防守队员弥补同伴在防守中出现漏洞时所采取的相互协助的战术配合。在比赛中，通过同伴间的相互补位，可以有效地遏制和破坏对方的进攻行动，变被动为主动。

(1)补位的形式

当前卫或后卫队员插上进攻退守不及时，邻近的队员应暂时弥补他的空位，以防对方利用这一空当进行快速反击。

当同伴被突破后，保护队员要及时补位防守，将球夺回来或阻断其进攻路线。被突破的队员应立即后撤选择适当位置转化为保护队员。

守门员出击时，后卫队员要及时回撤到球门线附近，弥补守门员的位置，防止守门员出击失误，被对方球员偷袭空门。

(2)补位的注意事项

防守队员能追上对方进攻球员时，一般不需要交换防守和进行补位。需要补位时，以邻近位置的两名队员之间进行相互补位，尽量避免牵动更多的防守队员交换位置，以免打乱防守队形，要保证罚球区及附近的危险区域不出现空当。

3. 围抢

围抢是指两名以上的防守队员从多方位夹击对方的控球队员，把球抢夺回来或破坏掉的战术配合。

(1)围抢的要求

在围抢的局部地点守方人数占有优势，而且距离较近，思想统一。

被围抢的队员尚未控制好球时，他附近又没有接应队员或传球路线时应及时围抢。

一般应在边、角场区，对方身体方向和观察角度较差时或在守方门前接球、运球、射门时，坚决展开围抢封堵。

(2)围抢的注意事项

务求围抢成功，不可疏漏，避免被突破而造成被动。

围抢时应贴身逼抢，但切不可犯规，特别是在门前，一旦犯规被罚点球将造成不可挽回的损失。

（二）整体防守类型与打法

1.人盯人防守

人盯人防守是一种除自由人以外，其他每个队员都有固定盯人对象的防守形式。这种打法在全场每一次的攻守对抗中总是使每一个进攻队员始终处于防守者施加的压力之中。人盯人防守时应注意下列要求。

（1）每个防守球员都要有较强的个人作战能力。

（2）同伴之间要相互协作。当一名防守者防守失败被对方进攻球员过掉时，邻近防守者根据场上情况，进行迅速、灵活补位，以保全整体人盯人防守的严密性。

（3）每个防守球员都要有良好的体能。人盯人防守要求防守者要不知疲倦地奔跑和逼抢。

2.区域盯人防守

区域盯人防守的基本含义是，每个防守者在本方半场占据一定的活动区域，当对方进入该区域时，防守者对闯入本区域的对方球员实施严密盯人，以控制对方进攻球员在此区域的一切有效行动。区域盯人明确规定了每一个防守者的任务，但同伴之间仍需相互协作。当某一区域防守者防守失败时，邻近队员应及时补位，被突破防守者应及时去往帮其补位的队友所守卫的区域，以求整体防守的有效性。区域盯人防守要格外注意各区域交界处的防守，避免因防守分工不明确所导致的失误和丢球。

区域盯人防守的要求有以下几点。

（1）临近位置的两名防守者要及时呼应。

（2）后防核心球员要通过呼喊指挥队友站位。

（3）当进攻队员速度较快时，往往会引起两个防守者之间意识上的误会，因此必须学会协调动作。

（4）每个防守者没有固定的盯防对象，因此往往会被不同进攻者分散注意力，所以要集中注意力，增强责任感。

在占据恰当的位置后，防守者在具体动作上要注意如下几点。

（1）高度重视对方传入身后的球。

（2）对方刚刚接到来球时是抢下来的好时机。

（3）阻止对方控球者转身面对进攻方向。

（4）掌握阅读比赛的能力，有意识判断对方思路，封阻有威胁方向的传球。

（5）必要时可采取铲球动作。

（6）解围时将球踢得越高、越远越好，最好破坏出边线。

3.混合防守

混合防守是人盯人防守和区域盯人防守两种形式交织在一起的防守打法。它的最大特点是能根据对手情况，灵活地将人盯人防守和区域盯人防守的优点充分运用，以提高全队防守的效益。混合防守通常是选择体能好、个人作战能力强的队员以人盯人防守盯住对方的核心队员，其他队员采用区域盯人防守。例如，对对方中场组织者和前场得分手实施人盯人防守，其他队员采取区域盯人防守。

4.向前逼压式打法

向前逼压式打法是指丢失控球权后，不立刻回撤防守，而是立即针对对方控球队员进行逼压，降低对方的进攻速度，迫使对方出现失误，争取将球权夺回。

据统计，在一场足球比赛中，双方攻守转换的次数为300次左右，但只有15%～20%是死球转换，其余大部分都是经过激烈争夺而获得控球权的。其中52.5%的进球来自前场重新夺球，29.7%来自中场重新夺球。采用向前逼压式打法及时将球夺回来，组织二次进攻，此时是对方防守思想最麻痹、防守行动最迟缓的时刻，反击的成功率也最高。

要求：

(1)由攻转守时，就地逼抢，具备全攻全守的战略意识。

(2)保持紧密队形。本队进攻时，前卫、后卫及时压上，是逼压式打法的基础，在丢球后能立即形成有效的防守队形。

(3)具备良好的体能和顽强的意志。尤其是速度耐力更为重要，能在攻守快速、频繁的转换中全身心地投入攻守活动的全过程。

5.层次回撤式打法

层次回撤式打法既不同于回撤防守，又不同于向前逼压打法，而是分层次、有步骤、有组织的防守打法。第一层次是在丢球后离球最近队员立即逼抢，附近队员堵截传球路线，延缓进攻，争取时间；第二层次是其他队员迅速回位，既要选位盯人，又要以球为中心，按场区分主次，组成相互支持与保护的纵深防守队形和体系；第三层次是在稳固防守的基础上，变被动防守为主动争夺球权，即变防守为进攻。

6.快速密集式防守

密集式防守是一种缩小防范区域、集中防守主要力量于门前危险地带，仅留1～2名队员于中场附近的防守形式。其主要特点是：防守人数多，可乘空隙小，渗透性进攻配合较难。因此，进攻方破门的难度也相对较大。但此种防守方法会影响由守转攻时的反击速度，所以，就一般情况而言，这种防守打法更多地用于对付明显强于自己的对手。一旦转守为攻，尽量运用长传反击，少运用横传和回传。

具体要求有以下两点。

(1)由攻转守时，密集防守的队员必须迅速回撤，以布置和站好各自的位置。

(2)由守转攻时，拿球队员应尽可能通过长传为前场队员传球，力求形成出其不意、攻其不备、以快制胜的战术效果。

第七章　篮球运动文化与技战术学练

第一节　篮球运动的历史文化

一、篮球运动的起源

篮球运动起源于1891年，起源地是美国的马萨诸塞州。当时美国正遭受特大暴风雪，导致美国最为流行的棒球运动无法开展，马萨诸塞州斯普林菲尔德市基督教青年会学校教师奈史密斯博士受青年会的委托，设计发明了篮球这种新型的运动项目。奈史密斯博士从当地儿童喜欢用球投桃筐的游戏中受到启发，同时借鉴了一些其他运动项目的规则与方法，发明了篮球这项运动。篮球运动不受天气、时间等客观因素的影响，可以在室内室外以及任何时间段进行。同时，篮球运动讲求文明，也体现出一定的对抗性，这样更容易被广大民众尤其是青少年群体所接受。

篮球运动最初的比赛规则非常简单，比赛场地南北朝向，对参与人数多少、比赛时间的长短以及场地的面积都没有明确硬性的规定，只是要求比赛分成队员人数相等的两方。篮球球篮采用的是桃筐，悬在离地面10英尺的墙上，每次进球之后通过扶梯将球取出。篮球比赛的方法是，双方的运动员各站在本方端线外，裁判站于中线位置将篮球抛向场地内，双方运动员一起冲进场地中间进行抢球，并以将篮球投入对方篮筐的方式进行攻守对抗。每次将球投入篮筐之后，按此程序再继续进行比赛直到结束，最后通过比较双方的进球数来判定比赛的胜负。比赛每投进一个球本方得一分，如果平局，经双方队长协商同意，进行延时比赛并以谁先投进一球为止。

由于篮球运动具有很强的运动性与趣味性，同时还具备一定的健身功能，因此在游戏的基础上其内容不断丰富，规则也逐渐完善，在不断的发展变革中形成了现代篮球这项运动。

二、篮球运动的发展历程

（一）篮球运动的初创时期

19世纪90年代至20世纪20年代是篮球运动的初创时期。篮球运动自1891年由奈史密斯创立以来，逐渐成为一种地域性的民间娱乐活动，篮球运动以其自身充满对抗性、娱乐性的特点，吸引着越来越多的体育爱好者，有着越来越广泛的群众基础。在这一时期，篮球运动开始从学校传入社会，并走向国际。篮球运动于1892年传入墨西哥，1893年传入法国，1895年传入中国和英国，1896年传入巴西，1897年传入捷克，1901年传入日本和伊朗，1905年传入俄国与古巴，1907 年传入意大利，1908 年传入波兰与瑞士，1911 年传入秘鲁，并逐渐在全球范围内广泛传播开来。

在这一时期，篮球运动的规则有了一定的发展。篮球运动发明之后，奈史密斯于 1892 年制定了《青年会篮球规则》，其内容可以归纳为 5 项原则与 13 条规则，具体包括：篮圈的高度为 10 英尺；采用大而且轻的球作为篮球比赛的工具；篮球场地的大小没有一定的限制，参赛双方的人数也没有明确的规定，只要求场上比赛双方的人数相等；投中一球得一分，哪方得分多哪方获胜；每次得分之后都是到球场中间进行抛球来继续进行比赛；比赛时间分为两个阶段，每个阶段 15 分钟；比赛设置两名裁判，即主裁判与副裁判，主裁判负责对球员的犯规进行判定，而副裁判负责计时与计分等方面。从 1893 年到 1897 年，篮球的规则得到了进一步的完善，篮球比赛的程序得到简化，中圈跳球开始进行比赛，球员可以换手进行运球；增加了犯规罚球的相关规定，规定进攻投中一球得 2 分，犯规罚球中一球得 1 分；球员的场上位置也有了锋、卫之间的分工。1901 年，规则规定运球的球员不可以进行投篮，1908 年此规定取消。

这一时期，篮球运动的器材方面也有改进。篮球运动在 1891 年初创时，对于场地的大小并没有固定的要求，只是在狭长的空地两端各放一个桃筐来进行比赛。奈史密斯于 1892 年进行了篮球比赛场地三段区域的划分，即后场、中场和前场。1893—1897 年，篮球的篮筐有了新的改进，开始用带篮网的铁质篮圈、木质篮板与系带球。场地面积被限定为 100 英尺×50 英尺、90 英尺×45 英尺和 70 英尺×35 英尺三种，并在篮球场地上增画了分区线、中圈、限制区以及罚球线。1915 年，在美国国内对篮球比赛规则进行了统一之后，又对篮球的场地做出了改革，增画了各种区位的限制线，不久又增画了中线。篮圈也改为规范的铁圈，篮圈之后的挡网换为木质的不规则挡板并与篮圈连接。到了 20 世纪 20 年代末，篮球的球场又增设了限制区以及罚球时攻、守队员的站位区。

另外，这一时期的篮球技术表现为攻守技术简单，只有一些篮球的基本动作。在篮球的战术方面，尚未形成比较成熟的全队配合战术，对抗方式主要表现为单兵作战，球员有场上位置的分工，并处于不同的区域。进攻的方式主要以快攻以及简单传切、掩护为主，防守主要表现为区域的人盯人防守。

（二）篮球运动的完善时期

20 世纪 30—40 年代是篮球运动的完善时期。1932 年 6 月 18 日，在瑞士日内瓦成立了国际业余篮球联合会（简称国际篮联），总部位于意大利的罗马。当时只有 8 个国家参加了国际业余篮球联合会，该联合会作为一个国际性的权威机构对各国的篮球运动做出了协调与统一的工作，这也是国际业余篮球联合会成立的主要任务。国际业余篮球联合会致力于将男子篮球项目推荐为奥运会的正式比赛项目，并于 1936 年在柏林所举行的第 11 届奥运会上列为正式的比赛项目。从此，现代竞技篮球运动正式诞生。

在这一时期，篮球运动规则的发展是多方面的。1932 年，增设了 3 秒、5 秒、10 秒和球回后场的规定；增设了中线并增改了进攻限制区；球场面积被确定为 26 米×14 米；比赛时间共有两节，每节 20 分钟。国际篮联于 1936 年出版了第一部国际统一的篮球规则，并正式规定双方的上场比赛队员人数为 5 人；投中之后在中圈进行跳球的规定被取消，改为由对方在端线外进行发球并继续进行比赛；度量单位变为米、克；由单裁判员临场制变为双裁判员临场制，从而增加了裁判员的判罚难度，同时也促进了篮球运动比赛水准的提升。在 20 世纪 40 年代之后，篮球的进攻限制区扩大为5.8米，同时规定场上球员累计犯规4次将被取消比赛的资格。

这一时期，篮球运动器材方面的改进也表现为多方面。于1932年成立的国际业余篮球联合会对篮球场地的规定进行了修改，增设了进攻限制区，也就是将罚球区扩大为直线罚球区，即3秒限制区。到了20世纪40年代，篮球的篮板分为长方形和扇形两种规范的形式。球场上中圈分为跳圈与禁圈，球场罚球区的两侧到端线，对争抢篮板球的球员分区站位线等方面做了明确的规定。

这一时期的篮球技术表现为：出现单手传接球和投篮技术，以及行进间双手交替运球技术，并开始有简单的组合战术，手部与脚步的动作衔接速度加快。在篮球战术方面，进攻更加注重团队战术的运用与配合，单兵作战的情况减少。防守更加注重集体性，并开始采用区域联防以及人盯人的防守战术。

（三）篮球运动的成熟时期

20世纪50—60年代是篮球运动发展的成熟时期。在20世纪50年代之后，现代篮球竞赛中决定胜负的关键在于球员的高度。在这种趋势下，采用高大中锋强攻篮下的战术打法非常流行，篮球运动步入了一个向体型“高大化”发展的时期。20世纪60年代末，篮球运动逐渐形成以美国篮球为代表的高度、速度、技巧相结合的战术打法，同时还有高度、力量相配合的欧洲打法。从此，篮球运动的发展开始步入成熟阶段。

在这一时期，篮球运动规则的发展表现为多方面。随着高大球员的不断涌现，1956年以后，篮球规则规定将进攻限制区变为5.8米×3.6米的梯形。同时，中线被取消，增设了一次进攻限时30秒以及持球队员在前场被防守到5秒应判争球的规定。

这一时期，篮球运动器材方面的改进主要表现为：20世纪50年代之后，由于高大中锋打法的盛行，给篮球规则带来了很大的冲击，从而使篮球规则在篮球场地、区域的划分上都采取了更多新的限制。

在篮球的技术方面，球员更加注重高度、速度、力量与技巧的有机结合，从而使球员的技术不断全面。在篮球的战术方面，进攻中多采用快攻、传切、突分并利用高大中锋强攻和在阵地进攻中组织策应配合，全场紧逼、人盯人防守以及混合防守的战术。

（四）篮球运动的完善时期

20世纪70—80年代是篮球运动发展的完善时期。20世纪70年代之后，2米以上的球员大量出现，篮球场上的空间争夺更加激烈，高度与速度之间的矛盾更为突出。1973—1978年间，篮球的规则又有了几次调整，从而使攻防技战术在新条件的约束下，兼顾高度与速度的同时，不断向灵巧、准确以及多变的方向发展。20世纪80年代，这种情况愈加明显，从而使篮球运动进入了一个全面提高的完善时期。

这一时期，篮球规则的演变主要表现为：20世纪70年代之后增加了球回后场、控制球队犯规以及全队10次犯规等方面的规则；规定如果对投篮的球员犯规，投中有效并追加1次罚球，如果没有投中就实行“3代2”罚球。到20世纪80年代，篮球规则正式引入“垂直原则”和“合法防守位置”等身体接触的原则。1984年，篮球规则规定将球场面积变为28米×15米；同时规定球场上空的高度要在7.5米以上。设定三分投篮区，增设了全队每半时7次犯规后进行“1+1罚球”的规则。这次规则的修改对于篮球运动全面快速发展起到了重要的推动作用。

这一时期，篮球场地器材方面的发展主要表现为：20 世纪 80 年代中期，场地规则又进行了修改，增加了远投区。这一时期，篮球运动的发展实现了“第二次浪潮”。

在技术特点方面，球员的技术全面提高，进攻中的对抗、高空等技术不断技巧化，个人的能力不断增强，防守技术也更具威胁。在战术方面，单一固定的进攻逐渐转变为综合移动的进攻战术，防守更具攻击性、破坏性以及集体性。

（五）篮球运动的飞跃时期

20 世纪 90 年代至今，是篮球运动发展的飞跃时期。1992 年，国际奥委会允许职业篮球运动员参加奥运会篮球比赛、世界篮球锦标赛以及洲际以上国际篮球比赛。自此，篮球运动开启了一个新的发展历程，呈现出大众篮球的发展趋势，职业篮球不断发展，同时依托于科技与人文，篮球运动员的各种新技术不断提高，从而使当代的篮球运动更加的科技化、观赏化、商业化以及职业化。

这一时期篮球规则的发展表现为多个方面。1990 年，为了保护运动员并对球场进行规范，篮球规则将篮板下沿提高至离地面 2.90 米，并增加球队座席区。1994 年，篮球规则改 1＋1 罚球为两次罚球等。1998 年，为了实现篮球运动技战术的快速发展，同时满足篮球运动不断商业化以及职业化的客观要求，规则规定允许采用 2×20 分钟或 4×12 分钟的比赛时间；对于比赛中附带身体接触的动作要用“有利/无利”的原则进行区分；同时增加了有违体育道德的相关技术犯规的规则规定；在比赛的最后两分钟，投中后要停止比赛计时钟等。1999 年 12 月国际篮联宣布新的篮球规则将于 2000 年奥运会之后实行，主要内容有：比赛时间改为 4×10 分钟；一次进攻时间改为 24 秒；球从后场推进到前场的时间从 10 秒改为 8 秒；每队每节 4 次犯规之后所有犯规都要处以两次罚球；奥运会篮球比赛与世界篮球锦标赛可实行三人裁判制等。篮球规则的不断改变向篮球运动员提出了更严格的要求，篮球比赛表现得更加激烈，同时比赛的观赏性与娱乐性也不断提高。

这一时期，篮球场地器材方面的发展表现为：规则缩小了篮板周边的尺度，增设了篮板周边的胶皮保护圈。这是在篮球运动员的身材高度不断增长以及空间争夺日益激烈的情况下，国际篮球联合会于 1994 年所做出的规则修改。

技战术方面：篮球运动员的素质不断提高并更加全面，运动员的技术水平与战术意识都在不断提高；篮球的高空技术与高空战术有了新的发展，运动员之间的身体对抗更加激烈；运动员的个人技术能力成为球队取胜的关键因素，快速进攻以及攻守转换的战术有了新发展；进攻的技战术更加实用与多变，并向立体型方向发展；个人防守越来越重要，愈显攻击性、破坏性与协同性；女子篮球技战术不断男性化。

第二节　篮球运动的技术学练

一、篮球进攻技术学练

（一）传接球技术

传接球指的是在篮球比赛中进攻队员之间有目的地支配球、转移球的方法。传接球的质量好坏对于战术执行质量的高低以及进攻的成功率有着很大的影响，甚至会决定比赛最终的结果。

1. 传接球的技术分析

(1)传球技术分析

①双手胸前传球

双手手指自然分开，拇指相对成“八”字形，用指根以上部位持球，手心空出。两肘自然弯曲于体侧，把球置于胸腹之间的部位，身体成基本站立姿势。传球时在后脚蹬地、身体重心前移的同时前臂迅速向传球方向伸出，拇指用力下压，手腕前屈，食指与中指用力拨球将球传出(图 7-1)。

图 7-1

②单手肩上传球

胸前双手持球，双脚平行而立，传球时(以右手传球为例)左脚向传球方向迈出半步，右手托球，同时将球引到右肩上方，肘部外展，上臂与地面近似平行，手腕向后仰。左肩对着传球方向，身体的重心落在右脚上，右脚蹬地，转体，右前臂迅速向前挥摆，手腕前屈，通过食指、中指拨球将球传出(图 7-2)。右脚在球出手之后随着身体的重心前移而向前迈出半步，保持基本的站立姿势。

图 7-2

③双手头上传球

双手指尖朝上，从球侧面持球于头顶，肘部稍微弯曲，向传球方向跨步同时手腕后转，球转移到脑后，将球向前抛出，手腕下转发力，做好随球动作。

④单手体侧传球

以右手传球为例。双脚开立，膝关节微屈，双手持球于胸前。传球时右手持球后引，经过体侧向前做弧线摆动，手腕前屈，用食指、中指的力量拨球，将球传出。

(2)接球技术分析

①双手接球

接球时双眼注视来球,手指自然分开,两拇指相对成“八”字形,两手成半圆形。来球之前主动伸臂迎球,肩、臂、腕、指保持放松。接球时,指端先接触球,两臂同时随球后引缓冲来球的力量,同时做好衔接下一动作的准备姿势(图 7-3)。

图 7-3

②单手接球

以右手接球为例。右脚向来球方向迈出,接球时右臂微屈,手掌成勺形,手指自然分开,向迎球的方向伸出,左脚同时迈出。在手指触球之后,手臂顺势向后撤,同时收肩,上体稍微向右后方转动。之后用左手帮助将球握于胸前。跳起用单手接高球时,可采用手指尖触球后顺势卷腕的手法,将球引到胸前成双手持球(图 7-4)。

图 7-4

③跑动接球

在跑动中,脚尖朝着前进方向,上体侧转面向来球,双臂伸出主动迎接来球。

④摆脱接球

无球进攻队员利用脚步动作(如变向跑、转身、停步等)或者同伴的掩护摆脱防守后接同伴传来的球,同时采用相应的停步动作来衔接下一个进攻的动作。

2. 传接球的技术训练

(1)传接球技术训练方法

①原地徒手双手持球动作的模仿练习。该练习能够让运动者更好地体会不持球时正确做出

双手持球的徒手模仿动作。

②两人为一组，一人原地传球，另一人向左、右、前、后移动做接球练习。两人相距 4～6 米，多次传接球练习之后相互交换。

③全场三人传接球练习。每传一次球都要通过中间人，在 3 人传球推进的过程中，应该保持好三角队形，中间人稍后，两边在前。

④迎面上步传接球练习。练习者排成纵队，教师持球距纵队 5～7 米。排头队员上步接教师传来的球并回传给教师，之后跑回队尾，接着第二名队员进行练习，以此类推。

(2)传接球技术训练的注意事项

①练习者在掌握动作规范的同时还应该养成良好的观察能力与判断能力，善于隐蔽自己传球的真实意图，并将假动作等个人战术行动与提高传接球技术进行有机结合。

②训练时应该狠抓传球的手法，先进行传平直球用力手法的训练，再训练传折线球的用力手法，最后训练高吊球(弧线球)的用力手法，并以三种传球路线交替进行训练。对于动作的规范与要领应该严格要求，从而促进练习者形成正确的传球手法，为更多篮球技术的学习与掌握奠定基础。

(二)运球技术

运球是指持球运动员在原地或者移动中用手连续按拍使球借助地面反弹起来的动作。运球技术是篮球运动员控制球、支配球、组织全队进攻配合以及突破防守的一种重要手段。

1.运球的技术分析

(1)低运球

低运球时，两腿迅速弯曲，降低身体的重心，上体向前倾，球的落点在体侧，用上体与腿对球进行保护；用手腕与手指短促地按拍球的后上方，将球控制在膝关节的高度，两腿用力向后蹬，快速前进。拍球的部位是在球的后上方或者后侧方(图 7-5)。

图 7-5

(2)高运球

高运球时，两腿微屈，上体稍微向前倾，两眼平视，以肘关节为轴，前臂自然伸屈，用手腕、手指柔和而有力地按拍球的后上方。将球的落点控制在运球手臂的同侧脚的外侧前方，球的反弹高度在腰与胸之间(图 7-6)。

(3)运球急停急起

在快速运球中采用两步急停，降低身体的重心，手按拍球的前上方，使球停止运行；急起时，两脚应该用力向后蹬，上体急剧前倾并迅速启动，同时按拍球的后上方，人球同步快速前进（图7-7）。

图 7-6

图 7-7

(4)转身运球

当对手逼近时，持球队员不能用直线运球或者体前变向运球突破时，可运用转身技术摆脱防守。以右手运球为例，变向时，左脚在前为轴，右手左后转身的同时将球拉到身体的后侧方并按拍球落在身体的外侧方，之后变换左手运球，加速前进（图 7-8）。

图 7-8

(5)胯下运球

以右手运球为例。变向时，左脚在前，右手按拍球的右侧上方，把球从两腿之间运到身体的左侧，之后上右脚，换手运球，加速前进。

(6)背后运球

当右手运球从背后换左手时，右脚前跨，右手将球拉到右侧身后，快速转腕按拍球的右后方，使球从背后反弹到左侧的前方，左脚同时向左前方跨步，换左手运球。

2. 运球的技术训练

(1)运球技术的训练方法

①原地进行高运球、低运球训练。左右手交替进行原地体前左右手变向运球。右手运球按拍球的右上方使球弹向左侧，左手按拍球使球弹向右侧。反复进行练习。

②原地进行胯下左、右运球训练。运球者右手持球加力使球从胯下向左反弹，左手迎引球后，再加力使球从胯下向右反弹，依次两手交替运球。反复进行练习。

③原地进行体侧前后推拉运球训练。运球者两腿前后开立，运球手按拍球的后上方使球向前弹出，运球的手快速前移至球的前上方，按拍球使球弹回。反复进行练习。

④对抗运球训练。两人为一组，每人运一球，在保证自己的球不被对方打掉的前提下寻找机会打掉对手的球。另外还可以几个人在固定区域内同时进行训练。

(2)运球技术训练的注意事项

①运球训练时应该重点抓好运球基本功的训练，从而有利于运动员提高控制球以及支配球的能力。在运动员初步掌握运球动作之后，应该训练抬头的运球技术，用手感来对球进行控制，并养成运球时目视前方、观察场上情况以及屈膝的习惯。

②训练过程中应该牢抓运球的关键，同时结合多种熟识球性的辅助性训练，练好手上功夫与脚步动作的快速灵活性。还应该特别加强对水平较弱队员的运球训练。

③在进行防守训练时，应该从消极防守转到积极防守，在不断加强对抗的训练中提高队员的场上应变水平。

(三)持球突破技术

持球突破是指持球队员将脚步动作、运球技术等相结合，迅速超越对手的一种攻击性技术。持球突破技术主要包括蹬跨、转体探肩、推按球以及加速等环节。

1. 持球突破的技术分析

(1)原地持球同侧步突破

以左脚做中枢脚从防守队员左侧突破为例。两脚左右开立，两膝微屈，降低身体的重心，持球于胸腹之间。进行突破时，上体积极前倾的同时，右脚迅速向右前方跨一大步，上体同时向右转，左肩向下压。左脚内侧用力蹬地，在左脚离地前，用右手推按球于右脚外侧前方，之后左脚迅速跨步抢位，快速运球超过对手(图 7-9)。需要注意的是，起动动作应该突然，跨步、运球应该迅速而连贯，中枢脚离地前球要离开手。

(2)原地持球交叉步突破

以右脚做中枢脚从防守队员左侧突破为例。两脚左右开立，两膝微屈，降低身体的重心，持球于胸腹之间。进行突破时，右脚向右侧前方迈出一小步，将防守者引向自己右侧的同时，用右脚前掌内侧快速蹬地，向左侧前方跨出一大步，上体稍微向右转，右肩向前下压，身体的重心向左前方移动，将球推引到身体的左侧，用左手推按球于右脚左侧前方，接着左脚蹬地加速超越对手（图 7-10）。需要注意的是，蹬跨动作要大而有力，转体探肩应该迅速。

图 7-9

图 7-10

(3)转身突破

①后转身突破

以左脚做中枢脚为例。背向球篮站立，双脚平行或者前后开立，两膝弯曲，降低身体的重心，双手持球于腹前。突破时以左脚为轴后转身，右脚向右侧后方跨步，脚尖指向侧后方，上体后转并压右肩。右手向右脚前方推按球，左脚内侧迅速蹬地，向球篮方向跨出，换左手运球快速突破防守。需要注意的是，身体重心在突破过程中应该保持平稳，转身与突破动作的衔接要紧密。

②前转身突破

以左脚做中枢脚为例。突破前的准备动作与后转身突破一致。突破时将身体的重心转移到左脚，右脚前脚掌内侧蹬地，以左脚为轴碾地，右脚随着前转身而向球篮跨步时，上体左转并压左肩。右手向右脚侧前方推按球，球离手之后左脚蹬地，向前跨出突破对手。需要注意的是，身体的重心在突破过程中应该保持平稳，转身与突破动作之间应该紧密衔接。

(4)行进间突破

在快速移动中看到同伴传来的球时，应该迅速向来球方向伸臂迎球，同时用一只脚(侧向移动时用异侧脚)蹬地，双脚稍微离地腾起，向侧方或者前方跃出接球，形成与防守队员的位置差，两脚先后或者同时落地。落地之后，屈膝以降低身体的重心，保持身体平衡的同时注意护好球。摆脱移动、伸臂迎球和跨跳的衔接应该做到协调连贯；接球急停要稳健；突破起动应该迅速而突然，同时保护好球，根据防守位置运用交叉步或者同侧步突破防守。

2. 持球突破的技术训练

(1)持球突破技术的训练方法

①有防守时的持球突破训练

如图 7-11 所示，⑤向圆顶斜插并接④的传球进行突破，⑧边退边防。④传球后，到原⑤的队尾，依次连续练习。⑤进攻后去⑦的队尾，⑧防守后则去⑥的队尾，接球者要主动迎上去，传球到位，突破时应该降低身体的重心，同时保护好球。

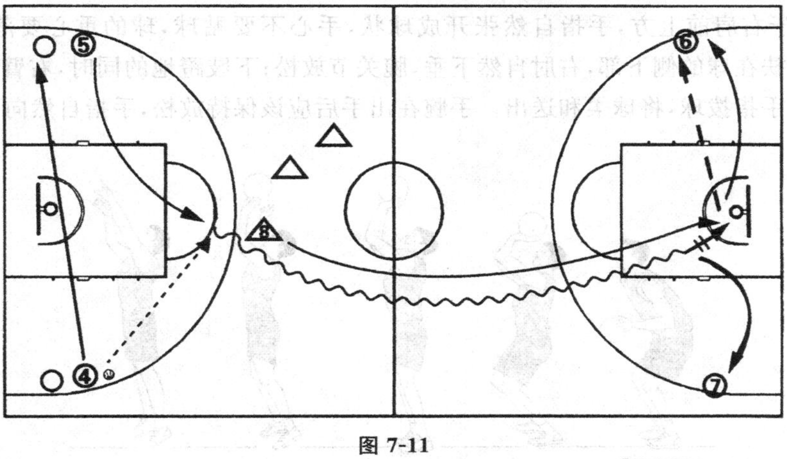

图 7-11

②无防守时的持球突破训练

A. 每人一球，进行原地持球交叉步与同侧步突破训练，通过该训练有助于练习者体会突破动作的技术要领以及身体各部位的协调配合。

B. 接球急停突破练习。两人为一组，无球队员向有球同伴示意接球方向，之后移动接球急停做交叉步或者同侧步突破，轮流进行。

(2)持球突破技术训练的注意事项

①训练过程中应该积极培养运动员的良好突破意识，提高其场上的观察判断能力，掌握合理的突破时机，从而不断提高持球突破的能力。

②训练过程中应该注意技术动作的正确规范，让运动员学会两脚都能做中枢脚，以及明确规则对技术动作的要求。

③训练过程中应该培养顽强的场上作风，敢于在贴身紧逼中运用突破技术。同时，还应该有针对性地培养灵活的突破技巧，使练习者逐渐学会利用位置差、时间差、节奏变化以及假动作等方式，更好地发挥突破的作用与威力。

(四)投篮技术

投篮技术是指在篮球比赛中进攻队员将球从篮圈上方投入对方球篮所采取的各种专门动作方法的总称。投篮技术是篮球运动发展的核心内容。

1.投篮的技术分析

(1)原地双手胸前投篮

两脚左右或者前后站立，两腿稍微弯曲，前脚掌着地，上体稍微向前倾，眼睛注视瞄准点，双手五指保持自然张开，捏球两侧稍后部位，两拇指相对成“八”字形，用手指与手掌接触球，手心空出，持球于胸前，屈肘靠近身体。进行投篮时，两脚蹬地身体伸展，同时两臂向前上方伸出，两拇指向前上方用力推送，手腕稍微外翻，使球从拇指、食指、中指的指尖投出，向后旋转飞行。

(2)原地单手肩上投篮

以右手投篮为例。双脚开立，两膝稍微弯曲，将身体的重心落在两脚之间，上体稍微向前倾，右手翻腕托球于右肩前上方，手指自然张开成球状，手心不要贴球，球的重心要落在中指与食指之间，左手帮助扶在球的侧下部，右肘自然下垂，腕关节放松；下肢蹬地的同时，右臂向前上方伸展，手腕向前扣动，手指拨球，将球柔和送出。手腕在出手后应该保持放松，手指自然向下(图 7-12)。

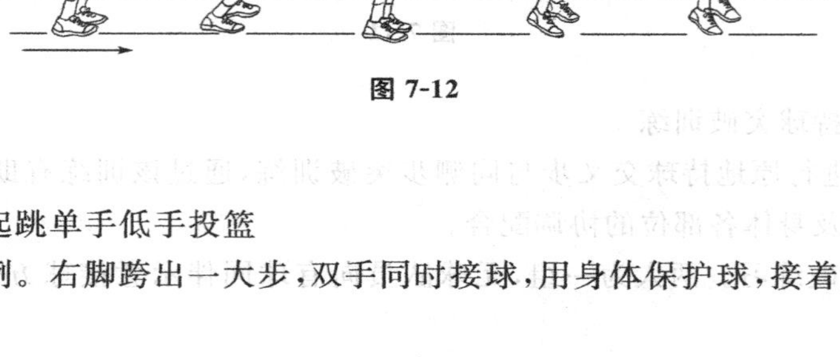

图 7-12

(3)行进间投篮

①行进间单脚起跳单手低手投篮

以右手投篮为例。右脚跨出一大步，双手同时接球，用身体保护球，接着左脚迈出一小步制动同时用力起跳，然后充分伸展自己的身体，右臂伸直向篮圈方向举球（手心向上），当举球手接近篮圈时，用向上挑腕和以中间三指为主的拨球动作使球通过指端投入篮筐（图 7-13）。出手之后，双脚同时落地，两腿弯曲，从而起到缓冲的作用。

图 7-13

②行进间勾手投篮

以右手投篮为例。接球或者停止运球之后，左脚向便于投篮的方位跨出一步并起跳，左肩靠近防守的队员，右腿顺势自然上提，眼睛注视篮圈，左手离球，右手持球向右肩侧上方伸出，举球到头的侧上方时挥前臂，以屈腕、压指动作通过食指、中指把球投进。

（4）原地起跳肩上投篮

以右手投篮为例。双手持球于胸腹之间，两脚左右（或前后）开立，两膝稍微弯曲，将身体的重心落于两脚之间，上体保持放松，眼睛注视篮圈。起跳时，两膝适当弯曲（两脚前后开立时也可上一步再做此动作），接着前脚掌蹬地发力，迅速向上摆臂举球并起跳，双手举球于肩上或者头上，左手扶球的左侧。当身体上升到最高点或者接近最高点时，左手离球，右臂向前上方伸展，同时突然发力屈腕，以食指、中指拨球，通过指端将球投出（图 7-14）。

图 7-14

（5）运球、接球急停跳投

在运球急停或者接球急停投篮时，可采用跳步或者跨步急停的动作方法，双手在停步的同时随起跳持球上举，当身体接近最高点时辅助手离球，投篮臂向前上方伸直，手腕前屈，食指、中指用力拨球将球投出。

2. 投篮的技术训练

(1)投篮技术的训练方法

①原地进行徒手模仿投篮技术动作训练,体会动作方法。

②原地徒手进行多种角度的投篮练习,体会瞄准方法。

③原地进行跳投模仿训练。

④原地徒手进行正面的定点投篮训练,投篮的手法要正确。

⑤两人为一组,相距 4～5 米进行对投训练。

(2)投篮技术训练的注意事项

①进行投篮训练时,练习者应该掌握正确的投篮技术动作,并在此基础上将投篮与摆脱防守、传球、接球、运球、突破、抢篮板球、脚步动作以及假动作等技术进行有机结合,从而培养篮球场上的应变能力。

②在战术背景下进行投篮训练,应该积极培养良好的配合意识,从而提高投篮技术的能力。

③练习者应该重视投篮时的心理训练,从而提升其投篮的命中率。通过比赛以及一些特殊的训练手段,提高自身的抗干扰能力,从而能够在一定的心理压力下有较高的投篮命中率。

(五)抢进攻篮板球技术

抢篮板球技术是指在空中拼抢投篮不中的球的技术动作。

1. 抢进攻篮板球的技术分析

处于篮下或者内线队员抢进攻篮板球,当同伴或者自己投篮时,靠近篮下的队员应该迅速对球反弹的方向进行判断,同时通过假动作绕胯挤到对方的身前,利用跨步或者助跑起跳跳到最高点进行补篮或者直接摘得篮板球。

处于外线位置队员抢篮板球,在同伴进行投篮时,如果进攻队员面向球篮,首先应该观察判断球的反弹方向、速度以及落点,然后突然起动冲向球反弹方向进行补篮或者抢获篮板球。以从防守人身后左侧冲抢为例,当进攻队员面向球篮时,右脚向右侧跨步,向右侧做假动作,之后以左脚为支撑脚,右脚向左跨出一小步,将身体的重心转移到左脚,右脚立即向前跨步绕前,挤靠防守人,跳起抢篮板球或者补篮。

抢进攻篮板球的动作如图 7-15 所示。

2. 抢进攻篮板球的技术训练

(1)抢进攻篮板球技术的训练方法

①原地连续双脚起跳或者前、后转身跨步连续起跳,同时用单手或者双手触篮板或篮圈 10～20 次。练习过程中应该注意动作的连贯性。

②两人为一组,一人向篮板或者篮圈抛球,另一人以面向持球人的基本姿势站立,准备抢球,之后转身跨步(上步)起跳用单手或者双手抢球。

③两人为一组,站位于篮下两侧,轮流跳起在空中用双手将球托过篮圈,碰板传给同伴。需要注意的是,必须在跳到最高点时托球,两人都做完一次为一组,连续托球 15～30 组。

图 7-15

(2)抢进攻篮板球技术训练的注意事项

①该训练应该在战术背景下进行，并将抢篮板球技术与战术结合起来进行训练。

②抢篮板球技术与其他技术结合起来进行训练，抢防守篮板球与一传、运球突破技术相结合，抢进攻篮板球与补篮或二次进攻相结合进行训练。

③应该注重抢篮板球技术的实战训练，加强抢篮板球的对抗训练，抢进攻篮板球应该先冲抢占据有利位置之后再抢球。

二、篮球防守技术学练

(一)抢球、打球、断球技术

抢球、打球、断球都是具有很强攻击性的篮球防守技术，这是运用积极性防守战术的基础。随着篮球运动的不断发展，抢球、打球、断球技术在篮球运动中的应用也更加广泛。

1. 抢球、打球、断球的技术分析

(1)抢球技术分析

①拉抢

在拉抢之前,防守队员应该准确抓住对手的持球空隙部位,突然用两手抓住球之后猛拉,进而抢夺球权。

②转抢

在防守队员抓住球的同时应该迅速利用手臂后拉以及两手转动的力量,将球从对方手中抢夺过来。抢球过程中,为了加大夺球的力量,防守者可以利用转体的身体动作,让对方无法握球。如果抢球未果,应该尽可能与对手造成“争球”。在转抢时,防守队员还应该做到动作的快速、准确、突然。

(2)打球技术分析

①打掉对方手中的球

A. 打持球队员手中的球

在进攻队员接到球的一瞬间,没有对球进行很好保护或者由于观察场上情况而失去警惕时,防守队员应该迅速上步打球。通常来讲,当进攻队员持球部位较高时,防守队员可采取由下而上的方法打球。打球时,掌心应该向上,手指与指根击球的下部。如果对方的持球较低,应该多采取由上而下的方法打球。打球时,掌心向下,用手指和手掌外侧击球的上部。同时,防守队员应该注意上步要迅速、突然。

B. 打运球队员手中的球

以右手运球为例。在对方的运球队员向前推进时,防守队员应该用侧后滑步移动,用右手臂堵住运球队员左面,防止他向自己的右侧变向运球,左手臂干扰运球。在球刚从地面上弹起,还没有接触到运球队员的手时,应该及时用手指、手腕和前臂的力量从侧面将球打出,并及时上前抢球。注意干扰对方运球,从而创造出打球的机会,并及时上前抢球。

C. 打行进间投篮队员手中的球

当进攻队员运球上篮时,防守队员应该随进攻队员进行移动,当进攻队员跨出第一步接球时,应该及时靠近,当进攻队员跨出第二步起跳举球时,迅速移动到他的左侧稍前方,用手从他的胸部向下将球打落。在打球时,防守队员的脚步应该伴随投篮队员进行移动,同时保持合适的距离,从而把握好打球的时机与打球的有利位置。

②盖帽

盖帽时,防守队员应该注意降低自己身体的重心,快速移动并选择有利的方位,对对手起跳与投篮出手时间进行准确判断,及时起跳;起跳之后迅速伸展自己的身体,高举自己的手臂,当对方球出手时,用手腕动作将球拍出或者打掉。需要注意的是,防守者的手臂与身体应该充分伸展,用前臂、手腕、手指动作打球,动作要短促而有力。

(3)断球技术分析

①横断球

横断球时,运动员应该屈膝降低自己身体的重心,当球刚由传球队员手中传出的一瞬间突然起动,单脚或者双脚用力蹬地跃出,保持身体的伸展,两臂前伸将球截获。如果距离比较远,可以进行助跑起跳。在进行横断球时,运动员应该注意屈膝降低身体的重心,把握球出手时机要准确，用力蹬地，伸展自己的双臂来迎球。

②纵断球

当防守队员从接球队员的左侧向前断球时，左脚向左侧前方跨出半步，之后侧身跨右脚绕到接球队员的前方，右脚或者双脚用力蹬地向前跃出，保持身体的伸展，两臂前伸把球截获。在纵断球时，防守队员的蹬地动作应该迅速而有力，伸展自己的身体并保持平衡。

③封断球

在进行封断球时，当持球队员暴露了自己的传球意图或者传球动作较大或较慢时，防守者可以在对方球出手的一瞬间突然进行起动，伸臂封盖或者将球截获。封断过程中，防守者应该注意掌握好断球时机，动作应该迅速而突然。

2. 抢球、打球、断球的技术训练

(1)抢球技术训练

①两人为一组，相距 1.5 米，相对站立。一人双手持球于腹前，另一人按抢球的动作要求，突然止步将球抢夺回来。持球者由正常握球开始，不断加大握球的力量，使抢球队员体会和掌握拉抢和转抢的动作方法。在每人抢若干次后，攻守交换继续进行训练。

②原地抢球训练。两人为一组。持球队员在原地做投切结合的脚步动作，防守队员学习并体会抢球动作的要领。训练一段时间之后，互换攻守。在抢球过程中，应该保持正确的防守位置，控制自己身体的平衡；抢球的动作应该果断，主要以小臂、手掌、手指短促动作突然抢球。

③抢空中球训练。三人为一组，一人持球与其他两人面对站立，相距 3～4 米，持球队员将球抛向空中，另外两名队员迅速起动、选位、起跳、抢球。

④抢地滚球训练。队员在端线两侧面对面站成两列横队。教练在端线中点向场内抛球，左右对应的两名队员快速冲向球，抢到球的队员向对方篮筐进攻，没有抢到球的队员进行防守，轮流进行训练。同时，为了提高练习者的反应能力，可以将两边的队员进行编号，在教练叫到某个号时，两边同号的队员应该马上起动抢球，抢到球者进攻，没有抢到的进行防守。

(2)打球技术训练

①接球时的打球训练。两人为一组，相距 1.5 米。持球人做出传球动作后，另一队员迅速上步打球，两人轮流进行练习。

②正面打运球队员的球的训练。在半场或者全场一攻一守的训练中，防守队员应该紧跟运球队员。当球刚从地面弹起时突然打球，两人轮流进行攻守训练。

③从背后抄打运球队员的球的训练。两人为一组，一人进行持球突破，一人进行防守。在进攻队员持球突破的一瞬间，防守队员利用前转身上步，从运球队员身后，用靠近运球的手由后向前抄打球，之后进行上步抢球。两人轮流进行训练。

④抢篮板球下落时的打球训练。两人为一组站于篮下，一人把球抛向篮板，另一人跳起抢篮板球。在获得球下落转身时，投球者立刻上前打球。两人轮流进行训练。

(3)断球技术训练

如图 7-16 所示，④与⑤原地相互传球，在⑤未接到球之前，△4从⑤身后进行纵断球，断球之后运球上篮，上篮后抢篮板球并将球传给⑦，⑦与⑥相互传球，在⑥没有接到球前，△4蹿出横断球，断球之后运球上篮，上篮后抢篮板球再将球传给④；△4排在△6后面。如此反复练习。

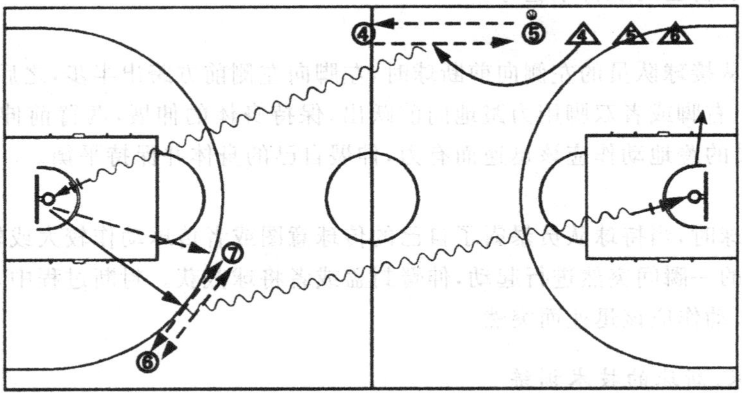

图 7-16

（二）抢防守篮板球技术

在抢篮板球技术中，抢防守篮板球的技术能够由守转攻，创造出快速反击的机会，从而更利于获得比赛的胜利。

1. 抢防守篮板球的技术分析

在篮下防守、进攻队员进行投篮时，要根据对方球员移动的情况与位置，运用上步、撤步以及转身等动作将进攻队员挡在身后，同时抢占有利的位置。在篮下抢位挡人时，一般采取后转身挡人的方式，降低身体的重心，两肘外展，从而抢占空间的面积，并保持有利的起跳姿势。

对于处于外围的防守队员抢篮板球，在进攻队员投篮、防守队员面向对手时，应该认真观察对方球员，通过合理的技术动作利用转身阻止对手向篮下的移动，同时抢占有利的位置，这是防守队员需要做的几个方面。在起跳抢球时，两臂上摆的同时两脚前脚掌用力蹬地，身体与手臂尽可能向球的方向进行伸展，达到最高点时用单手、双手或者单手点拨球的方法来争抢。

2. 抢防守篮板球的技术训练

（1）抢防守篮板球技术的训练方法

①练习队员分别站成两列，根据口令进行徒手原地双脚起跳，进行单、双手抢篮板球动作模仿训练。

②队员持球向篮板或者墙上抛出后进行上步起跳，用双手或者单手在空中争抢反弹回来的球。

③练习队员分别站成两列并保持面对面，一步间距，两人一组进行训练。根据教师的信号，前排训练者进行前转身、后转身挡住后排训练者，多次训练之后进行交换训练。

④练习队员分别站成两列，每人一球向头上抛球之后起跳，双手或者单手进行空中抢球训练。

⑤抢占位置的训练。两人相距 1 米，面对面站立，进攻队员运用假动作设法摆脱防守占据有利的位置，防守队员通过转身将攻方挡住，同时起跳模仿抢篮板球的动作。多次训练之后进行攻守交换。

(2)抢防守篮板球技术训练的注意事项

①在抢篮板球技术训练过程中,练习者应该注意与其他技术相结合。

②抢篮板球的技术训练应该在战术背景下来进行,同时应该结合战术进行训练。

③在抢篮板技术训练过程中,练习者应该强调抢篮板球技术的实战训练,加强抢篮板球的对抗训练,抢防守篮板球注重先挡人后抢球,抢进攻篮板球强调先冲抢占据有利位置之后再进行篮板球的争抢。

(三)防守无球队员技术

1.防无球队员的技术分析

在篮球技术中,防守无球队员的技术主要包括防接球、防切入以及防摆脱。

(1)防接球

防守无球队员的首要任务就是防接球。防接球技术主要应该注意两方面的内容:一方面,应该积极采取行动去限制或者减少对方球员接触球,尤其是在有效攻击区内的接球;另一方面,在接球队员处于被动情况时,防守队员应该进行主动跟防、追堵,尽可能破坏对手的接球。

在防接球时,防守者应该使对手与球都处于自己的视线范围之内,做到"人球兼顾",并保持正确的防守姿势,屈膝降低身体的重心,方便随时向任何方向进行起动,特别应该注意起动与移动步法的衔接与平衡的控制,在动态过程中始终保持在对手与球之间偏向对手一侧的断球路线上,同时伸出同侧手臂形成"球—我—他"的钝角三角形的防守选位。

(2)防切入

防切入同样是一种防守无球队员的有效方法。防切入是指对进攻队员试图切入或者已经摆脱切入的防守。在防切入过程中,切记不可只看球而不顾人。防守队员应该始终遵守"人球兼顾、防人为主"的原则,让球与人始终在自己的视线当中。对方一旦有动作,应该采取凶狠顶挤、抢前等防守方法,让对方不能及时起动或者降低速度。如果对方迎球方向切入,就应该主动堵前防守,背对球方向则防其后,从而达到切断对手接球路线的目的。如果对手切入后没有得到球,就会在很大程度上降低对方进攻的威胁。

(3)防摆脱

防摆脱是防守无球进攻队员的一种重要方法,具体是指对无球进攻队员摆脱的限制与封堵。通常来讲,进攻队员在后场的摆脱主要是快下接球攻击,防守队员应该进行主动追防,同时注意传向自己对手的球,尽可能抢在近球一侧的路线上堵截。在比赛当中,要完全控制进攻队员无球时的行动是非常困难的,因此抢占有利的防守位置就是防守无球队员的重点。

2.防无球队员的技术训练

(1)防守无球队员的训练方法

①强侧、弱侧的防守训练

进攻队员在外围传球,可做摆脱接球动作,但不可穿插、掩护。防守队员应该根据球的位置进行相应的选位,积极防守摆脱接球,多次训练之后进行攻守的互换。防守队员应该根据球的情况适时调整防守的位置,从而做到人球兼顾以及正确的防守姿势。

②抢位与防底线突破训练

在防守者进行抢位以及防底线突破训练过程中，当前锋队员在限制区两侧30°以下位置接球时，防守者应该卡堵其底线突破，抢防底线突破的位置，让对方不能够从底线进行突破。对方一接球，靠近底线的一只脚在前，并先堵死底线一侧。对方如果从底线进行突破，应快速滑步并结合堵截步将对方堵在底线外。训练过程中要求防守队员做到迅速到位。先卡堵底线，之后及时结合滑步与堵截步抢位堵底线。训练过程中注意防突破，还应该认真防守对方的下一个变化技术动作。

(2)防守无球队员训练的注意事项

①防守队员应该防止对手摆脱接球，同时做到人球兼顾，准确判断并掌握有球的队员以及其他进攻队员在场上的变化，从而便于及时采取相应的措施。

②当进攻者积极移动接球时，防守队员应该注意抢占有利的防守位置以及对方的移动路线，防止对手的接球。

③防止对手的摆脱接球，不能够让对手在其有效攻击区与篮下4～5米的区域内轻松接到球，还应该主动积极地阻截对手的移动接球。

(四)防守有球队员技术

1.防有球队员的技术分析

(1)防运球

防守对方运球的目的主要是为了降低对方的运球速度，迫使对方改变其运球的方向，不让进攻队员向篮下运球，防止他在运球过程中进行突破。

一般情况下，为了不让对手运球超越自己，防守者应该与对手保持一臂左右的距离，双臂侧下张，两腿弯曲，在移动过程中始终保持正确的防守姿势，通过认真判断随时准备抢、打球。要想让自身的防守更加具备攻击性，也可采用贴近对手的平步防守，从而扩大防守的范围，增加对手完成动作的难度。在防守过程中，不应该用交叉步进行移动，应该用撤步与滑步，同时还应该抢在运球者的前面半步到一步距离进行阻挡，迫使对方向边线、场角或者双方队员比较拥挤的地方运球。当进攻者通过变速变向、急起急停等方法来摆脱防守时，防守者应该在其变换动作时及时抢前向后移动，占据有利的位置并控制好身体的平衡，快速变换自己的步法进行阻截。

(2)防传球

当持球队员离球篮较远时，其主要意图是向中锋传球或者转移球。防守过程中，防守者应该根据对方的位置与视线判断其传球的意图，控制对方进攻性的传球。在进攻队员接球之后，防守队员应该选择正确的位置，保持适当的距离以及调整好身体的重心，眼不离球并保持精神的集中，根据对手的位置、动作以及视线判断其传球的真实意图，挥动手臂进行干扰或者封堵。防守者应该特别防范对手向内线渗透性的传球，尽量迫使对方向外进行转移性传球。如果进攻队员运球成“死球”时，应该马上上前逼抢，封住对方的传球出手路线。在对手传球出手之后，应该做到人球兼顾，防止对方的摆脱切入。

(3)防突破

防突破的主要目的是防守进攻队员的持球突破，它主要包括防背对球篮突破的持球队员与防面向球篮的持球队员两种类型。

①防守背对球篮突破的持球队员

这种防守方法主要用于近篮区背向或者侧向球篮接球的情况，防守者应该保持“你—我—篮”的有利位置，靠对手不要太近，应该保持适当的距离。对方接球之后是两脚前后站立时，如果后脚能够做中枢脚转身突破，就应该对其转身一侧多加防范，与对方同侧的脚向后撤半步，手臂侧伸，另一手臂封锁住对手一侧；当对方转身变向突破时，防守队员应该随之向后撤，前逼、侧跨步阻截；对手在接球时如果两脚平行站立，就应该根据对手接球位置离篮的远近进行防守，距离比较近时主要以防投篮为主，而距离较远时应该以防突破为主。

②防守面向球篮的持球队员

位置的选择对于防守面向球篮的持球队员来说非常重要。防守者应该根据进攻队员接球的位置、与球篮的距离和角度、来球的方向以及同伴防守位置的情况，堵强放弱，放一边，保一边，让对方改变方向，变换突破的步法，降低起动的速度，从而有利于自己及时抢角度，通过撤步或者滑步让对方无法超越。

(4)防投篮

防投篮的根本目的在于防止对方投篮得分，因此防守者应该做到球到人到。一般防守者可以采取斜步防守贴近对手(一臂距离，能伸手打到球)，同时举臂挥动，干扰进攻队员投篮的意图，迫使对方改变动作，同时用另一臂伸向侧方，防止对手的运突或者传球。准确判断对手是否要投篮，识别其真假动作，及时起跳伸直手臂进行干扰，封堵其出手角度，改变投篮的飞行弧线，降低其投篮命中率。对手投篮出手瞬间手臂及时地干扰和封盖，防守者的反应应该迅速，这是防守队员防投篮的关键所在。

2. 防有球队员的技术训练

(1)防守有球队员的训练方法

①防投篮训练

A. 将队员分为两排，教练带领队员进行防投篮的模仿动作训练。

B. 两人为一组。一攻一守，持球队员练习投突动作，防守队员练习干扰球与撤、滑步动作。

C. 半场一防一训练。在前锋位置上摆脱防守得球后一打一，训练防守队员在接近比赛情况下的一对一防守能力。

② “二防三”防传球训练

五人为一组，进攻队员成三角形站位相互传球，两人在中间进行防守，一个对持球队员进行防守，另一人一防二，一防二的人应该根据防持球人的防守站位与封球角度来选择一防二的防守策略。需要注意的是，防守队员应该正确选位，同时进行积极的场上移动。

(2)防守有球队员训练的注意事项

①防守者应该认真观察、判断持球者的真正意图，同时及时实施对应措施，让自己始终处于主动防守的局面。

②防守队员应该注意防守对方的直接突破。

③在对方传球之后，防守队员应该注意防对方的空切。当对方投篮后，应该挡对方抢篮板球，同时积极抢防守篮板球。

第三节　篮球运动的战术学练

一、基础进攻战术学练

(一)传切配合

1. 传切配合解析

传切配合是指利用传球和切入技术所组成的简单的配合,其内容主要包括传球和空切。传切配合是通过队员之间利用传球和切入来创造进攻的机会,以达到预定的进攻目的。

传切配合的方法如下。

方法一:如图 7-17 所示,④传球给⑤,然后摆脱△4的防守,切入接⑤的回传球并运球上篮。

方法二:如图 7-18 所示,⑤摆脱△5的防守空切篮下,接④的传球上篮。

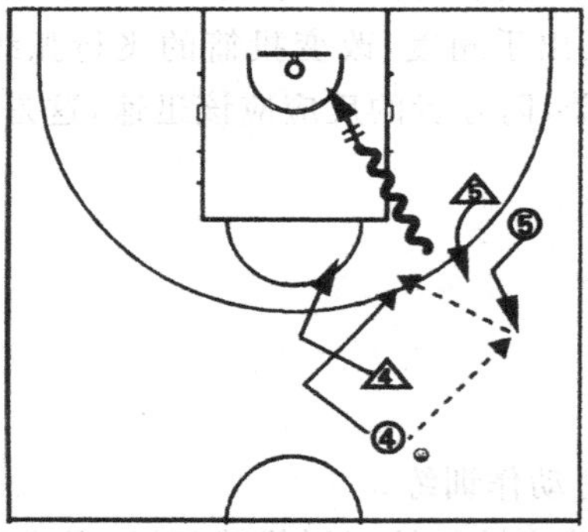

图 7-17

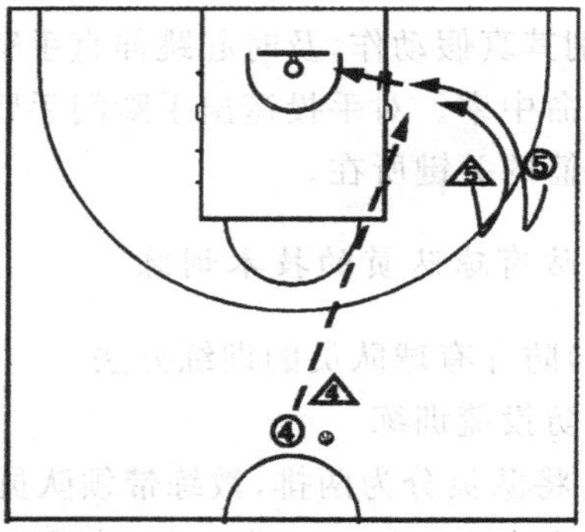

图 7-18

在进攻人盯人防守或扩大联防及篮下拉空时都可以运用此方法,配合过程中切入队员要善于掌握时机,传球要准确到位。

2. 传切配合的学练方法

(1)二人传切练习

如图 7-19 所示,④传球给⑤后做向左切入的假动作,然后变向从右侧切入,⑤接球后回传给④的下一位队员,并做向底线切的假动作,然后变向从左侧横切。④切入后至⑤队尾,⑤至④队尾。依次进行练习。变向切入动作要快,切入过程中要侧身看球。

(2)三人传切练习

如图 7-20 所示,④与⑤各持一球,④传球给⑥后从右侧切入接⑤传球投篮。⑤传球给④后,横切接⑥传球投篮。④、⑤投篮后自抢篮板球传给本组的另一人。按逆时针方向换位,连续进行练习。

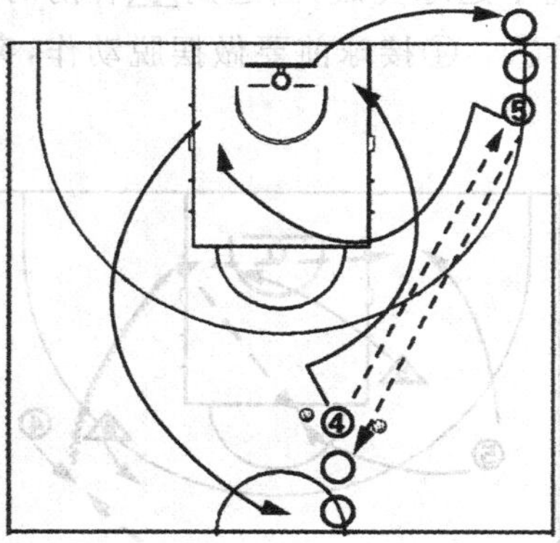

图 7-19

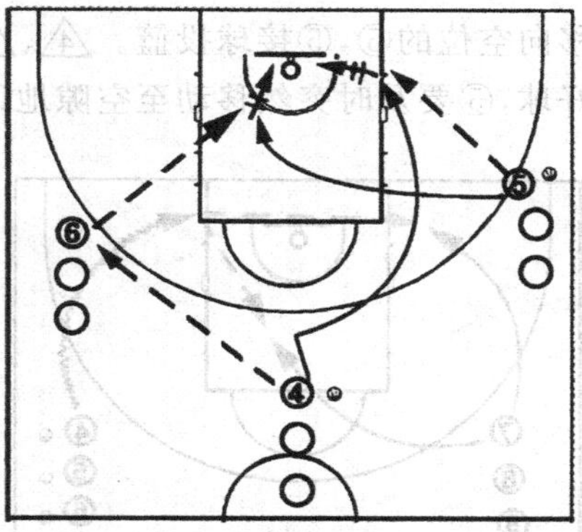

图 7-20

（二）突分配合

1. 突分配合解析

突分配合是持球队员运球突破对手后，遇到对方换人、补防或“关门”时，及时将球传给无防守或进攻机会更好的同伴所采用的配合方法。突分配合战术的目的是进攻队员持球突破后，及时、准确地将球传出，创造更好的进攻机会，以达到预定的进攻目的。

突分配合的方法如图 7-21 所示，④传球给摆脱防守的⑤，⑤接球后向底线运球突破△5的防守，并传球给摆脱防守空切内线或底线的④或⑥。

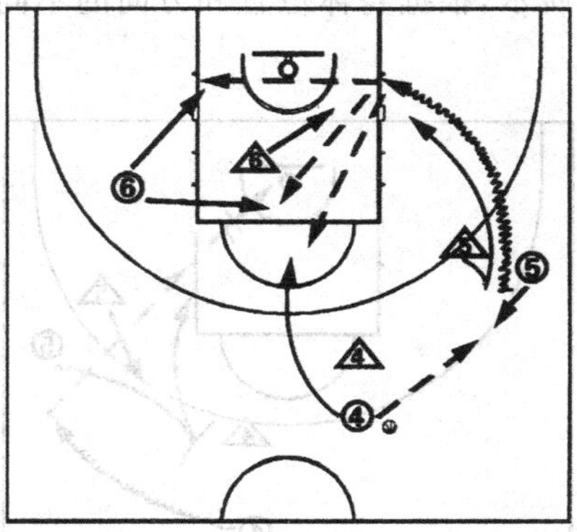

图 7-21

在突破过程中要注意观察攻守队员的位置变化，当遇到对方补防时分球给有投篮机会的同伴。

2. 突分配合的学练方法

方法一：如图 7-22 所示，开始时④持球突破，在突破中跳起分球给向两侧移动的⑦，⑦在接球后做投篮动作，然后传球给⑤，⑤接球后从底线或内侧突破，跳起传球给接应的⑧。位置交换，④到⑦队尾，⑦到④队尾。突破要有速度，注意保护好球。接应分球的队员要移动及时。

方法二：如图 7-23 所示，⊗传球给④，④接传球后向篮下运球突破，当遇到△5补防时，将球分给移向空位的⑤，⑤接球投篮。△4、△5抢篮板球回传给⊗。④接球前要做摆脱动作，突破时保护好球，⑤要及时突然移动至空隙地区接应。

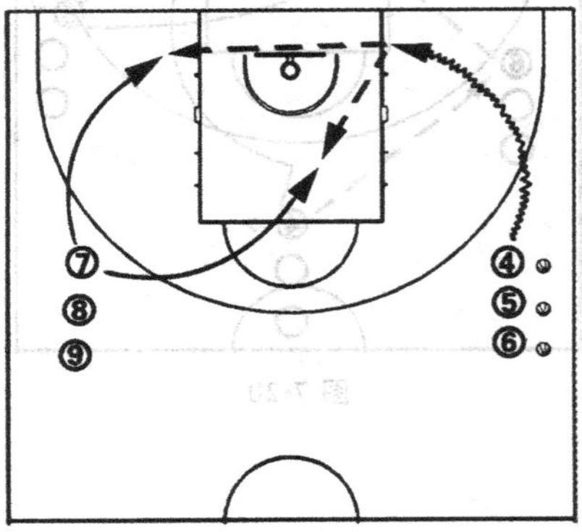

图 7-22

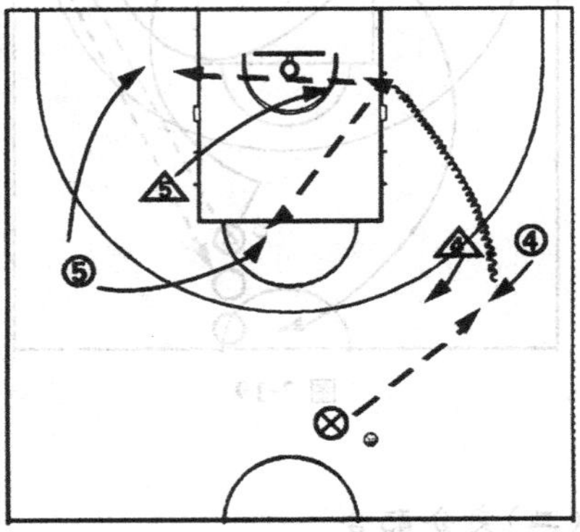

图 7-23

（三）掩护配合

1. 掩护配合解析

掩护配合是进攻者用身体挡住同伴防守者的移动路线，使同伴摆脱防守，获得接球和投篮的机会。掩护配合的目的是通过进攻队员之间的配合移动造成对方防守局部负担过重，以达到预期的进攻目标。

掩护配合的方法如图 7-24 所示，根据身体位置和方向的不同，可分为前掩护、侧掩护和后掩护三种。

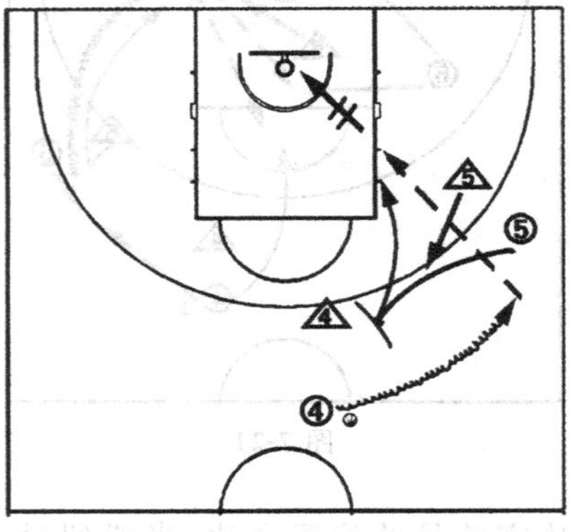

图 7-24

进攻紧逼人盯人防守时，观察防守者的位置和行动意图，采用前掩护、侧掩护配合，并及时衔接掩护的第二个动作，可获得良好的投篮机会。

2. 掩护配合的练习方法

方法一：如图 7-25 所示，将练习者分成两组，⊗站在④身前充当防守者，⑥跑到侧后方给④

做侧掩护，④先做向左跨步切入假动作，待⑥做好掩护后，及时向另一侧切入，⑥适时地后转身跟进。然后两人互换位置，轮流进行练习。

方法二：如图 7-26 所示，⑥传球给④，然后去给④做侧掩护，④利用掩护运球切入时，△6换防△4，④可将球传给转身跟进的⑥投篮。

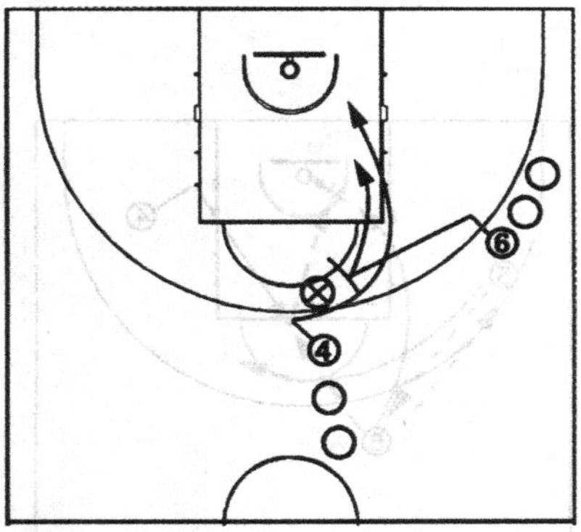
图 7-25

图 7-26

（四）策应配合

1. 策应配合解析

策应配合是内线队员背对或侧对球篮接球后，与同伴的空切或绕过相结合，借以摆脱防守，形成里应外合的进攻配合。策应配合的目的是进攻队员通过运用策应配合战术，来创造进攻机会，以达到预定的进攻目的。

策应配合的方法如图 7-27 所示，④持球突破并传球给上提至罚球线的⑤，④纵切，⑥溜底线，⑤再传球给外围的④或底线的⑥。

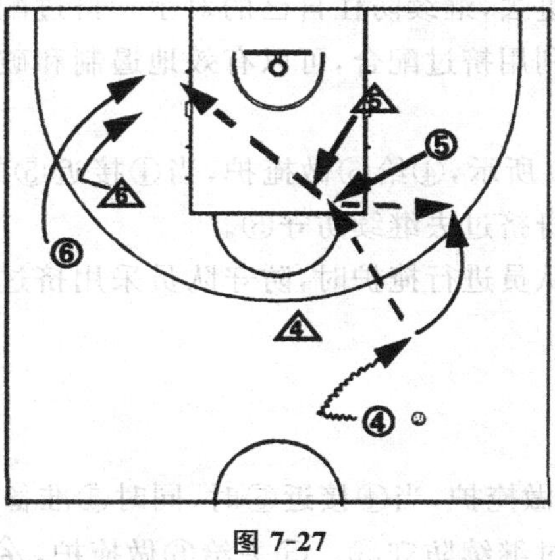
图 7-27

在进攻半场人盯人或区域联防时，多在限制区附近运用策应配合并获得切入投篮的机会，在进攻全场紧逼人盯人时，可在后场掷界外球或在中场运用策应配合接同伴的传球借此摆脱防守。

2. 策应配合的学练方法

方法一：如图 7-28 所示，将练习者分为三组，按逆时针方向传球，传球后跑到下一组的队尾落位。

方法二：如图 7-29 所示，⑥传球给⑤，⑤回传并上提做弧线跑动要球，⑥传球给插上策应的④，然后切入篮下接④的传球上篮。三人轮转换位。

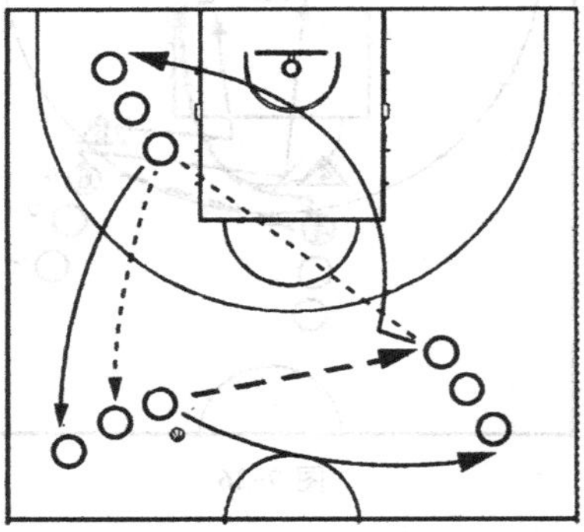
图 7-28

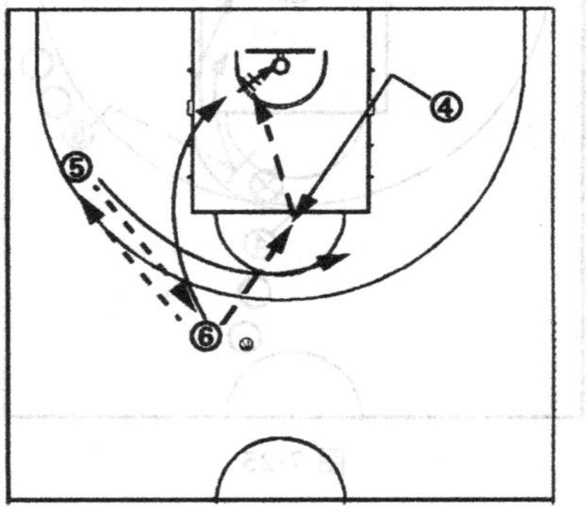

图 7-29

二、基础防守战术学练

（一）挤过配合

1. 挤过配合解析

挤过配合是当掩护者临近的一刹那，被掩护者的防守队员主动靠近自己的对手，并随其移动，从两个进攻者之间侧身挤进去，继续防住自己的对手。挤过配合的特点是始终靠近对手，不让其随意拿球，但容易犯规。利用挤过配合，可以有效地遏制和破坏对手的掩护配合，以达到破坏对手进攻的目的。

挤过配合的方法如图 7-30 所示，④给⑤做掩护，当④接近⑤的一刹那，△5抢前横跨一步贴近⑤，并从④和⑤之间主动侧身挤过去继续防守⑤。

在紧逼防守中，对方外线队员进行掩护时，防守队员采用挤过配合主动跟防的方法，以达到紧逼的目的。

2. 挤过配合的学练方法

如图 7-31 所示，④去给⑤做掩护，当④接近⑤时，同时⑤准备移动，△5要及时向前跨一步靠近⑤，并在⑤与④之间侧身挤过继续防守⑤。⑤去给⑥做掩护，△6按△5同样的动作挤过。依次进行循环练习，然后攻守互换。

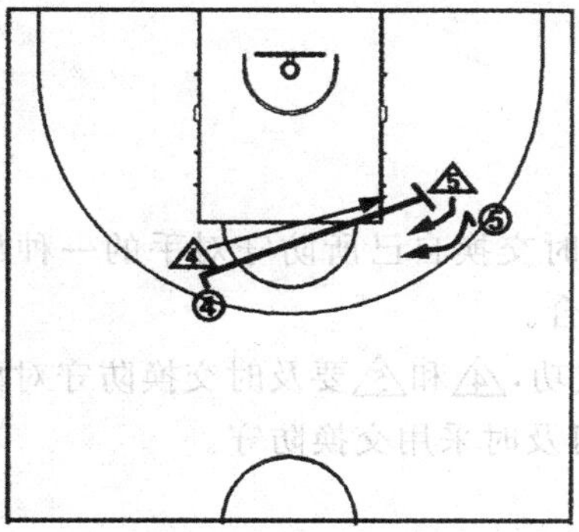

图 7-30

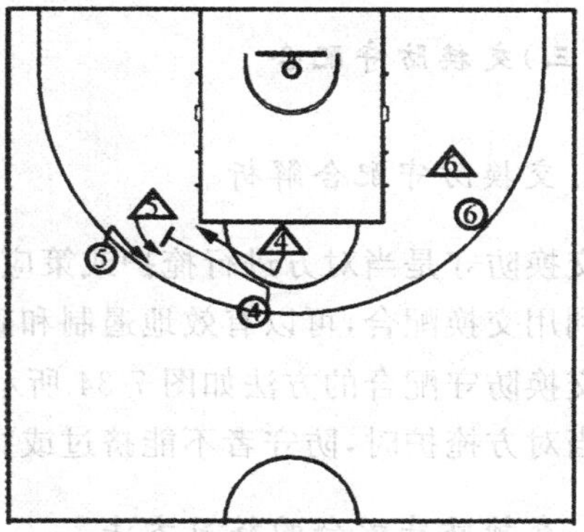

图 7-31

(二)穿过配合

1. 穿过配合解析

当进攻队员进行掩护时,防守掩护者的队员主动后撤一步,让同伴(即被掩护的防守队员)能及时从自己和掩护队员中间穿过去,继续防守自己的对手,即穿过配合。穿过配合的特点是防守者始终离对手不远,又不容易犯规,但需要同伴的及时配合。采用穿过配合,可以有效地遏制和破坏对方的掩护配合。

穿过配合的方法如图 7-32 所示,当④给⑤做掩护时,△5上前一步从△4和⑤之间穿过继续紧逼防守⑤。

在人盯人防守时,当进攻采用掩护,但没有投篮威胁时可采用穿过配合。

2. 穿过配合的学练方法

如图 7-33 所示,⊗在弧顶外持球,④、⑤、⑥轮流做定位掩护,△4、△5、△6防守者练习挤过、穿过、交换防守。当⊗弧顶传球给⑥时,④立即起动借⑤定位掩护摆脱防守切入,△4做挤过、穿过或交换防守练习。⑤做完掩护后拉出,④切入后到限制区左侧做定位掩护,⑥将球传过弧顶后利用④掩护切入,△6做挤过、穿过或交换防守练习。如此反复进行练习,到一定次数后攻守交换。

图 7-32

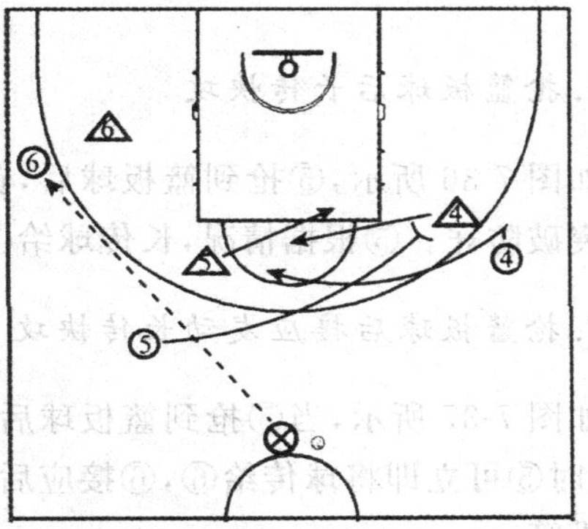

图 7-33

（三）交换防守配合

1. 交换防守配合解析

交换防守是当对方进行掩护或策应时，防守者之间及时交换自己所防守对手的一种配合方法。利用交换配合，可以有效地遏制和破坏对方的掩护配合。

交换防守配合的方法如图 7-34 所示，当⑤给④掩护成功，△4和△5要及时交换防守对象。

当对方掩护时，防守者不能挤过或穿过进行防守时，可及时采用交换防守。

2. 交换防守配合的练习方法

如图 7-35 所示，⊗与④和⑥在外围传接球，当⊗传球给④的同时，⑤给④做后掩护，④将球回传给弧顶队员，④借掩护之机切入篮下，这时△5一边跟防，一边通知△4，当④切入时，△5突然换防④，并准备断弧顶队员传给④的高吊球，此时△4要抢占内侧防守位置，防止⑤接弧顶的球。

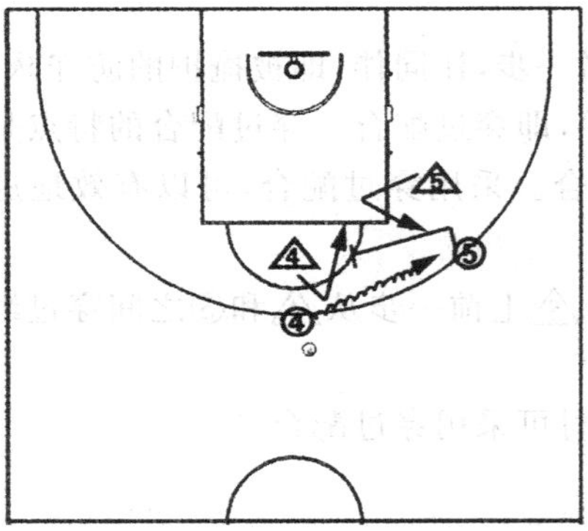

图 7-34

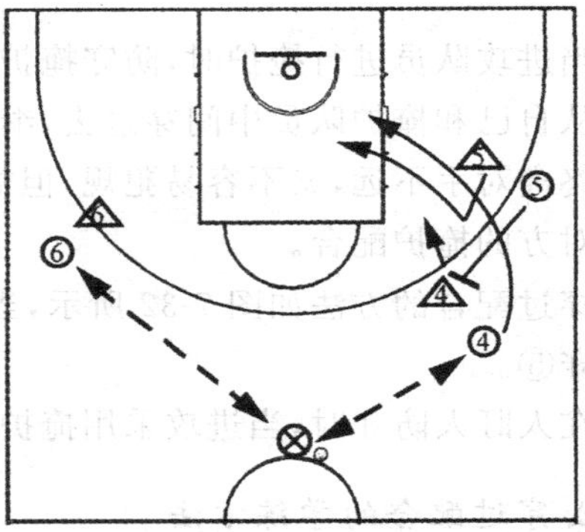

图 7-35

三、快攻战术学练

（一）长传快攻战术

1. 抢篮板球后长传快攻

如图 7-36 所示，⑤抢到篮板球后，首先应观察全场情况，掌握发动快攻的时机，⑦和⑧及时快攻突破防守。⑤根据情况，长传球给⑦或⑧进行投篮。④、⑤、⑥应随后插空跟进。

2. 抢篮板球后接应发动长传快攻

如图 7-37 所示，当⑤抢到篮板球后，⑦和⑧已经快下，但由于受到严密防守，⑤不能及时长传，此时⑤可立即将球传给⑥，⑥接应后根据场上情况，迅速将球长传给已经快下的队员⑦和⑧进行投篮。

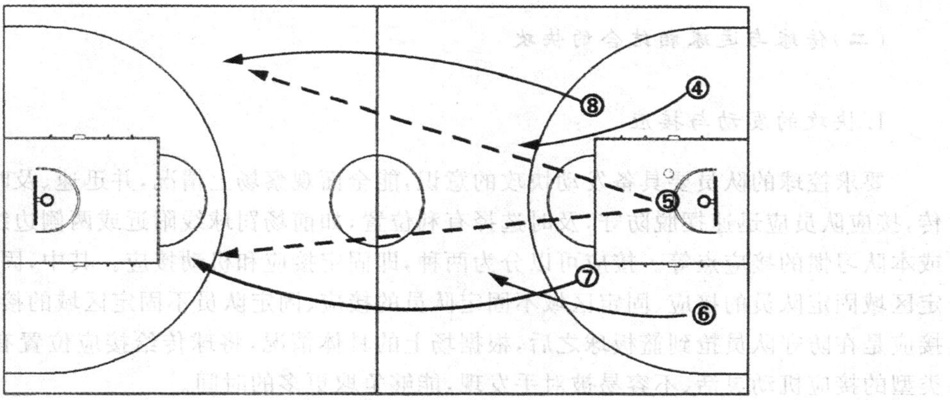

图 7-36

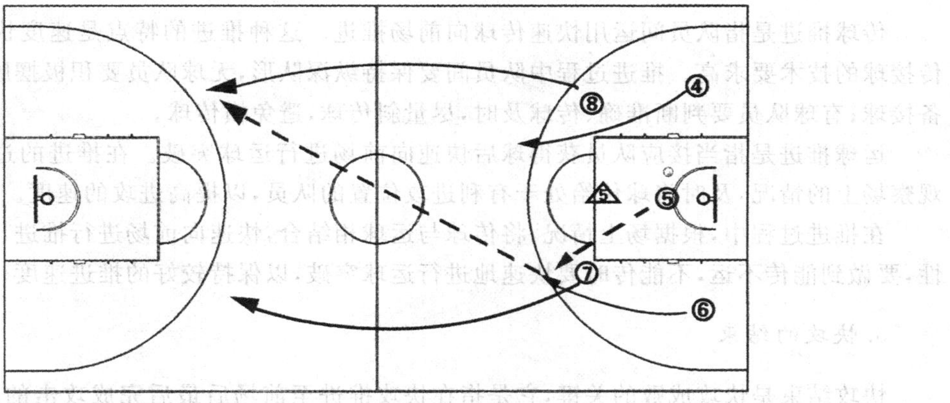

图 7-37

3. 掷后场底线球长传快攻

如图 7-38 所示，当对方投中篮后，离球近的⑥立即捡球跨出底线，迅速掷界外球，快速将球长传给快下的④或⑤进行投篮。

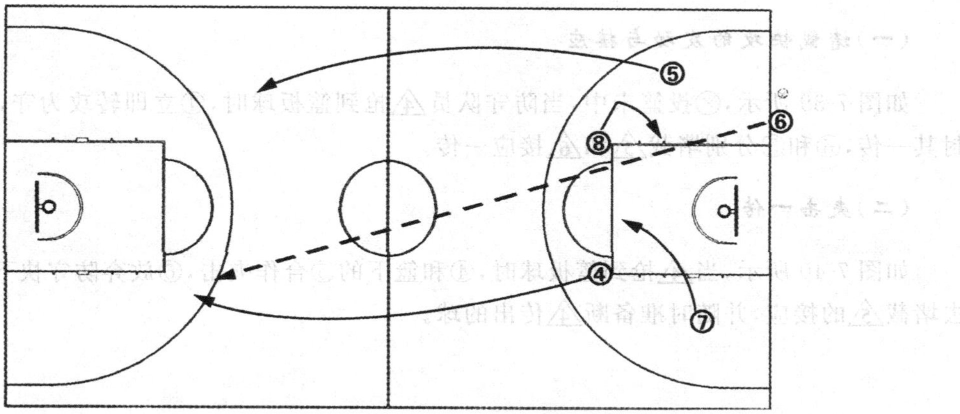

图 7-38

（二）传球与运球相结合的快攻

1.快攻的发动与接应

要求控球的队员要具备发动快攻的意识，能全面观察场上情况，并迅速、及时、准确地进行一传，接应队员应迅速摆脱防守，及时选择有利位置，如前场罚球线附近或两侧边线、中场两侧边线或本队习惯的接应点等。接应可以分为两种，即固定接应和机动接应。其中，固定接应又分为固定区域固定队员的接应、固定区域不固定队员的接应、固定队员不固定区域的接应等形式。机动接应是在防守队员抢到篮板球之后，根据场上的具体情况，将球传给接应位置有利的队员，这种类型的接应机动灵活、不容易被对手发现，能够争取更多的时间。

2.快攻的推进

传球推进是指队员间运用快速传球向前场推进。这种推进的特点是速度快，对队员行进间传接球的技术要求高。推进过程中队员间要保持纵深队形，无球队员要积极摆脱防守，并随时准备接球；有球队员要判断准确、传球及时，尽量斜传球，避免横传球。

运球推进是指当接应队员获得球后快速向前场进行运球突破。在推进的过程中，还要注意观察场上的情况，及时将球传给处于有利进攻位置的队员，以提高进攻的速度。

在推进过程中，根据场上情况，将传球与运球相结合，快速向前场进行推进，有着较大的机动性，要做到能传不运，不能传时要快速地进行运球突破，以保持较好的推进速度。

3.快攻的结束

快攻结束是快攻成败的关键，它是指在快攻推进至前场后最后完成攻击的阶段。在这一阶段，进攻队员要对防守队员的防守意图进行判断和预测，并选择最佳的进攻点，以保证进攻的顺利完成。本阶段，持球队员要进行准确的判断，及时、果断地进行传球或投篮，无球队员要占据有利于进攻的位置，伺机接球投篮，并积极进行抢篮板或补篮。

四、防守快攻战术学练

（一）堵截快攻的发动与接应

如图 7-39 所示，⊗投篮未中，当防守队员△4抢到篮板球时，④立即转攻为守，迅速上前挥臂封其一传，⑥和⑤分别堵截△5和△6接应一传。

（二）夹击一传

如图 7-40 所示，当△4抢到篮板球时，④和篮下的⑤合作夹击，⑥放弃防守快下的△6，而及时去堵截△5的接应，并随时准备断△4传出的球。

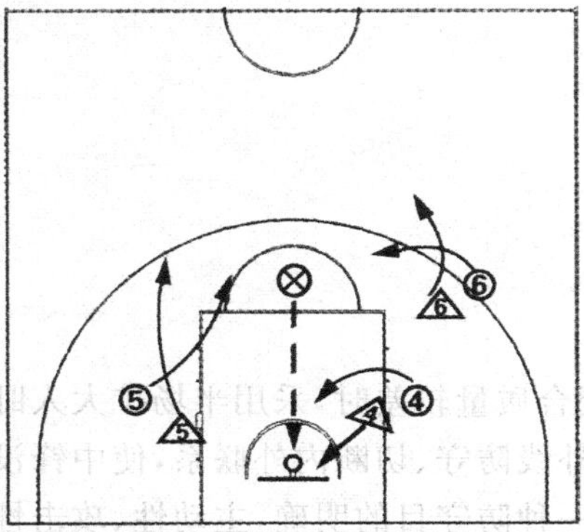

图 7-39

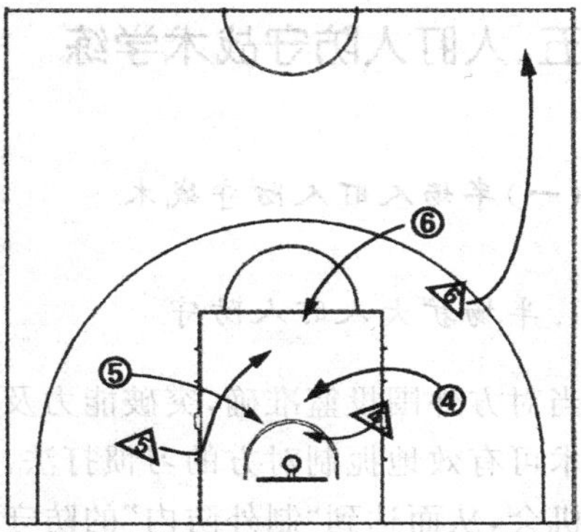

图 7-40

（三）快攻结束阶段以少防多

1. 半场一防二

如图 7-41 所示，当⑥把球传给⑤，⑤沿边线运球推进时，△4由中路稍向⑤一侧退防，在退防中要利用假动作干扰对手，当⑤又把球传给⑥时，△4立即移向⑥一侧篮下，并随时断⑥回传给⑤的球或及时起跳封盖⑥的投篮和可能的二次篮板球进攻。

2. 半场二防三

如图 7-42 所示，⑤从中路运球推进时，△4在前堵中路，△5在后成重叠防守。当⑤把球传给⑥时，△5上前防守⑥，△4立即后撤兼顾防守⑤和⑦。当⑥沿边线运球突破时，△5随之移动防守⑥突破上篮，这时△4要向中区占据篮下有利位置兼防⑤和⑦。当⑥把球传给⑤时，△4要立即移动堵截，△5迅速向篮下移动兼防⑥和⑦。练习中要求：△4和△5在防守中要协同配合，人球兼顾，真假动作结合，抢占有利位置，并伺机断球。

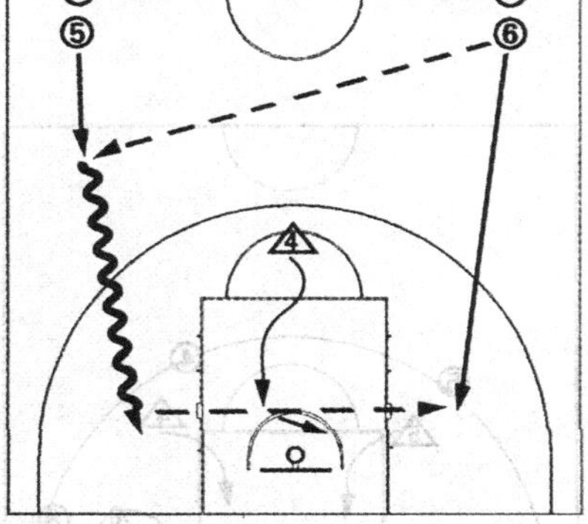

图 7-41

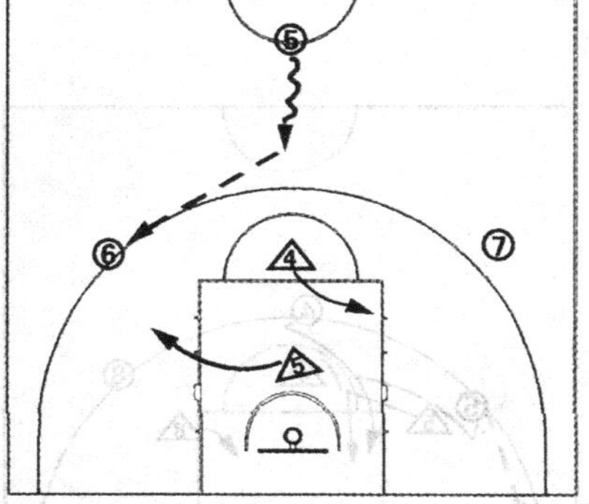

图 7-42

五、人盯人防守战术学练

（一）半场人盯人防守战术

1. 半场扩大人盯人防守

当对方外围投篮准确，突破能力及全队的整体进攻配合质量较差时，采用半场扩大人盯人防守战术可有效地扼制对方的习惯打法。有时也用于加强外线防守、切断内外联系，使中锋没有获球的机会，从而达到“制外防内”的防守策略。因此，这是一种防守目的明确，主动性、攻击性很强的防守方法。但由于扩大了防守，队员的体能消耗很大，不利于协防，容易出现漏人的现象。

当比赛由进攻转为防守时，防守队员对于对方反击的速度要严加控制，马上后撤，对方进攻的持球队员进入半场后，防守队员要通过紧逼放慢其速度，使其无法突破。对于无球队员的防守，位置的选择最重要。

2. 半场缩小人盯人防守

半场缩小人盯人防守，基本控制的防守区域是在半场的 1/2 区域内，它是以加强内线防守、保护篮下为主要目的的防守战术。这种防守战术多用于对方篮下攻击力较强、外围攻击力较弱的球队，它的防守区域较小，有利于协防，控制内线进攻、抢篮板球后组织快攻反击。

半场缩小人盯人防守的基本防守方法如下。

(1)破掩护、交换防守或协防

如图 7-43 所示，进攻队员⑤将球传给⑦后，⑤去给④做掩护，防守队员△5和△4向后移动穿过去破坏对方的掩护；若对方掩护成功，△5和△4要及时交换防守，或△4随之移动，继续去防④，其他防守队员相应地向篮下收缩，进行协防。

(2)围守中锋防突破

如图 7-44 所示，当进攻中锋⑥威胁性较大，而其他外围队员⑦、⑤、④中远距离投篮不准，但又善于切入时，特别是⑥接到外围⑧的传球，除△6全力防守之外，△4、△5、△7都要相应缩小防区。

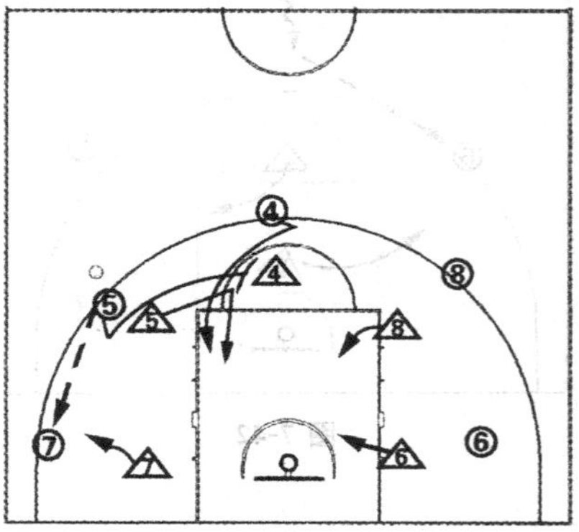

图 7-43

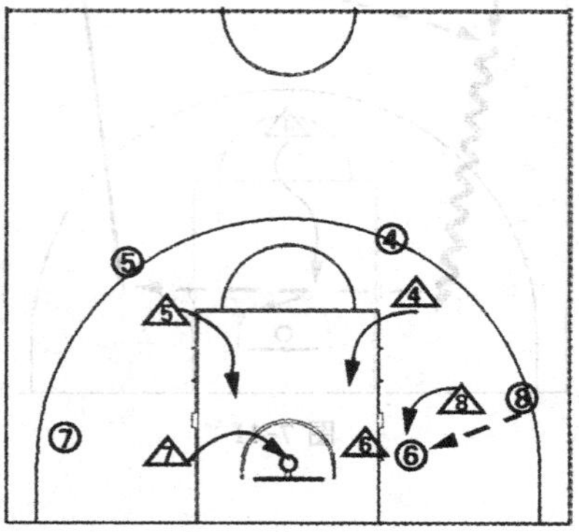

图 7-44

（二）全场紧逼人盯人防守

全场紧逼人盯人防守是在全场范围内与对手展开争夺，防守队员在不同防区的紧逼过程中，任务也有所不同，所以，通常把球场划分为前场、中场和后场三个区域来组织防守。

1. 前场紧逼防守

(1)对方在后场外掷界外球时的紧逼形式

一对一紧逼形式，如图 7-45 所示，△4积极阻挠④掷界外球，其他前场的防守队员采用错位防守，切断传球路线，积极抢断球。后场的防守队员应提上防守，与对手保持稍远的距离，并随时准备抢断长传球。

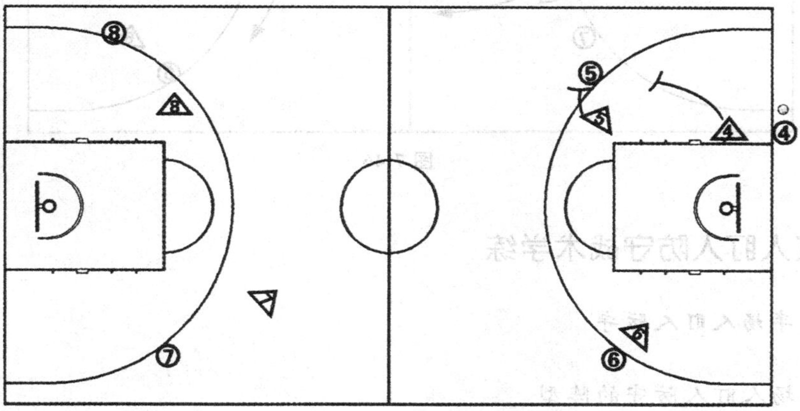

图 7-45

(2)夹击接应的紧逼形式

在上述一对一紧逼形式中，如果④是控制球能力很强的队员，是该队的主要接应者，△4可以放弃对发球人的阻挠，转而对⑤进行夹击，阻止其顺利接应球。

(3)机动夹击接球者的紧逼形式

如图 7-46 所示，△5和△6分别站在对手的侧前方，阻止对手迎前接应。△4放弃防守发球者，退到△5和△6的后面，随时抢断传给⑤和⑥的高吊球，△7提上，准备抢断传给⑥的长传球，△8向⑦方向靠一点，准备抢断传给⑦的长传球。

2. 中场紧逼防守

(1)在对方运球向前推进时堵中放边。

(2)同伴防守队员要根据场上情况和时机，大胆上前包夹对方运球队员。

(3)一旦包夹开始，后面的防守队员要向前补防，并积极抢断对手的传球。

(4)对手如将球传出或突破包夹，要立即回撤，重新组织防守力量。通过急与缓的节奏打乱对手的战术节奏。

3. 后场紧逼防守

一般来说，在后场应继续扩大防守，对持球队员积极封堵，尤其在底线场角，防守队员应积极组织夹击，破坏对方的进攻，促进其出现失误，继续给对方心理上施加压力。如果在前、中场防守时，由于交换盯人、轮转补防出现防守队员中间高矮错配、强弱不均等现象，可以寻找适当的时机进行调整，以巩固后场的防守实力。

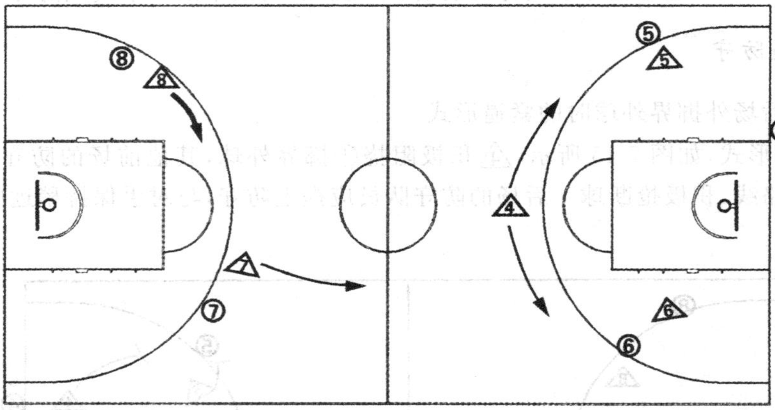

图 7-46

六、进攻人盯人防守战术学练

（一）进攻半场人盯人防守

1. 进攻半场人盯人防守的阵型

阵地进攻中，要根据本队条件和防守队的特点，以及选择的战术来确定进攻的队形，进攻人盯人防守战术要充分利用传切、掩护、突分和策应等基础配合，打乱对方的防守体系，并结合个人的攻击能力，创造得分机会。常用的阵地进攻队形有以下几种。

（1）“3—2”队形

如图 7-47 所示，该队形的进攻特点是有利于外围掩护、传切和中锋的策应与篮下进攻。

（2）“1—2—2”队形

如图 7-48 所示，该队形的进攻特点是有利于外围传切、掩护和中锋篮下移动。

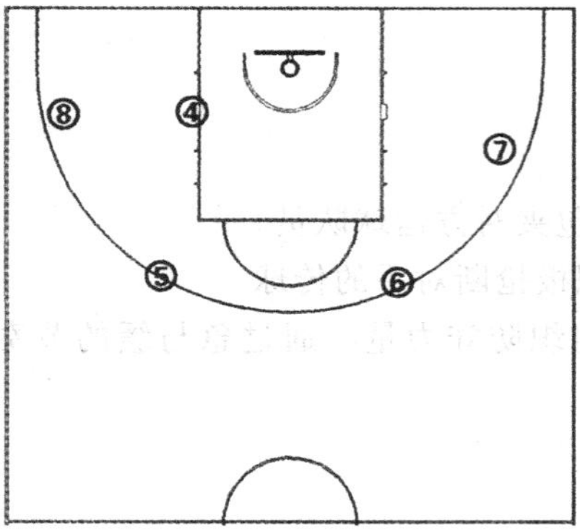

图 7-47

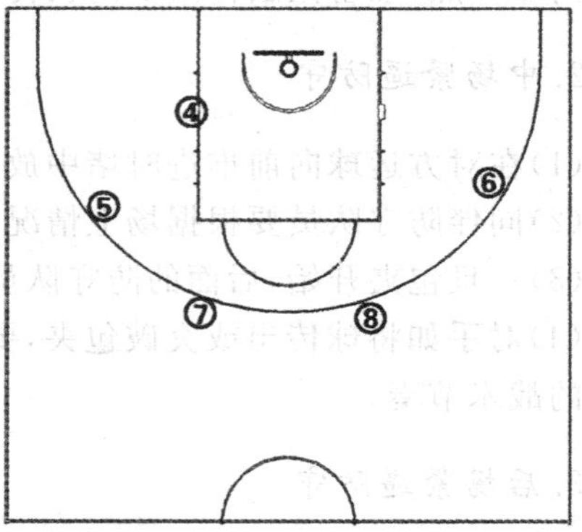

图 7-48

2.进攻半场人盯人防守的方法

(1)掩护突破与空切配合

如图 7-49 所示，⑥传球给⑤，④提上给⑤做掩护，⑤借助④的掩护持球突破到篮下；同时⑧提上给⑦做掩护，然后转身插向篮下，准备接⑤的分球或抢篮板球，⑦借助⑧的掩护插向底线，准备接⑤突破分球，这样，⑤突破篮下时可以有自己上篮、分球给⑦或④或⑧投篮四个机会。

(2)掩护策应与传切配合

如图 7-50 所示，⑥传球给⑦，然后去给⑤做侧掩护，④做假动作后插到罚球线上要球，⑧去给⑦做侧掩护，⑦传球给④后，借⑧的掩护向篮下快下，⑤借助⑥的掩护插到圈顶准备策应跳投，④根据情况做策应跳投或传给⑦准备投篮。

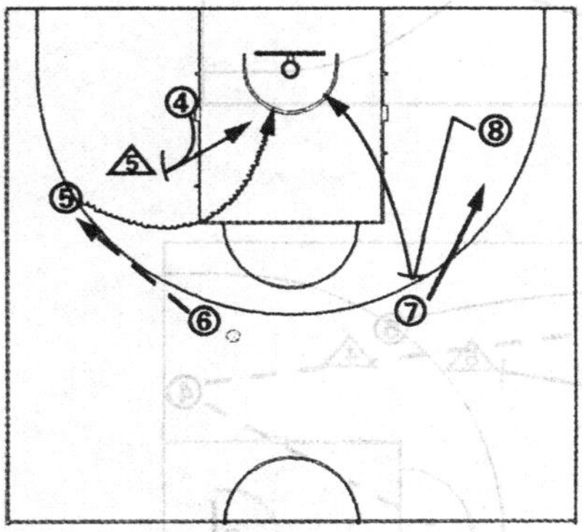

图 7-49

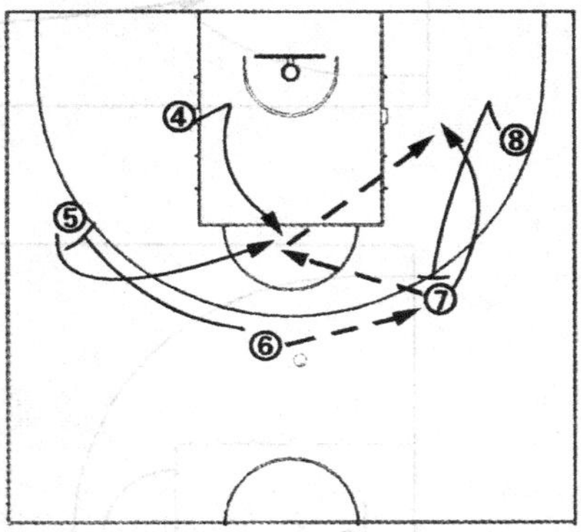

图 7-50

(二)进攻全场紧逼人盯人防守

1.三人掩护配合

如图 7-51 所示，在对方全场紧逼掷端线界外球时，⑤、⑥、⑧迅速在罚球线附近面对④站成屏风式的掩护横队，⑦在罚球区的另一侧。采用这种落位阵式时，④必须有较强的战术意识，传、运球要准确；⑦的突破速度要快、投篮要准确；⑤和⑥是接应队员，⑧是中锋，要有跟进策应和强攻篮下的意识。配合开始时，⑦首先向端线跑动，当防守队员阻拦接应时，迅速反跑，快下，准备接长传球快攻，⑥和⑤向边线移动接应一传。如果④将球传给⑧，中锋⑧应该迅速沿右侧边线快下，⑤则迅速摆脱防守斜插中路接应，并运球突破，争取与⑧、⑦在前场以多打少。

2.两侧掩护配合

如图 7-52 所示，⑥、⑤在两侧接应一传，⑧、⑦分别站在离⑥、⑤4～5 米处。掩护配合开始时，⑦和⑧分别给⑤和⑥做掩护，⑤和⑥利用掩护向两侧跑动，接长传球，破人盯人防守，同时，以防不测，⑦或⑧全力去接应一传。

3.中路运球突破

如图 7-53 所示，⑦给⑤做掩护后去接应一传，然后迅速从中路运球推进，⑤利用⑦的掩护，从边路快下，⑧和⑥交叉跑动，如果来堵截，将球传给⑥或⑧，⑥或⑧接球后运球突破至前场，到篮下准备上篮。

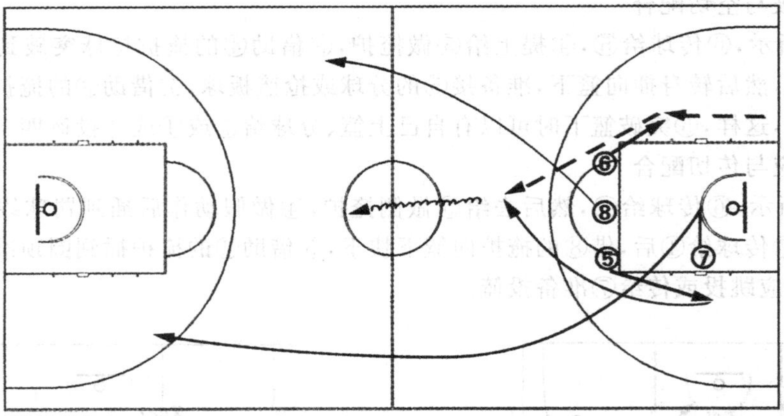

图 7-51

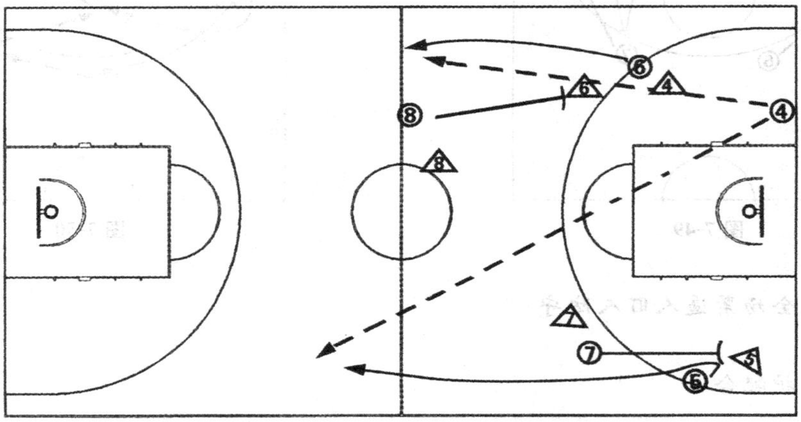

图 7-52

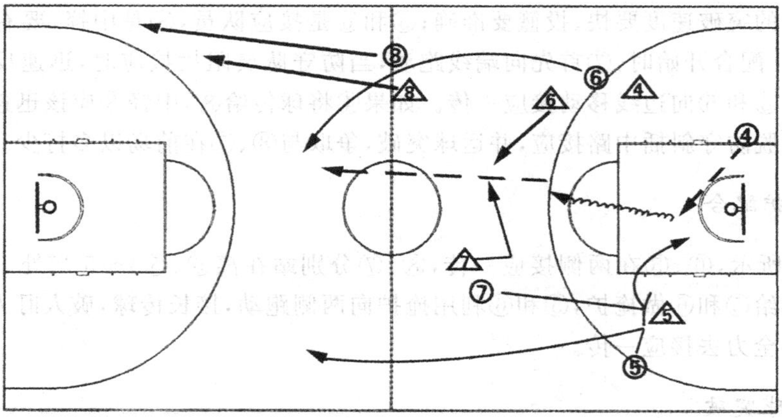

图 7-53

第八章 排球运动文化与技战术学练

第一节 排球运动的历史文化

一、排球运动的起源

排球(Volleyball)是一项参与者以身体的任何部位击球,使球在本方半场经过规定次数的传递后打至对方半场的一种具有集体攻防对抗性的体育运动项目。排球运动以其独特的比赛规则和健身价值成为一项深受广大群众喜爱的体育活动。

从历史资料的研究中可以知道早在19世纪就出现了类似现代排球运动的游戏活动。1895年,美国人威廉·摩根将这种游戏加以总结和整理,创造了一个使用篮球内胆作为球,参加者在高约2米的球网两侧从网上拍来拍去,使球不落地的集体游戏。起初这项活动作为游戏属于纯消遣娱乐性的活动,因而人数和击球次数都不受限制。

1896年,美国开始有了排球比赛。第一部规则也发表在1896年7月出版的美国《体育》杂志上。最初排球比赛没有人数规定,赛前由双方临时商定,只要双方人数相等即可,排球在美国很快受到国内各教会、学校和社会的广泛重视。随后,这项运动也被引入到了军队中,成为一种军事训练项目。之后随着场地、器材、比赛方法以及规则的不断演变,并逐步提高完善,最终发展成为今天的排球运动。

美国是排球的故乡。排球运动在美国问世后,由美国的传教士和驻外国的军官、士兵带到了世界各地。由于排球运动传入的时间及采用的规则不同,世界各地排球运动形式也不同。因此,长期以来,美国的排球运动没有被列为正式体育竞赛项目,发展速度也较为缓慢。最早接触到排球的国家多为美国的邻国,因此6人制排球传入美洲的时间比较早。1900年首先传入加拿大,1905年传入古巴,1912年传入乌拉圭,1914年传入墨西哥。

排球传入亚洲是在1900年,那一年排球传到印度,1905年传到中国、1908传到日本、1910年传到菲律宾等国。排球传入亚洲后,采用的规则与美国排球规则有很多不同之处,亚洲早期的排球比赛为16人制,如1913年在菲律宾举行的第1届远东运动会上的排球比赛即为16人制。后来演变成为12人制和9人制。

欧洲的排球运动起步较晚,直到1920年左右才相继传到苏联、法国等国家。欧洲的排球是第一次世界大战时,由美国士兵带去的。排球传入欧洲虽晚,但传入的是6人制,且其竞技性已逐渐成熟,所以发展较快。

1947年国际排球联合会的成立,标志着排球已成为世界性的竞技体育运动。1949年,国际排联在布拉格举办了第1届男子排球锦标赛。到1956年国际排联的会员国已发展到80多个，参加世界锦标赛的队伍也明显增加。到现在，已有200多个会员国，排球运动已发展成为世界上最大的运动项目之一，与足球和篮球并称为世界“三大球”运动。同时，由于排球自身的魅力也使得更多的国家对这项运动予以关注，排球技战术的发展也就相应加快。这直接体现在排球比赛中的对抗越来越激烈。精彩激烈的比赛也吸引了大量的观众。这些都为排球进入奥运会打下了坚实的基础。

为了能使排球比赛在东京奥运会上成为正式比赛项目，除了国际上许多排球界人士的努力，日本在此期间也做了艰苦的努力。经过大会的表决，以压倒性多数通过了排球成为1964年东京奥运会的正式比赛项目。在东京奥运会上，规定男队为10支参赛队，女队为6支参赛队。从此，排球运动成为奥运会正式比赛项目，排球运动也进入了一个崭新的发展时期。

在排球运动的发展过程中，根据各种群体的需求，又派生出其他休闲排球运动方式，除了奥运会的室内6人制排球、沙滩排球，还有9人制排球、软式排球、小排球、气排球，以及残疾人排球等休闲排球运动。

二、排球运动的发展

(一)世界排球运动的发展

排球成为世界性的竞技体育运动的标志是国际排球联合会的成立。

1.世界排球运动发展的阶段

在国际排联成立前，排球运动基本上一直处在娱乐游戏向竞技比赛发展的阶段。世界上没有统一的国际组织，没有统一的竞赛规则，更没有正式的国际比赛。国际排联成立以来，世界排球运动发展情况主要可以分为以下五个阶段。

(1)第一阶段：20世纪50年代

这一时期，东欧的排球技术水平最高。在世界排球比赛中，男女前6名基本上是苏联、捷克斯洛伐克、保加利亚、罗马尼亚、波兰和匈牙利等队。他们的打法基本相似，大多数采用上手发球，上手传球，一般扣高球，发球攻击力不强，扣球成为最主要的进攻和得分方式。当时苏联男排身材高大，体格健壮，扣球力量比较大，进攻以高点强攻为主，凶狠有力，成为“力量派”的主要代表。而捷克斯洛伐克队强调技术动作上的细腻，以扣球的路线和落点变化为主要特色，讲究配合，有打有吊，有重有轻，以巧见长，成为“技巧派”的主要代表。在这两大流派的竞争中力量派占上风。这个阶段在排球技战术上，女子基本上都是模仿男子的打法。

(2)第二阶段：20世纪60年代至70年代初

这一阶段我国独创的“平拉开扣球”和盖帽拦网技术对世界排球运动的发展起了巨大的作用。日本男排在学习我国“平拉开扣球”的基础上发展了“短平快”及“时间差”“位置差”等自我掩护的进攻方法。亚洲各队以快制高，成为“速度派”的代表。总体上讲，在这阶段的世界性三大排球比赛中，各种流派各有千秋，都以其独特的风格先后称霸排坛。

20世纪60年代初日本女排迅速崛起，她们创造了勾手飘球、前臂垫球和滚动垫球防守技术，这三项技术的创造与应用，打破了当时苏联女排称霸排坛的局面，开始进入两强对抗时期。日本女排成为“快速配合、积极防守”型的主要代表，同时也将亚洲打法及这三项技术传向世界各队，推动了女子排球技战术的发展。新技术的首创对世界排球运动起了非常大的推动作用。

(3)第三阶段:20 世纪 70 年代后期

随着各国交往越来越频繁，欧、亚两大洲的各种打法互相取长补短，互相融合。欧洲球队在发展自己技战术的基础上，吸取快速打法的优点，改变原先那种单纯追求个人技巧、力量或高度的打法；而这个时期的亚洲球队，在进一步总结完善快速进攻打法的基础上，普遍提高了球员的身高，加大了强攻威力，使战术体系更加完善。

此外，这一阶段的美洲排球运动发展非常迅速，古巴男女排和美国女排迅速崛起。在 1978 年古巴女排打破日本、苏联一统天下的局面，登上世界冠军宝座。日、美、古、苏、中 5 支队伍成为女排前五强，实力非常雄厚，比赛中互有胜负，竞争非常激烈。

(4)第四阶段:20 世纪 80 年代

进入 20 世纪 80 年代，在追求排球球员身材高大的同时，各队都更加强调快变打法，攻守技术日趋全面。大量的实践证明，一个球队单纯依靠高度和力量，或单纯依靠快速和技巧都很难战胜对方，因此形成各种新的打法。平快扣球的击球点开始大大提高，不少队摆脱流行的前排互相掩护的打法，开始把后排快攻有机地纳入战术体系，形成前后排互相掩护的“纵向进攻”体系。总之，这一阶段以高度和力量著称的苏联男排，继续处于世界领先地位。

(5)第五阶段:20 世纪 90 年代

这一阶段，排球运动朝着职业化的方向发展。职业化开始促进训练水平的提高，导致出现大批的排球明星，这些明星吸引更多的排球观众，使排球运动达到空前水平。高科技渗透到排球训练和比赛中，计算机和各种先进仪器设备的使用，使排球训练更加科学化和合理化，这样也促进比赛更加紧张激烈。

同时，在这一阶段，排球比赛规则做了很大的修改，各国球队都在研究、适应新的排球规则。这一时期，欧美队以强攻及后排攻为主，战术趋于简单又实用，在国际排坛占有很大的优势。意大利男排以其成熟和全面而较突出，古巴女排也以高举强攻称雄。

2.排球运动发展的推动因素

排球运动起源于一种游戏，它之所以能够成为当今世界“三大球”之一，具有极高的竞技性和观赏性，主要有以下两方面的原因。

(1)攻防观念发生了转变

排球运动从传、扣技术分开后，人们就把那种在网前跳起后，将球扣到对方的技术看作是向对方的进攻。

20 世纪 50 年代，人们的进攻观念发展为通过“中、边一二”战术的形式形成两个不同的进攻点给对方以威胁，后来由于拦网技术的出现，人们认识到不只意味着由一两点往下扣，若不避开对方的拦网，则很难发挥进攻效果，于是出现了 20 世纪 60 年代的“线”，即扣直线、斜线、高弧线等。扣球个人战术也应运而生，如转体、转腕扣球等。

到 20 世纪 70 年代时，球员的身体素质有了大幅提高。当时的集中与拉开、高球与快球、时差与位差等战术，使扣球形成了 20 世纪 70 年代的“面”，但当时的进攻观念仍不能摆脱拦网的威胁，于是人们的进攻观念从网前向场地的纵深迁移，远网扣球、后排扣球、跳发球的相继出现，说明了进攻区域已从网前扩大到了端线。另外，此时的排球比赛已把发球和拦网列入了向对方发起进攻的形式和手段。

现代竞技排球已摆脱了“中、边一二”和“插上”的进攻形式，二传可在场上的任何位置上组织进攻，扣球队员可在场上任何位置上扣球，形成了一种新的“中、边一二”和“插上”的进攻形式。场上主攻与副攻的分工已不明显，主攻常打快攻，副攻参与强攻与后排攻，两翼队员在前后排的跑动进攻已成为比赛的主要得分手段。

随着人们对排球运动在进攻观念上的不断变化，促进了防守观念的转变。当初在点、线、面的进攻时代，防守是从固定位置，采用低姿的以单、双臂击球的各种救球动作，在“心跟进”“边跟进”防守阵型的位置分工下进行的。由于防守阵型有了“扩大”和“压缩”型的变化，于是前扑、鱼跃、滚翻垫球及挡球技术也随之而生。当进攻战术发展到全方位的立体进攻时代，人们的防守观念又发生了突变，即认识到将过去那种被动的等待形的防守动作，变成积极的出击形的防守动作，把固定位置分工的防守模式，变成针对形、变换形、动态形乃至全方位的防守动作和全方位的拦网整体配合。

(2)排球竞赛规则的修改和完善

排球运动从游戏活动向竞技运动发展的过程中，规则的不断修改和增补起了很大的推动作用。在一项运动的早期还属于游戏范畴时，主要在于它的随意性和娱乐性，如双方球员的人数或比分的设定都属自由协商，没有固定的要求。而随着竞技性的不断增强，这项游戏就逐渐被更多的规则所“束缚”，这些规则尽管也不是固定不变的，但它的变化总是围绕着如何进一步提高竞技性来进行的，尤其是对规则的修改和增补在认识上的变化促进了排球运动向着更完美、更理想的方向发展。

最初对规则的修改和补充只是以适应技战术发展和维护排球运动特性为目的，如在最初的规则中取消了球在网前落地一次的规定，以保护排球运动“空中击球”“球不落地”的特点。随着传扣技术的分化，规则又补充了发、传、扣球的技术概念，以后规则规定在场地上设置中线是为了适应扣球和拦网技术的发展。

1977 年规定标志杆内移和允许拦网后可再击球 3 次，促进了快速反攻战术的形成。

20 世纪 80 年代，人们对规则修改的原则进行了重新认识，在对待攻防平衡的认识方面，认为应积极地鼓励防守技术的发展，而不能消极地限制进攻技术的发展。因此，在放宽了对第一次击球时连击的判罚和允许身体任何部位(包括脚)均可触球后，规则又减小了比赛用球的球内气压，以适当降低球速而有利于防守。从此全方位的防守技术动作相继出现，从而大大提高了防守质量。

排球运动的社会化和商业化在很大程度上要借助电视传播等传媒。为了成功地把排球运动推向市场，人们意识到规则的修改要利于电视转播。1992 年规则补充了每局有两次技术暂停时间，就是为了适应赞助商播放广告的需要。1998 年，为了有利于电视转播又不影响比赛的精彩程度，国际排联试行了各种竞赛制度修改方案，最终以当前的每球得分制代替了发球权得分制，从而加强了比赛时间的可控性。1999 年规则增设“自由防守人”，更利于接发球和后排防守。

对于排球运动规则的历次修改，其本意还是在于能够使排球运动更具观赏性，增添比赛的激烈程度和使运动规则更加合理。这些都是对排球运动发展的又一次促进，使排球运动向更完美、更理想的方向发展，使之更快成为人们最喜爱的体育项目之一。可见排球运动的发展和演变与排球规则的不断修改和完善有着密切的关系。

3. 物质文明的进步和发展

随着现代科技的不断发展，更多的高科技设备与体育科学的发展使得排球运动也进入到了跨时代的改变。更多的科技引入到排球竞赛、后勤保障、排球健身的领域中。主要体现在将其他科学的新理论、新方法应用于排球运动的研究越来越多，其中许多科研成果为世界排球运动做出了很大的贡献。

随着物质文化消费水平的不断提高，健身、娱乐逐渐成为人们的一种生活需要，开展6人竞技排球已不能满足人们日益增长的需要，于是全球性的以各种形式出现的娱乐排球悄然兴起。因此可以说，物质文明的进步与发展，极大地促进了排球运动向着竞技和娱乐性共存的方向发展。

（二）我国排球运动的发展

1. 排球运动传入我国

1905年，排球运动传入中国。到了1913年，当时刚刚成立的不久的中华民国政府就派队首次参加了在菲律宾举行的第1届远东运动会的排球比赛。

1914年，广东一些学校举行第一次“华利波”(Volleyball)联赛，之后开始迅速传播到其他省市。同年，旧中国第2届全运会上排球运动被列为正式比赛项目。在1915年在上海举行的第2届远东运动会上中国男排首次获得冠军。

我国女子排球正式比赛是1921年在广东省运动会上开始的，此后便于两年后的1923年，中国女排首次参加了在日本举行的第6届远东运动会。1924年，女子排球被中华民国第3届全国运动会列为正式比赛项目。

2. 6人制排球在我国的发展

新中国成立之后，在国家相关部门的重视下，排球运动很快被作为重点体育项目在全国广泛推广。为适应国际比赛的需要，在1950年7月全国体育工作者暑期学习会议上，中华全国体育总会第1次向与会人员介绍国际排联制定的6人排球竞赛规则和方法，并在8月份成立中学生排球代表队赴布拉格参加世界学生第2次代表大会的排球比赛。

1951年1月组建了中国青年男子排球队赴柏林参加第11届大学生冬季运动会和第3届世界青年联欢节。同一年5月在北京举行的第1届全国篮、排球比赛大会上正式采用6人制排球比赛，并正式组建了国家男、女排球队，即当时的“中央体训班男、女排球队”。

1952年国家男、女排开始到全国14个城市进行6人制排球比赛的示范表演，对6人制排球运动在我国的普及起到巨大的推动作用。

1953年中国青年女子排球队首次随中国代表团参加在布加勒斯特举行的第1届国际青年友谊运动会排球赛。

1954年我国加入国际排球联合会(简称国际排联)，正式被纳入会员国。为了能够向当时排球运动处于领先地位的东欧各国学习，中国男、女排球队在赴布达佩斯参加第12届大学生运动会途经苏联时，曾到莫斯科、里加、基辅、明斯特等城市进行训练和比赛，系统地学习了苏联排球队先进的技战术打法和训练方法。除了走出国门之外，还采取请进来的方法学习外国的先进技术及理论。

1956年国家体委邀请了苏联专家戈洛马佐夫在京、津两地举办“全国排球教练员训练班”，学员们全面系统地学习了苏联排球运动训练的方法，为我国排球运动的发展起到了积极的促进作用。同年建立了全国联赛的竞赛制度，并颁布了《中华人民共和国球员、裁判员等级制度条例(草案)》。这时，高等教育部、中等教育部颁布的《一般高等学校体育课试行教学大纲》《中等学校体育教学大纲(草案)》和《师范学校体育教学大纲(草案)》，都开始把6人制排球列为必要教材。在国家多项有力政策的支持下，我国排球运动在20世纪50年代时不仅在群众的知晓率和参与率上有了很大提高，同时也使竞技排球领域中的技术水平迈上了新的一级台阶。由于我国排球运动是在继承9人制排球技战术基础上发展起来的，特别是我国的快球和快攻战术是其他国家所没有的，因此在1956年中国男、女排球队第一次参加世界锦标赛就取得了女子第6名、男子第9名的优异成绩。

1964年，周恩来总理邀请大松博文教练率领当时的世界冠军日本女排来访华，并请他亲自指导我国球员训练。贺龙副总理要求我国排球界应该学习大松博文教练的严格要求和日本女排刻苦顽强的训练作风。此时，我国排球训练工作的方针是“三从一大”即从难、从严、从实战出发，坚持进行大运动量训练，使我国排球运动水平又有了很大的提高。

但此后的“十年动乱”使我国的体育事业受到了严重摧残，排球运动也一样遭此厄运。在此期间运动队全部停止了训练，甚至有的队已经被解散，排球运动的整体技术水平下降，运动队开始出现青黄不接的局面。

3.我国排球走向世界

在“动乱”时期，1972年周恩来总理努力摆脱重重困难，发出了“要把体育运动重新搞上去”的号召，国家体委以举办5项球类运动会的形式开始恢复了体育竞赛，并在同年召开了“三大球训练工作会议”。会上对过去的工作进行系统的总结，找出了差距，进一步明确了今后排球训练工作的指导思想和发展规划，建立排球训练基地，并开始有计划地组织每年各省、市队的集中训练工作。通过每年的冬训，各队有一段较长时间集中在一起进行相互学习，对提高技战术水平、迅速培养后备力量起到了积极的催化作用。这些工作也为后来我国排球运动在十几年后的一次腾飞奠定了坚实的基础。

1976年组建了新的国家男、女排球队。

1977年参加世界杯排球赛(男子第3届、女子第2届)，我国男排获得第5名的成绩，女排获得第4名的成绩。

1978年在世界排球锦标赛中获得男子第7名、女子第6名的优异成绩。

1979年我国男、女排分别在亚洲锦标赛中战胜日本队和韩国队，全部获得冠军，并取得参加奥运会的资格，从此中国男、女排开始冲出亚洲，走向世界。

1981年我国女排在日本举行的第3届排球世界杯赛中以7战7捷的战绩，第一次获得世界冠军的称号。

1982年我国女排在秘鲁举行的第9届世界女排锦标赛中再次夺得冠军。

1984年中国女排继续发扬顽强拼搏精神，在美国举行的第23届奥运会排球赛中再次问鼎，第一次在奥运会排球比赛大厅内升起中国的五星红旗。荣获三连冠的中国女排在我国排球史上留下了光辉的一页。

1985年在日本举行的第4届女排世界杯、1986年在捷克斯洛伐克举行的第10届世界女排锦标赛中，我国女排又相继夺冠，创造出世界女排大赛中五连冠的新纪录。

20世纪70年代末到80年代初，我国男排技战术水平的提高也非常迅速，在继承传统快攻打法的基础上，又大胆创新了“前飞”“背飞”“拉三”“拉四”等新的战术，形成了一套自己的快变战术打法，在1977年的世界杯和1978年的世界锦标赛分别获得第5名和第7名的优异成绩。在1981年我国男排再次获得世界杯第5名，当时中国男排的实力不仅冲出了亚洲，而且能开始向世界的列强挑战。

4.跌入低谷，东山再起

20世纪80年代，当世界男子排球运动迅猛发展的时候，我国男排水平则出现了一定程度的下降。面对1982年世界锦标赛中的有利局面，我国男排却因关键时刻队员的心理承受能力差而失去了进入前4名的机会，仅获第7名。1984年又以一胜五负的战绩排名第8。1985年世界杯亚洲预选赛以1∶3负于韩国，失去参加世界杯赛的资格。1987年亚洲锦标赛上负于日本而失去参加第24届奥运会的资格。1989年在亚洲锦标赛上负于日本队和韩国队名列第3。

20世纪90年代初，我国女排也开始陷入低谷期。1988年汉城奥运会，我国女排失去了冠军的宝座，1988年至1991年两次世界杯和一次世界锦标赛的成绩分别为第2、第3、第2名，始终与冠军无缘。1992年奥运会和1994年世界锦标赛仅获第7名和第8名。而且在1994年亚运会上负于韩国而名列第2。

1995年国家体委召开了研讨会，会上找出了我国男、女排运动成绩下滑的主要原因，是因为指导思想跟不上世界排球运动形式的发展而造成的，并积极总结经验和教训，探讨了今后的发展方向。同年重新组建了国家女排，并邀请当时在国外任教的郎平回国执教。此后，中国女排在郎平主教练的率领下，严格训练，增强了全队的凝聚力，树立了重新攀登世界高峰的信心。先于1995年获得亚洲锦标赛冠军冲出亚洲，再于同年获得世界杯赛的第3名，并于1996年再次获得奥运会排球赛亚军，1998年世界锦标赛再次获得亚军。1999年世界杯第4名，2000年奥运会成绩下降至第5名。1997年中国男排在新一任教练汪嘉伟的带领下重新夺得亚洲锦标赛的桂冠，并在世界锦标赛预赛中取得了参赛资格。1999年中国男排在亚洲锦标赛上成功卫冕。

5.勇创佳绩，重铸辉煌

在2002年世界锦标赛上，中国女排获得第4名。2003年世界杯女排比赛上，中国女排顶住压力，以11战全胜的佳绩夺取了17年来第一个世界大赛的冠军。2004年雅典奥运会上，中国女排在主攻赵蕊蕊受伤的情况下依旧力克各路豪强，她们在决赛中以3∶2战胜俄罗斯队，勇夺阔别20年的奥运冠军，重登巅峰。中国女排重夺世界冠军是因为她们把思想作风建设摆在十分重要的位置，坚持“从制度入手，高标准，全方位齐抓共管”的工作思路，严格管理，严格要求，认真学习和努力实践当年老女排那种敢打硬仗、敢于胜利和团结协作、顽强拼搏的精神。

这一时期的中国男排经历了一个较长的摸索时期。在2003年世界杯上获得第10名。2004年奥运会落选赛，中国男排负于澳大利亚队无缘雅典奥运会；但在此次比赛上，中国男排的“三老带三新”的阵容经历了考验，他们先后战胜了亚洲劲敌韩国、日本和伊朗，无论是从比赛经验还是心理上都为中国男排日后的复兴和发展留下了广泛的空间。并且,在2008年北京奥运会上,中国男排也取得了第5名的历史最佳成绩。我们相信,中国男排只要踏踏实实地从青少年培养抓起,形成从地方到国家队的良性循环,学习世界男排训练与管理的先进理念,是完全可以进入世界一流水平的队伍的。

6.其他形式的排球在我国的开展

排球运动在我国有着非常好的群众基础,并且深受各阶层人们的喜爱,因此在其发展的过程中逐渐形成了多种多样的形式。

(1)沙滩排球

在国外,沙滩排球运动以其阳光、开放的特点受到了人们普遍的喜爱,然而这项运动在我国的开展则相对较晚。沙滩排球运动员的选拔也是从室内排球赛的运动员中挑选的。在1987年我国派队赴日本和韩国参加国际邀请赛,因为刚开始接触这项运动,水平较低,因此没有取得好成绩。1989年我国在北戴河举办了首次沙滩排球邀请赛,1994年正式举办全国首届沙滩排球比赛,此后每年都举办一次沙滩排球巡回赛,从第8届全运会开始沙滩排球被列为正式比赛项目,且纳入我国排球运动发展规划。1998年首次在我国大连举行国际女子沙滩排球巡回赛的第一站比赛。2000年悉尼奥运会和2004年雅典奥运会,我国都有两队女选手参加沙滩排球比赛。2003年我国沙滩排球项目获得了独立的编制,取得了与室内排球相同的地位和待遇,这为沙滩排球的进一步发展创造了有利条件。2005年7月在青岛举行了第1届大学生沙滩排球赛。我国沙滩排球女子组合田佳、王洁获得2008年北京奥运会女子沙滩排球的亚军,将中国沙排的成绩带向了顶峰。

(2)软式排球

20世纪90年代,软式排球传入我国,1995年北京体育大学举办了我国首次软式排球比赛。1996年国家体委在天津体院举办首届软式排球培训班。目前,我国自己研制生产的软式排球已问世,很多学校和单位已经开展此项活动。1998年北京西城区的“百人校”和“百队校”软式排球活动,将此项运动进一步推向高潮。2000年教育部颁布新修订的中、小学《体育与健康》教学大纲,将软式排球正式列入教学大纲,这说明将有更多的青少年加入到软式排球运动中来,我国会成为世界软式排球人数最多的国家。

(3)小排球

小排球是一种小于成年人比赛场地和比赛用球的比赛形式,适合少年儿童的生理特点,其比赛方法和技战术简单,非常适合在儿童之中开展,小排球运动可培养他们对排球的兴趣爱好,对培养少年儿童团结、互助、勇敢、顽强的优秀品质,促进其身心的健康发展都起到积极的作用。20世纪70年代儿童排球在我国蓬勃开展,推动了我国排球运动的发展。

(4)“气排球”“妈妈排球”

“气排球”“妈妈排球”这两种形式的排球,是20世纪80年代在我国一些地区的中老年人中开展的,为其健身、娱乐服务的比赛活动。这种排球是促进中老年人的身心健康、推动全民健身计划实施的有效手段。

第二节　排球运动的技术学练

一、排球运动的技术理论

（一）排球技术的概念及特点

1.排球技术的概念

排球技术指的是球员在比赛规则允许的条件下，所采用的各种合理的击球动作和配合动作的总称。这些击球动作和配合动作的总称，应符合人体解剖学、生物力学原理；符合个人特点并能最大限度地发挥人体技能水平；在比赛中取得良好的效果。在完成动作时，应协调、轻松、省力，能够充分反映个人特点和特长，充分利用时间与空间的变化。

排球技术还是各种战术的基础，任何战术的组成都必须有相应的技术作为前提。在现代排球比赛中，攻防的转换越来越快，网上、网下的争夺更加激烈，对于球员的时空感有着非常高的要求，打破了前后排技术的界限。因此，要求球员必须掌握并熟练运用网上、网下、进攻和防守技术，只有这样才能够适应当今排球运动的发展趋势。

2.排球技术的特点

(1)动作干脆、迅捷。这是指在做出一个技术动作时要求完成各种击球技术动作的时间要短暂。比赛规则要求击球时球在手上不得停留，因此，要求队员必须准确、快速地完成击球动作并具有良好的“球感”。

(2)时空对抗性。时空对抗是指排球的技术动作往往是要在球落地之前做出，因此，从发球开始，球即进入空中飞行，此时要求队员有良好的空间、时间和位置感觉，以便顺利做出垫球、传递等动作。

(3)全身协动性。排球运动是一项全身运动，包括脚步的移动以及腿、腰、肩、臂、手的协同运转。除此之外，排球的垫球、回接、传递等动作都是可以用身体所有部位完成的，因此，全身协动的意义就显得更加明显了。

(4)大多数技术具有攻防两重性，既可以在进攻时采用，还可以在防守时运用，如拦网、传球、垫球。

（二）排球技术的分类

一般来讲，排球的基本技术包括两种。

(1)有球技术：传球、垫球、扣球、发球和拦网。

(2)无球技术：准备姿势、移动、起跳及各种掩护动作等。

排球技术主要是由步法和手法组成，同时与视野活动、躯干活动和意识活动配合融为一体。

二、排球运动的技术方法

在排球运动中，移动是为了在最佳的位置接球，排球运动的时空争夺性要求球员们要在最快的时间内来到最佳的接球位置，从而顺利完成各种击球技术动作。在现代排球比赛中，除极少数技术动作之外，完成任何一项技术动作都离不开移动，良好的移动是练好其他多种排球技术的前提条件。因此，移动技术的水平对于排球比赛中技战术的质量起着关键性的作用。

（一）移动技术

1.起动

起动指的是移动的开始动作。做起动动作之前，运动者应该根据场上情况采取不同的准备姿势，有利于随时改变移动的方向和迅速起动。

在准备姿势状态下，收腹，上体前（侧）倾，使身体重心前（侧）移。重心降低，脚前（侧）移，破坏身体平衡。身体向前（侧），抬腿，身体失去平衡而前（侧）倾，达到了起动的目的。起动的主要动力来源于蹬地腿肌肉的爆发式收缩，蹬地腿预先拉长的肌肉的爆发力越大，起动就越快。起动的力学原理是破坏平衡。人体向前抬腿使身体失去平衡而前倾，起到移动的目的。加上收腹，上体前探，有利于身体重心前移，从而使后蹬角减小，增大了后蹬的水平分力，达到加速起动的目的。为了使身体重心迅速前移，有时还可以在抬腿之前，后腿适当向后移一步，起到减小蹬地角、增大水平分力的作用。

2.移动步法

（1）并步与滑步

两脚前后站立与肩同宽，两膝微屈，上体稍前倾，两手自然放松置于腰腹。并步时，前脚向来球方向跨出一步，后脚迅速蹬地跟上，并做好击球前的姿势。并步的特点是容易保持身体平衡，便于做击球动作。并步可向前、后、左、右各方向移动。此过程中身体重心水平移动。滑步与并步是同一类动作，并步是短距离脚步的并列移动，滑步是连续的并步移动。来球较远时，使用滑步移动。

（2）跨步与跨跳步

跨步与跨跳步是同一类动作。跨步是指向来球方向跨出一大步的移动方法，跨跳步是指在跨步动作的基础上伴有跳跃的动作。

跨步主要用于接体侧、体前低且速度快的来球。跨步时，利用后腿蹬地力量，向来球方向跨出一大步，膝部弯曲。上体前倾，身体重心移至前腿上，后腿留在原处。跨跳步是在跨步的基础上，后脚向来球方向蹬离地面，有一个腾空阶段。前脚落地后，迅速屈膝，后脚及时跟上，同时降低重心，上体前倾，准备击球。

（3）交叉步

交叉步是指以腿部交叉的方法进行移动的技术动作。当来球距体侧 3 米左右时，可采用交叉步。其特点是步子大、动作快、制动强。

交叉步时，上体稍倾向来球方向，远侧脚从近侧脚前面，沿来球方向，交叉迈出一步。近侧脚再向来球方向跨出一大步，同时身体转向来球方向，成准备姿势。

(4)跑步

跑步时一脚蹬地起动，另一脚迅速向前迈出，两脚交替进行，两臂配合摆动，不要过早做击球动作的准备，以免影响跑步速度。如果球在后方或侧方时，应边转身观察球边跑，跑步的特点是移动速度快，便于随时改变方向。

(5)综合步法

综合步法是以上各种步伐的综合运用。例如，跑步之后再侧滑步，滑步之后再接交叉步或跨步等。

3. 制动

由快速移动转为突停状态的过程称为制动。制动是移动的结束，也是击球动作的开始。在快速移动后，为了保持稳定的击球姿势，必须经过制动克服身体移动的惯性，以便于完成下一个击球动作。制动的方法有一步制动法和两步制动法。

(1)一步制动法。一步制动时，在移动的最后跨出一大步，降低身体重心，膝部和脚尖适当内转，全脚掌横向蹬地，以抵住身体重心继续的惯性力。同时以腰腹力量控制上体，使身体重心的垂直线停落在脚的支撑面以内。

(2)两步制动法。两步制动时，以倒数第二步开始做第一次制动，紧接着跨出最后一步做第二次制动，同时身体后倾，两膝弯曲，重心下降，双脚用力蹬地，使身体处于有利于做下一个动作的状态。

(二)垫球技术

1. 正面双手垫球

正面双手垫球是双手在腹前垫击来球的一种垫球方法，它是最基本的垫球方法，是各项垫球技术的基础，适合于接速度快、弧度平、力量大、落点低的各种来球，在接发球和后排防守时广泛采用。

(1)准备姿势

经判断和移动对准来球，成半蹲姿势站立，两臂自然伸直、并拢、含胸收腹，做好垫球的准备。

(2)击球手型

两手抱拳互握，两拇指平行朝前(图 8-1)。两臂自然伸直，前臂稍外展靠拢，手腕下压，手腕关节以上的前臂形成一个垫击的平面。

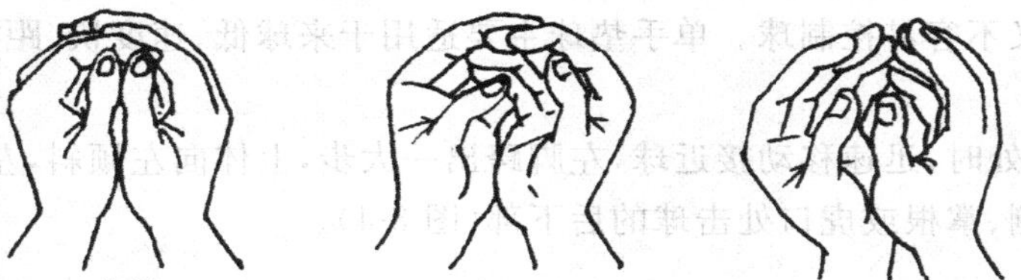

图 8-1

(3)击球点和击球部位

通常在来球于腹前约一臂距离时，两臂夹紧前冲，插入球下，使击球点保持在腹前，用前臂腕关节以上 10 厘米左右桡骨内侧平面触球为宜(图 8-2),将球垫出。

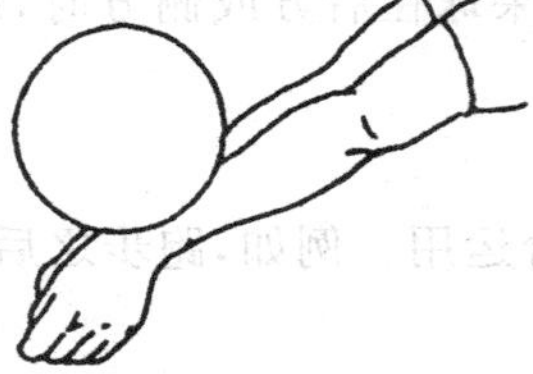

图 8-2

2. 侧面双手垫球

这种技术的特点是伸臂动作快,控制范围大,但不易控制垫球方向,准确性不及正面垫球。主要用于来球速度较快、离体侧较远、来不及移动的时候。

当球向左侧飞来,右前脚掌内侧蹬地,左脚向左跨出一大步,重心随即移到左脚上,左膝弯曲,两臂夹紧向左侧伸出,右肩微向下倾斜,用向右转腰和收腹动作,配合两臂自左后方向前,用前臂垫球的后下部(图 8-3)。侧垫时,两手臂要先伸向来球方向截住球,不要随球伸臂,否则球接触手臂后会向侧方飞出。

图 8-3

3. 单手垫球

单手垫球具有动作迅速的特点,由于手臂伸得远,因此能够控制较大的范围,但也由于手臂击球面积小,所以又不容易控制球。单手垫球主要适用于来球低、速度快、距离远、来不及用双手垫球时。

来球在左侧远处时,迅速移动接近球,左脚跨出一大步,上体向左倾斜,左臂伸直自左后方向前摆动,用前臂内侧、掌根或虎口处击球的后下部(图 8-4)。

4. 背向垫球

背向垫球技术的垫击点较高,但是由于背对垫球方向,不便于观察目标和控制击球的方向和落点,因此准确性较差。背向垫球主要用于球飞出的距离较远而又无法进行正面调整传球时,也可用于第三次被动击球过网时。

图 8-4

进行背垫时，应该判断好球飞行的方向，迅速移动到球的落点上，背向出球方向。来球时，两臂夹紧伸直，击球点应高于肩。用力时要抬头后仰、展腹挺腰，向后扬臂(图 8-5)。背垫的击球点一般应在肩前上方。当来球较低时，应屈肘、翘腕，用虎口处将球向后上方垫起。一般击球点高，垫出的球弧度平；击球点低，则垫出的球弧度较高。如果是第三次击球，距离较远，则需要用手臂多向后抬送，并借助于腿和腰的协调力量。

图 8-5

5. 低姿垫球

低姿垫球方便控制球，常运用在接发球、接扣球和接拦回球时。这种技术通常是在来球低、速度快、靠身体附近时采用。

(1)低蹲垫球

当来球在身体附近较低部位时，队员迅速移动到球的落点上，随即快速降低重心，上体前倾，两臂贴近地面插入球下。跨出腿膝部充分弯曲并稍外展，蹬地腿自然弯曲，脚内侧着地，主要靠球的反弹力将球垫起。有时还可用屈肘、翘腕动作将球垫起。

(2)半跪垫球

在低蹲垫球的基础上，继续向前移动身体重心，上体充分前压，塌腰塌肩，后腿以膝部内侧和脚弓内侧着地，两臂贴近地面向球下伸出，用翘腕动作以双手虎口部位将球垫起。

(3)全跪垫球

在半跪垫球方法的基础上，上体继续向前压出，使两膝前倾的投影点明显超过脚尖。随着身体重心前移、降低姿势用两膝内侧跪地，以膝、小腿和脚弓内侧部位支撑地面。跪地后可顺势向前滑动，两臂迅速前伸插入球下，以小臂、虎口或翘腕动作将球垫起。垫球后可用前臂和手掌撑地迅速起立(图 8-6)。

图 8-6

6.前扑垫球

前扑垫球的特点是防守的控制范围大,应用也较为广泛,易于掌握,尤其是女子做前扑垫球更为合适。

做前扑垫球时,应用半蹲准备姿势,身体重心下降,上体前倾,利用前脚掌用力蹬地,使身体向前下方来球处伸展扑出。同时,向前伸出双手插入球下,利用提肩、抬臂动作将球垫起。击球后,双手在体前着地支撑,两肘缓慢弯曲,以缓冲身体下落的力量,同时抬头、挺胸、展腹,以胸腹先着地,切忌含胸、屈膝,以防着地时受伤(图 8-7)。当来球较远,用双手垫球不能击到球时,可用单手前扑垫球。击球时,手臂应尽量前伸,用手背、虎口或小臂击球下方,另一手屈肘撑地缓冲,并以击球手一侧的胸腹部先着地,顺势向前滑行(图 8-8)。

图 8-7

7.滚翻垫球

滚翻垫球能够充分发挥移动的速度接近球,控制范围也比较大,能够保护身体不受伤,并可迅速起立转入下一个动作。适用于当来球距身体远而低时,用跨步垫球不能触及到来球时。

接球时,迅速向来球方向移动,跨出一大步,身体重心逐渐下降,完全落在跨出的脚上,上体前倾,让胸部尽量接近大腿,两臂伸向来球方向。同时两脚用力蹬地,使身体向来球方向腾起,前臂直插球下,用双手或单手击球的后下部。击球后脚尖内转,大腿外侧、臂部侧面、背部、肩部依次着地,然后顺势低头、收腹、团身,向异侧方向做滚动动作再迅速起立(图 8-9)。

图 8-8

图 8-9

（三）传球技术

1. 正面双手传球

正面双手传球是掌握与运用其他各种传球技术的基础。适用于初学者进行练习，是掌握传球基本功的必学技术。

(1)准备姿势

正面对准来球方向，双脚前后开立，屈膝下蹲（稍蹲或半蹲），上体前倾，但注意身体不能后仰，肩关节要放松，两手臂自然举起，屈肘，两手的位置约在脸前。两肘自然下垂，手腕稍后仰内收，两手手指张开呈半球形。抬头，两眼注视球飞来的方向。

(2)击球点

距前额正上方大约一个球的位置是传球的击球点。当球接近额前时，开始蹬地、伸膝、伸臂，两手微张从脸前向前上方迎球，在额前上方约一球处击球。

(3)手型

在传球之前，手掌略相对，放在额前，手指自然弯曲，手腕稍微后仰内收，用正确的传球手型迎击来球。当手触球时，两手自然张开成半球型与球体吻合，小指在前，拇指相对(图 8-10)。传低球或背传球时，需要运用翻腕动作，两拇指则相对呈倒八字状。

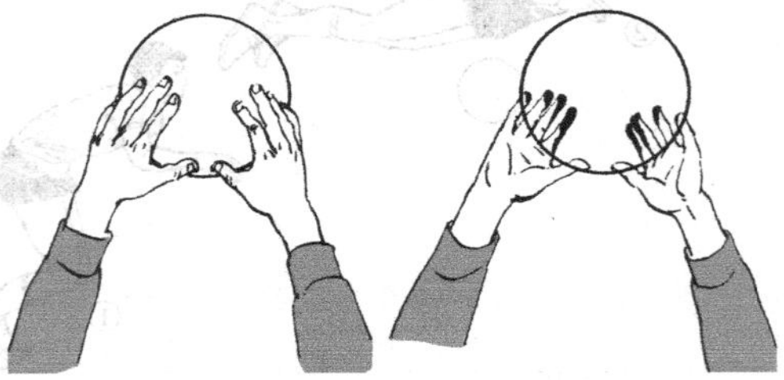

图 8-10

(4)击球动作

在传球之前，手腕与手指应该自然放松，从而更加灵活地掌握球。传球时，手腕和手指应紧张用力，利用手腕和手指的弹击力和手臂(主要是前臂)的迎击动作，加上蹬腿及腰腹等身体的协调力，将球传出(图 8-11)。

图 8-11

2.侧传

准备姿势与迎球动作和正面双手传球基本相同，仅是击球点稍偏向传出的一侧。手型和正传相同。迎球时，通过下肢蹬地使身体重心向上伸展，用力时，两臂同时向传出球一侧方向伸展，传球方向的异侧手臂动作幅度要大些，伸展的速度也应快些，同时上体也应主动向传出球一侧倾斜，配合伸臂动作将球传出(图 8-12)。

3.背传

背传即向后上方传球，是传球的基本方法。在比赛中经常用到。

传球时，使身体背对着传球的目标，上体保持正直或者稍微后仰，击球点应略高于正面双手传球。当球飞来时，头稍后仰并挺胸，上体向后上方伸展的同时配合下肢蹬地。击球时，手腕适当地后仰，使掌心向后上方，击球的底部，利用蹬地、挺胸、展腹、上体后屈和向后上方伸展时产生的力量以及手指、手腕的弹力，在额上方将球向后上方传出(图 8-13)。

图 8-12

图 8-13

4. 跳传

运用跳传技术时，应该注意在跳起最高点击球，控制好身体平衡，掌握传球的稳准程度，否则会影响传球的效果。

根据来球快速移位，准确地选择起跳位置和起跳时间；跳起后，在接近最高点的时候开始做迎球动作，迎击球的时候抬大臂、伸肘，利用前臂的主动迎击动作和手腕、手指的弹击力，使身体在最高点时将球传出（图 8-14），这样身体最后的上升力量会加大传球力量。

图 8-14

（四）发球技术

1. 正面下手发球

正面下手发球动作较为简单，容易掌握，而且具有很好的准确性。但是，由于击球点低，球速慢，攻击性不强，较适合初学者练习。

面对球网，两脚前后开立，两膝微屈，上体略前倾，身体重心稍偏后，左手持球于腹前。抛球时，左手将球轻轻抛起，距右臂前约 40 厘米，抛球高度约 20～30 厘米，同时右臂伸直后摆。在挥臂击球动作中，右臂以肩为轴，由后下方向前上方摆动，身体重心也随之前移，在腹侧前以手掌击球的后下方。手触球时，手指手腕紧张，手呈勺形（图 8-15）。

图 8-15

2. 侧面下手发球

侧面下手发球动作较简单，可以借助转体的力量带动挥臂击球，便于用力，稳定性较大，容易掌握，但攻击性较小。初学者适合这种发球技术，特别是初学的女生。

左肩对球网，两脚左右开立约同肩宽，两膝微屈，上体前倾，左手持球置于小腹前。抛球时，左手平稳地将球由腹前垂直上抛在身体的正前方约 40 厘米处，抛球高度约 30 厘米，同时右臂伸直摆至身体的右侧后下方。在挥臂击球动作中，注意在抛球的同时，右臂摆至右侧后下方，接着利用右脚蹬地向左转体的力量，带动右臂向前上方摆动，在腹前用掌根击球的右下部（图 8-16）。

3. 正面上手发球

正面上手发球面对球网站立，这样就便于观察对方，易控制落点，准确性较大，腰腹力量和迅速挥臂的力量可以充分发挥，因此，发出的球力量大、速度快、弧线平。

由于击球瞬间手腕和手掌有明显向前推压的动作，球呈上旋向上飞行（图 8-17、图 8-18），因此这种发球不易出界，发球的攻击性大大增加。

图 8-16

图 8-17

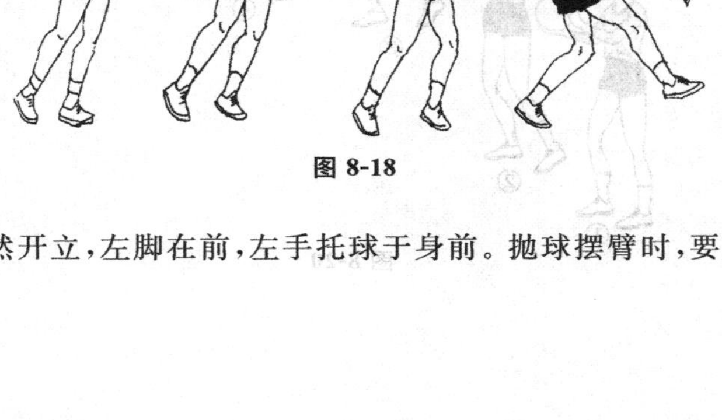

图 8-18

面对球网两脚自然开立，左脚在前，左手托球于身前。抛球摆臂时，要用抬臂和手掌平托上送，将球平稳地垂直抛于右肩的前上方，离头部约 1 米高。在抛球的同时，右臂抬起，屈肘后引，肘与肩平，抬头、挺胸、展腹，上体稍向右侧转动，身体重心移至右脚上（图 8-19）。

图 8-19

注意在挥臂击球动作过程中，应利用蹬地转体和迅速收胸、收腹的动作带动手臂迅速而猛烈地向前上方挥动，重心随之移至左脚，手臂伸直在右肩上方，以全掌击球的后中下部，手腕应有向前推压的动作，使击出的球呈上旋飞行。

4. 正面上手发飘球

飘球是一种不旋转的球体因表面稍有凹凸，球体内部重量不均，造成飞行时气流对球的表面产生不同压力而使球不规则晃动的一种发球，是一种造成接发球者不容易控制、难以垫接、具有较大威力的发球。

准备姿势和抛球动作与正面上手发球相同，但抛球高度只比击球点高 1～2 个球。发球队员抛球的同时，上体向左转并稍后仰、挺胸、展腹、举臂后振。紧接着以向左转体、收腹、含胸动作带动手臂，向前水平挥动。击球时，手腕紧张，用掌下 1/3 部位突然击球的中下部，使其作用力通过球的重心，球不旋转。击球后，队员迅速进场参加比赛（图 8-20）。

图 8-20

5. 侧面勾手发飘球

发勾手飘球身体侧对网站立，用转体和腰部力量带动手臂的快速挥动去击球，这样更加省力（图 8-21）。

图 8-21

左肩对网站立，两脚左右开立，约与肩同宽，左手托球置于胸前。抛球时，左手将球平稳地抛在额部的左上方，约一臂的距离，同时右臂向后摆动。击球时，右脚蹬地，利用转体的力量带动手臂，迅速而放松地向左上方挥动。触球时，手臂要伸直，在右肩前上方触球，手腕要保持紧张，形成一个坚硬的平面，以掌根击球的中下部（图 8-22）。如图 8-22，AB 为水平轴，O 为球的中心，CD 为作用力的方向，E 为击球的部位。手触球瞬间，用力要迅速集中，动作要突然、短促。击球力量要通过球的中心。击球后要有突停动作，使球不旋转并不规则地飘晃飞行。

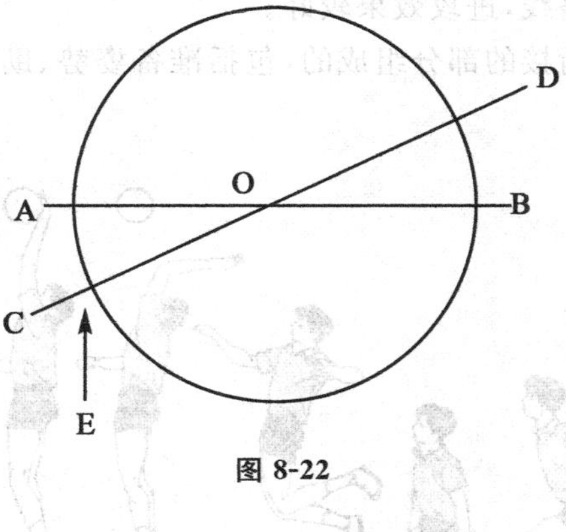

图 8-22

6. 跳发球

跳发球指的是发球队员在端线后，利用助跑跳起在空中，像扣球似的将球击入对方场区的一种发球方法。由于队员跳起在空中身体能充分展开并向前游动，不仅可以升高击球点，而且缩短了击球点与球网的距离，从而增强了发球的力量和攻击性。

站在位于距离端线 3～4 米处，单手或双手向前上方将球抛起，球的高度根据发球者的动作快慢和身材高低有所不同。一般抛至离地 3.5～4 米的高度，落点在端线附近，随着抛球离手向前跑动，采用两步助跑。右手击球者，右脚为最后一步，左脚跟上踏地起跳。起跳时两臂的摆幅要大，击球时手臂伸直，全手掌击球，击球的一刹那，球保持在头上偏右方，发力时腰腹和手臂协调用力，击球的中下部，有推送的动作，发出的球为上旋球，借前冲力在场内落地（图 8-23）。

图 8-23

（五）扣球技术

1. 正面扣球

正面扣球是扣球技术中最基本的一种方法。准确性较高，挥臂动作灵活，便于根据对方防守情况随时改变扣球的力度和路线，进攻效果较好。

正面扣球是由几个相互衔接的部分组成的，包括准备姿势、助跑、起跳、空中击球和落地（图 8-24）。

图 8-24

（1）准备姿势

扣球助跑前采用稍蹲姿势，双手下垂，站在离网 3 米左右处，身体转向来球方向，观察判断来球（图 8-25），做好向各个方向起跳的准备。

(2)助跑

助跑时,先左脚放松而自然地向起跳方向迈出第一步,紧接着跨出右脚,支撑点落在身体重心之前,并以脚跟先着地,两臂由体前经体侧摆至体后下方,上体前倾,重心前移,着地的右脚迅速由脚跟过渡到脚掌,同时左脚随即在右脚的前方着地,身体重心下降,两膝弯曲,上体稍向右转,准备起跳(图 8-26)。

图 8-25

图 8-26

(3)起跳

在助跑跨出最后一步的同时,两臂绕体侧后引,左脚在并上右脚踏地制动的过程中,两臂自后积极向前摆动(图 8-27),随着两腿猛力蹬地向上起跳,两臂也配合有力地向上摆动。

图 8-27

(4)空中击球

起跳后,挺胸、展腹,上体稍向右转。右臂向后上方抬起,肘部自然弯曲略高于肩,五指微张呈勺形,左臂自然置于胸前,身体呈反弓形。击球时,以迅速向左转体、收腹动作,带动手臂向前上方挥动,在手臂挥直的最高点击球后中部。击球瞬间,以掌心为主,全掌包满球,同时主动用力屈腕、屈指向前推压,使扣出的球加速上旋(图 8-28)。

(5)落地

双脚落地时,前脚掌先着地再过渡到全脚掌着地,并顺势屈膝、收腹,以缓冲下落的力量,并立即做好做下一个动作的准备。

图 8-28

2. 勾手扣球

勾手扣球可以扩大击球范围，并能弥补起跳过早或冲在球前起跳的缺陷。适合于远网扣球或扣由后排调整过来的球。

助跑的最后一步，两脚平行于中线，右肩对网完成起跳动作或起跳后在空中使左肩转向球网。起跳后，上体稍后仰或稍向右转，右肩下沉，当右臂随着起跳动作摆至脸前，迅速引至体侧，手臂伸直，掌心向上，五指微张，手呈勾形，同时挺胸、展腹。击球时，利用向左转体及收腹动作带动伸直的手臂，由下经体侧向上划弧挥动，在头的前上方最高点，用全手掌击球的后中部（图 8-29）。整个动作与勾手大力发球相似。

图 8-29

3. 单脚起跳扣球

单脚起跳扣球在现代排球中被广泛运用，其发展前景也非常好。

以扣球手臂异侧的一脚蹬地踏跳，同侧腿迅速向上摆动，带动身体上升。即在助跑过程中，右脚落地时，左脚向前跨出一大步并蹬地起跳，右脚向上摆动，同时配合展腹和两臂的挥摆，帮助起跳并提高弹跳高度，起跳后保持好击球点，按正面扣球动作挥臂击球（图 8-30）。

图 8-30

（六）拦网技术

1. 单人拦网（图 8-31）

单人拦网是初学者的基本拦网形式。水平高的队在来不及组成集体拦网的情况下，也经常运用单人拦网。

图 8-31

(1)准备姿势

面对网两脚平行开立，约与肩同宽，离网 30～40 厘米。两膝稍屈，两臂在胸前自然弯曲。注意观察和判断对方场上队员的行动和球的飞行情况，随时准备移动和拦网。

(2)移动起跳

根据对方二传球的飞行方向和距离，采用并步、交叉步移动方法，选择起跳点。无论采用哪种移动步法，都要做好制动动作，以保证向上起跳。起跳时，两膝弯曲，重心下降，两腿用力蹬地，并配合两臂胸前划小弧摆动使身体垂直起跳。注意使移动和起跳动作紧密衔接。

(3)空中动作

起跳之后，两手从脸前贴近并平行球网向网上沿的前上方伸出(图 8-32)，两肩上提，两臂伸直保持平行。拦网时，两臂尽力过网伸向对方上空，两手自然张开，屈指、屈腕呈勺形接近球。当两手触球时，要突然紧张，手腕用力下压盖住球的前上方(图 8-33)。2、4 号位队员的外侧手掌心要内转，防止打手出界。

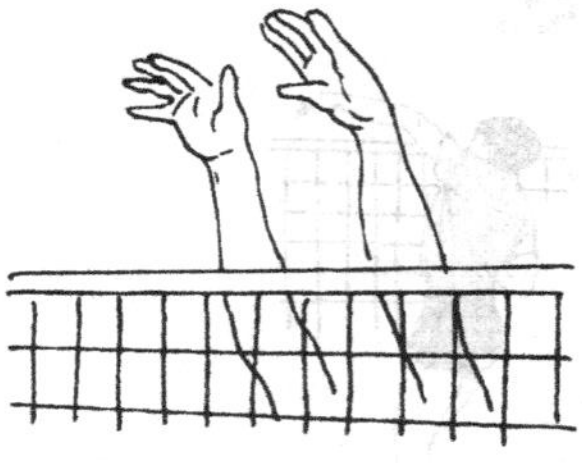

图 8-32

图 8-33

(4)落地

拦球之后应该做含胸动作，从而保持身体的平衡。手臂要先后摆或上提，从网上收回至本方上空，再屈肘向下收臂，以免触网。与此同时屈膝缓冲，双脚落地，随即转身面向后场，准备接应来球或做下一个动作。

2. 双人拦网

双人拦网是比赛中最常用的一种拦网形式，主要是在对方大力扣球时采用(图 8-34)。

图 8-34

进行双人拦网时，应该以一人为主拦队员，另一人为配合队员。但主拦队员不是固定的，一般情况下距对方扣球点近的队员应为主拦队员。主拦队员必须抢先移动到对正扣球点的位置，做好起跳准备，配合队员则迅速移动靠近主拦队员准备同时起跳。两队员之间的距离一定要合适，距离太远，跳起后将出现“空门”；距离太近，起跳时互相干扰，致使双方都跳不高。双人拦网起跳时，两人的手臂应该在体前划小弧向上摆伸，都要尽量垂直向上起跳，要防止互相碰撞或干扰。手臂在空中既不能重叠，造成拦击面缩小，又不能间隔太宽，造成中间漏球。扣球靠近边线时，靠边线近的拦网队员外侧的手应适当内转，以防打手出界。

3. 三人拦网

三人拦网大多是在对方进行高点强攻的情况下运用。在组成三人拦网时，不论对方从哪个位置进攻，都应以本方中间位队员为主拦者，两侧队员主动配合，集体起跳拦网（图 8-35）。

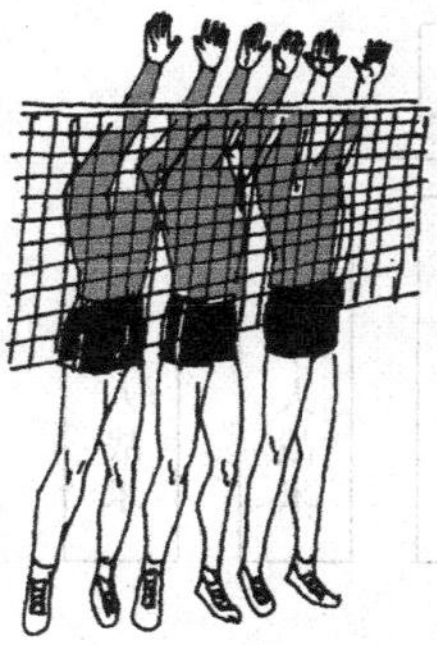

图 8-35

第三节　排球运动的战术学练

一、排球运动的战术理论

（一）排球战术的概念

排球战术是球员在比赛中根据排球运动的打法和运动规律，并根据双方情况预先设定或临场变化采取的一种具有针对性选择运用技术及所采取的有预见、有目的、有组织的行动。

（二）排球战术的分类

排球战术套路非常丰富，为更好地了解排球战术，可以将数量繁多的排球战术进行分类，并通过总结、归纳可以找到其中的一些规律。对于排球战术的分类可以根据参与战术的人数、战术的运用方法和战术的组织形式进行。具体分类介绍如下。

1. 按战术的人数划分

在排球战术中，每名球员个体都可以完成一个战术，而集体战术就更加显得复杂和多样。因此，排球战术可以以人数的参与多少为依据分为个人战术和集体战术两部分。排球个人战术，是指球员在进攻或防守中，主动灵活地运用个人技术变化的行动。排球集体战术，是指球员为突破对方防守或抑制对方进攻所采取的有组织、有目的的集体配合行动。

需要注意的是，个人战术并不能单独存在，它需要借助集体战术才能得到体现。因此，个人战术对于集体战术而言是一种被包容的状态，个人战术的积极作用只有在集体战术配合的基础上才能得到充分发挥。同样，也只有当个人战术得到充分发挥时，集体战术才能丰富多彩，效能才能得到相应的提升(图 8-36)。

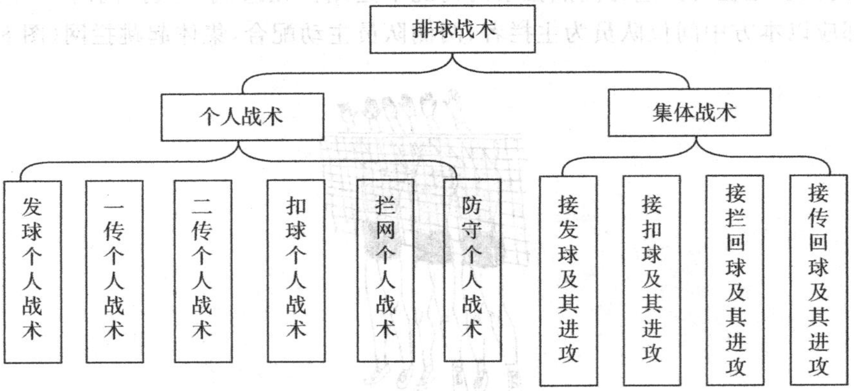

图 8-36

2. 按战术的运用划分

按战术的运用可以划分为接发球及其进攻(一攻)、接扣球及其进攻(防反)、拦回球及其进攻(保攻)和接传、垫球及其进攻(推攻)(图 8-37)。

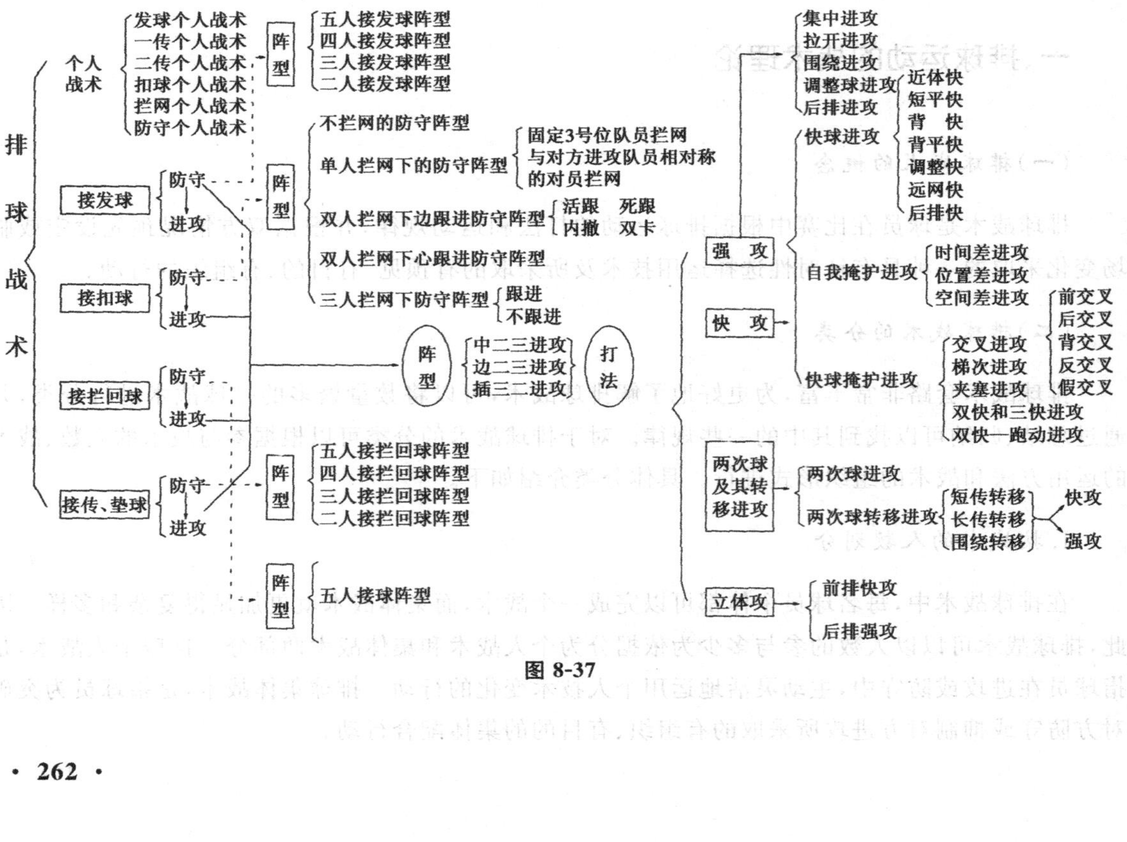

图 8-37

3. 按战术的组织形式划分

排球战术依据组织形式和用途可以分为进攻战术与防守战术(图 8-38)。由于排球比赛的特点,使得双方球员始终处于非攻即防的状态中,攻防转换速度非常快。因此,排球比赛始终贯彻着进攻和防守的对立斗争,两者相互制约。进攻可以夺取主动,力争得分;防守可以力避失分,目的在于进攻,是辅助进攻或准备转入进攻的一种手段。

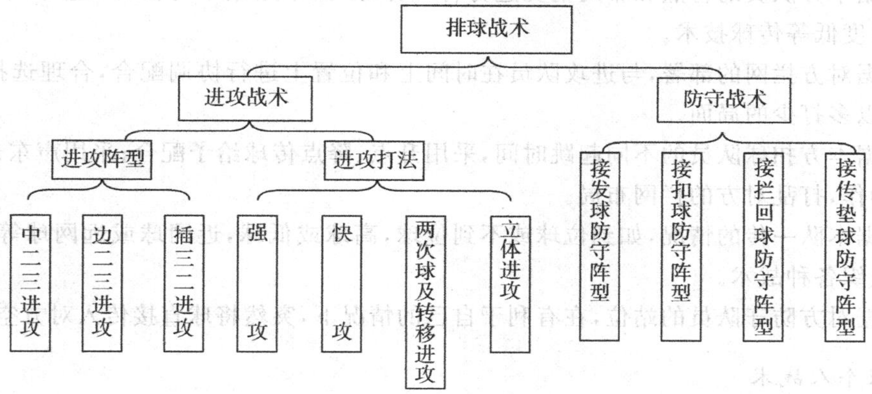

图 8-38

二、排球运动的战术方法

(一)排球个人战术

1. 发球个人战术

(1)拼发球战术。采用大力发球、跳发球、重飘球等攻击性发球,力争得分或破坏对方的进攻战术,这是有实力的队经常采用的发球战术。

(2)找点发球战术。将球发到对方接发球力量薄弱的区域。据观察统计,将球发到对方后场两个角上效果最好,其次是对方场地的中部、前区,尤其是二传队员的背后。

(3)找人发球战术。找对方接发球差、信心不足或新换上场的队员作为攻击目标;或者将球准确地发到两人站位的中间,造成争抢或互让。

(4)变化发球战术。可利用发球性能及力量变化、发球队员站位变化(发球区左右两边或中间、远近)、发球线路变化、发球长短变化来造成对方不适应。

(5)提高成功率战术。要注意提高发球的成功率,尽量减少失误。尤其是在决胜局采用每球得分制,发球失误即失分,甚至直接导致比赛的失败。另外比赛中连续的发球失误极易影响全队的士气和信心。

2. 一传个人战术

(1)初学者应该将一传球垫或传到二传队员的头上方,弧度稍高,这样更有利于做二传。

(2)采用强攻为主的战术打法时，一传弧度宜高，以便二传队员移动到位或其他队员调整传球。

(3)采用快攻战术打法时，一传弧度较平，速度稍快。

(4)采用两次球战术打法时，一传弧度要高，落点靠近网口，便于二次进攻。

3.二传个人战术

(1)根据本方队员的特点和布局情况进行合理分球，如采用集中与拉开，近网、中网和远网，弧度高与弧度低等传球技术。

(2)根据对方拦网的部署，与进攻队员在时间上和位置上进行协调配合，合理选择拦网的突破口，造成以多打少的局面。

(3)根据本方扣球队员的不同起跳时间，采用升点、降点传球给予配合；采用声东击西的隐蔽动作和假动作，打乱对方的拦网布局。

(4)根据本队一传的情况，如到位球或不到位球，高球或低球，近网球或远网球等，合理运用传球技术组织各种战术。

(5)根据对方防守队员的站位，在有利于自己的情况下，突然将球直接传入对方空当。

4.扣球个人战术

(1)扣球线路的变化。扣球时采用直线和斜线相结合，长线与短线相结合；利用助跑路线与扣球路线不同的方向，迷惑对方拦网和防守队员，如直线助跑扣斜线球、斜线助跑扣直线球等；朝防守技术差和意志不顽强的队员扣球，或扣向对方空当和防守薄弱的区域等。

(2)扣球动作的变化。运用转体、转腕的扣球技术，突然改变扣球方向避开对方拦网；运用超手高点扣球技术，从拦网人手上方进行突破进攻；运用正面扣球变为勾手扣球动作，造成对方拦网判断失误；利用突然性的两次攻，造成空网或一对一进攻的有利局面；高点平打，造成球触拦网手后飞向后场远区或有意向两侧打手出界；突然用单脚起跳扣球，使对方来不及拦网；有意识地提早或延迟扣球时间，使对方难以掌握拦网的起跳时间；运用轻扣或吊球技术，使球随拦网队员一同下落，增加拦网队员自我保护球的难度或使球落在对方网前或拦网队员的身后；利用“时间差”“位置差”“空间差”个人扣球动作变化，晃开对方的拦网。

(3)扣球时应该避开拦网队员的手。运用扣球路线的变化，如扣直线、斜线和小斜线等；运用近网与远网的变化，使对方拦网者不易判断过网点与时机；扣吊结合；熟练运用扣球动作，提早或延迟击球时间；利用两次球战术使对方不能组成双人拦网。

(4)扣球时利用拦网队员的手，造成对方失误。打手出界；轻扣球触及拦网队员的手，造成球随拦网队员一同下落；平打，造成对方拦网触手后落入后区或出界；运用吊球，使球落在对方网前。

(5)根据临场情况采取的扣球战术。根据对方拦网队员的身高和技术情况，避强打弱；如对方二传队员身材矮、弹跳差，就可从这个二传队员拦网的区域进行突破；找人找点地扣球；将球扣向对方较差的队员或对方站位的空当。

5.拦网个人战术

(1)拦网队员可以采用拦直线起跳向侧伸臂拦斜线或在拦斜线位置起跳拦直线的方法来迷

惑对方扣球队员。

(2)改变空中拦网手的位置，如在空中拦直线时突然移动手臂改为拦斜线等。

(3)有时可制造假象，使对方受骗。如假装露出中路空当，引诱对方扣中路，当对方扣球后突然关门拦中路球。

(4)在发现对方要打手出界时，可在空中及时将手撤回，造成对方扣球出界。

6. 防守个人战术

(1)根据判断，及时移动取位，守住“最危险”区域。

(2)运用各种击球动作防守起球，力求控制球的高度和落点，使之便于组织反攻。如来球能够控制，要垫给二传队员组织快攻或强攻。

(3)根据对方二传的方向和落点，迅速地做出判断，并立即移动到相应的位置，正对来球，准备接球。

(4)在选择前后位置时，应根据对方二传球与网的距离和扣球队员击球点的高低选择防守。如球离网近、无人拦网时，防守取位可向前；如球离网远或近网球被拦时，防守队员取位可向后。

(5)选择左右位置时，主要根据对方扣球队员的助跑路线和扣球队员起跳时人与球所保持的关系来选择防守位置。一般来讲，防守位置应取在对方扣球队员和球连线的延长线处。

(6)根据对方扣球的特点，采取相应的防守行动，如对方只扣不吊时，则取位要靠后；如对方打吊结合时，要随时准备向前移动；如对方扣球只有斜线，则要放直防斜等。

(7)防守还应根据本方前排拦网队员的情况，主动选择防守位置加以配合与弥补。重点防守前排拦网的空当。

(二)排球集体战术

1. 进攻战术

(1)进攻阵型

①“中二传”进攻阵型

由1名前排队员或后排队员在前排中间位置担任二传、其他队员进攻的战术形式称为“中二传”进攻阵型。“中二传”进攻阵型是最基本的进攻阵型，其特点是二传队员在中间，一传容易到位，战术可简可繁，适合不同技术水平的队。技术水平较低的队可组织前排2、4号位扣一般高球，技术水平高的队可组织各种战术进攻及后排队员参加的立体进攻(图8-39)。

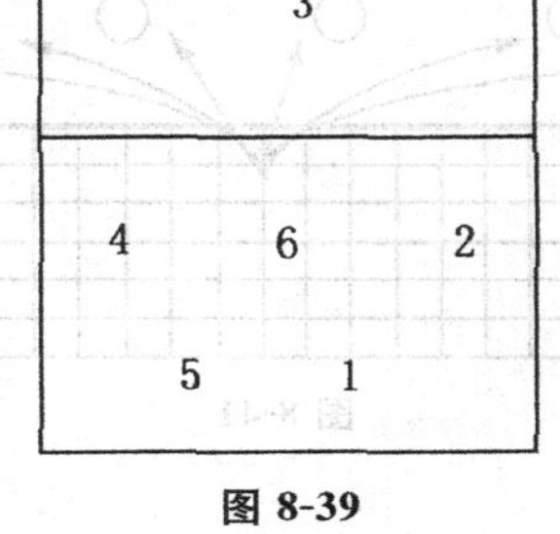

图8-39

②“边二传”进攻阵型

由1名前排队员或后排队员在前排2号位担任二传、其他队员进攻的战术形式称为“边二传”进攻阵型。“边二传”进攻阵型也是基本的进攻阵型，其特点是二传队员在边上，对一传的要求稍高，但战术变化比“中二传”进攻阵型多，战术可简可繁，同样适合不同技术水平的队(图8-40)。

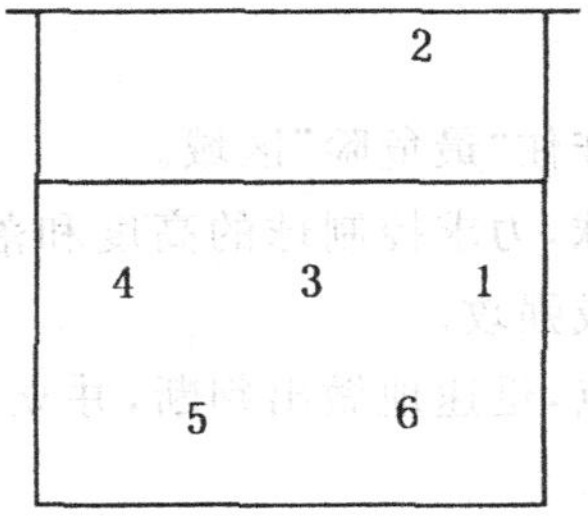

图 8-40

(2)进攻打法

进攻打法指的是二传队员与扣球队员之间所组成的各种配合。每一种进攻阵型都可以灵活地运用多种进攻打法，以达到避开拦网、突破防线、争取主动的战术目的。

①强攻

在无掩护或掩护较小的情况下，主要凭借个人力量、高度和技巧强行突破对方的拦防。强攻可分为集中进攻、拉开进攻、围绕进攻、调整进攻和后排进攻。集中进攻是指在4号位或2号位组织比较集中的不拉开的高球进攻，或在3号位扣一般高球。拉开进攻是指二传队员将球传到标志杆附近进攻的打法。围绕进攻有“后围绕”进攻和“前围绕”进攻，以进攻队员与二传队员的位置判断。调整进攻指当一传或防起的球不到位、球的落点离网较远时，由二传队员或其他队员把球调整到网前有利于在扣球的位置上进行强攻的打法。后排进攻指二传队员将球传到距网约0.5米处，后排队员在进攻线后起跳扣球。

②快攻

各种快球以及以快球作为掩护，由同伴或本人所进行的进攻，均称为快攻。快攻有快球进攻、自我掩护进攻、快球掩护进攻。

快球进攻指二传队员将球或快或平地传给扣球队员，扣球队员快速挥臂击球。快球进攻是我国的传统打法，有近体快(A)、短平快(B)、背快(C)、背短平快(D)、背溜(E)、平拉开(F)，以及调整快、远网快、后排快、半快球和单脚快等(图8-41)。

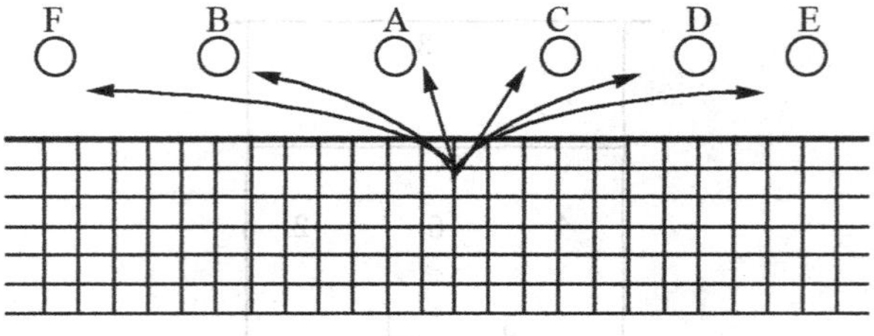

图 8-41

自我掩护进攻指用自己打各种快球的假动作来掩护自己的第二个实扣进攻，称为自我掩护进攻，主要包括“时间差”进攻、“位置差”进攻和“空间差”进攻。

快球掩护进攻指利用各种快球吸引对方拦网，然后给其他队员创造一打一或空网扣球的进攻打法，主要有交叉进攻、梯次进攻、夹塞进攻、双快一跑动进攻等多种打法。在快球掩护下，其他队员还可以进行各种形式的跑动进攻，这样能起到出其不意、攻其不备、集中兵力、以多打少和避实就虚的作用。

③两次球进攻

两次球进攻指一传来球较高，又在网前适合扣球的位置时，前排队员跳起来直接进行扣球或遇拦网时，前排队员就在空中改成二传，把球转移给其他前排队员的进攻。

④立体进攻

立体进攻是一种前排与后排、快攻与强攻、时间与空间上的多方位组合进攻，它涉及各种打法的精髓，是排球技战术的重大发展，是现代排球发展的主要潮流之一。立体组合进攻的优势在于进攻点增多，进攻的范围加大，不仅可利用全网的横向宽度，还有后排队员参与进攻的纵向深度，给对方拦网的部署和后排防守布阵、取位带来更大的难度。

2. 防守战术

(1)接发球防守战术

防守站位对于接发球防守非常重要，要根据对方发球的特点，不仅要有利于接球，也要有利于本方所采用的进攻战术。一般多采用 5 人接发球或 4 人接发球。

5 人接发球站位阵型指除 1 名二传队员站在网前或从后排插上准备二传不接发球外，其余 5 名队员都担负着一传任务的接发球站位阵型。其优点是：队员均衡分布，每人接发球的范围小；接发球时，已站成了基本的进攻阵型，组织进攻比较方便，适合接发球水平不太高的球队。其缺点是：二传队员从 5 号位插上时距离较长，难度大；3 号位队员接球时，不便于组成快攻战术；不利于队员间的及时换位；队员之间中间地带较多，配合不默契时，容易互相干扰。

4 人接发球站位阵型指插上的二传队员与同列的前排队员均站在网前不接发球，其他 4 人站成弧形接发球的站位阵型(图 8-42)。其优点是便于后排插上和不接发球的前排队员能及时换位；其缺点是对接发球的 4 人要求有较高的判断、移动能力和较好的接发球技术。

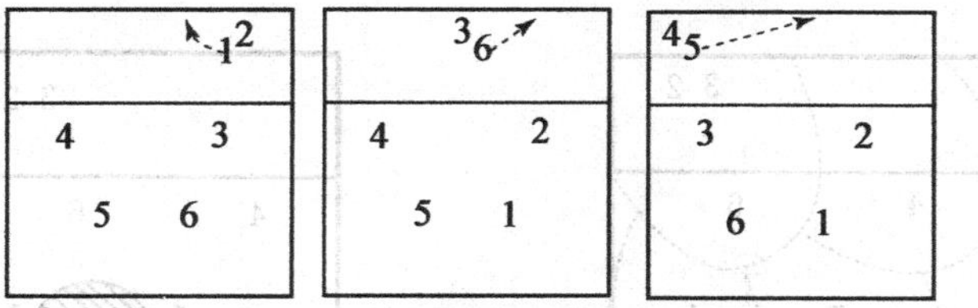

图 8-42

(2)接扣球的防守战术

接扣球的防守战术是前排拦网与后排防守的整体配合，根据对方进攻情况、本队队员特长、防守后的反攻打法，一般可分为无人拦网、单人拦网、双人拦网和三人拦网。

①无人拦网防守阵型

无人拦网的防守阵型是一种最初级、最简单的防守阵型，适用于初学者或在对方进攻无力时采用。站位方法与 5 人接发球站位基本相同。

②单人拦网防守阵型

当对方扣球威胁不大、扣球路线变化不多、轻打吊球较多时，可以主动采用单人拦网的防守阵型。拦网队员拦扣球人的主要进攻路线，不拦网队员及时后撤防守前区或保护拦网人，后排队员后撤加强后场防守(图 8-43)。

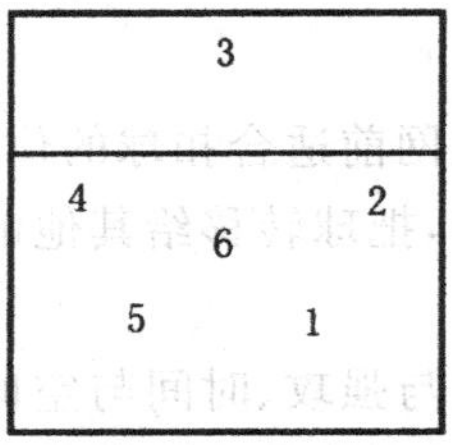

图 8-43

③双人拦网防守阵型

这一阵型在对方水平较高、进攻力量强、进攻线路变化较多时采用，通常分“边跟进”和“心跟进”。

“边跟进”：以对方 4 号位进攻为例，我方 2、3 号位队员拦网，其他 4 名队员组成半圆弧形防守。如遇对方吊前区，由边上 1 号位队员跟进防守(图 8-44)。

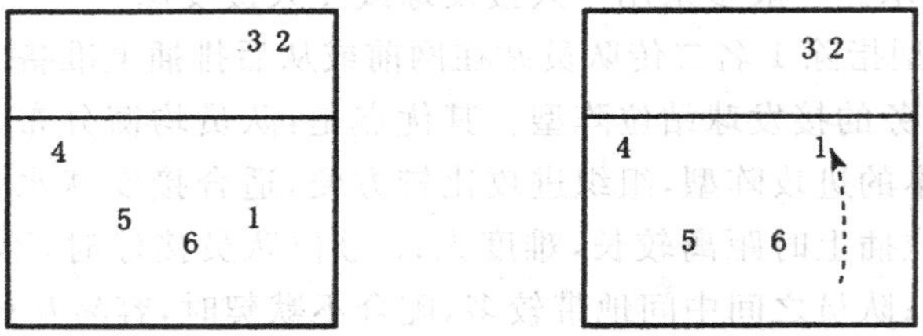

图 8-44

“心跟进”：以对方 4 号位进攻为例，我方 2、3 号位队员拦网，后排中心的 6 号位队员在本方拦网时跟在拦网队员之后进行保护，其余 3 名队员组成后排弧形防守(图 8-45)。

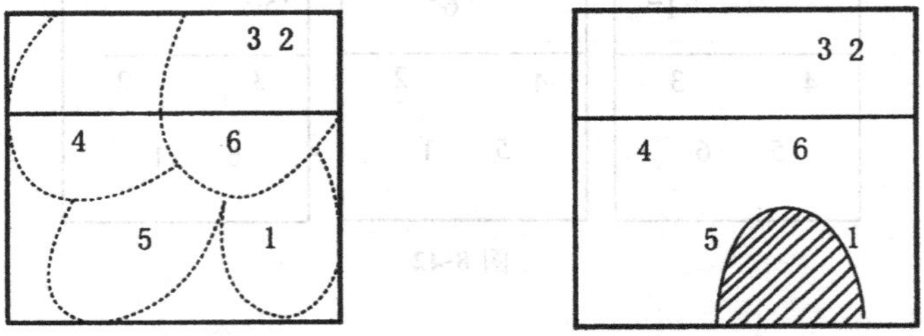

图 8-45

④三人拦网防守阵型

这一阵型在对方主要扣球手进攻实力强但不善吊球时使用。这种阵型网上力量得到加强，但后防空隙增大(图 8-46)。

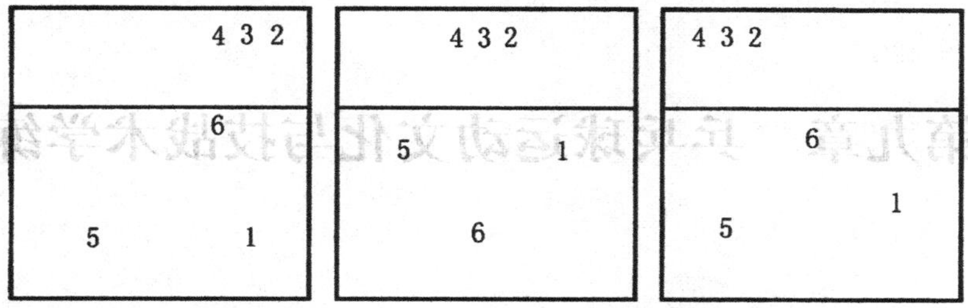

图 8-46

(3)接拦回球的防守战术

本方扣球时必须加强保护，积极防守被拦回来的球，并及时组织继续进攻。接拦回球的保护阵型应形成多道防线的弧线形状，且第一道防线紧跟在扣球人身后。以我方 4 号位队员进攻，其他 5 人保护为例。5 号位队员向前移动和向左后方移动的 3 号位队员形成第一道防线，6 号位队员向前移动和内撤的 2 号位队员形成第二道防线，1 号位队员保护后场形成第三道防线。其他位置进攻时，保护的阵型也可按同样方法布置(图 8-47)。

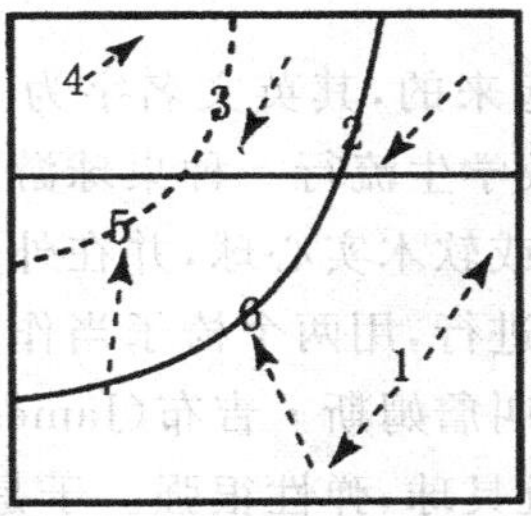

图 8-47

(4)接传、垫球的防守战术

当对方无法组织有力的进攻，被迫将球传、垫、挡过网时，是本方得分的极好机会。可采用“中二传”或“边二传”以利于组织战术进攻。队员要集中注意力，观察对方的意图，准确判断球的落点；接球队员应根据本方进攻战术的需要，确保传、垫球到位；二传队员要掌握好“插上”时机，不宜过早；其他队员应及时补位。

(5)攻防转换

在排球比赛中，攻与防之间是密切相关的，这不仅在于排球技术本身具有攻与防的双重含义，还在于全攻全守、攻防兼备是当前排球运动的发展趋势。正在进攻的一方，必须同时注意防守；处于防守的一方，必须随时准备反攻。在进攻与防守的转换中，如果准备不充分，动作不连贯，一味进攻，不注意保护和防守，或是只重防守，不能迅速转入反攻，都可能贻误战机，导致失败。因而，在进攻的时候准备防守，在防守的时候想到进攻，才能有备无患，立于主动。

排球战术对排球运动的战局有着重要影响，合理的战术布置是排球比赛取胜的重要因素。在排球运动的学练中，要重视排球战术的学习，准确掌握各种战术思想，并在排球运动中积极按照战术安排，贯彻执行战术，以取得优异的成绩。

第九章　乒乓球运动文化与技战术学练

第一节　乒乓球运动的历史文化

一、乒乓球运动的发展历史

（一）乒乓球运动的起源

乒乓球是在网球的基础上发展起来的，其英文名字为 Table Tennis，意即桌上网球。19 世纪末，受到网球运动的启示，英国高校学生流行一种桌球游戏，这就是乒乓球的原型。当时的游戏用的球拍用羊皮纸贴成，球为橡胶或软木实心球，并在外面包了一层毛线。在进行游戏时，可在饭桌上支起网来打；也可在地板上进行，用两个椅子当作支柱，中间挂起网来打。这种游戏十分有趣，并没有统一的规则。一位名叫詹姆斯・吉布(James Gibb)的英格兰人到美国旅行时，偶然发现了一种用赛璐珞制成的空心玩具球，弹性很强。于是，他就将这种球稍加改进后，代替了软木球和橡胶球，逐步在英国和世界各地推广起来。

在玩这种游戏时，由于用拍击球和球碰桌面时发出的是"乒""乓"的声音，所以"乒乓"的名字也就由此产生了。最初的乒乓球是一种宫廷游戏，它是欧洲贵族间的一种休闲娱乐活动，其后逐渐在民间兴起。

1900 年，英国成立了乒乓球协会，在皇后大厅举行了大型乒乓球赛，开创了乒乓球正式比赛的先河。

1902 年，英国人古德(Goodea)发明了颗粒胶皮拍。

1902 年，在英国游学的日本人坪井玄道将整套乒乓球器材带到日本，乒乓球传入亚洲。

1904 年，上海四马路一家文具店的经理王道平，将乒乓球介绍到中国。

在 20 世纪 20 年代以前，乒乓球始终停留在游戏阶段。直到 20 世纪 20 年代，举行了多次乒乓球邀请赛，才逐渐引起人们对乒乓球的重视，并将其列为运动竞赛项目。1926 年国际乒联成立并通过了乒乓球比赛规则草案，乒乓球才由娱乐性比赛成为一项竞技性的体育项目。1926 年 12 月，在英国伦敦举行了第 1 届世界乒乓球锦标赛。此届比赛只设有男子团体、男子单打、女子单打、男子双打、混合双打和男子安慰赛 6 个项目。1928 年，国际乒联将"乒乓"的名称正式定下来。1934 年，第 8 届世界乒乓球锦标赛增加了女子团体赛。1947 年 3 月，在法国巴黎举行了第 14 届世界乒乓球锦标赛，该届比赛增加了女子安慰赛和元老杯比赛。自此，世界乒乓球锦标赛有了 10 个比赛项目。如今，正式的世乒赛比赛项目共有 7 个项目，分别为：男子团体、女子团体、男子单打、女子单打、男子双打、女子单打和混合双打比赛。2003年第47届世乒赛，国际乒联决定把单项赛和团体赛分开进行，单数年进行单项赛，双数年进行团体赛。

1916年，在我国的一些大城市的教会中开展了乒乓球运动，而一般市民并没有接触该项运动。1918年，上海率先成立了上海市乒乓球联合会和一些其他乒乓球组织，不少球队纷纷建立，并于1923年首次举办了比赛。比赛采取对抗方式，11人参赛，先胜六盘者为赢。同一年，在上海成立了全国乒乓球联合会，这标志着我国的乒乓球运动得到了初步的发展。1935年，中华全国乒乓球协会成立，这一时期乒乓球运动逐渐兴起，我国多次举行了不同规模的乒乓球赛事。

（二）世界乒乓球运动的发展历程

1.欧洲的全盛时期

在1926—1951年间，欧洲乒乓球运动全面发展开来。在此期间全球共举办了18届世乒赛，只有一届的比赛举办地是在欧洲以外，那唯一的一届——第13届的比赛是在非洲的埃及举办的。在世乒赛的所有7个正式的比赛项目中，除8项冠军由美国选手获得外(第11届女子单打决赛没能确定冠军)，其余109项均由欧洲选手获得，占全部金牌总数的93.1%，欧洲占有绝对的优势，因此，这一时期堪称欧洲乒乓球的全盛时期。

乒乓球运动发展过程中的这一时期，是其发展历程当中相当长的一个阶段。从技术打法方面来说，流行的主要是以削为主或削攻结合型打法，这比赛的指导思想就是自己少失误，迫使对方失误增加。其原因包含以下几点。

第一，运动员使用的胶皮拍有利于削球打法的运用，胶皮拍的特点是弹力小、易掌握，有一定的摩擦力，可让球旋转。

第二，当时的乒乓球技术处于初级阶段，并没有人掌握高级或难度大的技术。削球失误少，攻球失误，尤其是加力的大板扣杀，技术难度更大。作为当时的运动员来说，做出这种选择是非常容易理解的。

第三，乒乓球球台窄，球网高(当时的球台宽为146.4厘米，球网高17厘米)。这种球台也有利于防守。

稳健的削球打法是这一时期的主要技术打法，不过由于在这一时期乒乓球比赛并无时间限制，所以比赛往往会使人感觉非常冗长乏味。因此，在第11届世乒赛之后，国际乒联对比赛规则做出了以下三个方面的修改。

第一点是比赛器材方面。球台从146.4厘米加宽到152.5厘米，球网从17厘米降低到15.25厘米。

第二点是发球技术方面。发球时不能用手指拨动球使其旋转。

第三点是比赛时间方面。在五局三胜制的比赛当中，比赛时间不得超过1小时45分钟，在三局两胜制的比赛当中，比赛时间不得超过1小时。

2.日本乒乓球称雄时期

1952—1959年是日本乒乓球称雄的时期。日本乒乓球协会于1928年加入到国际乒联当中，在1952年，日本乒乓球队第一次参加了世乒赛。在那届比赛当中，日本选手的打法是前所未有的直拍全攻型打法，这使得欧洲乒乓球运动员在技术上受到了很大的冲击，日本乒乓球运动员也因为这一技术，连续击败了许多欧洲名将，一举夺得男子单打、男子双打、女子团体和女子双打共 4 项冠军。在第 21 届至第 25 届世乒赛的男团比赛中日本人都是冠军，并且在单项的 5 个冠军中他们也屡屡夺魁，这一阶段日本人的冠军总数是 24 个。在第 21 届世乒赛上，日本乒乓球队包揽了男女团体冠军。第 25 届世乒赛当中，日本队在 7 项冠军的争夺中豪取 6 冠，取得了划时代的成功。

3. 中国乒乓球的崛起

1959—1969 年，是中国乒乓球运动崛起的年代。1952 年 3 月，中国加入国际乒乓球联合会，在 1953 年第一次参加了世乒赛。此后，通过长期不懈的努力，1959 年，中国运动员容国团在第 25 届世界乒乓球锦标赛男单比赛中，连续战胜了许多世界名将，为中国夺得了历史上第一个世界冠军，成为中国力量开始在世界乒坛崛起的标志。在这一时期，中国队传统式的直板近台快攻打法开始亮相世界大赛。1961—1965 年中国队又以此打法夺得 11 项冠军，使之成为当时世界上最先进的打法，代表了世界乒乓球技术的新潮流。之后在 1965 年第 28 届世界乒乓球锦标赛中，中国队一举夺得 5 项冠军，4 项亚军，7 项第三名，在世界上引起了巨大震动。

在第 28 届乒乓球锦标赛中，中国队更是一举夺得了男女团体、男女双打、男子单打共 5 项冠军，达到了中国乒乓球队参加世乒赛后的第一个高峰，也标志着中国乒乓球队已进入世界先进行列。

中国的传统近台快攻的打法闯过了欧洲选手的削球关，又摸索出了战胜日本远台长抽和弧圈球打法的方法，这标志着中国近台快攻打法把世界乒乓球技术大大地向前推进了一步。当时的国际舆论普遍认为乒乓球已经是中国的第一运动了，许多外国人开始把乒乓球称为中国的“National-Ball”，英文直译为“国球”。

4. 欧洲复兴、欧亚争夺时期

1971—1988 年是欧洲乒乓球重新开始强大，并且欧亚间的竞争越来越激烈的时期。20 世纪 70 年代，全世界范围内，乒乓球运动技术的发展日新月异，欧洲乒乓球选手将中国的快攻以及日本弧圈球的优点结合起来，形成了弧圈结合快攻以及快攻结合弧圈的全新技术打法，在比赛中给亚洲选手很大的威胁。欧洲在此期间也是乒乓球人才辈出，最著名的包括瑞典队的本格森，匈牙利队的约尼尔、克兰帕尔，苏联的萨尔霍扬和捷克斯洛伐克的奥洛夫斯基等。在第 31 届世乒赛上，瑞典队的本格森夺得了男子单打冠军；在第 32 届世乒赛上，瑞典男团打破了亚洲球队对冠军长达 20 年的垄断局面；在第 33 届世乒赛男单决赛上出现了约尼尔和斯蒂潘契奇之间的欧洲德比；第 35 届世乒赛上，匈牙利队夺走了斯韦思林杯，而南斯拉夫男队夺得男双冠军。欧洲选手在经过 20 年的努力之后，终于走上了复兴之路。欧洲乒乓球能够获得复兴，主要有以下四个原因。

第一，在打法全面的基础上突出技术特长。欧洲选手在拉、冲、扣等技术上结合自如，正手、反手、侧身都能进攻，下旋、上旋也能攻，还创造出了半推半搓式的接发球方法。

第二，打法推陈出新。他们吸取了中国和日本的优势打法，并且结合自身长处，使得横拍弧圈球结合快攻和快攻结合弧圈球两种新打法横空出世。

第三，多变的战术运用。欧洲选手在战术上也有明显的优势，特别是在比赛中的攻防转换快和多，突出了他们的战术变化。

第四，比赛与训练相结合。欧洲选手的训练和比赛结合紧密，有时训练就是比赛，同时比赛也就是训练，因此他们对比赛的适应能力很强，尤其是比赛时心理素质的稳定性更为突出。再加上欧洲乒乓球职业化的发展越来越快，至此欧洲的复兴与亚洲形成了抗衡和争夺之势。

5.中国乒乓球发展的鼎盛时期

据相关的资料显示，中国乒乓球女子团体从1975年第33届到2014年第52届世乒赛，只有两次没有获得冠军；男子团体从2001年第46届到2014年第52届世乒赛共7届世乒赛，一直都是冠军。2005年到2015年共6届世乒赛，男子单打冠亚军都为中国队；1995年至2015年共11届世乒赛，女子单打冠亚军也都为中国队(其中2001年的亚军为中国香港选手)。男子双打、女子双打和混合双打方面，1992年第42届至2011年第51届共10届世乒赛，中国选手都是这几项比赛的冠军。2013年第52届世乒赛，中国男子双打和混合双打表现不佳，未能获得冠军。而2015年第53届世乒赛，中国队重新获得了所有单项赛的金牌(也有认为获得了4.5块金牌，因为混双比赛冠军为中国选手和韩国选手搭档获得)。2016年第53届世乒赛团体赛上，中国选手又创佳绩。

从1991年至今是中国乒乓球发展最鼎盛的时期。中国乒乓球队自1995年第43届世乒赛上获得全部冠军之后，彻底将乒乓球运动的全球秩序改变。

中国乒乓球运动在不断发展，并且越来越强盛，也促使世界的乒乓球技术进入更高的发展阶段，即速度、力量、旋转和变化紧密结合。乒乓球运动规则也发生了很大的变化，主要包括以下几个方面。

第一，比赛用球方面，乒乓球由重2.5克改为重2.8克，直径由38毫米改为40毫米。

第二，发球方面。发球时要求无遮挡发球，发球由每一方运动员连续发5个球进行换发球，改为连续发两个球进行换发球。

第三，在比赛的胜负方面。每局比赛由21分制改为11分制，一场比赛由三局两胜制或五局三胜制改为七局四胜制。

(三)我国乒乓球运动的发展历程

1.新中国成立前乒乓球运动的发展

清光绪三十年(1904年)，上海的一家文具店的老板从日本进口了10套乒乓球器材，从此乒乓球运动传入中国。随后，这项运动就逐渐在北京、天津、青岛、上海和广州等地开展起来，并举行了不同规模的国内、国际乒乓球比赛。当时的中国乒乓球运动技术水平较低，组织比赛的能力较差，对外比赛负多胜少。1925年，中华全国乒乓球协会成立，并组织了旧中国第1届全国乒乓球比赛。

1935年1月，国际乒联主席蒙塔古先生曾致电邀请中国加入国际乒联，并参加第9届世乒赛。无奈执政当局在当时国家内忧外患的历史背景下并没有理会这个热情的邀请。

2.新中国成立后乒乓球运动的发展

新中国成立后，党和政府对体育兴邦的思想格外重视，在此背景下，乒乓球运动得到了迅速的普及和提高。1952年10月，中国举行了第一次全国乒乓球比赛大会，并在赛后正式组建了中国乒乓球队。

从新中国的乒乓球队第一次参加世界大赛开始，可以把这段历程分为以下五个时期。

(1)初始起步期(1953—1957年)

在1953—1957年的短短4年时间里，中国乒乓球队沿着正确的道路稳步前进。1953年，中国队首次参加世乒赛。在那届比赛中，男队被评为一级第十名，女队被评为二级第三名。这在当时新中国乒乓球运动刚刚起步的时期来讲，可以算是非常不错的成绩了。当时，我国乒乓球队的技术水平有限，但即使这样也并没有盲目地开展“拿来主义”“照搬照抄”式的学习方式，而是以世界潮流技术与中国选手的特点相结合，并认真细致地研究乒乓球运动的内在规律，吸收外国的打法长处，改善自身打法的不足，不断进行乒乓球技战术的自我丰富和自我完善。

1956年，中国队参加了第23届世乒赛。赛后，男队被评为一级第六名，女队被评为一级第十一名。这届比赛，使中国队认识到，未来的训练目标必须在原来快与狠的基础上强调对于击球落点的掌控，增加击球的准确性。

1957年，中国队参加了第24届世乒赛，男、女队都取得了决赛权。赛后，男队被评为一级第四名，女队为一级第三名。

(2)快速腾飞期(1959—1965年)

1961—1965年，是中国乒乓球运动的第一次高峰，无论传统的直拍近台快攻，还是防守型直板削球打法，都取得了不错的成绩。

1959年第25届世乒赛，容国团为祖国夺得了第一个世界冠军，为丰富和发展我国的传统快攻打法做出了重要贡献，他用实践为“快、准、狠”的技术风格又加了一个“变”字。此外，中国队在男团、女团、女单、女双和混双5个项目上都获得了第三名。

1961年第26届世乒赛在中国北京举办，这是中国第一次举办乒乓球世界级比赛。比赛的组织工作出色，赛事获得圆满成功。竞技方面，中国队获得了男团、男单、女单3项冠军，以及4项亚军和8项季军。这样优异的成绩使中国掀起了“乒乓球热”，极大地鼓舞了正处在困难时期的全国人民，也极大地推动了乒乓球运动在人民群众心中的崇高地位。

1963年第27届世乒赛，中国男队获得了全面性的胜利。中国男团进军决赛，此时的中国队比上届比赛显示了更大的优势，队员构成中除了两名直拍快攻选手外，还有一名被称作“魔术师”的直拍削球手张燮林，他的球风诡异、“狡猾”，让对手难以捉摸。男双冠军由两名削球选手张燮林和王志良获得。但所有有女队员出场的项目，均与冠军无缘。后来经过深思熟虑和刻苦研究，在第28届世乒赛上，中国女队打了一场漂亮的翻身仗，中国队共获5项冠军、4项亚军和7项第三名。这一时期乒乓球的打法类型多样，百花争鸣，多种打法相互促进、竞相发展。

(3)重整旗鼓期(1971—1979年)

“文化大革命”时期使正处于良好发展势头和鼎盛时期的中国乒乓球队蒙受了重大损失。中国乒乓球队在“与世隔绝”4年后的1970年底，参加了斯堪的纳维亚公开赛，常年与世界乒坛隔离使得中国对世界乒乓球发展趋势了解不足，技术和理论上的发展停滞，使得再度回到国际赛场后的中国队受到了欧洲选手强有力的挑战。

20世纪70年代初，中国乒乓球界展开了一场学术性的讨论。徐寅生同志提倡在原有的“快、准、狠、变”乒乓球四项基本要点的指导思想上再加一个“转”字，这就是后来中国乒乓球的“五字真言”。在这次会议上，还提出了用反胶打快攻的初步设想。随后，直拍正胶运动员开始在日常训练中增加了拉小弧圈和快带、盖打、侧挤等动作用于对付弧圈球技术。一系列富有创新性的传统直拍打法和技术的改良很快便在正式大赛中取得了可喜的成绩。

1971年第31届世乒赛，中国队艰难地夺得了男团冠军，同时还获得了女单、女双和混双冠军。1973年第32届世乒赛，中国队仅获得男女单打和混双3项冠军。1975年第33届世乒赛只获得男女团体冠军。1977年第34届世乒赛保住了男女团体冠军，还夺得男双和女双冠军。1979年第35届世乒赛，中国队在有女子参赛的项目中皆获冠军，而3个男子项目的冠军都被外国选手夺走。中国男队在认真分析了失利的原因后，提出要"苦练意志、苦练技术、苦练身体"，争取在最短的时间内夺回世界冠军。

(4)重铸辉煌期(1981—1987年)

这一时期，堪称中国乒乓球运动的第二次高峰。

第36届世乒赛上中国队与匈牙利队争夺男团冠军时，中国队大胆启用新人，3名上场队员的平均年龄只有20岁，其中蔡振华、谢赛克均为第一次参加世乒赛。

第37届世乒赛男团决赛，第一次参加世界比赛的江嘉良和蔡振华分别以2：1和2：0战胜瓦尔德内尔和阿佩伊伦，为中国队再次获得斯韦思林杯立下汗马功劳。

第38届世乒赛，新人陈新华能攻善守、灵活多变；陈龙灿属于直拍正胶快攻打法，特点为速度快、球路刁。二陈与江嘉良三人协作，在团体决赛中以5：0大胜瑞典队。女队由横板两面弧圈打法的新人何智丽与老将童玲、戴丽丽、耿丽娟组成，在团体赛中接连获胜。

第39届，中国男队由新老结合的滕毅、江嘉良、陈龙灿再次以5：0大胜瑞典队。女队由新老结合的李惠芬、焦志敏、戴丽丽组成，以3：0打败了由梁英子和玄静和组成的韩国女队。

到1981年第36届世乒赛，中国队夺得了全部比赛项目的7个冠军和5个单项的全部亚军，创造了世乒赛历史的新纪录。在以后的3次世乒赛中，中国队每届都获得6项冠军。4届比赛共有冠军28个，中国队夺得25个，占冠军总数的89.29%。当时，各国都加强了对中国队的研究，并以在全部比赛中的任何一项、任何一轮打败中国选手为荣。

(5)崭新历程期(1988年至今)

1988年第24届奥运会，乒乓球第一次被列为正式比赛项目。中国选手在4个比赛项目中获得了男双金牌(陈龙灿、韦晴光)和女单的金、银、铜牌。陈静、李惠芬、焦志敏同时登上了领奖台，出现了3面五星红旗同时升起的壮观景象。

欧洲男选手经过一段时间的磨炼，技术更加全面，打法已趋成熟。中国队在长期胜利的光芒下遮蔽了可能失利的隐患。在1992年第25届奥运会乒乓球比赛中，尽管中国队丢掉了男单金牌仍旧夺得了4个比赛项目中的3枚金牌，但中国男队在世乒赛上已经连续3届(第40、41、42届)与含金量最高的团体和单打冠军无缘；中国女队在第41届世乒赛中痛失团体冠军；享有"双保险"之称的邓亚萍和乔红在第42届的单打比赛中，均遭淘汰，整个中国女队无人进入单打决赛，这段时期让中国队身上的光芒暗淡不少。为使中国男女队尽快走出困境、摆脱困扰，1993年末至1994年初，中国乒协及时举办了全国乒乓球奥运会重点省市男队主教练和业余体校的教练员研讨班。中国乒协主席徐寅生、副主席李富荣做了重要讲话，要求全体乒乓球人摆脱安于现状的想法，养成危机意识和创新意识，避免用老眼光看对手。这次会议，对中国乒乓球运动的发展起到了重要的作用。

世乒赛第二次落户中国，是1995年的第43届天津世乒赛。在那届比赛中，中国队以囊括全部冠军的傲人成绩宣告中国乒乓球走出了低谷，迎来了属于它的第三次发展高峰。

在1996年第27届亚特兰大奥运会上，中国队首次在这人类盛会上夺得了所有乒乓球项目的金牌。在随后的第44届、45届世乒赛，中国队又都取得了7个项目中的6个冠军的良好战绩。

2000年的第27届悉尼奥运会，中国队第二次囊括了所有乒乓球项目的金牌，为中国队在小球时代画上了圆满的句号。

2001年的第46届世乒赛，中国队第三次实现了冠军的大包揽。在这届比赛的男团半决赛中，中国选手刘国正在与韩国选手金泽洙的终极决胜对抗中沉着应战、不屈不挠，在一共落后7个赛点的不利形势下，最终获得了比赛的胜利，创造了世乒赛历史上又一个永恒的经典。

2003年的第47届世乒赛的单项赛，是在世乒赛中第一次执行11分制和无遮挡发球规则，中国队又获得4个冠军，但是在男单项目中，唯一进入四强的中国选手孔令辉在半决赛中遇到了那届比赛中状态神勇的奥地利选手施拉格，经历7局苦战后无奈告负，与决赛失之交臂。

2005年的上海世乒赛单项赛，中国队再度包揽全部项目冠军。

2008年北京奥运会，以马琳和张怡宁领衔的中国乒乓球男女队毫无悬念地获得所有冠军，又一次实现奥运会上的金牌大包揽。

2012年和2016年奥运会，中国队都包揽了乒乓球项目的金牌。

21世纪的十几年中，只要有中国选手参加的世界各级比赛，其冠军基本被中国选手收入囊中。面对国际乒联的一次次重大改革，中国乒乓球队提出第二次创业的口号，可以用"雄关漫道真如铁，而今迈步从头越"来形容中国乒乓球队的战斗历程。此种精神，巩固了中国乒乓球队在世界乒坛中长盛不衰的地位。

3.我国乒乓球运动的发展现状

在现代，提到乒乓球就不能不提到中国。然而，不论是从乒乓球运动的起源角度，还是从这项运动的发展中前期的历程来看，中国从来都不是主流。这一局面直到20世纪中叶开始改变，从那时起一发而不可收拾，直到今天中国的乒乓球运动水平仍大幅度领先世界，几乎垄断了所有世界大赛的冠军。

当然，竞技体育从来就不是单一化的发展。乒乓球运动也是如此，除了在特殊时期可以起到弘扬民族精神、扬我国威的作用外，它还是连接我国与外国的沟通桥梁，其中最为著名的就要数震惊世界的"小球转动大球"的乒乓外交了。从这一事件中不仅可以看到中国外交事业的成功，更是可以看到富有魅力的乒乓球运动的强大，它展现了其多样化的功能，由此自然会在我国体育史、外交史中占有非常重要的地位。

从竞技运动的角度上说，浏览一下国际乒联的世界排名可见，我国无论男女选手均排位靠前，甚至前10名中有六七位中国选手。我国球员长期在国际排名中名列前茅，再加上近十年来几乎垄断了所有世界大赛的冠军，使得很多人将中国视为这个项目的绝对霸主。这种情况是我国乒乓球人乐于看到的，这让他们感觉到毕生从事的事业近乎达到了一个登峰造极的境地。然而冷静下来后细细思考又会发现，这种垄断的背后显现出了些许不利于该项运动在世界范围内可持续发展的隐患，如长期的垄断冠军和在项目竞赛中的绝对统治力会使得其他国家对乒乓球运动参与的积极性降低，而且只要有中国选手参加的比赛都会毫无悬念地夺冠也有违体育竞赛的不可预知性特点。诚然中国乒乓球人很好地发现了乒乓球运动的规律和"制造"高水平选手的方法，但冠军荣誉不断获得的同时我们也应站在更高的角度考虑一下世界乒乓球运动的发展。

现如今，我国的乒乓球运动整体实力已经到了外国选手几乎无解的水平，真正达到了"会当凌绝顶,一览众山小"和独孤求败的境地。放眼世界,几乎没有哪位球员能与中国球员抗衡。其间,欧洲曾经涌现出了德国的波尔、希腊的格林卡以及丹麦的梅兹等选手,然而这些选手也仅仅是在某届赛事上有超水平的发挥,而并没有形成一种具有连续性和稳定性的对抗势头。就连乒乓球传统强国韩国在没有完全登上世界之巅时也开始显露出了下滑的态势。非多元化的竞争必然会使人们减少对乒乓球的关注,以至于一度让人们感觉中国选手不拿冠军才是新闻。到那时候,乒乓球不仅会被人们遗忘、轻视,更是会让乒乓球这项运动堕落下去,因为真正的体育应该是百花齐放,而不是一枝独秀。为此,国际乒联曾经做出过不少努力,其中最主要的手段就是修改比赛规则。表面上看,国际乒联的做法好似是在削弱中国乒乓球的实力,然而实际上这些规则的变化正是为了这项运动的长久发展考虑的。不过事实也证明了强队毕竟是强队,在掌握了运动本质规律后不管规则如何改变,都不会对运动成绩有太大的影响,改变只是淘汰掉一批球员,而新的球员马上又会很快适应这些改变,如此一来中国乒乓球依旧保持着称霸世界的势头。

二、乒乓球基本术语

(一)球台术语

端线:球台两端与球网平行的白线称端线,宽 2 厘米。

边线:球台两侧与球网垂直的白线称边线,宽 2 厘米。

中线:球台中央与边线平行的白线称中线,宽 3 厘米。

左半台和右半台(又称 1/2 台):通常是指击球范围。其左右方向是对击球者本身来说的。

(二)站位与击球距离(图 9-1)

站位:运动员开始击球前的基本位置,是指运动员击球时,其身体与球台端线之间的距离。

近台:指站位在离球台端线 50 厘米以内的范围。

中台:指站位在离球台端线 70 厘米范围左右。

远台:指站位在离球台端线 100 厘米范围以外。

中近台:介于近台与中台之间的站位,站位离球台端线 50~70 厘米之间的范围。

中远台:介于中台与远台之间的站位,站位离球台端线 70~100 厘米之间的范围。

(三)击球路线术语

击球路线指球运行的水平方向,在球台上空飞行弧线的投影线。与边线平行的是直线,对角线是斜线。

5 条基本线路:在训练中,基本的击球路线是右方斜线、右方直线、左方斜线、左方直线、中路直线。共 3 条直线两条斜线(左右以击球者为标准)。

9 条基本线路:右方 3 条——到对方的左、中、右方;左方 3 条——到对方的右、中、左方;中间 3 条——到对方的中、左、右方。

击球路线有时根据运动员的执拍手命名。如右手执拍者,可以把右方斜线称为正手斜线,左方直线称为反手直线。当右手执拍者在左方侧身用右手击球时,也可将左方斜(直)线称为侧身斜(直)线。中路直线往往以击向对方身体的方向为多,一般称为追身球。

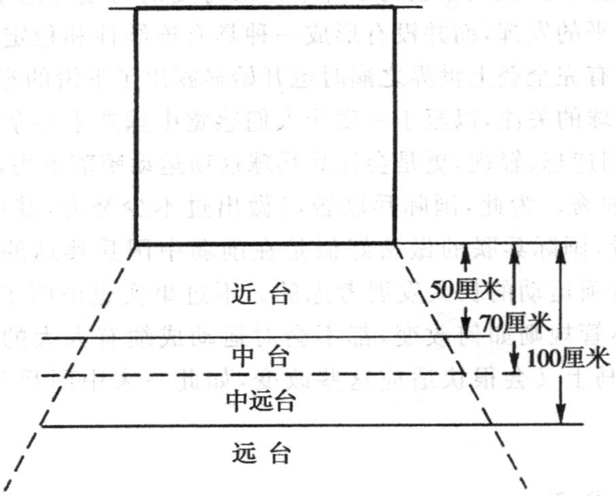

图 9-1

(四)击球时间术语

击球时间是指来球落本方台面弹起后,其运行轨迹从着台点上升再下降至触及地面以前的过程(图 9-2)。具体可分为:

上升期:来球从台面弹起至接近最高点的这段时间,还可细分为上升前期与上升后期。

高点期:来球从台面弹起在最高点附近的这段时间。

下降期:来球从最高点开始下降以后的这段时间,还可细分为下降前期和下降后期。拉下旋来球,一般在下降前期击球;削接弧圈球,一般在下降后期击球。

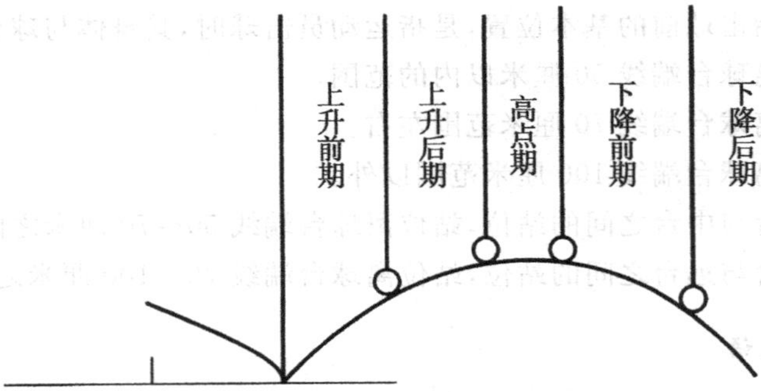

图 9-2

(五)击球部位

击球时,球拍触及球上的位置叫击球部位。为了说明方便,将球用表盘的形式标出 12、1、2、3、4、5、6 共 7 个点(图 9-3)。

接近 12 点附近叫上部;1 点附近叫上中部;2 点附近叫中下部;3 点附近叫中部;4 点附近叫中下部;5 点附近叫下中部;6 点附近叫下部。

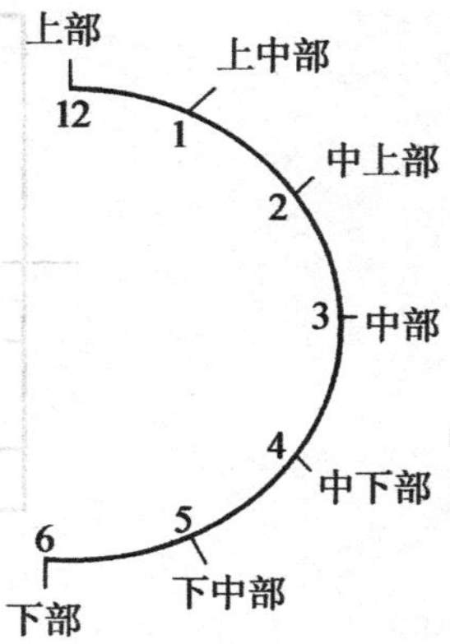

图 9-3

（六）拍形

拍形包括拍面角度和拍面方向两个方面。

1. 拍面角度

击球时，拍面与台面所形成的角度叫拍面角度。拍面角度小于 90°时，称为“前倾”；拍面角度接近 90°时，称为“垂直”；拍面角度大于 90°时，称为“后仰”。当形成不同的拍面角度时，击球部位也会有所不同。前倾时一般击球的中上部、上中部；后仰时一般击球的中下部、下中部。

2. 拍面方向

击球时，击球拍面所朝向的方位叫“拍面方向”。拍面向左：击球的右侧部。拍面向右：击球的左侧部。

（七）触拍部位

触拍部位是指击球瞬间，球体触及在球拍上面的位置。球拍的击球拍面可划分为左、右、上、下、中等部位（图 9-4）。

（八）击球点

所谓击球点，是指击球时球拍与球体相接触那一点的空间位置。击球点是和击球者、球台以及击球时间紧密联系在一起的。击球点应有利于发力和准确，有利于保持正确的击球姿势。击球点不准确，多半是由于步法不到位造成的。

（九）短球、长球与追身球

短球又称近网球，指球落在台面的近网区，一般距球网 40 厘米以内；长球又称底线球，指球落在台面的端线区，一般距端线 30 厘米以内；追身球，指将球击到对方中间的位置（图 9-5）。

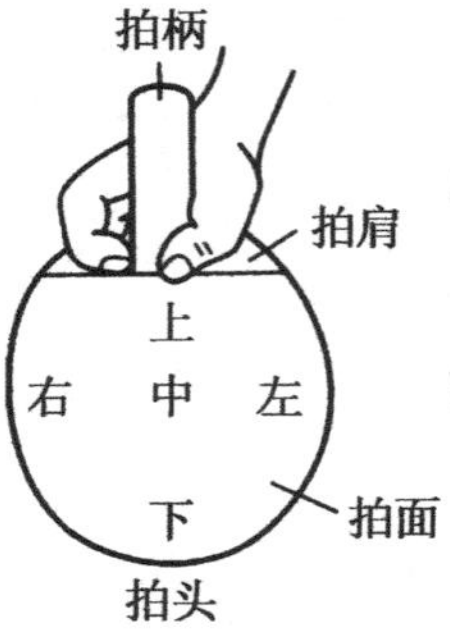

图 9-4

图 9-5

三、乒乓球运动的基本特点

(一)器材设备简单

乒乓球运动是由两名或两对选手在一个长 2.74 米、宽 1.525 米、高 76 厘米的球台上进行的运动,球台可用任何材料制成,常见的有木制球台和大理石球台,台面的厚度无具体规定,但应具有均匀、合适的弹性,具体的弹性要求是用标准乒乓球从台面上空 30 厘米处落下后弹起 23 厘米即为合适。球台中间放置一个高度为 15.25 厘米的网,台面四周应画上 2 厘米宽的白线,双打时还需在台面中央画一条 3 毫米宽的白线。球台的颜色不限,但台面应呈均匀的暗色,无光泽,一般多为墨绿色和海蓝色(目前大型比赛常选用海蓝色球台同红色地面、黄色乒乓球相配套)。

乒乓球运动所需要的场地空间不是很大,一般仅需要一个长 20 米、宽 7 米、高 4 米的场地。足球场能容纳 73 个乒乓球场、网球场也能容纳 7 个乒乓球场。因此乒乓球运动在场地方面所受的限制很小,甚至在自己家里就能够练习。

(二)球体轻、球速快

乒乓球运动是世界上开展得十分广泛且受人们喜爱的一项体育活动。在中国,乒乓球更是有着“国球”的称号。

乒乓球在诸多球类体育运动中,其用球是最小的。在过去,乒乓球的球体直径仅为 38 毫米,重 2.5 克。从 2000 年 10 月 1 日起,规则改变,直径 40 毫米、重 2.7 克的大球被运用到比赛当中。球的制作材料往往是赛璐珞材料以及类似的塑料。在比赛中,白、黄、橙这三种颜色的球允许被使用。

乒乓球运动同排球、网球、羽毛球、毽球、藤球等运动一样,属于隔网竞技运动,与此同时,乒乓球、网球、羽毛球还是最受欢迎的三项使用球拍的运动。乒乓球运动素有“聪明人的运动”之称。素以速度快、变化多、技巧性强、趣味性高而著称,其球速最快能够达到 50 米/秒,加转的弧圈球的转速高达 176 转/秒,球的旋转方式也有 26 种之多。乒乓球球小、速度快、变化多的特点,能够使乒乓球练习者拥有非常快的反应能力以及及时应变能力。

（三）广泛群众性

乒乓球运动员的反应时排在各项运动员之首，其次是击剑运动员、排球运动员、足球和冰球运动的守门员。同时，乒乓球运动本身对于参与者的身体条件的限制也不是很大，年幼者、年长者、体弱者、伤残者等参加乒乓球运动都不困难。历届中国乒乓球男子世界冠军级运动员的平均身高只有 1.72 米，女运动员平均身高只有 1.62 米，并没有与普通人的身高有很大的差距。世界著名的乒乓球运动员中，既有身高 1.90 米以上的高大者，又有仅有 1.50 米的矮小者。乒乓球运动的这一特点，为大量的普通人提供了广泛的参与机会。

正因为乒乓球运动在设备上并没有太多要求，室内外均可进行，并且运动量的控制也非常容易掌握，因此无论是什么年龄或者身体条件不一的人都能够参加到乒乓球运动当中，所以乒乓球运动的适应性和锻炼价值是非常高的，是非常方便开展和普及的运动项目。

（四）娱乐健身性

乒乓球运动在击球上具有技巧性强、运动的趣味性高的特点，所以娱乐性非常强，广受人们欢迎。

乒乓球速度快、变化多的特点对于反应能力的造就使得其有很好的健身效果。经常参与乒乓球运动能够使人的灵敏性和协调性得到非常大的发展，人体的速度素质得到发展，上、下肢的活动能力将会得到非常好的锻炼，还能改善心脑血管机能，促进新陈代谢，增强体质。在精神意志的锻炼方面，乒乓球能够有效培养人的勇敢顽强、机智果断等品质。

（五）竞技对抗性

乒乓球比赛设有单打、双打、团体项目。比赛双方运用的比赛器材各有不同，打法多种多样，技战术复杂、变幻莫测，使比赛充满着适应与反适应、控制与反控制的矛盾，这对每一个参赛者来说，是非常好的考验以及锻炼的机会，可以培养其独立思考、单独作战及集体主义精神，通过比赛更能锻炼一个人的思想、作风、意志和智慧。这些充分体现了乒乓球运动的竞技对抗性特点。

四、乒乓球运动的发展趋势

现代乒乓球运动正逐渐朝着“更加积极主动，打法凶狠，特长突出，技术全面，没有明显漏洞，战术灵活多变”的方向发展。

（一）积极主动、打法凶狠

20 世纪 80 年代，积极主动、打法凶狠是高水平乒乓球运动员所具备的重要条件，这种技术是为了加快击球速度、加大击球力量、加强抢攻意识。由于弧圈球技术飞速发展，击球的力量、速度和球的旋转大大加强，一旦被动挨打便很难获得转机。尤其是发球、发球抢攻和接发球这三种被称为“前三板”的技术，谁先争得主动、打法凶狠，谁就多一分胜利的希望。因此，现代乒乓球比赛更加趋向先起板、多进攻，打法凶狠，想方设法控制对方的方向发展。

（二）特长突出

特长突出是比赛中运动员所具备的拿手技术，即“绝招”。对于一名运动员来说，特长越“精”，其“绝招越多”，他的技战术水平也就越高。乒乓球是个人竞赛项目，个人技术的优劣对比赛的胜负起着决定性作用。

（三）技术全面，无明显漏洞

一名优秀的乒乓球运动员，不仅具备突出的特长，而且还能够在特长突出的基础上掌握多种技术，在技术上没有明显的缺陷，从而做到“一精多能”。技术全面、没有明显漏洞包括的内容很广，如以进攻型打法为主的运动员也应具有一定的防守能力，以防守为主的必须会进攻；前三板技术好，相持时实力也不能弱；发球以旋转为主，同时也要讲究速度或落点；会发短球，也会发长球相配合；发球后能抢攻对方拉过来的上旋球，同时也能抢攻对方搓过来的下旋球；能对付进攻型选手，也能对付防守型选手的各种打法，等等。以上这些技术是当前各国运动员力求达到的目标。

由此可以看出，在欧洲以弧圈球为主和快攻结合弧圈球打法更加成熟，中国直拍快攻和直、横拍快攻结合弧圈球打法不断创新发展的情况下，各国乒乓球运动员要想在世界性比赛中取得好成绩，必须要技术先进全面、没有明显漏洞，前三板球能积极抢先上手，并且具备相持中争得主动的能力。

第二节　乒乓球运动的技术学练

一、握拍技术

乒乓球运动握拍技术，是指手握乒乓球拍的方法。现代乒乓球运动的握拍主要有直拍握法和横拍握法两种。两种握拍方法各有特点，适用于不同的打法和不同技术特点的选手，没有孰好孰坏之分。其中，直拍握拍在亚洲选手中使用较多，横拍握拍广泛被欧洲选手使用。不过现代乒乓球的发展越发注重全面性因素，因此，现阶段使用横拍握拍法的选手较多。

乒乓球的握拍法是最为基础的乒乓球技术，正确的握拍技术对掌握乒乓球技术和提高乒乓球技巧至关重要。

（一）直拍握法

直拍握法的特点是出手快速，攻球有力，拍面变化不大，对手难以判断。

1. 直拍快攻型握拍法

拇指第一指节和食指第二指节握拍，使拍柄压住虎口，拇指与食指之间的距离要适当；其他三指自然弯曲，中指第一指节顶住球拍的后上部（图 9-6）。

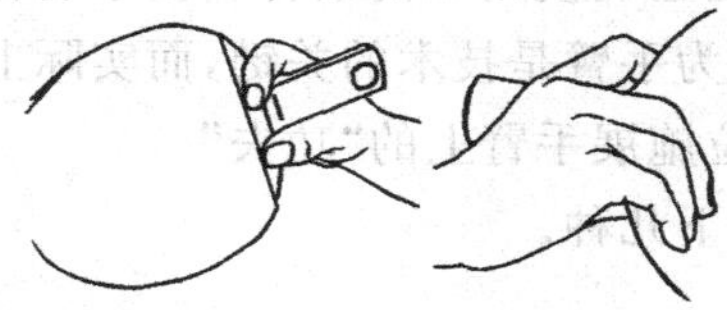

图 9-6

2. 直拍弧圈型握拍法

拇指紧贴于拍柄左侧，食指扣住拍柄，形成一个小环状紧握拍柄；其他三指自然伸直，中指第一指节顶住球拍的背面约 1/3 处(图 9-7)。

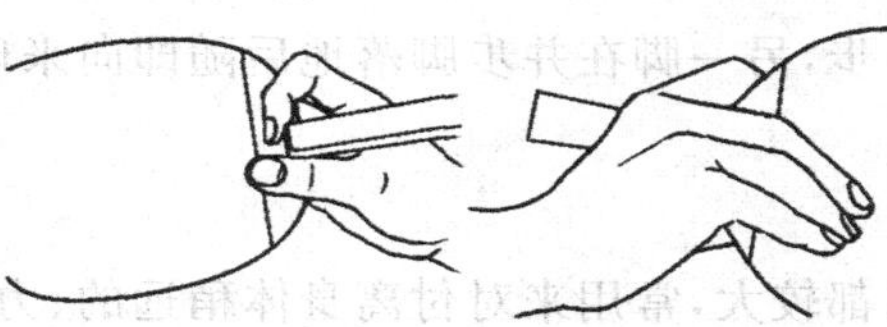

图 9-7

(二)横拍握法

横拍握法的特点是正反手转换更加顺畅，攻球力量大，从人的生理角度上看没有明显漏洞。另外，横拍握拍在攻削球时握法变化小，反手攻球容易发力，由此便成为欧洲两面弧圈型打法的标准握拍法。不过横拍握法也不是完全没有缺点，如在正反手交替击球时，需变换击球拍面，调节拍形幅度大，易被对方识破。

横拍握拍方法是中指、无名指和小指自然弯曲握住拍柄，虎口贴住拍肩；拇指在球拍的正面轻贴于中指旁，食指自然伸直，斜放于球拍背面。深握时，虎口紧贴球拍。浅握时，虎口轻微贴拍(图 9-8)。

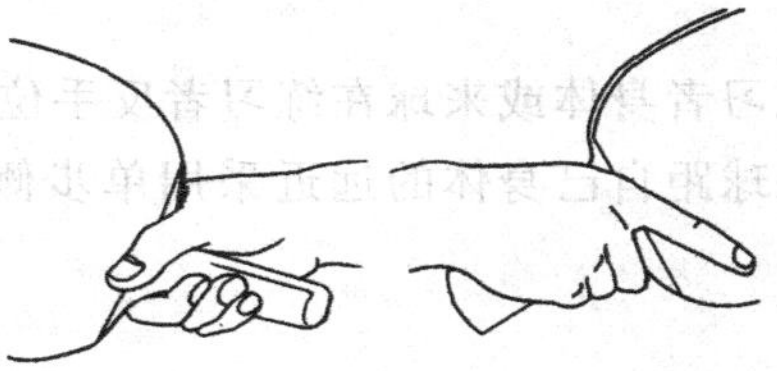

图 9-8

二、基本步法

(一)基本步法分析

现代乒乓球技术理论中认为步法是“乒乓球运动的生命”。步法实际上就是合理的移动，步法移动是击球的基本环节之一，是正确使用和衔接各项技术动作的枢纽，更是执行各项战术的有效保证。传统乒乓球技术理论认为手臂是技术的关键，而实际上，现代乒乓球技术理念确定只有移动到位，才能用较为舒适的体位施展手臂上的“功夫”。

乒乓球的基本步法主要有以下几种。

1. 单步

单步动作简单、移动范围小，常在近网短球、推挡球、侧身攻球以及球落点位于中路稍偏左时使用。以一只脚为轴，另一只脚向各个方向移动，身体重心随之落于移动脚上。

2. 并步

并步的移动幅度比单步大、比跳步小，移动时不腾空，便于保持身体重心稳定。要求运动员一脚先向另一脚并半步或一小步，另一脚在并步脚落地后随即向来球方向移动一步。

3. 跨步

跨步动作幅度和移动范围都较大，常用来对付离身体稍远的、力量大的来球。基本动作为一脚蹬地，另一脚向移动方向跨一大步，蹬地脚随后跟上半步或一小步，以保持身体平衡。

4. 跳步

跳步移动范围比单步和并步都大，移动速度快。当判断好来球方向时，一脚用力蹬地，使两脚离开地面向来球方向跳动。

5. 交叉步

交叉步移动范围和幅度都大。移动中，常以靠近来球方向的脚作支撑脚，支撑脚的脚尖调整指向移动方向，远离来球方向的脚在体前交叉，向来球方向跨出一大步，身体随之向来球方向转动，支撑脚跟着向来球方向再迈一步，即完成前交叉步，后交叉步是在体后完成交叉动作。

6. 侧身步

侧身步，是指当来球逼近练习者身体或来球在练习者反手位时，练习者侧身正手攻球的移动步法。运动中，练习者可根据来球距自己身体的远近采用单步侧身、并步侧身、跨步侧身或交叉步侧身。

7. 小碎步

小碎步是练习者向前、后、左、右的高频率的小跑步移动步法，是以上几种步法的组合形式，它能迅速地调节身体重心、调节击球位置、击球时间、击球力量，具有起动快、发力大、击球准的特点。这种结合步移动范围比任何一种步法都大，便于攻防的转换需求，能灵活运用于各种打法。

（二）基本步法练习

(1)单个或组合步法的模仿练习，如挥拍做跳步、并步结合侧身步、侧身步结合交叉步等。

(2)看手势练习快速变换前、后、左、右移动。

(3)完成规定步法的次数或组数练习，或完成规定时间的步法练习。

(4)完成步法与手臂摆速的结合练习，如站于每张球台边线一端。听口令后，练习者采用并步、交叉步、小跑步、并步结合跨步等步法移动，用一只手或两只手分别触摸边线两端。

(5)加强腿部力量练习，采用蛙跳、蹬跨、单足起、杠铃蹲起等练习提高爆发力。

(6)观看优秀乒乓球运动员录像，学习步法移动时重心的移动、步法的衔接。

三、准备姿势

对于任何一项体育运动来说，准备姿势都是技术运用的起始状态。良好的准备姿势可以为后面的技术动作提供充足的准备。乒乓球运动速度较快，对练习者的反应速度有着较高的要求，正确的基本姿势能保证击球者迅速移动、选择合理的击球位置、有效地完成击球动作。在乒乓球运动实践中，准备姿势只是一个参考动作，并没有一个统一的标准，这主要是因为击球者的身体条件和技术特点不同导致的，有时候准备姿势的差异还与个人习惯有关。但无论何种姿势，都应包括以下几个方面。

(一)下肢动作

两脚开立，两脚间距离与肩同宽或比肩略宽，但不宜超过肩宽的 1.5 倍，身体重心位于两脚间，保持在稍靠前的腿上；两脚的前脚掌内侧着地，脚跟略提起，以便于快速起动。

(二)躯干动作

上体稍前倾，适度收腹含胸。既不能站得过直，重心过高，也不能挺出腹部，全身松散，以免降低动作的灵活性、影响击球。

(三)上肢动作

两肩基本同高，保持自然，避免耸肩，未击球时不应刻意地沉肩，下颌稍向后收，两眼注视来球；持拍手臂自然弯曲，置于身体右侧，大臂与躯干的夹角成 60°左右，上臂与前臂的夹角接近 90°；手腕放松(但不能无力下垂而形成“吊腕”)，持拍于腹前偏右侧，离身体约 30～35 厘米。侧身抢攻较多的练习者，持拍手的位置应更偏正手位；球拍位于台面水平面上，非持拍手自然放于腹前，与持拍手基本同高。

四、发球技术

(一)发球技术分析

发球是每一个乒乓球回合的开始，此外，由于发球是整个比赛过程中唯一不受对方干扰的技术环节，因此，一个好的发球无疑就成为球员的有力武器。

在发球时，发球者可根据自己的战术意图或需求自由选择合适的站位，并可在规则范围内发出各种不同力量、速度、旋转、路线、落点的球，以达到控制对方抢先上手进攻、创造得分机会的目的。纵观现代乒乓球的发球技术主要有以下几种。

1.发平击球

(1)正手发平击球

以左脚在前的近台站位为例，身体稍微右转，重心偏右脚。左手的掌心托球放于体前偏右侧，右手持拍于身体右侧。左手将球向上抛起，同时右臂稍向后引拍；当球开始回落时，持拍手由身体的右后向前挥拍；在球下降接近球网高度时，将拍形稍前倾，击球的中上部。击球后，前臂和手腕应顺势向前挥动，身体重心随之移向前面的脚。

(2)反手发平击球

以右脚在前的近台靠中线偏左站位为例，身体稍微向左转，左手掌心托球放于身体前方偏左侧，右手持拍于身体前方。左手将球向上抛起，同时右臂外旋，并向身体左侧后方引拍；当球开始回落时，持拍手由身体的左侧后方向右前方挥拍，拍形稍前倾成半横状；在球下降接近球网高度时，击球的中上部，同时向右前方发力。击球后，手臂顺势前挥，身体迅速还原，重心随之移至前面的脚。

2.发转与不转球

(1)正手发转与不转球

以右手持拍、站位靠近左半台为例，左脚在前，右脚在侧后，抛球的同时持拍手向后上方引拍。要求拍面后仰，手腕适当外展，手臂放松，腰向右转。当球降至球网高度时，持拍手迅速用力向前或向下挥拍，发球后快速还原至准备姿势，以备下一次击球。

(2)反手发转与不转球

以右脚在前、左脚在后为例，向上抛球的同时持拍手向左后上方引拍，身体随之左转，球拍稍后仰。当球下落时，手臂自左上方向右下方挥拍，在球拍触球的瞬间加大前臂、手腕、手指的爆发力，增强球的摩擦力量。发球后快速还原至准备姿势，以备下一次击球。

3.发奔球

(1)正手发奔球

以左脚在前的近台站位为例，左手掌心托球放于身体前方稍微偏右侧，身体略向右转，将球抛起后，持拍手向右后方引拍，前臂放松，使球拍顺势下降，当球降至约与球网高度相同时，手臂迅速向左前方挥动，拇指压拍，使拍面略向左偏斜。

拍触球的同时手腕向左上方抖动，使拍从球的右侧中上部摩擦，球的第一落点靠近端线处。击球后前臂和手腕顺势前挥。

(2)反手发奔球

以右脚在前的站位为例，身体稍向左转，左手掌心托球置于身体前方偏左侧，持拍手置于体前。抛球的同时持拍手向左后方引拍，拍形稍前倾，当球降至约与球网相同高度时，用前臂和手腕发力，击球左侧中上部，拍触球的同时前臂加速向右前上方横摆，手腕抖动使拍面摩擦球，第一落点靠近本台端线。击球后前臂和手腕顺势前挥。

4.发侧旋球

(1)正手发左侧上(下)旋球

以正手发左侧上旋球为例，左脚在前，持拍手抛球的同时向右上方引拍，手腕略向外展；球回落时，右手迅速向左下方挥动，食指压拍，拍面略向左偏斜约与球网相同高度时击球，前臂和手腕用力向左挥动，同时前臂略向外旋，使拍从球的正中部向左侧上摩擦，拍触球的刹那间，前臂略向外旋，球的第一落点靠近端线。

发左侧上旋球与发左侧下旋球的区别在于手臂应从右后方向前下挥动，使拍从球的中下部向左侧下摩擦。

(2)反手发右侧上(下)旋球

以反手发右侧上旋球为例，右脚稍前，持拍手位于身前，持球手位于身体左侧。发球时，拍与球接触的刹那间，前臂带动手腕用力向右下方挥动，同时前臂略向内旋，拇指压拍，使拍面逐渐向左倾斜，使拍从球的正中部向右上方摩擦，球的第一落点靠近端线，击球位置如图 9-9 所示，击球动作如图 9-10 所示。

反手发右侧上旋球与反手发右侧下旋球的区别在于触球瞬间，拍面略后仰，拍从球的中下部向右侧下摩擦。

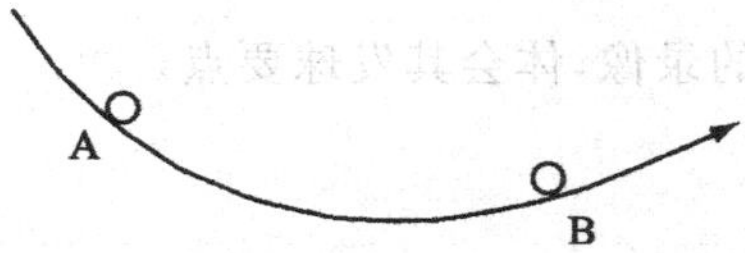

图 9-9

图 9-10

5. 高抛发球

(1)正手高抛发球

正手高抛发球首先应注意抛球的稳健性，抛球手的肘部要贴近身体左侧，尽量让球在抛起时接近于垂直状态，使球在身体的右侧前方落下。当球下降至大约与头部高度相同时，持拍手由右上方向左下方挥动。其次，练习者要避免击球点离身体过远，一般在右侧腰前 15 厘米左右为宜。对于不同的正手高抛发球，应注意以下两点。

①发左侧上旋球时，注意球拍从球的右侧中下部向左侧上部摩擦。

②发左侧下旋球时，注意球拍从球的右侧中下部向左侧下部摩擦。

③发直线长短球时，注意球拍击球高度和用力方向、拍形变化及第一落点一气呵成，增强发出的球的威胁性。

(2)反手高抛发球

多采取右脚在前、左脚稍后的站位。持拍手用力向上抛球，当球开始下降时，持拍手向左上方挥拍，上体略左转，以增大击球的距离。对于不同的反手高抛发球，应分别注意以下几点。

①发右侧上旋球时，注意当球下降到头部高度时，持拍手从左上方经身前向右下方挥拍，球

拍触球的左中下部并向右侧上部摩擦。击球瞬间手腕由左向右挥动可增大球的旋转。

②发右侧下旋球时，注意持拍手从左后上方向前下方挥摆，使球拍从球的左侧中下部向右侧下部摩擦。击球瞬间手腕由左向右抖动可增大球的旋转。

（二）发球技术练习

（1）徒手做抛球及发球前的准备动作练习。

（2）在台前的发多球练习。

（3）练习中要尝试各种旋转方向和各种旋转强度的发球练习，做到可以随心所欲地发出不同旋转方向和强度的球。

（4）规定距离，如离墙 2 米，对墙做各种发球练习。

（5）规定手法，如同一手法发不同旋转和落点的球。

（6）不同的发球练习结合进行。先练习发斜线球，后练习发直线球；先练发不定点球，后练发定点球。

（7）观看优秀乒乓球运动员的录像，体会其发球要点。

五、接发球技术

（一）接发球技术分析

乒乓球接发球技术是一项被动中求主动的技术。接发球者应力争破坏对方的发球，限制对方特长技术的发挥。接发球技术的好坏对接发球者在比赛中能否变被动为主动非常重要。如果接发球技术不好，就很容易给对方造成较多的进攻机会或因技术差而导致紧张、引起不必要的失误。

（1）接上旋（奔球）球时，可采用正反手攻球或推挡回接，接球发球时拍面适当前倾，击球的中上部。

（2）接下旋长球时，可用搓球、削球、提拉球回接，搓或削球时多向前用力。

（3）接转与不转球时，如果判断不准，可轻轻地托一板或撇一板，但要注意弧线和落点。

（4）接左侧上、下旋球时，可用攻球和推挡（搓球或拉球）回接，接发球时拍面稍前倾（后仰）并略向左倾，击球偏右中上（下）部位，以抵消来球的旋力。

（5）接右侧上、下旋球时，可用攻球或推挡（搓球或拉球）回接；接发球时拍面稍前倾（后仰）并向右偏斜，击球偏左中上（下）部位；其他同接左侧上、下旋球。

（6）接近网短球时，可用快搓、快点或台内突击回接，接发球时主要靠手腕和前臂的力量击球。

（二）接发球技术练习

（1）固定一种技术（如推挡、削球、搓球等）去接对方的单一发球。

（2）练习回接对方的平击发球。

（3）练习接对方用近似手法发出的两种不同旋转的球，以提高适应能力。

（4）练习用不同的技术方法回接对方发来的旋转球，以提高适应能力。

(5)由定点定性能的接发球练习逐渐过渡到不定点不定性能的接发球练习,以加强对对方来球旋转和落点的判断。

(6)两人一组进行发球和接发球练习,提高防御对方强攻的能力。

六、推挡球技术

(一)推挡球技术分析

1. 快推

以在球台中间或偏左、身体距台约 40 厘米的站位为例。该技术要求练习者两脚平站或右脚稍微向前,两膝微屈,收腹含胸,身体向前或稍微向左转。右上臂和肘关节靠近身体右侧,手臂自然弯曲引拍至身前或偏左,与此同时,前臂外旋,使拍面稍前倾,当对方的来球从台面上弹起后,前臂和手腕向前或向前兼略向上挥拍迎球,在来球的上升前期,以稍前倾的拍形推击球的中上部。击球瞬间,前臂和手腕自然向前或向前兼略向上发力,并主要借用来球的反弹力量将来球快速击回。击球后,手和臂顺势向前挥动,并迅速还原成准备姿势以备下次击球。快推技术动作过程中,身体重心始终放在双脚上(图 9-11)。

图 9-11

2. 挡球

(1)正手挡球

以在球台中间或偏左、身体离台约 40～50 厘米的站位为例。该技术要求练习者两脚开立,左脚略前,两膝微屈,收腹含胸,上体略向右转。右臂自然弯曲并内旋,使拍面接近垂直,置于身体右侧前方。当对方的来球从台面弹起后,前臂向前,以拍迎球,在来球的上升期,以接近垂直的拍形推击球的中部。只以前臂和手腕轻轻用力,借助来球的反弹力将来球挡回。击球后,手和臂顺势前挥,并迅速还原成准备姿势以备下次击球。

(2)反手挡球

以在球台中间或偏左、身体离台约 40～50 厘米的站位为例。该技术要求练习者两脚开立,比肩稍宽,右脚略前或两脚平站,两膝微屈,收腹含胸,上体略向左转。右臂自然弯曲引拍至身体前方或略偏左,同时前臂外旋,使拍形接近垂直状态。当来球从台面弹起后,前臂向前,以拍迎球,在来球的上升期,以接近垂直的拍形推击球的中部。击球瞬间只以前臂和手腕轻轻用力,主要借助来球的反弹力将来球挡回。击球后,手和臂顺势前挥,并迅速还原成准备姿势以备下次击球。

3. 推挤

该技术要求练习者看准来球，在来球触台后弹起的上升期，触球的左侧中上部，沿球体向左下方用力，以摩擦为主。

（二）推挡球技术训练

（1）挥拍模仿推挡练习，体会击球的动作要领。
（2）两人一组进行对推练习。
（3）两人一组，一人以平击发球喂球，另一人挡平击发球。
（4）两人一组，一人攻球，另一人推挡对方攻球。
（5）两人一组，进行推落点练习，由一点推对方球台不同落点。
（6）进行各种推挡球方法的结合练习。

七、攻球技术

（一）攻球技术分析

1. 正手攻球

（1）正手快攻

以右手持拍为例，身体离球台约 40 厘米左右，左脚稍前，重心放于右脚。击球前，将拍引向右侧，引拍适度，上体与臂夹角为 30°～40°，前臂自然弯曲，与上臂的夹角约 110°～120°，球拍呈半横状。当来球从台面弹起，前臂和手腕向前上方挥动，并配合内旋转腕的动作，使拍形前倾，在上升期击球中上部。拍触球瞬间，前臂用力收缩，手腕加快内旋速度，拇指压拍，使拍面沿球体做弧形挥动。直握拍者，拇指稍用力压拍，控制拍形，中指和无名指辅助发力并决定发力方向；横握拍者，靠食指调节弧线。击球后，挥拍至头部高度，调整重心，迅速还原至准备姿势以备下次击球（图 9-12）。

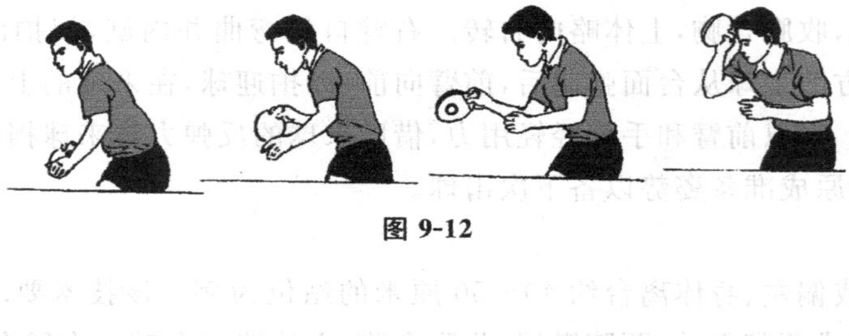

图 9-12

（2）正手快带

左脚稍前，身体重心放于右脚，身体稍向右转。击球前适当拉开上臂与上身的距离，前臂、手腕自然弯曲。拍面前倾并固定手腕，使球拍高于击球点。击球时，动作要小，要求腰髋带动上体向左转动，在球的上升期击球的中上部。以前臂为主向前迎球，并利用来球前进的力量将球带出。快带中适当控制球的速度和落点变化有利于从被动转为主动。

(3)正手快拉

击球者左脚稍前，身体离球台约 60 厘米。击球前，持拍手臂向右后下方引拍，球拍以半横状下垂，拍形稍后仰。当来球从高点开始下降时，上臂由后向前上方用力挥动。在将触球前，前臂加速用力向左上提拉，同时配合手腕动作在下降期击球中部或中下部向上摩擦球，触球瞬间拍形接近垂直。若遇来球低或下旋较强时，腰部应配合向上用力。击球后顺势挥拍至额前，重心移至左脚并迅速还原成准备姿势以备下次击球。

(4)正手突击

视来球高低和下旋力的强弱，决定拍形和用力方向。当来球下旋强烈，拍形可稍后仰，触球中下部，触球同时多向上用力摩擦球；当来球稍带下旋，拍形可与台面垂直，触球中部，向前上方用力；当来球不转，拍形可稍前倾，触球中部稍稍偏上，用力方向以向前为主。要求整个突击动作在腿、腰、髋和上臂协调发力的基础上，以前臂主要发力配合完成。

(5)正手扣杀

以横板为例，扣杀球时击球者多选择在球台中间或偏左，近台位置的站位。左脚稍前，两脚距离稍宽，身体重心放于右脚，两膝微屈，收腹含胸，腰、髋及上体稍向右转；右臂自然弯曲，前臂后引拍至身体右侧偏后，适当加大引拍距离，同时前臂内旋，使拍稍前倾。当来球从台面弹起后，腰、髋带动身体及上臂向左转动，同时，上臂积极发力带动前臂和手腕向左前方挥拍，在来球的高点期以前倾拍形猛击球的中上部。击球瞬间，上臂和前臂向左前方发力，腰、髋积极协助用力。击球后，手和臂顺势向左前方挥动，并迅速还原成准备姿势以备下次击球(图 9-13)。

图 9-13

2. 反手攻球

(1)反手快攻

击球者右脚稍前，身体离球台大约 40 厘米。持拍手臂自然弯曲，将球拍移至腹前偏左位置。击球时，前臂和手腕向右前上方挥动，同时配合向外转腕动作使拍形向前倾，在来球的上升期击球的中上部。击球后，顺势将球拍挥至右肩前，并迅速还原成准备姿势以备下次击球。

(2)反手远攻

击球者右脚稍前，身体离球台 1 米以外。击球前，持拍手的上臂和肘关节尽量靠近身体，前臂向左下方移动，把球拍移至腹前偏左的位置，使拍形稍微后仰。击球时，手臂由后向前挥动，前臂在上臂带动下向前上方用力，同时配合向外转腕动作，在来球的下降期击球中下部。击球后，大臂顺势向前送，肘关节离开身体，将拍挥至头部高度，同时身体重心移至右脚还原成准备姿势以备下次击球。

(3)反手快带

击球者站位近台，两脚几乎平行，上臂尽量靠近身体。击球前，前臂迅速伸入台内迎球，拍面尽量前倾且用手腕固定，要求球拍应略高于来球。击球时，在来球上升期击球的中上部，借助来球的前进力用力还击或根据来球旋转的强弱适当加力。击球动作强调落点变化和长短结合，以争取主动。快带斜线时，球拍触球中左部，前臂由后向前向右下挥摆；快带直线时，触球中部，前臂由后向前向下挥摆并调节用力以控制回球的长短。

(4)反手反挡

击球者右脚稍前或两脚平行站立，两膝微屈，收腹含胸，身体稍向左转。击球前，将球拍引至腹前偏左处，上臂与前臂约成 130°，肘关节略向前，拍面近乎处于垂直状态。击球时，上臂贴近身体，前臂向右上方挥动，同时腰、髋带动上体向右转动，在来球的下降前期击球的中下部。击球瞬间，手腕向上转动使拍面摩擦球。击球后球拍随挥至头部并迅速还原至准备姿势。

(5)反手扣杀

以直握拍者为例，上臂靠近身体，右脚稍前同时前臂做旋外动作，拍形稍垂直。触球瞬间身体重心上提，食指压拍，拇指放松使拍形稍前倾，在球的高点击球的左侧中上部，前臂快速向右前方发力击球。

（二）攻球技术练习

(1)徒手模仿正、反手攻球，体会挥臂、扭腰和重心转换等动作要领。

(2)两人对攻中路直线或两人对攻斜线。

(3)两人对练，一人挡球，另一人练习直拍横打技术；或一人自抛自攻，另一人用挡球回击；或一人正(反)手攻球，一人推挡回击；或一人一点攻两点，另一人两点推挡一点。

(4)站位近台中偏右(左)，在右(左)角端线附近自抛自攻对方右(左)边斜线。体会前臂和手腕动作要点。

(5)做回单点或回固定点的正、反手摆速练习。

(6)做正、反手三点攻练习。

八、弧圈球技术

（一）弧圈球技术分析

1. 正手弧圈球

(1)正手加转(高吊)弧圈球

击球者两脚分开，两膝内收微屈，重心放于前脚内侧，左脚在前，稍微提起脚后跟，身体略右转，手腕外展后拉引拍至右后方，当来球跳至高点期或下降前期时，腰髋带动上臂、前臂由后向前挥动击球的中上部或中部，击球瞬间向前上方发力，与此同时右脚掌内侧用力蹬地，稍伸膝，重心随之由右脚转向左脚。

(2)正手前冲弧圈球

以击球者为直握拍者为例，击球前前臂在腰、髋的带动下向右后方引拍，身体重心移至右脚，比拉加转弧圈球时稍高。当球拍与来球高度相同或稍低于来球时，拍形稍前倾于拉加转弧圈球，手腕屈(横握拍者手腕内收)；击球时，前臂在腰、髋和大臂的带动下在来球的上升后期和高点期，在身体侧前方向左前上方挥拍，以向前为主，略向上发力摩擦击球的中上部。击球瞬间，肘关节约呈 110°～140°，手腕伸（横握拍者手腕外展），手指手腕快速摩擦球；击球后手臂顺势向左前上方挥动，保证力量充分作用到来球上，并迅速还原以备下次击球。

2. 反手弧圈球

(1)反手加转（高吊）弧圈球

以在球台偏左部位，距台约 60 厘米的站位为例。该技术要求练习者两脚基本平站，左脚稍前，右脚稍后，身体重心落双脚，双膝微屈，腹内收，腰、上身略向左转，前臂置腹前自然弯曲，手腕稍向后拉，引拍至腹部左侧下方，肘关节略向前，屈手腕，拍下垂，拍形稍前倾，重心略左脚，于球下降前期触球中上部，触球瞬间脚用力蹬地，伸膝、转腹，腰髋带动上、前臂向前上方发力，拍触球后迅速转为向前上方摩擦，重心略上提前移并转至右脚，迅速还原成准备姿势以备下次击球。

(2)反手拉前冲弧圈球

两脚分开，右脚略前，重心置于左脚，上体稍微左转，手臂自然弯曲，肘关节略近身，手腕内收，前臂外旋引拍至向左后方，拍形前倾。当来球弹起于高点期或上升后期时，触来球的中上部，随后腰髋由左向右前上方转动，上臂带动前臂，以前臂为主加速向前略向上摩擦球，触球后，手腕向前加力摩擦，重心由左脚转至右脚迅速还原成准备姿势以备下次击球。

（二）弧圈球技术练习

(1)徒手模仿拉弧圈球技术的动作。

(2)在原地做上肢徒手动作的基础上，结合下肢步法做移动中的模仿练习。

(3)单个动作练习，规定一人发球，一人练拉弧圈球，然后再重新发球。

(4)一人挡球，另一人练连续拉弧圈球。

(5)一人削球，另一人练连续拉弧圈球。

(6)一人发中路出台的下旋球，另一人连续拉弧圈球。

(7)两人对搓，固定一人搓中拉弧圈球。

(8)在练习弧圈球技术时应增加单项技术与其他技术的结合练习，如发球后第三板的弧圈球抢攻、接发球抢拉以及弧圈球结合扣杀等。

九、搓球技术

（一）搓球技术分析

1. 快搓

(1)正手快搓

击球者肘部自然弯曲，手臂外旋使拍面角度稍后仰，后引动作较小。当来球跳至上升期时，利用上臂前送的力量，与手腕配合发力，触球的中下部并向前下方用力摩擦球。

(2)反手快搓

反手快搓与正手快搓基本相同，方向相反。

2. 慢搓

(1)正手慢搓

击球者左脚稍前、身体稍向右转。前臂向右上方引拍,前臂带动手腕向左前下方用力,在来球下降后期击球的中下部。直拍者反手搓要以食指和中指用力为主,同时拇指配合发力;横拍者则应将拇指和食指的协调发力充分结合起来。

(2)反手慢搓

反手慢搓与正手慢搓相同,方向相反。

3. 摆短

摆短在实战比赛中的运用非常普遍。质量较高的摆短可以有效控制对方的上手进攻,其中以摆短至对方左右两边的"小三角"位置为最佳。另外,从战术的角度上讲,如果对方的步法和处理台内球的技术有缺陷,将球摆短可以调动对方到台前,迫使对方回球质量降低。

(1)正手搓球摆短

击球者右脚前移,靠近球台,球拍向右侧后方引,拍面稍后仰,在来球的上升期击球的中下部,前臂向前下方挥动,同时手腕适当配合发力。击球后,随挥动作应稍小,并迅速还原至准备姿势。

(2)反手搓球摆短

击球者身体前移,靠近球台,球拍略向左后引至腹前,拍面稍后仰,在来球的上升期击球的中下部,前臂向前下方挥动,同时手腕适当配合外展发力。击球后,随挥动作应稍小,并迅速还原至准备姿势。

(二)搓球技术练习

(1)徒手模仿搓球动作。

(2)自己抛球,当球弹起后将球搓过网,反复练习。

(3)一人发下旋球,另一人将球搓回。

(4)两人一组,两人对搓中路直线,再对搓斜线。

(5)两人一组发下旋球,一人正(反)手搓对方两点,另一人正(反)手搓对方正(反)手一点。

(6)将搓球和与之有紧密联系的技术结合练习,如搓球后抢攻,或是将摆短与劈长结合练习。

十、削球技术

(一)削球技术分析

削球在20世纪中期一度成为世界乒坛的主流打法,这主要与当时的技术理念和器材发展水平有关。随着海绵胶皮的问世以及弧圈球打法的显露头角,过往单纯依靠削球等待攻方失误的打法完全没有了生存空间。直到现在,世界优秀的削球选手已经屈指可数。不过,尽管削球打法失去了广阔的生存空间,但削球技术仍旧被许多选手所掌握,作为应变或改变场上节奏,起到出其不意效果的技术使用。

1. 正手削球

正手削球时练习者应两脚开立，左脚稍前，两膝弯曲，身体略向右转，手臂向右后上方移动，重心落在右脚。击球前，手臂自然弯曲，引拍至右肩侧，使拍面后仰；击球时，持拍手上臂带动前臂由右上向左前下方加速切削，同时手腕向下转动用力，在右侧离身体40厘米处，在来球下降期摩擦球的中下部；击球后，手臂顺势挥至右侧下，迅速还原成准备姿势。

2. 反手削球

(1)近削

击球前，前臂上提，球拍稍竖；击球时，以前臂发力为主，手腕配合向前下方压球，在来球高点期或下降前期摩擦球的中部或中下部；击球后无前送动作。

(2)远削

击球前，前臂上提，增大用力距离，引拍时动作适当加快；击球时，上臂带动前臂发力，球拍由上向前下方挥动，在来球下降后期摩擦球的中下部。

3. 削追身球

(1)正手削追身球

以来球在身体中间偏右为例，击球者应右脚后撤，含胸收腹，向右后转腰。上臂靠近身体，前臂稍外旋向右上方引拍，拍面竖立，上臂带动前臂向下用力压球以控制球弧线，在下降前期击球的中部或中下部；击球后手臂向下挥拍，放松后还原成准备姿势。

(2)反手削追身球

反手削追身球与正手削追身球基本相同，方向相反。

(二)削球技术练习

(1)徒手模仿挥拍练习。
(2)用正、反手削对方的直线或斜线球。
(3)正手和反手结合向固定落点削球。
(4)逼角后结合变线。连续削逼左(右)角，突然变线回右角(左)。
(5)搓削结合与削攻结合练习。

第三节 乒乓球运动的战术学练

一、发球抢攻战术

发球抢攻是中国乒乓球直板快攻打法的“杀手锏”，是力争主动、先发制人的主要战术。各种类型打法的运动员都普遍采用发球抢攻来抢占每个回合的上风。发球抢攻战术运用的效果主要取决于发球的质量和第三板进攻的能力。发球抢攻战术因打法的类型不同而有所差异，但常用的发球抢攻战术——反手发右侧上旋球、右侧下旋球，都是发至对手中路靠右近网处，伺机攻对手左方。这种战术对付弧圈球选手较为有效。

发球抢攻战术是以旋转、线路、落点及速度不同的发球来增加对方回击的难度，使其出现机会球，或降低回球质量，然后抢先进攻，以争取主动或直接得分，这是乒乓球所有打法，特别是进攻型打法的主要战术和得分手段(图 9-14)。

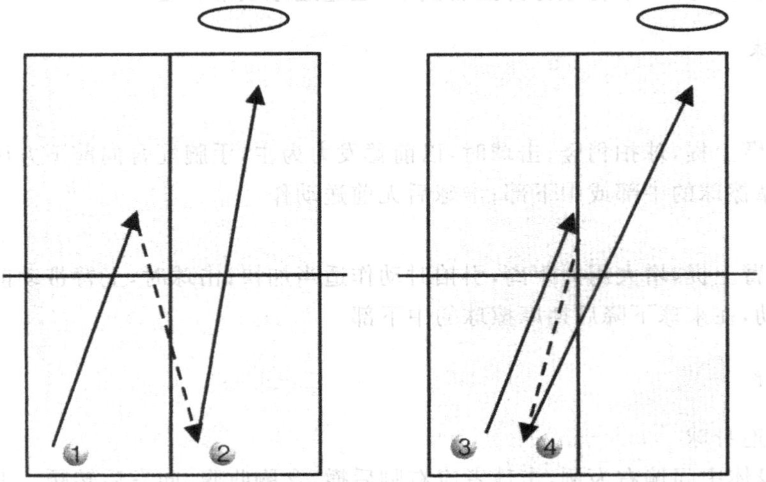

①反手发球；②正手位进攻；③反手发球；④正手侧身位

图 9-14

发球抢攻战术主要有以下几种类型。

(一)发正、反手侧上、下旋球结合落点进行抢攻

以发侧下短球为主配合侧上旋至对方右方近网处，使发出的球在对方台面上两跳甚至三跳不出台，迫使对方难抢攻，从而为自己抢攻或抢拉创造机会。在此基础上，突然发出角度大的长球(以免下旋为主)至对方左方台区，使对方难以发力先拉或攻，为自己侧身或正手位抢攻创造条件。这种发球抢攻战术与前面的左长右短相反，运用得当往往会取得很好的效果。上述左长右短、右长左短的发球抢攻战术，可以在旋转变化的基础上交替变化线路与落点。

(二)发下旋转与“不转”结合落点抢攻

丁松是我国乒乓球防守型削球打法的优秀代表。他发球以长为主，能发左方、右方，当对方不能立即判定是转与不转球，他就能直接抢“冲”。转与不转发相同落点，以不出球台为主，先发转后发不转或先发不转后发转，进行抢攻。转与不转发不同落点，连发短球后突发长球进行抢攻。

(三)发正、反手奔球结合侧身用正手发高、低抛左侧上(或下)旋球后抢攻

发急球或急下旋球与侧上、下旋短球相结合。以发急球为主配合短球。发侧上、下旋球与急球结合发不同落点，以侧身发侧上、下旋球(包括高抛球)为主配合右角急球，正手发奔球到右角

配合发急球到左角。

（四）反手发右侧旋球后抢攻

此战术尤其适合擅长反手进攻的选手运用。一般多发至对方中右近网或半出台落点，然后用正、反手抢攻对方反手。亦可发长球至两大角。一般发至对方正手时，对方常会轻拉直线，可用反手抢攻斜线。若发至对方反手位，还可伺机侧身抢攻。对横拍削球手，以发至中右半出台为好。因为横握拍用正手接右侧旋球不便发力，控制能力低。反手发右侧上、下旋球，应强调出手动作要快。对方接发球的一般规律是：你发短球，对方接球也短。发球抢攻者应有这方面的意识。

（五）下蹲发球后抢攻

可以将左侧上、下旋与右侧上、下旋球结合运用，落点上应有长、短变化。对付只会用搓接发球的选手，应以发上旋为主。抢攻落点以中路为最佳，往往可直接得分。当然，还要注意灵活变化，攻击对方的弱点或声东击西。

二、对攻战术

乒乓球的对攻战术主要适用于快攻类和弧圈类打法的运动员，快攻类打法依靠正、反手攻球和反手推挡、快拨等技术，充分发挥速度的优势，调动压制对方以达到攻击的目的。弧圈类打法依靠正、反手的拉弧圈球技术，发挥旋转的威力牵制对方，达到攻击目的。

对攻战术是进攻型打法在相持阶段常用的一项重要战术。快攻类打法主要依靠反手推挡（或反手攻球）和正手攻球（或正手拉弧圈球）的技术，充分发挥快速多变的特点来调动对方。常用的对攻战术有以下几种。

（一）压对方反手，伺机正手攻或侧身攻

这种战术一般用于对付反手较弱或进攻能力不强的对手。如第35届世乒赛时，匈牙利选手就用正、反手弧圈球压住中国选手的反手，乘中国选手打出较高的球后即发力猛冲。压住对方反手时，可用推挡、反手攻或弧圈球。压住对方反手准备侧身前，应主动制造机会，或突然加力一板，或攻压一板中路，或攻压一板大角度，尽量避免盲目侧身。

（二）加、减力推压中路，攻两角，伺机抢攻战术

比赛中击球力量的轻重调节对战术变化有非常密切的关系，击球节奏的变化，时常会收到事半功倍的效果。以加、减力的推挡，压对方中路，伺机攻击两角。以不同线路的轻、重球结合运用，先以轻拉或挡迫使对方靠前回接，再以突击或加力推攻击对方相反方向。

（三）被动中打回头球的战术

乒乓球比赛中，主动与被动的关系随时发生变化。在运用回头球的战术中，实际上是根据临场观察对手的攻击特点，及时进行反击，打对方一个措手不及。如果对方队员侧身拉球的线路80％是直线，对方侧身攻击球时，应准备在正手位运用扣杀、反拉、快带等技术，将球回击，达到变被动为主动以扭转被动局面。

三、拉攻战术

拉攻战术是快攻类打法对付削球类打法的主要战术。首先拉球的基本功要扎实，要拉得稳，有落点、旋转及力量的变化，才能制造机会赢得战机。其次，必须拉中有突击或拉中结合冲，有连续扣杀和前冲的能力，才能达到良好效果。常用的拉攻战术主要有以下几种。

（一）拉中路杀两角或拉两角杀中路

拉中路杀两角，是从中路找机会，然后杀两角得分。对付站位较近或控制落点较凶的削球手效果尤好。中路球，不好削，更难于削出落点很凶的球，所以，突击的机会就比较多。

拉两角杀中路，是从两角找机会，然后突击中路得分（或是突击中路后，使对方削出更高的机会球，再大力扣杀两大角）。

（二）拉左杀右或拉右杀左

这两个战术实际是拉一角杀另一角。一般拉对方削球或反攻较弱的一角，杀另一角。由于拉与杀线路的变化，常使对方不适应而招来被动或失误。

（三）拉直杀斜或拉斜杀直

这两个战术各具特点。拉斜线，比较保险、稳健；杀直线，突然性强、速度快，但技术难度较大。拉直线，仅从线路讲技术难度较大，但拉球本身技术难度小、较稳健；杀斜线，比杀直线容易多了，命中率也高。比赛中，具体采用哪个战术，还需依对方和个人的情况而定。一般说来，拉斜杀直比拉直杀斜战术运用得多。

（四）变化拉球的旋转，伺机突击

拉弧圈球的选手，可拉真（强烈上旋）、假（不转）及侧旋弧圈；一般拉球的选手，可拉上旋和侧旋球，用旋转的变化来增加削球的困难。如能将侧旋球拉至对方中路，则效果更好。

（五）拉搓、拉吊结合，伺机突击

运用此战术时，一定不要搓、吊过多，否则自己越搓（吊）越软，对方还会利用此机会反攻。为防对方的反攻，搓和吊球的弧线一定要低并讲究落点；一旦对方反攻后，应坚决回击好第一板，使其难于连续进攻。

（六）拉、搓、拱结合，伺机突击

此战术多为一面使用长胶、一面使用反胶球拍的运动员在对付削球打法时运用。一般先用弧圈球（包括小上旋及一般拉球）将对方拉下台去削，然后用搓球又将其引上台来，对搓中再突然用拱球找机会，伺机发力突击。

（七）稳拉为主、伺机突击

这是使用胶皮拍的直拍削球手或攻削结合打法运动员在对付削球时的一种战术。遇反攻能力较强的削球选手时，应慎用。

四、推攻战术

推攻战术主要运用正手攻球和反手推挡的速度和力量，并结合落点变化和节奏变化来压制和调动对方，以争取主动或得分。推攻战术是左推右攻打法对付攻击型打法的主要战术，有反手推挡能力的两面攻运动员、攻削结合运动员等也常使用它。

推攻战术的常见类型有左推右攻；推挡侧身攻；推挡、侧身攻后扑正手；左推结合反手攻；左推、反手攻、侧身攻后扑正手几种。下面将以左推右攻战术为例，来讲述推攻战术。

左推右攻是以近台正手攻球为进攻，以反手推挡为防守和助攻的主要手段，其风格是"快、准、狠、变、转"。当推挡略占上风时，或在侧身抢攻获得成功后，对方往往会主动变线到正手，此时应以有力的正手攻球进行回击；主动推变直线，引诱对手回斜线，用正手攻直线反袭对方空当。有时可佯作侧身，诱使对方变线，给自己创造正手回击的机会(图 9-15)。

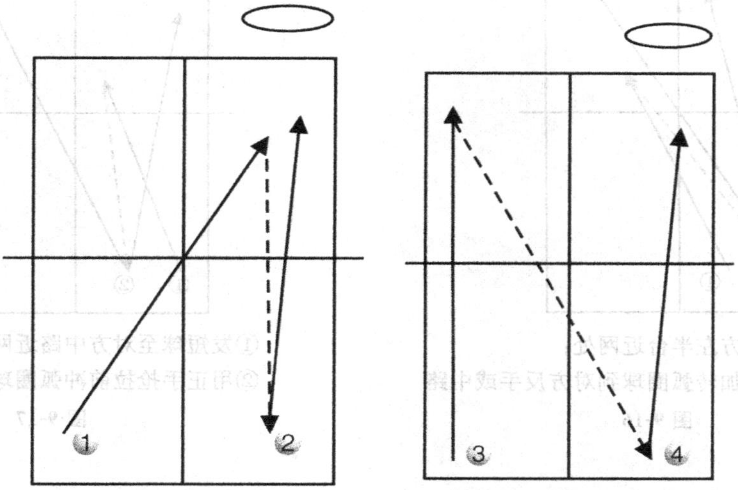

①反手推斜线，②正手攻直线；③反手变推直线；④正手攻赢线

图 9-15

在运用推攻战术时需要注意的是：(1)推、攻都要有线路变化、落点变化和节奏变化，这是推攻战术争取主动和创造扣杀机会的主要方法。(2)推挡一般以压对方反手为主，然后突然变正手，以创造进攻机会。如果对方正手较差，才可以推对方正手为主。(3)在推挡中突然加力推对方中路，使对方难于用力回击，然后用正手或侧身扣杀。(4)遇到机会球时要果断扣杀，这是推攻战术得分的主要手段。(5)推攻战术要坚持近台，又不能死守近台，要学会近台和中台的位置转换，掌握对手节奏。(6)推攻战术对付弧圈类打法应坚持近台为主，用快推和加、减力推挡控制落点，伺机采用近台反拉或中等力量扣杀弧圈球，然后进入正手连续进攻。

五、弧圈球战术

弧圈球包括直拍弧圈球结合快攻和横拍弧圈球结合快攻两种。其特点是站位中台或中近台，以拉弧圈球为得分的主要手段。弧圈球战术能够把速度和旋转有效地结合起来，稳健性好，适应性强。现在，许多著名选手已经用它去代替攻球或扣杀。弧圈球战术主要有以下几种。

(一)发球抢拉战术

发球抢拉战术主要是正手(或侧身)发强烈的下旋球至对方左侧近网处。迫使对方以搓回击，然后拉加转弧圈球到对方反手或中路；反手发右侧上、下旋球至对方中路偏右或偏左的地方，然后拉前冲弧圈球至对方两大角；反手拉急下旋球至对方偏右或左大角，当对方以搓球回击时，拉前冲弧圈球至对方正手。一般用速度快、落点长的球，使对方退守，然后根据对方的站位和适应弧圈球的能力，决定拉哪种弧圈球向对方攻击。下面介绍四种发球抢拉战术(图9-16 至图 9-19)。

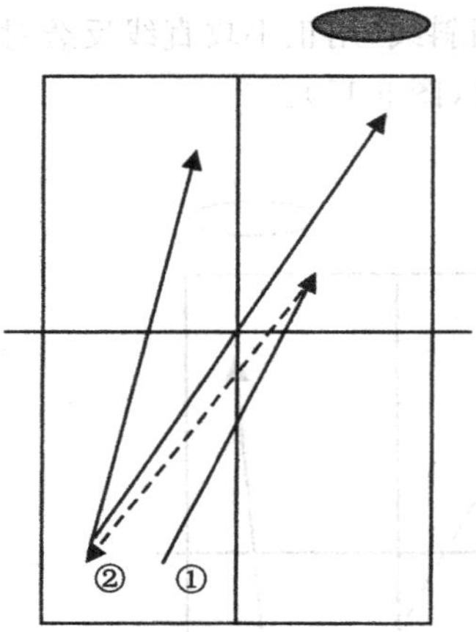

①发短球至对方左半台近网处；
②用正反手拉加转弧圈球到对方反手或中路

图 9-16

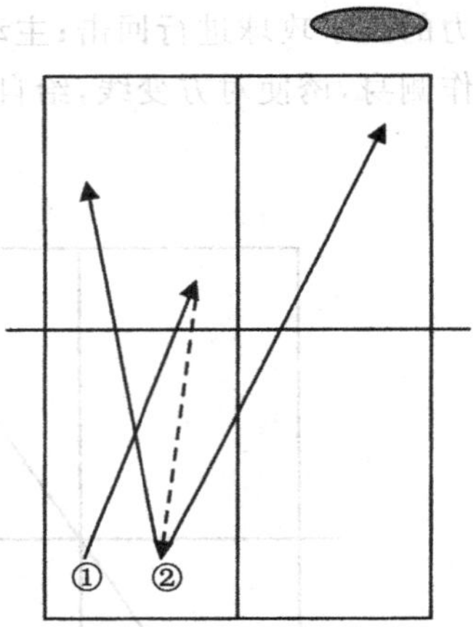

①发短球至对方中路近网处；
②用正手抢拉前冲弧圈球至对方两大角

图 9-17

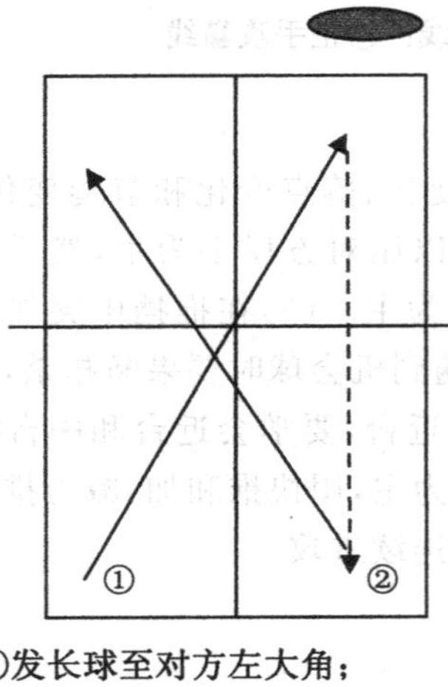

①发长球至对方左大角；
②用正手抢拉前冲弧圈球至对方正手

图 9-18

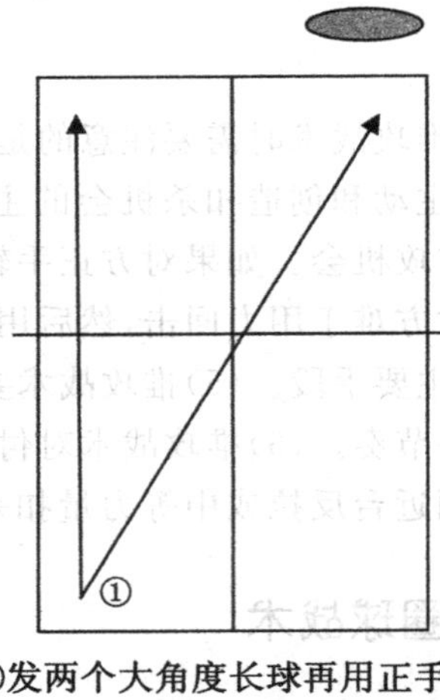

①发两个大角度长球再用正手抢拉

图 9-19

（二）接发球抢位战术

接发球抢拉战术是与发球抢拉战术相抗衡的一项战术。其目的就是攻在前面，破坏对方发球抢拉战术的运用，自己则争取主动直至最后胜利。当对方发侧上旋球和不太转的球时，用前冲弧圈球回击；当对方发侧下旋球或强烈下旋球时，用前冲弧圈球回击；当对方发侧下旋球或强烈下旋球时，用拉加转弧圈球回击。下图（图 9-20）是一种接发球抢位战术。

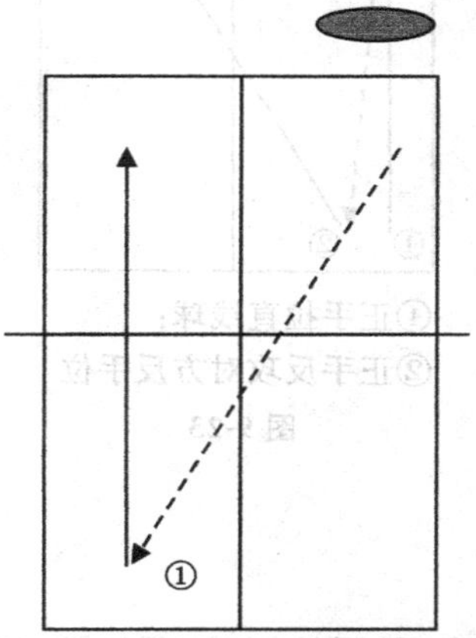

①用侧身前冲弧圈球或拉加转弧圈球回击

图 9-20

（三）对攻相持战术

在对付从两面进攻的打法时，应充分利用正手位弧圈球攻其中路，再压其反手或突击正手；对左推右攻打法时，可先以弧圈球拉住对方左角，然后转拉中路靠右或正手；如果对方正手攻弧圈球技术较差，可连续使用拉、冲对方正手，再转攻反手。下面是三种对攻相持战术（图 9-21 至图 9-23）。

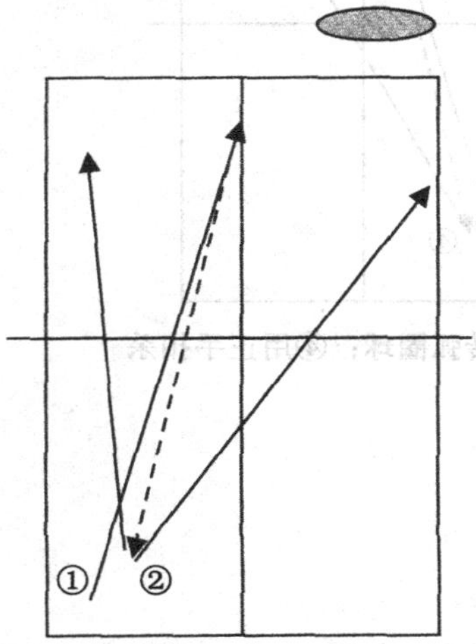

①回搓近网短球；
②用正手位拉弧圈球至对方反手

图 9-21

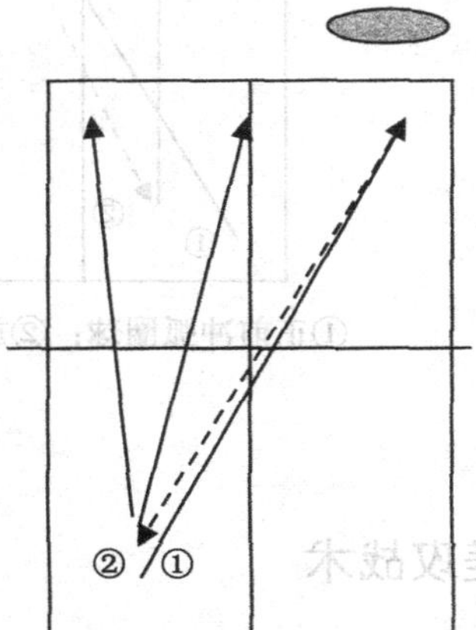

①用弧圈球拉反手位；
②用正手拉中路或对方正手位

图 9-22

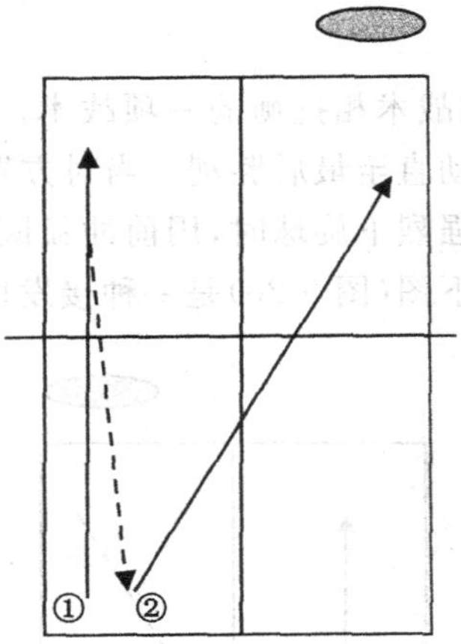

①正手拉直线球；
②正手反攻对方反手位

图 9-23

（四）弧圈球结合扣杀战术

用前冲弧圈球迫使对方远台回击，然后放短球，再加杀；用拉加转弧圈球与不转球相结合，伺机扣杀。下图（图 9-24）就是弧圈球结合扣杀战术。

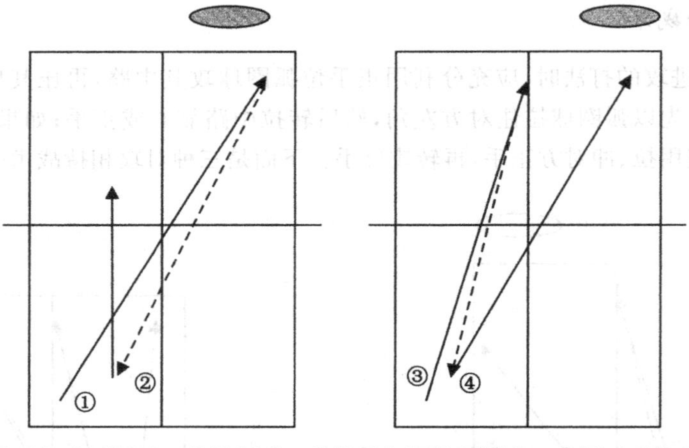

①正前冲弧圈球；②放短球；③拉转与不转弧圈球；④用正手扣杀

图 9-24

六、搓攻战术

搓攻战术主要运用“转、低、快、变”的搓球控制对方，以寻找战机，然后采用低突、快点或拉攻等技术展开攻势并转入连续进攻；在搓球中遇到机会球时进行扣杀，常常带有突然性，往往可以直接得分。搓攻战术是乒乓球各种打法都不可缺少的辅助战术。

搓攻战术主要有正、反手搓球结合正手快拉、快点、突击或扣杀与正、反手搓球结合反手快拉、快点、突击或扣杀两种。

在运用搓攻战术时需要注意的是：(1)搓攻战术既要尽可能早起板，以争取主动，但又不能有急躁情绪，否则，起板容易失误。(2)在搓球中遇到机会球时要大胆扣杀，这是搓攻战术的主要得分手段。(3)在搓短中摆短，可使对方不易抢先进攻，故有利于创造进攻机会，以便伺机用正、反手或侧身进攻。

七、乒乓球战术学练方法

(一)单个战术练习法

根据多次比赛的实践，将复杂多变的战术简化，总结为规律性战术，反复练习。如应对正手单面强攻者(包括弧圈与快抽)，可归纳为先压反手大角，后调正手空当，再压反手的战术。平时即照此练习。实践证明，这的确是一个事半功倍的练习法。

(二)附加装置练习法

为更有效地解决某些技战术问题，对球台、球网做适当调整或增加附加装置后再进行练习的一种方法。

1.击目标练习法

为战术需要，在对方台面放置半个乒乓球或其他物品。要求运动员练习时尽力击中目标。此法可大大提高控制落点的能力，提高某特定战术的练习质量。

2.升降球网练习法

(1)升网法：将球网稍升高(约1厘米)，练习既定内容。此法可增加攻球弧线的弯曲度，对攻球弧线过直者，颇有实用价值。

(2)将球网略下降，按既定内容进行练习。此法多在练习削球或搓球时采用，可降低击球弧线的高度。

3.网上加线练习法

将球网下方另加一直线，要求双方击球皆从中间穿过(中间约为5厘米)。此法一般在对搓时采用，目的是控制弧线高度。

4.加宽球台练习法

将球台的其中一方改放一个半或两个台面，使台面加宽。此法多在练习步法时采用，可增加脚步移动的距离和速度。著名运动员邓亚萍常在多球练习时采用，大大提高了她侧身和扑正手的步法。

第十章　羽毛球运动文化与技战术学练

第一节　羽毛球运动的历史文化

一、羽毛球运动的起源

羽毛球运动的起源至今虽然仍是众说纷纭，但羽毛球运动是由古代的毽子球游戏逐渐演变而来的观点是人们都认可的。世界上许多国家和地区很早就有类似羽毛球运动的游戏。在很早以前的中国、日本、印度、泰国等国家，出现并流行过原始的羽毛球游戏活动。由于国家、地域和民族的不同，这种游戏的名字也各不相同，但其形式和活动的性质则大体是一致的。

19 世纪中叶在印度的浦那出现了一种与现代羽毛球非常相似的运动——浦那，这项游戏开展得非常普遍。球是用直径约 6 厘米的圆形硬纸板或以绒线编织成球形，中间插上羽毛制成（类似我国的毽子），板是木质的。玩法是两人相对站着，手执木板来回击球。1840 年英国驻印度浦那的军官又发明了在葡萄酒瓶软木塞上插入羽毛当球，用酒瓶打来打去，后成为一种游戏，在军队中流行起来。这便是现代羽毛球运动的雏形。

现代羽毛球运动诞生于 1873 年的英国。1873 年，英国伯明顿的鲍弗特公爵在他的格拉斯哥郡的庄园里组织了一次游艺活动，由于天公不作美，户外活动只能改在室内进行。应邀来宾中有好几位是英国驻印度的退役军人，他们向大家介绍了在印度流行的浦那运动，并建议进行浦那运动。当时室内场地成葫芦状，他们在场地中间拉了一根绳子代替网，每局比赛只能有两人参加，有一定的分数限制，此项游戏引起了人们极大的兴趣，大家打得非常热闹。人们以伯明顿的地名作为此项运动的名称。今天，在英国的伯明顿还设有羽毛球陈列馆，记载着最早的羽毛球场地，场地的形状像古代的计时器沙漏，即两端的场地宽，中间网处窄小，并展示着羽毛球运动初期的羽毛球拍和羽毛球。后来，羽毛球作为一种高雅的娱乐性活动迅速传遍英国，伯明顿庄园成为现代羽毛球运动的发源地。

二、羽毛球运动的发展

（一）世界羽毛球运动的发展

1. 规则的演变

刚开始的时候，羽毛球游戏没有人数、分数和场地的限制，练习者只需用球拍互相对击球即可。人数、分数和场地的限制从伯明顿庄园的现代羽毛球运动开始产生。比赛时，一人或两人为一方，中隔一网，用球拍经网上往返击球，使球落到对方的场地上，或使对方击球失误而得分取胜。1873 年，在印度的浦那草拟了世界上第一部羽毛球规则。而 1877 年，世界上第一本羽毛球规则在英国出版。当时的规则规定了场地为长方形，中间挂网的高度，双方对击的要求，没有单打、双打的区别，规则很简单。由于人们对该项运动的认识不一致，各国所制定的规则和场地的标准也不尽相同。1893 年，英国羽毛球协会成立，由英国的 14 个羽毛球俱乐部组成。1901 年，该协会修订羽毛球规则时，将羽毛球场地的形状改为现在的长方形。

羽毛球运动的规则经过不断发展，单、双打场地的区别及发球区的规定，发球得分及发球得分后的换区等规则相继出现。为了使比赛更激烈、精彩，又规定了双方打到 13 平、14 平（女子单打打成 9 平、10 平）时要进行加分比赛。为了适应社会的发展，国际羽毛球联合会制定了新的规则。现在的羽毛球运动采用的是 21 分制，比赛采取三局两胜制。如果双方打成 20 平后，一方领先 2 分即算该局获胜，如果双方打成 29 平后，一方领先 1 分，即算该局取胜。羽毛球运动设备也发生了变化。一开始时是硬纸板和绒线团，后来到木托用皮包起来的形式，再发展到用 14～16 根高级羽毛插在软木托上；球拍从木板发展成椭圆形穿弦木拍。后来，规则规定球拍重 95～120 克，拍框长 25～25.5 厘米，宽 20～20.5 厘米，拍柄长 39.5～40 厘米，其制作材料也发展成木框钢管拍、铝合金拍、碳素纤维拍。

2. 技战术的发展

开创时期，羽毛球运动的技战术产生了第一次飞跃。这一时期英国选手垄断整个世界羽坛，他们的技术水平一直处于领先地位，为羽毛球运动的发展起到了很大的作用。直到 1939 年，丹麦、加拿大等国选手以良好的体力和进攻战术向英国选手发起了挑战，这才打破了英国选手称霸羽坛的局面，在第 36 届全英锦标赛上，英国选手仅获一枚混双金牌；第 37 届和第 38 届全英锦标赛冠军全部被丹麦选手囊括。

20 世纪 50 年代至 60 年代中期是羽毛球的技术与战术全面发展的时期，羽毛球运动技战术产生了第二次飞跃，男子技术优势从欧洲全面转向亚洲，形成了亚洲人在世界羽坛上称雄的局面。20 世纪 50 年代，马来西亚、印度尼西亚运动员主要以拉、吊来控制球的落点。尤其是马来西亚代表人物王炳顺、庄友明，他们使马来西亚接连三次获得汤姆斯杯赛冠军，包揽了 1950—1957 年 8 届全英羽毛球锦标赛单打冠军和 1951—1954 年 4 届双打冠军。从 1958 年开始，羽毛球技术开始向快速、灵活的方向发展。到 20 世纪 60 年代末 70 年代初，世界羽坛注重了速度和进攻，发展了新技术。

20 世纪 80 年代，世界羽坛技术与战术向快速进攻、全面、多变的方向发展，羽毛球运动技战术产生了第三次飞跃。这一时期，以中国、印度尼西亚、印度、丹麦、马来西亚、韩国为代表的各国选手打法更全面，变化更多，速度更快，特长突出，攻守兼备而各领风骚，技术已达到炉火纯青的地步，进入了世界羽毛球运动史上的巅峰期。

（二）中国羽毛球运动的发展

羽毛球运动是在 20 世纪初传入我国的，最初在上海、广州、天津、北京等城市的教会组织的青年会、大学和中学里开展羽毛球运动。20 世纪 20 年代末至 30 年代，羽毛球运动已传入民间，这项运动开展的范围逐渐扩大，特别是京、津、沪及沿海城市，开展得相当活跃。20 世纪 30 年代初至中期，这项运动已在我国一些大城市兴起。由于这项运动的玩法与当时的网球类似。再加上它自身的游戏性，所以很快被市民所接受。但新中国成立前，由于参加此项活动的人数较少，也没进行过重大比赛，因而，我国羽毛球运动的水平很低，更谈不上普及。

新中国成立后，在20世纪50年代初期，羽毛球运动首先在全国各大城市开展起来，在周恩来总理和贺龙副总理亲自的关怀下，1953年在天津举行了全国篮球、排球、网球、羽毛球4项球类运动会，羽毛球为表演项目，虽然当时技术水平很低，但为今后的发展奠定了良好的基础。

1959年第1届全运会上，羽毛球被列为正式比赛项目，共有21个省、市派选手参加了比赛，这对羽毛球运动的普及和羽毛球技术水平的提高起到了促进作用。

我国与世界羽毛球运动先进国家进行了广泛交流。1956年2月，印尼羽毛球队来我国访问，与中国队进行了10场比赛，结果印尼队全胜。我国羽毛球运动员在比赛中认真、虚心地学习世界先进经验，分析失败原因，刻苦训练、奋发图强。1957年4月，中国队回访印尼时，情况有了很大好转，在9场比赛中，获得了7胜2负的好成绩。

20世纪60年代初期，汤仙虎、侯加昌、陈玉娘等第二批印尼青年华侨相继回国。在中国羽协的重视、培养和教练们的精心指导下，这些羽毛球优秀选手成了我国的中坚力量。我国羽毛球队没有参加过正式比赛，但多次与世界冠军队进行互访比赛。1963年，第4届、第5届汤姆斯杯赛冠军的印尼队来我国访问比赛，我国羽毛球队取得了6胜4负的战绩。1964年印尼队第三次访问我国，中国队以4比1取胜。同年11月，我国羽毛球队再次到印尼访问比赛，取得了全胜的战绩。1965年、1966年中国队在与世界亚军、欧洲冠军丹麦队和欧洲劲旅瑞典队进行互访比赛时，均获全胜。1964年第一次全国羽毛球训练工作会议及时总结了经验，明确提出了我国羽毛球“快、狠、准、活”的技术风格和“以我为主、以快为主、以攻为主”的指导思想，以理论指导促进了比赛实践。

“十年动乱”时期，正处于上升时期的中国羽毛球运动受到了严重挫伤，水平直线下降。虽然在20世纪70年代初重新恢复了训练，但青黄不接的现象非常突出，导致我国羽毛球队刚刚获得的优势完全丧失。面对这种形势，国家体委于1978年召开了第二次全国羽毛球训练工作会议，总结了经验教训，重申了我国羽毛球的技术风格和指导思想，制订了赶超世界先进水平的新规划和具体措施。根据全国羽毛球训练工作会议提出的奋斗目标：我国羽毛球界同心同德、齐心协力，掀起了刻苦训练的热潮，羽毛球水平得到提高。1981年5月，国际羽联重新恢复了我国在国际羽联的合法席位。20世纪80年代以来，中国登上国际羽坛的顶峰，涌现出了一大批世界级名将，取得了卓越的战绩，确立了我国羽毛球在国际羽坛中的领先地位。

1981年，在美国举办的第1届世界运动会上，中国队获得了男女单打、双打4项冠军。1982年在全英锦标赛上，中国队夺取女单、女双两枚金牌，一块男单银牌。最令人兴奋的是1982年我国男队第一次参加的第12届汤姆斯杯比赛。在与印尼队决赛时，面对1比4落后的局面，中国男队连胜4场，最后以5比4击败印尼队，夺得汤姆斯杯，登上了世界冠军宝座。我国男子羽毛球队1986年、1988年、1990年连续3次捧回汤姆斯杯。我国女子羽毛球队1984年在吉隆坡举行的尤伯杯赛中，以优异的成绩夺冠。此后，我国羽毛球女队又以强大的优势蝉联5届尤伯杯赛冠军。

20世纪90年代，中国羽毛球队的技术打法为各队所熟悉，加上我国体制问题，中国羽毛球严重滑坡，中国男队1992年在汤姆斯杯、奥运会、世界杯三大赛事中，一金未得，1994年在日本广岛举行的亚运会上，我国羽毛球男女选手无一人进入决赛。面对着残酷的现实，全国羽毛球界共同努力，中国羽毛球逐渐走出低谷。在1992年巴塞罗那第25届奥运会的羽毛球比赛中，中国羽毛球运动员共获得一枚银牌和四枚铜牌。在1996年亚特兰大第26届奥运会上，中国羽毛球健儿共夺得一枚金牌、一枚银牌和两枚铜牌。

进入21世纪，中国羽毛球队已逐步上升至领先地位。2000年悉尼奥运会中国选手取得最佳成绩，夺得男单、女单、女双、混双4金。2004年雅典奥运会中国队获得女单、女双、混双3金。2008年北京奥运会中国队获得男单、女单、混双3金。2012年的伦敦奥运会，中国队包揽羽毛球全部项目的金牌。2016年里约奥运会，中国羽毛球队获得两枚金牌。

第二节 羽毛球运动的技术学练

一、发球技术

发球是组织进攻的第一步，依据发球的姿势，发球可分为正手发球和反手发球。一般情况下，单打中多采用正手发球，而反手发球则常用在双打中。就球飞行的角度和距离而言，可将发球分为后场高远球、后场平高球、后场平快球和网前球四种。

（一）发球技术分析

1. 正手发球技术

站在靠近中线一侧，离前发球线约1米的位置上。身体左肩侧对球网，左脚在前，脚尖向网，右脚在后，脚尖稍向右侧，两脚距离与肩同宽，身体重心放在右脚上。准备发球时，右手握拍向右后侧举起，肘部微屈，左手拇指、食指和中指夹住球，举在腹部右前方，然后放开球，挥拍击球。击球时，身体重心由右脚移至左脚上。

用正手发不同的弧线球时，击球前的准备和前期动作是一致的，只是在击球时及其后的动作有所不同。而且正手发球可以用来发任何一种飞行弧线的球，在单、双打中都普遍采用。正手发球可分为以下几种。

(1)正手发网前球

正手发网前球是用正手握拍，以正拍面击球，使球轻轻擦网而过，落在对方前发球线附近的一种发球。由于它的飞行弧度低、距离短，可以有效地限制对方直接接发球反攻或接发球后有目的地抢网或突击扣杀，是单、双打中较常见的一种发球。准备动作、引拍动作和随前动作与正手发后场高远球相同。击球时握拍要松，前臂只是前摆，不做内旋动作，靠手指控制力量，手腕收腕发力，用斜拍面往前推送击球，使球轻轻擦网而过，落在对方前发球区内（图10-1）。击球时，要控制拍面和力量，避免球过网偏高。特别是在双打中，由于双方场上的移动范围较单打要小，对发网前球的质量要求更高。例如，球过网稍高，对方可通过扑、推直接进行接发球抢攻。

(2)正手发后场高远球

正手发后场高远球是用正手握拍，以正拍面将球击得又高又远，球飞行到对方的端线上空后突然改变方向，成垂直下落至端线（底线）附近的一种发球。由于球处于对方端线，可有效地调动对方并削弱其进攻的威力，同时也增大对方接下一拍球的难度。在单打中，这种发球被普遍采用。发球站位一般选择在中场附近。两脚自然分开，左脚在前，脚尖对网，右脚在后，脚尖稍向右侧，重心放在右脚上；用左手拇指、食指和中指夹持住羽毛球中部，自然举于胸前方；右手正手握拍，右臂自然屈肘举至身体的右后侧，成发球前的准备姿势。持球手松开，使球自然下落，此时左手随引拍动作收至身体左侧。同时，右上臂随转体外旋，并带动前臂自下而上沿半弧形做回环引拍动作，充分伸腕，身体重心随转体和引拍动作逐渐前移。当拍挥至身体右侧前下方、身体转至近于面对球网时，准备击球。最佳击球点在身体右侧前下方。在拍面与球接触的瞬间，右臂迅速内旋，带动手腕快速向前上方闪动、展腕屈指发力，用正拍面将球击出，身体重心随转体动作逐渐由右脚移至左脚。身体重心完全移至左脚，持拍手随击球动作完成后的自然惯性向左上方挥动，然后两臂还原成接球前的准备动作（图 10-2）。

1　2　3　4　5

图 10-1

1　2　3　4　5　6　7

图 10-2

（3）正手发后场平快球

正手发后场平快球是用正手握拍，以正拍面击出飞行弧度较正手后场平高球还要低的一种发球，这种球速度快、突击性强，而且飞行弧度几乎是擦网而过，直射对方后场，是单、双打发球抢攻战术中常用的一种发球方法。在比赛中，在发球方有准备而接发球方无准备，或是对手接发球站位较前的情况下，这种发球能以其快速、突变使接发球方处于被动。准备动作同正手发后场高远球。在准备动作的基础上，持球手松开，让球自然下落，同时右上臂随转体外旋，并带动前臂自下而上沿半弧形做回环引拍动作，充分伸腕，身体重心随转体和引拍动作逐渐前移，左肩对网，准备击球。击球时，拍面仰角较小，前臂内旋带动手腕快速闪动屈指向前发力击球。击球点在规则允许的范围内，可争取略高一些。击球后持拍臂随动作惯性自然向左上方挥动，身体重心完全移至左脚，然后将拍收回至体前并将握拍调整成放松的正手握拍形式。

（4）正手发后场平高球

正手发后场平高球是用正手握拍，以正拍面击出飞行弧度较发后场高远球低的一种发球。

球飞行的高度以对方跳起无法拦截为佳。由于飞行弧度不高和球速相对较快，此种发球颇具威胁性，并常在单、双打中与发网前小球配合使用，以增加对方接发球的难度。准备动作、引拍动作和随前动作均与正手发后场高远球相同。击球时以前臂带动手腕发力为主，拍面与地面的夹角小于45°向前推进击球。发平高球的关键是控制好球的飞行弧度。如果拍面仰角大，击出的球过高，就达不到战术目的；拍面仰角小，击出的球过低，易被对手拦击。因此，必须注意球的飞行高度，而发球准备和引拍动作须与其他正手发球动作保持一致。

2.反手发球技术

站在前发球线后10～50厘米及发球区中线的附近，也可以站在前发球线及场地边线附近。面向球网，两脚前后站立(左脚或右脚在前均可)，上体稍前倾，身体重心在前脚上。右手反握拍，左手拇指和食指捏住球的两三根羽毛，球托朝下，球体与拍面平行或球托对准拍面放在拍面前方。反手发球主要分为反手发网前球、反手发后场平高球、反手发后场平快球三种。

(1)反手发网前球

发网前球能减少对方把球往下压的机会，发球后立即进入抢攻。把球发到前发球线内角位，球飞行的路线较短，容易封住对方攻击自己后场的角度。发球到前发球线外角位能起到调动对方离开中心的作用。特别是在右场区发前发球线外角位，能使对方反手区出现大片空当。但对方也能以直线推平球攻击发球者的后场反手。如果预先提防，可用头顶球还击。发网前球也可以发对方的追身球，造成对方被动。站位接近前发球线，右脚在前，重心在右脚，左脚跟提起，右手采用反手握拍法持拍于腹前，肘关节屈，手腕前屈，左手捏住球的羽毛斜放在球拍前面。将球拍稍往后摆动至一定距离。前臂向前上方推送，同时，带动手腕由屈到微伸而向前摆动，利用拇指的顶力用反拍拍面、以斜拍面向前轻轻推送切击球托，推击球托的左斜侧面，使球尽可能低地沿网上方飞过(图10-3)。随前动作：击球后，前臂继续往上摆到一定高度后回收至胸前。

图10-3

(2)反手发后场平高球

用反手握拍，以反拍面击出同正手发后场平高球飞行弧度一样的球称为反手发后场平高球，其战术意图与正手发平高球相同。两脚与肩同宽，前后斜站。右脚在前，左脚尖侧后点地，重心放在右脚上；左手拇指、中指、食指握住球的羽毛处，将球置于腹前腰部以下；右臂屈肘稍向上提起，展腕，用反手握拍，以反拍面将球拍自然置于腹前持球手的后面，两眼正视前方，成发球前的准备姿势。左手放球的同时，右臂以肘为轴，前臂内旋，带动展腕由后向前做回环半弧形挥动，至一定发力所需幅度。击球时屈指收腕发力，用正拍面向前上方将球击出。以制动动作结束发力，并将握拍姿势迅速调整为正手放松握拍。

(3)反手发后场平快球

发球前，站位要与准备姿势与反手发网前短球基本相同。击球时，手要紧握拍柄，加快挥拍速度，掌握好拍面角度，用“甩”腕与手指动作配合的爆发力，将球向前或前上方击出。

在发平快球时，要达到理想的发球效果，一定要注意手腕甩动的动作速度和拍面的角度，否则所发出的球就没有威力了。

(二)发球技术训练

1.发网前球技术训练

(1)正手发网前球练习方法

①轻击球练习。在正手发高远球的动作基础上，减小挥拍的动作幅度，主要靠前臂和手腕带动挥拍，击球力量减弱，球击出后，控制拍子的继续挥动。

练习要求：击球时，握拍仍保持放松，利用手腕和手指的力量击球。不要用拍子的正面击球，而是让拍面从右向左斜切击球，使球刚好越网而过。

②限高、限远发球练习。在球网上方30厘米处拉一条标志线，在对方前发球线后50～60厘米处也放一条标志线，要求练习者将球发在指定的范围内。

练习要求：用符合规则要求的技术动作发球；尽量降低球的飞行弧线，使球贴网而过并落在对方发球区内。

(2)反手发网前球练习方法

①反手发球练习。发球站位可在前发球线后10～15厘米及中线附近，面向球网，两脚前后开立(右脚或左脚在前均可)，上体稍前倾，身体重心在前脚上。右手臂屈肘，用反手握拍，将拍头向下，手腕稍前屈，拍面在身体左侧腰下。左手拇指与食指、中指捏住球的二三根羽毛，球托朝下，球体或球托在球拍前对准拍面，用前臂带动手腕朝前推送或横切。

练习要求：左手持球要捏住羽毛，而不是球托，不要抛球，待球拍快击中球时自然放手；击球时保持拍面垂直或横切球托；在不“过腰”的基础上，尽量提高击球点，降低球的弧线。

②限高、限远发球练习。同正手发网前球练习方法②。

2.发高远球技术训练

在练习发高远球时，练习者应在正确掌握发球动作的基础上，力求将球发得高、发得远(对方底线附近)，同时注意左右落点的变化，既可以将球发到对方场区的底线与边线交界附近，又能将球发到底线与中线交界附近。高远球技术的练习方法如下。

(1)徒手挥拍练习。练习者左肩侧对前方，两脚分开，与肩同宽，左脚在前，脚尖向前，右脚在后，脚尖稍向右侧，重心放在右脚上。准备发球时，右手持拍向右后侧举起，肘部微屈，左手虚拟持球，举在腹部右前方。练习时，左手先放球，在左手放开球时，右手上臂带动前臂，自右后方随转体向左前方挥拍，重心同时前移；当球拍挥至右前下方球的下落处时，前臂由下向前上方挥动并急速内旋，带动手腕由伸展至微屈，闪动手腕，握紧球拍击球；击球后持拍臂随动作惯性自然向左上方挥动。

练习要求：采用正手握拍动作，准备姿势要做好；练习过程中要注意动作节奏，掌握发力的时间，注意前臂的旋转发力；练习时可先分解练习，再完整练习。

(2)完整发球练习。站在发球线后约1米处,发球场区中线附近,运用正确的正手发高远球动作,向对角线场区发球。

练习要求:掌握正确的发球动作;在发好球的基础上,提高发球质量,控制球的落点。

(3)击固定球练习。将一只羽毛球用绳子吊起来,球的高度离地面30～40厘米,练习者站在球的左后方,保持练习者的球拍在右前下方可击中球。练习者用正确的发球动作挥拍,击球后继续做随挥动作。

练习要求:练习者用余光看球,自然挥拍,不要故意地击球;手臂自然伸直,不要提肩、屈肘;注意击中球时的拍面方向。

3. 发平高球、平球练习

在练习发平高球、平快球技术时,练习者除了要注意球落点的变化外,还应使其发球的动作与发高远球动作保持一致,仅在最后用力时再变化。

二、接发球技术

接发球是还击对方发球的动作技术,是羽毛球运动最基本的技术之一。发球与接发球是相对的,发球方想方设法发出各种不同弧线的球,以此来控制对方;而接发球方则以后发制人来达到反控制的目的。

(一)接发球技术分析

1. 单打接发球

(1)单打接发球站位

单打接发球站位应距前发球线约15米。在左发球区接发球,一般选择有效发球区域中心位置站位(图10-4),能照顾到前后左右发来的各种落点球。

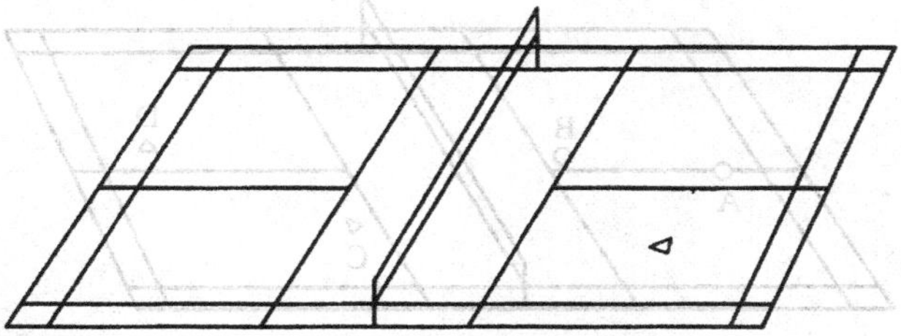

图 10-4

在右发球区接发球,选择有效发球区域中心稍靠近中线的位置站位(图10-5)。

(2)接发球准备姿势

左脚在前,全脚掌着地。右脚在后,前脚掌触地。双膝稍微弯曲,身体重心在左脚上。右手持拍自然举放在胸前,左手自然屈肘于左侧,保持身体平衡,两眼注视前方,判断对方的发球方向准备接发球(图10-6)。

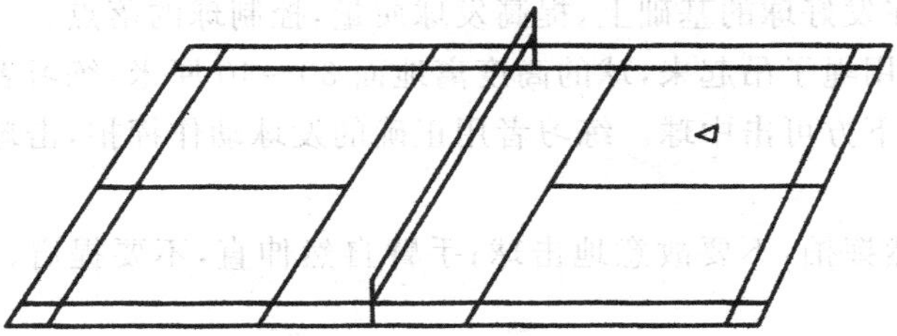

图 10-5

图 10-6

2. 双打接发球

(1)双打接发球基本站位

由于双打后发球线比单打缩短 92 厘米,发高球易被扣杀,双打一般以发小球为主,因此,双打接发球的站位一般选择靠近前发球线的位置,目的是争取在网前抢高击球点。

在右发球区接球,接发球者站位略偏左靠近中线,如图 10-7C,其同伴站位如图 10-7D。

在左发球区接球,接发球者站位选择中心位置,如图 10-8C,其同伴站位如图 10-8D。

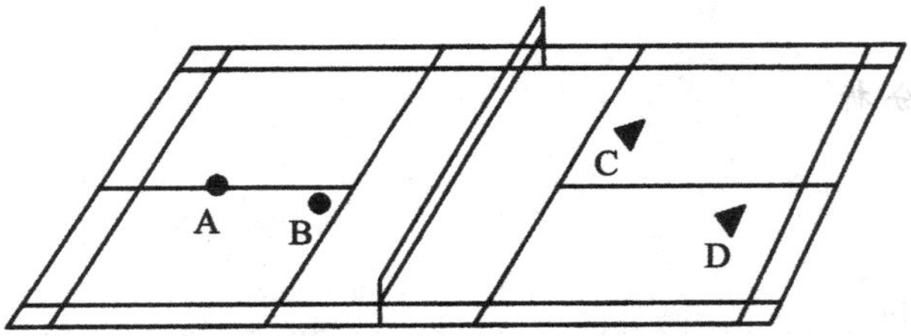

图 10-7

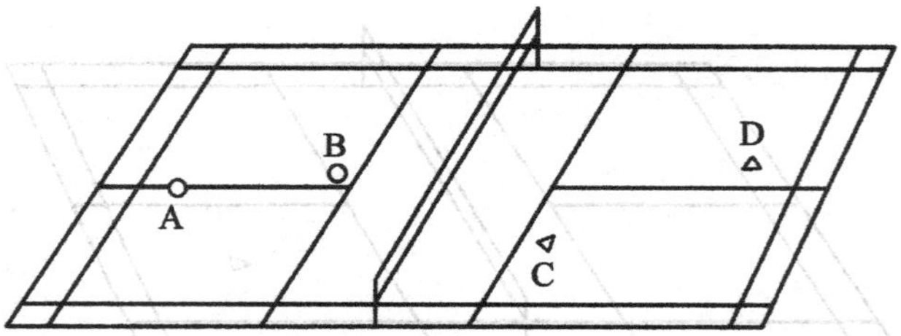

图 10-8

上面两图中,A 为发球者的同伴;B 为发球者;C 为左区接发球者站位;D 为接发球者的同伴站位。

(2)双打接发球准备姿势

左脚全脚掌着地在前,右脚前脚掌触地在后,身体重心在左脚上,双膝稍微弯曲,右手屈肘举拍至头顶前上方,左手自然屈肘于左侧,保持身体平衡,眼睛注视对方,准备接发球。

3.接发球技术

接发球的方法是多种多样、千姿百态的，没有固定统一的模式。接同一种发球，由于选手个人打法不同、特点不同和技术水平不同，在接发球技术运用上也有所不同。

(1)前场正手接发球技术

动作开始首先用正手前场接发球步法向来球方向移动，同时前臂微屈，外旋半弧形引拍，准备接发球。结合身体向前跨步的冲力，用斜拍面与地面夹角大于120°的仰角拍面，向前摩擦推送击球。根据对方不同的发球方式，其击球动作也有不同。

①接发球搓网前小球的击球力量比网前搓小球要稍大一些，应控制适度的力量，击球用力过大，球不会出现旋转；击球用力过小，接发球搓球不过网。

②正手接发球勾对角小球击球动作：手腕内旋，拇指、食指转动拍柄，向网前斜对角方向发力击球。

③正手接发球挑球击球动作：击球点较低，用与地面大于90°的拍面仰角，前臂内旋，食指、拇指收紧拍柄，展腕发力击球。

④正手接发球推球击球动作：手腕迅速内旋，食指发力拨动拍柄，球拍与地面近似90°夹角内翻拍面击球。

⑤正手接发球扑球击球动作：击球点高于球网顶部，前臂快速内旋，球拍与地面小于90°的夹角，向下拍压击球。

在上下肢同时完成接发球动作后，持拍手自然收回体前，向中心位置回动。

(2)前场反手接发球技术

接发反手前场球步法向来球方向移动，反手握拍向来球方向伸出，同时前臂微屈做内旋半弧形引拍动作，准备击球。反手接发球搓小球击球动作：结合身体向前跨步的冲力，食指、拇指内旋捻动球拍，用与地面夹角大于120°的斜拍面，向前摩擦推送搓球。根据对方不同的发球方式，其击球动作也有不同。

①反手接发球勾对角小球击球动作：手腕外旋，拇指前顶，其余四指收紧拍柄向网前斜对角方向发力击球。

②反手接发球挑球击球动作：击球点较低，前臂外旋，拇指前顶，用与地面大于90°的夹角拍面，收腕发力击球。

③反手接发球推球击球动作：球拍与地面夹角近似90°，前臂迅速外旋，拇指前顶，手腕向前方外翻拍面击球。

④反手接发球扑球：击球点高于球网顶部，前臂快速外旋，用球拍与地面小于90°的夹角，拇指前顶，向前下方拍压击球。

在击球后，持拍手自然收回体前，脚步退回中心位置，成接球前准备姿势。

(3)后场接发球技术

根据来球的位置不同，接发后场球可采用正手和头顶两种姿势击球。正手和头顶接发后场球技术的动作轨迹基本相同，只是击球点位置略有不同。正手接发后场球击球点在身体右后侧右肩上方，而头顶接发后场球击球点在身体左后侧头顶或左肩的上方。

用接发后场球步法向来球方向移动，同时上臂外旋带动前臂后仰回环引拍，身体重心在右脚上，准备起跳击球。根据对方不同的发球方式，其击球动作也有不同。

①接发球回击高远(平高)球击球动作:击球点在头前上方,上臂带动前臂迅速内旋向上挥动,将力传递至手腕,手指发力用正拍面与地面稍大于90°的夹角(击平高球)和接近120°的仰角(击高远球)将球击出。

②接发球回击吊球和劈球击球动作:击球点选择比回击平高球和高远球靠前约10厘米,上臂带动前臂迅速内旋向上挥动,通过手腕和手指控制击球力量(劈球比吊球力大),用球拍面与地面夹角小于90°的斜面(劈球比吊球击球角度更大)切击球托右侧(头顶击球切击球托左后侧)。

③接发球回击杀球击球动作:身体充分后仰成弓形展开,击球点比回击吊球再靠前约5厘米的位置,上臂带动前臂迅速内旋向上挥动,最后通过手腕、手指发力,用与地面近似75°的夹角将球击出。

④接发球回击抽杀球击球动作:手臂迅速内旋后倒回环引拍,用与地面近似90°的夹角拍面向前挥动击球。

击球后,持拍手随惯性动作向身体左前下方挥动,并迅速将拍收回体前,脚步向中心位置跟进回动,做好下次接球准备。

(二)接发球技术训练

(1)反应和起动速度练习。练习者成原地准备姿势,在听到教师用语言发出的或看到教师用手势做出的信号后,立即起动冲刺、后退或左、右移动。

练习要求:注意力集中,准备姿势正确,重心落在前脚掌上,听到或看到信号后,迅速做出反应(重心移动),并快速移动。

(2)接抛球练习。练习者做好准备姿势,教师用手将球抛至球场的4个角,要求练习者向球的方向做步法移动,可以先近后远,要求用手击球,也可以加上一些假动作,提高练习者的反应能力。

练习要求:起动要快,步法运用合理,尽量用2～3步移动到位;要求碰到球以后,快速地回到中心位置,再接下一个球。

(3)步法移动练习。练习者站在场地中央,根据教师的手势信号,做前、后、左、右的步法移动。

练习要求:熟练掌握各种基本移动步法(可采用单一步法和多种步法);移动要到位(可在场地上做出标志);移动中保持重心平稳,注意变向时的重心转移。

(4)接发球可以与发球技术同时学练,两位学练者,相互配合,一方发球时,一方接发球,根据情况进行交换。

①多球练习,两人一组,做发球(发网前球)与接发球练习。交换进行。

②两人一组,一方正手发后场高远球、平高球、平快球,接发球者可根据情况,回击平高球或吊球。

③两人一组,一方正手发网前结合发后场各种球。接发球者,根据来球,回击各种球。

④反手发球与接发球多球练习,两人一组,一人反手发网前球,另一人接球可回击网前、推后场以及扑球。交换练习。

⑤两人一组,一人反手发后场平高球、平快球,接发球者可根据情况回击杀、吊球。

⑥两人一组,一人反手发网前结合发后场平高球、平快球,接发球者可根据情况,回击各种来球。

三、击球技术

击球技术根据场地区域的不同，分为前场击球、中场击球和后场击球。

（一）击球技术分析

1. 前场击球技术分析

在羽毛球比赛中，前场击球技术是重要的击球技术之一。熟练的网前技术往往可使本方从被动转为主动，并有利于控制和调动对方。前场击球主要包括以下两个方面。

（1）放网前球

①正手放网前球

侧身对右边网前，上体稍前倾，右手握拍于体前。右脚向右侧前方大跨一步成弓步。正手握拍，球拍向右前上方斜举。击球时，右臂自然后伸，手腕稍后伸，小臂稍外旋，手腕由后伸至稍内收转动，右手轻松握拍，食指和拇指夹住球拍，在手腕和手指的控制下，轻击球托底部将球轻送过网。击球过程中左手要向后平举以协调动作。击球后，还原成下次击球前的准备姿势（图 10-9）。

图 10-9

②反手放网前球

击球前动作方法与正手放网相同，不同的是先向左前场转体，右肩对网，反手握拍，反拍迎球。击球时，前臂前伸、外旋，手腕内收至外展，轻击球托底部把球轻送过网，击球后，还原成准备姿势。

（2）搓球技术

运用快速上网步法，争取高的击球点，将网前位置的来球，以斜拍面“搓”“切”等动作击球，使球在摩擦力的作用下旋转飞行，同样落至对方的网前，这种球称为搓球。

①正手搓球

击球前动作与正手放网前球基本相同。击球时，在球拍举至最高点时前臂稍外旋，手腕由后伸至稍内收，与网前击球前期动作一致。击球时，加快挥拍速度，体现“搓”“切”的动作，击球的右下底部，使球翻滚过网。击球后还原成准备姿势（图 10-10）。

②反手搓球（图 10-11）

反手搓球首先要反手握拍，运用反手上网步法向来球方向移动，其余击球前的动作与正手网前搓球相同。在伸拍的同时前臂内旋做半弧形引拍动作。反手网前搓球有两种击球方式。一种是手腕由展腕至收腕发力，击球时由左至右切击球托的左后侧部位。另一种是手腕由收至展腕发力，以斜拍面由右向左切击球托的右后侧部位。与正手网前搓球相同，并注意从反手握拍还原成正手放松握拍。

图 10-10

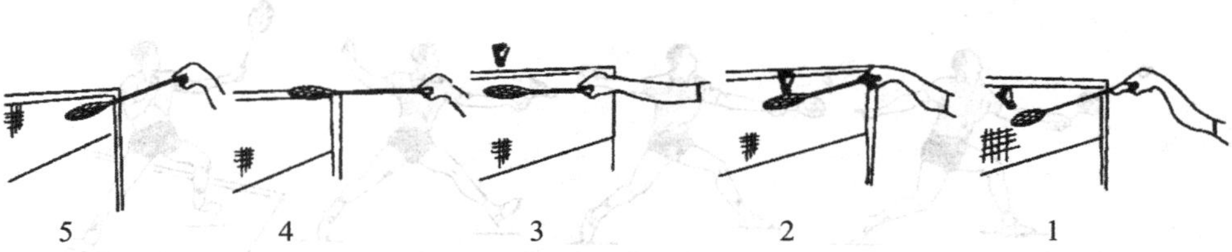

图 10-11

(3)推球

推球技术击球点高，动作小，发力距离短，速度快，且落点变化多，是前场击球技术中进攻底线的一种很有威力的击球方法，在单、双打中都较常用。网前推球有正手、反手两种击球方法。

①正手推球

正手推球指在网前较高的击球点上，以正手握拍法，用推击的方法向对方底线击出弧度较平、速度较快的球。

移动到位，球拍向右侧平举。推球前，前臂稍外旋，手腕后伸同时球拍也稍往后摆，拍面对准来球。这时小指与无名指稍松开，使拍柄离开手掌，这样能充分发挥手指的力量。推球时，拍面尽力后仰，手腕由后伸直并且闪腕，食指向前压下，小指、无名指突然握紧拍柄，球拍快速地由右经前向左挥动(图 10-12)。推球后，在回动过程中回收球拍于胸前。

②反手推球

反手推球指在网前较高的击球点上，以反手握拍法，用推击的方法向对方底线击出弧度较平、速度较快的球。

移动至网前左侧，反手握拍，臂侧上举。推球前，臂向左胸前收引，手腕稍外展，球拍松握，拇指顶住拍柄的内侧宽面，推球时，当前臂往前伸的同时外旋，手腕由稍外展到伸直抖腕，中指、无名指、小指突然紧握球拍，拇指顶压，向前挥动将球推出，触球托的后部。击球后，身体还原至准备姿势。

图 10-12

(4)勾对角线球

勾球是把在本方右(左)边的网前球击到对方左(右)边网前去的技术动作。勾球分正手和反手两种。

①正手勾球

正手勾球即在网前右场区，用屈腕的动作调整球拍角度，轻巧地将球回击到对方斜对角的网前右场区内。正手勾对角，一般采用并步加蹬跨步上网的步法。在步法移动的同时，球拍随着前臂往右前上方举起。前臂前伸，稍有外旋。手腕微后伸，这时的握拍稍有变化——将拍柄稍向外捻动，使拇指贴在拍柄的宽面上，食指的第二指节贴在与其相对的另一个宽面上，拍柄不触及掌心。击球时，靠前臂稍有内旋往左拉收，手腕由稍后伸至内收。球拍拨击球托的右侧下部，由手腕和手指控制拍面角度。击球后，球拍回收至胸前(图 10-13)。

图 10-13

②反手勾球

反手勾球同正手勾对角线。在身体前移的过程中，球拍随手臂下沉至离网顶 20 厘米处，握拍变成反拍勾球握拍法，拍面正对来球。当来球过网时，肘部突然下沉，同时前臂稍外旋，手腕稍屈至后伸闪腕，拇指内侧和中指把拍柄往右侧一拉，其他手指突然握紧拍柄，拨击球托的左侧后部，使球沿对角线飞越过网。球拍回收至胸前，为下次的来球做积极的准备。

(5)扑球

扑球是指当对方回击的球过网的弧线较高时，抢高点将球向对方场区下方扑压过去的球，也成为网前杀球，它是前场进攻直接得分的一种重要手段。

①正手扑球

正手扑球指对方击来的右场区网前球刚过网，高度在网沿上面时，用正手握拍法，以正拍面迅速上网挥拍扑击下压过去。

左脚先蹬地随后右脚发力蹬跃，使身体向球网右侧腾空跃起，球拍正对来球。同时前臂前伸稍外旋，腕关节后伸，放松握拍。击球时，前臂带动手腕和手指快速抖动发力。如球离网带上沿较近，可采用手腕从右向左将球压下的"滑动"式扑球方法，避免球拍触网犯规(图 10-14)。击球后，要控制身体重心，球拍随惯性回收，至准备姿势。

图 10-14

②反手扑球

反手扑球指对方击来的左场区网前球刚过网，高度在网沿上面时，用反手握拍法，以反拍面迅速上网挥拍扑击下压过去。

运用反手上网步法向来球方向移动，在右脚蹬跨步的同时，反手握拍、持于左侧前向前上方的来球方向高举伸出。当身体向左前蹬跳跃起时，持拍手随着前臂前伸而向前上方举拍，肘稍屈，手腕外展，采用反手握拍法，拍面正对来球。身体向左前飞跃，用手腕由外展至内收"闪动"的力量向前下加速挥拍扑压击球。拍面向正前下方击球为反手扑直线球，拍面向斜前下方击球为反手扑斜线球。击球后马上屈肘，手腕由内收到外展收拍于体前，以免触网。

2.中场击球技术分析

(1)中场平抽球

①正手平抽球

移动到位，最后一步右脚向右侧跨出，侧身对网，上体向右侧倾，重心在右脚上，右臂侧上摆，前臂稍外旋，击球时主要靠前臂带动腕部由下往右侧平地抽压，抖动挥拍。击球后，右脚蹬地，身体重心置于两脚之间(图 10-15)。

图 10-15

②反手平抽球

移动到位，最后一步左脚向左侧方跨一步，重心落于左脚，后脚脚跟提起，右臂屈肘，肘部稍上抬，小臂内旋，手腕内屈，引拍至左肩后。击球时，右脚蹬地，髋关节向右转动，臂在挥拍时外旋，手腕内屈到伸直抖动。挥拍击球托的后下部，击球后，球拍回收至胸前，身体重心置于两脚之间。

(2)半蹲式中场平击球

在中场区域范围内，采用半蹲击球势，将大约在肩部高度且较平快的球，以与网齐平的高度迅速平抽快挡过去的球称为半蹲式中场平击球。

根据来球的不同方向及击球方的具体位置，可采用半蹲正手击球、反手击球和头顶击球三种击球姿势。击球时，通过调整拍面的角度，可分别击出直线、斜线不同线路的球。

①正手平击

两脚与肩同宽自然分开，脚掌触地，脚跟提起，半蹲准备姿势站立。右手持拍举于肩上或置于胸前，两眼注视来球方向。以肩为轴，前臂向后经外旋回环带动手腕伸展引拍。击球时迅速向前内旋，肘关节后摆，带动手腕屈收发力，向前推压击球为平抽球，挡球的击球点较平抽球低一些，击球时发力预摆动作小，向前推进发力击球。击球后惯性动作小，应迅速收拍，做好回击下个球的准备。

②反手平击

反手握拍，用反拍面向来球方向伸出，其余动作同中场正手平抽球。以肩为轴，上臂带动前臂内旋回旋引拍。击球时前臂外旋带动手腕屈收闪动，利用拇指的顶力向前推送发力击球。前臂伴有一定的制动动作，其余动作同中场正手平击技术。

(3)快打技术

快打技术是在中场击从对方过来的、肩以上至略高于头部之间的平球。快打技术主要表现出快速、凶狠、紧逼对方、主动进攻的特点，多用于双打比赛中。它分为正手快打和反手快打两种。

①正手快打

在中场区，两脚平行站或右脚稍前站均可，两膝弯曲成半蹲，举拍（正手握拍）于肩上。击球点选在右肩上方，击球时，前臂向前，手腕由后伸至前屈闪动挥拍击球托的后部，使球平直、急速地飞向对方中场区的附近。击球后，球拍顺势前盖，右脚往右前方迈一步，站在中线两边稍偏后的位置上，球拍由左下回举至前上方，准备迎击下一次来球。

②反手快打

两脚平行站在左场区，重心在右脚，举拍于右侧前。当判断来球是在右场区时，右前臂往左摆，身体稍向左转至右肩对网，左脚也往左侧迈一小步，前臂内旋，手腕外展引拍于左侧后。击球时，前臂外旋，手腕伸直闪动，手指突然抓紧拍柄，前盖球托后部，使球比较平直地向前飞行。击球后，球拍由右下回举至前上方，准备下次击球。

3.后场击球技术分析

在羽毛球比赛中，后场区域是双方必争之地，因此后场击球技术是整个羽毛球技术中极为重要的部分。包括击高球、吊球和杀球，属于高手击球技术。它一般在后场用来主动进攻或调动、控制对方，所以也称为主动进攻技术。

(1)后场击高远球

后场高远球是将对方击至本方后场端线附近的球回击得又高又远，落至对方端线附近的一种球。它包括后场正手、反手和头顶三种击法。

①正手击高远球

在进行正手击高远球时，首先要准确地判断出来球的方向和落点，迅速移动到位，使下落的球处于右肩的前上方，同时，侧身左肩对网，重心在右脚上，右臂屈肘自然举拍于右肩上方，左手自然高举，眼睛看球，待球下落到合理的击球高度时，右脚蹬地转髋，同时右臂以肩关节为轴，向前转动成肘关节朝前并高于肩部，拍头向下。球拍贴背与地面垂直，放松握拍。然后在蹬地、转体收腹的协调用力下，大臂带动小臂向前上方甩腕，在手臂伸直的最高点上击球，击球时重心向上。击球后，手臂随惯性将球拍挥至腋下并收拍至体前，同时重心顺势向前，右脚自然向前跨出成准备姿势（图 10-16）。

图 10-16

②反手击高远球

当球飞向左场区的底线附近时，击球者用正手击球无法移动到位时则采用反手击高远球。首先要判断来球的方向和落点，迅速移动到位，右脚前交叉跨到左侧底线附近，背对网，重心移至右脚上，使球处于右肩的前上方。肘部上抬略高于肩，拍面朝上。击球时，以肘关节为支点，前臂带动手腕，通过手腕的抖动和拇指的侧压，自下而上甩臂将球击出。同时左脚支撑右脚蹬跨回收，使整个击球动作协调自然。击球后，顺势转体面向球网，迅速返回中心位置，准备还击(图 10-17)。

图 10-17

③头顶击高远球

头顶击高远球的击球点在头顶上方的部位。头顶高远球的动作要领与正手击高远球基本相同，只是击球点偏左肩上方或偏左后的位置。击球前，身体侧身向左倾斜稍后仰，球拍绕过头顶后，从左上方向前加速摆动。击球时，小臂内旋带动手腕突然发力形成鞭打将球击出。落地时，左腿向左后方摆动，顺着惯性向中心位置回动(图 10-18)。

图 10-18

(2)平高球

后场平高球是飞行弧度较高远球低的一种进攻型高球，其高度以对方起跳拦击不了为准。

由于后场平高球的速度快、击球动作突然性强，如能选择适当的时机运用高质量的平高球攻击对方后场底线两角，配合前场小球调动对方，效果极佳，可控制对方后场，使其被动，为自己创造进攻机会，平高球是后场主要的进攻技术之一。

后场击平高球技术同后场击高远球一样，也有正手、头顶和反手三种击球法。其动作要领与后场正手、头顶和反手击高远球技术的动作要领基本相同，不同之处是引拍、击球动作较高远球小而快，击球的瞬间应运用前臂内旋带动手腕的充分闪动，快速发力以比击高远球仰角稍小一些的正拍面将球击出。要求发力击球的时间更短，爆发力更强，突然性更大。

(3)吊球

吊球是从后场将球回击到对方网前区域(前发球线附近与球网之间)紧靠边线两角的近网小球，球的飞行弧度以球过网后迅速下落为宜。

吊球技术分为正手、反手和头顶三种手法。根据不同的来球弧度，又可分为高手位的主动吊球和低手位的过渡吊球两种。按球的飞行弧线和击球动作的不同分为劈吊、拦截吊和轻吊。劈吊击球前动作和打高球、杀球相似。击球时用力较轻，带有劈切动作，落点一般离网较远。拦截吊是把对方击来的平高球拦截回去，击球时用拍面正对来球，轻轻拦切或点击，使球以较平的弧线、较慢的速度越网垂直下坠。轻吊击球前动作和打高球相似，击球时拍面正对来球，在触球的一瞬间，突然减速或轻切来球，使球刚一过网即下坠。

①正手吊球

击球准备和前期动作同正手高球。只是击球时拍面稍向内倾斜，手腕做快速切削下压动作，击球托的后部和侧后部。若吊斜线球时，则球拍切削球托右侧并向左下方发力；若吊直线球，则拍面正对前方向下方切削(图 10-19)。

图 10-19

②反手吊球

用反手握拍以反拍面在后场击吊球为反手击网前吊球。反手吊球准备动作同反手击高球，只是击球时，握拍的方法、拍面的掌握和力量的运用有所区别。吊直线球时，用球拍反面切削球托的后中部将球击出，落点在对方右场区前发球线附近；吊斜线球时，用球拍反面切削球托的左侧部将球击出，落点在对方左场区前发球线附近。

③头顶吊球

用正手握拍在左后场区头顶上方以正拍面向对方网前区域击吊小球为后场头顶吊球。同正手吊球一样，头顶也可击直线、斜线吊球。头顶吊球准备动作与击头顶高球相同。只是击球时，击球点要稍靠前些，头顶吊直线球时，击球的瞬间前臂突然往前下方挥拍，球拍击球托的正中部位，使球朝直线方向飞行过网后即下落。头顶吊斜线球时，击球瞬间，前臂突然反腕往前下方挥拍，以斜拍面击球托左侧部位，使球向对角方向飞行过网后即下落。

(4)杀球

杀球是在后场或中场争取尽量高的击球点，并全力将球由高点向下往对方中后场区扣压下去的一种技术。杀球时击球力量最大，速度最快，在比赛中通常是进攻直接得分的重要手段。

依据击球点在场区的位置，可分为后场杀球技术和中场杀球技术。后场杀球技术包括后场正手杀球、头顶杀球和反手杀球三种击球方法。根据杀球力量的不同可分为重杀和点杀，根据出球距离和落点的不同可分为长杀(落点在双打后发球线附近)和短杀(落点在中场附近)，以及利用时间差而采用的突击杀等多种杀球。

①后场正手杀球技术

准备姿势和动作要领同正手击高球，不同的是击球点的位置和最后用力的方向。首先要移动到位，侧身屈膝重心下降，准备起跳。起跳时，右肩上提，球拍上举。起跳后，右上臂经右后上摆，身体后仰成反弓形在空中收腹用力，前臂全速往前上挥动，手腕充分后伸。击球时，前臂内旋，手腕快速闪动发力杀球(图 10-20)。击球后，迅速回收球拍向中心位置回动。

图 10-20

②反手扣杀球

反手扣杀球的准备动作与反手击高球相同，只是击球点较高远球靠前，力量较高远球大，击球时拍面的仰角较高远球小。击球前的挥拍用力要大，跳起后身体反弓加上手臂、手腕的延伸、外展的鞭打用力，可向对方的直线或对角线的下方用力，击球瞬间球拍与扣杀球方向的水平夹角应小于 90°。为了获得最大的击球力量，击球要靠左脚的蹬力和腰腹力、肩力以及上臂带动前臂由外旋至内旋快速闪动，屈指发力用反拍的正拍面击球托的后部。击球瞬间拍面向正前下方压为反手杀直球，击球拍面向斜前下方压则是反手杀斜线球。

③后场头顶杀球技术

在左后场区用正手握拍，以正拍面在头顶上方击杀球为后场头顶杀球。

后场头顶杀球技术的准备姿势、引拍动作及击球后的动作要领都与后场头顶击高远球技术相同，但是击球动作则与后场正手杀球技术动作要领基本相同，所不同的是，击球点偏在头顶前上方。击球时，如果是以正拍面向正前下方发力击球托中后部为头顶杀直线球；击球时，如果是以手臂带动手腕内旋，手指转动球拍，用正拍面向右斜前下方击球托的稍左侧面后部为头顶杀斜线球。击球时拍面是正面击球，而不带任何切击动作，否则斜拍面击球，拍面与球摩擦，将会抵消击球的力量。

④腾空突击杀球

当对手击出弧度较低的平高球时，侧身右脚后退一步准备起跳。起跳后，身体向右后方腾起，上身右后仰或反"弓"形，右臂上抬，肩尽量后拉。击球时，前臂全速往上摆起，手腕从后伸经前臂内旋至屈收，同时握紧球拍压腕产生爆发力，高速向前下击球。突击扣杀后，右脚在右侧着地屈膝缓冲，重心在右脚前；右脚在左侧前着地，利用左脚蹬地向中心位置回动，手臂随惯性自然往体前回收。

（二）击球技术训练

1.击高远球练习

(1)空中悬球练习

用一细绳将球挂在适合于击高球的位置上，反复练习击高球动作，检查击球点以及球拍的接触面是否正确。

(2)原地对打练习

两人面对面站在各自的场区底线附近对打高远球。一开始先练习直线对打，然后再练对角线对打。在这一阶段练习中，主要以打高远球为主。

(3)移动中对打高球练习

较熟练掌握原地击高球动作之后，即可过渡到移动中的对打高球练习，这种练习便与步法训练结合起来了。

①一人固定、一人前后移动的练习。一人在底线固定位置击出高球，另一人则在回击高球后从底线回到中心位置，再重新退到底线回击对方打来的高球。

②一点打一点前后移动练习。对练双方在各自击完球后都回到中心位置，然后再各自退到底线回击对方打来的高球。如此循环练习。

③一点打两点三角移动练习。一人先固定在底线某个角上，先后将高球击往对方底线两个点(直线加斜线高球)，另一人通过三角移动，还击球至一个点(直线加斜线高球)。

两人对打高球的练习方法很多。初学者应按照循序渐进的原则，先熟练掌握原地对打，然后练习一人固定、一人移动对打，最后再练习掌握两人移动对打。

2.吊球练习

(1)原地吊球练习

①定点吊斜线：练习者固定在右后场或左后场底线，用正手或头顶击球技术将球吊至对方的右(左)场区网前，对方将球挑回练习者的右(左)后场底线，如此往复练习。

②定点吊直线：练习者固定在右(左)后场底线，将球吊至对方的右(左)场区网前，对方将球挑至练习者的右(左)后场底线。如此往复练习。

(2)移动中吊球练习

在较熟练地掌握原地吊球技术之后，即可进行移动中吊球练习，这样便可与实战紧密结合了。

①一点吊一点前后移动：练习者在后场底线吊球后，移动到中心位置，然后重新退回到底线进行吊球；挑球者挑球后，退回中心位置，然后重新上网挑球。

②两点吊一点前后移动：吊球者先后在后场两个点将球吊至对方网前的一个点上；挑球者网前点一个点是先后将球挑至对方后场两点上。双方均做前后移动。

③两点吊两点前后移动：在两点吊一点的基础上，吊球方增加一个吊球落点。

3. 杀球练习

由于接杀球者一般不易把对方的杀球连续挑到后场，因此，练杀球多采用多球练习，即一人利用多球连续发至练习者的后场，练习者先原地进行扣杀球练习，然后再过渡到移动中扣杀练习。初学者一般先练正手杀球，待熟练后再练头顶或反手杀球。在练习杀球时，亦要注意落点和线路的变化。

4. 网前球练习

不论是练搓球，还是练勾对角球、扑球、放网前球、平推球等，均宜采用多球练习。训练者通过大密度练习，可充分体会网前击球动作的感觉。练习时，两人隔网相立，一人将球一个接一个地抛至练习者一方网前，练习者用正手或反手技术练习各种网前击球。一开始原地练习，待熟练掌握各种网前击球技术后，可结合上网步法进行练习。

5. 平抽球练习

两人站在场地中部，用平球相互抽击（直线或斜线均可）。练平抽球时，握拍可适当上移。

6. 接杀球练习

在进行多球杀球练习时可同时练接杀球技术。可以固定杀球落点，让接杀者连续进行防守，也可两人在半场进行一攻一守练习。

第三节　羽毛球运动的战术学练

一、单打战术分析

（一）发球抢攻战术

发球是羽毛球每一个回合的开始，不受对方限制，只要是在规则允许的范围内，发球者可以根据比赛时对手的站位、回球的习惯路线、反击能力等方面因素，进行变化多端的发球，将球以任何弧度、任意线路发至对方场地任何一点，这常常会打乱对方预先安排的战略部署，从而起到掌握主动的作用。因此，发球在比赛中起着重要的作用。

球发出后的落点区域如图 10-21 所示。

1. 发前场区球抢攻战术

发前场区球的目的是减少对方将球下压的机会，限制对方接发球发起进攻，同时也为己方抢攻创造机会。

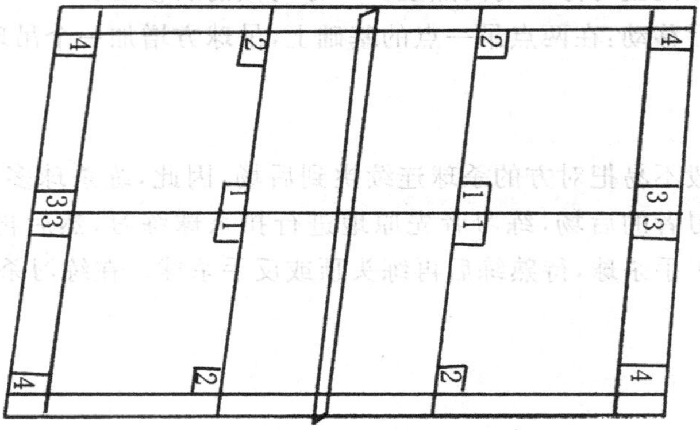

图 10-21

发前场区球，可发 1 号区球、2 号区球、1 号和 2 号区之间球及追身球等。一般发 1 号和 2 号区之间球及追身球可减少发球失误。根据对方回球落点及质量，可采用推球、搓球、扑球、勾对角线球，甚至杀球等多种击球技术进行还击。图 10-22 至图 10-28 所示为己方发前场区球落点、对方回球线路、落点及己方回球线路。

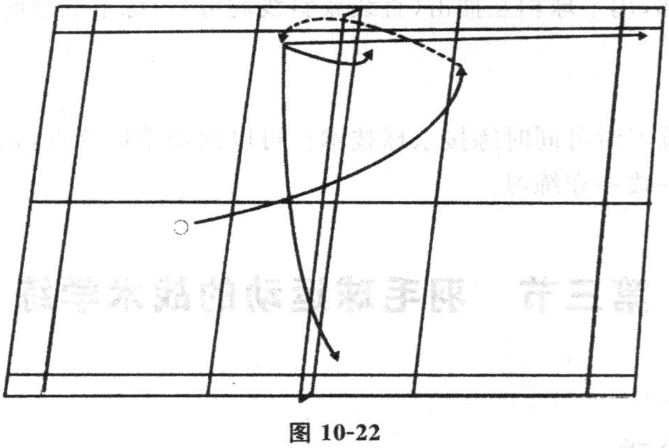

图 10-22

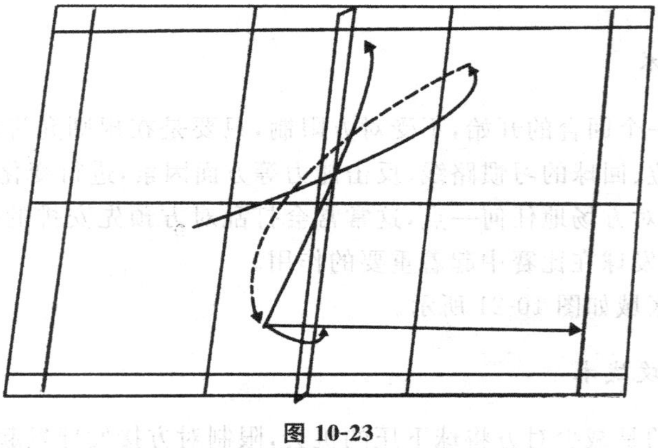

图 10-23

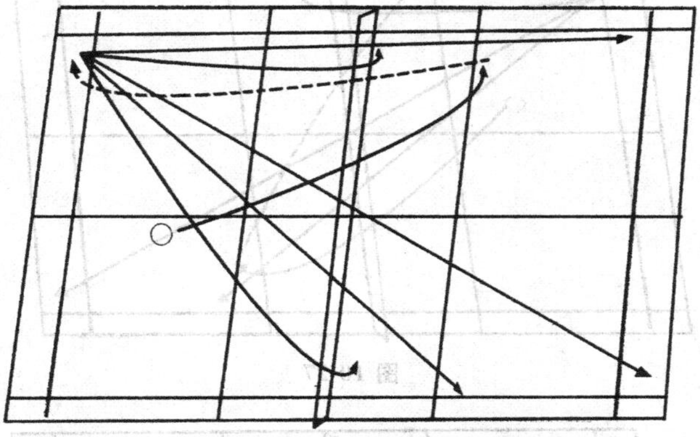

图 10-24

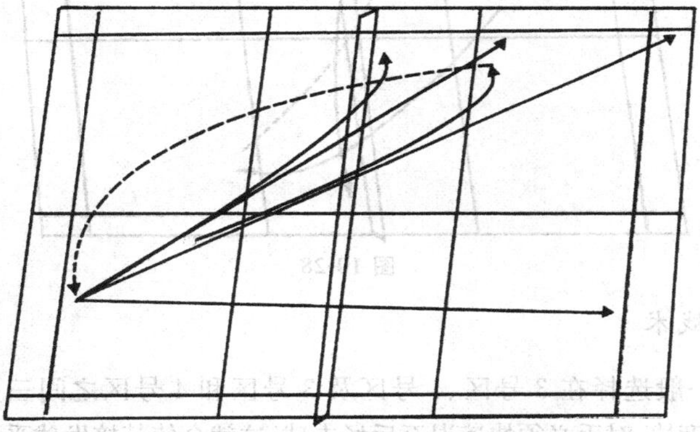

图 10-25

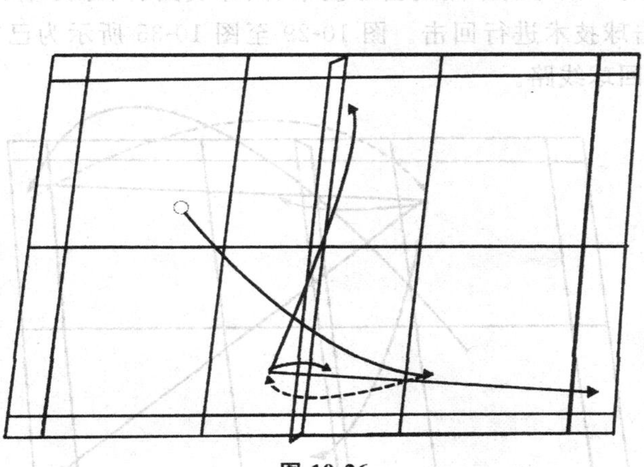

图 10-26

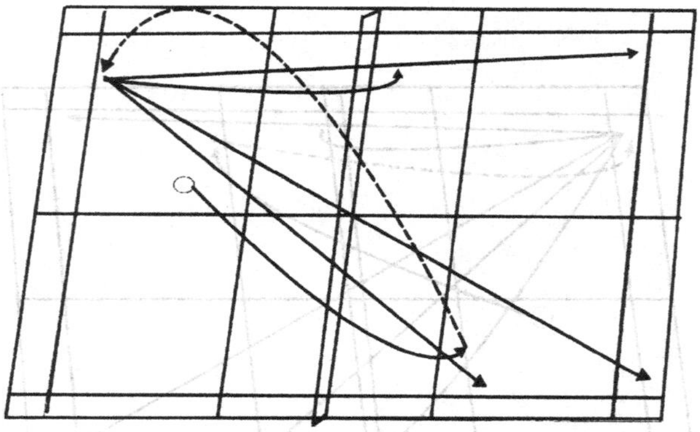

图 10-27

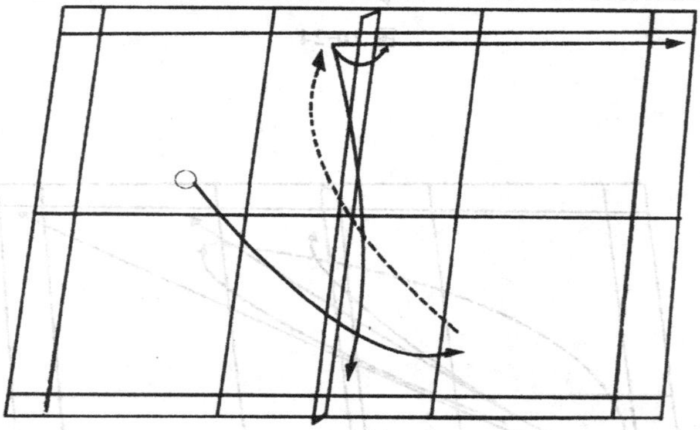

图 10-28

2. 发平高球抢攻战术

发平高球的落点一般选择在 3 号区、4 号区及 3 号区和 4 号区之间三处。

由于平高球飞行速度快，对手必须快速退至后场击球，这就会使其接发球受到干扰，从而影响回球质量，为己方创造进攻机会。但发平高球时应注意球的飞行弧度，以能高过对方跳起击球的高度为准。

发平高球后，根据对手回球所采用的击球技术、回球线路、回球力量、回球落点等，己方可采用挡球、抽球、勾球等击球技术进行回击。图 10-29 至图 10-35 所示为己方发平高球落点、对方回球线路、落点及己方回球线路。

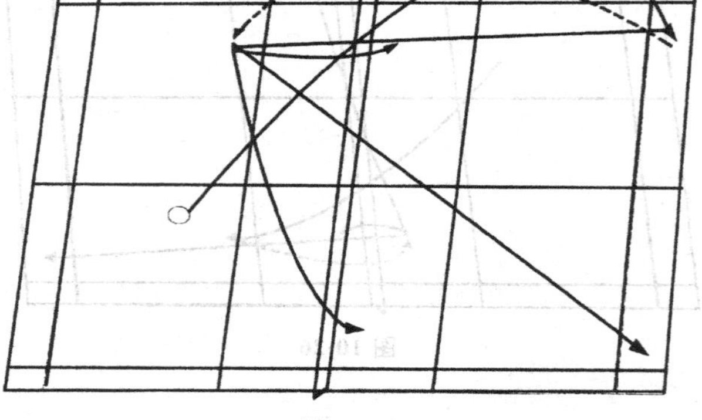

图 10-29

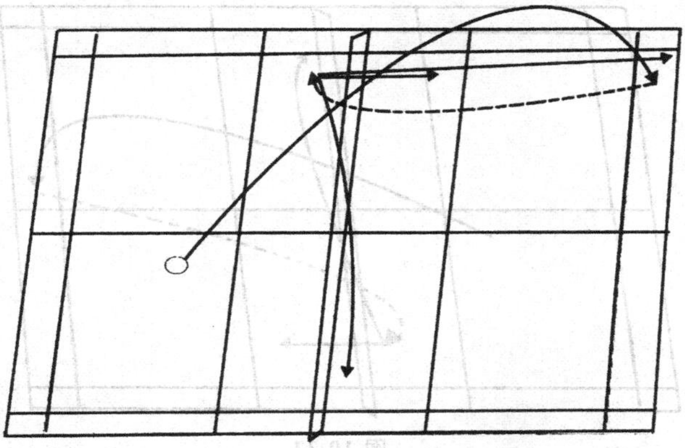

图 10-30

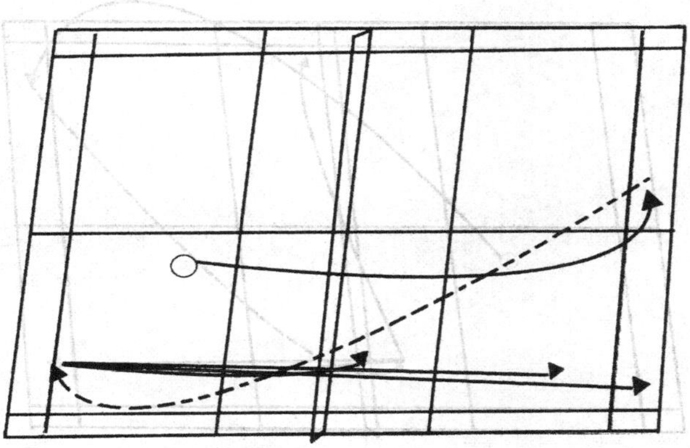

图 10-31

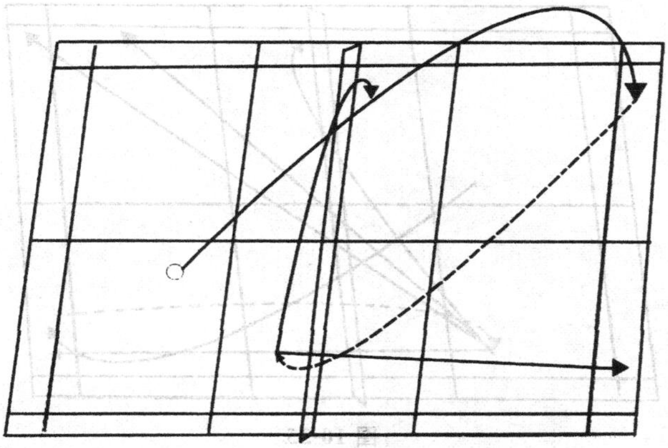

图 10-32

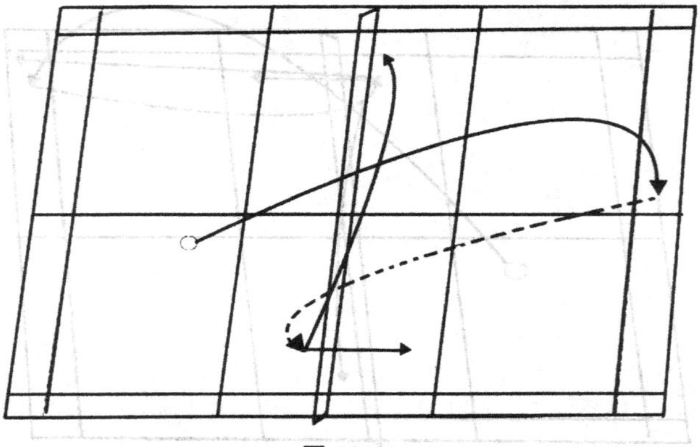

图 10-33

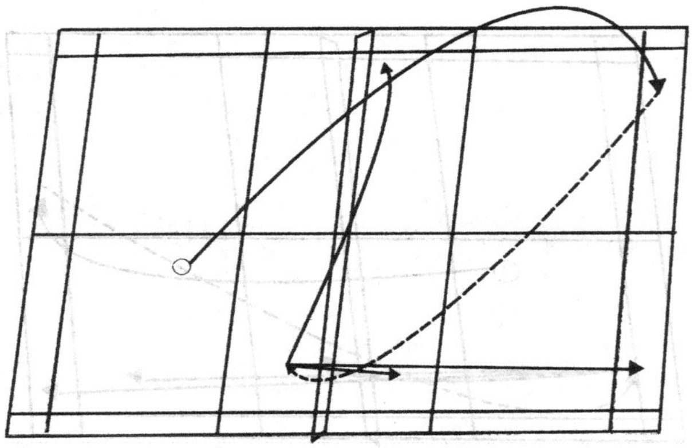

图 10-34

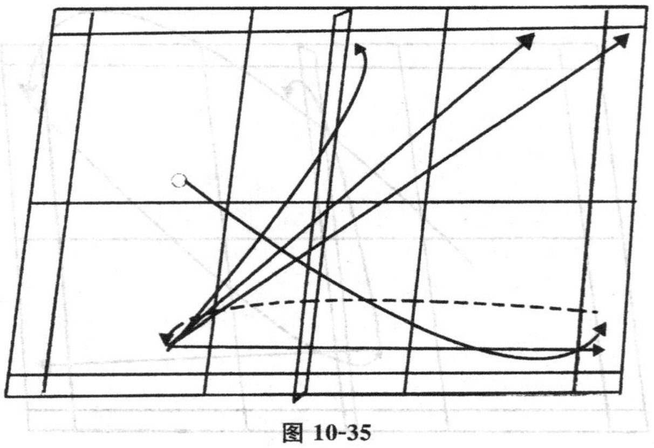

图 10-35

3. 发平射球抢攻战术

发平射球通常选择发对方反手位3号区(图10-36)。平射球比平高球的弧线还要低、速度还要快,遇反应较慢、站位较前或偏离中线的对手时,采用发平射球进行偷袭,使对手被动回球,或逼对手退至后场回球而造成网前区出现空隙,多能取得主动。

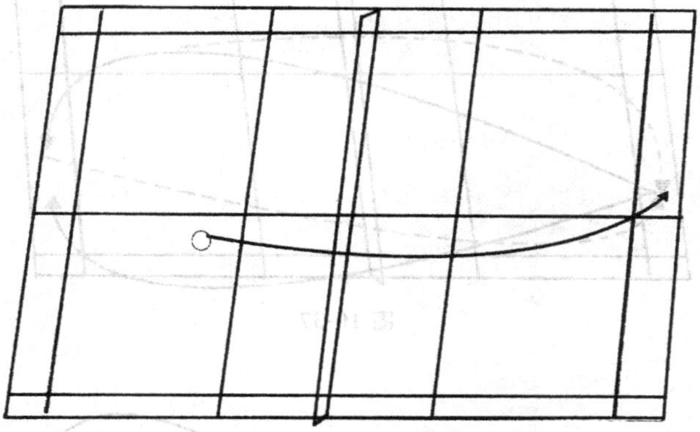

图 10-36

(二)接发球抢攻技术

如果对手发球质量不高,可以进行接发球抢攻,这是接发球中最具威胁的一种战术。

1. 接发高远球、平高球

对手发来的高远球或平高球不到位,落点靠近中场,则是较好的抢攻机会,可根据对手发球后的站位,选择用平高球、吊球或杀球来进行还击。

2. 接发网前球

接对手发来的网前球时,击球点应尽可能高一点,可用推球、放网前球或挑高球还击。如果对手发球过网较高时,可直接抢先上网扑杀。

3. 接发平射球

接对手发来平射球时,可采用快杀对手空当或追身球还击,也可借助对手发来的平射球的力量,拦吊对角网前。

(三)连续使用单个击球技术的进攻战术

比赛中常常会连续使用某一个击球技术来进行进攻,以使对手回球出现失误或回球质量不高,从而得到进攻的机会。

1. 同一后场区连续使用平高球的进攻战术

对一个底线击球技术差、回动上网快、侧身后退步法差的对手,采用对同一场区进行连续数拍的平高球进攻战术，往往会令对手失误得分，或迫使对手回出中场高球，而己方就有一拍制胜的机会。图 10-37 至图 10-45 均为同一后场区连续使用平高球的进攻战术。

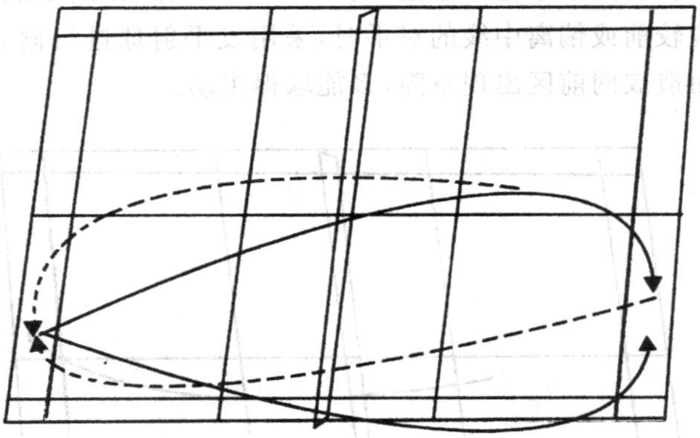

图 10-37

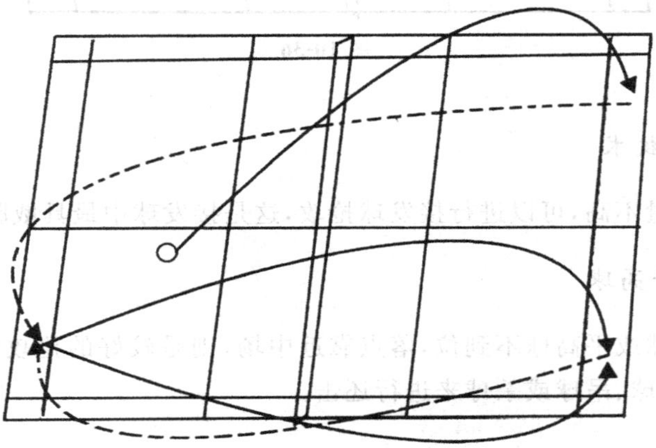

图 10-38

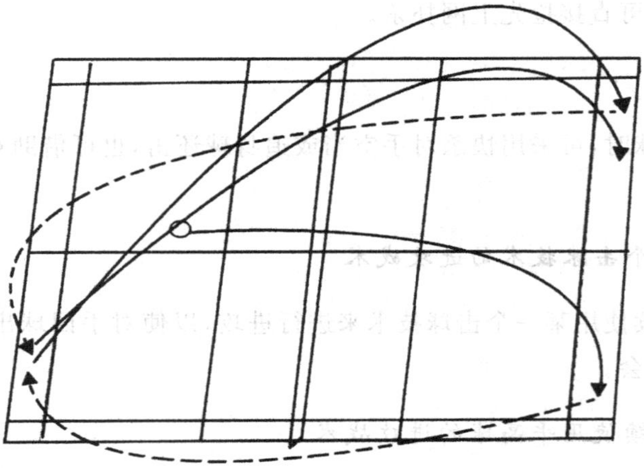

图 10-39

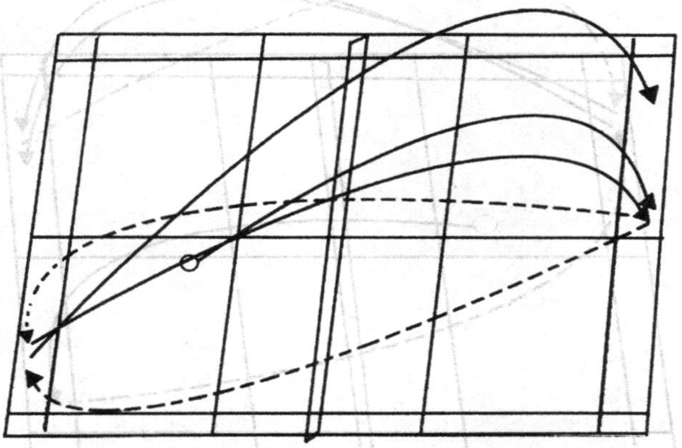

图 10-40

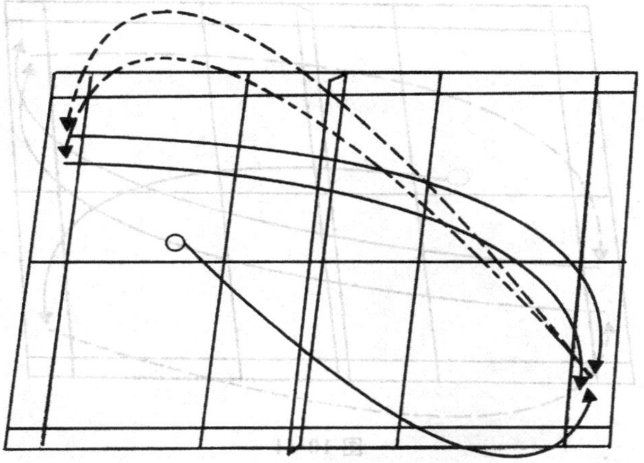

图 10-41

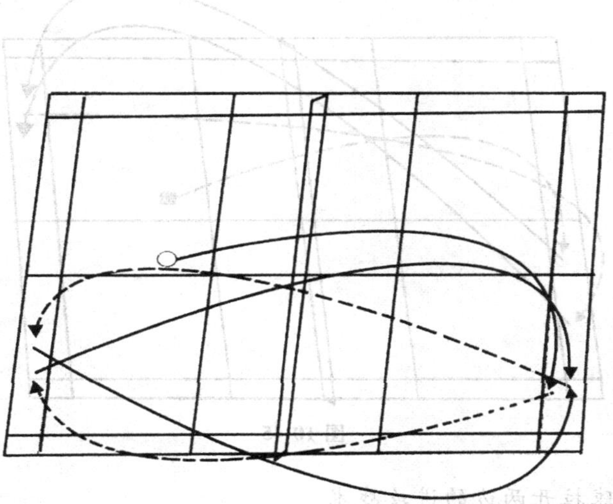

图 10-42

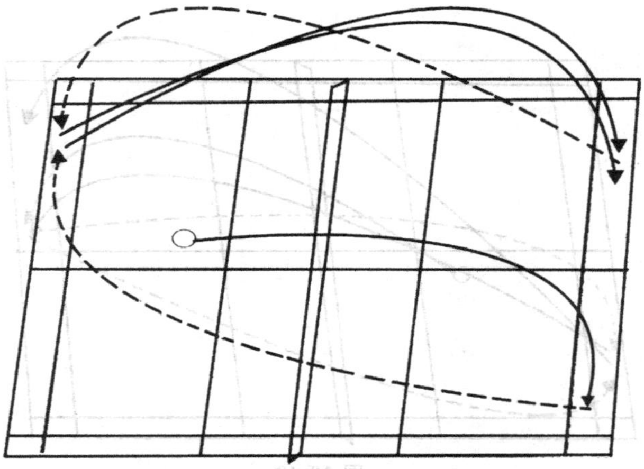

图 10-43

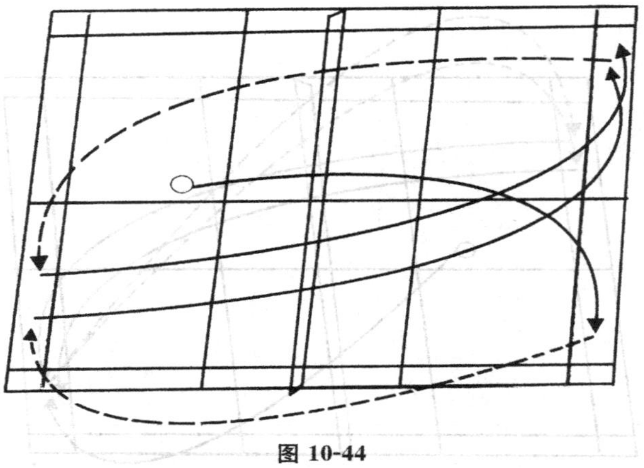

图 10-44

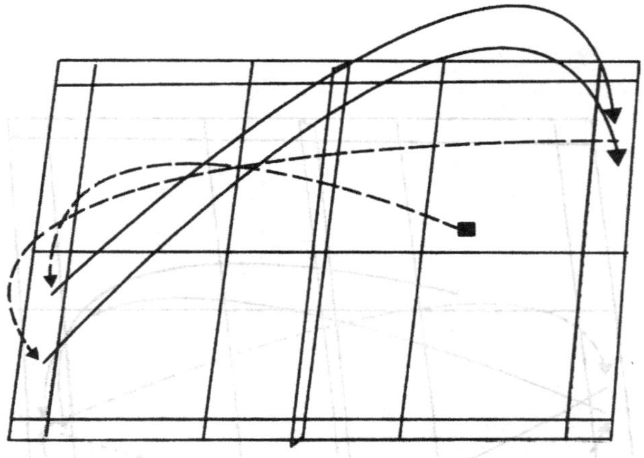

图 10-45

2. 连续使用平高球拉开两边的进攻战术

这种战术主要是针对回动上网快，但两边底线攻击能力较差的对手。比赛中己方连续使用平高球攻击对方两边底线，将对手压在底线处，迫使对手回出被动球而得到进攻机会。图 10-46 至图 10-51 均为连续使用平高球拉开两边的进攻战术。

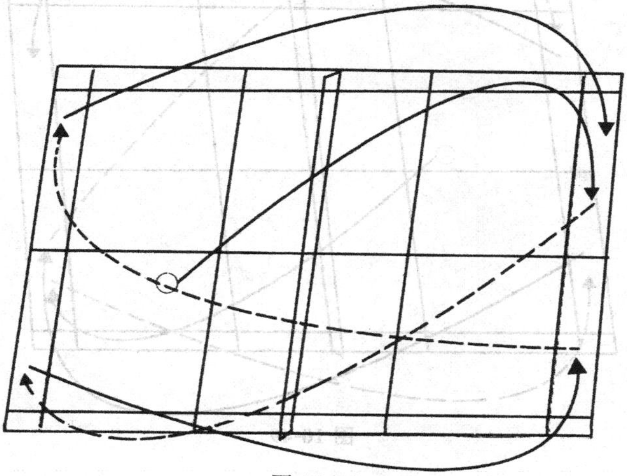

图 10-46

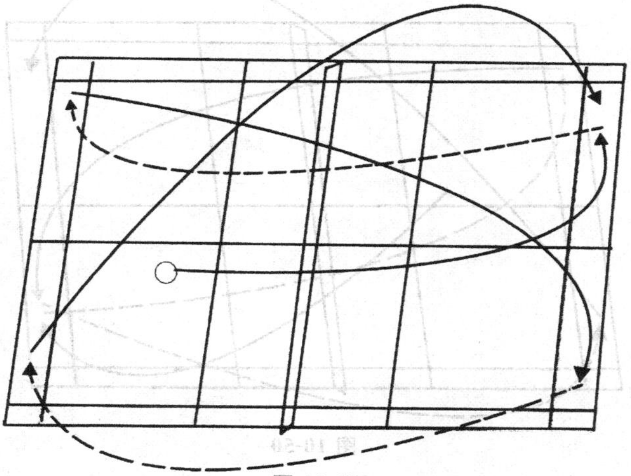

图 10-47

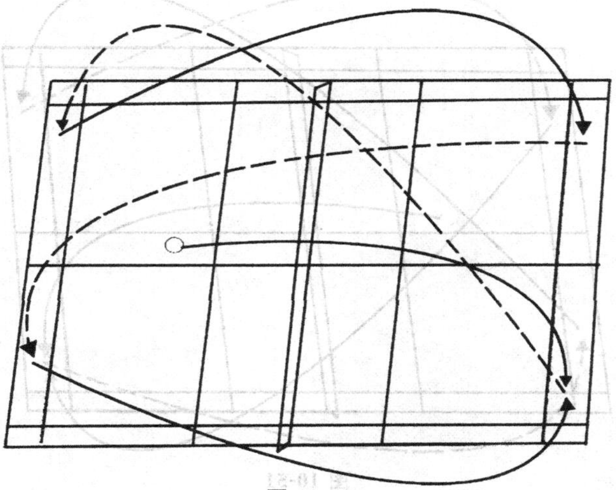

图 10-48

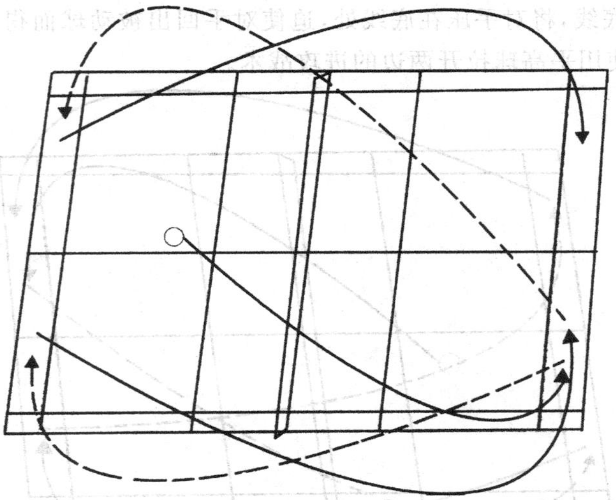

图 10-49

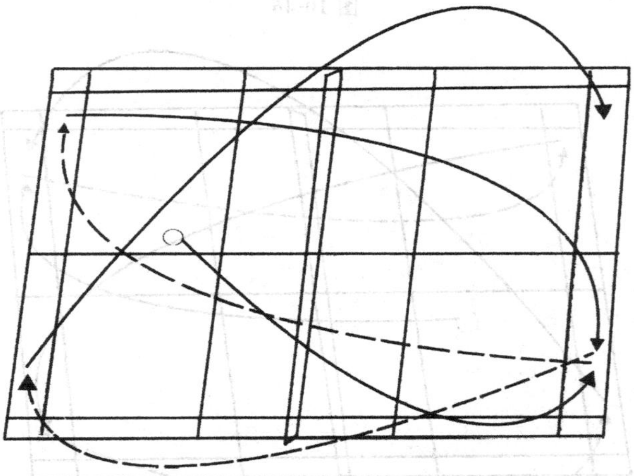

图 10-50

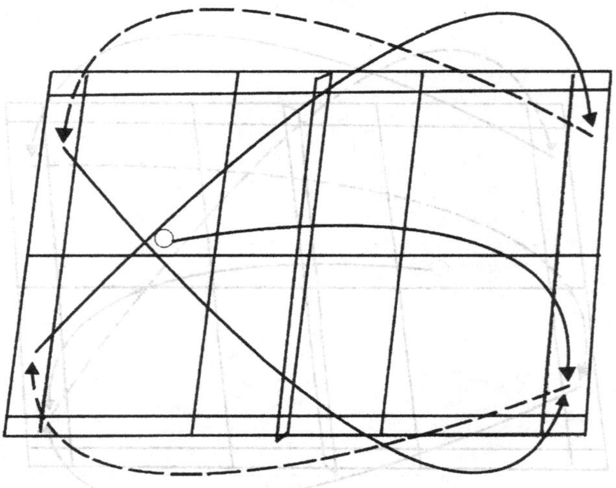

图 10-51

3. 连续使用吊球的进攻战术

如果对手上网步法差或回击底线球不到位，己方可以连续对对方网前两边或一点使用吊球的战术。也可以根据场上情况，慢吊（轻吊、近网吊）与快吊（劈吊）相结合，往往可以获得主动的机会。图 10-52 至图 10-59 均为连续使用吊球的进攻战术（网前一点或两边）。图 10-60 为慢吊球（轻吊、近网吊）和快吊（劈吊）球的飞行轨迹。

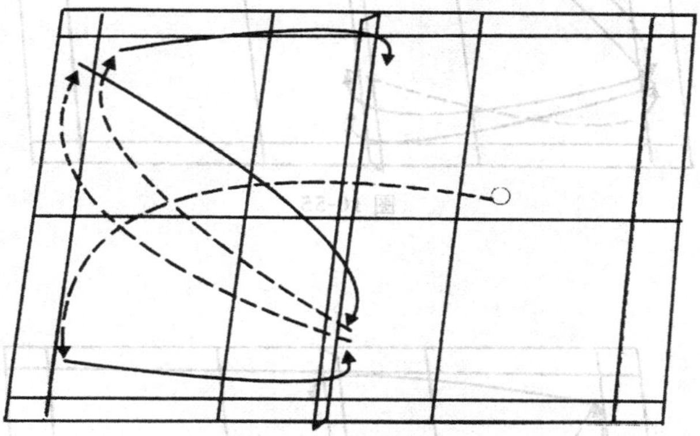

图 10-52

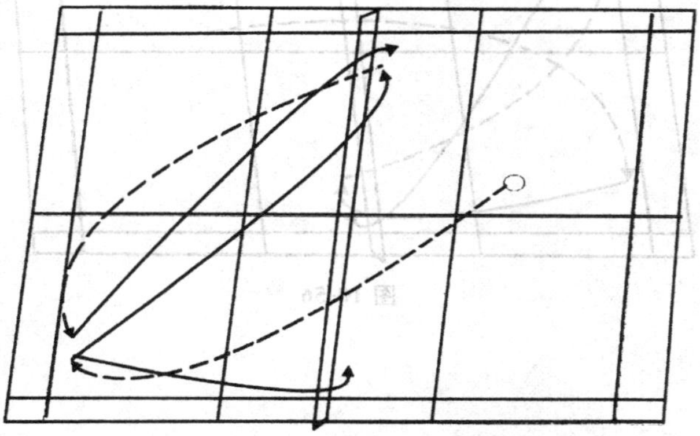

图 10-53

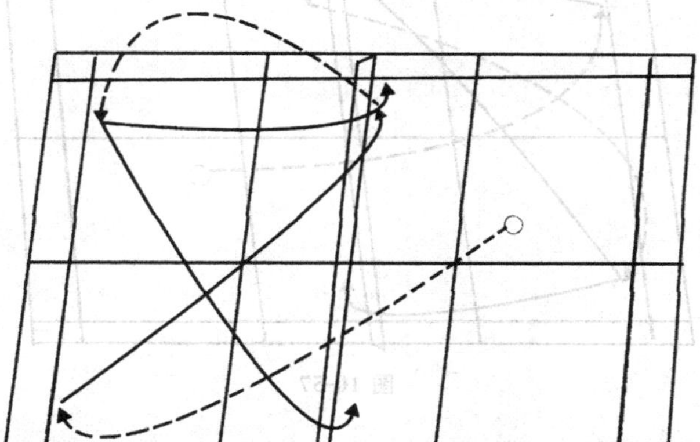

图 10-54

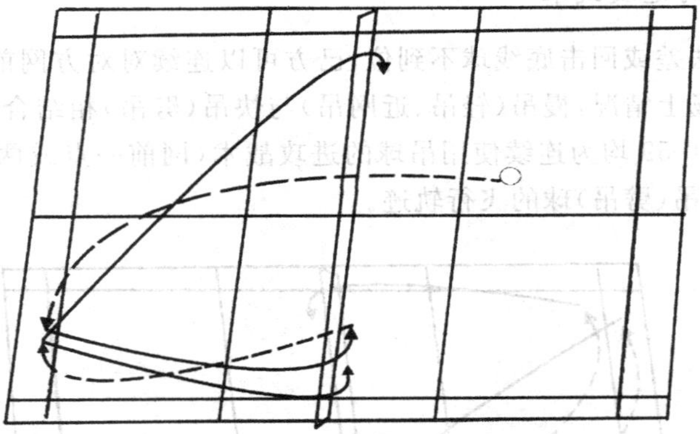

图 10-55

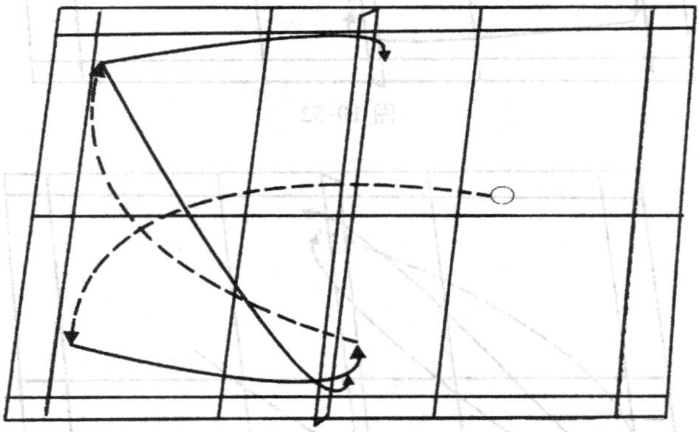

图 10-56

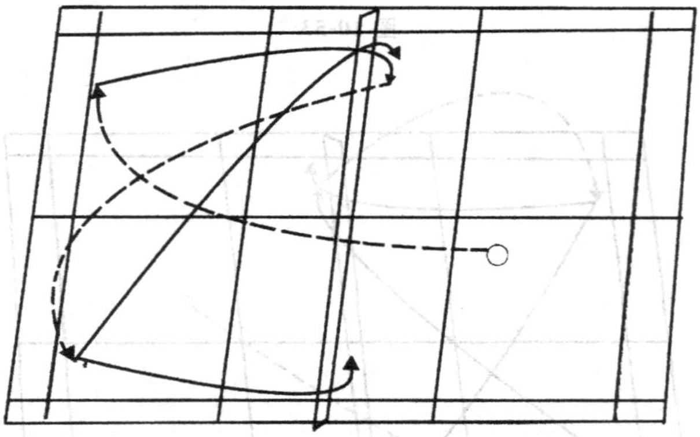

图 10-57

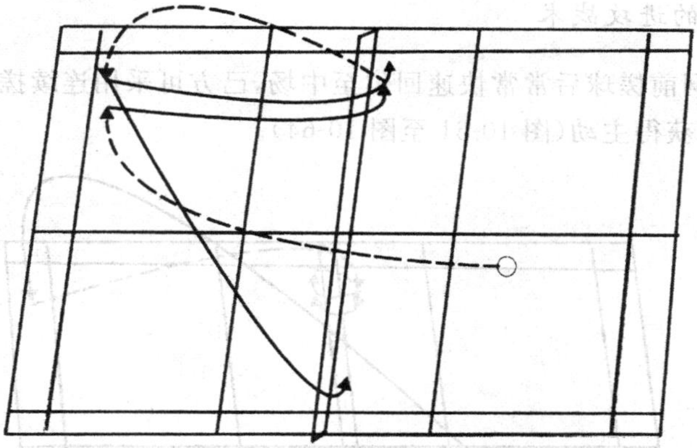

图 10-58

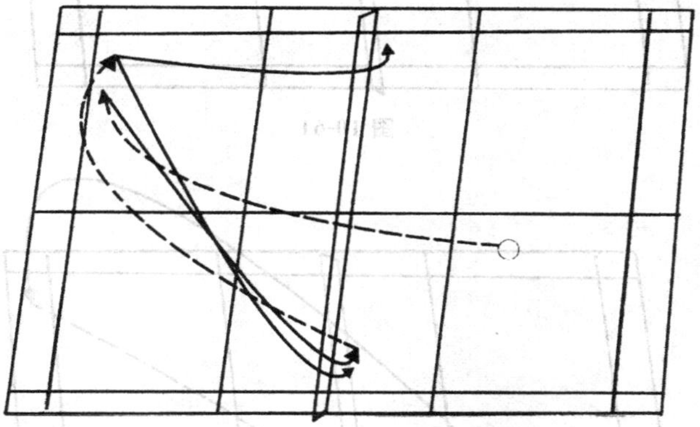

图 10-59

→ 慢吊（轻吊、近网吊）
--→ 快吊（劈吊）

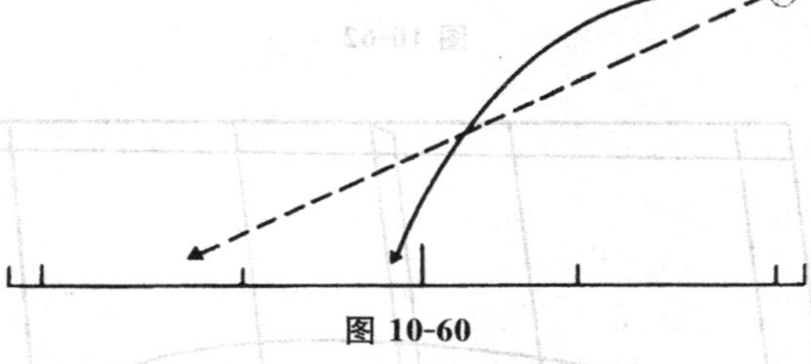

图 10-60

4.连续使用杀球的进攻战术

当对手在防守中习惯于反拉后场球时，可以采用连续杀球的进攻战术。

杀球进攻过程中可采用轻杀与短杀相结合、长杀与短杀相结合、重杀与轻杀相结合，反复调动对手，加大其移动的范围，增加其防守的难度，从而寻找到胜机。

5. 连续使用搓球的进攻战术

比赛中如果对手网前搓球后常常快速回位至中场，己方可采用连续搓球的战术，以打乱对手的快速回位意图，从而获得主动(图 10-61 至图 10-64)。

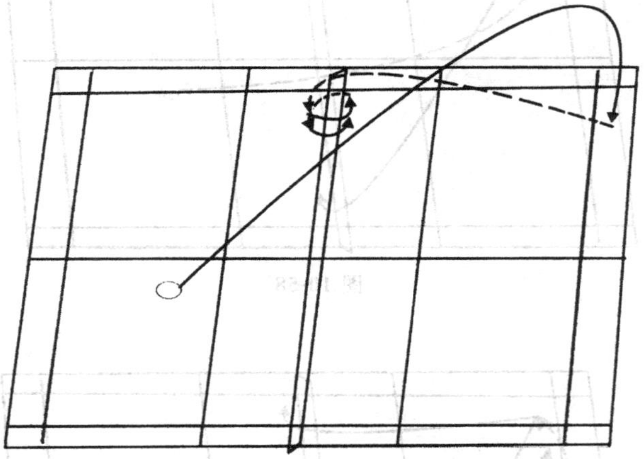

图 10-61

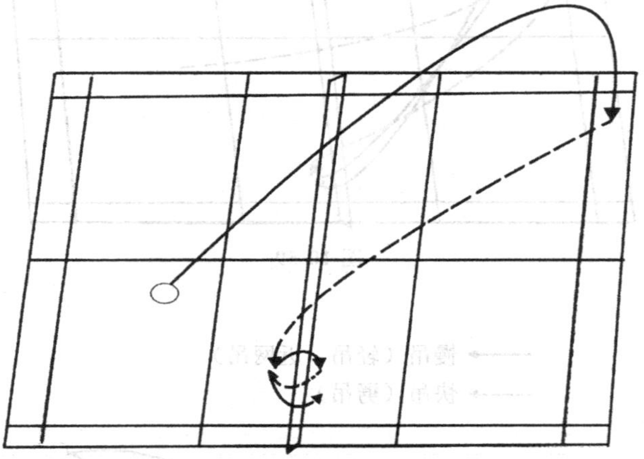

图 10-62

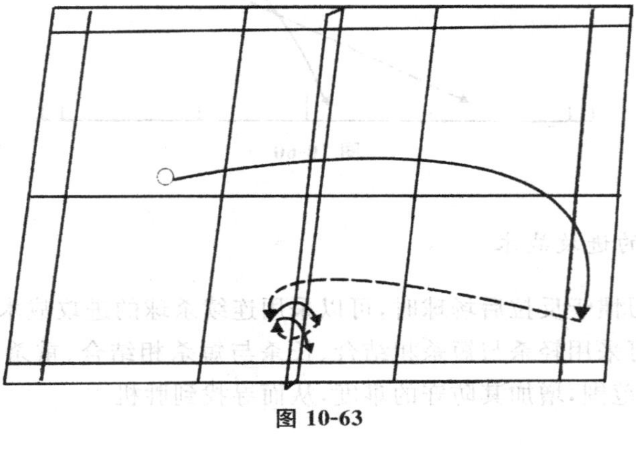

图 10-63

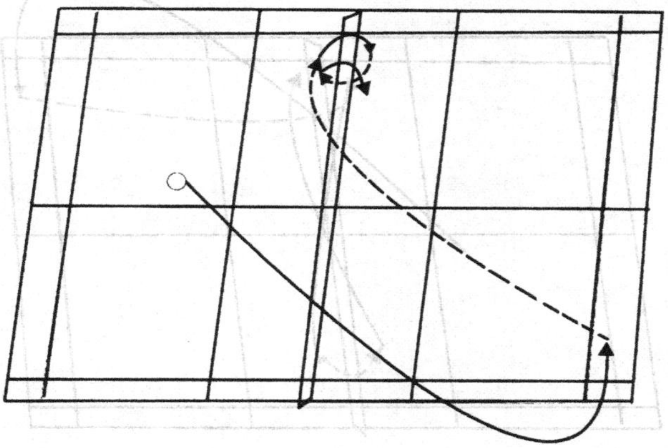

图 10-64

6. 连续使用推球的进攻战术

如果对手网前回球后快速回位至中场,己方可采用连续推直线球的战术,以争得主动(图 10-65)。

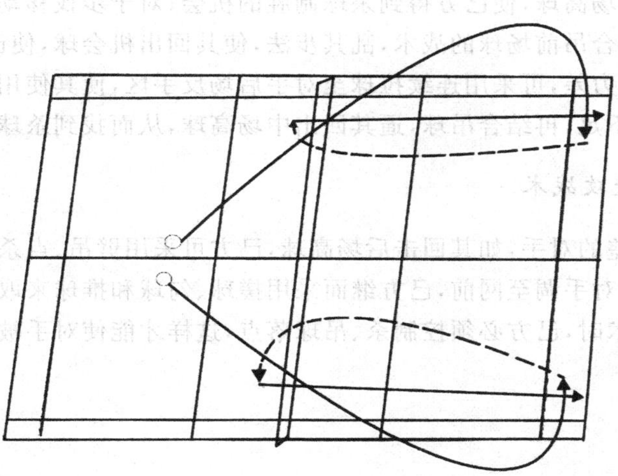

图 10-65

7. 连续使用两边勾对角线球的进攻战术

如果对手网前回搓己方的勾球并后退回位时,己方可再次勾出一个对角线球。这种战术对步法移动慢和转身慢的对手会有很好的效果(图 10-66)。

(四)单个击球技术相互结合的进攻战术

比赛中除根据对手特点采取的连续使用某一个击球技术的进攻战术外,也经常是多个击球技术相互结合,在某一个回合里加以使用,以获得比赛的主动。

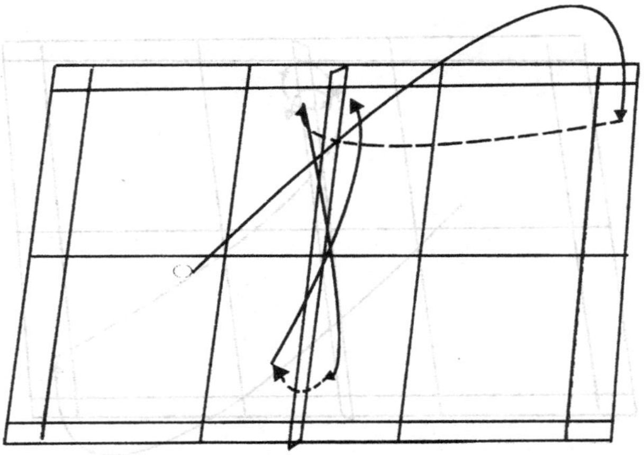

图 10-66

1. 拉、吊结合杀球的进攻战术

此战术应根据对手的特点，采用不同的拉、吊方法。对于体力较差的对手，可采用多拍拉后场平高球，结合吊网前两边球，来使其不断地在前、后场接球、回位，再接球、再回位来消耗其体力，最终回出中场或前场高球，使己方得到杀球制胜的机会；对于步伐移动较慢的对手，可采用多拍拉平高球至后场，结合吊前场球的战术，乱其步法，使其回出机会球，使己方得到杀球制胜的机会；如对手反手击球能力差，可采用连续拉球至对手后场反手区，使其使用反手回球，或用头顶击球来弥补反手击球的不足，再结合吊球，逼其回出中场高球，从而找到杀球进攻的机会。

2. 杀、吊上网的进攻战术

对于网前技术较差的对手，如其回击后场高球，己方可采用劈吊、点杀等技术将球下压，落点选择在两边线附近，将对手调至网前，己方继而采用搓球、勾球和推球来取得主动，创造出中场杀球的机会。采用此战术时，己方必须控制杀、吊球落点，这样才能使对手被动回球，而使己方迅速主动上网。

（五）防守战术

比赛中双方均有攻、守的转换，当己方处于防守时，应采取积极防守的原则，即根据对手进攻特点，积极调整战术，变被动为主动，并伺机由守转攻。

1. 回击底线高远球进行防守的战术

比赛中采用多拍将高远球击向对手底线（图 10-67），以等待对手回出质量不高的球，从而抓住机会，争取到主动权，继而由守转攻。这里需要记住的是，防守采用的高球是高远球，而非平高球，反之，进攻采用的高球是平高球，非高远球。

2. 使用网前击球技术进行防守的战术

比赛中准确判断对手进攻中球在网前的落点，防守时采用勾对角网前、结合挡直线网前或挡直线半场球，积极进行防守，伺机寻得由守转攻的机会（图 10-68）。

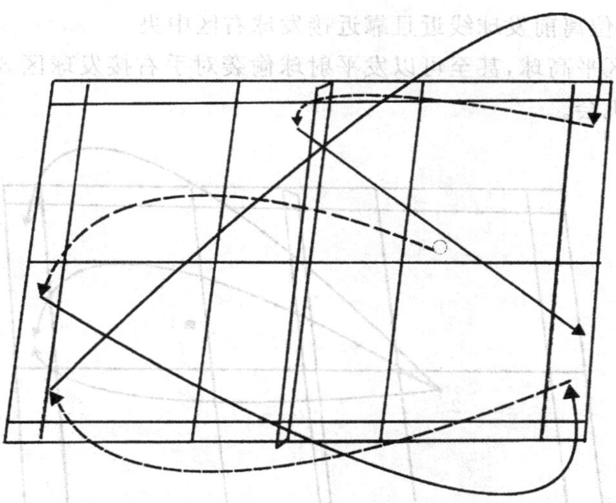

图 10-67

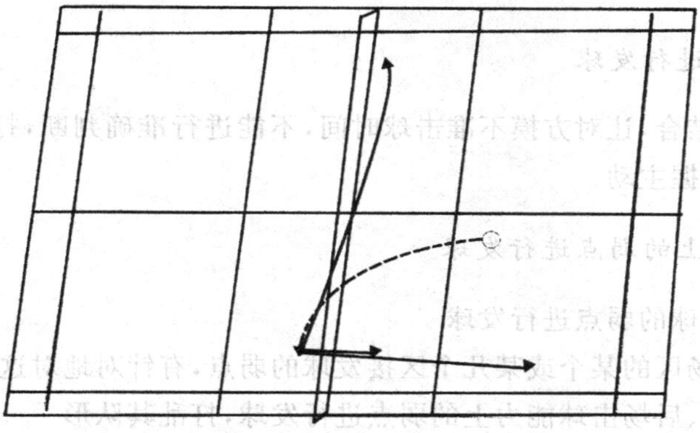

图 10-68

二、双打战术分析

(一)发球战术

双打比赛的发球,其质量的好坏,直接关系着场上的局势。因此,应根据对手接发球站位及技术特点,应用好发球战术,这对于场上局势的控制具有重要的意义。

1. 根据接发球方站位进行发球

(1)接发球方的站位离后发球线及中线适中

由于双打接发球区比单打缩短了 76 厘米,若发高远球,对方可直接起跳扣杀,所以,发球方应以发前场近网 1、2 号区球为主。如果对方以保护后场为主,对前场进行放球、搓球、推球,则可对弧线较高的回球进行第三拍网前扑球、中场及后场跳杀。

(2)接发球方的站位离前发球线近且靠近接发球右区中央

可发后场3、4号区平高球，甚至可以发平射球偷袭对手右接发球区3号位反手(图10-69)，以获得第三拍的进攻机会。

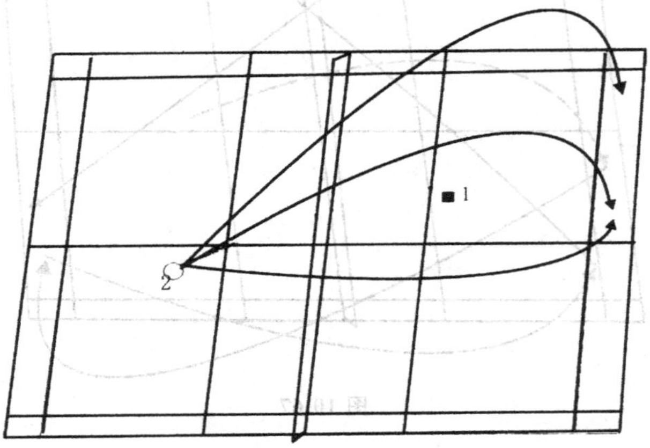

图 10-69

2. 变化发球时间进行发球

发球时间应快慢结合，让对方摸不准击球时间，不能进行准确判断，打乱其启动和回击球的节奏，以利于发球方掌握主动。

3. 抓住对手打法上的弱点进行发球

(1)根据对手接发球的弱点进行发球

利用对手在左右场区的某个或某几个区接发球的弱点，有针对地对这几个区进行发球。

(2)根据对手网前、后场击球能力上的弱点进行发球，打乱其队形

对于网前技术好的对手，以发后场球为主，使其进行后场回球。对于后场进攻能力强的对手，以发前场球为主，调其到前场回球，让另一个对手回后场回球，这样可以打乱对手的队形，使其长处得不到发挥(图10-70)。

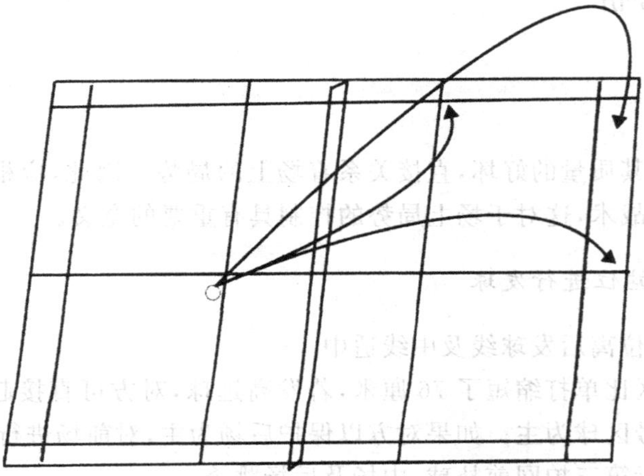

图 10-70

（二）接发球战术

接发球对于发球来说相对被动，但只要根据对手发球、第三拍回球的质量，以及在前、后场的击球能力和站位，可以找到变被动为主动的机会。

1. 接发网前球

如果对手发来的网前球弧度较高，可以快速上网将球追身扑向对手（图 10-71）。如果对手前后站位，且发来的网前球弧度控制较好，可以用平高球回击至发球者身后 4 号区，让站位靠后的对手到 4 号区回球，然后再将对手的回球击到底线另一角，调动站位靠后的对手在底线来回移动，扩大其防守范围（图 10-72）。如果对手发 2 号区球，可以用搓球将球回击到该对手两侧的边线处，或将球沿边线快速平推至后场或轻推至中场（图 10-73）。

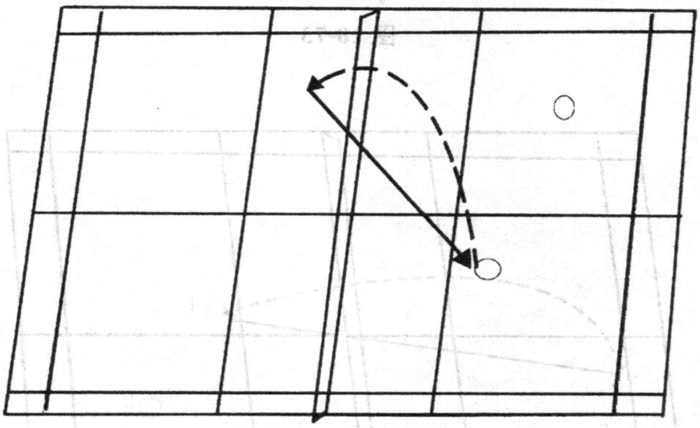

图 10-71

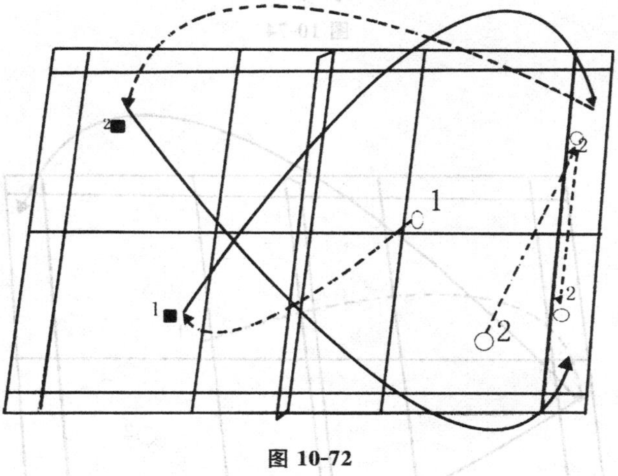

图 10-72

2. 接发后场球

如果对手发来后场球，则应快速启动进行扣杀，可对发球者追身扣杀（图 10-74）；如不能快速启动进行扣杀，则应以平高球回击至对方底线两端（图 10-75）。如果发球者发球后后退准备接杀球，则可将球拦吊至网前两角（图 10-76）。

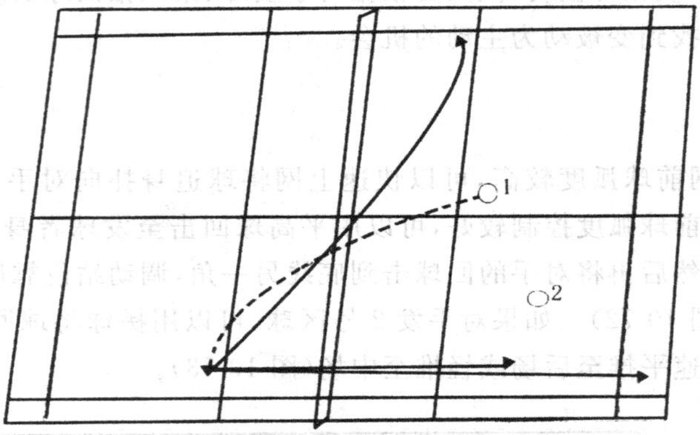

图 10-73

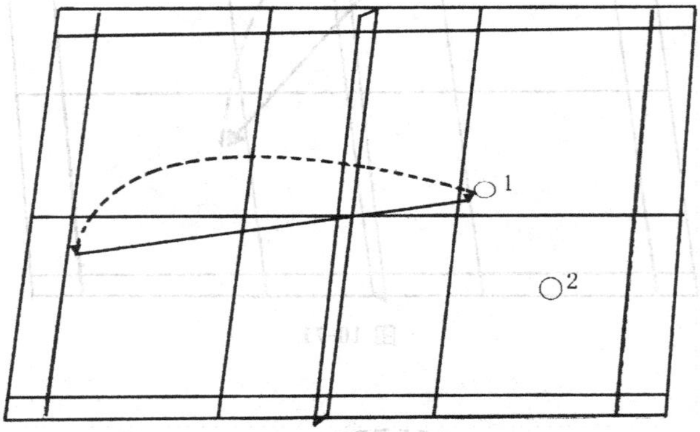

图 10-74

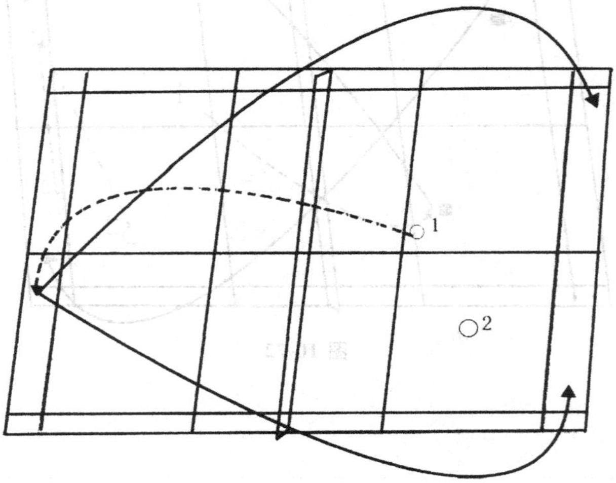

图 10-75

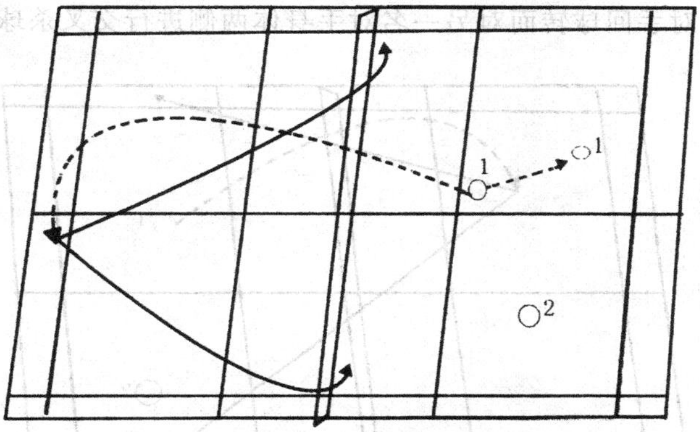

图 10-76

（三）攻人战术

如果两名对手技术水平高低不一，则不管对方击球方向和路线，己方无论谁击球，都将球击向能力较弱的这名对手，往往能逼出机会球，这就是攻人战术，是双打中常采用的一种战术。

（四）攻区域战术

1. 攻中路战术

进攻中无论守方将球击至何处，进攻方均将球回击至两名对手的中间，造成其抢接球或互相让球，而采用放球回击，使进攻方有封网的机会（图 10-77）。

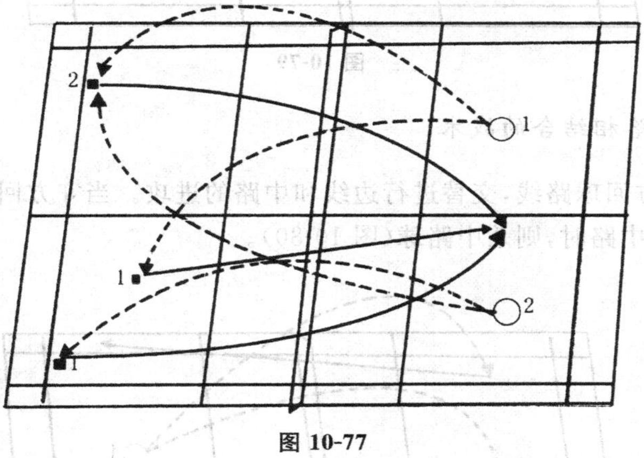

图 10-77

2. 攻边线战术

进攻中将球杀至守方两边线，为同伴创造封网机会（图 10-78）。

3. 攻身体两侧战术

这是在进攻中将球交叉杀向一名对手身体两侧的战术。可以对其中一名对手身体两侧进行交叉杀球，也可以根据对手回球转而对另一名对手身体两侧进行交叉杀球(图 10-79)。

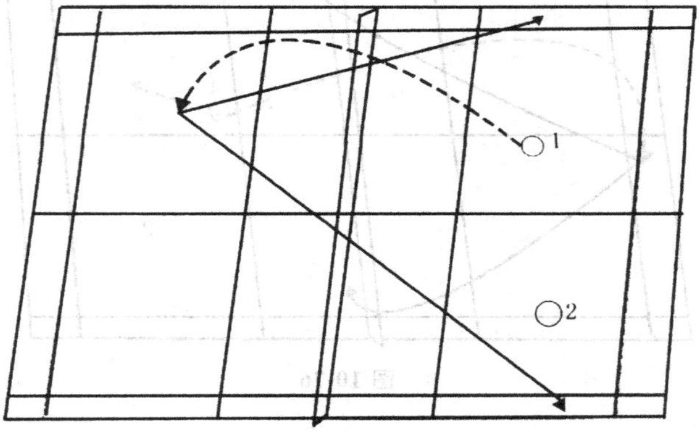

图 10-78

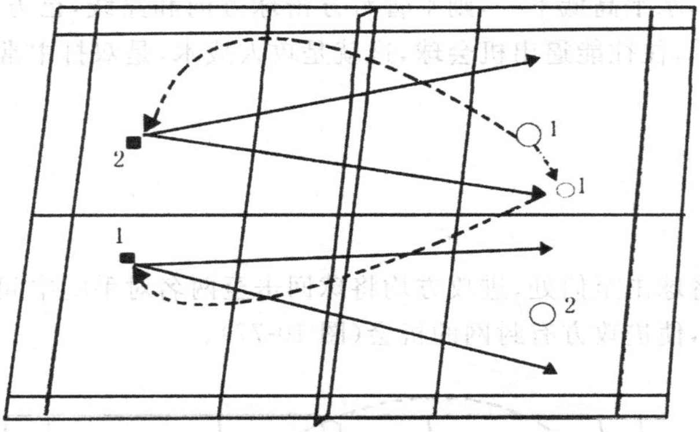

图 10-79

4. 攻边线和攻中路相结合的战术

进攻中可根据守方回球路线，交替进行边线和中路的进攻。当守方回球靠边线时，沿边线直线杀球，当守方回球靠中路时，则杀中路球(图 10-80)。

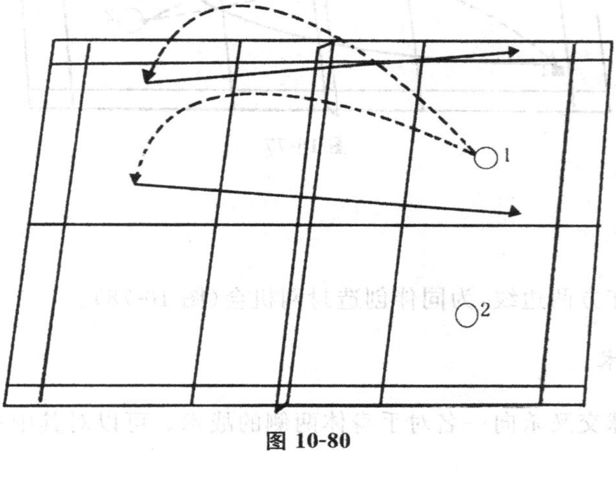

图 10-80

5.对角攻边线战术

进攻中无论守方将球回至何处，进攻方均将球对角杀向守方边线（图10-81）。

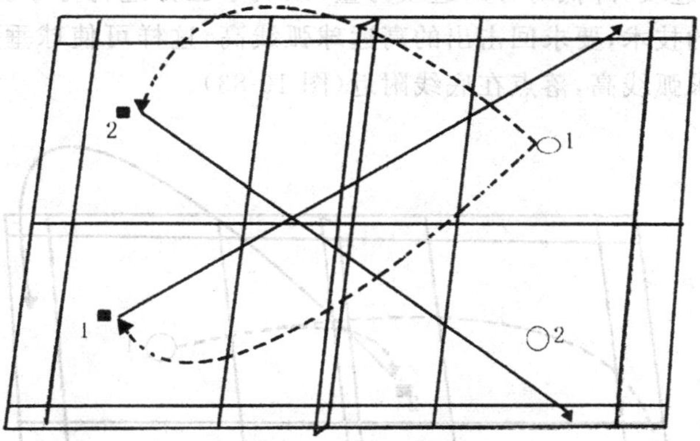

图 10-81

6.攻对角和攻直线相结合的战术

进攻中可以采用对守方边线交替进行对角和直线进攻（图10-82）。

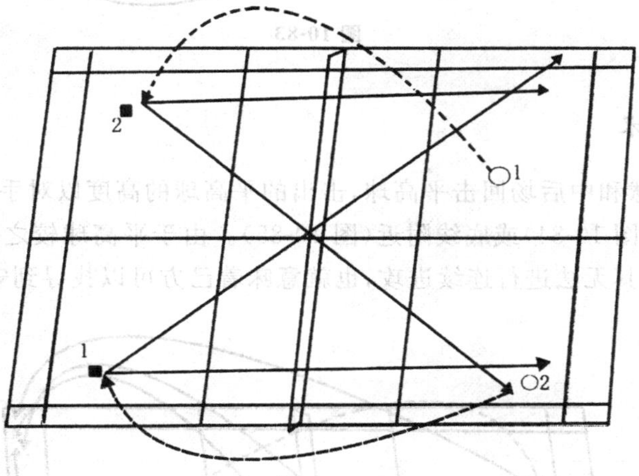

图 10-82

（五）前封后攻战术

进攻方在进攻中将后场攻击能力强的队员放在后场，将网前能力强的另一名队员放在前场，后场队员可以连续杀球进攻，守方若回球至前场时，前场队员可用搓球、勾球、推球、扑球封住网前，或用拦吊、点杀控制前场。

（六）防守战术

在被动情况下不能只消极防守，而应进行积极的防守，寻找出由守转攻的机会。

1. 高远球防守战术

包括网前挑高远球和后场击高远球，是防守中常用到的技术，目的是使对方的进攻速度减慢，并且回到后场底线进攻，降低对方的进攻力量，以利于己方进行守中反攻。网前挑高远球是防守较为被动时使用的技术，要求回击出的高远球弧线高，这样可使球垂直落在底线附近，后场回击出的高远球也要求弧线高，落点在底线附近（图 10-83）。

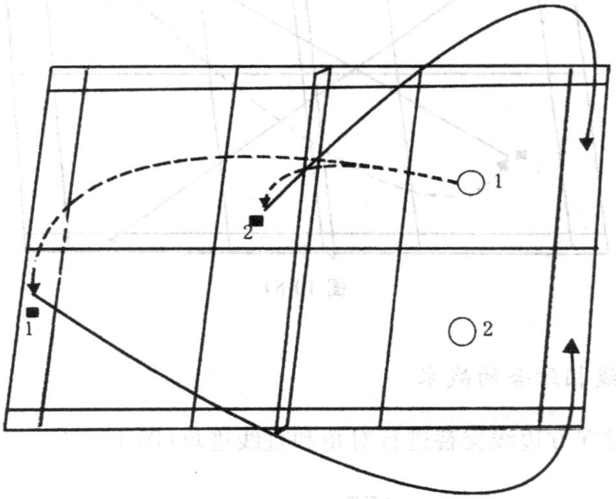

图 10-83

2. 平高球防守战术

包括网前挑平高球和中后场回击平高球，击出的平高球的高度以对手不能触球的高度为宜，落点在对方后场两角（图 10-84）或底线附近（图 10-85）。由于平高球较之高远球速度快，对手必须快速移动回球，否则其无法进行连续进攻，也就意味着己方可以找寻到守中反攻的机会。

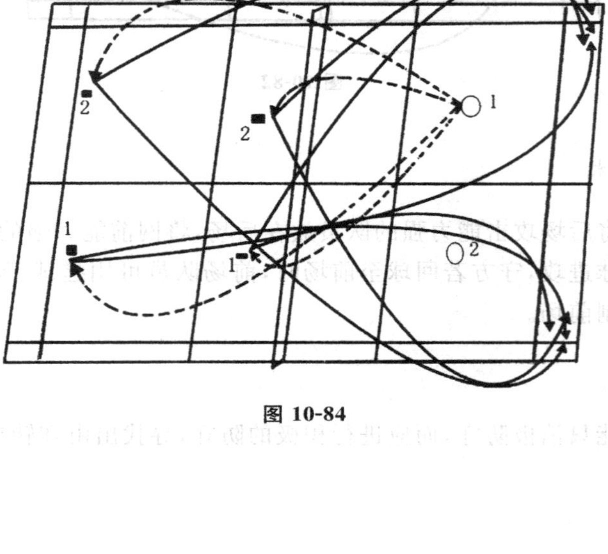

图 10-84

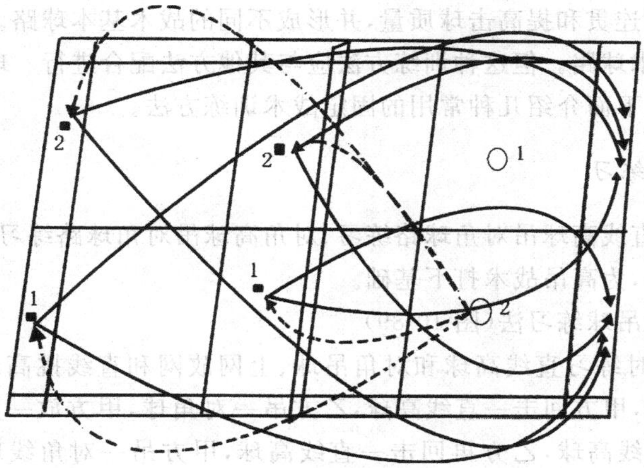

图 10-85

3. 抽、挡防守战术

当对方连续杀球时，可根据来球的线路及落点，采用抽、挡回球(图 10-86 至图 10-88)。抽、挡回击的球只要求平、快，落点可以不要求到底线，是一种防守反击的打法。

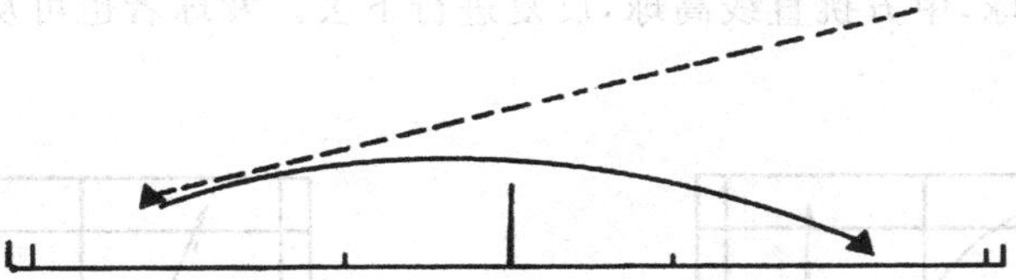
图 10-86

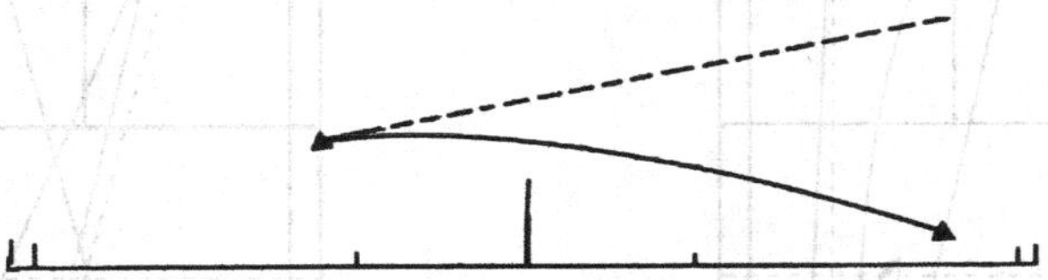
图 10-87

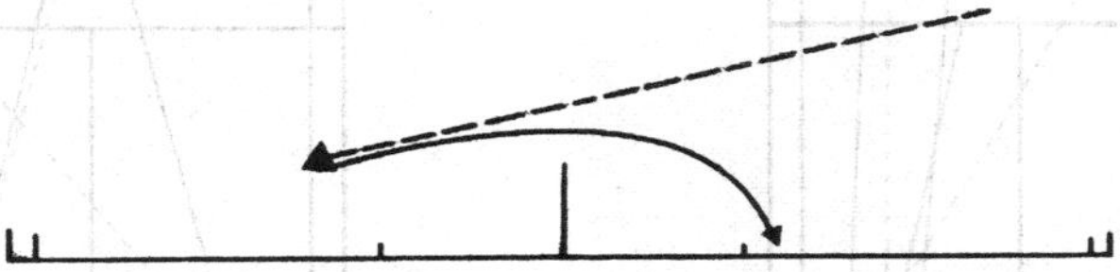
图 10-88

三、羽毛球运动战术训练

(一)固定战术训练

根据战术的要求，将几项基本的技术组织起来，并按照固定线路反复练习。由于球路固定，重复次数多，能使动作连贯和提高击球质量，并形成不同的战术基本球路。初学者经常采用这种方法来掌握简单的战术球路。但这种训练方法应与其他方法配合进行。球路的组合方式多种多样，要注重实战意义。下面介绍几种常用的固定战术训练方法。

1. 高吊战术配合练习

在训练中可安排直线高球吊对角球路练习、对角高球吊对角球路练习、对角高球吊直线球路练习，以熟悉高吊球路，为高吊战术打下基础。

(1)直线高球对角吊球练习法(图 10-89)

练习双方均可同时练习直线高球和对角吊球、上网放网和直线挑高球，甲方回击一直线高球，乙方回击直线高球，甲方回击一直线高球，乙方吊一对角球，甲方放一直线网前球，乙方挑一直线高球，甲方回击直线高球，乙方再回击一直线高球，甲方吊一对角线球，乙方放一直线网前球，甲方挑一直线高球，恢复至开始。这样反复进行下去，可把这几项基本技术综合在一起练习。由于球路固定，失误会减少，是提高和熟练高吊基本技术的一种方法。发球者也可从左边发球，顺序也是一样的。

(2)对角高球对角吊球练习法(图 10-90)

甲方从右场区发高远球，乙方回击对角高球，甲方吊对角线球，乙方挑直线高球，甲方回击对角高球，乙方吊对角线球，甲方挑直线高球，反复进行下去。发球者也可从左边发球，顺序也是一样的。

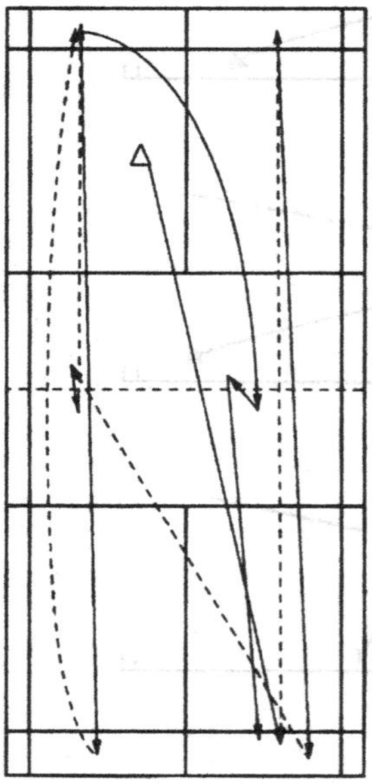

图 10-89

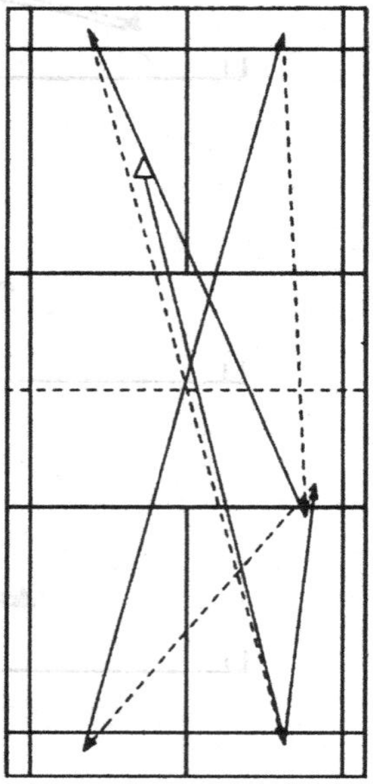

图 10-90

(3)对角高球直线吊球练习法(图 10-91)

甲方由右场区发高远球，乙方回击对角高球，甲方也回击一对角高球，乙方吊一直线球，甲方放一直线网前球，乙方挑一直线高球，甲方回击一对角高球，乙方再回击一对角高球，甲方吊一直线球，乙方放一直线网前球，甲方挑一直线高球，乙方回击对角高球，反复进行下去。发球者也可从左边发球，顺序也一样。

2. 高杀战术配合练习

这种战术配合分为直线高球和杀对角球路练习、对角高球杀直线球路练习、对角高球杀对角球路练习。

(1)直线高球和杀对角球练习法(图 10-92)

练习者双方均可同时练习直线高球和对角杀球，以及挡球和挑球，具体球路与直线高球对角吊球一样。如发球者从左边发球，球路也一样。

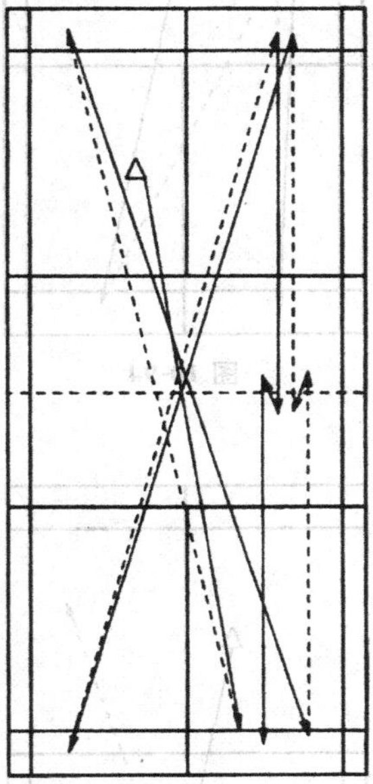

图 10-91

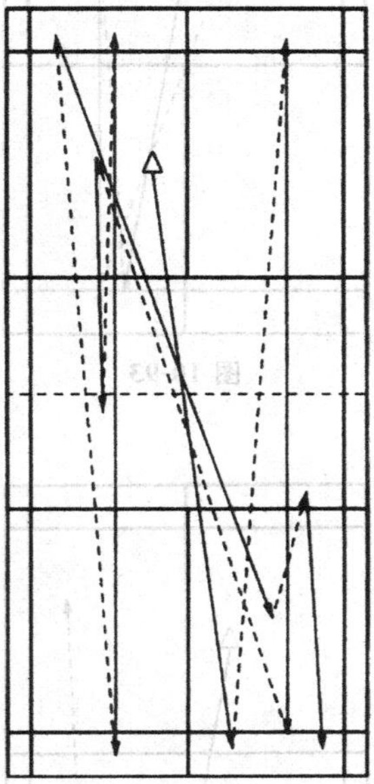

图 10-92

(2)对角高球直线杀球练习法

具体球路与对角高球直线吊球一样。

(3)对角高球对角杀球练习法

具体球路与对角高球对角杀球一样。

3. 吊杀战术配合练习

这种战术配合练习分为吊直线杀对角球路练习、吊对角杀直线球路练习、吊直线杀直线球路练习、吊对角杀对角球路练习。

(1)吊直线杀对角练习法(图 10-93)

发球者由右区发高球，练吊杀者先吊直线球，对方接吊挑直线球，练习者杀对角球。这样练习一方可练吊杀，练一段时间后交换，双方均可练到吊杀和接吊杀。

(2)吊对角杀直线练习法(图 10-94)。

(3)吊直线杀直线练习法(图 10-95)。

(4)吊对角杀对角练习法(图 10-96)。

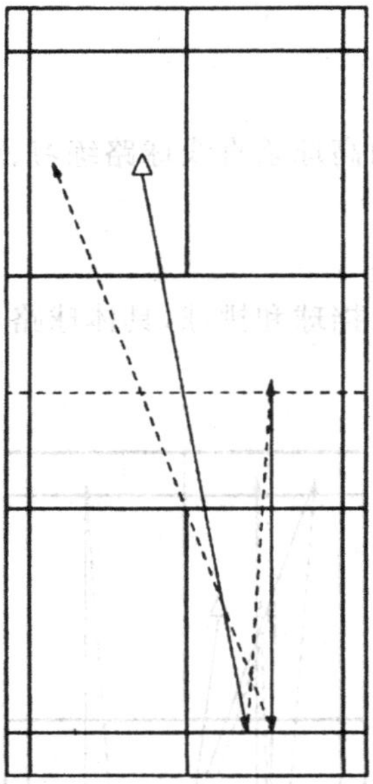

图 10-93

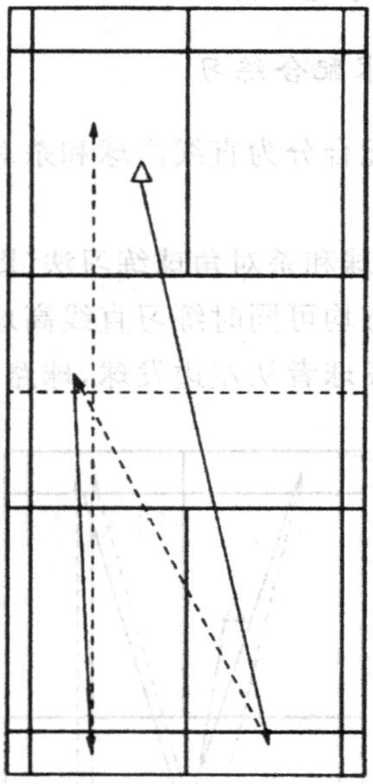

图 10-94

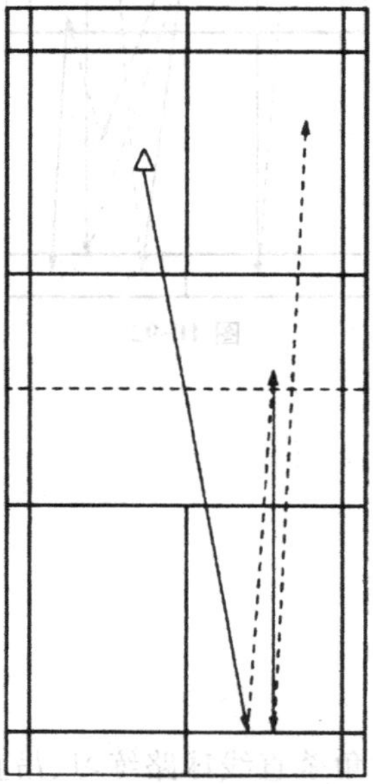

图 10-95

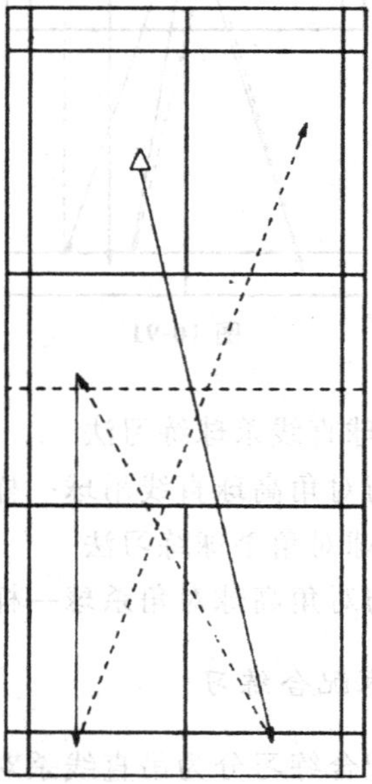

图 10-96

以上列举的均以挑球一方挑直线球为例。如果挑球方挑对角球，那么具体的固定球路又有不同。总之，固定球路可根据练习需要设定，以上列举的只是其中几种，可根据练习需要改变练习方法。

(二)不固定战术的教学与训练

1.不固定高杀练习法

(1)高杀对接高杀抢攻练习法:双方均可采用高杀练习,这是一种强攻练习法,既练高杀技术也练抢攻意识。

(2)高杀对接高杀练习法:练习高杀者可任意打高球(如平高球、平快球),一般超过三拍,结合杀球。如对方打高球,接高杀者也得还击高球;如对方打杀球,可挡直线或对角网前,练习者可上网放网,接高杀者再挑至底线高球,反复练习。这种练习一方是采用高杀进攻,一方是接高杀全场防守,一段时间后再交换练习。

2.不固定高吊练习法

这是一种综合高吊练习的高级阶段,主要是采用“二点打四点”或“四点打二点”,练习者主要是站自己球场中心点上向左右后场两边移动,采用高球或吊球控制对方,而对方只能回击到练习者一方后场的两边。对对方来说是训练快速移动接高吊的能力;对“二点打四点”高吊的练习者,则是练习高吊手法一致性的较好方法;对“四点打二点”接高吊的练习者,则是练习控制全场能力的较好方法,可提高快速判断,控制对方二底线及全场的快速移动能力。

3.不固定吊杀练习法

(1)吊杀对接吊杀练习法

练习吊杀者可任意打吊或杀,如对方打吊球,接吊杀者要回击高球;如对方打杀球,可挡直线勾对角球,此时,练习者上网放网,接吊杀者再挑高球,反复练习。这种练习一方是练习吊杀上网进攻,另一方是练接吊接杀防守练习,过一段时间后交换练习。

(2)吊杀对接吊杀抢攻练习

双方均可采用吊球或杀球,这是一种抢攻练习法,既练吊杀技术也练抢攻控网意识,是一种高水平的进攻练习。

4.高吊杀配合练习法

采用高吊杀综合练习已到水平较高的发展阶段,故不必采用固定球路的练习,一般采用不固定球路练习。在形式上可采用如下几种办法。

(1)高吊杀对攻练习法

双方均可采用高吊杀、抽、推、勾控制对方,而对方则应想方设法守中反攻,因此,是一种难度和强度均较大的攻守练习。

(2)半边场地高吊杀综合练习法

即在半边场地上进攻一方以高球(平高球或平快球)、吊球和杀球进攻对方,防守方以挡、挑、放网来防守,这样,一方练进攻技术,一方练防守技术。由于场地范围小,便于防守和进攻,因此,初学者常采用这种练习法。

(3)全场高吊杀对接高吊杀练习法

一方练高吊杀,另一方接高吊杀,难度和强度均较大。这种练习法,基本接近实战练习。练习进攻时可用高球、平高球、吊球、劈吊球、杀球、抽球，在网前可用放网球、搓球、推球、勾球。而接高吊杀者可练习防守高球、挑球、挡球、勾球，全部基本技术都可练习到，因此是一种最好的综合技术练习法。

（三）多球战术训练

多球战术训练是一种行之有效的战术训练方法。它可以根据固定战术球路，连续不断地供球，并改变速度、力量、落点，也可无规律地根据战术需要供球，这样不仅可以强化战术意识，而且还可以作为加大训练强度和密度、加大运动负荷的训练方法。

多球战术训练中应注意以下几点：

(1)要掌握好固定球路、半固定球路、无规律球路训练的合理安排，注意循序渐进的原则。先固定球路，再半固定球路，最后无规律球路，并注意多种练习的穿插安排。

(2)多球训练不能取代战术训练，因此，应安排一定时间进行正常的战术训练。这不但可以弥补多球战术训练的不足，还可以防止一些不利因素的影响。

(3)掌握好运动负荷的控制。一般采用定量方法进行，随着训练水平的提高，逐步加大运动负荷。

(4)随着训练水平的不断提高，增加供球的难度，加强供球速度、落点、弧度、力量的变化。

（四）多人战术陪练的教学与训练

多人战术陪练是采用两人以上的陪练，以增加攻防的速度、拍数、难度，以及提高攻防的战术训练负荷的一种训练方法。这种练习法在单打中一般较多采用二对一的陪练法，这对于提高练习的难度、强度和密度均有好处，如二对一进行高吊、高杀、吊杀、高吊杀等练习都能收到较好的效果。在双打中常采用三对二练习攻守，甚至增加至四对二、三对二的进攻，两人练习防守，是一种提高防守能力的练习法。

1.二一式左右站位陪练法

二一式左右站位陪练法是一种既适合练进攻，也适合练防守的应用较广泛的训练法，是战术训练中经常运用的训练方法。一人进攻时要按战术线路要求进攻，两人分别负责自己半场区的防守。两人进攻时也要按照教师战术意图进行，不能盲目乱打，而且还击的速度要适合单打的节奏及路线。

2.二一式前后站位陪练法

两人一前一后站位进行进攻，一人防守。进攻的两人在全场区内前后站位，后场的进攻者负责以高、吊、杀等技术进行全面进攻，前场的进攻者负责以搓、推、勾等技术进行进攻。这样可以加强进攻的速度和难度，是提高个人防守能力的一种练习法。

3.二一式对攻陪练法

二一式对攻陪练法是一人对两人的战术训练法，对抗双方在单打场区内采用自己所掌握的各种战术与技术，组织各种球路有意识地在场上进行互相争夺主动权的控制与反控制的训练。通常情况下，由于对方是两个人，对于一人来说难度较大，不易获得主动权。这种练习方法可以加强练习者场上的控制与反控制能力，提高稳妥性，对场上反应、起动、回动、前后速度及耐力水平的提高均有较好的效果。

4.三二式前后站位陪练法

三二式前后站位陪练法是一方为三人（按前一后二站位），另一方为两人。这种训练方法的目的是训练两人这一方的双打防守及由守转攻的战术意识，这对提高双打防守的能力很有好处。

（五）实战练习及比赛练习法

这种练习法是重点加强结合实战的战术练习和比赛。模拟比赛的战术练习；有针对性的战术练习；以比赛计分的方式进行练习；参加各种组织形式、等级的正式比赛。

常用的方法如下：

(1)半场区的战术训练比赛。这种方法适用于年龄较小、力量较弱的青少年练习者。

(2)全场区对半场的战术练习比赛。这种方法适用于水平悬殊较大的练习者之间。

(3)采取让分进行的战术练习比赛。这种方法适用于水平有差距的练习者之间。

(4)采用不换发球（乒乓球式）得分法进行练习比赛。这种方法有利于提高稳妥性。

(5)记时记分练习比赛。这是在平时训练中常用的战术训练方法，它适用于训练时换项目不互相等待的需要。

羽毛球运动战术训练具有规律性和随机性的特点。战术训练是对综合技术及心智的整体反映。在战术训练时，要树立正确的战术指导思想，掌握战术知识，培养战术意识，了解和掌握打法的发展趋势及各种战术特点，使所有队员能尽快掌握羽毛球的基本战术，并能很好地运用到比赛中，提高竞技水平。

第十一章 网球运动文化与技战术学练

第一节 网球运动的历史文化

一、网球运动的起源

法国是网球运动的起源地。在12—13世纪,法国传教士常常在教堂的回廊里用手掌击打一种类似小球的物体,以此来调节教堂生活。后来,这种活动渐渐传入法国宫廷,并很快成为王室贵族的一种娱乐游戏。开始人们只是在室内进行这种游戏,后来在室外一块开阔的空地上,将一条绳子架在中间,两边各站一人,双方用手来回击打一种裹着头发的布球。

14世纪中叶,这种游戏便传入了英国。英国人称这种球为"Tennis"(英文,网球),并流传至今,因此网球的专用语也就固定为"Tennis"。

15世纪,这种游戏击打球的方法发生了改变,人们不再用手掌击球而是改用球拍打球,一种用羊皮纸做拍面的卵形球拍很快出现了。当时这种球拍并不美观,拍柄也较重,但与用手掌击球的方法相比,无疑是一种极大的进步。同时,场地中央的绳子也换成了网。因此许多贵族对这种游戏产生了兴趣。网球运动通常被称为"宫廷网球"和"皇家网球",便是由于这种活动只是流行在法国和英国宫廷中。

16—17世纪,网球运动经历了由单纯的游戏向竞技比赛的转变,专门的球场和相应的比赛规则也应运而生。

18世纪,网球运动在各阶层中开展起来。到了19世纪,网球成为欧美盛行的一项运动。1873年,英国人菲茨德尔少校把草坪作为网球的场地,他还出版了《草地网球》一书,书中提出的网球打法已接近于现代网球。1874年,他又对球网的大小和高低做了进一步的规定,在英国创建了草地网球比赛。1875年英国板球俱乐部修订了网球比赛规则后,于1877年7月举办了第1届温布尔登草地网球锦标赛。后来这个组织又把场地定为23.77米×8.23米的长方形,球网的中央高度为99厘米(以前高度是2.134米),并确定了每局采用15、30、40……的记分方法。1884年英国伦敦玛丽靳本板球俱乐部又把球网中央的高度定为91.4厘米。至此,现代网球运动正式出现,并很快在欧美盛行起来,成为一项深受欢迎的室外体育运动。

1877年在伦敦郊外温布尔登举行的男子单打比赛是最早的国际网球比赛。网球的男子单打与双打在1896年雅典举行的第1届奥运会上被列为正式比赛项目。后来,由于国际奥委会和国际网球联合会在"业余运动员"的定义上有争议,网球比赛项目在第7届奥运会后被取消,直到1984年洛杉矶奥运会,网球运动才被列为表演项目,1988年的汉城奥运会上,网球运动重新被列为正式比赛项目。

二、网球运动的发展

(一)世界网球运动的发展

自19世纪末温布尔登网球锦标赛拉开现代网球运动的帷幕,网球运动一直以它特有的魅力吸引着越来越多的参加者。迄今网球已经成为一项世界性的热门运动,尤其是在欧美地区,网球运动的普及面是其他任何项目所无法比拟的。如在法国、美国、德国、英国、瑞典、澳大利亚、西班牙等一些网球强国中,人们对网球的热情仍在与日俱增。随着网球运动的进一步普及和优秀青少年网球选手的不断涌现,以及他们在国际大赛中所产生的巨大影响,世界性的网球热已经形成。

在世界体坛所有项目的比赛中,网球比赛最为活跃。从1968年规定职业和业余网球运动员均可参加同一比赛以后,网球比赛的次数和名目更加增多起来,有锦标赛、大奖赛、挑战赛、巡回赛、卫星赛等,在世界范围内,几乎每周都有这种大型的国际网球赛。1988年汉城奥运会,网球重新被列为正式比赛项目。目前,世界上每年举行的国际网球赛,男子达到100多次,女子也几乎接近100次。网球运动赛事众多,而且大都设有高额奖金。特别是允许职业网球选手参加各种比赛以来,其奖金数额更是逐年升级。如第1届美国网球公开赛奖金总额为10万美元,至1982年增加到150万美元。2014赛季美网总奖金增至3 830万美元,与2013年相比有了11.7%的增长,与2011赛季总奖金相比则提升了65%。2016年,美网总奖金继续提升,达到4 630万美元。这种数额惊人的奖金和球星们的庞大收入,自然会吸引更多人的关注,这项运动也必然在世界产生巨大影响。

(二)我国网球运动的发展

网球运动大约于1885年传入中国,是由外国的传教士和商人传入,先是在上海、广州等大城市出现,后来一些教会学校也开展起这项运动,如北京汇文学校、通州协和书院、上海圣约翰书院、广州岭南学校以及香港的教会学校,但是参与的人仅限于上流社会人士和少数学校师生。

上海圣约翰书院于1898年举行的斯坦豪斯杯赛,是中国网球史上最早的校内比赛。1906年,北京汇文学校、协和书院、清华学校、上海圣约翰大学、南洋公学、沪江大学,以及南京、广州、香港的一些学校开始举行校际网球赛,这些都促进了网球运动在中国的传播。

1910年,中国举行第1届全运会,网球列为正式比赛项目,并在随后的7届全运会上都被列为正式的比赛项目,但是只允许男子参加。1913年远东运动会设立网球项目,后历届均设。从1915年第2届远东运动会起,中国开始派人参加,至1934年共参加了9届。1923年起,中国还派人参加了第6届至第10届远东运动会的女子网球表演赛。当时,中国网球局限在少数有钱人的圈子里,水平不高。

1917年2月中国图书公司出版了孙掞著的《网球术》。该书包括网球沿革、球场、用具、比赛方法、各种击球法等内容,是中国最早的网球理论专著,《网球术》的问世促进了中国网球运动的开展。

1924年第3届全运会允许女子参加,但无人报名。1924年,中国邱飞海参加了第44届温布尔登网球锦标赛,并进入了第二轮。这是中国人首次参加温布尔登网球锦标赛。1927年第8届远东运动会上,以华侨邱飞海、林宝华为主力的中国队首次战胜日本队和菲律宾队,获得冠军,这也是中国参加国际网球赛首次获得冠军。1930 年第 4 届全运会女子首次登上网球赛场。1938 年,中国许承基作为第 8 号种子参加了第 58 届温布尔登网球锦标赛,在男子单打中进入第 4 轮,这是中国参加温布尔登网球赛史上取得的最好成绩。另外,他还蝉联 1938 年和 1939 年英国硬地网球锦标赛的两届单打冠军。

新中国成立后,网球运动起点低、基础差,党和政府给予了极大的关心。1953 年成立了中国网球协会,由吕正操担任协会主席,并于同年在天津首次举行了全国网球比赛。

1956 年开始我国网球队加强了与世界各国的交往,先后出访了许多国家和地区,并积极组队参加各种国际比赛,取得了较好的成绩。比如全国网球锦标赛,后来全国网球等级联赛定期举行,并实行升降级制度,还定期举办全国网球单项比赛、全国硬地网球冠军赛、全国青少年网球比赛等。另外,高校网球赛、老年网球赛、少年网球赛也蓬勃开展。这些竞赛对促进网球技术水平的提高起到了积极的推动作用。

1956 年 7 月 9 日至 8 月 17 日,印度尼西亚草地网球协会派队访华。双方先后在北京、天津、上海、南京、广州等地进行了 24 场比赛,客队胜 15 场、负 8 场、平 1 场。这是新中国成立后首次进行的网球国际交往,促进了网球运动在中国的发展。此后,中国网球运动员曾先后同 30 多个国家和地区交往,参加过不少大型的国际比赛,并取得了较好的成绩。如 1959 年新中国的第一代网球选手朱振华和梅福基在波兰“索波特国际网球赛”中首次夺得男子双打冠军。1965 年,戚凤娣和徐润珍分别获得“索波特国际网球赛”的女子单打冠军和亚军。

此后,由于“十年动乱”我国的网球运动同其他体育项目一样受到了很大的冲击,网球运动水平停滞不前,甚至倒退,与国际网坛也几乎断绝了交往。

1978 年后,我国的网球运动逐渐恢复了生机。80 年代以后,我国经济得到了空前发展,这为我国网球事业的腾飞打下了坚实的基础。网球运动出现了勃勃生机,参与网球运动的人数急剧上升。另外,国家投入了大量的财力、物力,采取了多种措施,大力培养青少年选手,采用“请进来,送出去”的方法,设立了多种不同级别的赛事,极大地推动了网球运动的发展。1980 年我国网球协会被国际网球联合会接纳为正式成员。1980 年我国女子网球运动员余丽桥在东京女子网球公开赛上获得单打冠军。1981 年 1 月我国的优秀少年选手李心意和胡娜获得美国白宫杯少年网球锦标赛女子双打冠军。1983 年我国男子网球队在吉隆坡夺得了亚洲最高水平的男子团体赛桂冠——加法尔杯。1986 年我国女子网球队夺得了第 10 届亚运会网球团体赛冠军。1990 年亚运会网球赛,我国选手潘兵和陈莉荣获男女单打冠军。1992 年澳大利亚网球公开赛,我国选手李芳进入第三轮。1994 年法国网球公开赛,我国选手李芳进入第二轮。1994 年亚运会网球赛,我国选手潘兵再次荣获男单冠军。1995 年 1 月,李芳进入世界女子排名前 50 强,继而又前进至世界排名第 37 位。1996 年法国网球公开赛,易景茜进入第二轮,追平了李芳在罗兰加洛斯创造的中国网球选手最好战绩。2000 年澳大利亚网球公开赛,易景茜进入第三轮,不敌 2001 年和 2002 年冠军卡普里亚蒂。2001 年第 21 届世界大学生运动会网球赛,我国选手李娜夺得女单、女双和混双三枚金牌。2002 年 3 月 4 日到 9 日,中国女子网球队在联合会杯亚太区比赛中,实现了历史性突破,首次冲出亚洲,打入了联合会杯世界组外围赛。在亚太区 A 组 11 个国家为期一周的较量中,中国队以全胜的战绩,进入了联合会杯世界组的比赛。2003 年是我国网坛硕果累累的一年,男女运动员均取得了不俗的成绩。女运动员李婷/孙甜甜除多次在 ITF 赛事中夺冠,此外,还 4 次打入 WTA 赛事决赛并 3 次捧杯,其中两夺总奖金额为 17 万美元的 WTA 赛事双打冠军(加拿大贝尔公开赛女双冠军和泰国沃尔沃公开赛女双冠军),双打世界排名上升至第48位，达到中国女双历史的最高排名。女运动员郑洁则继续领衔中国女单，其世界单打排名达到94位，是继李芳和易景茜后第3个进入世界排名前100位的中国选手。男网选手朱本强/曾少眩在上海喜力公开赛上，获得了中国男网历史上首次ATP双打亚军。此外还有多名颇具潜质的青少年选手活跃在国际青少年赛事中，并取得了多项冠军。2004年9月在北京举行了中国网球公开赛，总奖金50万美元的中国公开赛起点很高，定位为国家级赛事。之后我国运动员晏紫/郑洁在澳大利亚网球公开赛女子双打比赛中历史性地进入了前8名。而李婷/孙甜甜则作为赛会16号种子直接参加了澳网女双的正选赛，并进入了前16名。同年，我国运动员孙胜男和中国台湾运动员詹咏然在澳大利亚网球公开赛青少年组比赛中，以2号种子的身份荣获女子双打冠军，圆了我国运动员在四大满贯赛事上的夺冠梦。另外，在法国网球公开赛中，郑洁进入了第四轮，创造了中国选手在大满贯赛事中女单比赛的最佳成绩。

近年来，我国的女子网球发展迅速，取得了令世界瞩目的成绩。以双打来说，李婷和孙甜甜获得2004年雅典奥运会的双打冠军；郑洁、晏紫分别在2006年的法网和2010年的温网打进四强，并且还获得了2006年澳网和温网的冠军；郑洁与詹咏然在2015年1月再一次进入澳网女子双打决赛。女子单打方面，李娜在国际网坛享有盛誉，2011年获得澳网的亚军和法网的冠军，2014年第三次跻身澳大利亚网球公开赛决赛并最终收获女单冠军。虽然李娜现已退役，但她仍在凭借自己的努力将中国网球精神发扬光大。

第二节 网球运动的技术学练

一、击球技术学练

（一）击球技术教学

击球技术分正手击球与反手击球，下面主要以反手击球为例来进行介绍。

反手击球技术是指在底线附近，回击对方击到持拍手另一侧来球的技术。

1.反手击球的动作要领

（1）准备姿势：面向球网，双脚分开与肩同宽，屈膝，上体稍前倾，重心落在前脚掌上，左手扶住球拍拍颈，拍头指向对方，拍面与地面垂直。眼睛要密切注视对方来球。

（2）后摆引拍：当对方来球飞向反手方向时，扶住拍颈的左手应迅速帮助右手握拍变换为反手握拍法，向左转肩、转髋带动球拍向左后方摆动，后摆时肘关节自然弯曲，拍头稍微翘起，指向后方，右脚向左前方上步，右肩或者是右背对着球网，重心移向左脚，打反手的后摆动作应比正手的后摆要完成得早，整个动作要协调、连贯，左手始终扶住拍颈，直到开始做前挥动作为止。

（3）挥拍击球：球拍由后向前上方挥出，前挥时手臂保持弯曲，直到随挥结束后才可伸直，击球点在右脚左侧前方，击球时球拍与右脚应在一条直线上，高度在膝与腰之间，拍触球时手腕绷紧，拍面与地面保持垂直，击在球的中部，要有“以手背击球”的意识，用转体和转肩的力量使重心前移到右脚上。

(4)随挥:击球后,球拍沿着球飞行的方向向前、向上送,重心前移落在右脚上,挥拍在右肩上方结束,拍头指向前方,左手稍提起来保持整个身体平衡,身体转向球网,恢复原先的准备姿势。

2. 反手击球的类型

反手击球一般分为单手反手击球和双手反手击球,单手反手击球对击球点要求不是很高,易发挥人体的力量,能较容易地打出旋转变化丰富的球。而双手反手击球技术现在越来越被广泛采用,它的出现使反手击球在网球比赛中由防御性武器演变为进攻性武器,从而极大地增强了底线技术的反击能力,使底线全攻型选手达到了一个新的高度。

(1)单手反手击球

从准备姿势开始,以左脚为轴,向左转肩、转髋,同时右脚跨出一步,使两脚与肩同宽,身体右侧对球网,重心移至左脚上。转肩同时左手转动拍颈使右手成东方式反手握拍,并带动球拍后引与身体平行,击球肘贴近身体,左手轻持拍颈,拍头略低于来球。击球时身体重心移至右脚,左手放开拍颈,以右脚为轴向右转髋、转肩,带动右手臂由下向前上挥拍,击球中部偏下,击球点在右脚侧前方。击球后球拍随惯性继续挥至右肩上方,并迅速恢复成准备姿势,随时准备回击下一次来球(图 11-1)。

图 11-1

(2)双手反手击球

当判断准来球是飞向反手方向时,在移动到位的最后一步应保持右脚在前,身体右侧朝向来球方向。双手握球拍向左后方摆动,右臂伸展较大,左臂弯曲。在迎球过程中,挥臂与转体动作配合,使球拍由低向高挥动,击球点在右脚侧前方,拍面垂直,触球的中部。击球后双手随势挥至右侧头部高度,身体重心移向右脚。动作完成后,迅速恢复成准备姿势(图 11-2)。

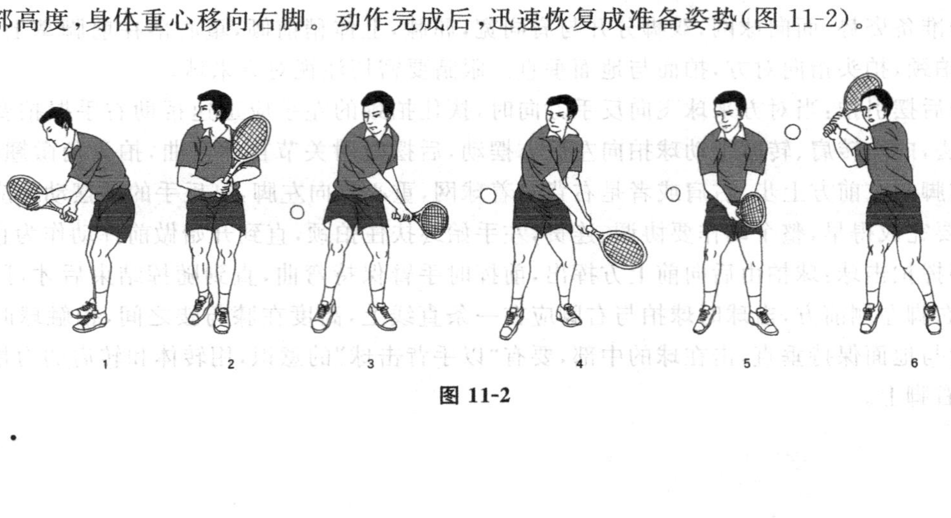

图 11-2

(二)击球技术训练

下面主要介绍反手击球技术的训练方法。

1. 分解练习法

把反手击球技术分解为准备姿势、侧身引拍、前挥击球、随挥动作四个部分,反复做无球挥拍练习,强化动作过程,增强肌肉对动作的记忆流程。

2. 两人一组合作练习

(1)练习者站在挂网或墙壁前做好引拍动作,一人在击球点位置垂直抛球,练习者做挥拍击球练习。

(2)在球场内,由近(发球线)至远(端线),采用上述方法挥拍击球过网练习。

(3)对墙进行反拍击球练习,此练习方法对初学者来说效果较好,能很好地体会动作和球感。

(4)由教练员用多球送定位球进行反手抽球练习,在此基础上,再送不定位球,在移动过程中做反手抽球练习。

(5)两人一组,在球场用七八成力量进行反手对抽练习。

(6)底线反拍对抽,做斜、直线练习。

(7)先抽固定线路,逐渐加大难度到不定点线路。

(8)教练员送多球做底线定点线路反手抽球练习,以提高击球的次数及线路的稳定性。

(9)网前一人截击,练习者在底线跑动做定点直线或直线破网练习。

(10)网前两人截击,练习者在跑动中做不定点破网练习。

(11)运用实际比赛练习,在比赛中提高抽球的稳定性和攻击性,从而真正地把握好击球时的深度、角度、速度三个基本要素。

二、发球技术学练

(一)发球技术教学

发球技术是现代网球运动中最为重要的技术之一。由于发球时动员的身体部位较多,动作幅度较大,需要肌肉的协调程度较高,因此,它也是网球技术中比较难掌握的技术。在网球比赛中,运动员保住自己的发球局是赢取比赛胜利的关键和基础。发球技术由于不受对方的制约,运动员可以在较大程度上发挥个人特点来控制对方,为自己的进攻创造有利的条件。

1. 发球技术的动作要领

发球基本技术动作要领包括握拍、站位、抛球、引拍、挥拍击球、随挥。

(1)握拍:采用东方式反手或大陆式握拍。由于大陆式握拍法也适用于击球技术、截击技术、高压球等,在技术转换时,有不需要改变握拍、节约时间等优点,因此,很多网球运动员和爱好者在发球时大都使用大陆式握拍法。

(2)站位:双脚自然分开站立,两脚的连线根据球员的习惯可与底线相垂直,也可以保持另外一个合适的角度。全身放松，侧身站在端线外中点旁，左肩对着左边网柱，面向右边网柱两脚分开约与肩宽，左脚与端线约成45°，右脚约与端线平行，重心在左脚上，身体自然前倾。左手持球，右手握拍，拍头指向前方。

(3)抛球：做好准备动作，持球手的肘部渐渐伸直并向下靠近持球手同侧的大腿，然后从腿侧自下而上将球抛起。抛球时，用拇指、食指和中指的第一、二关节将球平稳托住，掌心向上，整个手臂伸直向上托送，利用手臂向上惯性使球平稳地离开手指。脱手时托球的三手指充分展开，球看上去不是被“扔”到空中而是被“抛送”到空中去的。抛球的高度一般是手握球拍充分向上伸直时，球拍的顶部再稍高一些，但由于此高度限定了挥拍击球所用的时间，所以抛多高要视个人情况而定。发旋转球时，抛球较平击球稍靠左一些；发切削球时，抛球较平击球再稍靠右一些；发平击球时，应将球抛在身体偏右前上方。

(4)引拍：球拍从前方开始往下向后上方摆起，当握拍手摆至肩高时，转体展肩屈臂，使拍头垂于背后如“搔背”状，两膝前弓，身体后仰，眼睛注视着球。

(5)挥拍击球：当抛出球时，球拍继续向上摆起，握拍手的肘关节放松，使向前转动的身体和右肩自动地产生一个完美的绕圈，当球下降到击球点时，迅速向上挥拍击球，左脚上蹬，使手臂和身体充分伸展。挥拍击球时，持拍手手腕带动前臂有一个旋内的“鞭打”动作，这就是发球发力的关键动作。

(6)随挥：击球后身体向场内倾斜，继续保持完整的随挥动作，球拍随惯性挥至身体的左下方，重心前移，右脚率先越过底线区落地，并迅速调整好位置，准备接对方来球(图11-3)。

图11-3

2.发球技术的类型

(1)上旋发球

旋转发球要求发出去的球带有强烈的上旋，落地后反弹较高，给对方造成一定的困难。发球时要尽量隐蔽，看上去像是在发平击球或切削球。为了得到所需要的旋转，球拍应向上并翻越过球，这就需要与切削球和平击球发球有不同的击球位置和明显的扣腕动作。上旋发球应该将球抛到头后偏左的位置，击球时尽量使身体呈弓形，便于利用杠杆的力量对球施加旋转，击球时球拍迅速从左向右上方挥动，从下向上擦击球的背面并向右带出，使球产生右侧上旋。

上旋发球的技术要点：①把球抛得离身体近一些，可在头上方；②屈膝，身体后弯，重心在后；③击球时，用明显的扣腕动作使拍头向上并翻越过球；④球拍横挥过身，结束随挥动作。

(2)平击发球

平击发球又被称为“炮弹式发球”，该发球不但球速快，而且反弹低，常被网球选手用作第一次发球。这种发球的优点是力量大、球速快、落点深、球的反弹低、前冲力大、威胁大。缺点是不容易控制落点、命中率比较低、体力消耗也较大。

平击发球的技术要点：①球要抛在持拍手的侧前上方；②向上挥拍时，身体要像放开的弹簧；③在身体前面击球，并使重心跟进；④球拍应斜挥过身体，结束于持拍手异侧的身体下方。

(3)侧旋发球

侧旋发球是一般运动员经常使用的发球方法。它是采用东方式反手握拍法，发球带有侧旋，是以球拍头部从一定位置在与球接触时，擦过球的背面，曲线进入发球区。这种发球安全率较高，可用于第一发球，也可用于第二发球。此种发球比平击发球速度要慢。

侧旋发球的技术要点：①用东方式反手握拍法；②球拍正确地拉至背后，并抬起肘关节；③保持抬头，以便眼睛始终看球；④击球时做扣腕动作；⑤球拍斜挥至身体另一侧，完成随挥动作。

(二)发球技术训练

1.发球技术动作分解练习

(1)将技术动作分解成各个环节，进行分解练习。

(2)慢速做整个发球动作练习。

(3)肌肉放松，用一定的速度，连贯流畅地做发球动作，注意保证良好的节奏感，有意识地加大随挥动作。

2.抛球稳定性练习

(1)无球状态，先用左手指着自己的右眼，然后转身引拍，此时左手向前上方指出的方向，即是抛球方向。

(2)结合引拍，左手在自己的右眼前上方抛球，下巴抬起，眼睛紧盯球；抛球高度为手臂托起的最高点以上70～80厘米处(即一个球拍的高度)，让球自然落下；然后观察其落点是否在自己站位前约70厘米处。

(3)跪在底线后，侧对着球网，持拍手臂直接把拍引在身后，然后抛球挥拍击球。由于下半身被固定，就无法通过移动脚步来调整位置，这样更容易体会正确的抛球位置，练出稳定的抛球。

3.抛击球练习

(1)用多球在底线做抛球、放松击球练习。要求用60%～70%的力量，体会击球点和完整的技术动作要领。

(2)降低难度，在发球线上做完整的发球练习。

(3)面对墙站，做引拍搔背动作，由蹬地转身伸臂开始，轻轻地上挥球拍，让球拍框去触击墙壁。

(4)用拍框缘在地上做拍球练习。

(5)距软墙(挂网)15米左右站立，做完整的发球练习，把球击向软墙(挂网)，体会完整的抛球和击球技术动作，从而领悟发球技术中的放松、准确、协调、舒展及良好的节奏。

三、接发球技术学练

（一）接发球技术教学

接发球技术也是网球运动中非常重要的击球技术。它要求接球员掌握较全面的基本技术。接发球时，应根据对方发球的实际情况——发球的方位、旋转、力量和速度，迅速做出判断，从而采取适宜的接球策略和相应有效的击球方法。

1. 接发球技术的动作要领

（1）握拍：接发球技术的握拍方法可根据个人的握拍习惯来选择，大陆式握拍法，正反手都不需要变换握拍；东方式或西方式、半西方式的，正反手需要变换握拍法。

（2）准备姿势：两脚自然开立，两膝微屈，上体稍前倾，两臂屈肘，两手持拍置于腹前，要将拍头向上翘起，拍面垂直于地面，拍头上缘与眼的高度平齐，身体重心放在两脚掌上，并要不停地轻轻地跳动或微微晃动身体，使自己处于待发的机动状态，随时可以向任何方向起动。

（3）击球：接球时的击球动作与正常击球动作基本相同。当对方球发出后，接球员要反应及时并向预测击球点起动，迅速做出转体引拍动作，后摆距离要短一些，幅度大小要根据对方不同的发球来调整，握紧球拍，手腕固定，并向击球方向踏出异侧脚，同时，向前迎击球，击球点是在体前侧胸部高度处，对着球击出的方向迅速挥拍，尽量加长球拍接触的时间，要像打落地球那样，做好随挥动作。对于不同高度的来球，要采用不同的还击方法。

（4）随挥：随挥时应尽量加长球拍接触球的时间，球拍应先跟着球出去，然后做充分的随挥动作。一般情况下后摆动作小，随挥也小，后摆动作大，随挥也大。随挥动作一结束，身体就要快速移动到自己场地中央，准备迎击下一次来球。

2. 接发球技术的类型

接发球分正拍和反拍两种接法，可打出上旋、下旋、平击球等。根据战术需要，除了用不同的回击力量和落点变化外，还可以直接放小球或挑高球，也可以接发球上网和接发球破网。

接发球技术的要点如下：

（1）从球离开对方手起，眼睛就要盯住球。

（2）发球越快，接发球的后摆动作就越小。

（3）球过网前，就要做转体和后摆动作。

（4）为了便于控制和击球有力，要放松，重心在前脚掌，脚后跟要离地，击球点在身前。

（5）以绷紧的手腕和充分的随挥来加长击球的时间。

（6）对方不上网，回球要深；对方上网，把球打在他的脚下。

（二）接发球技术训练

1. 基本技术练习

反复练习准备姿势和接一发的站位、接二发的站位。

2. 多球式的接发球练习

根据练习者的接发球技术水平，教练员用多球发球，对练习者进行专门的接发球练习。初学者可以先练习按固定位置的球速较慢地发球，然后再增加发球的力量、速度，教练员可站在发球区域附近位置发球；随着接发球技术水平的提高，应练习接各种变化的发球。

3. 与发球员配合的接发球练习

由1～2名练习者发球，结合实战，进行接发球练习。

(1)接发球抢攻。即接发球时，迅速有力地回球攻击对方。

(2)接发球随球上网。即接发球后快速跟进到网前，准备网前进攻。

(3)接发球破网。即接发球时，直接突破对手的网前拦截。

4. 提高接发球准确性的练习

多人轮流发球，要求接发球者把球回击到指定的区域内。

四、截击球技术学练

(一)截击球技术教学

截击球是网前技术中的一种攻击性击球方法。当球在落地之前，将球击回到对方半场区。其特点是回球速度快、力量大、威胁大。目前，国内外优秀网球运动员都普遍采用发球上网或接球上网战术，因而，截击球技术被视为攻击性打法不可缺少的重要组成部分。

1. 截击技术的动作要领

(1)握拍：一般采用大陆式握拍法。优点是正反拍截击球都可以使用，在快速的近网截击中不需要变换握拍方法。

(2)准备姿势：面对球网两脚自然开立约与肩同宽，双膝微屈，脚跟提起，重心落在前脚掌上，上体前倾，球拍放在身体前面，略高于正反拍底线击球的准备姿势，拍头高于握拍手，左手轻托拍颈，眼睛注视来球。在对手击球的一刹那，从对手的击球位置、挥拍动作判断出来球的方向、高度和路线，以便及早起步快速移动。

(3)后摆引拍：当判断来球需要截击时，异侧脚向反方向前侧跨出成“关闭式”步法，同时，转体后摆引拍。其基本动作要领是“迅速、简单、小幅度”。引拍时，手腕锁紧、固定拍面，保持球拍与肩平行，拍头高于手腕且稍高于肩，眼睛紧盯着来球。

(4)挥拍击球：挥拍时，拍面保持适度开放，重心前移，带动紧张固定的右肩顺势向前挥拍，手腕固定。击球时，击球点始终保持在体前，主动上前迎击球，充分利用身体前冲的力量，以短促的动作向前、向下切削来球。

(5)随挥：截击球的随挥动作短促有力，击球后随惯性向前下方做送球动作，顺势恢复到准备状态。

2.截击技术的类型

截击技术可分为正手截击、反手截击、近身截击、截击低球、截击高球等。

(1)正手截击

在进行正手截击时,击球者采用交叉步关闭式步法击球,也就是说,正手上步截击是持拍手异侧脚,初学者应尽量避免养成退步被动击球的习惯。

正手截击技术的要点:①握紧球拍,绷紧手腕;②眼睛紧盯球;③击球点在身体前面;④保持球拍拍头向上;⑤用较短的撞击动作击球(图 11-4)。

图 11-4

(2)反手截击

与正手截击相同,也是采用交叉步关闭式步法击球,反手截击上步是持拍手同侧脚,初学者也应尽量避免养成退步被动击球的习惯。

反手截击技术的要点:①眼睛紧盯球;②手腕绷紧,手臂伸直;③在身体前面击球;④左手协助引拍完成后摆动作;⑤保持拍头向上,随球跟进动作简洁而短促(图 11-5)。

图 11-5

(3)近身截击

在网前截击时,会经常遇到朝身体飞来的空中球,即"追身球",这时就要采用近身截击球的办法,即把球拍放在身体的前面用反拍截击,保持手腕笔直和绷紧,拍面在体前正对着球截击,如要加力截击,身体向左转,没有后摆动作直接把球击出,击球后,身体前倾,球拍对准球落地的方向,随挥出去。

(4)截击低球

如果对方来球高度较低时,可采用截击低球的动作方法。面对来球,首先要降低身体重心,屈膝至球的适当高度,如果不降低身体的重心,仅靠垂下拍头去击球,那么就会以无力的手腕动作将球向上勾起。在采用前弓步击球时，有时膝盖可触及地面，拍头略低于手腕，拍面开放些，在身体前面击球，击球时最好加以上旋或侧旋，尽量要把球打在深处以迫使对手向上击球，击球后球拍随着球出去的方向做短促的随挥动作。

(5)截击高球

如果对方来球是高度较高，但又不够高压的高度球时，就必须在身体前面截击。截击高球要有一定的后摆，触球时要握紧球拍，手腕绷紧并朝上，击球时球拍对准球，重心向前，然后用简短的随挥动作，对着球推击向前下方送出，准备下一次回击。在用反手截击高球时，扶拍手帮助球拍向后摆，同时，控制好拍面，球拍后摆幅度不要太大，拍头朝上，眼睛盯住球，击球挥拍时扶拍手放开，触球一刹那，手腕绷紧，球拍从高到低向前下击球，击球后完成随挥动作。

(二)截击球技术训练

(1)先做徒手挥拍模仿练习，然后再做持拍模仿挥拍练习，并逐渐结合步法做挥拍练习。

(2)用多球进行单个动作的网前截击练习，以体会动作和球感。

(3)做球不落地的撞墙练习，练习时注意侧身对墙。

(4)由两名队员在场上发球线附近进行凌空截击球练习。

(5)教练员送球，练习者在网前不拿球拍，做用手接住球的练习。

(6)在网前中场或近网对底线球进行截击球练习，先单线定点，然后加大难度进行左右移动截击或不定点截击。

(7)通过技术组合练习截击球，提高实战中的截击能力，如发球上网或随球上网练习中场和近网截击。

(8)网前一人截击时，底线两人破网，加大截击者的截击练习难度，提高反应力和判断能力。

五、高压球技术学练

(一)高压球技术教学

高压球技术是一项绝对的强攻性技术，它是指在头部上空用扣压动作完成击球的技术动作，同截击球一样，属于上网击球技术。高压球要求眼睛始终盯住来球，及时侧身，调整好步法，并尽早举拍，找准击球点。击球时，跟进重心，体前击球，用力扣腕。一般以平击高压为主，用切削高压打法也可打出好的落点。

1.高压球技术的动作要领

(1)握拍：高压球与网前截击技术都是采用大陆式握拍法。由于高压球属于“高空作业”，这就要求击球者快速反应、灵活移动、准确取位以获得理想的击球点，否则很难打好高压球。打高压球要采用双脚一前一后的方式站位，持拍手同侧的脚在后，另一脚在前，两脚连线与球网近乎垂直。

(2)后摆引拍：在脚步开始移动后，身体侧身并迅速将球拍摆至肩上，拍头向上，左手自然上抬，眼睛盯住来球，做好击球准备。高压球在移动定位时非持拍手应指向空中的来球，这不仅有助于判断击球点的位置，而且对保持身体的平衡也有积极的作用(图 11-6)。

图 11-6

(3)挥拍击球：高压球不单纯依靠手臂或手腕的甩动发力，而是靠腰腹、腿部及身体整体的协调发力。在准确判断出击球点并移动到位后，以双脚为支撑向击球点方向蹬地、转体、收腹继而挥拍击球。挥拍动作与发球一样，利用手腕以鞭打动作击球。不要硬压大臂以期“高压”来球，而是要将小臂和拍头“甩”出去，获得“鞭打”的效果。当距球网较远、击球点偏后时，还需要做手腕的“旋内”动作。高压球不必过分苛求施加旋转，只需注重力量和一定的角度即可。

(4)随挥动作：高压球的随挥动作仍与发球类似，击球过后顺势将球拍收于持拍手异侧的腿侧就可以了。如果击球点很靠后或很偏，不适合正常发力，那么随挥动作就有可能被强行扣腕或旋腕动作所代替，这要求击球者具有良好的腰腹力量及手腕的控制能力，遇到此种情况初学者应量力而行，否则就容易受伤。

2. 高压球技术的类型

高压球技术可分为凌空高压球、落地高压球、跳起高压球等。

(1)凌空高压球

凌空高压球是指以高压球技术迎击对方高空来球的技术动作，多在中前场使用。凌空高压球比打落地高压球难度大。因为凌空球下落的速度比反弹起来再下落的球快很多，击球时机不容易把握，打早了或迟了都会影响击球的效果，所以除了要求准确的判断和熟练的步法以外，拉拍动作应该更加迅速、及时，挥拍击球也应该更加果断。

(2)落地高压球

落地高压球是指以高压球技术迎击落地反弹高的来球的技术动作。在来球很高时，可以让球落地反弹后再寻找高点扣杀。打落地高压球需要一边侧身跑位，一边用小的垫步快速调整，同时高举球拍准备扣杀。击球点的位置和发球一样，在身体的前上方，双脚蹬地，充分伸展手臂，手腕击球时做“旋内”的扣腕动作，争取最高点击球。在击球的瞬间，手臂、手腕和球拍保持在一条直线上，身体稍向前倾。击球之后扣腕动作仍旧继续，手臂顺势向下，在身体的另一侧完成随挥动作。当落地球弹跳不够高时，可做屈膝半蹲高压。

(3)跳起高压球

跳起高压球类似于羽毛球的跳起扣杀动作，其目的是不让球从头上方漏过去，失去主动进攻得分的机会，并能从高处增加击球的力量和角度。基本的动作要领是：面向较高的来球，快速侧身滑步或交叉步向后退，同时持拍手直接后引向上举起球拍。到达击球位置时，一般以与持拍手同一侧的脚蹬地起跳同时挥拍，击球应尽量在最高点，利用手臂旋内扣腕动作将球压入对方场地。落地时异侧脚先着地，挥拍击球时双脚在空中有一个前后换位的动作，这是转体发力所产生的维持平衡的自然动作。

（二）高压球技术训练

（1）持拍做模仿练习。

（2）体验高压球击球点位置的练习，具体方法有以下几种。

①教练员在中场喂多球，练习者在发球线附近保持好侧身的姿势，左手指球，右臂抬起。球喂出后，微调脚步去寻找高压击球点的位置，然后用左手去接球，要保持接到球而不仅仅是碰到来球。接球过程中，要保证身体正直，不要通过上身的多余动作来接球。

②准备姿势同上，在球到来前的一刹那用右手伸直去接球，接球时同样保持上体正直。

③缩短握拍半径，将手握在拍颈处，击打教练员喂送的高压球。

（3）结合步法，设定目标做击高压球挥拍练习，练习者体会击球的时间及空间感觉。

（4）送多球进行各种高压球练习，由易到难，先近网后远网，先定点后不定点喂送球。

（5）一人或两人在底线挑高球，练习者结合实际进行高压球练习。

六、挑高球技术学练

（一）挑高球技术教学

挑高球技术是把对方来球向空中挑起，使球越过对方网前队员，落入其后场，以赢得回位时间或直接得分的技术。挑高球不仅是度过危机的防御手段，而且只要运用得当，同样可以帮助我们获取得分的先机。即使是在被动状态下挑高球，但只要质量好，就同样可能成为进攻的前奏，使自己从被动转为主动，因此一定要重视挑高球的练习。

挑高球技术可分为进攻性挑高球和防御性挑高球。

1.进攻性挑高球的动作要领

（1）准备姿势：进攻性挑高球的准备姿势要求注意力更加集中，准确判断来球落点和对方的站位及移动路线，并迅速调整身体，保持侧身对网和重心的平稳。

（2）后摆引拍：进攻性挑高球的后摆动作，手腕应加大后屈动作，与小斜线上旋击球动作相近，让对方无法判断。

（3）挥拍击球：要保持手腕绷紧，握紧球拍，由后下向前上平缓挥拍击球，为了更好控制球的高度和深度，应使球与球拍接触的时间长一些。

（4）随挥：击球后，球拍必须朝着自己设想的出球方向充分跟进，随挥动作要放松并在身体左侧结束。

2.防守性挑高球的动作要领

（1）准备姿势：眼睛紧紧盯住来球，边移动边向后引拍，引拍动作与正反手击球动作应保持一致性，以迷惑对方。

(2)后摆引拍：挑高球的效果与动作的隐蔽性、突然性有关，因此把挑高球技术“伪装”得与正、反手击球一样，直至击球前的瞬间，是成功的关键。防守性挑高球要求高而深，这就要求有长而流畅的击球动作，因此要做好充分的后摆引拍动作。

(3)挥拍击球：击球时，握紧球拍，手腕固定，打开拍面，击球下部，尽可能地向上、向外延长击球时间；发力要恰到好处，使球落在对方场地端线附近，不要有腕部、肘部的附加动作，避免球出界。

(4)随挥：挑高球的随挥动作应尽量充分，蹬腿，转动手腕，向上挥拍，使球产生上旋。拍头要高过头顶，平稳、流畅地完成跟进动作，整个动作在身体的另一侧的前上方结束。动作结束时，面对球网，并迅速做好下一次击球前的准备。防守性挑高球应顺着球的飞行路线向上做随挥动作，拍子尽可能送远，动作在身体前面的高处结束。

3.挑高球技术的类型

(1)进攻性挑高球技术

进攻性挑高球又叫“上旋高球”，对威力强大的网前截击型对手，使用强烈的上旋高球是“致命武器”之一，它能打乱对手的网前战术，这种球能迅速飞过网前对手，落在对方后场，使对方既够不到又追不到，即使勉强打到高压球，也是软弱无力，从而漏出空当，给破网得分创造机会。

(2)防守性挑高球技术

防守性高球也称“下旋高球”，它飞行弧线高，比上旋高球易控制，具有失误少的优点，在底线对打被对方打离场地时挑下旋高球，能赢得时间回到有利位置。如果能掌握下旋高球，同样不会让对方有网前扣杀的机会。

(二)挑高球技术训练

(1)找一堵较高的墙，设定一个目标，离墙15米左右，对墙挑高球。要求球在通过最高点下落时，尽量碰到墙上设定的位置，反复进行正反手挑高球练习。

(2)循序渐进，在掌握底线正、反手上旋球击球技术后，练习上旋或下旋挑高球。

(3)利用多球进行专门的挑高球练习，先定点练习，然后再在跑动中不定点练习，难度逐渐加大。

(4)端线后自抛球，用正、反手向对方底线做挑高球练习。要求使球的落点靠近底线附近。

(5)教练员在网前喂球，球速由慢到快，位置由中间到两边，练习者分别用正反手做挑高球练习。

(6)网前一人进行高压，一人在底线练习挑高球，尽量做到连续多回合不失误。

(7)一人在底线送出高球，网前同伴用高压球技术分别击向左侧、中间、右侧，底线同伴迅速移动，并挑高球到网前，再让同伴用高压球回击。尽量多回合不失误，然后两人交换练习。

(8)按照双打要求，对方两人在网前截击或高压，练习方两人练习挑高球及防守反击技术。

七、放小球技术学练

(一)放小球技术教学

放小球也叫“放轻球”“放短球”,是把球打到对方场区靠近网的位置,用以调动对方,争取主动。放小球技术是一项在比赛中应用广泛的基本技术,在比赛中运用放小球,对调动、干扰和牵制对手能起到很好的作用。当对方站在底线附近或远离球场时,在发球线附近的前场,把球击到对方场地的近网处,使对方无准备或在迟疑中失误,或调动对方跑动,消耗其体力。放小球不仅可以有效地发挥自己特长技术的攻击性,使自己的技术多样化,使对方不能专心于防守,又能调动和打乱对方的站位、击球节奏,从而使自己各项技术得到充分发挥。尤其在对方体力下降的情况下,运用放小球可以收到更好的战术效果。当然,要达到上述目的,前提是所打出的短球应具有突然性和隐蔽性,且放出短球的落点应在对方场区近网处,球的反弹小而且几乎没有前冲力。放短球时,要求多用手腕并带有切削动作。

1.放小球技术的动作要领

(1)握拍法:采用与正、反手相同的握拍法。即正手放短球用正手握拍法,反手放短球用反手下旋球握拍法,在前场时,可用截击球的握拍法。

(2)准备姿势:准备姿势同击球技术的准备动作。

(3)后摆引拍:放短球的后摆引拍动作应尽量与正、反拍击球动作相似,转身加转体带动球拍向后,要隐蔽动作的意图,直至击球前瞬间。

(4)击球:正、反手均可放短球。应向前移动迎击球,击球时,侧身对网,目视来球,拍面稍向后倾,向前下方挥动,打在球的下部,尽量使球拍接触球的时间长一些,呈托盘状将球轻轻送过网,击球点在身体前方。放轻球采用下旋切削打法,这种球落地后跳得低,由于力量小,球落地后的前冲力也小,效果好。

(5)随挥动作:放短球的随挥动作应向击球的落点方向跟送,动作自然、连贯、柔和。随挥动作的好坏对击出球的准确性和稳定性有密切关系,不要因为是放短球而不敢前挥。动作结束时,应面对球网,迅速跑到有利位置准备下一次击球。

2.放小球技术的类型

(1)正手放小球

使用击打落地球的握拍方法或者大陆式握拍法击球,向后高引拍,比截击球的引拍动作要大些。挥拍时,握拍要放松,拍的底边在前面,直接向前下方挥拍,保持拍头高于手腕,动作要像底线击球那样具有隐蔽性;击球时,打开拍面,用球拍的底边去切球,使球产生向后的旋转,击球后要保持放松握拍;球与拍分离后,球拍继续前挥,高于球网,拍面对准击球方向,使用不持拍的手帮助保持平衡;网前回低位球,完全下蹲,拍面垂直地面,无引拍和随挥动作,完全借力凭手感将球反弹轻落过网。一般在中前场放小球。

(2)反手放小球

转肩,向后高引拍,使用反手旋转球的方法握拍,眼睛注视着来球,用球拍的下边缘摩擦球的下部,然后向前挥拍。挥拍的同时始终保持拍面打开,这样可使球容易过网。需要注意的是,向前随挥球拍时,要在身体的远端触球,击球点要向前一些,同时保持拍面的方向。另外,拍头要对准击球的方向,用不持拍的手帮助保持平衡。

此外,还可结合其他技术分为接发球放小球、截击球放小球、追短球放小球、反弹球放小球等类型。

(二)放小球技术训练

1.对墙放小球练习

练习者距墙5～6米,用球拍送球上墙后,等球落地一次或两次后再轻削送球上墙,可运用正手或反手练习。练习时用切削推送并减速的方法完成放小球动作,保持连续进行。

2.正、反拍切球练习

练习者站在原地,将球抛起,用正、反拍切球方式,让拍面沿半圆的轨迹凌空切球,注意不要让球落地。如果一开始不好控制球的话,也可以先让球落地,反弹后再切球,等到有一定感觉以后再尝试凌空切球。

3.反弹放小球练习

练习者站在底线,自我抛球,待球落地反弹后,用正手或反手下旋方式切球,送至对方网前。练习时眼睛看球,击球的手腕由握紧到适度放松,轻巧地触球让球产生明显下旋特征,使球刚好过网,并且反弹得很低。

4.下旋切球练习

练习者自己抛球,待落地反弹后,用下旋方式将球切过网。一开始可以不强调落点,但是球落地后要能产生向后反弹的效果。有一定感觉后再注意对落点的控制,力求落在距离球网2～3米处。

5.凌空放小球练习

练习者站在底线将球抛起,高于头顶约0.5米,用正手或反手切削球方式,凌空送球。练习时不要让球落地,直接送球,如果一开始不好控制球的话,也可以先让球落地,待它反弹后再切球,随后重新抛球,尝试凌空直接切到球。

6.场地实战练习

同伴站在底线向对面场地任一区域送球,练习者判断球的移动后,用削球动作放小球。练习时要让球过网后落在距离球网2～3米内,落地后能产生向后反弹的效果;较熟练后,放小球动作要有一定的隐蔽性,不可过早暴露意图。

第三节 网球运动的战术学练

一、网球运动单打战术教学

(一)发球战术教学

(1)发球站位:应选择既有利于进攻,又便于衔接下一个动作的站位。

(2)发球变化:第一次发球,多用大力平击发球,使对方难以抵挡造成接发球失误,或用切削发球、上旋发球打落点发至对方防守较差区域;第二次发球,要准确、凶狠、打落点,多用切削发球或上旋发球。

(3)上网发球:上网发球有大力平击发球和上旋发球后上网两种,但因大力平击发球后,对方回球快,且不易维持身体平衡、常来不及上网,故多采用上旋发球上网。

(4)右区发球:站位靠近中点,第一发球一般采用平击大力发球,发向对手右发球区中线附近,迫使对手用反手接发球。如果第一发球失误,则第二发球一般采用侧旋发球,发球速度相对慢一些,避免失误,发向对手右发球区边线附近,利用侧旋迫使对手离开场区接球,使对手只能打出轻软的球。图 11-7 中分别标出了发球者(甲)在右区发球时发球落点应优先考虑的顺序。

(5)左区发球:站位应在离中点 1～1.5 米处,第一发球一般应发对手的左边线附近(图 11-8 中的第 1 落点),即对手的反拍边,让对手用反手来接球。图中的第 2 落点,往往能使对方奔救不及而直接得分。图中的第 3 落点对接球方来说是一种追身球,如果具备相当的速度和力量,也常常能使对方措手不及。

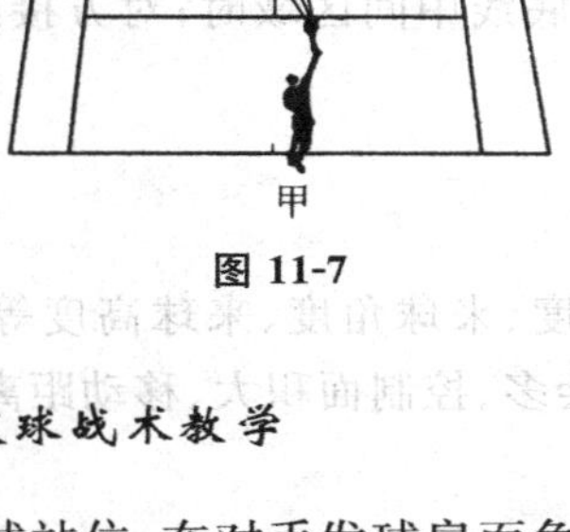

图 11-7

图 11-8

(二)接发球战术教学

(1)接发球站位:在对手发球扇面角度的角平分线上,或根据个人接发球能力予以适当调整。如果对手较差,站位应稍偏左;如果对手擅长发斜线和带旋转的球,站位应稍偏右。

(2)接发球击球:选择好击球方法和击球落点,积极主动击球,为自己创造上网机会。常用的击球方法有平击抽球、切削球、拉旋转球、挑高球上网、拉底线两角球等。

(3)右区接发球：站位在底线偏右的位置。如果对方发球后仍留在端线处，接发球落点可选择图 11-9 中所示的 3 个落点任意一个。第 1 落点为斜线深球，球可从网的最低处越过；第 2 落点击向对方的反手；第 3 落点是一个较短的斜线球，难度较大，但能将对方拉开，给下一次击球造成很大的攻击空当。

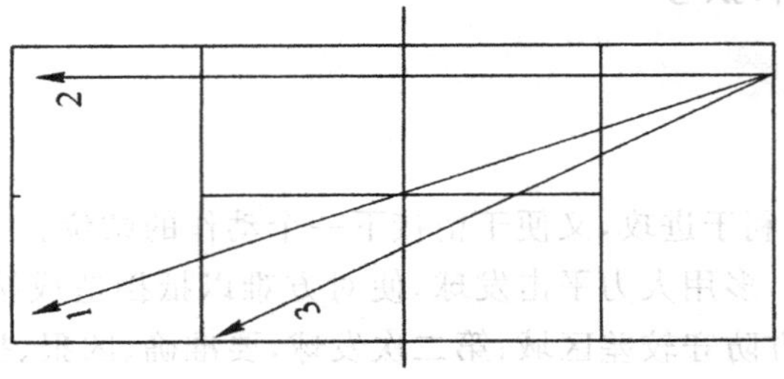

图 11-9

(4)左区接发球：站位应在对方可能发出角度的分角线上，底线偏左处。接发球落点优先考虑的顺序以斜线球为主，如图 11-10 所示的第 1 落点为打到底线附近的斜线球；第 2 落点为发球区附近的斜线球；第 3 落点为打直线的底线球。

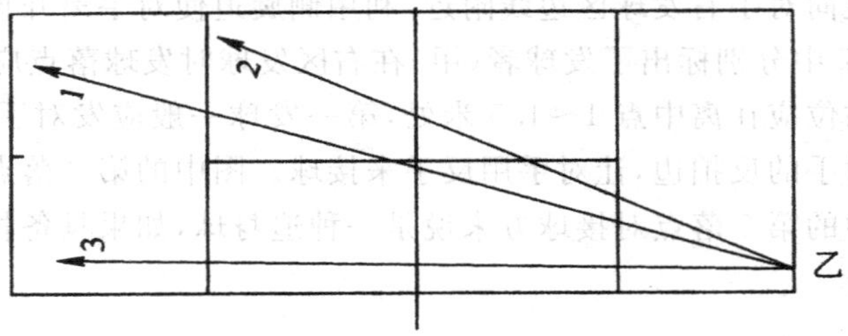

图 11-10

(三)上网战术教学

1. 上网时机

上网时机有以下三种：在发急速旋转球后，将球击向底线中间区域时；对方接反弹至底线外或反弹至边线外的球时；对方击被动的过渡球时。

2. 上网站位

应根据个人掌握网前击球的技术情况、自己移动速度、来球角度、来球高度等因素来确定。距网 2～2.5 米为宜。离网较近，攻击角度大、截击球机会多、控制面积大、移动距离较短。

3. 上网战术应用

(1)一般上网战术

①从中场使用大力的准确击球或球在上升时击球，控制局面，威胁对方。

②随球上网。

③击向对方反手的深球、低的或高的弧圈球、反弹高的上旋球(攻击性的弧圈球)。

④打直线随球上网和打斜线随球上网。

⑤不要过多地将对手调至网前或出其不意轻吊或空中短击。

⑥力求击出的网前球不超前 3 次(将球击出此区域)。

(2)中场上网战术

①截击:连续截击不要超过 3 次。截击空当抢分。

②击高球:始终将球击向对手弱的一侧。

③随球上网:先打一直线,随球上网,朝空当截击。一般不要打斜线。

④打出深而高的球,等候对手的反应,对手回球时,可上去封住直线超身球。

⑤挑一高球,对手不用高球扣杀,可上网,但当心对手挑高球。

⑥击一轻吊球,对手上来救球,可上网封死角度。

(3)网前上网战术

①来球齐腰高时,用最佳截击打空当。

②来球为近网低球时,用低截球打中路或打一角度下的轻吊截击球。

③来球为高的慢速球时,用空中截击或高压击向空当。

④来球为很高的中场球时,用空中高压打空当。

⑤来球为很高很深的球时,球弹起后扣杀中路并上网截击。

(四)底线战术教学

1. 对攻战术

(1)用正、反手抽击球的速度、力量。攻击对手的弱点,用速度压住对方。

(2)用正、反手强有力地抽击球,连压对方一点,突击其另一点。

2. 调动对方战术

(1)正、反手的有力击球,调动对方大角度跑动,同时寻找进攻得分机会。

(2)在调动对方两边跑动时,突然连续打重复球,再加变线。

3. 拉攻战术

(1)正、反手拉强力上旋至对方底线两边大角深处,不给对方上网及底线起板反击的机会,寻找时机进行突击。

(2)正、反手拉上旋球时,加拉正、反手小斜线,使对方增加跑动距离并出现低质量的回球,然后伺机进攻。

(3)逼近对方反手深区,伺机突拉正手。

4. 紧逼战术

(1)接发球时就紧逼抢前进攻,使对手发球时产生心理压力和发完球后有来不及准备的感觉。

(2)连逼对手反手,突击正手,伺机上网。

(3)紧逼对方两角,使其被动或回球出现失误,伺机上网。

5.侧身攻战术

(1)连续用正手进行攻击,创造得分机会。

(2)用正手进攻,调动对方移动,反手控制落点,伺机用正手突击进攻。

(3)用全场正手逼攻对方反手,再突击变线正手。

(4)用正手进行攻击时,连续打出重复球。

6.防守反击战术

(1)对方采用发球上网战术时,接发球可采用迎上借力击球,把球打到对方脚下或两边小角,然后准备第二板反击破网。

(2)对方采用底线紧逼进攻战术时,可采用底线正、反手上旋球打至对方底线两边大角深处,不给对方进攻得分机会,然后再伺机进行反击。

(3)对方采用随球上网进攻时,应提高底线破网第一板的成功率和突击性,以及破网的质量,以寻求第二板破网反击的机会。

二、网球运动双打战术教学

(一)发球局战术教学

1.双打发球局的站位

(1)常规站位

右区发球的站位:发球员Ⓐ应站在底线右侧中点与双打边线的中间或略偏右 20～30 厘米的位置上,同伴Ⓑ站在左侧网前距网 2～3 米、距左侧双打边线和发球区中线之间的位置上,Ⓑ的站位是以保护边区为主,兼顾中路(因为如果边区空当过大被接发球员Ⓒ以直线穿越则无法补救,而中路来球可与发球员Ⓐ在网前拦截)。这样的发球局阵势给对方Ⓒ的感觉是:网前Ⓑ已摆好抢网进攻的架势。不但要接好发球,还要尽量避开Ⓑ的抢攻(图 11-11)。

左区发球的站位:发球员Ⓐ在左区双打边线与中点之间略偏左的位置。这样的站位可以更有利地发出拉开对方的外角球,因为大多数的右手持拍者从左区向对方的发球区外角发球时需要从站位上调整,即使在站位上向左多调整一些也不会影响发向对方中区内角的球,因为右侧上旋大力发球可以很容易地发到这一点。像右区发球站位一样,同伴Ⓑ在网前右区,站在距网 2～3 米、中线与右侧双打边线之间,以确保右侧不被直线穿越为主,兼顾中路并与发球员Ⓐ在网前默契配合占据优势(图 11-12)。

(2)非常规站位

右区发球的站位:在右区发球时发现接球员Ⓒ擅长回击小斜线球(图 11-13),因为接回的球特别斜,不但网前同伴Ⓑ无法抢截,发球员Ⓐ冲上网后也很难处理,造成网前的被动,一旦出现此种情况可以调整为同侧站位的方法(图 11-14)。

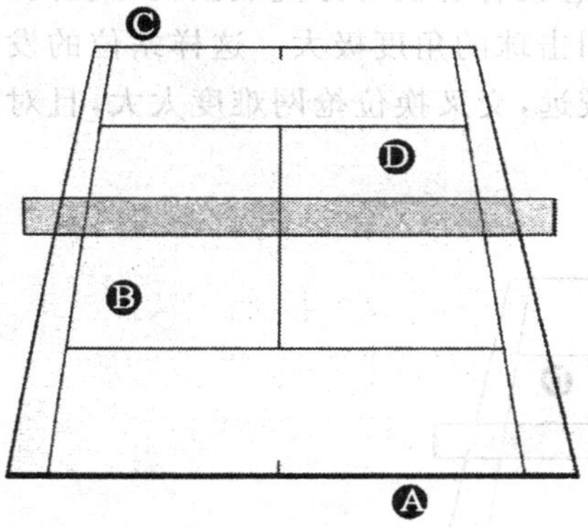

图 11-11

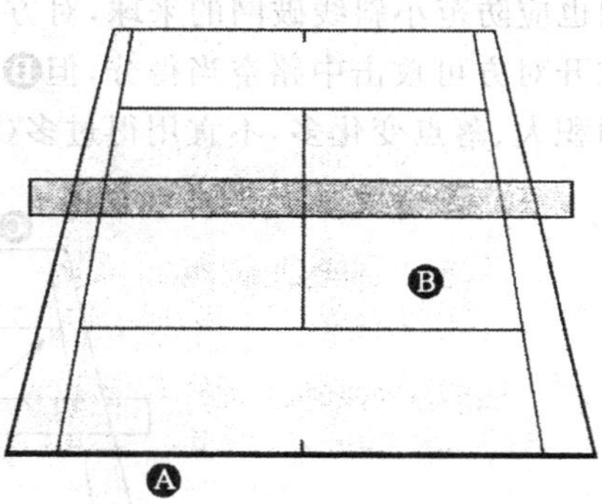

图 11-12

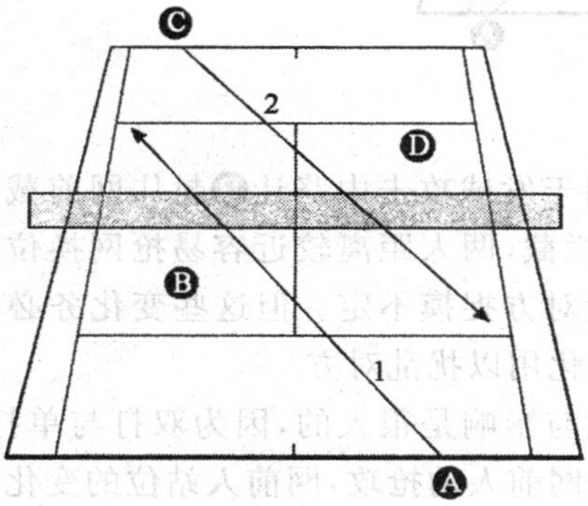

图 11-13

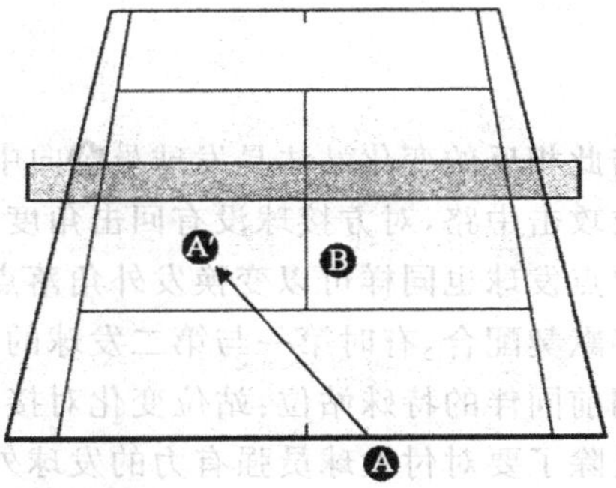

图 11-14

左区发球的站位：与右区相似，如果发现对方Ⓒ在左区接发球擅长打破网小斜线，使我方上网进攻受阻，网前同伴Ⓑ很难抢到，而且Ⓐ上网后也很难处理前场的低斜球(图 11-15)，则只好改变为左区的同侧站位以封堵小斜线的接发球(图 11-16)。

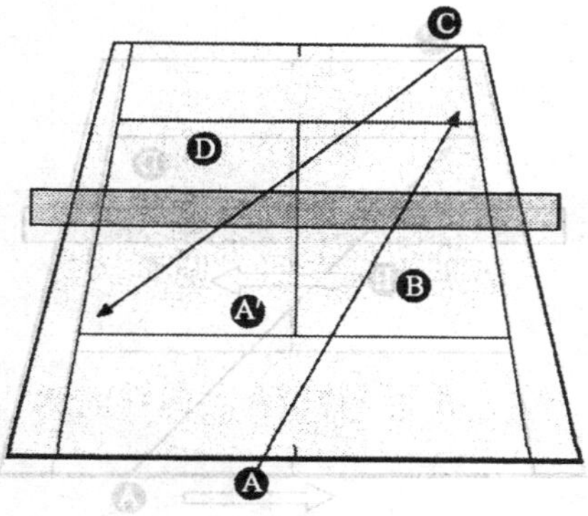

图 11-15

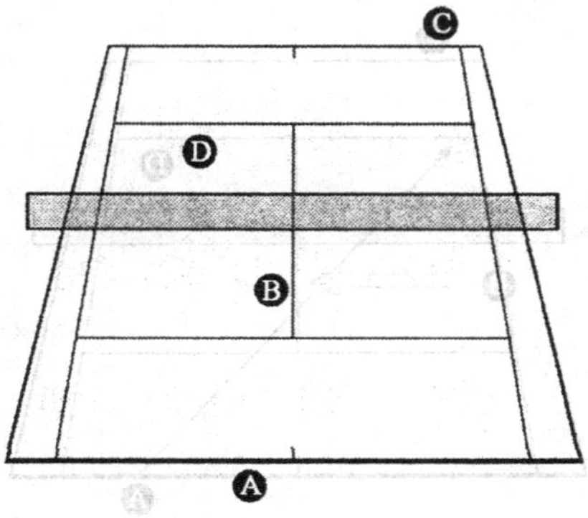

图 11-16

(3)特殊的站位

发球员的特殊站位：发球员Ⓐ为把接球员拉出场外回击，把发球站位向外侧延伸接近单打边线，但此站位务必需要网前同伴的配合，因为他稍一疏忽就容易被对方直线接发球破网；发球员Ⓐ上网也应防范小斜线破网的来球，对方在边线外侧回击球的角度极大。这样站位的发球目的在于拉开对方可攻击中路空当得分，但Ⓑ与Ⓐ因距离较远，交叉换位抢网难度太大，且对方回击球的面积大、落点变化多，不宜用得过多(图 11-17)。

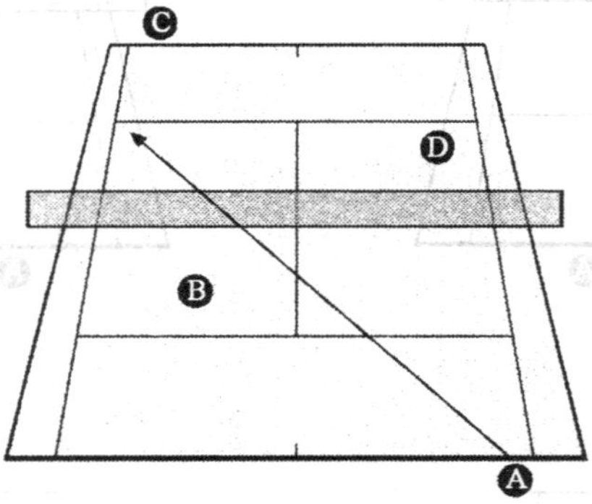

图 11-17

与此相反的变化站法是发球员Ⓐ向中点靠近，有利于发球攻击中路让Ⓑ封住网前截击。这种站位攻击中路，对方接球没有回击角度，便于在网前拦截，两人距离较近容易抢网换位。即使靠近中点发球也同样可以变换发外角落点，虚虚实实让对方捉摸不定。但这些变化务必与网前的同伴默契配合，有时第一与第二发球的站位也可以变化用以扰乱对方。

网前同伴的特殊站位：站位变化对接发球员的干扰与影响是很大的，因为双打与单打不同，接球员除了要对付发球员强有力的发球外，他还要防范网前人的抢攻，网前人站位的变化必然引起接球员的猜疑(图 11-18)。

网前同伴Ⓑ向外侧站，接球员Ⓒ不敢打直线，但Ⓐ发球后Ⓑ迅速向中路抢截，可达到出其不意的效果。Ⓑ站位更具有挑战性，干脆挡住了接发球员Ⓒ的回球路线。因为Ⓑ蹲得极低并不影响Ⓐ的发球路线，但Ⓐ一旦发球过网Ⓑ则快速抢截，也许与Ⓐ交叉换位，又可封截直线来球，使接发球员感到极大的威胁(图 11-19)。

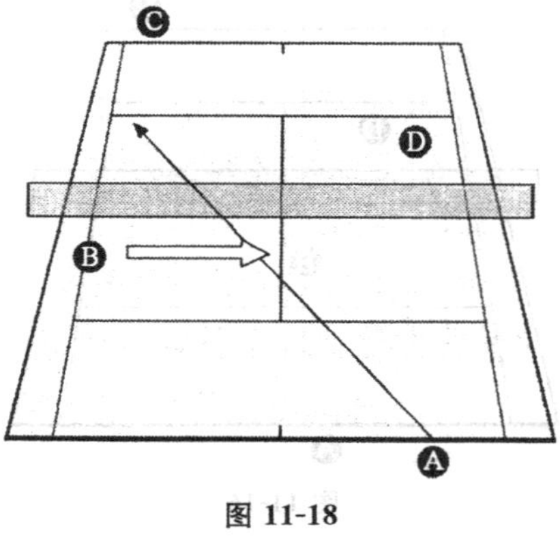

图 11-18

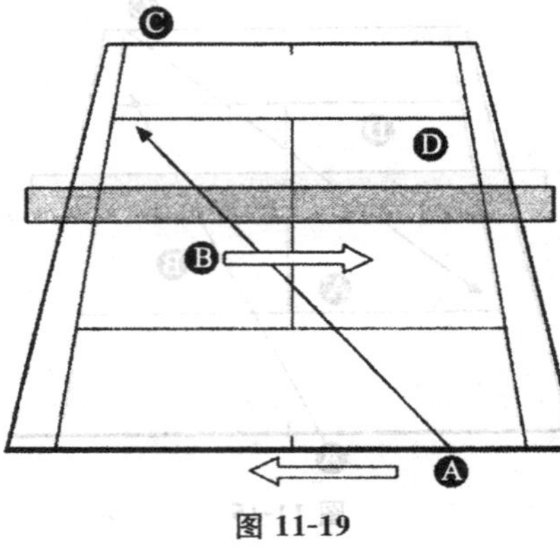

图 11-19

2. 发球局的抢网战术

所谓抢网战术是指网前队员利用同伴发球的有力进攻在网前抢截对方接发球的战术。由于网前队员距网较近，他可以抢截高于网的来球，并打出大角度攻击力极强的截击球，得分率很高，对对方威胁较大，使接发球方不仅要对付发球的攻击，还要承受抢网的巨大压力。抢网战术可分为一般抢网、换位抢网与特殊站位抢网等。

一般抢网：在判断来球的方向后，抢到球网中央的吊带附近，抢打后仍回原侧准备。此种抢网最常用，网前队员与发球员的默契配合可以抢截许多质量不高的接发球，抢截攻击的落点打向接发球员同伴的脚下，如果他迫于挨打的压力退至底线防守，抢截的攻击点可打出角度或攻击中路(图 11-20)。

换位抢网：网前队员抢网后与发球员交叉换位。原先左区的队员换至右区，右区的队员到左区。此种抢网需要默契合作、坚决果断，网前的队员多在背后给发球的同伴做手势，让发球员为他的抢网创造有利的条件。这种换位抢网虽然有很大的风险，但抢截成功会给对方造成巨大的心理压力，即使抢截失误也会吓对方一跳，达到搅乱对方接发球习惯的目的(图 11-21)。

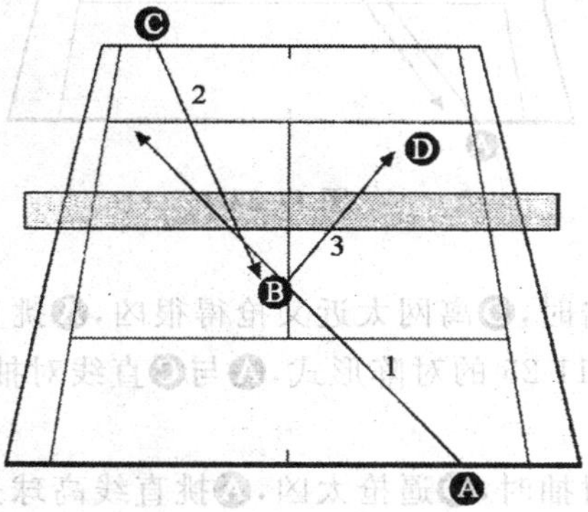

图 11-20

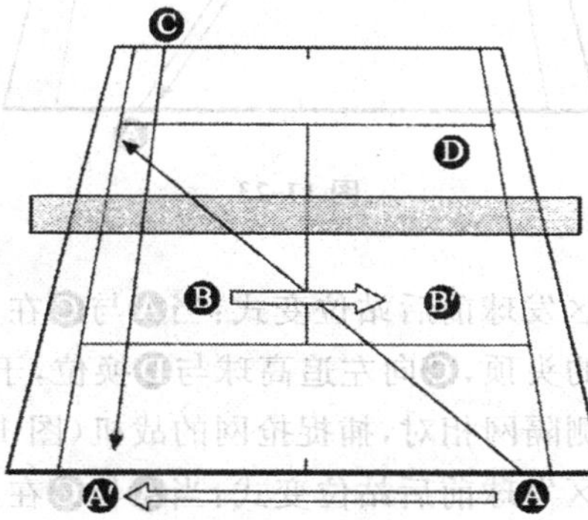

图 11-21

特殊站位抢网：网前队员Ⓑ站在发球员Ⓐ的前方几乎挡住发球线路，但蹲得很低，由于与发球员有默契熟练的配合并不影响发球，当球发出后，他可以向左前方封抢直线球，攻击对方Ⓒ、Ⓓ空当，发球员Ⓐ仍向右前方上网；另一种换位抢网是Ⓑ封抢斜线，发球员Ⓐ上左侧网前，同样在左区发球也可以与网前同伴有类似的配合(图 11-22)。

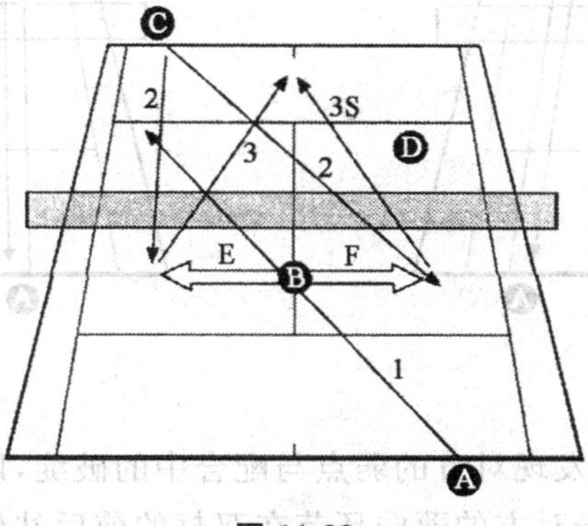

图 11-22

3.发球局前后站位战术

右区发球前后站位：发球员Ⓐ发球后不上网，接发球员Ⓒ接球后也不上网，接球员同伴Ⓓ则逼至网前与Ⓑ处于相当的位置，Ⓐ与Ⓒ对角线抽击，Ⓑ与Ⓓ在网前捕捉抢网的时机(图 11-23)。

左区发球前后站位：当左区发球时，发球员Ⓐ发球后不上网，接发球员Ⓒ接球后也不上网，接球员的同伴Ⓓ逼近网前，Ⓐ与Ⓒ在底线对角线对抽，Ⓑ与Ⓓ在网前伺机抢网进攻。图 11-24 与图 11-23 相似，只是方向相反，正拍位改为反拍位，这是双打前后站位最基本的阵势(图 11-24)。

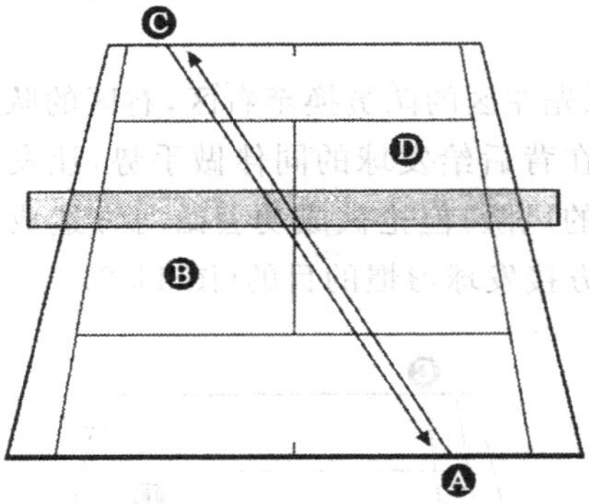

图 11-23

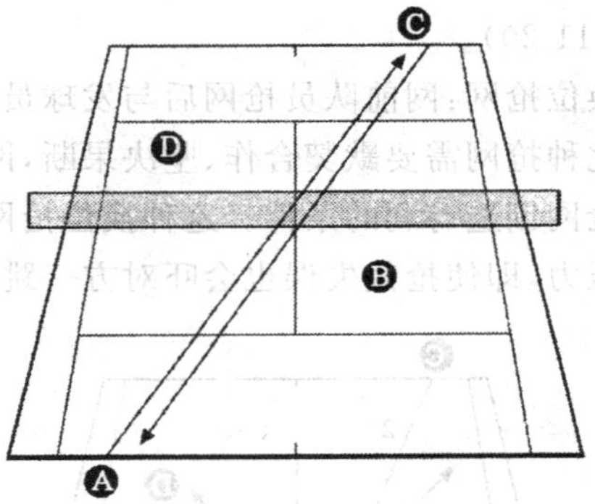

图 11-24

右区发球前后站位变式：当Ⓐ与Ⓒ在右区对角抽击时，Ⓓ离网太近又抢得很凶，Ⓐ挑直线高球过Ⓓ的头顶，Ⓒ向左追高球与Ⓓ换位，于是出现了图 11-25 的对阵形式，Ⓐ与Ⓒ直线对抽，Ⓑ与Ⓓ在一侧隔网相对，捕捉抢网的战机(图 11-25)。

左区发球前后站位变式：当Ⓐ与Ⓒ在左区对角线对抽时，Ⓓ逼抢太凶，Ⓐ挑直线高球过Ⓓ的头顶，Ⓒ向右侧追高球与Ⓓ换位形成了新的对阵形式，Ⓐ与Ⓒ直接对抽，Ⓑ与Ⓓ在网前伺机抢网进攻(图 11-26)。

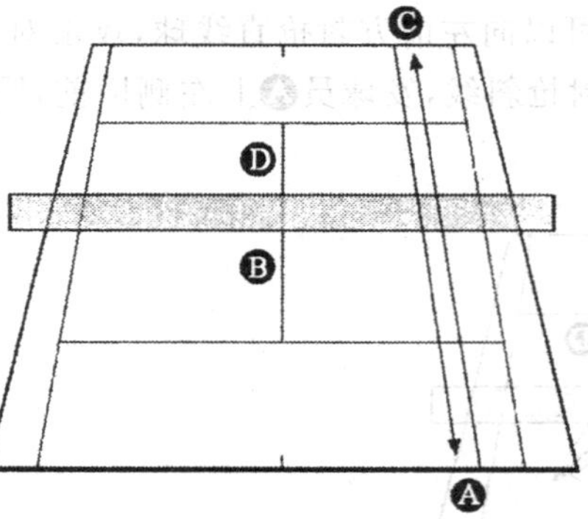

图 11-25

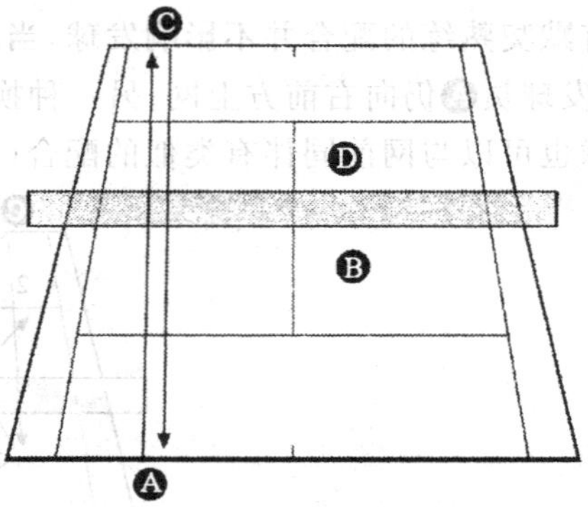

图 11-26

在前后站位的变化中可以发现对方的弱点与配合中的破绽，以己之长，攻彼之短是战术最基本的原则，发挥我方的优势攻击对方的薄弱环节在双打的前后站位中是大有文章可做的。

(二)接发球局战术教学

1. 比赛站位与配合

(1)站位

左右站位:双打接发球员的站位在左或右的位置比单打更向外侧,原因是双打的发球员站位一般在底线中点至双打边线之间,比单打发球员的站位靠外,这样的站位增加了发球的角度,更容易发向外角拉开对方,因此接发球员应相应外移,从理论上来讲,应站在对方可能发到的外角与内角落点连线的角分线上。如果观察发现发球员Ⓐ没有能力发出大角度的侧旋球,接发球员Ⓒ可以放弃大角度的外角往里站,可以均衡有效地在身体两侧用正、反拍接发球;左区接发球员Ⓓ的站位也是同样的原理,只是右手持拍的发球员走向外角,很难发出大角度的侧旋球,如果发球员是左手持拍就可能发出向外侧旋转的球,迫使你跑出场外回击,此时你应向外站,有所准备(图 11-27)。

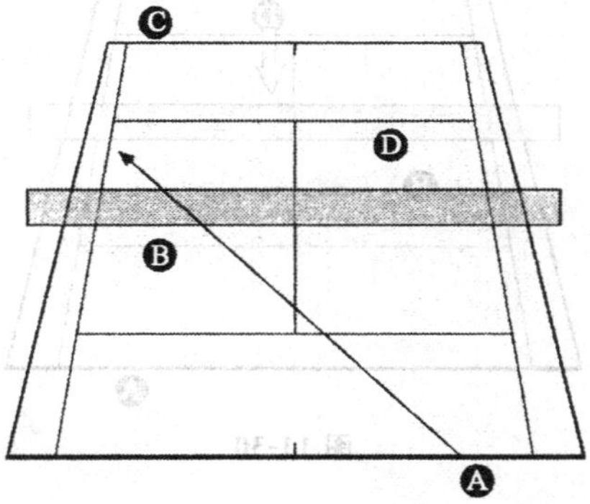

图 11-27

前后站位:接第一发球站位应稍往后些,但不宜太往后,接第二发球应该稍向前站些,这样的站位是比较积极和适宜的;接强有力的发球,球速快,应适当地靠后些,以便来得及判断、反应和及时做出快捷的后摆动作,若对方发球攻击力较弱,则应向前调整站位,有利于抢攻;接大力的旋转发球不宜站得太后,接侧旋球也不要退得太远。

(2)配合

①双底线的站位

接发球员Ⓒ接球时同伴Ⓓ在另一侧准备(图 11-28),此种站位多在以下几种情况时使用:对方的第一发球攻击力很强,接发球员接球被动时,同伴退下来配合防守;发球方的发球与抢网配合默契,屡屡得手时,同伴退下来共同防守;对方采用同侧站位或特殊站位,接发球员很不适应时,同伴还是先退下来较好,以便鼓励接发球员大胆还击(图 11-29)。

②一后一前的站位

接发球员在底线附近接球,同伴站在另一侧发球线附近准备,这种站位在态势上是积极而灵活的,使发球方有压力,一旦接发球得手,站在发球线的同伴即刻冲上去抢网反攻,这是当前接发球局最常见、最积极的站位,即使接发球员被动挑起高球,同伴也来得及后退,使用此种站位的情况有:接对方较弱的发球(多是第二发球);准备抢攻(包括接发球配合抢网进攻);关键分(包括局点、盘点或赛点)有意给发球方制造压力,在反攻的气势上压倒对方(图 11-30)。

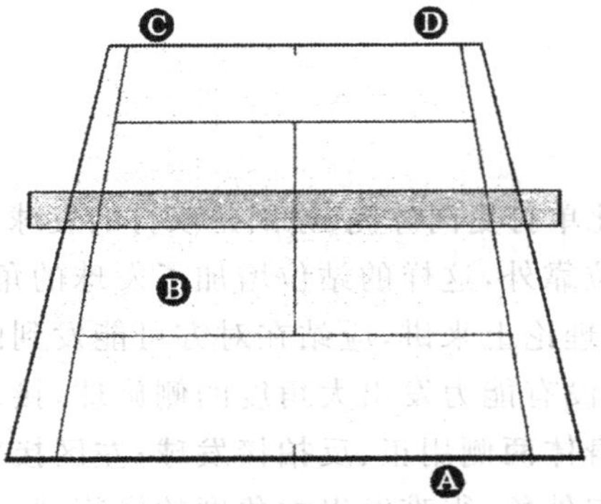

图 11-28

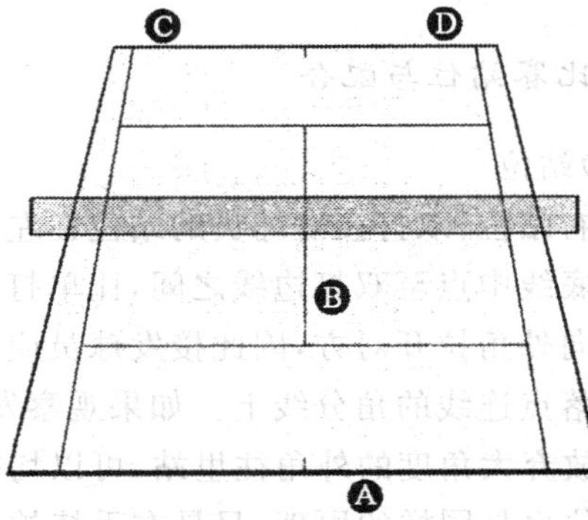

图 11-29

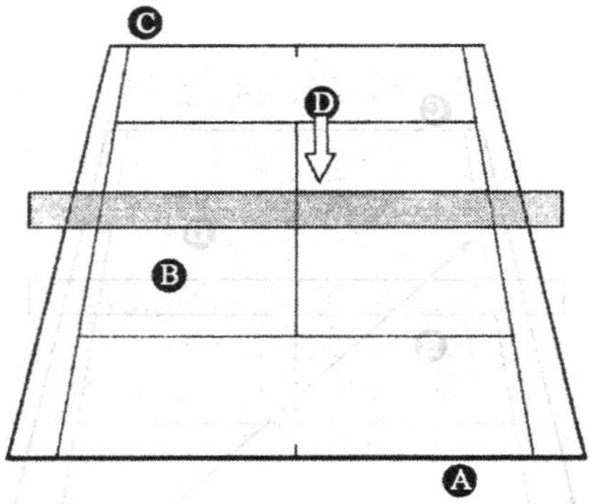

图 11-30

2. 接发球局的试探性战术

在比赛中需要了解对方两人发球局的战术,才能及时采取针锋相对的策略,调整合理的战术,因此在开始的接发球局总是采用试探性的战术来了解对手。

(1)接发球员站位

接发球员的站位可先采用习惯的常规站位,当接过对方第一和第二发球后再做相应的调整。

(2)同伴站位

①站在另一侧的发球线Ⓓ处,接第一发球和第二发球都站在这里(图 11-31)。

②接第一发球时退到底线的Ⓓ'后,接第二发球时再上到发球线的Ⓓ位置处,看发接方对峙的情况再做调整。

③接第一和第二发球都站在底线的Ⓓ'的位置,因为接发球员Ⓒ要做试探性的回击,这样的站位在配合上比较稳妥,可使接球员减少心理上的负担,大胆去接。

(3)接发球员的回击方法

①回击落点

落点 1 为深区斜线,这是双打接发球最多的回击落点;落点 2 为浅区小斜线,这是双打接发球难度较大的回击落点,可以拉开对方,有时可以直接得分;落点 3 为回击中路,可能遭到网前队员Ⓓ的抢截；落点 4 为接发球直线破网；落点 5 为接发球直线挑高球，挑过Ⓓ的头顶落入深区。左区接发球员的回击落点与右区相仿，方向相反(图 11-32)。

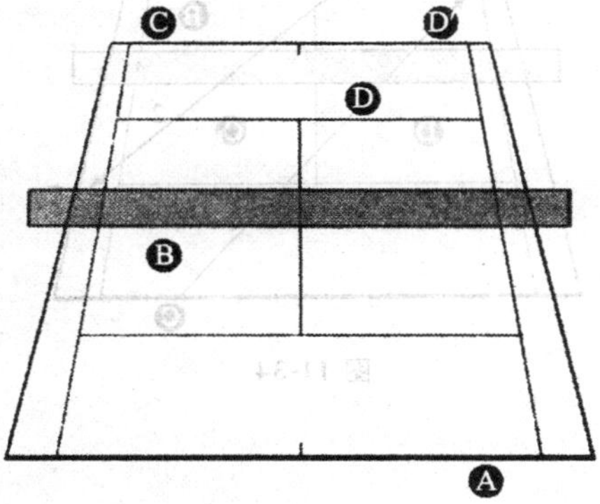

图 11-31

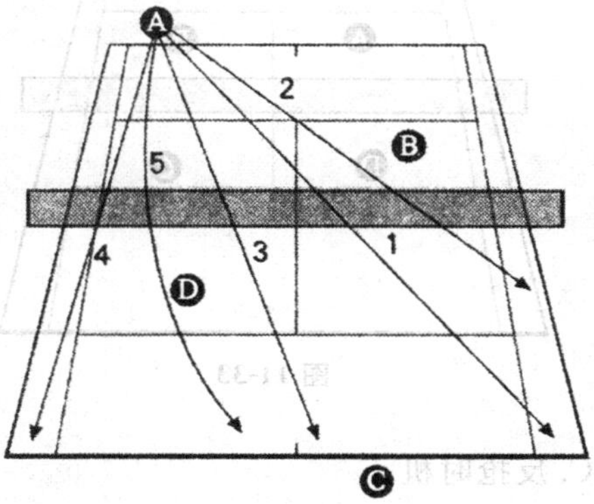

图 11-32

②接发球的打法

双打接发球的战术是从接发球第一拍开始的，接发球的打法灵活多变，从球的旋转上有上旋、下旋和侧旋等；在回击力量上有加力攻、中等力量回击和轻击等；在接发球动作上有动作较大的抽击和迎前的快速挡击与切击等。

3. 对发球方采用双上网战术的接发球局对策

(1)接发球局反抢战术

①接发球方的站位

这种站位对发球方具有挑战性，因为接球员Ⓐ一旦抢攻得手，同伴Ⓑ在网前就有可能捕捉到反攻的机会，当代高水平双打比赛在接发球时多采用此种反抢战术，而且配合得熟练、默契，根据发球与接发球对抗的情况，Ⓑ的站位可以调整(图 11-33)。

②接发球的要求

A. 避开对方抢网

避开Ⓓ的抢网对接球员Ⓐ的要求是很高的，他不仅要准确地把球回击到对方的场区，而且要避开对方凶猛的抢网，不然同伴Ⓑ在中场势必被动挨打。

B. 回击落点

双打接发球回击的落点要为同伴抢网创造有利条件，最好是在发球员Ⓒ冲上网时的脚下，迫使他下蹲从下向上回击(低截击或反弹球)，这样的还击对接发球方十分有利，发球员Ⓒ不能发力进攻，球的飞行路线是从下方向过网的上方飞行，为同伴Ⓑ创造反抢的时机。在探讨为创造反抢的接发球回击落点时，还有以下几种情况：接发球回击重而深的球，虽然也可以躲避Ⓓ的抢截，但对高水平的发球员Ⓒ威胁不大，他可以借力截击后仍抢占网前的有利位置，使接发球方感到被动。另一种接发球回击尽量利用双打的边区(图 11-34)，这种回击深点对发球员Ⓒ上网至C_1处有直接得分的威胁，但他若判断准确至C_2处还击，回击短斜线或变直线的可能性极大，对Ⓑ反攻抢截不利；接球员Ⓐ挑高球过网前队员Ⓓ成功，就不仅是同伴Ⓑ抢网了，Ⓐ也同时随球上网，在网前捕捉进攻的有利时机。

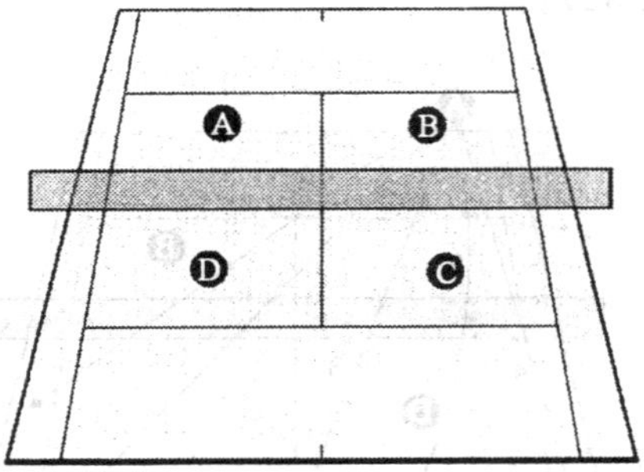

图 11-33

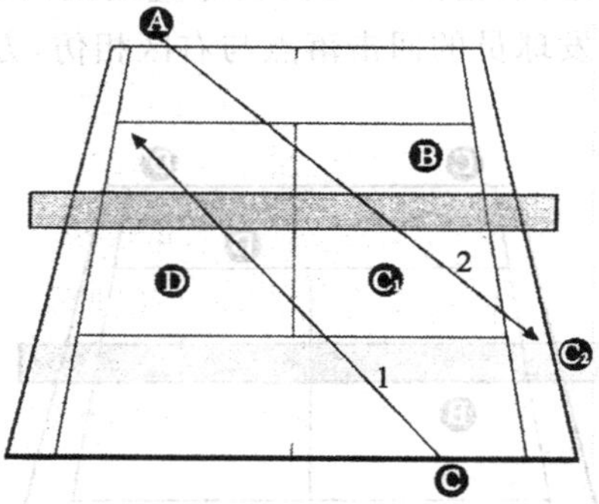

图 11-34

C. 反抢时机

当接发球员Ⓐ的回击球落在发球后冲上网的Ⓒ队员脚下，使他被迫下蹲从下向上还击，同伴Ⓑ迅速迎上去封住回击的来球路线果断抢截，向对方的空当或Ⓓ攻击，接球员Ⓐ在Ⓑ向右交叉抢截的同时，向左补位，在网前封住场区（图 11-35）。

左区的接发球反抢战术与上述相同，方向相反，因为左区的接发球有不少关键分（局、盘、赛点），所以更加重要，如果接发球员与同伴配合熟练而默契，会为取胜创造良机。

（2）接发球局双底线战术

①接发球局的站位

接发球员Ⓐ与同伴Ⓑ都退至底线后（图 11-36），两人保持 3.5 米左右的距离，同时守住双打场地。

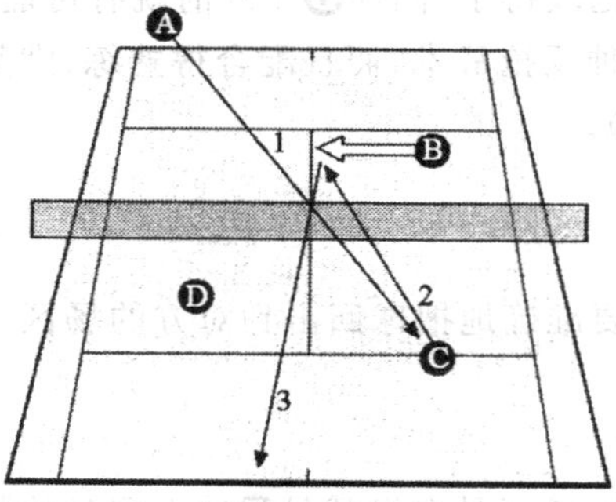

图 11-35

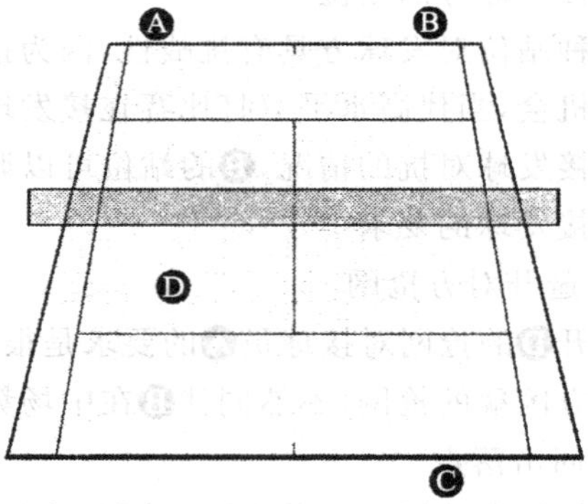

图 11-36

②接发球与破网要求

A. 接发球员应当尽量避开Ⓓ的抢网，把球回击到发球员Ⓒ的一侧，准备他的上网截击，与Ⓑ组织破网反击，一般回击斜线或短斜线，尽量减少接发球的直接失误。接较弱的第二发球时，可加力抢攻，给双上网的对方予以还击。

B. 接发球后的双底线破网注意：组织破网反击首要的是两人紧密协作守住场地把球回击过网；连续破网攻击点的选择要谨慎，攻击站位偏后者，攻击弱者或者表现欠佳、紧张失常者，攻击中路是双打破网回击的最佳选择；回击边区，尤其是从边线外回击的球。

C. 结合运用破网与挑高球，发挥双底线对双上网战术的巨大威力。

4. 对发球方采用单上网战术的接发球局对策

接发球员 A 接发球避开对方Ⓓ的抢网回击至深区后，顺势上网至A_1处，同伴Ⓑ同时跟进至B_1处，两人占据了网前进攻的有利位置，让对方接发球员的同伴Ⓓ被迫退至底线防守，放弃了网前的制高点，把发球局的优势拱手让给对方。即使接发球后不能随球上网，也可以在避开Ⓓ的抢网前提下与Ⓒ在对角线对攻中伺机上网。在对攻中同伴Ⓑ已逼至近网与发球方Ⓓ处于对等的位置，发接双方态势均等，只看进攻抢截时机的掌握和配合的默契程度(图 11-37)。如果接球员Ⓐ发现发球员Ⓒ的正拍对角线的攻击力很强但反拍较差时，可挑直线高球过对方网前队员Ⓓ的头顶，迫使对方换位，于是出现新的局面(图 11-38)。

攻Ⓒ的反拍上网也可，与对方对拉直线攻击薄弱的反拍，同伴Ⓑ在网前进攻的机会就多了。

高水平的双打一般不在底线使用放轻球，因为这容易把对方引上网使自已被动，但对方发球员Ⓒ的网前技术差，不敢双上网时，接球员Ⓐ回击轻球把对方引上网使他被动，也是一种对策，但应注意放轻球的质量，处理不好同伴Ⓑ在网前会被动挨打。

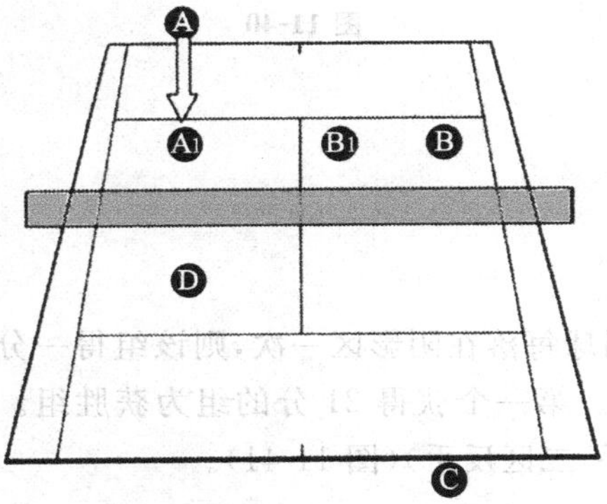

图 11-37

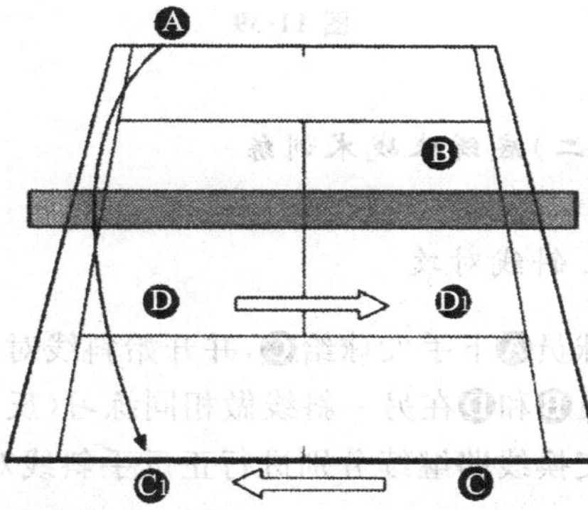

图 11-38

三、网球运动战术训练

(一)发球与接发球战术训练

1. 压力下发球

想象一个比赛的场景，现在是决胜盘，球员 A 以 6 比 5 领先，如果他能连续发出 4 个一发不失误，他将取得这场比赛的胜利，球员争取每个发球成功，若第一个发球就失误，须在另一场地发 40 个球，再进行测试。若第二个发球失误则发 30 个。

2. 攻击弱点

(1)球员Ⓐ向Ⓑ较弱的反手位发球或发追身球。发球员将对手较软的接发球再次回到他的反手位进行连续攻击。直到对手出现失误，或者给你机会回正手空当得分。

(2)发球员用侧旋发球发向对手的身体或用上旋发球发向对手的反手位(图 11-39)。

3. 强力接发球

教练发较弱的二发。球员Ⓐ向前移动并用进攻性击球(一般为正手)将球回到目标 T1 或 T2 点。一组练习后由球员Ⓑ进行替换(图 11-40)。

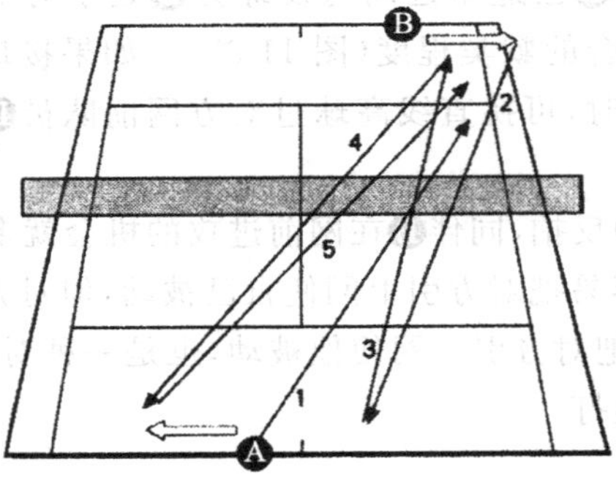

图 11-39

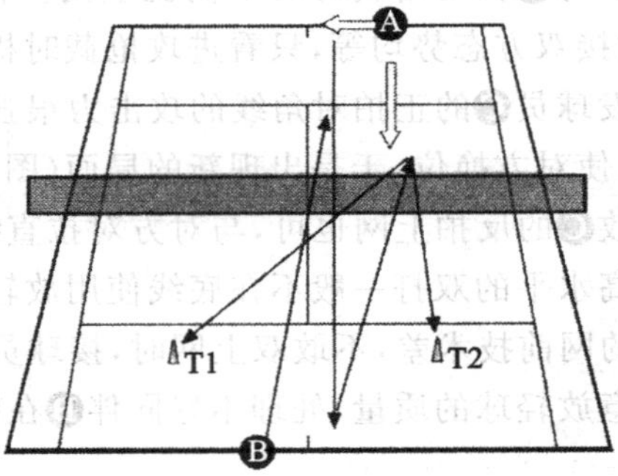

图 11-40

(二)底线球战术训练

1. 斜线对攻

球员Ⓐ下手发球给Ⓒ，并开始斜线对攻(正手)。回球每落在阴影区一次，则该组得一分。同时球员Ⓑ和Ⓓ在另一斜线做相同练习(反手斜线对攻)。第一个获得 21 分的组为获胜组。之后两组交换线路继续分别进行正反手斜线对攻(一区正手，二区反手)(图 11-41)。

2. 命令与回应

球员Ⓐ向球员Ⓑ的半场击出不同变化的回球，并与之形成对攻。而球员Ⓑ则必须将球回到球员Ⓐ 1/4 半场的阴影处(图 11-42)。5 分钟后球员互换角色，并在另一区进行相同练习。

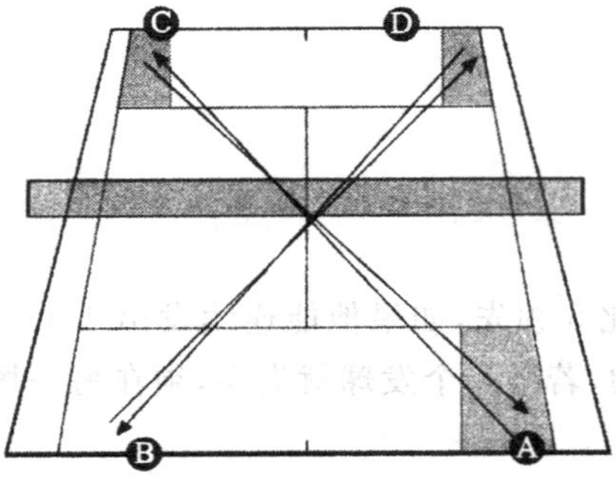

图 11-41

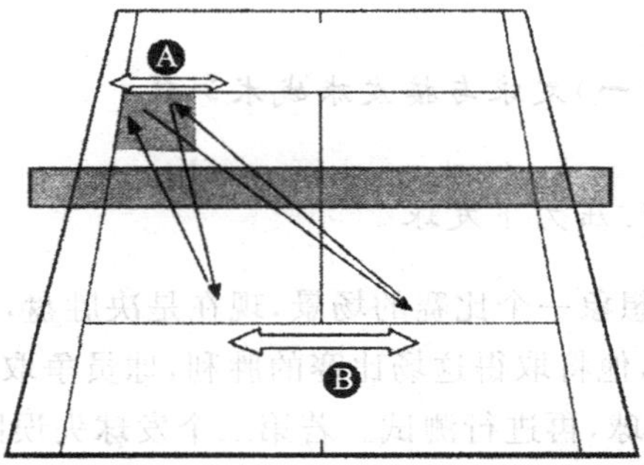

图 11-42

(三)网前战术训练

1. 高球—低球

教练向网前球员Ⓐ正手送球，如果球高于球网，球员Ⓐ回斜线深球或小斜线球。如果球低于球网，球员则回直线深球(图 11-43)。直到打出制胜截击球，然后进行轮换，几分钟后换成反手练习。

2. 低球—直线

教练送低球或大角度的球给球员Ⓐ正手。Ⓐ回直线球到目标 T1，第二个球送斜线高球以便Ⓐ能向前移动并向目标 T2 回小斜线球得分(图 11-44)。其余球员排成一行轮换练习。

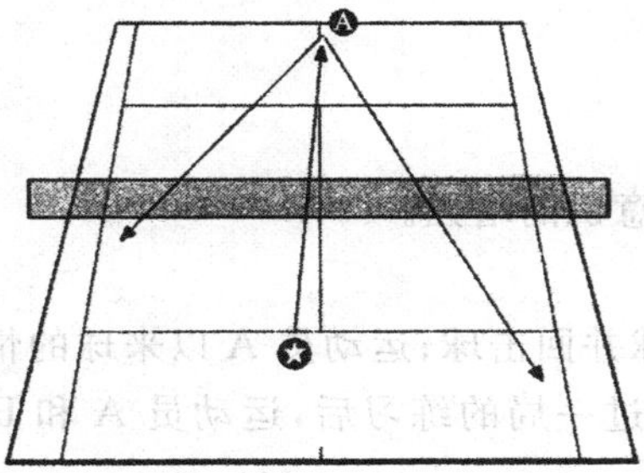

图 11-43

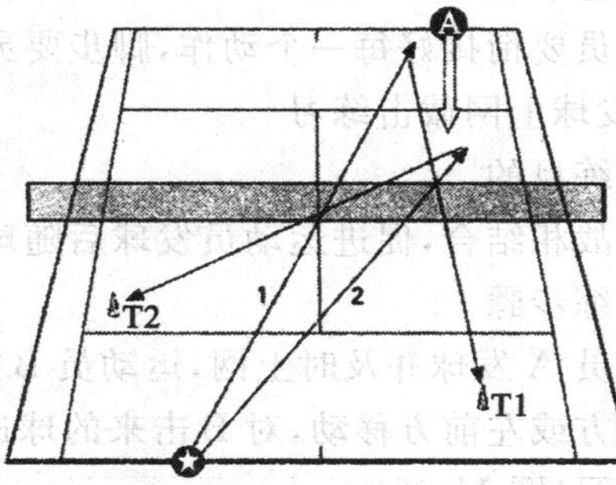

图 11-44

3. 高球—空当

教练送浅球给球员Ⓐ正手，Ⓐ回直线球随上。教练送高于网的球让Ⓐ能将球截向目标。与此同时球员Ⓒ由底线中场开始移动回直线穿越球，Ⓐ则前移回小斜线球(图 11-45)。球员Ⓐ和Ⓒ，球员Ⓑ和Ⓓ进行轮换练习，10 分钟后进行反手练习。

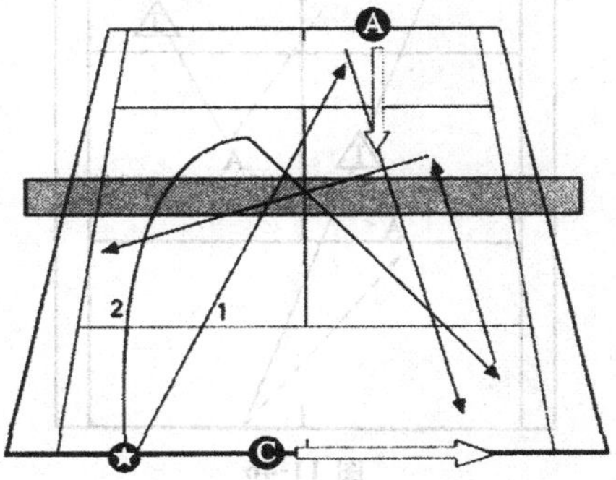

图 11-45

(四)双打战术训练

1.发球方战术训练

(1)徒手发球上网练习

①训练目的

加强运动员发球后随球上网动作的连贯性与熟练性。

②训练步骤

A、B 两名运动员位于底线右区,C、D 两名运动员位于底线左区,轮流进行徒手发球后上网,向发球线跑进并在发球线后做一个分腿垫步动作,然后做一个徒手拦截球的动作后向底线跑回。练习几分钟后,交换位置进行练习。

③注意事项

运动员要衔接好每一个动作,脚步要灵活。

(2)发球上网截击练习

①训练目的

与实战相结合,促进运动员发球后随球上网的战术意识的增强。

②训练步骤

运动员 A 发球并及时上网,运动员 B 接 A 发来的球并回击球;运动员 A 以来球的情况为依据朝右前方或左前方移动,对 B 击来的球进行拦截。经过一局的练习后,运动员 A 和 B 互换角色进行练习(图 11-46)。

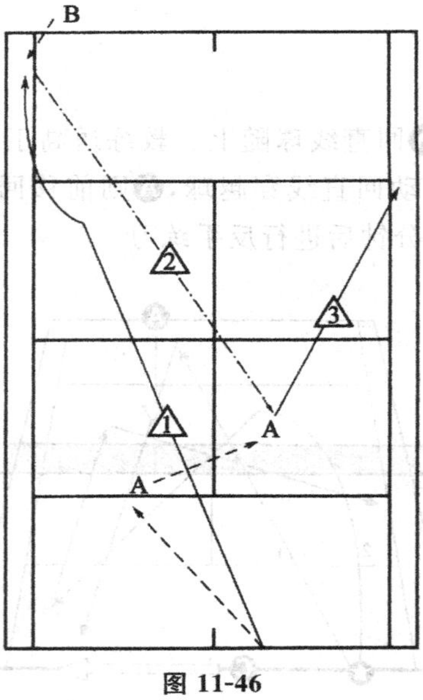

图 11-46

③注意事项

发球的一方在拦截球时,要注意仔细判断来球的情况。

(3)发球上网连续拦截练习

①训练目的

第一,加强运动员发球后随球上网动作的连贯性。

第二,对运动员发球后上网拦击的意识进行培养。

②训练步骤

A、B两名运动员在底线轮流进行徒手发球后上网,在发球线前做一个分腿垫步动作,并拦击由对方场内教练员送来的球;然后再快步移到网前做一个分腿垫步动作,再拦击由教练员送来的第二球;拦球后快步移到底线位置。

③注意事项

要衔接好移动与拦截的动作,保持二者的协调,拦截球时尽量以斜线球回击。

2. 接发球方战术训练

(1)接发球上网练习

①训练目的

增强运动员接球后的上网意识。

②训练步骤

运动员A发球且不上网;运动员B接由A发来的球并随球上网,A回球后,B在网前拦截A的回球。经过一局的练习之后,双方互换角色进行练习。

③注意事项

第一,接发球方在接发球后及时、果断地随球上网。

第二,接发球方在截击发球方的回球时尽量保证落点要深。

(2)接发球双上网练习

①训练目的

与实战相结合,促进运动员在实战中运用接发球上网战术能力的提高。

②训练步骤

A、B两名运动员轮流发球且不上网;运动员C接发球,发球方回击,C和D同时上网对发球队员的回球进行拦截,训练15分钟后双方互换角色进行练习。

③注意事项

第一,接发球方在接发球后要及时果断上网。

第二,发球方要尽最大的努力破网。

(3)接发球双上网网前对抗练习

①训练目的

第一,促进运动员在接发球上网后网前对抗能力的提高。

第二,促进网前两名接发球员协调配合能力的提高。

②训练步骤

A、B两名运动员轮流发球并上网,运动员D接发球,发球方回球,C和D同时上网与发球方展开二对一截击对抗。经过一定次数的练习后双方互换角色进行练习(图11-47)。

③注意事项

接发球方在网前要协调配合好。

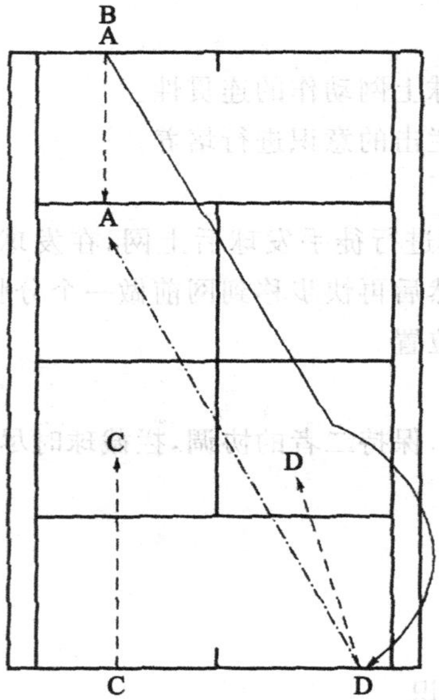

图 11-47

第十二章 其他球类运动文化与技战术学练

第一节 台球运动

一、台球运动的历史文化

台球，也叫"桌球"。它是一项高雅的室内体育运动。台球起源的历史记载较少，并且确切的起源时间、地点都无从考证。据记载，早在15世纪法国已出现"台球"这个名词；英国詹姆斯一世执政期间(1603—1625年)，在他的宫廷已出现早期的台球。18世纪台球运动开始逐渐完善，到19世纪，英国人克·卡首创出用来擦杆头的巧克粉，并开创了英式打法。

从台球出现至今有几百年的历史，在长期流传中经过人们的不断改进，逐渐完善。最初在室内桌子上玩球时，在桌子中心开一个圆洞，后来又在桌子四角开四个洞，洞的增加同时也激发了人们的玩球兴趣，直到在桌子开了六个圆洞，才演变成今天落袋式台球的雏形。在球台的发展过程中还有过八角形球桌，在桌每边开洞，共有八个洞，洞增多了，一盘球可以同时容纳几个人来参加。

球桌方面，原来用的球桌就是普通的木板桌子，因受气候影响木材容易变形，台面的平整度很难保证，直接影响击球技术的发挥。约在1827年开始采用石板做球台台面，才有了光洁平整不变形的高质台面。

最初的球台上只有两只球，到1775年法国人又给加了一个红球，英国人跟着仿效，此时在球台上便有了三个球。这种玩法叫"开仑"，击球人把对方的球顶进球袋，或同时击中两个球称"双着"，都可以得分。这种玩法，就是我们现在玩的三球落袋式台球的原始玩法，即英式台球"比利"。

英国于1885年由业余与职业球手组成了台球协会，是建立台球运动组织最早的国家，并且英国还制定了世界上第一套台球正式比赛规则。1908年又由对立的一方组成了台球管理俱乐部。1919年，台球协会和台球管理俱乐部达成合并协议，组建了英式台球和斯诺克台球的最高组织——台球联合会，主持两种台球的比赛和制定规则。1940年成立了世界台球联盟，是国际台球活动的组织机构，总部设在比利时的首都布鲁塞尔，行政中心设在西班牙的巴塞罗纳。世界台球联盟负责世界性的台球比赛。同时在全世界许多国家开展台球活动，并建立台球协会。

中国台球开展较晚，距今还不到一百年，20世纪80年代英式斯诺克和美式台球才得以在中国得到普及。1986年，我国成立了中国台球协会，各省市也相继成立地方的台球协会。目前，台球运动在中国已经相当普及，在国内外大赛中取得了不错的成绩。素有"台球神童"之称的我国选手丁俊晖就创造了一系列最佳战绩，并于2014年在世界台联的选手排名中位列第二位，创造了亚洲选手的最高排名纪录。截至2017年威尔士公开赛，中国三大斯诺克好手的世界排名分别为丁俊晖第四位，傅家俊第九位，梁文博第十三位。

台球运动具有"静中有动、动中有静、急中见稳"的特点，要求参与者在思索中走动，走动中思索。这样就可以促进参与者血液循环，加强机体的新陈代谢，有益于增进健康，提高其体质。在打台球的过程中，人的身体大幅度地反复收腹弯腰，找位瞄准，使神经一会儿悠闲放松，一会儿又高度紧张，人的肢体和神经得到了活动和调节。参与者还可通过和谐的人际交往陶冶情操，锻炼意志品质，提高克服困难、战胜自我的信心和勇气，养成稳重的性格，使精神状态在安静舒适、气氛祥和的环境中保持健康乐观，获得强健身心的效果。台球的运动强度适中，能够开发智力，在强身健体方面的作用是其他体育项目所无法比拟的。台球也能够加强参与者之间的交流，以球会友能够提高人的社会活动性。

除此之外，台球运动还具有许多优点，如运动场地小；不受季节、天气、时间等因素影响；运动量不大，不会耗费大量体力等，适合各个年龄段和不同身体素质的人群参与。经常参加台球运动能够使人形成沉稳的性格和全面考虑事物的能力，还是一种陶冶情操的手段，它集人的技术和智力于一体，能够使学生获得更多来自精神层面上的愉悦，是排解学习压力的良好方式。

二、台球运动技术学练

(一)基本击球技术

一般来说，台球击球技术主要有直线球、偏击球、吻击球、反弹球、双着击球、弧线击球和联合击球等技术。

1.直线球技术

直线球是台球(落袋)击球入袋的最基本的形式之一。是初学者必须掌握的击球技术，在熟练掌握击直球的基础上学习其他复杂的击球技术。

当主球的中心击球点、目标球的撞点和袋口的中心点在一条直线上时；当主球中心点受到球杆的撞击，并撞击目标球的中心撞击点时，目标球便会直落球袋。

2.偏击球技术

所谓偏击球，是指主球撞击目标球的侧面。这是台球运动中经常使用的一种击球技术。由于主球撞击目标侧面的程度不同，又可分为厚球、薄球。厚球，是指主球撞击目标球的撞击点在目标球球体1/2以上；薄球，是指主球撞击目标球的撞击点在目标球球体1/2以下。

一般情况下，在打目标球的厚薄时，其瞄准点是目标球击球点向外一个球半径处与主球中心点纵向运动方向延长线的交点。

3.吻击球技术

吻击球，即主球撞击目标球不能直接入袋时，借助其他目标球使其落袋的击球技术。这是在台球运动中比较常见的击球技术之一。

当主球以中杆击球时，目标球与其轻吻的另一球的中心连线和袋口中心点成 90°角，被击目标球呈 90°角行进，而轻吻的另一球则按中心连线的延长线行进(图 12-1)。具体应根据球与球之间的角度，以及球与球袋的角度进行适当调整，以达到成功进球的目的。

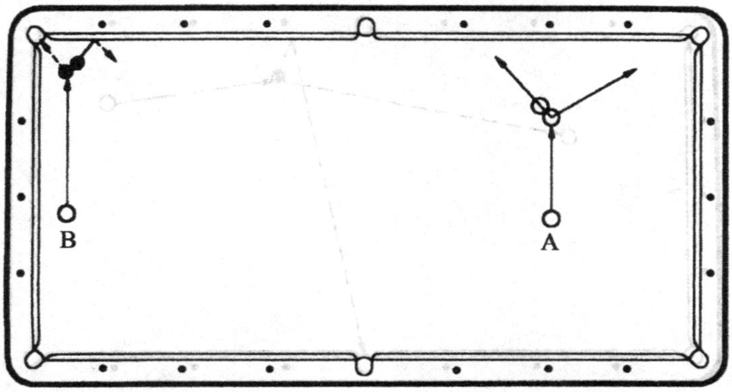

图 12-1

4. 反弹球技术

反弹球是应用入射角等于反射角原理，以主球击目标球，并利用台边的反弹使目标球落入袋中的一种击球方法。它包括直击反弹球和偏击反弹球两种类型。

(1)直击反弹球

当主球、目标球和将要碰台边反弹入袋的反弹点在一条直线上时，这种击目标球反弹入袋的方法就叫直击反弹球。

如图 12-2 所示，将目标球和主球按指定位置放置。应根据球与目标球袋的具体关系，调整好击球点以及击球后球的路线，掌握在反射角变化时，准确把握入射角。经过长时间的练习后，可达到较高的入袋成功率。

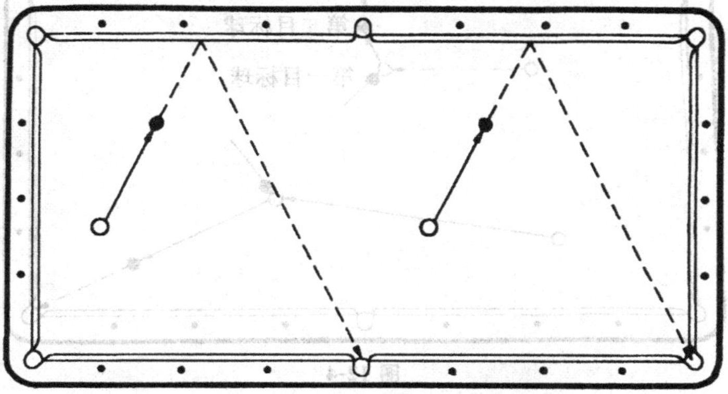

图 12-2

(2)偏击反弹球

当主球、目标球和要利用台边反弹球入袋的反弹点不在一条直线上时，主球需偏击目标球反弹入袋，此种方法叫偏击反弹球。

如图 12-3 所示，用主球薄击目标球左侧，目标球受力后经球台边缘反弹后入中袋。这是直击反弹球的一种演变，只是击球点发生了一定的变化。

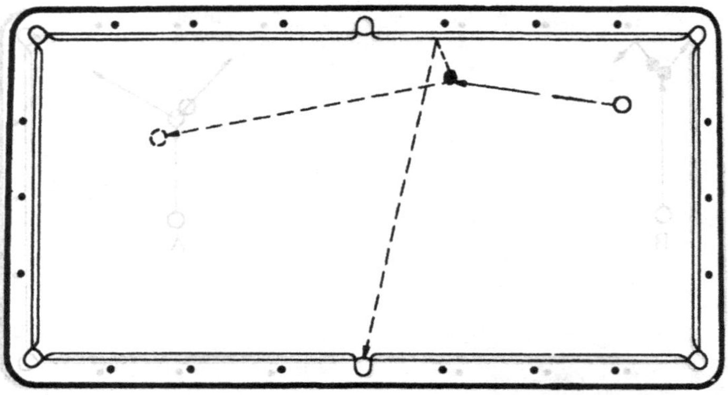

图 12-3

5. 双着击球技术

主球在击第一目标球后，再碰第二个目标球，并将第二个目标球击入袋中的技术方法，就是双着击球法。

双着击球是通过准确地借助第一个目标球来改变主球行进的线路，并准确地把第二个目标球击落袋中。如图 12-4 所示，将两个目标球放置于袋口附近。主球击第一目标球时，应使用中杆，使主球能沿着第二目标球瞄准点方向行进，并碰击目标球入袋。需要注意的是，在击双着球时，确定主球与第一目标球相撞后主球的偏转角十分重要，是决定能否准确击进第二目标球的关键。

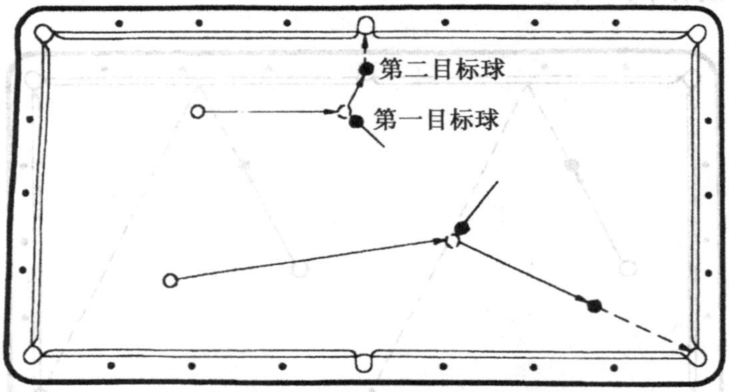

图 12-4

6. 弧线球击球技术

弧线球击球是根据主球要走弧线的大小，通过调整握杆手的高低(即握杆手抬高，球杆向前倾斜大，则弧线程度大，反之则小），以及调整击球点（即击点越远离球的中心点，弧线越大），最后是调整出杆击球的力量，力大则弧线也大。弧线球击球主要用于在主球要击打的目标球前方有一个球阻挡，无法用直击的方法击中目标球时。

如图 12-5 所示，用弧线球击目标球练习。击球时，握杆手抬高 10～15 厘米，击主球的右侧击点。出杆击球时用力要集中。

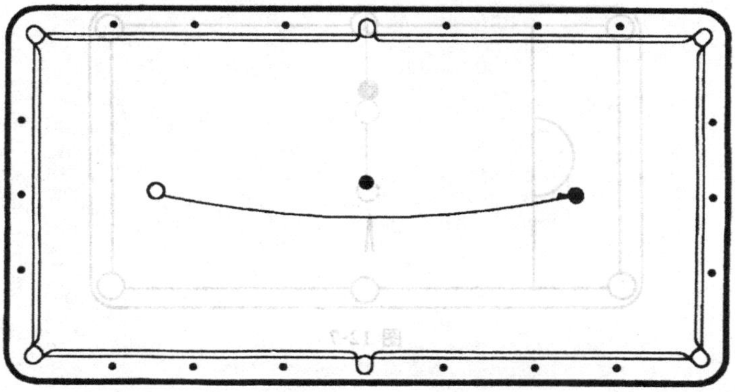

图 12-5

7. 联合击球技术

联合击球技术是指主球撞击目标球，目标球又撞击其他目标球入袋的方法。其原理就是借力打力，这需要对角度的把握比较准确，初学者应该慎用，尤其是侧旋球。

首先确定最后一个入袋目标球的入袋瞄准点，再确定另一个被主球撞击的目标球其撞击入袋目标球的瞄准点，最后确定主球撞击第一目标球的主球击点，然后便可以进行击球（图 12-6）。

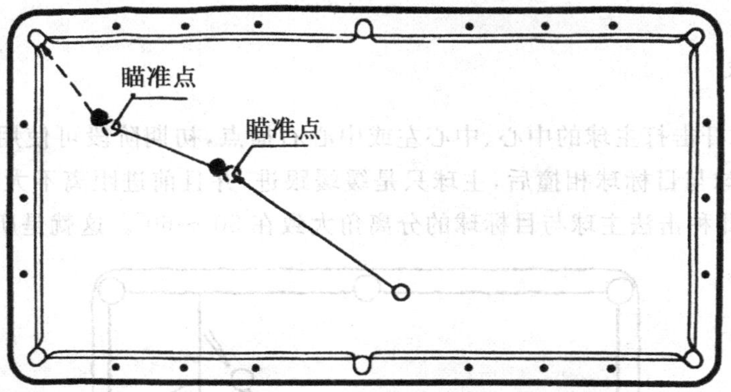

图 12-6

（二）基本杆法技术

台球的击球技术动作与方法十分多样，其基本杆法技术也很多，比较常用的基本杆法主要有定位球、推进球、跟进球、缩杆球和侧旋球。

1. 定位球技术

定位球就是用球杆击打主球中心下面的撞点，使主球产生一定的下旋的力量，用以抵消自身前进的上旋力量，因而使主球不向前跟进，而停留在原目标球的位置上(图 12-7)。定位球的形成要有一定的力度，力量过小将形成跟进球，也可使用柔和的力度加上很低的撞点击出定位球。

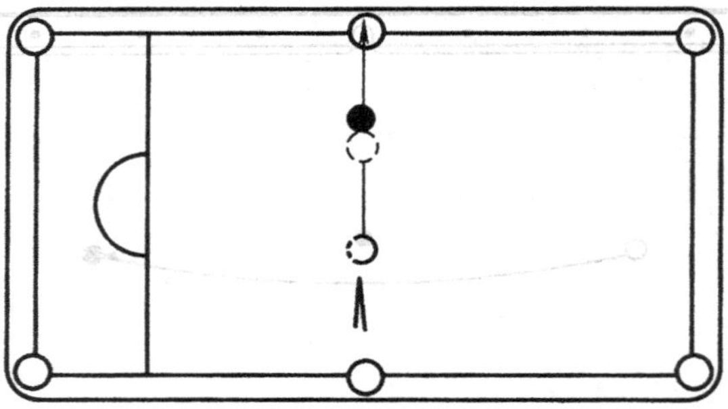

图 12-7

做好击球准备，球杆保持水平。击主球的中心点，使之平衡滑行前进。出杆时要有爆发力、有弹性，短促有力，如目标球较远，可击打主球的中心点稍偏下，以确保主球的定位。当主球距离目标球较近时，击打主球稍低于中心即可。主球距离目标球稍远时，需要击打主球中心下的位置。主球和目标球之间的距离加长，击打主球的撞点必须相应下移才能击出定位球。上定位球的撞点比定位球的撞点稍高，也可撞点不变高，而是采用较为柔和的力度。中杆击主球，撞击目标球后，目标球向前运动，主球停在目标球原来的位置上。

需要注意的是：打定位球时，必须是主球在滑动中撞击到目标球，如主球距离目标球太远，在滑动中没有碰到目标球，而是从滑行状态变为向前滚动状态才碰到球，这样的效果就成了跟进球。

2. 推进球技术

推进球是用球杆击打主球的中心、中心左或中心右撞点，初期阶段可使用中心撞点，击球时采用中等力量，主球与目标球相撞后，主球只是缓缓跟进，并且前进距离不大(图 12-8)。当 3/4 球击和半球击时，此种击法主球与目标球的分离角大致在 50°～60°。这就是所谓的自然角球。

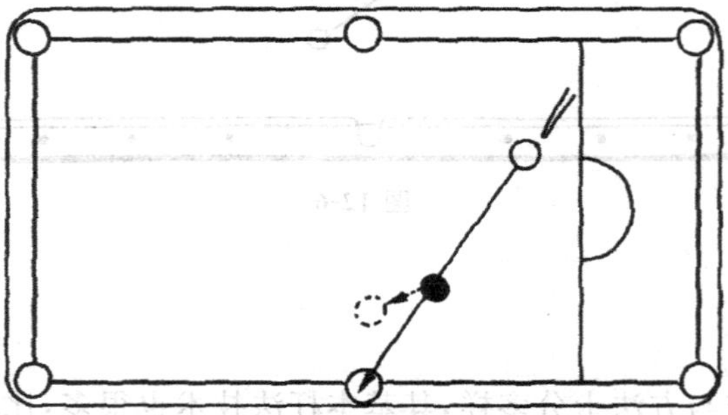

图 12-8

握杆击球时，应保持轻松的姿势，水平持杆，击打主球中左点、中心点、中右点，即在击球时采用中杆击球。击球时，主要靠前臂前后运动并带动腕部，将球杆推出。出杆的力量取决于主球与目标球的位置，并有明显旋转前进的特点。当主球与目标球相撞后，目标球前进，主球也同时跟在目标球后面，缓缓向同一方向前进，行进一段距离后，才慢慢地停住。主球撞击目标后，目标球向预定的方向前进，主球也随之徐缓地向前方行进一小段距离后停下。推进球技术的结果应是目标球向预定的方向前进，而将主球置于距下一个球较为有利的位置。

推进球技术至少在主球与目标球重叠 1/2 以上时，才算推进击法，应用推进球技术可确保主球下一步走位的准确。

3. 跟进球技术

跟进球即前旋球，又称“高杆”，就是用球杆击打主球的中心上、左上或右上撞点，初学者可使用中心上撞点。当主球碰到目标球后，主球将稍微停顿一下，然后靠自身的上旋的力量，继续向前跟进，而且跟进的距离较长。当 3/4 球击和半球击时，此种击法主球与目标球的分离角大致在 20°～40°(图 12-9)。

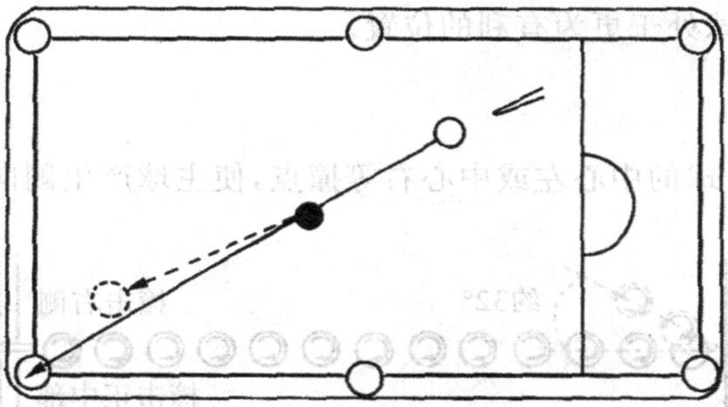

图 12-9

做好击球准备，握杆手保持球杆水平，手架靠近主球，击打主球中上点、左上点或右上点，即采用中高杆或右高杆，主球分别向正前方、左前方、右前方跟着目标球前进。出杆的力量根据主球走位距离的长短而定。在击球时运用前臂的力量，同时摇动腕部，使主球与目标球相撞的瞬间，主球将前进的力给目标球，目标球开始向前运动，而主球则较为明显地在原地稍停一下，然后靠保存的上旋力，迅速向前跟进，并且前进的距离较长。

为了获得一个较长距离的主球走位位置，需要用高杆使主球随击球方向跟进。当主球以上旋的形式撞击目标球后，目标球向前行进，主球由于自身的上旋继续随之向前进并停在某一位置上。

4. 缩杆球技术

缩杆球是用球杆快速撞击主球的中心下撞点，并伴随着一定的跟进，使主球产生很强的下旋的力量。当主球碰到目标球后，主球稍微停顿一下，然后，向反方向行进(图 12-10)。当 3/4 球击和半球击时，此种击法主球与目标球的分离角大致在 110°～160°。

做好击球准备，球杆保持水平，架杆手尽量放低、放平，以便杆头对准主球的中下点，出杆时手臂和手腕加力，快速击主球的中下点，并随势出杆跟进。出杆时要果断、迅速，出杆后要保持击杆的姿势，不可回撤或转动球杆。在打缩球时，要注意给杆头打巧粉，以增大杆头对球的摩擦力。

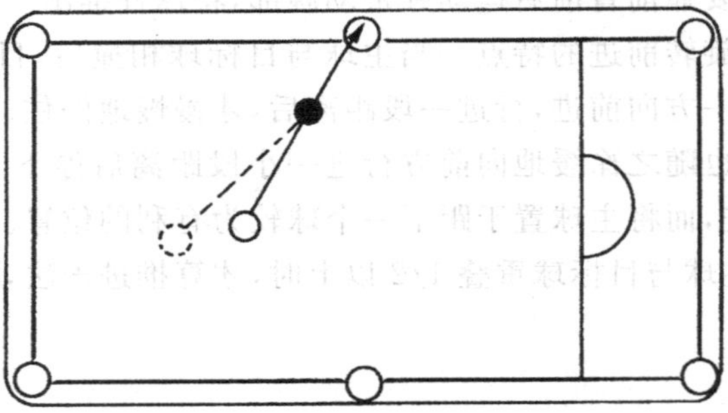

图 12-10

当用低杆击打主球，主球便会随之产生急速的下旋，主球碰撞到目标球后，目标球沿主球做用力的方向直线向前滚动，而主球却逆向向后滚动。在同力度下，由于主球和目标球的距离不同，缩杆的效果也不同。距离越近，退缩距离越远。

在比赛或实战中，缩球技术主要应用于击一些袋边球入袋而主球退回安全位置；或者是使主球移位，以便使下一次击球处于更为有利的位置。

5. 侧旋球技术

侧旋球是球杆击打主球的中心左或中心右等撞点，使主球产生侧向旋转力（图 12-11）。

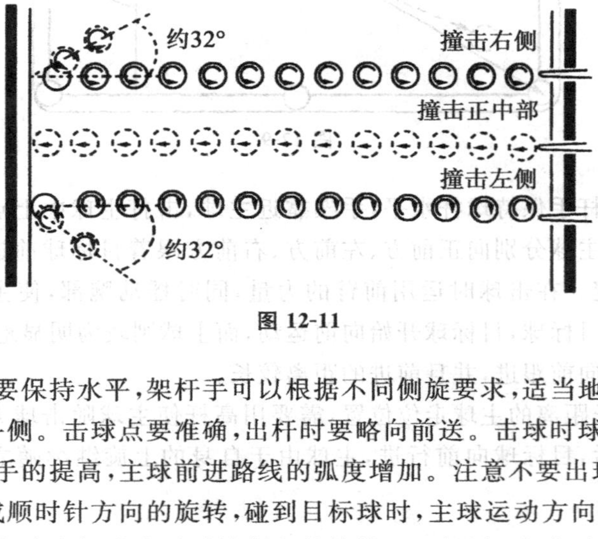

图 12-11

击侧旋球时，球杆要保持水平，架杆手可以根据不同侧旋要求，适当地向球两侧调整，保持球杆整体垂直指向主球一侧。击球点要准确，出杆时要略向前送。击球时球杆呈水平状态，主球直线前进；击球时随握杆手的提高，主球前进路线的弧度增加。注意不要出现“滑杆”现象。

撞击主球左侧形成顺时针方向的旋转，碰到目标球时，主球运动方向向右偏转，目标球产生相反方向的自旋；撞击主球右侧形成逆时针方向的旋转，碰到目标球时，主球运动方向向左偏转，目标球产生相反方向的自旋。侧旋球技术比较复杂，应用时要注意击球的速度、力量、球杆顶端的硬度等因素。

三、台球运动战术学练

在台球运动中，比赛双方不论战术怎样变化，最基本的一条原则就是如何做好进攻、防守以及它们之间的转化。不同的台球比赛中，使用的比赛台面、球的大小、比赛规则及记分方法等不同，其基本战术的运用也有所不同。下面主要介绍一下斯诺克的基本战术。

斯诺克台球基本战术包括开球、建立进攻点、攻防战术、走位与防守战术等四个方面。

（一）开球

开球可以说是一种防守技术，不下球是为了制造更好的机会。一般情况下，斯诺克台球开球很难将红色目标球击入袋中，所以在开球时，一般常用的方法是用主球薄击红色目标球三角形中底部的某一个球，使主球碰台边后，返回到开球线后面，以限制对手进攻的机会。

如图 12-12 所示，将主球放置在 2 分球和 4 分球位置之间，偏 4 分球一侧，主球击右侧旋球，薄击红色球三角形右侧底部倒数第二个球，主球碰 3～4 次台边后停在开球线后。

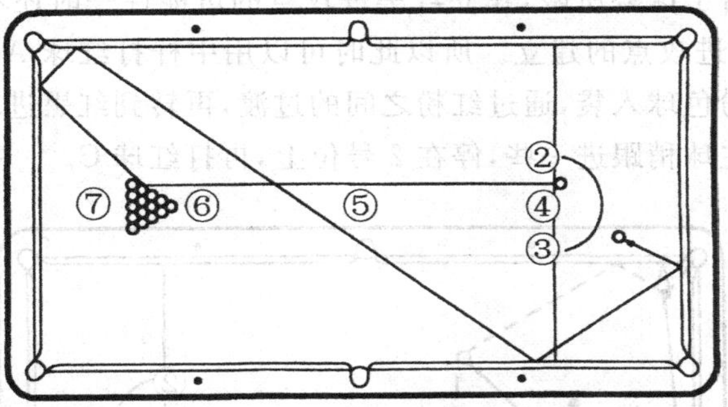

图 12-12

（二）建立进攻点

进攻点的建立是斯诺克台球比赛取胜的关键。比赛双方无论采用什么策略，其目的都是创造、制造或者等待这种机会的出现。

1. 建立红色球和黑色球之间的进攻点

这是一杆能打出高分的最佳选择。

如图 12-13 所示，主球先击红球 A，可用高杆杆法击红球 A 入中袋，主球沿虚线走位到 1 号位。由于红球 A 与主球距离近，比较容易控制，失误的可能性小，走位也容易。也可用低杆轻击红球 B 入袋，主球沿虚线走至 2 号位。

在红黑进攻点建立中，首先要尽可能清除在 7 分点上的和在 7 分球进球线路上的任何球，以保证红黑进攻点的建立；其次，还要在红黑进攻点建立过程中，注意主球走位与所击目标球形成必要的角度，以保证主球每一次击球时，都有一个较理想的走位线路和停球点。

2. 建立红色球和粉色球的进攻点

这种进攻点的建立，虽然不如与黑球的建立得分高，但这种方法有助于改变球势，为红黑球的进攻点建立创造条件。

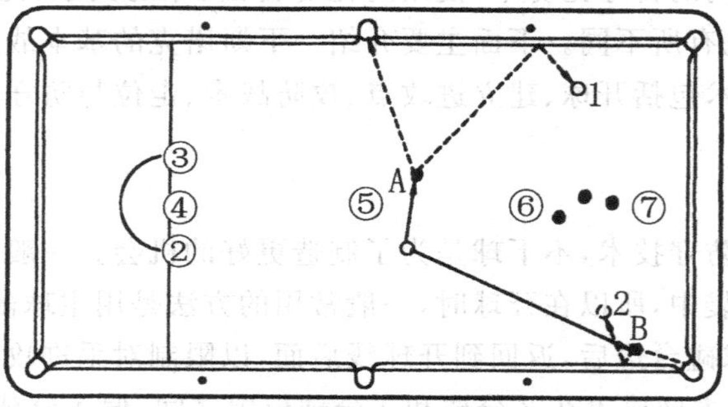

图 12-13

如图 12-14 所示，由于球势所限，建立红黑进攻点的可能性一时还不能实现，必须清除红球 A 才能保证下一步红黑进攻点的建立。所以此时可以用中杆打红球 A，主球击红球 A 入袋后，沿虚线走到 1 号位，打粉色球入袋，通过红粉之间的过渡，再转到红黑进攻点的建立上来，即用中高杆轻击粉色球入袋，主球稍跟进一些，停在 2 号位上，再打红球 C。

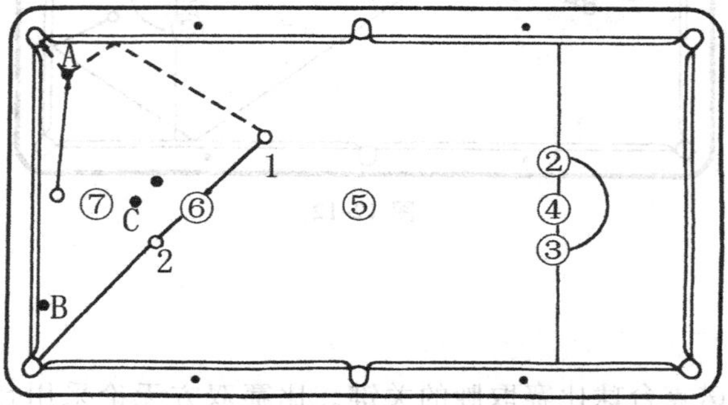

图 12-14

3. 建立红色球与蓝色球的进攻点

红色球和蓝色球进攻点的建立，同红粉球的进攻点建立的原因是大致相同的，都是为了调整主球的走位，为红黑球进攻点的建立创造有利的条件。

如图 12-15 所示，如果主球走位不在预想的位置，可以及时寻找到补救办法，尽快回到红黑

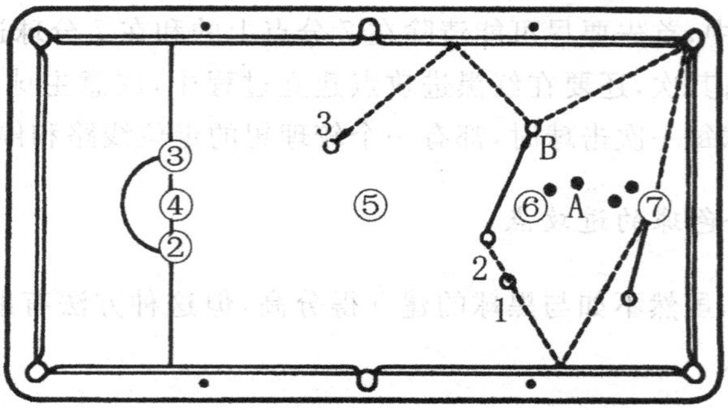

图 12-15

进攻点上来。当用低杆杆法击7分球入袋后，预想主球回缩碰台边后回到1号位上，再打红球A，使红黑进攻点得以保持。但如果力量稍大，主球走位到2号位上，这时粉色球挡住了打红球A的线路，原先预想的走位被破坏。此时就需要用中低杆击红球B，主球碰台边后反弹至3号位，用5分蓝色球过渡，再行建立红黑进攻点。

（三）攻防战术

斯诺克台球比赛中，双方都尽力使主球击完红色球后留在7分球的附近，以利于击7分球入袋。在主球远离红色目标球时，击红球后主球停在7分球附近的打法，如对此无十分把握或从比赛中双方得分的情况出发，可以考虑运用如下攻防兼备的“打带跑”战术。

如图12-16所示，击红球入袋后，非常有利于主球留在7分球旁，为打高分打下基础。但打不进红球，就会转胜为败。这时，应用中杆击主球，出杆时稍加一些力量。击红球后，使主球碰两次台边后返回到开球线后。如果红球堆未打开，没有建立红黑进攻点的可能，则可借棕色球或绿色球做成障碍球，等待机会再争打高分；红球被击入袋中，主球回到开球线后，可用高杆击棕球进中袋后，主球再回到红球堆及7分球附近，进行红黑球的击打。这两种选择都是有效的攻防战术。

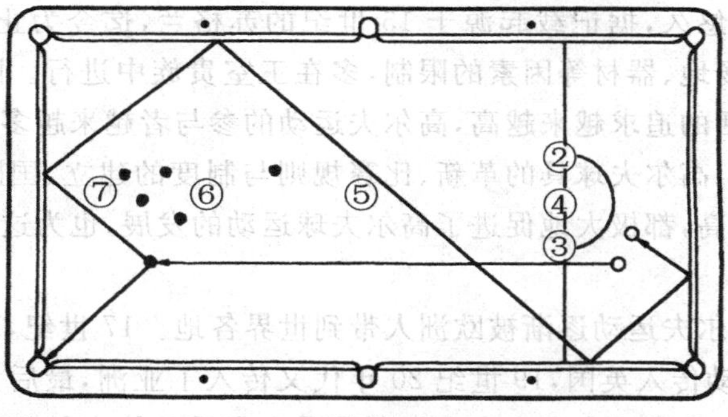

图 12-16

（四）走位与防守战术

在比赛中，如果没有进攻的机会，或有进攻机会，但成功的可能性很小，需要一方面防守好主球，既不让对方有进攻的机会，又要使对方进行再防守时困难重重；另一方面力争做成障碍球。这种通过把握球的走位来防守对方的战术，在比赛中，尤其是世界级的高手决赛中，较为常见，也非常精彩。

如图12-17所示，可以看见红球A，并有击球入袋的线路，但它的难度是球距远，而且打红球，难以采用攻防兼备的打法。当主球击红球A后，主球返回开球区的线路被阻挡。如果击不进红球A，主球将会留在红球堆处，给对方留下机会。此时稳妥的打法是用高杆薄击红球B，做一杆纯粹的积极防守，并尽力做到对方难以进攻，难以再做成好的防守，最好能做成障碍球，让对手完不成解救障碍球甚至犯规。

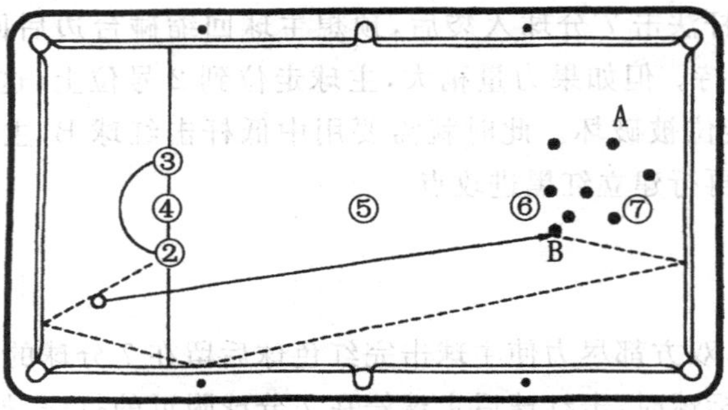

图 12-17

第二节　高尔夫球运动

一、高尔夫球运动的历史文化

高尔夫球运动历史悠久，据记载起源于 15 世纪的苏格兰，迄今为止已有 500 多年的历史。早期的高尔夫球，因受场地、器材等因素的限制，多在王室贵族中进行。随着社会的进步和经济的发展，人们对精神生活的追求越来越高，高尔夫运动的参与者越来越多。到了 20 世纪，高尔夫球运动迎来了新的纪元，高尔夫球具的革新、比赛规则与制度的建立、国际性赛事的开展以及高尔夫球场管理水平的提高，都极大地促进了高尔夫球运动的发展，也为这项古老的运动注入了新鲜的血液和活力。

从 1457 年开始，高尔夫运动逐渐被欧洲人带到世界各地。17 世纪，高尔夫球运动被带到美洲，18 世纪高尔夫球运动传入英国，19 世纪 20 年代又传入了亚洲，最后又传入了非洲。高尔夫球运动风靡到世界各地，并发展成为当今人们所熟悉和喜爱的体育休闲运动。世界各地高尔夫球竞赛繁多，主要赛事有美国高尔夫球公开赛、美国职业高尔夫球锦标赛、美国职业高尔夫球名人赛、英国高尔夫球公开赛、英国业余高尔夫球锦标赛、世界杯高尔夫球赛。国际性赛事的开展极大地促进了高尔夫球运动的普及，赛事的开展，为不同国别的球手创造了同场竞技的机会，使这项地区性的体育运动走向国际化。

高尔夫球运动传入我国是在 1896 年，其标志是中国上海高尔夫球俱乐部的成立。高尔夫球运动在我国发展迅速，到 2011 年为止，沃尔沃中国高尔夫公开赛已成功举办 17 届，吸引了众多高水平选手的参与，我国选手也在比赛中发挥出色，取得了不错的成绩，其中，我国选手程军获得了 1997 年的冠军，张连伟获得了 2003 年的冠军。2016 年，第 22 届沃尔沃中国公开赛在北京怀柔举行。中国 20 岁小将李昊桐发挥出色，以总成绩 266 杆，低于标准杆 22 杆，3 杆优势逆转赢得冠军，首次加冕欧巡赛。李昊桐是第四个赢得欧巡赛的中国选手，也是第二位在本土赢得欧巡赛的中国选手。

高尔夫球运动植根于大自然，又亲近爱护大自然，既文明高雅、动作优美，又能健心、健体。打高尔夫球时，每次击球前都要细心琢磨挥杆击球的幅度大小、力量及其方法，凝神协调全身各部位的用力，奋力打向心中的目标。高尔夫球运动不仅是一项单纯的体育活动，同时还是一项产业，更是一种文化，一种社会地位以及个人奋斗成功的象征。它既是人们现代生活中休闲交往的方式、促进身心健康的手段，又是提高思维能力、增长智慧的文明活动。通过参加高尔夫球运动的锻炼，人们不仅能提高身体素质，增进健康，还可以磨炼自己的毅力和韧劲，培养良好的意志品质，修身养性，陶冶情操。

二、高尔夫球运动技术学练

（一）握杆

1. 重叠式

把右手的小手指放在左手的食指上方，左手手背朝着目标，使球杆握柄从食指的第二关节起斜向通过掌心。拇指沿球杆握柄纵长自然伸出，压按在握柄正中稍偏右侧，拇指与食指指根形成“V”形，其尖端指向颈部右侧与右肩之间。两手掌心相对（图 12-18）。

2. 互锁式

互锁式握杆法与重叠式基本相同，区别是右手小指与左手食指的动作是相互牢牢钩住的（图 12-19）。

3. 十指法

两手手掌相向，但不重叠，用十指握住球杆，类似棒球握棒方法。右手的小指与左手的食指相贴（图 12-20）。

图 12-18

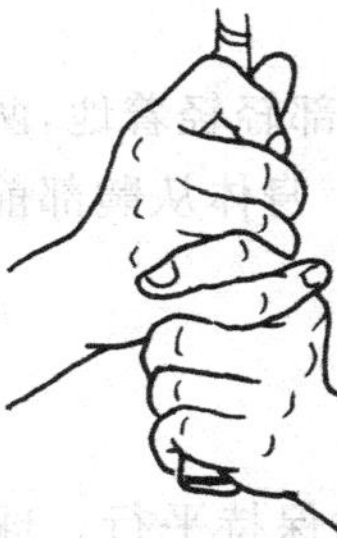

图 12-19

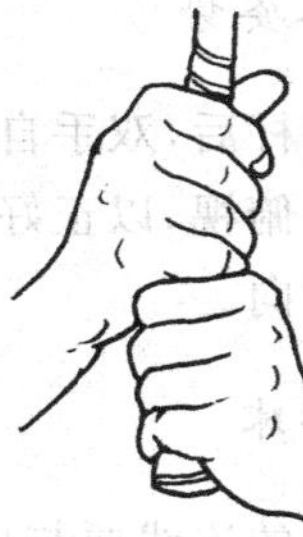

图 12-20

4. 倒逆连锁式

实际上是使用拨推杆时的专用握杆方法，先用右手五指握杆，然后再把左手食指重叠在上面。

（二）准备姿势

1. 脚位

一般有正脚位、开脚位和闭脚位三种。这三种脚位的共同点是，右脚都与击球方向垂直，左脚与击球方向成 45°的夹角。

(1)正脚位

球员左右脚尖连线与准备击球路线平行的站位方式，就是所谓的正脚位。这种姿势使得球员的腰、肩、手都与目标线成平行状态，适用于任何一种球杆。

(2)开脚位

球员左脚稍后于右脚的站位方式，就是所谓的开脚位。此脚位一般适用于短铁杆击高球或有意打右曲球的球手，击出的球路偏左弯曲。采用这种站位而球杆杆面正对击球方向进行挥杆时，身体容易打开形成由外向内的挥杆轨迹，导致右曲球。

(3)闭脚位

球员右脚稍后于左脚的站位方式，就是所谓的闭脚位。其两脚尖间的连线朝向目标的右侧，与开脚位相反，产生左曲球。适用于木杆开球、在球道上击球或有意打左曲球的球手。

2. 球位

高尔夫球的球位指球手在做好准备击球姿势时，高尔夫球被击出前所处的位置。一般球位是在两脚间连线的垂直平分线上稍偏左的位置。在使用推杆或拨杆时，球位则是在两脚间连线的垂直平分线上。球位离两脚间连线的距离会因球杆的不同而不同，或者是因击球目的不同而不同。一般来讲，脚位与球杆、球位的关系为：球手握好球杆站在击球的位置上，左脚固定不动，球位放在靠近左脚的位置，球杆越短，双脚之间的距离越窄，离球也越近。

(1)球与身体的前后距离

面向球，左肩对准球的方向。握好球杆，双臂自然下垂，上臂贴近胸部，杆头自然贴近球。

(2)球与双脚的距离

以不超过双肩宽为宜。球放置于双脚正前方中间。

3. 身体姿势

握好球杆后，双手自然前伸，球杆头部轻轻着地，两脚打开同肩宽，身体中心落在两脚上。头稍向下进行俯视，以正好看到杆头为宜。身体从髋部前倾，背部挺直，双膝关节微弯曲，身体左侧朝向目标方向。

(三)瞄球

两脚尖的连线要与球和目标的连线保持平行。球手要站在球后，平行地伸出双臂，其中右臂、球在一条直线上。球和目标在一条直线上，这也就是目标方向线。稍抬下腭，眼睛注视球的后部，然后把一支球杆放在地上标出目标线的方向，将手中球杆的击球面对准球，做好击球的准备。

(四)挥杆击球

高尔夫挥杆就是整个身体围绕一个固定中心点完成的一种既协调又平衡的动作。挥杆的轨迹应是一个较为均匀的大圆弧。高尔夫的击球动作可以分解为引杆、下挥杆、击球、顺势摆动和结束动作等几个步骤。

(五)推杆

握住推杆，将身体重量放在分开与肩同宽的两脚上，两腿微屈，两膝稍前倾。弯腰，提肩、手臂和双手当作一个整体一起运动；头部固定不动，同时不要抬高身体，在击球过程中推击弧线要与击球后的杆头离地面有一样的距离，完成匀速推杆。

（六）击球技术

1. 切低球

切低球这一技术方法与切高球基本相同，也是非常重要的技术之一。短铁杆或中铁杆击球，站位靠近球，球位在双脚中间偏右脚处，手肘内缩贴近身体两侧，采用反叠式握杆法。即两手掌心相对，左手在上，两手大拇指放于握把的正面笔直向下。左手的食指伸直斜搭在右手的小指、无名指和中指上，或搭在右手的小指与无名指之间。手腕伸直略向上凸出。杆身直立，杆头趾部触地，跟部稍微上提，球的位置偏于杆头趾部。双眼在球的正上方注视球。双手握杆位置略在球之前，身体重心偏左脚。要做好击球准备动作，使杆头与球准确地接触。挥杆时以肩膀的摆动来带动双手和球杆。在整个击球过程中，保持双手与手腕的固定，上杆时手腕可弯曲，但仍要顺目标线后举并前送。击球刹那，杆头不能超过双手。切短低球时手部动作稍多一些。保持头部固定，下杆时手腕保持固定角度，不要向前弯曲。击球时保持手腕伸直，以杆头趾部击球，击球的中下部。球打出后，杆头顺着地面向前滑动一段距离后，再将杆头举起。

2. 切高球

切高球或劈起球是使球超越障碍区的难度较高的技术，也是高尔夫球手必须掌握的基本技术。选择短铁杆或劈起杆，采用开脚位站立，对着目标 10°～20°角，上体前倾，背部不可太挺直，两膝自然弯曲。使用短铁杆时，球位一般在两脚间偏右的位置。瞄准时，手的位置在球的前方。将球杆的握把斜着放在左手食指靠近手掌的第一指和小指最下方靠近手腕的厚肉垫上，用中指、无名指和小指握球杆。左手大拇指轻放在球杆中间稍靠右的位置。右手指握杆，大拇指位于球杆中央靠左，虎口包住左手的大拇指，右手的小指横跨在左手食指和中指中间的间隙上。右手掌心朝下可以减少球的滚动距离。要求上杆时身体重心在右脚，下杆时移至左脚。主要靠肩、臂的转动来击球，手与手腕的动作减少到最低限度。身体要站稳，挥杆的幅度不必很大。下杆击球动作要轻松，右臂和右手有“甩”的动作，要打“实”球、“穿”球。

3. 沙坑球

这是一种较为特殊的击球技术，在比赛中也经常用到。一般选用沙坑杆、劈起杆或 9 号铁杆。采用开脚位站立，两脚位置与目标约成 30°角。握杆时基本与短铁杆相同，唯一要改变的是两手在握杆时向逆时针方向调整，即将杆面打开，握杆的时候两手要握得结实。瞄球之前要左右扭动身体，使脚底埋进沙里，保持身体平衡。沙坑球的瞄球点是球后 2 厘米左右的沙子。双脚、双膝、臀部和肩膀都朝向目标的左方，这样的姿势有助于用垂直度大的上杆和下杆击球。挥杆击打沙坑球时要根据球距旗杆的距离，决定上杆的幅度。下杆时以左臂为前导，用杆头击球杆后 1 厘米左右的沙子，顺势将球击出，球击出后，继续向前送杆，不要急于翻腕收杆。

4. 飞越树障碍

通常来说，常见的飞越树障碍球的打法主要有三种，即从树上空越过、绕过树和从树下越过，具体如下。

(1)从树上空越过

当大树在击出球弹道的高点区时，一般选用球道木杆、劈起杆或沙坑杆。可采用使球飞越大树的打法。身体左侧低，右侧高，上挥时较早屈腕，下挥后要充分前送，高举杆头。这种姿势挥杆，杆头击球面下挥到最低点后向上运动时最容易击到球，球会很快地被击向空中。

(2)绕过大树

打这种飞越障碍的球时，主要采用打左曲球或右曲球的办法。对于选杆没有具体要求，可根据球手自身情况，选择适合自己的球杆即可。打右曲球采用开脚位，杆头正对大树，瞄准大树左侧。上挥时，从目标线的外侧开始，手的动作要陡直。下挥触球时球杆由外向内擦击球，使球产生右旋，球就能飞出右曲线，绕过大树，而打左曲球采用闭脚位，触球时由内向外擦击球。

(3)从树下越过

采用长铁杆或中铁杆，控制击球弧线，使球不碰到树而穿过大树，更靠近球洞。挥杆击球时注意控制杆面角度，以便击出的球能安全地穿过大树。

三、高尔夫球运动战术学练

(一)发球区战术

(1)当球员使用1号木杆时，如果总是出现向右旋转的球时，可以在架球时把球架在发球区的右侧，目标对准球道的左侧，对准目标采用正常的击球。这样击出去的球起初是飞向球道左侧的，但是在自身的旋转作用下，球又会返回球道中央。

(2)当发球区低于球道或者果岭时，最好的选择是使用杆面倾角较大的3号木杆，以打出稳定的高弹道球。苦想使用1号木杆，那么要在架球时使球座的高度高出正常标准1厘米左右，而挥杆时仍然采用正常的挥杆技术，这样也能打出高弹道的球。

(3)若是发球区高于球道或果岭时，应使用1号木杆，这样既可以充分发挥球在空中的飞行能力，又可以利用下坡的地形使球得到较大的滚动距离。

(二)长草区战术

(1)短打在浅长草区的应用。在这种情况下，一般选用特殊铁杆即劈起杆或沙坑用杆，这有利于形成球的弹道高度；选好站位姿势，采用右奔站姿，即球的位置靠近站位的中央，挥杆击球要尽量把球打高一些，目的在于减少其滚动距离。

(2)长打在浅长草区的应用。站位可采用直角站姿。将球置于稍位于左足踵前方线右侧些，瞄球时使球杆杆面稍微张开，人为地增大杆面的倾角，以利于减小草的抵抗力，可提高球的飞行弹道；挥杆采用砸击式方法。即上挥杆和下挥杆时，两臂和球杆的上下运动较为显著，后摆杆动作减小，挥杆轨迹是椭圆形，冲击球时两手手腕的用力大于通常挥杆力量。

(3)短打在深长草区的应用。选用右奔站姿。球位于站位的中央，就是比左足踵前方线稍偏右。在瞄球时杆面略张开，上挥杆时采用直挥式挥杆，为了尽量减小草对杆头的抵抗力，必须采用砸击式打法，上挥杆时减小杆头后引运动，较早地以手腕带动球杆杆头向上运动，下挥杆时使杆头从上向下呈锐角向球冲击。

(4)长打在深长草区的应用。应选择杆面倾角较大的球杆和右奔式站姿,球的位置应在左足踵前方线稍右侧,采用直挥式挥杆,用近乎直上直下的上挥杆和下挥杆进行砸击式击球,设法减少草对球杆杆面的抵抗作用。

(三)球道战术

(1)打低平球。在打低球时一般使用杆面倾角较小的球杆,通常选用木杆或长铁杆。由于杆面倾角较小,击球时可以减小球的上升角度,使球的飞行弹道低而平,且避免碰到障碍物;采用直角站姿,球的位置要较一般正常站位时靠近右侧一些,球的位置基本上位于站位的中央,不是在左脚脚跟的前方线上,这是打出低平球的关键。

(2)打高弹道球。选用杆面倾角较大的短铁杆,尤其是球距离树木较近时,若是球距离树木较远时,就必须使用杆面倾角较小的中铁杆甚至长铁杆;站姿采用较小的右奔站姿。球的位置与正常挥杆时一样,采取左脚脚跟正前方线上。人为地增大杆面倾角,身体重心较多地往右移,加固右腿支撑。

(3)打左上斜面球。在打这种球时,站姿一般比通常的站位要窄一些,且稍加开放,其站的宽度及开放度是随坡度的增大而加大的。握杆要稍短一些,挥杆动作不宜过大,只用四分之三的力量挥杆即可;挥杆顶点时两臂大约在右肩水平线上;顺势动作的两臂挥至左肩高度为止。

(4)打左下斜面球。站姿比正常站位要稍宽一些,并稍开放;球的位置是在挥杆轨迹的最低点,比左脚脚跟前方线稍偏右侧些;身体的重心主要落在左腿上,左膝稍弯曲,合理调节两腿的重心,使在斜面上的身体保持安稳的姿势,左肩略下沉;握杆要短,以臂为主导进行挥杆,不能过多地利用身体。用四分之三的力量挥杆,击球后使杆头沿着斜面进行低而长的顺势动作;结束动作以两臂挥至左腰高度为宜,不用过高。

(四)沙坑球战术

(1)球道区沙坑。如果球的位置状态较好,又处在沙坑前缘较浅处,可以选用球道木杆或长铁杆,而沙坑的前缘较深时,就必须选用杆面倾角大的球杆。选择右奔式站姿,挥杆时身体不要过分用力(尽量保持身体的稳定),主要以两臂来挥杆击球,更不必有大幅度挥杆和“捞挖”球的动作。

(2)球洞区沙坑。①沙坑较深时,使用沙坑用杆,采用右奔式站姿,使球的位置位于左足锺前方线上,球杆杆面较大地张开,击球准备时将重心放在右腿上,右肩稍下沉,与欲打出的球的假想高度相一致,左肩朝向沙坑前缘处。②沙坑潮湿坚硬时,可使用劈起杆,也可以使用沙坑用杆。采用右奔式站姿,球的位置在左足锺前方线稍右侧,身体重心偏至于左侧的站位方法,若球位较好,击球准备时杆面稍打开;若球部分埋在沙中时,杆面要正直朝目标方向。挥杆动作不必过大,可采用四分之三的力量。下挥杆时两手握紧球杆,手腕固定,有力地挥杆,使杆头在球后方2～3厘米处切削入沙内,通过沙将力量传递给球,使球飞出沙坑。

(五)裸地战术

裸地,是指球场中没有草皮或草叶很稀薄的地面。在裸地击球时,要保证击球的准确性,就应当采用便于控制紧凑挥杆的动作。身体重心大部分放在左腿上,击球准备时杆面稍封闭,以手领先杆头的姿势站位,挥杆动作小而紧凑,以两手领先带动杆头下挥将球击出,整体挥杆过程应以直挥式的砸击球的击球方式。

(六)打迹战术

所谓打迹是指击球时草皮被削起后在草地上留下来的坑迹。

这种情况在打球中经常出现,凑巧的是本来打出去的球不论方向、距离、落点都很好,偏偏滚进球道上的打迹中,这种不走运的球让球员大伤脑筋。

如果遇到这种情况不要慌张,主要采取以下战术行动。

第一,不要急躁,一定要沉住气,冷静下来采取安全稳妥的措施和战术,使球脱离困境。

第二,不管余下的距离有多远,不要盲目决定将球打远。首要考虑的是如何把球从打迹中打出,并尽量争取越短的距离损失。

第三,选择中铁杆或短铁杆为好,采用直角式站姿,球位于身体中央偏右处,身体重心主要放在左腿上,杆面正对目标方向或稍内扣,击球准备时手领先,即手的位置在球的左上方,保持身体体重大部分由左腿支撑的状态,用两臂带动球杆以直挥式挥杆动作向上摆动。

第四,下挥杆时两臂在肩的带动下向下拉引球杆,使杆头对球进行砸击式击球,整个挥杆击球动作过程要小而紧凑,确保击球准确无误。

第三节 橄榄球运动

一、橄榄球运动的历史文化

橄榄球是从足球中变化而来的可以用手抱球跑的体育项目,是流行于世界许多国家的、饶有趣味且极具观赏性的一种体育运动。橄榄球起源于 19 世纪 20 年代的英国,因其球形似橄榄,故在中国被称为“橄榄球”,距今已有 180 多年的历史。

1845 年,橄榄球运动发展出第一套规则。1863 年,英格兰主要的几个橄榄球俱乐部决定离开英格兰足球协会而独立。1871 年成立了英格兰橄榄球联合会,并由当时参加协会的 17 个俱乐部共同商定了新的比赛规则。

橄榄球随着英国海权势力的扩张而逐渐推广到其他各国,成为一种世界性的运动。经过近两个世纪的不断发展,这项运动已经成为在世界各大洲开展都非常广泛的球类运动,这其中尤以欧洲、美洲及大洋洲最为普及。

1888 年橄榄球传入日本。1890 年建立了国际橄榄球组织。1906 年在法国举行了橄榄球国际比赛。目前世界上主要流行的是 13 人橄榄球和 15 人橄榄球。

橄榄球运动一般可以分为英式橄榄球和美式橄榄球两大类。由于英式橄榄球运动员不穿防护具,基本上采用足球运动员的服装,故有软式橄榄球之称。美式橄榄球运动员必须穿戴规定的服装和护具,故又称为硬式橄榄球。英式橄榄球流行较广,约有 70 个国家和地区开展这一项目。

橄榄球赛事主要有橄榄球世界杯赛、六国锦标赛和三国赛。其中,橄榄球世界杯赛(Rugby World Cup,RWC)是国际橄榄球理事会(IRB,前称 FIRA)的首要赛事。1987 年,首届橄榄球世界杯赛由澳大利亚和新西兰联合主办,之后每隔 4 年举办一次。第一届橄榄球世界杯赛冠军由新西兰夺得;2015 年橄榄球世界杯赛在英格兰和威尔士举行,冠军得主是新西兰,由此可见新西兰的橄榄球运动水平之高。2019年橄榄球世界杯赛将在日本、新加坡以及中国香港地区举办。

橄榄球运动在比赛中的身体接触远远超过其他所有球类项目，在许多球类项目中被视为犯规的抱、摔、冲撞等动作，在橄榄球比赛中均被视为合理合法的技术。橄榄球是一项极富挑战性和刺激性的强者运动，集勇猛、力量、速度、智能和团队精神于一身。它所拥有的勇往直前、坚毅果断的意志品质以及团结协作、无私奉献的集体主义精神正是我们这个时代高校学子所需要的。

二、橄榄球运动技术学练

（一）持球、传球与接球技术

1. 持球

手指按在球的最凸部，手掌不触球，手指用力夹住球，手腕保持灵活。要注意持球的稳定性，保证球不会被对手抢走。

2. 传球

（1）普通传球

橄榄球尖要朝向自己的身体，传球时身体要正面朝向传球的目标方向，转动手腕，并压低身体重心，向目标方向挥动手臂，将球传出。注意在完成传球动作后，要有一个随挥动作。

（2）快速传球

快速传球是三个以上队员之间进行的连续的快速传球，传球队员首先要向前伸手准确地接住球，再把球传到有利位置上。橄榄球长轴与身体平行，传球时身体侧面朝向传球的目标方向，手腕转动球，并压低身体的重心，向目标挥动手臂，将球传出。另外，还要时刻注意接球者的状况，保证传球与接球成功。

（3）掩护传球

前锋队员持球前进时，遇到对手进行扑搂阻挡，要先吸引对手对自己进行扑搂防守，伺机把球传给后面或附近的同伴。这种传球的反复进行，可使前锋的突破具有很大威力。

3. 接球

目光注视来球，双手伸出举到头的高度，手与手臂及上身形成口袋状，接住球的瞬间，双臂向后回收缓冲，两腋夹紧，防止掉球。雨天球滑时，为了安全可以把球抱在胸前。在接球时一定要集中注意力，在准确判断来球的方向、速度和落点后，积极移动到位。

（二）踢球技术

1. 踢定位球

踢定位球是指球置于地上，经过助跑将球踢向目标方向的技术。

在踢定位球时，首先要把球立于地上，球的缝合部分对向目标，确定球的踢出方向，注视着踢球点开始助跑，助跑一般为三步或五步，助跑最后一步支撑脚的跨入，由于踢球方法的不同而有所不同。事先要确定支撑脚的位置，再向后计算好助跑距离，经过反复练习后，即可掌握在一定距离内的准确踢球。踢定位球的方法有三种：脚尖踢球、脚背踢球和脚内侧踢球。

2.踢地滚球

踢地滚球是指在对方防守上来速度很快时，利用踢出滚地的球通过对手的防守空当，绕到对方身后的技术。

在踢地滚球时，持球的方法与踢手抛球时相同，将球竖立着落下，在球落地的瞬间或之前，利用脚背将球踢出。由于是在高速的跑动中进行的动作，因此要在一瞬间决定出球的路线和速度，球要沿着地面飞行，而当踢出的球又高又近时，容易被对手阻截。当球踢出后，球员应继续追球。

3.踢手抛球

踢手抛球是橄榄球比赛中经常使用的踢球形式，是指双手持球，将球落下，在球触地前把球踢出的技术。

踢球时双手持球，将球落下，在球触地前把球踢出。右脚踢球时，右手放在球上，左手托在球侧稍靠下处。将球对准要踢出的方向，踢球时球的缝合处朝上会容易控制些。踢球时支撑脚(右脚踢球时左脚为支撑脚)向前跨出一步。当球落下后，用伸直的脚背最高点踢球的最粗部分。踢球后，踢球脚顺势向上摆动，支撑脚以脚尖站立，挥动双臂保持平衡，重心移到前方。左脚踢球时，动作相同，方向相反。不管是用哪只脚踢球，都要根据球的最终落点调整踢球的方向和用力大小。

4.踢反弹球

踢反弹球是指在球下落后弹起的瞬间或弹起之后踢球的动作。踢球时双手持球将球落下，持球方法与传球时相同，球落下时稍向自己的一侧倾斜，双臂保持稳定以控制球的下落路线，使球落在比支撑脚稍稍靠前的位置上，在球弹起的瞬间，踢球脚以直线摆动，用脚尖或脚背踢球。踢球后，身体重心向前移动，继续完成顺势动作。一般情况下，完成踢球的动作，从开始助跑到完成踢球有三步的助跑。

(三)跑动技术

1.跑动的方法

在橄榄球比赛中，有传球、踢球、摆脱防守、对持球同伴进行支援等各种变化，同时，防守方要与之对应迅速采用迂回跑、变向侧跑、变速跑和变向跑等。因此，除了快速直线跑动外，还要根据场上的实际情况，采用迂回跑、变向侧跑、变速跑和变向跑等。

在跑动的过程中，除了需要速度和力量外，还要保持身体的平衡，因此，要采取放低重心、身体前倾的动作姿势。

2.跑动中的持球方法

在持球跑动中，持球的方法主要有两种，即单手持球跑动和双手持球跑动。采用何种持球方法，主要是依据场上的具体情况而定。双手持球跑动时，可以随时将球传递抛出，而单手持球时，便于压球触地或加速。所以一般来说，单手持球跑动多为边锋所采用，而内锋或前锋多采用双手持球跑动。当然，任何位置上的球员，在要准备用手推开对手的时候都要以单手持球，以腾出另一只手。

3. 推开对手

在马上就要被抱住时，推开对手是常用的手段。方法是张开手掌，伸手臂用力推开摆脱对手，对高位扑搂者以胸或头为推开目标，对低位扑搂者以肩或头为推开目标。推开目标时，用相反一侧的手牢牢地抱住球。不仅要注意抱球的稳定性，还要准确判断对手要抱住的方向，以成功推开对手。

4. 变向侧跑

变向侧跑是指当对方防守比迂回跑时更接近自己，利用横向跨步摆脱对方防守的技术。在做变向侧跑时，身体应放低，以保持下半身的稳定，以小步幅、快动作摆脱对手。利用敏捷的身体左右晃动，突破对手瞬间出现的防守空当。

在做向左的侧跑时，接近对手后，向右跨步，压低右肩，把对手吸引到右边，在这瞬间，右脚内侧用力横向蹬出，重心移到左边；迅速摆脱对手。这时可以左手抱球，把右手腾出，准备把防守的队员推开。

5. 迂回跑

迂回跑是指在持球跑动的过程中，当防守的一方由正面或斜侧面接近时，利用弧形跑动摆脱对手的技术。在迂回跑动时应注意掌握好与对手的距离，如果过于接近对手，即使做了迂回跑动也起不到好的效果。

当对方防守从正面接近时，如果准备做向左的迂回跑，眼睛要向右侧看，把防守队员的注意力吸引到右侧，右脚内侧用力蹬地向左转身，右脚交叉到左脚前，呈弧线跑开。这时右手腾出，以准备把防守队员推开。

(四)扑搂与反扑搂技术

1. 扑搂技术

(1)正面扑搂

对正面跑过来的对手进行扑搂时，扑搂者停止移动，半蹲以低姿势做好准备。用肩和手臂截住对手，用双臂抱住对手的腰部，利用对手跑动的惯性把对手摔倒。在摔倒时，自己的头和身体要翻到对手的身上。一定要准确判断对手跑动的方向和速度，并借用对手的速度和惯性，完成对其的扑搂。

(2)后面扑搂

当要对持球的对手从后面进行扑搂时，以肩冲撞对手，双臂迅速有力地抱住对手大腿，要防止对手挣脱开。一次扑搂不成，可迅速调整再做第二次。注意从后面扑搂时，一定要迅速，速度要比对手快，否则容易造成扑空。

(3)侧面扑搂

侧面扑搂是扑搂的基本形式,从斜旁接近持球者,以对手的大腿为目标单腿向前跨,以肩部冲撞,头插到对手的臂部附近,双手用力抱紧并拉倒对手。

(4)鱼跃扑搂

鱼跃扑搂是一种飞扑上去的扑搂动作,多在对手可能压球触地得分时使用。其方法是前腿蹬地,目光注视对手的大腿,依照从后面扑搂的动作要领采取行动,扑搂后用双臂抱住对手的双脚则更有效果。

(5)压制扑搂

与其他的扑搂不同,这是以不让对手传球、踢球或者在阵线附近不让对手压球触地得分为目的,把对手的上半身连同手臂一起抱住的抱人动作。要注意球的位置,必须把球及持球者的手臂抱住,尽可能把球打掉。

2.反扑搂技术

(1)顶住扑搂

当受到对手扑搂时,先把球置于与冲撞方向相反的安全一侧,双脚用力蹬地,以稳定的站立姿势顶住扑搂,将球拿稳或迅速传给本方同伴。要特别留心球的位置,在受到扑搂时,注意球不要落地。

在前锋线上经常会有数个扑搂者接近过来,这时要将球迅速传给过来支援的同伴。这时最重要的是要保持站立的姿势。站立着把球传出就可以继续展开进攻。不要让对手把球打掉。

(2)被扑搂之后的动作

在被对手扑搂时,要清楚接应同伴此时的位置和状态。要尽量不被对手扑倒,即使被扑倒了也要努力把球传给接近过来的同伴,特别是在深入对手防守纵深时,球不丢就有可能得分,因此保持控球权尤为重要。传出的球要避开对手,对跑过来接应的同伴传出的球要稍高些,当同伴距离较近时,持球的位置要使同伴能容易拿到。即使未能把球传出而被扑倒,但为了使接应的同伴容易捡到球,也要尽量把球扔到合适的位置上。

三、橄榄球运动战术学练

(一)正集团争球后的进攻战术

通过有利线与扑搂线的关系可以看出,在组成正集团争球的地点上,防守方的防线可以一直推进到越位线的位置,而进攻方的进攻线则只能在较靠近进攻的一方,这就使进攻方处于不利的状态下。当正集团被推回时,进攻线也要相应地向后退,这就对进攻方更加不利。因此,顶推正集团,使对方的防守线后退(即把扑搂线向对面推),再有效地把球传出是正集团争球后进攻的关键点。正集团争球后的后锋进攻,即是要尽快地把球传给边锋,向防守薄弱的,远离前锋第二、第三道防线的区域展开攻击。当进攻出现困难时,利用战术的变化给对方造成混乱,再加上前锋的正集团侧翼进攻,使对方无法组织起有效的防守(图 12-21)。

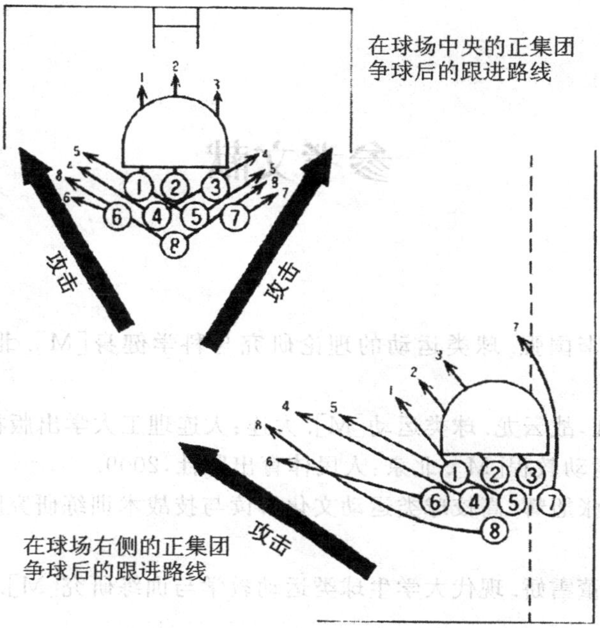

图 12-21

（二）正集团争球后的防御战术

在防守住正集团的侧翼后，针对对手向开阔地带展开进攻，协助后锋防守线组成第二道、第三道防线。8 号球员由于是在最早能脱离正集团的位置上，在警戒正集团的侧翼后，对后锋线的第一道防线进行掩护。接着锁球球员组成第二道防线，最后由前排（两个支柱和勾球球员）组成第三道防线。对方在球场中部附近发起进攻时，尽早地判断出对手的进攻方向是能否尽快地组织起防守的关键。此外还要防备对方的手抛球进攻，特别是 8 号球员对此要有所准备（图 12-22）。

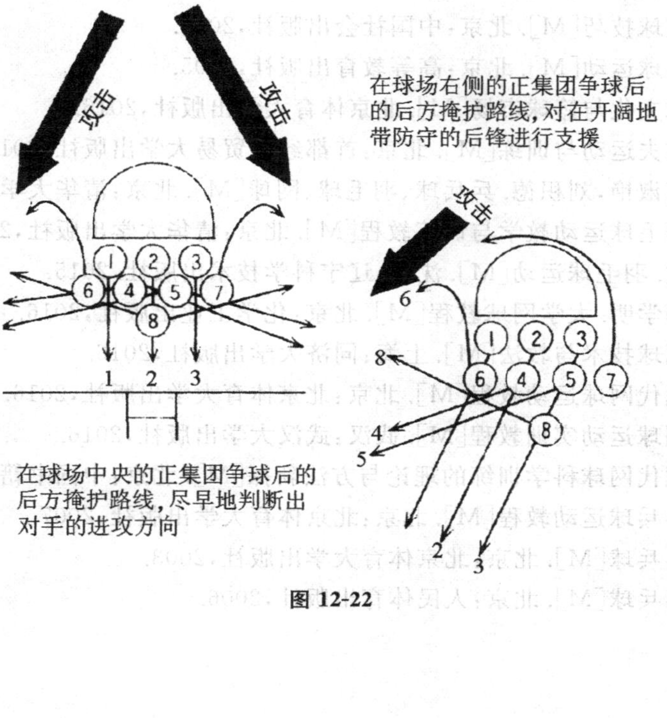

图 12-22

参考文献

[1]王彦林,刘伟,李国强.球类运动的理论研究与科学健身[M].北京:中国商业出版社,2014.

[2]张宏波,王艳红,战云龙.球类运动[M].大连:大连理工大学出版社,2014.

[3]虞重干.排球运动教程[M].北京:人民体育出版社,2009.

[4]莫磊,张剑杰,张旭辉.高校球类运动文化解读与技战术训练研究[M].北京:中国时代经济出版社,2014.

[5]徐林江,周剑,董雪娇.现代大学生球类运动教学与训练研究[M].北京:中国时代经济出版社,2014.

[6]严壁政,刘杰,王斐.球类运动科学理论与实践指导[M].北京:中国时代经济出版社,2013.

[7]云学容.我国高校校园体育文化建设探析[D].四川大学,2004.

[8]谭黔.体育场地与设施[M].北京:北京师范大学出版社,2008.

[9]苏丕仁.乒乓球运动教程[M].北京:高等教育出版社,2004.

[10]孟宪君.大众流行健身项目理论与实践[M].北京:高等教育出版社,2006.

[11]张岳,李新荣,娄春风.初高级足球重点技战术解析[M].北京:中国商务出版社,2008.

[12]何志林.现代足球[M].北京:人民体育出版社,2000.

[13]陶志翔.足球技巧[M].北京:中国社会出版社,2005.

[14]张瑞林.足球运动[M].北京:高等教育出版社,2005.

[15]陈新.篮球文化与篮球市场[M].北京体育大学出版社,2016.

[16]黎臣.高尔夫运动与训练[M].北京:首都经济贸易大学出版社,2016.

[17]李明芝,高淑艳,刘积德.乒乓球、羽毛球、网球[M].北京:清华大学出版社,2015.

[18]朱建国.羽毛球运动教学与训练教程[M].北京:清华大学出版社,2015.

[19]张博,彭放.羽毛球运动[M].沈阳:辽宁科学技术出版社,2015.

[20]谢成超,杨学明.大学网球教程[M].北京:化学工业出版社,2016.

[21]史芙英.网球技术与教法[M].上海:同济大学出版社,2016.

[22]刘保华.现代网球运动教程[M].北京:北京体育大学出版社,2016.

[23]王泽刚.网球运动实训教程[M].武汉:武汉大学出版社,2016.

[24]刘延军.现代网球科学训练的理论与方法新探[M].北京:中国书籍出版社,2016.

[25]唐建军.乒乓球运动教程[M].北京:北京体育大学出版社,2007.

[26]崔秀馥.乒乓球[M].北京:北京体育大学出版社,2003.

[27]刘建和.乒乓球[M].北京:人民体育出版社,2006.

[28]邱丕相.民族传统体育概论[M].北京:高等教育出版社,2008.
[29]刘春燕,谭华.中华民族传统体育的兴盛、危机与复兴[M].北京:人民出版社,2016.
[30]王锴,马宏俊.民族传统体育理论创新与教学实践[M].北京:中国书籍出版社,2016.
[31]徐泽.民族传统体育发展与实践研究[M].北京:人民日报出版社,2016.